Max-Planck-Institut für ausländisches
öffentliches Recht und Völkerrecht

Beiträge zum ausländischen öffentlichen Recht und Völkerrecht

Begründet von Viktor Bruns

Herausgegeben von
Armin von Bogdandy · Rüdiger Wolfrum

Band 187

Marcel Kau

United States Supreme Court und Bundesverfassungsgericht

Die Bedeutung des United States Supreme Court
für die Errichtung und Fortentwicklung
des Bundesverfassungsgerichts

United States Supreme Court and Federal Constitutional Court of Germany.
Comparative and Historical Survey on the Influence of the American Model on German Constitutional Jurisdiction after 1945

(English Summary)

Springer
the language of science

ISSN 0172-4770
ISBN 978-3-540-72886-3 Springer Berlin · Heidelberg · New York

Bibliografische Information Der Deutschen Bibliothek

Die Deutsche Bibliothek verzeichnet diese Publikation in der Deutschen Nationalbibliografie; detaillierte bibliografische Daten sind im Internet über <http://dnb.ddb.de> abrufbar.

Printed in Germany

Satz: Reproduktionsfertige Vorlagen vom Autor
Druck- und Bindearbeiten: Strauss Offsetdruck, Mörlenbach
SPIN: 12071517 64/3153 – 5 4 3 2 1 0 – Gedruckt auf säurefreiem Papier

"Whenever decisions of one court are reviewed by another, a percentage of them are reversed. That reflects a difference in outlook normally found between personnel comprising different courts. However, reversal by a higher court is not proof that justice is thereby better done. There is no doubt that if there were a super-Supreme Court, a substantial proportion of our reversals of state courts would also be reversed.

We are not final because we are infallible, but we are infallible only because we are final."

Robert Houghwout Jackson,

Associate Justice am United States Supreme Court (1941-1954), *Brown v. Allen*, 344 U.S. 443, 540 (1953) (concurring opinion)

Vorwort

Die Verfassungsgerichtsbarkeit nimmt im gewaltenteiligen Verfassungsstaat naturgemäß eine Schlüsselrolle ein. So muss sie nicht nur die kompetenzielle Balance zwischen Legislative und Exekutive austarieren, sie hat darüber hinaus auch noch die schwierige Aufgabe ihre eigene Stellung zu den beiden anderen staatlichen Teilgewalten auf der Grundlage der geltenden Verfassungsordnung zu bestimmen. Für die im Zusammenhang mit diesen verfassungsrechtlichen Grundgebenheiten auftretenden Fragen erscheinen sowohl rechtsvergleichende als auch verfassungshistorische Ansätze gewinnbringend. In beiden soll der U.S. Supreme Court als „Urverfassungsgericht" herangezogen werden, um näheren Aufschluss über organisatorische, institutionelle und prozessuale Bedingungen einer effizienten und Kompetenz-abgrenzenden Verfassungsgerichtsbarkeit zu erhalten.

Die vorliegende Arbeit wurde im Sommersemester 2005 vom Fachbereich Rechtswissenschaft der Universität Konstanz als Dissertation angenommen. Die mündliche Prüfung fand am 27. Juni 2005 statt. Für die Veröffentlichung wurden aktuelle Entwicklungen und das Schrifttum bis Dezember 2006 sowie die Ernennungsverfahren von Chief Justice Roberts und Justice Alito berücksichtigt.

Wissenschaftliche Untersuchungen wie die Vorliegende sind ohne vielfältige Hilfe und Unterstützung von verschiedenen Seiten nicht möglich. Mein Dank gilt zunächst meinem Doktorvater, Herrn Prof. Dr. Heinrich Wilms, der mir den Freiraum ließ, das ursprünglich enger gefasste Promotionsthema nach meinen eigenen Vorstellungen zu gestalten. Neben seiner Geduld, habe ich ihm vor allem für seine wertvollen konzeptionellen Anregungen sehr zu danken.

Zu besonderem Dank verpflichtet bin ich Herrn Prof. Dr. Kay Hailbronner. Die Mitarbeit an zahlreichen seiner Forschungsprojekte und die dabei gewonnenen Einsichten sind der vorliegenden Arbeit ebenso zugute gekommen, wie die fortdauernde Förderung und Unterstützung, die ich von seiner Seite erfahren habe. Nicht zuletzt möchte ich ihm auch für die Erstellung des Zweitgutachtens danken.

Viele wertvolle Hinweise zum Verfassungsrecht der Vereinigten Staaten und zum amerikanischen Verfassungsverständnis erhielt ich außerdem von Herrn Prof. Dr. William N. Eskridge Jr. während meiner Studienzeit am Georgetown University Law Center in Washington D.C. Herrn Prof. Dr. Armin von Bogdandy und Herrn Prof. Dr. Dr. h.c. Rüdiger

Wolfrum möchte ich für die ehrenvolle Aufnahme der Arbeit in die Schriftenreihe des Heidelberger Max-Planck-Instituts für ausländisches öffentliches Recht und Völkerrecht danken.

Außerdem gilt mein herzlicher Dank auch alldenjenigen, die mir bei der Abfassung der vorliegenden Dissertation geholfen haben. Zu nennen ist hierfür zunächst Silke Schütte, die mich auch auf längeren Durststrecken unverdrossen unterstützte und das Manuskript in seiner Entstehung mit wohlmeinenden Kommentaren bedachte. Darüber hinaus möchte ich Georg Jochum und Holger Berschel für ihre Verbesserungsvorschläge und ihren Zuspruch danken. Auch den übrigen Freunden aus Köln, Washington und Konstanz bin ich für ihre vielfältigen Anregungen sehr zu Dank verpflichtet. Außerdem möchte ich allen danken, die mir mit technischer Hilfe bei der Veröffentlichung der vorliegenden Arbeit zur Seite gestanden haben.

Besonderer Dank gebührt schließlich meinen Eltern, die mich im Verlauf der gesamten Erarbeitungszeit wie auch früher rückhaltlos unterstützt haben und denen diese Arbeit daher in Dankbarkeit zugeeignet ist.

Konstanz, im Dezember 2006 Marcel Kau

Inhaltsverzeichnis

Abkürzungsverzeichnis

a.A.	anderer Ansicht
a.a.O	am angegebenen Ort
a.E.	am Ende
abgdr.	abgedruckt
ABl.	Amtsblatt
abw.	abweichend
AcP	Archiv für die civilistische Praxis
AHK	Alliierte Hohe Kommission
allg.	allgemein
Alt.	Alternative
a.M.	anderer Meinung
amtl.	amtlich
Anl.	Anlage
AöR	Archiv des öffentlichen Rechts
ARA	Allgemeiner Redaktionsausschuss (Parl. Rat)
Arg., arg.	Argument, argumentum
Art.	Artikel
Aufl.	Auflage
Anm.	Anmerkung
BadLVerf	Badische Landesverfassung
BArbG	Bundesarbeitsgericht
Bay.	Bayerisch
BayLVerf	Verfassung des Freistaates Bayern
BayObLG	Bayerisches Oberstes Landgericht
BayVBl	Bayerische Verwaltungsblätter
BayVerf-E	Bayerischer Entwurf eines Grundgesetzes für den Verfassungskonvent
BayVerfGHE	Amtliche Sammlung von Entscheidungen des Bayerischen Verfassungsgerichtshofs

BayVGHE	Sammlung von Entscheidungen des Bayerischen Verwaltungsgerichtshofs
Bd.	Band
Befürw.	befürwortet, befürwortend
Begr.	Begründung
Ber.	Bericht
bes.	besonders
BFH	Bundesfinanzhof
BGBl	Bundesgesetzblatt
BGH	Bundesgerichtshof
BremLVerf	Landesverfassung der freien Hansestadt Bremen
BSozG	Bundessozialgericht
Bt. - Sten. Prot.	Stenographische Berichte des Bundestags
BVerfG	Bundesverfassungsgericht
BVerfGE	amtliche Sammlung des Bundesverfassungsgerichts
BVerfGG	Gesetz über das Bundesverfassungsgericht
BVerwG	Bundesverwaltungsgericht
BVP	Bayerische Volkspartei
BWLVerf	Verfassung des Landes Baden-Württemberg
CDU	Christlich-Demokratische Union Deutschlands
cl.	clause
Colum. L. Rev.	Columbia Law Review
Comp. L. Rev.	Comparative Law Review
Conn. L. Rev.	Connecticut Law Review
CSU	Christlich-Soziale Union Deutschlands
ders.	derselbe
Diss. iur.	Juristische Dissertation
DJT	Deutscher Juristen Tag
DJZ	Deutsche Juristen Zeitung
DNVP	Deutschnationale Volkspartei

Dok. Nr.	Dokumentennummer
DÖV	Die Öffentliche Verwaltung
dt.	deutsch
DVBl	Deutsches Verwaltungsblatt
DVP	Deutsche Volkspartei
Ed.	Editor
f.	folgende
FDP	Freie Demokratische Partei Deutschlands
ff.	folgende
Fn.	Fußnote
FRV	Frankfurter Reichsverfassung
FS.	Festschrift
Geo.L.J.	Georgetown Law Journal
GG	Grundgesetz
GG-Entw	Entwurf zum Grundgesetz (in verschiedenen Phasen der Erarbeitung)
GeschO-BT	Geschäftsordnung des Bundestages
GeschO-ParlR	Geschäftsordnung des Parlamentarischen Rats
Harv.L.Rev.	Harvard Law Review
HC-E	Herrenchiemseer Verfassungsentwurf
HdbStR	Handbuch des Staatsrechts
HessLVerf	Verfassung des Landes Hessen
Hrsg.	Herausgeber
hrsg.	herausgegeben
HZ	Historische Zeitung
i.e.	im Einzelnen
JöR	Jahrbuch des öffentlichen Rechts
JW	Juristische Wochenschrift
JZ	Juristenzeitung
KJ	Kritische Justiz
KombA	Kombinierter Ausschuss
KPD	Kommunistische Partei Deutschlands
n.F.	neue Fassung

NJW	Neue Juristische Wochenschrift
Nr.	Nummer(n)
NW	Nordrhein-Westfalen
OAG	Oberappellationsgericht
OVG	Oberverwaltungsgericht
Parl. Rat	Parlamentarischer Rat
Preuß. Verf.	Preußische Verfassung
Prot.	Protokolle
Rdnr	Randnummer
RFH	Reichsfinanzhof
RFHE	Amtliche Sammlung des Reichsfinanzhofs
RG	Reichsgericht
RGBl	Reichsgesetzblatt
RGSt	Entscheidungen des Reichsgerichts in Strafsachen
RGZ	Entscheidungen des Reichsgerichts in Zivilsachen
Rn.	Randnummer
RpflA	Ausschuss für Verfassungsgerichtshof und Rechtspflege
RT-Drs.	Drucksachen des Reichstags
RV	Reichsverfassung
Rz	Randziffer
S.	Seite(n)
sog.	sogenannt
SPD	Sozialdemokratische Partei Deutschlands
Stan. L. Rev.	Stanford Law Review
Sten. Ber.	Stenographische Berichte
Sten. Prot.	Stenographische Protokolle
StGH	Staatsgerichtshof für das Deutsche Reich
StGHG	Gesetz über den Staatsgerichtshof (1920)
UA	Unterausschuss
U. Chi. L. Rev.	University of Chicago Law Review

U. Pa. L. Rev.	University of Pennsylvania Law Review
U.S.C.	United States Code
U.S.C.A.	United States Code Annotated
Urt.	Urteil
usw.	und so weiter
v.	versus
VerfGHG	Verfasungsgerichtshofsgesetz
Verh.	Verhandlung
vgl.	vergleiche
Vorb	Vorbemerkung
VVDStRL	Veröffentlichungen der Vereinigung der Deutschen Staatsrechtslehrer
WBLVerf	Württemberg-Badische Landesverfassung
WürtHLVerf	Württemberg-Hohenzollerische Landesverfassung
WRV	Weimarer Reichsverfassung
Yale L.J.	Yale Law Journal
z.B.	zum Beispiel
Ziff.	Ziffer(n)
ZNR	Zeitschrift für neuere Rechtsgeschichte
ZöR	Zeitschrift für öffentliches Recht
ZRP	Zeitschrift für Rechtspolitik

Einleitung

I.

Es gehört zu den häufig wiederholten und damit augenscheinlich gesicherten Erkenntnissen des deutschen Verfassungsrechts, dass der United States Supreme Court[1] vorbildhaften Einfluss auf die Errichtung des Bundesverfassungsgerichts ausgeübt hat.[2] Wie dieser Einfluss tatsächlich erfolgt ist, mit welcher Intensität und in welchem Umfang der Oberste Gerichtshof der Vereinigten Staaten als Vorbild für das Bundesverfassungsgericht und die deutsche Bundesgerichtsbarkeit insgesamt diente, ist jedoch im Detail kaum erörtert worden. Häufig beschränkten sich die hierzu angestellten Untersuchungen auf den Nach-

---

[1] Mit "United States Supreme Court", "U.S. Supreme Court" oder "Supreme Court" ist im Folgenden gleichermaßen der "Supreme Court of the United States of America" gemeint, wie er in Art. III, Section 1 U.S. Bundesverfassung vorgesehen ist.

[2] Vgl. *Katz,* Bundesverfasungsgericht und U.S.A. Supreme Court, DÖV 1954, 97 ff.; *ders.*, Supreme Court und Bundesverfassungsgericht. Amerikanische und Deutsche Gerichtsbarkeit im Vergleich, Das Parlament 1954 (Nr. 43), 7 f.; *Grasmann,* Bundesverfassungsgericht und Supreme Court (Diss. iur, Würzburg 1957); *Buerstedde,* The US Supreme Court and the Bundesverfassungsgericht as the Guardians of the Constitution, (Georgetown University, Washington D.C. 1958); *Kommers,* Judicial Politics in West Germany; *ders.,* The Federal Constitutional Court in the West German Political System, in: Franchise of Judicial Research, hrsg. von *Grossmann/Tannhaus*; *Laufer,* Verfassungsgerichtsbarkeit und politischer Prozeß, 18 u. 55; *Dolzer,* Die staatstheoretische und staatsrechtliche Stellung des Bundesverfassungsgerichts, 32; *Faller*, Die Verfassungsgerichtsbarkeit in der Frankfurter Reichsverfassung, in: FS. Geiger, 827, 850 f.; *von Unruh,* Nordamerikansiche Einflüsse auf die deutsche Verfassungsentwicklung, NJW 1976, 455, 463; *Scheuner*, Die Überlieferung der deutschen Staatsgerichtsbarkeit, in: Festgabe BVerfG, 1, 3; *Scholz*, 200 Jahre Verfassung der Vereinigten Staaten von Amerika, ZRP 1988, 95, 97; *Pieroth,* Amerikanischer Verfassungsexport nach Deutschland, NJW 1989, 1333, 1337; *Steinberger*, Bemerkungen, in: 40 Jahre GG (hrsg. K. Stern), 41, 52; *Lundmark*, Stare decisis vor dem Bundesverfassungsgericht, Rechtstheorie, Bd. 28 (1997), 315, 328; *Großfeld*, Zur Stellung des Bundesverfassungsgerichts im Grundgesetz, NJW 1998, 3544 ff.; *Wilms,* Ausländische Einwirkungen, 115 u. 166 ff.; *ders.,* Die Vorbildfunktion des United States Supreme Court für das BVerfG, NJW 1999, 1527 ff.

weis ideengeschichtlicher Parallelität und die Übernahme des richterlichen Prüfungsrechts in Artikel 93 und Artikel 100 des Grundgesetzes oder die Beilegung föderaler Streitigkeiten in einem verfassungsrechtlichen Verfahren.[3] Ein wesentlicher Grund für diese unzulängliche Behandlung liegt darin, dass die einschlägigen Protokolle des Parlamentarischen Rates, insbesondere diejenigen des Ausschusses für Verfassungsgerichtshof und Rechtspflege, erst seit wenigen Jahren verfügbar sind.[4]

Das Ziel der vorliegenden Untersuchung besteht nun darin, festzustellen, ob der U.S. Supreme Court und das amerikanische Verfassungsrecht tatsächlich als Vorbilder für die Errichtung des deutschen Bundesverfassungsgerichts und die Ausarbeitung der ihm zugrunde liegenden Verfassungsvorschriften gedient haben. Unter einem Vorbild im verfassungsrechtlichen Sinne soll dabei ein Verfassungsorgan oder ein verfassungsrechtliches Merkmal verstanden werden, das auf die Schaffung eines neuen Verfassungsorgans Einfluss ausgeübt hat. Typischerweise liegt ein solcher Einfluss darin, dass ein bestimmtes Merkmal oder Verfahren einer Verfassungsordnung in eine andere, neu zu erarbeitende Verfassungsordnung übernommen wird. Allerdings bestehen

---

[3] Vgl. *Dolzer*, Die staatstheoretische und staatsrechtliche Stellung des Bundesverfassungsgerichts, 39. Das „richterliche Prüfungsrecht" selbst war in der Vergangenheit schon mehrfach Thema eingehender Spezialmonographien, z.B. *Ascan Alfred Lutteroth*, Die Prüfungszuständigkeit des deutschen Richters nach der Reichsverfassung vom 11. August 1919, Diss. iur., Hamburg 1922; *Morstein Marx*, Variationen über richterliche Zuständigkeit zur Prüfung der Rechtmäßigkeit des Gesetzes, 1927; *Gustaf Hauenschild*, Gegenwärtiger Stand der Lehre vom richterlichen Prüfungsrecht in Wissenschaft und Rechtsprechung, Diss. iur., Göttingen 1929; *Hammelehle*, Die Verfassungsmäßigkeit von Gesetzen, Diss. iur, Jena 1932; *Feigenspan*, Das richterliche Prüfungsrecht, Diss. iur., Leipzig 1933; *Harold v. Konschegg*, Ursprung und Wandlung des richterlichen Prüfungsrechts in Deutschland im 19. Jahrhundert, Diss. iur., Jena 1936; *Löhr*, Das richterliche Prüfungsrecht, Diss. iur, Köln 1949; *Jähn*, Richterliches Prüfungsrecht, Diss. iur, Frankfurt 1954; zum Verhältnis der beiden Gerichte insbesondere *Karlheinz Grasmann*, Bundesverfassungsgericht und Supreme Court, Diss. iur, Würzburg 1956, 51 ff.

[4] Vgl. *Schneider* (Hrsg.), Das Grundgesetz – Dokumentation seiner Entstehung (bearbeitet von Rainer Schuckart), Band 23/Teilband I, Vor Artikel 92, Artikel 92 und 93, Frankfurt/M. 1999; Deutscher Bundestag u. Bundesarchiv (Hrsg.), Der Parlamentarische Rat 1948-1949 – Akten und Protokolle (Prot. Parl. Rat), Bd. 13/I u. 13/II: „Ausschuss für Organisation des Bundes/Ausschuss für Verfassungsgerichtshof und Rechtspflege", bearbeitet von Edgar Büttner und Michael Wettengel, München 2002.

Einflüsse nicht notwendigerweise in der vollständigen oder annähernd vollständigen Übernahme einer Bestimmung oder verfassungsrechtlichen Organisationsstruktur, sondern können auch darin zutage treten, dass die letztlich verabschiedeten Regelungen in Auseinandersetzung mit den Vorschriften oder Befugnissen eines anderen Verfassungsmodells erarbeitet wurden, ohne dass die betreffenden Bestimmungen danach in die neue Verfassung eingegangen sind. Auf dieser Grundlage umfasst der Begriff des Vorbildes nicht nur positive Beispiele, in denen etwa eine Regelung des amerikanischen Verfassungsrechts für brauchbar erachtet wurde und daher eine vergleichbare Bestimmung ins deutsche Grundgesetz übernommen wurde. Von einem Vorbild im Sinne dieser Untersuchung ist auch dann zu sprechen, wenn von ihm im Prozess der Verfassunggebung eine negative Wirkung ausgegangen ist. Ein solcher Fall liegt etwa vor, wenn eine konkrete Bestimmung oder Kompetenz als unpassend oder sogar schädlich eingestuft wird, und eine inhaltlich abweichende Regelung somit in rechtlicher oder ideeller Auseinandersetzung mit diesem „Gegenvorbild" verabschiedet wird. Dass es sich bei diesem Verständnis von verfassungsrechtlichen Vorbildern nicht allein um einen nachträglichen Deutungsansatz handelt, zeigt sich anschaulich am Abschlussbericht des Verfassungskonvents von Herrenchiemsee (1948). Zur Frage, ob möglicherweise ein einheitliches oberstes Bundesgericht geschaffen werden soll, hieß es dort ausdrücklich:

> „Vorbilder in der Schweiz und den Vereinigten Staaten ... Gegenvorbilder in Frankreich und Großbritannien ..."[5]

Die Bedeutung des U.S. Supreme Court für das Bundesverfassungsgericht lässt sich daher gleichermaßen an der bewussten Übernahme besonders charakteristischer Grundprinzipien und Verfahrensarten des amerikanischen Verfassungs- und Verfassungsprozessrechts erkennen, wie auch daran, dass andere Merkmale nach kritischer Auseinandersetzung in den zuständigen Ausschüssen des Parlamentarischen Rates (1948/1949), im Verfassungskonvent von Herrenchiemsee oder später in Bundestag und Bundesrat bewusst nicht übernommen wurden.

Bei dem mit der vorliegenden Untersuchung gewählten Forschungsansatz ist jedoch zu beachten, dass es insbesondere bei der Suche nach möglichen Einflüssen und Einwirkungen eines Verfassungsorgans auf ein anderes nicht darum gehen kann, lückenlose Belege für eine voll-

---

5 Vgl. Bericht über den Verfassungskonvent von Herrenchiemsee, in: Prot. Parl. Rat, Bd. 2, Dok.-Nr. 14, 504, 573 u. 620; ebenso auch im Bericht des Unterausschusses III des Verfassungskonvents, in: Prot. Parl. Rat, Bd. 2, Dok.-Nr. 10, 279, 310.

ständige Übernahme des ausländischen Vorbildes zu finden. Wer etwa erwartet, dass Einflüsse allein darin zutage treten, dass sich eine wortgleiche Vorschrift des amerikanischen Verfassungsrechts im Grundgesetz wiederfindet, muss enttäuscht werden. Die verfassungsrechtliche Rezeption kennt viele Wege, die zur Übernahme oder Ablehnung einzelner rechtlicher Bestimmungen führen. Daher kommt es im Regelfall höchstens zur Übernahme bestimmter verfassungsrechtlicher Grundelemente innerhalb eines eigenständigen normativen Umfeldes.[6] Dies gilt umso mehr, als ein Großteil der offen zutage tretenden Unterschiede zwischen U.S. Supreme Court und Bundesverfassungsgericht aus der grundsätzlichen Diskrepanz zweier unterschiedlich strukturierter Rechtssysteme resultiert: Dem amerikanischen Common Law-System und dem deutschen Kodifikationsrechtssystem kontinentaleuropäischer Prägung.[7] Vor diesem Hintergrund können charakteristische Merkmale des amerikanischen Verfassungsrechts nur in modifizierter Form ins deutsche Recht übertragen werden.

II.

Nachweise darüber, dass vom U.S. Supreme Court und dem amerikanischen Verfassungsrecht tatsächlich Einflüsse auf die Errichtung und Fortentwicklung des Bundesverfassungsgerichts ausgegangen sind, sollen für die nachfolgende Untersuchung auf zweierlei Weise erbracht werden:

(1) Zunächst erfolgt eine rechtsvergleichende Untersuchung des U.S. Supreme Court und des Bundesverfassungsgerichts jeweils im Hinblick auf ein charakteristisches Merkmal und seine gegenwärtigen Rechtsgrundlagen (z.B. Organisationsstruktur, Auswahl und Bestellung der Richter oder prozessuale Verfahren, etc.). Dieses Vorgehen ist u.a. erforderlich, um eine Aussage über Intensität und Umfang der möglicherweise vom U.S. Supreme Court ausgehenden Einflüsse auf die Errichtung und Entwicklung des Bundesverfassungsgerichts treffen zu

---

[6] Vgl. *Wahl/Wieland*, Verfassungsrechtsprechung als knappes Gut, JZ 1996, 1137, 1141; *Pieroth*, An Essay on an Export from the United States, St. Louis U.Publ.L.Rev., Bd. 9 (1990), 311, 322.

[7] Vgl. *Finck*, Judicial Review: The United States Supreme Court Versus the German Constitutional Court, Boston College Int'l & Comp. L.Rev., Bd. 20 (1997), 123.

können. Denn wenn im Rahmen der sich anschließenden rechtshistorischen Untersuchung tatsächlich Einflüsse des U.S. Supreme Court und des amerikanischen Verfassungsrechts nachgewiesen werden können, lassen Anzahl und Details der Übereinstimmungen zusätzliche Rückschlüsse auf Intensität und Umfang dieses Einflusses zu.

Zum Abschluss der rechtsvergleichenden Untersuchung werden bestehende Abweichungen benannt und bewertet sowie objektive Übereinstimmungen herausgearbeitet. Diese objektiven Parallelen zwischen dem amerikanischen und deutschen Verfassungsrecht sind für sich alleine betrachtet grundsätzlich nicht ausreichend, um auf amerikanische Einflüsse schließen zu lassen. Sie könnten entweder auf Zufällen oder auf gleichgelagerten rechtlichen Bedürfnissen sich ähnelnder Gesellschafts- und Verfassungssysteme beruhen. Allerdings sind objektive Übereinstimmungen und Parallelen im Hinblick auf die Vorbildwirkung des U.S. Supreme Court auch nicht vollkommen unbeachtlich, da sie als sichtbare Hinweise auf einen wirksam gewordenen Einfluss gewertet werden können, sofern sich in den einschlägigen Protokollen und Dokumenten ausdrückliche Nachweise für eine Auseinandersetzung mit dem amerikanischen Vorbild finden lassen. Objektive Übereinstimmungen sind daher regelmäßig als Indizien eines möglichen Einflusses zu bewerten, denen jedoch ohne hinzutretende Nachweise grundsätzlich kein gesteigerter Wert für die Frage der Vorbildwirkung beizumessen ist. Zum Abschluss der rechtsvergleichenden Untersuchung soll im Hinblick auf die festgestellten Abweichungen eine kurze Bewertung erfolgen, die – soweit ersichtlich – auf Gründe verweist, die für die letztlich getroffenen Regelungen des deutschen bzw. amerikanischen Verfassungsrechts verantwortlich sind, und eine Feststellung darüber ermöglicht, welche der beiden rechtlichen Lösungen insgesamt vorzugswürdig erscheint.

(2) Im Anschluss an den rechtsvergleichenden Abschnitt folgt als Zweites eine rechtshistorische Untersuchung, die vor allem an den Akten und Protokollen des vom 1. September 1948 bis zum 23. Mai 1949 in Bonn am Rhein tagenden Parlamentarischen Rats orientiert ist. Hierbei werden insbesondere die Protokolle der zuständigen Fachausschüsse des Parlamentarischen Rats ausgewertet, um ausdrückliche Hinweise auf die Rezeption des U.S. Supreme Court bzw. auf die diesem zugrunde liegenden Vorschriften des amerikanischen Verfassungsrechts zu finden.

Als weitere wesentliche verfassungshistorische Quelle dienen die Akten und Protokolle des Verfassungskonvents von Herrenchiemsee (23. bis 30. August 1948), bei denen ebenfalls untersucht werden soll, inwieweit die Bezugnahmen auf amerikanisches Verfassungsrecht für die Gerichtsorganisation und die Errichtung eines Verfassungsgerichts von Bedeutung waren.[8] Sofern sich später bei der parlamentarischen Behandlung des Gesetzes über das Bundesverfassungsgericht vom 12. März 1951 (BVerfGG) bzw. den zwischen 1956 und 1993 hierzu ergangenen sechs Novellen sowie der Reformdiskussion des Jahres 1996/1997 Bezüge auf den U.S. Supreme Court feststellen lassen, so werden auch diese in der Untersuchung berücksichtigt.[9] Jeweils zum Abschluss der rechtshistorischen Untersuchung erfolgt eine zusammenfassende Betrachtung über die Einflüsse des U.S. Supreme Court und des amerikanischen Verfassungsrechts auf das konkrete orga-nisatorische, institutionelle oder prozessuale Merkmal der deutschen Gerichtsbarkeit. Von wirksamen Einflüssen des amerikanischen Verfassungsmodells auf das Grundgesetz oder anderes deutsches Bundesrecht wird grundsätzlich nur ausgegangen, wenn sich in den einschlägigen Protokollen ausdrückliche oder zumindest implizite Hinweise hierauf feststellen lassen. Da nun aber die Erarbeitung einer Verfassung einen komplexen Vorgang darstellt, der nicht vollständig protokolliert oder in Akten festgehalten werden kann und in manchen Fällen das Zustandekommen einzelner Vorschriften sogar bewusst verschleiert wird, soll für die nachfolgende Untersuchung in Ausnahmefällen auch die Qualität der Indizien in Zusammenhang mit geringen Anhaltspunkten aus den Akten und Protokollen bereits ausreichen, um von wirksamen Einflüssen des amerikanischen Verfassungsrechts auszugehen.

Schließlich darf die vorliegende Untersuchung auch nicht dahingehend missverstanden werden, dass außer dem U.S. Supreme Court kein anderer Gerichtshof vorbildhaften Einfluss auf die deutsche Verfassungsgerichtsbarkeit ausgeübt hätte. Dies wäre keineswegs zutreffend, da auch beispielsweise das Schweizerische Bundesgericht, der Österreichische Verfassungsgerichtshof und verschiedene andere ausländische und deutsche Gerichte ebenfalls zum Vergleich herangezogen wurden. Allerdings soll untersucht werden, ob sich für die Zeit nach dem Zweiten Weltkrieg unter den ausländischen Vorbildern ein besonders großer und prägender Einfluss des U.S. Supreme Court feststellen lässt.

---

[8] Vgl. eingehend 1. Teil, B.

[9] Vgl. Bundesministerium der Justiz (Hrsg.), Entlastung des Bundesverfassungsgericht, Bericht der Kommission, Bonn 1998 (zit.: Kommissionsbericht), 37-40; Äußerung des Abgeordneten *Dichgans* bei den Beratungen des 19. ÄndG zum GG, BT-Sten. Prot. V/10820 A, 201. Sitzung , 4.12.1968; Abgeordneter *Mann*, BT-Sten. Prot. 10/12880 A, 171. Sitzung, 7.11.1985.

III.

Der Beleg von Einflüssen und Einwirkungen eines Verfassungsorgans auf ein anderes setzt grundsätzlich voraus, dass das als Vorbild untersuchte Verfassungsorgan und seine verfassungsrechtlichen Grundlagen sowie charakteristischen Kompetenzen eingehend beleuchtet und untersucht werden. Dies wirft beim U.S. Supreme Court bereits erhebliche Schwierigkeiten auf, da die von ihm gegenwärtig ausgeübten verfassungsrechtlichen Kompetenzen nur vor dem Hintergrund einer mehrere Jahrhunderte umspannenden Entwicklung verständlich werden. Leider mangelt es jedoch nicht nur im deutschen, sondern überraschenderweise auch im amerikanischen Schrifttum an einer zusammenfassenden Darstellung der kompetenziellen Grundlagen des U.S. Supreme Court, die der vorliegenden Untersuchung hätten zugrunde gelegt werden können. So sind die Befugnisse des U.S. Supreme Court, allen voran die des sog. Judicial Review,[10] zwar in der amerikanischen Bundesverfassung angelegt, doch besteht in der amerikanischen Staatsrechtslehre bereits Uneinigkeit darüber, ob eine oder mehrere konkrete Verfassungsvorschriften benannt werden können, auf die sich diese Kompetenz des Gerichtshofes zurückführen ließe. Nach Black's Law Dictionary ist unter dem Judicial Review, der im Schrifttum vielfach als bedeutendste und wirkungsmächtigste Rechtsneuerung des amerikanischen Verfassungsrechts bezeichnet wurde,[11] "[t]he power of courts to review decisions of another department of government" zu verstehen.[12] Der Begriff des Judicial Review umfasst damit ähnlich wie das richterli-

---

[10] Nach dem heutigen Stand der Wissenschaft wurde der Begriff „judicial review“ als Fachterminus zum ersten Mal von *Edward S. Corwin* im Jahre 1910 gebraucht, vgl. *Corwin*, The Establishment of Judicial Review, Mich.L.Rev., Bd. 9 (1910), 102 ff. Im Gegensatz hierzu hatte *James Bradley Thayer* in seinem grundlegenden Aufsatz „The Origin and Scope of the American Doctrine of Constitutional Law“ aus dem Oktober 1893 noch umschreibend von einer *"American doctrine of declaring legislative Acts void as being contrary to the constitution"* gesprochen, Harv.L.Rev., Bd. 7 (1893), 129, 133; vgl. zum ganzen *Clinton*, Marbury v. Madison and Judicial Review, 7.

[11] Vgl. *Burris*, Some Preliminary Thoughts on a Contextual Historical Theory for the Legitimacy of Judicial Review, Okla.City U.L.Rev., Bd. 12 (1987), 585, 586 f.; *Steamer*, The Supreme Court in Crisis: A History in Conflict, 3; *Bryce*, Modern Democracies 83-85; *Laski*, The American Democracy: A Commentary and Interpretation, 111-116; *Wilson*, Constitutional Government in the United States, 142.

[12] Vgl. Black's Law Dictionary, 849.

che Prüfungsrecht unterschiedliche Formen der gerichtlichen Nachprüfung von Legislativ- und Exekutivakten. Außerdem beinhaltet der Grundsatz des Judicial Review die Befugnis als Rechtsmittelgericht untergerichtliche Entscheidungen letztinstanzlich nachzuprüfen.

Es ist darüber hinaus zwar weithin unstreitig, dass die Entscheidung des U.S. Supreme Court im Fall *Marbury v. Madison* (1803)[13] von besonderer Bedeutung für den Grundsatz des Judicial Review ist. In Frage steht jedoch, ob sich das dem Supreme Court in der Verfassungspraxis zukommende Prüfungsrecht tatsächlich aus einem einzigen Präjudiz ableiten lässt oder ob weitere Faktoren zu seiner Anerkennung beitrugen. Die genannten Widersprüche und Schwierigkeiten führen in den Vereinigten Staaten zu einer eigentümlichen Situation: Während grundsätzlich anerkannt ist, *dass* der U.S. Supreme Court und die übrigen Bundesgerichte[14] über die Kompetenz des Judicial Review verfügen,[15] ist im Einzelnen hoch umstritten, welche verfassungsrechtliche Grundlage hierfür heranzuziehen ist.[16]

Es würde jedoch den Rahmen der vorliegenden Arbeit sprengen, wollte man die weit bis zu den Wurzeln des englischen Common Law-Systems zurückreichenden Grundlagen des Judicial Review erforschen. Daher wird im Folgenden mit der einhelligen Auffasung im amerkanischen Schrifttum davon ausgegangen, dass der U.S. Supreme Court über die Kompetenz zur Exekutiv- und Legislativkontrolle verfügt, ohne dass längere Überlegungen zu seinen Grundlagen angestellt werden sollen.

---

[13] 5 U.S. (1 Cranch) 137 (1803).

[14] Wie im weiteren Verlauf der Untersuchung noch ausführlich darzulegen ist, hat der U.S. Supreme Court kein „Aufhebungsmonopol", wie es sich für das Bundesverfassungsgericht aus der Vorschrift des Art. 100 Abs. 1 GG ergibt, vgl. 7. Teil, A, I.

[15] So beklagt beispielsweise *Sosin*, dass ihm bereits vor Beginn seiner Untersuchung erklärt worden sei, unabhängig vom historischen Befund seiner Untersuchung über die Ursprünge des richterlichen Prüfungsrechts, werde der Judicial Review Teil der verfassungsrechtlichen Praxis bleiben, *Sosin*, The Aristocracy of the Long Robe, 1; *Casto*, James Iredell and the American Origins of Judicial Review, Conn.L.Rev., Bd. 27 (1995), 329.

[16] Vgl. *Farber/Eskridge/Frickey*, Constitutional Law, 60 ff.; *Burris*, Some Preliminary Thoughts on a Contextual Historical Theory for the Legitimacy of Judicial Review, Okla.City U.L.Rev., Bd. 12 (1987), 585, 589; *Wieser*, Vergleichendes Verfassungsrecht, 121 f.

IV.

Eine Untersuchung über den U.S. Supreme Court und das Bundesverfassungsgericht führt außerdem fast zwangsläufig zum Begriff der Verfassungsgerichtsbarkeit. Dass es sich beim deutschen Bundesverfassungsgericht um ein solches handelt, ergibt sich nicht allein aus seiner Bezeichnung, sondern vor allem aus den ihm durch das Grundgesetz übertragenen Kompetenzen. In ähnlicher Weise führen auch die wahrgenommenen Kompetenzen dazu, dass der U.S. Supreme Court, obwohl er – wie im Einzelnen noch genauer darzulegen sein wird – zahlreiche weitere Zuständigkeiten hat, etwa zur Hälfte mit verfassungsrechtlichen Streitigkeiten befasst ist.[17] Die wichtigste Parallele zwischen beiden Gerichten besteht in der Wahrnehmung der verfassungsgerichtlichen Kernaufgabe, der Überprüfung von Rechtsnormen auf ihre Verfassungsmäßigkeit.[18] Im deutschen Staatsrecht wird unter dem traditionellen Begriff des „richterlichen Prüfungsrechts" die Befugnis und Pflicht des Richters verstanden, legislative und exekutive Maßnahmen auf ihre Verfassungskonformität hin zu überprüfen und ihnen im Falle der Verfassungswidrigkeit die Anwendung zu versagen.[19] In ähnlicher Weise tritt das richterliche Prüfungsrecht im amerikanischen Verfassungsrecht in der Form des Judicial Review auf. Die richterliche Prüfungskompetenz, von denen die Normenkontroll- und Normaufhebungsbefugnis die bedeutsamste ist, stellt zwar die „Keimzelle" der Verfassungsgerichtsbarkeit dar, macht jedoch insgesamt gesehen nur ei-

[17] Vgl. *Wieland*, Zugang des Bürgers, Der Staat, Bd. 29 (1990), 333, 343; *Vitzthum*, Annahme nach Ermessen bei Verfassungsbeschwerden?, JöR 53 (2004), 319, 337.

[18] Vgl. *Wieser*, Vergleichendes Verfassungsrecht, 118 f; *Degenhart*, Funktion und Stellung der Verfassungsgerichtsbarkeit, SächsVBl. 2003, 159.

[19] Der Begriff des „richterlichen Prüfungsrechts" wurde zwar häufig aus terminologischen Gründen kritisiert, weil es sich dabei im Kern nicht um ein „subjektives Recht", sondern vielmehr um eine „objektive Aufgabenzuweisung" handelt. Da die Diskussion im staatsrechtlichen Schrifttum jedoch schon seit geraumer Zeit mit dieser terminologischen Festlegung geführt wird, soll in der nachfolgenden Untersuchung diesem Beispiel gefolgt werden. Zur Kritik vgl. *Morstein Marx*, Variationen, 3; *Hammelehle*, Die Verfassungsmäßigkeit von Gesetzen, 52; *Jellinek*, Das richterliche Prüfungsrecht in den drei Ländern der amerikanischen Zone, in: FS. Laun, 269; *Jähn*, Richterliches Prüfungsrecht, 4 f.; *Maurer*, Das richterliche Prüfungsrecht zur Zeit der Weimarer Verfassung, DÖV 1963, 683; *Hoke*, Verfassungsgerichtsbarkeit in den deutschen Ländern, in: Landesverfassungsgerichtsbarkeit, 28.

nen Teil der für die Einstufung als Verfassungsgericht unverzichtbaren Befugnisse aus.[20] Zum kompetenziellen Kernbestand[21] verfassungsgerichtlicher Aufgaben im Sinne einer umfassenden Verfassungsgerichtsbarkeit zählen neben den Kontroll- und Aufhebungsbefugnissen bei Legislativ- und Exekutivakten (Normen- und Exekutivkontrolle) die Beilegung von Streitigkeiten zwischen Verfassungsorganen (Organstreitverfahren), die Rechtsschutzgewährleistung bei der Verletzung individueller Grund- und Menschenrechte (individuelles Streitverfahren) sowie bei föderal verfassten Staaten die Beilegung von Streitigkeiten innerhalb des Bundesstaates (föderales oder föderatives Streitverfahren).[22] Gemeinsam ist diesem Kernbestand verfassungsgerichtlicher Zuständigkeiten nach den Ausführungen Hermann Moslers, dass sie „unmittelbar der Wahrung der Kompetenzordnung und dem Schutz der materiellen Wertprinzipien der Verfassung dienen".[23] Zusätzlich zu diesen vier Kernkompetenzen einer modernen und umfassenden Verfassungsgerichtsbarkeit können noch weitere komplementäre Befugnisse treten, die im Rahmen der vorliegenden Arbeit jedoch nicht näher untersucht werden, da sie nur in geringem Umfang als Vergleichsmerkmale taugen.[24]

---

[20] Vgl. eingehend *Stern*, Staatsrecht, II, § 44, I 2 (S. 938).

[21] Ähnlich auch *Mosler*, Das Heidelberger Kolloquium, in: Verfassungsgerichtsbarkeit in der Gegenwart, XI.

[22] Vgl. eingehende Darstellung im 7. bis 11. Teil; *Stern*, Staatsrecht, Bd. V, § 129, IV 6 (S. 647 f.). Ähnlich mit dem Begriff der „klassischen Verfassungsgerichtsbarkeit zuständig für „Organstreitigkeiten auf Reichsebene, Normenkontrollen oder Individualklagen wegen Verletzung der Reichsverfassung": *Stern*, Staatsrecht, Bd. V, § 128 III 6 (S. 381); BVerfG, Urt. v. 5.4.1952, BVerfGE 1, 208 (218); lediglich drei „Grundformen der Verfassungsgerichtsbarkeit" (Organstreitigkeiten, Normenkontrollen und Verfassungsbeschwerden) hat Friesenhahn als „Kernbestand" herausgestellt, *Friesenhahn*, Wesen und Grenzen der Verfassungsgerichtsbarkeit, ZSchwR, Bd. 73 (1954), 129, 130 f.; für das Bundesverfassungsgericht, *ders.*, Bundesrepublik Deutschland, in: Verfassungsgerichtsbarkeit in der Gegenwart, 89, 91; *Schlaich/Korioth*, Das Bundesverfassungsgericht, Rdnr. 8. So auch Hermann L. Brill, Prot. Parl. Rat, Bd. 2, Dok.-Nr. 3 (Plenarsitzung v. 11.8.1948), 66, 76; kritisch *Bethge*, in: Maunz/Schmidt-Bleibtreu, BVerfGG, Vorb, Rdnr. 29.

[23] Vgl. *Mosler*, Das Heidelberger Kolloquium, in: Verfassungsgerichtsbarkeit in der Gegenwart, XI; so zuletzt auch *Degenhart*, Funktion und Stellung der Verfassungsgerichtsbarkeit, SächsVBl. 2003, 159.

[24] Z.B. Amtsenthebungsverfahren bzw. Impeachment, Wahlprüfungs- oder Verfassungsschutzverfahren, etc.

Wie im weiteren Verlauf der Untersuchung noch zu zeigen sein wird, verfügen sowohl der U.S. Supreme Court als auch das Bundesverfassungsgericht in unterschiedlichem Umfang über die genannten vier Kernbefugnisse, was aber einer Einstufung beider Judikativorgane als „Verfassungsgerichte“ nicht entgegensteht.[25] Den vier genannten Kernbefugnissen einer modernen Verfassungsgerichtsbarkeit kommt darüber hinaus auch bei der Abgrenzung zu frühkonstitutionellen und sonstigen judikativen Vorformen der Verfassungsgerichtsbarkeit große Bedeutung zu. Wenn daher im Verlauf der vorliegenden Untersuchung auf eine „Verfassungsgerichtsbarkeit moderner Art“ oder auf eine „umfassende Verfassungsgerichtsbarkeit“[26] Bezug genommen wird, so ist darunter ein Judikativorgan zu verstehen, das zumindest über einen Großteil der genannten verfassungsgerichtlichen Kernkompetenzen verfügt.

Außerdem ist noch zu berücksichtigen, dass wie im Titel dieser Arbeit der U.S. Surpreme Court vielfach als *pars pro toto* für die einschlägigen verfassungsrechtlichen und verfassungsprozessualen Bestimmungen über die amerikanische Bundesgerichtsbarkeit, an deren Spitze er steht, verwendet wird. Wenn also der Vorbildwirkung des U.S. Supreme Court bei der Richterbestellung nachgegangen wird, so ist die Aufmerksamkeit tatsächlich auf die Rechtsvorschriften gerichtet, die die Bestellung von Supreme Court-Richtern regeln.

V.

Für den Vergleich verschiedener Verfassungsgerichte kommt im Weiteren auch der Organisationsform der Gerichtsbarkeit große Bedeutung zu. In dieser Hinsicht werden im staatsrechtlichen Schrifttum grundsätzlich zwei Erscheinungsformen unterschieden: (1) Zunächst können verfassungsgerichtliche Aufgaben letztinstanzlich von einem einheitlichen obersten Gericht ausgeübt werden, das sich inzident neben einfachrechtlichen Streitfällen auch mit verfassungsrechtlichen Fragen be-

---

[25] Nach einer an der angewendeten Rechtsmaterie orientierten anderen Definition ist *„Verfassungsgerichtsbarkeit ... jedes gerichtliche Verfahren, das die Einhaltung der Verfassung unmittelbar gewährleisten soll“*, *Mosler*, Das Heidelberger Kolloquium, in: Verfassungsgerichtsbarkeit in der Gegenwart, XII.

[26] Vgl. BVerfG, Urt. v. 31.7.1973, BVerfGE 36, 1, 15 (Grundvertragsurteil), 3. Leitsatz: (*„Mit der Entscheidung des Grundgesetzes für eine umfassende Verfassungsgerichtsbarkeit ist es unvereinbar, daß die Exekutive ein beim Bundesverfassungsgericht anhängiges Verfahren überspielt.“*).

fasst. Wegen ihrer kompakten Struktur wird diese Organisationsform von einigen Stimmen im Schrifttum „Einheitsmodell“ genannt.[27] Im amerikanischen Schrifttum wird sie als “American model” bezeichnet.[28] Hierbei ist das betreffende Gericht in erster Linie als oberster Spruchkörper in Zivil-, Straf- und sonstigen Rechtssachen tätig, so dass verfassungsrechtliche Fragen im Rahmen einer inzidenten Prüfung nur insoweit behandelt werden, als dies für die Entscheidung einer konkreten Streitigkeit erforderlich ist.[29] Häufig sind die verfassungsgerichtlichen Befugnisse bei dieser Organisationsform auf alle Gerichte dieses Zuständigkeitsbereichs übertragen (dezentrale Verfassungsgerichtsbarkeit). (2) Die andere verfassungsgerichtliche Organisationsform ist durch die Einrichtung eines institutionell selbstständigen Verfassungsgerichts gekennzeichnet, das ausschließlich für spezifisch verfassungsrechtliche Fragen zuständig ist. Wegen der organisatorischen Trennung von Fachgerichtsbarkeit und Verfassungsgerichtsbarkeit wird diese Organisationsform auch „Trennungsmodell“[30] bzw. im amerikanischen Schrifttum “European model”[31] genannt. Grundsätzlich entscheidet das Verfassungsgericht hierbei nur über Streitigkeiten auf dem Gebiet des Verfassungsrechts. Häufig geht das Trennungsmodell mit einer monopolisierten Ausübung verfassungsgerichtlicher Befugnisse einher (z.B. Verwerfungsmonopol). Wie sich im Verlauf der vorliegenden Arbeit noch im Einzelnen zeigen wird, sind U.S. Supreme Court und Bundesverfas-

---

[27] Grundlegend *Mosler*, Das Heidelberger Kolloquium, in: Verfassungsgerichtsbarkeit in der Gegenwart, X f.; *Stern*, Staatsrechts, Bd. II, § 44 I 1 (S. 937); *Friesenhahn*, Wesen und Grenzen der Verfassungsgerichtsbarkeit, ZSchwR, Bd. 73 (1954), 129, 132; *Wieland*, in: Dreier, GG, Bd. 3., Art. 93, Rdnr. 26 ff.; *Schlaich/Korioth*, Das Bundesverfassungsgericht, Rdnr. 2; *Voßkuhle*, in: v. Mangoldt/Klein/Starck, GG, Bd. 3, Art 93, Rdnr. 14.

[28] Vgl. *Jackson/Tushnet*, Comparative Constitutional Law, 461; *Wieser*, Vergleichendes Verfassungsrecht, 123.

[29] Vgl. *Friesenhahn*, Wesen und Grenzen der Verfassungsgerichtsbarkeit, ZSchwR, Bd. 73 (1954), 129, 130.

[30] Vgl. *Stern*, Staatsrecht, Bd. II, § 44 I 1 (S. 936 f.); *Mosler*, Das Heidelberger Kolloquium, in: Verfassungsgerichtsbarkeit in der Gegenwart, X ff.; *Voßkuhle*, in: v. Mangoldt/Klein/Starck, GG, Bd. 3, Art 93, Rdnr. 15. *Wieser*, Vergleichendes Verfassungsrecht, 124 f. spricht vom „österreichischem Modell“.

[31] Vgl. *Jackson/Tushnet*, Comparative Constitutional Law, 461 u. 469 ff.

sungsgericht jeweils Vertreter der beiden anerkannten Erscheinungsformen der Verfassungsgerichtsbarkeit.[32]

Bei der Ausarbeitung des Grundgesetzes in den Jahren 1948/1949 stand daher vor allem die Frage im Vordergrund, ob eine umfassende deutsche Verfassungsgerichtsbarkeit auf Bundesebene nach dem Einheits- oder nach dem Trennungsmodell organisiert sein soll. Aber auch schon früher war die Errichtung einer konzentrierten oder dezentralen Verwerfungskomptenz von großer Bedeutung. Ensprechend kam dieser organisatorischen Unterscheidung im Hinblick auf die Gründung und Entwicklung des Bundesverfassungsgerichts eine über die rein dogmatische Einordnung hinausgehende praktische Relevanz zu.

VI.

Im Hinblick auf den gegenwärtigen Forschungsstand lässt sich feststellen, dass die amerikanische Rechts- und Verfassungsordnung in den letzten Jahren unter verschiedenen Gesichtspunkten eingehend untersucht wurde.[33] Vor allem mit dem U.S. Supreme Court und seiner

---

[32] Vgl. *Stern*, Staatsrecht, II, § 44, I 2 (S. 936 ff.); vgl. etwa *Friesenhahn*, Die Verfassungsgerichtsbarkeit in der Bundesrepublik Deutschland, 89 ff. und *Kauper*, Judicial Review of Constitutional Issues in the United States, 568 ff., beide in: Verfassungsgerichtsbarkeit in der Gegenwart, hrsg. von Hermann Mosler; *Pestalozza*, Verfassungsprozessrecht, § 12, Rdnr. 13 f.; *Benda/Klein*, Verfassungsprozessrecht, Rdnr. 213; *Papier*, „Spezifisches Verfassungsrecht" und „einfaches Recht" als Argumentationsformel des Bundesverfassungsgerichts, in: FG BVerfG I, 432 ff.; *Herzog*, Das Bundesverfassungsgericht und die Anwendung einfachen Gesetzesrechts, in: FS. Dürig, 431 ff.; vgl. auch BVerfG, Beschl. v. 10.6.1964, BVerfGE 18, 85 (92 f.); BVerfG, Beschl. v. 18.4.1989, BVerfGE 80, 81 (95) (sog. Hecksche Formel).

[33] Vgl. aus jüngerer Zeit *Brugger*, Der moderne Verfassungsstaat aus Sicht der amerikanischen Verfassung und des Grundgesetzes, AöR 126 (2001), 337 ff.; *ders.*, Methoden der Verfassungsinterpretation in den Vereinigten Staaten, JöR N.F. 42 (1994), 571 ff.; *Thüsing*, Die Drittwirkung der Grundrechte im Verfassungsrecht der Vereinigten Staaten, ZVglRWiss 99 (2000), 69 ff.; *Kommers*, Can German Constituionalism Serve as a Model for the United States, ZaöRV 58 (1998), 1 ff.; *Krings*, Supreme Court gegen Kongreß, ZaöRV 58 (1998), 147 ff. Früher schon *Heike Kaup*, Der Schwangerschaftsabbruch aus verfassungsrechtlicher Sicht - Eine rechtsvergleichende Untersuchung anhand des deutschen und des amerikanischen Rechts, Frankfurt/M. 1991; *Christoph Ehrentraut*, Die Versammlungsfreiheit im amerikanischen und deutschen Verfassungsrecht, Ber-

Rechtsprechungstätigkeit befassten sich bereits einige umfangreiche Spezialmonographien, die jedoch vor allem prägnante materiell-verfassungsrechtliche Aspekte in den Mittelpunkt der Darstellung rückten, ohne seine institutionelle, organisatorische oder prozessuale Vorbildfunktion für das Bundesverfassungsgericht zu untersuchen.[34] Eine gesonderte Befassung mit diesen Fragen ist jedoch vor allem deshalb von Bedeutung, um beide Gerichte besser in ihr jeweiliges Verfassungsgefüge einordnen zu können und außerdem fundierte Kenntnisse über die Voraussetzungen und Entwicklungslinien der Verfassungsgerichtsbarkeit im modernen Verfassungsstaat gewinnen zu können.

Dem amerikanischen Supreme Court kommt dabei nicht nur im Rückblick auf frühere Einwirkungen eine besondere Bedeutung zu, sondern

---

lin 1990; *Kurt Rabl*, Von der amerikanischen Verfassung zum Grundgesetz der Bundesrepublik Deutschland, Gräfelfing 1988; *Brugger*, Grundrechte und Verfassungsgerichtsbarkeit in den Vereinigten Staaten von Amerika, Tübingen 1987; *Jürgen Heideking*, Die Verfassung vor dem Richterstuhl, Berlin 1988; *Steinberger*, 200 Jahre amerikanische Bundesverfassung, 1987; *Stern*, Grundideen europäisch-amerikanischer Verfassungsstaatlichkeit, 1984; *Steinberger*, Konzeption und Grenzen freiheitlicher Demokratie, 1974; *Kay Hailbronner*, Der "clear and present danger test" und verfassungsfeindliche Betätigungen in der neueren Rechtsprechung des Supreme Court der Vereinigten Staaten, JöR, Bd. 22 N.F. (1973), 579 ff.; *Heinrich Kronstein*, Die Entwicklung des amerikanischen Verfassungsrechts durch den Supreme Court, 1972; *Hans J. Schaefer*, Inhalt und Grenzen der Richterlichen Gewalt nach der Verfassung der Vereinigten Staaten von Amerika, Berlin 1968; *Karl Carstens*, Grundgedanken der amerikanischen Verfassung und ihre Verwirklichung, Berlin 1954; *Osmond K. Fraenkel*, Grundrechte und Verfassungsgerichtsbarkeit in den Vereinigten Staaten von Amerika, Wiesbaden 1950.

[34] Vgl. *Helen Keller*, Rezeption des Völkerrechts, Berlin 2003; *Andrea Stark*, Einzelstaatlicher Protektionismus und föderale Rechtsprechung in einem Gemeinsamen Markt, Frankfurt/M. 2003; *Markus Frischhut*, Die Rolle der Judikative in der Ausformung der Verbandsgewalt supranationaler Organisationen, Frankfurt/M. 2002; *Schiwek*, Sozialmoral und Verfassungsrecht, Berlin 2000; *Zätzsch*, Richterliche Unabhängigkeit und Richterauswahl in den USA und Deutschland, Baden-Baden 2000; *Simons*, Grundrechte und Gestaltungsspielraum, Berlin 1999; *Stoevesandt*, Aktivismus und Zurückhaltung im United States Supreme Court, Berlin 1999; *Anzenberger*, Das Bundesverfassungsgericht auf dem Weg zu einem freieren Annahmeverfahren nach dem Vorbild des U.S. Supreme Court, Diss. iur., Regensburg 1998, *Rau*, Selbst entwickelte Grenzen in der Rechtsprechung des United States Supreme Court und des Bundesverfassungsgerichts, Berlin 1996; *Schefer*, Konkretisierung von Grundrechten durch den U.S.-Supreme Court, Berlin 1995.

auch für seine gegenwärtige Rolle in der amerikanischen Verfassungsordnung. Besonders deutlich ist dies der deutschen Öffentlichkeit etwa im Nachgang der amerikanischen Präsidentschaftswahl des Jahres 2000 bewusst geworden, als der U.S. Supreme Court mit seiner Entscheidung im Verfahren *Gore v. Bush* (2000) über nichts weniger als über die Frage entschieden hat, wer Präsident der Vereinigten Staaten von Amerika werden soll.[35] Allerdings sollte gerade in diesem Zusammenhang, in dem die Machtfülle des U.S. Supreme Court heftig kritisiert wurde, nicht in Vergessenheit geraten, dass das Bundesverfassungsgericht im Jahre 1997 eine Entscheidung von ganz ähnlicher Tragweite gefällt hat, als es neben der Verfassungsmäßigkeit der Überhangmandatsregelungen des Bundeswahlgesetzes[36] zugleich auch über das Ergebnis der Bundestagswahl des Jahres 1994 und damit mittelbar über die Zusammensetzung der damaligen Bundesregierung entschied.[37] Allerdings kam dem Urteil in der breiten Öffentlichkeit wegen des nahen Endes der 13. Wahlperiode (1994-1998) nur geringe Aufmerksamkeit zu, so dass kritische Fragen über den Kompetenzrahmen des Bundesverfassungsgerichts nicht in vergleichbarem Umfang auftraten.[38]

VII.

Bei der Untersuchung der grundgesetzlichen Vorschriften über das Bundesverfassungsgericht und über die Gerichtsbarkeit des Bundes soll

---

[35] 531 U.S. 98 (2000); vgl. *Schneider*, Präsident von Richters Gnaden, NJW 2001, 487 ff.; *Heun*, Das Debakel der amerikanischen Präsidentenwahlen, JZ 2001, 421 ff.; *Wiegandt*, Ein Schatten über der Legitimität der Wahl, KJ 2001, 1 ff.; vgl. auch *Sunstein* (Hrsg.), The vote: Bush, Gore and the Supreme Court, Chicago 2001; *Barkow*, More Supreme than Court?, Colum.L.Rev., Bd. 102 (2002), 237, 273 ff. (The 2000 Presidential Election Case).

[36] Vgl. § 6 Abs. 5 Satz 2, § 7 Abs. 3 Satz 2 BWahlG.

[37] BVerfG, Urt. v. 15.4.1997, BVerfGE 95, 335; zuvor bereits in BVerfG, Beschl. v. 24.11.1988, BVerfGE 79, 169.

[38] Zur dennoch statt gefundenen kritischen Auseinandersetzung im Schrifttum: *Mager/Uerpmann*, Überhangmandate und Gleichheit der Wahl, DVBl. 1995, 273 ff.; *Papier*, Überhangmandate und Verfassungsrecht, JZ 1996, 265 ff.; *Ehlers/Lechleitner*, Die Verfassungsmäßigkeit von Überhangmandaten, JZ 1997, 761 ff.; *Holger Jakob*, Überhangmandate und Gleichheit der Wahl, Frankfurt/M. 1998; *von Münch*, Staatsrecht I, Rdnr. 179 ff.; *Maurer*, Staatsrecht, § 13, Rdnr. 35 ff.

im Einzelnen analysiert werden, inwieweit die amerikanische Bundesgerichtsbarkeit als Vorbild für den institutionell-organisatorischen Rahmen und für die verfassungsprozessualen Grundlagen der deutschen Gerichtsbarkeit mit dem Bundesverfassungsgericht gewirkt hat. Aus diesem Grund werden im 1. Teil der nachfolgenden Untersuchung zunächst in aller gebotenen Kürze die äußeren politischen Bedingungen für die Erarbeitung des Grundgesetzes in Nachkriegsdeutschland und die verfassungsrechtlichen Vorgaben der Alliierten skizziert (A). Danach werden die Organisation und Arbeitsweise des Herrenchiemseer Verfassungskonvents (B) und des Parlamentarischen Rates dargestellt (C).

Im 2. bis 14. Teil wird jeweils ein charakteristisches verfassungsrechtliches Merkmal zur genauen Befassung herangezogen. Im Rahmen einer rechtsvergleichenden Untersuchung werden zunächst die im amerikanischen Recht geltenden Bestimmungen (A.I) und die gegenwärtigen Regelungen des deutschen Rechts dargestellt (A.II), um abschließend die objektiven Übereinstimmungen oder Parallelen zu benennen und die bestehenden Abweichungen eingehend zu bewerten (A.III).

In Kenntnis der objektiven Gegebenheiten schließt sich daran der zweite Abschnitt an, der sich vor allem an den Akten und Protokollen des Parlamentarischen Rates orientiert, und eine rechtshistorische Untersuchung zur Entwicklung und Erarbeitung des betreffenden Merkmals sowie der ihm zugrundeliegenden einschlägigen Verfassungsvorschriften vorsieht (B). Auf dieser Grundlage soll schließlich festgestellt werden, inwieweit der U.S. Supreme Court und das amerikanische Verfassungsrecht konkreten Einfluss auf die entsprechende Regelung des deutschen Verfassungs- oder Verfassungsprozessrechts ausgeübt haben.

Zunächst wird in der beschriebenen Vorgehensweise die organisatorisch-institutionelle Grundstruktur der Gerichtsbarkeit untersucht (2. Teil). Danach werden die berufliche und persönliche Qualifikation (3. Teil) sowie das Bestellungsverfahren für Verfassungsrichter (4. Teil) und der organisatorische Aufbau der Verfassungsgerichte (5. Teil) behandelt.

Im weiteren Verlauf der Arbeit wird anhand der verfassungsgerichtlichen Kernverfahren der Frage nachgegangen, inwieweit der U.S. Supreme Court auf das Bundesverfassungsgericht und das deutsche Verfassungsprozessrecht eingewirkt hat. Im Einzelnen sollen hierbei die Verfahren der abstrakten Normenkontrolle (7. Teil), Vorlageverfahren (8. Teil), Streitverfahren zwischen Verfassungsorganen (9. Teil), föderative Streitverfahren (10. Teil) und individuelle Streitverfahren (11. Teil) Gegenstand der Untersuchung sein. In den letzten Teilen werden schließlich besonders charakteristische Strukturmerkmale der deutschen Verfassungsgerichtsbarkeit dargestellt und auf etwaige amerikanische Einflüsse hin untersucht. Namentlich sind dies die Bindungswirkung verfassungsgerichtlicher Entscheidungen (12. Teil), die Einführung eines Vorprüfungs- oder Annahmeverfahrens bei der Verfassungsbeschwerde (13. Teil) und die Möglichkeit zur Abgabe richterlicher Sondervoten (14. Teil).

Erster Teil

Grundlagen und Bedingungen der Verfassunggebung auf Bundesebene nach 1945

Es kann zwar nicht ausgeschlossen werden, dass es auch bereits vor der Abfassung des Grundgesetzes und des Gesetzes über das Bundesverfassungsgericht (BVerfGG) Einflüsse und Einwirkungen des U.S. Supreme Court auf die deutsche Verfassungsentwicklung gegeben hat, im Rahmen der vorliegenden Arbeit ist jedoch lediglich zu untersuchen, inwieweit sich gegenwärtig Übereinstimmungen und Abweichungen zwischen U.S. Supreme Court und Bundesverfassungsgericht feststellen lassen und ob vom U.S. Supreme Court im Prozess der Verfassunggebung eine Vorbildwirkung ausgegangen ist.

Vor allem letzteres hängt wesentlich von den Gegebenheiten der Jahre nach 1945 ab. Daher soll der Untersuchung eine kurze Darstellung der politischen Lage im Nachkriegsdeutschland vorangestellt werden, die zeigt, unter welchen Bedingungen der Prozess der Verfassunggebung auf Bundesebene stattfand (A). Danach soll auf den sog. Verfassungskonvent von Herrenchiemsee vom August des Jahres 1948 eingegangen werden und untersucht werden, welche Bedeutung diesem für die Ausarbeitung des Grundgesetzes zukam (B). Im Anschluss daran werden organisatorische und strukturelle Fragen des Parlamentarischen Rates sowie die inhaltliche Ausgangslage im Hinblick auf die Verfassungsgerichtsbarkeit geschildert, ohne allerdings bereits auf einzelne verfassungsrechtliche Merkmale einzugehen. Schließlich wird noch die im Rechtspflegeausschuss des Parlamentarischen Rates angewendete Arbeitsmethode im Hinblick auf ausländische Vorbilder und deutsche Verfassungstraditionen dargestellt, wobei auch die Rolle früherer deutscher Gerichte bei der Abfassung des Grundgesetzes kurz beleuchtet werden soll (C).

A. Nachkriegssituation in Deutschland

I. Ziele westalliierter Nachkriegspolitik

Zurückgehend auf Planungen des Jahres 1943/44[39] lagen die Hauptziele der westalliierten Nachkriegspolitik in der Errichtung einer globalen Friedensordnung sowie in der Festigung ihrer eigenen Machtpositionen.[40] Zur Verhinderung eines weiteren vom Deutschen Reich ausgehenden Krieges waren sich die Verbündeten einig, dass das deutsche Staatsgebiet in verschiedene Besatzungs- und Verwaltungszonen aufgeteilt werden soll. Wenngleich zu diesem Zeitpunkt in den offiziellen Verlautbarungen der Alliierten weder von Annexionen noch von einer Aufgliederung Deutschlands die Rede war,[41] bedeuteten die damit eingeleiteten Maßnahmen *de facto* doch eine Abtrennung erheblicher Teile des deutschen Staatsgebiets.[42] Neben den territorialen Folgen war vor-

---

[39] Konkrete Kriegsziele waren bereits bei den alliierten Zusammenkünften während des Zweiten Weltkriegs formuliert worden, vgl. Atlantic Charta (14.08.1941) sowie die Konferenzen von Casablanca (14.-24.01.1943), Moskau (19.-30.10.1943), Teheran (28.11.-01.12. 1944), Dumberton Oaks/Washington (21.08.-09.10.1944) und Jalta (04.-11.02.1945). Zur Arbeit der European Advisory Commission (EAC) in London, vgl. *M. Stolleis*, Besatzungsherrschaft und Wiederaufbau 1945-1949, in: Isensee/Kirchhof, HdbStR, Bd. 1, § 7, Rdnr. 13; *Ernst Deuerlein*, Die Einheit Deutschlands, Frankfurt/M. 1957, 36 ff.; *Stern*, Staatsrecht, Bd. V, § 131, II 3 (S. 921 ff.); *Birke*, Nation ohne Haus, 16 f.

[40] Vgl. hierzu etwa auch die Gründung der Vereinten Nationen auf der Konferenz von San Francisco und die im Abkommen von Jalta niedergelegten Grundsätze, vgl. *Wilms,* Ausländische Einwirkungen, 12. Der Begriff der neuen Weltordnung (new world order) wird außerdem auch in Zusammenhang mit der Schaffung des ökonomischen System von Bretton Woods verwendet, das die Errichtung des IWF, der Weltbank und der später gescheiterten ITO vorsah, vgl. *Thomas J. Dillon*, The World Trade Organization: A New Legal Order for World of Trade, Mich.J.Int'l.L., Bd. 16 (1995), 349, 359.

[41] Vgl. *R. Mußgnug*, Entstehen der Bundesrepublik, in: Isensee/Kirchhof, HdbStR, Bd. 1, § 8, Rdnr. 2 ff.; siehe hierzu auch die „Vier-Mächte-Erklärung" vom 5.6.1945, abgedruckt bei *Huber*, Quellen zum Staatsrecht der Neuzeit, Bd. 2, 158 ff.

[42] Vgl. endgültige Regelung im Zwei-plus-vier-Vertrag v. 12.9.1990, *Stern*, Staatsrecht, Bd. V, § 135, IV 4 (S. 2033 ff.); *Bernhard Kempen*, Die deutsch-polnische Grenze nach der Friedensregelung des Zwei-plus-Vier-Vertrages, Frankfurt/M. 1997, 146 ff.

gesehen, dem erneuten Ausbrechen des deutschen Militarismus und Nazismus durch Umerziehung (Re-education) und Aufbau einer demokratischen Verfassungsordnung vorzubeugen, wenn unter den Alliierten darüber im Einzelnen auch unterschiedliche Vorstellungen bestanden.[43]

Mit der Verschärfung des Ost-West-Gegensatzes und der Installierung kommunistischer Regime in den von der Roten Armee besetzten Gebieten Mittel- und Osteuropas[44] rückte die Deutschlandpolitik der Vereinigten Staaten in den Vordergrund. Als militärisch und wirtschaftlich bei weitem stärkste Macht unter den Westalliierten sollten sie von nun an die weitere politische und verfassungsrechtliche Entwicklung in Deutschland maßgeblich bestimmen.[45] Das Scheitern der Londoner Außenministerkonferenz (25.11.1947) und die im Laufe des Jahres 1946/47 auftretenden ersten Anzeichen des Kalten Krieges führten dazu, dass nach der Strategie der Vereinigten Staaten die Gründung eines demokratischen, wirtschaftlich stabilen und entnazifizierten westdeutschen Staates eine zentrale Maßnahme zur Eindämmung der sowjetischen Expansion nach Westeuropa darstellte (sog. containment-policy).[46]

---

[43] Vgl. *Frotscher/Pieroth*, Verfassungsgeschichte, § 20, Rz. 659 ff. u. 668 ff.; *Birke*, Nation ohne Haus, 15 f.; *Wilms*, Ausländische Einwirkungen, 16 ff.; *M. Stolleis*, Besatzungsherrschaft und Wiederaufbau 1945-1949, in: Isensee/Kirchhof, HdbStR, Bd. 1, § 7, Rdnr. 18 u. 28 ff.; *Fait*, Potsdam – Herrenchiemsee – Bonn, 7; *Stern*, Staatsrecht, Bd. V, § 131, I 3 u. II 4 (S. 916, 924).

[44] Z.B. Polen, Bulgarien, Jugoslawien, Rumänien, später auch Ungarn und die Tschechoslowakei (25.2.1948), vgl. *Vojtech Mastny*, Moskaus Weg zum kalten Krieg, München/Wien 1980; *Stern*, Staatsrecht, Bd. V, § 131, II 4 (S. 926). Siehe auch den griechischen Bürgerkrieg, in dem die Sowjetunion und ihre Verbündeten die kommunistischen Kräfte unterstützten, vgl. eingehend *David H. Close*, The Origins of the Greek Civil War, London 1995; *Peter J. Stavrakis*, Moscow and Greek Communism – 1944-1949, Ithaca/NY 1989; *Amikam Nachmani*, International Intervention in the Greek Civil War, New York u.a. 1990.

[45] Dies zeigte sich nicht zuletzt am Ablauf und Ausgang der Londoner Sechs-Mächte-Konferenz, bei der sich die USA mit ihrem deutschlandpolitischen Kurs weitgehend durchsetzen konnten, vgl. Prot. Parl. Rat, Bd. 1, Einleitung XVII, Dok.-Nr. 1, 1 ff. (Schlusskommuniqué v. 7.6.1948); *Stern*, Staatsrecht, Bd. V, § 133, I 2 (S. 1211); *Frotscher/Pieroth*, Verfassungsgeschichte, § 20, Rz. 717.

[46] Vgl. Europa-Archiv 1948, 1320 ff.; *Benz*, Von der Besatzungsherrschaft zur Bundesrepublik, 156; *Stern*, Staatsrecht, Bd. V, § 131, IV 2 (S. 972 ff.);

II. Verfassungspolitische Vorgaben

Vor diesem außen- und sicherheitspolitischen Hintergrund waren die Westalliierten unter amerikanischer Führung sehr darauf bedacht, alsbald einen nach ihren Vorstellungen zu gestaltenden westdeutschen Staat zu schaffen. Nachdem in den einzelnen Besatzungszonen zum Teil bereits Landesverfassungen in Kraft getreten waren, wurde die Verabschiedung einer gemeinsamen Verfassung für das Gebiet der drei westlichen Besatzungszonen für das Jahr 1949 ins Auge gefasst. Damit die Verfassunggebung in der deutschen Öffentlichkeit nicht als Oktroy einer „Fremdverfassung" aufgenommen würde,[47] sollte grundsätzlich der Eindruck vermieden werden, die neue westdeutsche Verfassung sei von den Alliierten diktiert oder in unverhältnismäßiger Weise inhaltlich beeinflusst worden. Aus diesem Grund eröffneten die Westalliierten bei der Abfassung des Grundgesetzes einen relativ weiten Gestaltungsspielraum, wobei jedoch allgemein gehaltene verfassungsrechtliche Vorgaben der Alliierten genau zu berücksichtigen waren. Niedergelegt waren diese Vorgaben in den auf der Grundlage der Londoner Sechs-Mächte-Konferenz formulierten Frankfurter Dokumenten vom 1. Juli 1948[48]

Wilms, Ausländische Einwirkungen, 44 ff.; Prot. Parl. Rat, Bd. 1, Einleitung XVI; *Pieroth*, An Essay on an Export from the United States, St. Louis U.Publ.L.Rev., Bd. 9 (1990), 310, 313; *Frotscher/Pieroth*, Verfassungsgeschichte, § 20, Rz. 713 u. 717; *Stern*, Staatsrecht, Bd. V, § 133, I 4 (S. 1236); *Heideking*, Im zweiten Anlauf, in: Elvert/ Salewski (Hrsg.), Deutschland und der Westen, Bd. 1, 247, 252; *Scammon*, Germany and Europe: Battleground, Bastion, or Buffer, in: Germany and the Future of Europe, hrsg. v. Hans J. Morgenthau, 163 ff.; *Pikart*, Auf dem Weg zum Grundgesetz, in: Die zweite Republik, hrsg. von Löwenthal/Schwarz, 149, 172. Siehe hierzu auch die Rede des Außenministers James F. Byrnes vom 6.9.1946 in Stuttgart.

[47] Vgl. *Birke*, Nation ohne Haus, 226; *Wilms,* Ausländische Einwirkungen, 195 unter Hinweis auf eine Äußerung des französischen Sonderbotschafters François-Poncet (Fn. 3); Prot. Parl. Rat, Bd. 1, Einleitung XIX; *Spevack*, Allied Control and German Freedom, 6.

[48] Vgl. zur historischen Entwicklung *Siegmar Rothstein*, Die Londoner Sechsmächtekonferenz 1948 und ihre Bedeutung für die Gründung der Bundesrepublik Deutschland, Freiburg 1968; *Wehner*, Die Westalliierten und das Grundgesetz, 17 bis 65; *Stern*, Staatsrecht, Bd. V, § 133, I 3 (S. 1214 f.); *R. Mußgnug*, Entstehen der Bundesrepublik, in: Isensee/Kirchhof, HdbStR, Bd. 1, § 8, Rdnr. 13 ff.; *Säcker*, Verfassungskonvent 1948, DÖV 1998, 784, 785; Prot. Parl. Rat, Bd. 1, Einleitung XIV ff.; *Heideking*, Im zweiten Anlauf, in: Elvert/Salewski (Hrsg.), Deutschland und der Westen, Bd. 1, 247, 257; *Wilms,* Ausländische Einwirkungen, 38 ff. u. 52 ff.; *Quaas*, Die Verfassung der Verei-

und später vor allem in einem ausführlichen Memorandum der alliierten Militärregierungen vom 22. November 1948.[49] In den weiteren Prozess der Verfassunggebung griffen die Alliierten dann vor allem durch informelle Hinweise, Konsultationen, klarstellende Memoranden oder Unterredungen mit ihren Verbindungsoffizieren ein.[50] Insbesondere in der Schlussphase der Beratungen gaben die Alliierten bei verschiedenen Verfassungsbestimmungen nach, wenn die deutschen Vertreter nur ausdauernd genug auf der Beibehaltung bzw. Abänderung einer spezifischen Regelungen beharrt hatten,[51] da das gesamte Verfassungs-

---

nigten Staaten von Amerika und das Grundgesetz, VBlBW 2003, 217. Abgedruckt finden sich die Frankfurter Dokumente in: Prot. Parl. Rat, Bd. 1, Einleitung XXV ff., Dok.-Nr. 4 (S. 30); *Wilms*, Dokumente zur neuesten Verfassungsgeschichte, Bd. III/2, 13; siehe auch die Beschreibung bei *Simons*, The Bonn Constitution and its Government, in: Germany and the Future of Europe, hrsg. v. Hans J. Morgenthau, 114, 120; *Schmid*, Erinnerungen, 324 f.

[49] Vgl. Prot. Parl. Rat, Bd. 8, Dok.-Nr. 18 (Memorandum v. 22.11.48), 37 ff.; hierzu auch der Bericht von Georg Leisewitz für das Verbindungsbüro der Ministerpräsidenten, Wiesbaden/Bad Godesberg, Prot. Parl. Rat, Bd. 8, Einleitung XXII u. Dok.-Nr. 19 (Leisewitz-Bericht v. 22.11.1948), 43 ff.; *R. Mußgnug*, Entstehen der Bundesrepublik, in: Isensee/Kirchhof, HdbStR, Bd. 1, § 8, Rdnr. 78 f.; *Wilms*, Ausländische Einwirkungen, 198 ff.; *ders.*, Dokumente zur neuesten Verfassungsgeschichte, Bd. III/2, 175 f.; *Schmid*, Erinnerungen, 380; *Lange*, Die Würde des Menschen ist unantastbar, 46; *Stern*, Staatsrecht, Bd. V, § 133, II 7 (S. 1287 f.); *Siegmar Rothstein*, Die Londoner Sechsmächtekonferenz 1948 und ihre Bedeutung für die Gründung der Bundesrepublik Deutschland, Freiburg 1968; eingehend *Wehner*, Die Westalliierten und das Grundgesetz, 55 ff.

[50] Vgl. *Wilms*, Ausländische Einwirkungen, 295; *Morsey*, Verfassungsschöpfung unter Besatzungsherrschaft, DÖV 1989, 471, 473.

[51] So fürchteten die Ministerpräsidenten beispielsweise, dass das von den Alliierten im Frankfurter Dokument Nr. I ausdrücklich vorgesehenene Annahmereferendum durch das Deutsche Volk in den drei westlichen Besatzungszonen dem provisorischen Charakter der neuen Verfassung zuwiderlaufen und eine rasche Wiedervereinigung mit der sowjetischen Besatzungszone erschweren würde. Daher drängten sie die Alliierten nach langen Verhandlungen letztlich erfolgreich dazu, diese Forderung aufzugeben und sich mit einer Ratifizierung durch die Länderparlamente zufrieden zu geben, vgl. *Wilms*, Ausländische Einwirkungen, 260 f.; *Pieroth*, An Essay on an Export from the United States, St. Louis U.Publ.L.Rev., Bd. 9 (1990), 310, 318; *Kommers*, German Constitutionalism: A Prolegomenon, Emory L.J., Bd. 40 (1991), 837; *Stern*, Staatsrecht, Bd. V, § 133, I 4 (S. 1225 u. 1231); *Dreier*, Kontext des Grundgesetzes, DVBl. 1999, 667, 668; *Simons*, The Bonn Constitution and its Government, in: Germany and the Future of Europe, hrsg. v. Hans J. Morgenthau, 114, 117; *Heide-*

werk nicht an Detailfragen scheitern sollte.[52] Ungeachtet dieser Fälle machten die Alliierten in anderen bedeutsamen und prinzipiellen Fragen erfolgreiche Anstrengungen, um in den Beratungen des Parlamentarischen Rates über die endgültige Fassung des Grundgesetzes ihren Willen durchzusetzen.[53]

B. Verfassungskonvent von Herrenchiemsee

Da nach alliierter Planung mit dem Parlamentarischen Rat ab 1. September 1948 ein eigenständiges verfassunggebendes Gremium auf Bundesebene zusammentreten sollte, fürchteten die bis dahin in Konsultationen mit den Besatzungsmächten als „Sachwalter deutscher Interessen" auftretenden westdeutschen Ministerpräsidenten beim Prozess der Verfassunggebung ins Hintertreffen zu geraten.[54] Um auch unter den geänderten Gegebenheiten weiter auf die Entstehung einer westdeutschen Verfassung Einfluss nehmen zu können, setzten sie – noch bevor der Parlamentarische Rat zusammentrat – im Spätsommer 1948 einen Ausschuss von Verfassungsexperten ein, der nach den Vorgaben des Frankfurter Dokuments Nr. I einen hinreichend föderalen Verfas-

---

king, Im zweiten Anlauf, in: Elvert/Salewski (Hrsg.), Deutschland und der Westen, Bd. 1, 247, 257.

52 Vgl. *Morsey*, Verfassungsschöpfung unter Besatzungsherrschaft, DÖV 1989, 471, 478 f.

53 Die Westmächte intervenierten energisch vor allem bei zwei Sachbereichen: (1) Dem Umfang der Bundeskompetenz bei der konkurrierenden Gesetzgebung (Art. 72, 74 GG) und (2) bei der Verteilung der Steuerhoheit zwischen Bund und Ländern (Art. 104 ff. GG). Vgl. eingehend *Neumeyer*, Der Weg zur neuen Erforderlichkeitsklausel für die konkurrierende Gesetzgebung des Bundes; *Spieker*, Hermann Höpker Aschoff, 119 ff.; *Wilms*, Ausländische Einwirkungen, 208, 226 ff., 238-241; *R. Mußgnug*, Entstehen der Bundesrepublik, in: Isensee/Kirchhof, HdbStR, Bd. 1, § 8, Rdnr. 76 bis 83; *Pieroth*, An Essay on an Export from the United States, St. Louis U.Publ.L.Rev., Bd. 9 (1990), 310, 319 f.; vgl. eingehend Prot. Parl. Rat, Bd. 8, vor allem Dok.-Nr. 37 bis 73, 93 ff.

54 Diese Stellung als „Sachwalter" bzw. „vorläufige Treuhänder" wurde jedoch von den Führungsspitzen der beiden großen Parteien Adenauer (CDU) und Schumacher (SPD) in seltener Einmütigkeit bestritten, *Pikart*, Auf dem Weg zum Grundgesetz, in: Die zweite Republik, hrsg. von Löwenthal/Schwarz, 149, 159.

sungsentwurf ausarbeiten sollte.[55] Für die Abgeordneten des Parlamentarischen Rates konnte dieser Entwurf zwar nicht unmittelbar bindend sein, dennoch war vorgesehen, dass er als wichtige Arbeitsgrundlage für die nachfolgenden Bonner Beratungen dienen sollte.[56]

I. Arbeit des Verfassungskonvents

Die zwischen dem 10. und 23. August 1948 auf der Insel Herrenchiemsee in Bayern stattfindende Konferenz von Sachverständigen wurde später in Anlehnung an eine Begriffsprägung ihres geschäftsführenden Vorsitzenden Anton Pfeiffer „Verfassungskonvent von Herrenchiemsee" genannt.[57]

In personeller Hinsicht durfte jedes Bundesland zwar grundsätzlich nur ein Mitglied des Konvents benennen, allerdings konnten weitere sachverständige Mitarbeiter ausweislich der Sitzungsprotokolle an den Beratungen in gleicher Weise wie die Delegierten teilnehmen.[58] Nachdem zu Beginn Form und Umfang der zu erledigenden Aufgaben noch unklar waren, beschlossen die Teilnehmer unter bayerischer Führung die bestehenden Verfassungsfragen in Form einer Denkschrift zu skizzieren. Auf dieser Grundlage sollten dann konkrete Verfassungsvorschriften in Gestalt eines Artikelgesetzes formuliert werden (sog. Herren-

---

[55] Vgl. Prot. Parl. Rat, Bd. 2, Einleitung XXXI; *Stern*, Staatsrecht, Bd. V, § 133, II 3 (S. 1250); *R. Mußgnug*, Entstehen der Bundesrepublik, in: Isensee/Kirchhof, HdbStR, Bd. 1, § 8, Rdnr. 39; *Lange*, Die Würde des Menschen ist unantastbar, 12; *Säcker*, Verfassungskonvent 1948, DÖV 1998, 784, 786; *Fait*, Potsdam – Herrenchiemsee – Bonn, 7, 28 f.; a.A. *Dennewitz*, in: Bonner Kommentar, Einleitung, II. Entstehungsgeschichte des BGG, 89.

[56] Vgl. *Anton Pfeiffer*, Vom Werden einer Verfassung, DÖV 1948, 49 (*„bedeutungsvollste Unterlage"*); *Birke*, Nation ohne Haus, 228 f.; *Stern*, Staatsrecht, Bd. V, § 133, II 3 (S. 1259 f.); *Frotscher/Pieroth*, Verfassungsgeschichte, § 20, Rz. 727; *Benz*, Von der Besatzungsherrschaft zur Bundesrepublik, 189; *Dennewitz*, in: Bonner Kommentar, Einleitung, II. Entstehungsgeschichte des BGG, 89.

[57] Vgl. *Schmid*, Erinnerungen, 334 ff.; *Säcker*, Verfassungskonvent 1948, DÖV 1998, 784, 786; zu den Streitigkeiten über die Bezeichnung, *Stern*, Staatsrecht, Bd. V, § 133, II 2 (S. 1248 ff.); Prot. Parl. Rat, Bd. 2, Einleitung LXV.

[58] Vgl. Prot. Parl. Rat, Bd. 2, Einleitung IX, Aufzählung und Kurzbiographien Einleitung XI bis XXXI, zu den Mitarbeitern auch XXXIV ff.; siehe auch *Stern*, Staatsrecht, Bd. V, § 133, II 2 (S. 1248 ff.).

chiemseer Verfassungsentwurf[59]), dessen Bestimmungen anschließend in einem kommentierenden Teil erläutert werden sollten.[60] In den Fragen, in denen keine einvernehmliche Lösung herbeigeführt werden konnte, sollten Mehrheits- und Minderheitslösungen alternativ aufgenommen werden.[61]

II. Unterausschuss III

Organisatorisch bildete der Verfassungskonvent drei Unterausschüsse, in denen die verfassungsrechtlichen Einzelaspekte beraten wurden. Für die Ausgestaltung der Verfassungsgerichtsbarkeit war in erster Linie der Unterausschuss III zuständig, der mit Organisationsfragen im Hinblick auf Gestaltung, Aufbau und Funktionen der Bundesorgane befasst war.[62]

Während die offiziellen Konventmitglieder ihre Tätigkeit auf den Unterausschuss I konzentrierten, waren im Unterausschuss III vorwiegend Mitarbeiter und verfassungsrechtliche Berater der Delegierten versammelt.[63] Besonderen Einfluss auf die Ausarbeitung der Bestimmungen über die Verfassungsgerichtsbarkeit und die Gerichtsorganisation nahmen der Vorsitzende des Unterausschusses III Zürcher (Baden)[64] sowie

---

[59] Vgl. *Wilms*, Dokumente zur neuesten Verfassungsgeschichte, Bd. III/2, Dok.-Nr. 2, 55 ff.; Bericht über den Verfassungskonvent von Herrenchiemsee vom 10. bis 23. August 1948, in: Prot. Parl. Rat, Bd. 2, Dok.-Nr. 14, 504, 579 ff.

[60] Vgl. Bericht über den Verfassungskonvent von Herrenchiemsee, in: Prot. Parl. Rat, Bd. 2, Dok.-Nr. 14, 504 ff.

[61] Vgl. *R. Mußgnug*, Entstehen der Bundesrepublik, in: Isensee/Kirchhof, HdbStR, Bd. 1, § 8, Rdnr. 41; Prot. Parl. Rat, Bd. 2, Einleitung LXIX; mit positiver Beurteilung dieses Umstandes *Fait*, Potsdam – Herrenchiemsee – Bonn, 7, 36.

[62] Vgl. *Säcker*, Verfassungskonvent 1948, DÖV 1998, 784, 790; Prot. Parl. Rat, Bd. 2, Einleitung LXXIII.

[63] Vgl. Prot. Parl. Rat, Bd. 2, Einleitung LXXXIII; *Fait*, Potsdam – Herrenchiemsee – Bonn, 7, 32. Im einzelnen waren dies: Zürcher (Vorsitzender, Baden); Leusser (Bayern), Feine (Bremen), Prass (Hamburg), Brill (Hessen), Jaeger (Niedersachsen), Kordt (Nordrhein-Westfalen), von Doemming (Rheinland-Pfalz), Edding (Schleswig-Holstein), Küster (Württemberg-Baden), von Schmoller (Württemberg-Hohenzollern), Einleitung LXXIV.

[64] Vgl. Kurzbiographie in: Prot. Parl. Rat, Bd. 2, Einleitung XXIII; *Stern*, Staatsrecht, Bd. V, § 133, II 3 (S. 1252 u. 1255).

die Mitarbeiter Leusser (Bayern) und von Doemming (Rheinland-Pfalz). Als Grundlage für die Ausarbeitung der Abschnitte über das „Bundesverfassungsgericht“ und die „Rechtspflege“ des Herrenchiemseer-Entwurfs dienten vor allem die Vorarbeiten Leussers,[65] der sich in erster Linie am „Bayerischen Entwurf eines Grundgesetzes für den Verfassungskonvent“[66] (BayVerf-E) und teilweise auch an Vorschlägen seines Kollegen Kollmann orientiert hatte.[67] Der im Auftrag der Bayerischen Staatsregierung von Nawiasky, Schwalber, Leusser und Kneuer[68] erarbeitete Bayerische Verfassungsentwurf „eines Grundgesetzes“ knüpfte seinerseits erkennbar an die Vorschriften der Bayerischen Landesverfassung vom 2. Dezember 1946 an.[69]

---

[65] Claus Leusser (1909-1966) leitete zu dieser Zeit als Ministerialrat in der Bayerischen Staatskanzlei die Rechts- und Verfassungsabteilung. Bereits im Jahre 1946 hatte er maßgeblich an der Ausarbeitung der Bayerischen Landesverfassung mitgewirkt, zu der er zusammen mit Hans Nawiasky einen Kommentar verfasste. Später wurde er kurzzeitig Richter am Bundesverfassungsgericht (Sept. bis Dez. 1951), trat von diesem Amt jedoch zurück, als er zum Bevollmächtigten des Freistaats Bayern beim Bund ernannt wurde (Dez. 1951 bis Febr. 1963). Von 1963 bis zu seinem Tode war er Ministerialdirektor im Bayerischen Staatsministerium der Justiz, vgl. Prot. Parl. Rat, Bd. 2, Einleitung XIV u. www.munzinger.de.

[66] Vgl. *Lange*, Die Würde des Menschen ist unantastbar, 12; abgedruckt bei *Wilms*, Dokumente zur neuesten Verfassungsgeschichte, Bd. III/2, Dok.-Nr. 1, 33, 45 ff.; Prot. Parl. Rat, Bd. 2 , Dok.-Nr. 1, 1 ff. Zu den Hintergründen siehe *Stern*, Staatsrecht, Bd. V, § 133, II 5 (S. 1276 f.).

[67] Vgl. *Säcker*, Verfassungskonvent 1948, DÖV 1998, 784, 787 u. 790; Prot. Parl. Rat, Bd. 2, Einleitung XCV. Dieser wichtige Beitrag war auch der Grund dafür, weshalb Leusser vom Kombinierten Ausschuss für die Organisation des Bundes und für Verfassungsgerichtshof und Rechtspflege des Parlamentarischen Rates als auswärtiger Sachverständiger zur Frage der Verfassungsgerichtsbarkeit gehört werden sollte, *Dehler* in: Prot. Parl. Rat, Bd. 13/I, Dok.-Nr. 5, 144, 153 (5. Sitzung d. KombA, 23.9.1948).

[68] Kneuer war zu dieser Zeit Ministerialrat und Leiter der Abteilung „Verfassung und Staatsverwaltung“ im Bayerischen Staatsministerium des Innern, *Fait*, Potsdam – Herrenchiemsee – Bonn, 7, 33.

[69] Vgl. *Schmid*, Erinnerungen, 335; *Fait*, Potsdam – Herrenchiemsee – Bonn, 7, 33; hierzu auch die Referenz zu den entsprechenden Vorschriften der Bayerischen Verfassung in Prot. Parl. Rat, Bd. 2, Dok.-Nr. 1 (Bayerischer Entwurf), 1, 24 (Fn. 102 bis 110); siehe auch *Huber*, Quellen zum Staatsrecht der Neuzeit, Bd. 2, 313, 321 f.. Auf diese Weise gewann das institutionelle und kompetenzielle Modell des Bayerischen Verfassungsgerichtshofs vorbildhaften Einfluss auf die Bundesverfassungsgerichtsbarkeit, vgl. *Geiger*, BVerfGG-Kommentar, Ein-

III. Verfassungskonvent und Verfassungsgerichtsbarkeit

1. Gerichtliche Grundkonzeption

Während zahlreiche Bestimmungen über die zu errichtende Verfassungsgerichtsbarkeit im Unterausschuss III und später im Plenum des Verfassungskonvents weitgehend einvernehmlich beschlossen wurden, führte die Frage der gerichtlichen Grundkonzeption zu kontroversen Erörterungen. Dabei ging es im wesentlichen um die Frage, ob die vorgesehenen verfassungsgerichtlichen Kompetenzen in der Tradition des amerikanischen Supreme Court und des Schweizerische Bundesgerichts von einem einheitlichen obersten Bundesgericht ausgeübt werden sollen (Einheitsmodell) oder ob die Einrichtung eines institutionell selbständigen Verfassungsgerichts in der Tradition des Weimarer Staatsgerichtshofs und der bereits bestehenden Länderverfassungsgerichte vorzugswürdig erschien (Trennungsmodell).[70] Da sich die Delegierten im Unterausschuss nicht einigen konnten,[71] wurde die als „politisch" angesehene Entscheidung über die grundsätzliche Organisationsform der Verfassungsgerichtsbarkeit den zuständigen Gremien des Parlamentarischen Rats überlassen. Diese sollten später einen Großteil ihrer Beratungszeit allein auf die Behandlung dieser Frage verwenden.[72]

---

leitung, XVII-XVIII; *Wilms,* Ausländische Einwirkungen, 170; *Wieland,* in: Dreier, GG, Bd. 3, Art. 93, Rdnr. 15.

[70] Vgl. Bericht über den Verfassungskonvent von Herrenchiemsee, in: Prot. Parl. Rat, Bd. 2, Dok.-Nr. 14, 504, 573 u. 620 („*Vorbilder in der Schweiz und den Vereinigten Staaten*"); *Säcker,* Verfassungskonvent 1948, DÖV 1998, 784, 790; siehe zu den vergleichbaren Überlegungen im Parlamentarischen Rat, *Wilms,* Ausländische Einwirkungen, 170 f.; grundlegend *Stern,* Staatsrecht, Bd. II, § 44 I 1 (S. 936 f.); *Mosler,* Das Heidelberger Kolloquium, in: Verfassungsgerichtsbarkeit in der Gegenwart, IX ff.

[71] Die vom Unterausschuss alternativ formulierte Fassung des Art. 97 HCE lautete: „Das Bundesverfassungsgericht ist das oberste Bundesgericht oder eines der obersten Bundesgerichte. Es ist zuständig für Fragen des Bundesstaatsrechts." Abgedruckt bei *Wilms,* Dokumente zur neuesten Verfassungsgeschichte, Bd. III/2, Dok.-Nr. 2, 55, 75; Prot. Parl. Rat, Bd. 2, Dok.-Nr. 14, 504, 599.

[72] Vgl. 2. Teil, B.

2. *Einrichtung einer Verfassungsgerichtsbarkeit*

Neben der Formulierung eines Grundrechtskatalogs[73] zählte das im Entwurf vorgesehene Bundesverfassungsgericht als „Krönung der Dritten Gewalt"[74] zu den bedeutendsten Ergebnissen des Herrenchiemseer Verfassungskonvents.[75] Neben Verfahren zur Normenkontrolle, zur Beilegung organschaftlicher und föderativer Streitigkeiten fiel am Herrenchiemseer Verfassungsentwurf vor allem die verfassungsprozessuale Möglichkeit einer Verfassungsbeschwerde auf. Diese sollte es den Bürgern ermöglichen, sich gegen Verletzungen ihrer verfassungsrechtlich garantierten Grundrechte zu wehren (vgl. Art. 98 Nr. 8 HC-E).

IV. Verfassungskonvent und U.S. Supreme Court

Zwar fehlte es in den Beratungen des Verfassungskonvents grundsätzlich nicht an Bezugnahmen auf das amerikanische Verfassungssystem,[76] das Beispiel des U.S. Supreme Court wurde – nach den gegenwärtig vorliegenden Dokumenten – jedoch nur bei der Behandlung bestimmter Fragen ausdrücklich erwähnt. Den Akten und Protokollen des Herrenchiemseer-Verfassungskonvents lassen sich daher verschiedene Hinweise auf den Obersten Gerichtshof der Vereinigten Staaten oder das amerikanische Prozessrecht entnehmen.[77] Diese Bezüge werden in den

---

[73] Vgl. *Wilms*, Dokumente zur neuesten Verfassungsgeschichte, Bd. III/2, Dok.-Nr. 2, 55.

[74] Vgl. *Schmid*, Erinnerungen, 346.

[75] Vgl. *Säcker*, Verfassungskonvent 1948, DÖV 1998, 784, 787; *R. Mußgnug*, Entstehen der Bundesrepublik, in: Isensee/Kirchhof, HdbStR, Bd. 1, § 8, Rdnr. 43.

[76] Vgl. Vorbild des US-Senats für die Zweite Kammer, *Brill* und *Süsterhenn*, in: Prot. Parl. Rat, Bd. 2, Dok.-Nr. 3 (Sitzung des Plenums v. 11.8.1948), 66, 84 u. 128; *Baade*, in: Dok.-Nr. 4 (Sitzung des Plenums v. 12.8.1948), 136, 145 f. Vorbildfunktion des US-Kongresses und des US-Präsidenten, *Drexelius*, in: Dok.-Nr. 3 (Sitzung des Plenums v. 11.8.1948), 66, 123; *Schmid* u. *Baade*, in: Dok.-Nr. 4 (Sitzung des Plenums v. 12.8.1948), 136, 165 u. 171; Dok.-Nr. 6 (Bericht Unterausschuss I), 189, 230.

[77] Zur Organisationsstruktur der Gerichtsbarkeit: Prot. Parl. Rat, Bd. 2, Dok.-Nr. 10 (Bericht des Unterausschusses III), 279, 301 (Fn. 77); *Schneider* (Hrsg.), Das Grundgesetz – Dokumentation seiner Entstehung, Bd. 23/I, Vor Art. 92, Dok.-Nr. 6 (1. Sitzung des UA III, v. 13.8.1948), 13, 14 f. („... *sei es zweckmäßig, von vorneherein nur ein oberstes Bundesgericht zu errichten. Die*

nachfolgenden Teilen dieser Untersuchung (2. bis 14. Teil) jeweils im Zusammenhang mit den dort zu erörternden inhaltlichen Merkmalen behandelt und in angemessener Form für die Frage nach dem Einfluss des U.S. Supreme Court auf das Bundesverfassungsgericht berücksichtigt.

V. Bewertung des Verfassungskonvents

Eine abschließende Gesamtbewertung des auf dem Verfassungskonvent von Herrenchiemsee formulierten Entwurfs fällt nicht leicht, weil die auf Veranlassung des geschäftsführenden Vorsitzenden Pfeiffer vorgenommene Endredaktion „durch bewährte junge Kräfte“[78] des Konvents zu nicht unerheblichen inhaltlichen Veränderungen genutzt wurde.[79] Außerdem variierte die Bedeutung des Herrenchiemseer-Entwurfs für den nachfolgenden Prozess der Verfassunggebung im Parlamentarischen Rat je nach Regelungsmaterie. Bei der Verfassungsgerichtsbarkeit und Gerichtsorganisation war seine Bedeutung allerdings verhältnismäßig groß, da die Bonner Erörterungen an seine Resultate unmittelbar

---

Praxis Amerikas und der Schweiz hätten gezeigt, dass dies möglich ist.“); zur Entgegnung Brills, vgl. *Schneider* (Hrsg.), Das Grundgesetz – Dokumentation seiner Entstehung, Bd. 23/I, Vor Art. 92, Dok.-Nr. 7 (4. Sitzung des UA III, v. 16.8.1948), 14, 16; *Wilms*, Ausländische Einwirkungen, 115. Zur Ausgestaltung der Gewaltenteilung: Bericht über den Verfassungskonvent von Herrenchiemsee, in: Prot. Parl. Rat, Bd. 2, Dok.-Nr. 14, 504, 573 („Zwölftes Kapitel: Die Rechtspflege“); ebenso im Bericht des Unterausschusses III des Verfassungskonvents, in: Prot. Parl. Rat, Bd. 2, Dok.-Nr. 10, 279, 310; *Säcker*, Verfassungskonvent 1948, DÖV 1998, 784, 790. Zur Bindungswirkung verfassungsgerichtlicher Entscheidungen: Prot. Parl. Rat, Bd. 2, Dok.-Nr. 3 (Plenarsitzung v. 11.8.1948), 66, 76 (Hervorhebung v. Verf.); *Wilms*, Ausländische Einwirkungen, 115. Zur konzentrierten oder dezentralisierten Verfassungsgerichtsbarkeit: Prot. Parl. Rat, Bd. 2, Dok.-Nr. 13 (Plenarsitzung v. 23.8.1948), 403, 444 f.; *Stern*, Staatsrecht, Bd. II, § 44, I 1 (S. 936 f.); *Tomuschat*, Das BVerfG im Kreise anderer nationaler Verfassungsgerichte, FS. 50 Jahre BVerfG, Bd. 1, 247, 251 ff.

[78] Gemeint waren damit die Mitarbeiter Küster, Leusser, von Schmoller, Held, von Doemming und Kollmann, denen gemeinsam war, dass alle aus Ländern der französischen oder amerikanischen Zone mit CDU- bzw. CSU-Mehrheit stammten.

[79] Vgl. Prot. Parl. Rat, Bd. 2, Einleitung, CIX ff.; *Fait*, Potsdam – Herrenchiemsee – Bonn, 7, 34 f.

anknüpften und in vielen Fällen zu ähnlichen oder sogar identischen Lösungen gelangten.

Davon unbeeinflusst wurde das Ergebnis der Herrenchiemseer Beratungen von den politischen Parteien zunächst mit großer Zurückhaltung aufgenommen, da eigene verfassungspolitische Handlungsspielräume nicht vorschnell preisgegeben werden sollten.[80] Allerdings führte der hohe Sachverstand der Konventmitglieder und die unbestrittene Qualität des Entwurfs dazu, dass beispielsweise die grundgesetzliche Konzeption der Gerichtsbarkeit ohne die Herrenchiemseer Vorarbeiten wohl kaum denkbar gewesen wäre.[81] Daher ist davon auszugehen, dass auf dem Verfassungskonvent bereits „entscheidende Weichenstellungen" für die Verfassungsordnung und die Organisation der Rechtspflege in der Bundesrepublik vorgenommen wurden. Darüber hinaus hat der Entwurf die zentralen Strukturelemente des Grundgesetzes, nicht zuletzt eine umfassende und moderne Verfassungsgerichtsbarkeit, bereits in wesentlichen Zügen vorgeprägt.[82] Für die praktische Arbeit des Parlamentarischen Rates hatte der Herrenchiemseer Entwurf vor allem deshalb erhebliche Bedeutung, weil er die Bonner Debatten strukturierte und im Groben die Gliederung des Grundgesetzes vorwegnahm.[83] So ist beispielsweise den für Fragen der Gerichtsorganisation und Verfassungsgerichtsbarkeit besonders wichtigen Protokollen des Rechtspflegeausschusses zu entnehmen, dass in fast allen Fällen die vom jeweiligen Vorsitzenden vorgetragene Bestimmung des Herrenchiemseer Entwurfs

---

[80] Vgl. *Benz*, Von der Besatzungsherrschaft zur Bundesrepublik, 189 ff.; *Stern*, Staatsrecht, Bd. V, § 133, II 4 (S. 1266 ff.); *Säcker*, Verfassungskonvent 1948, DÖV 1998, 784, 792; *Fait*, Potsdam – Herrenchiemsee – Bonn, 7, 35 f.; siehe z.B. *Schmid*, Erinnerungen, 335 u. 351 ff.; *Adenauer*, Erinnerungen 1945-1953, 151 („*Ausarbeitung von Beratungsgrundlagen*").

[81] Vgl. *R. Mußgnug*, Entstehen der Bundesrepublik, in: Isensee/Kirchhof, HdbStR, Bd. 1, § 8, Rdnr. 44; *Birke*, Nation ohne Haus, 228 f.; *Stern*, Staatsrecht, Bd. V, § 133, II 4 (S. 1270).

[82] Vgl. *Fait*, Potsdam – Herrenchiemsee – Bonn, 7, 36 f.; *Frotscher/Pieroth*, Verfassungsgeschichte, § 20, Rz. 728; *Säcker*, Verfassungskonvent 1948, DÖV 1998, 784, 792.

[83] Vgl. *Schmid*, Erinnerungen, 335; *Lange*, Die Würde des Menschen ist unantastbar, 13. Siehe hierzu auch die Gegenüberstellung im Anhang von *Fait*, Potsdam – Herrenchiemsee – Bonn, 52 ff.

den Ausgangspunkt für die sich anschließenden Beratungen des Ausschusses gebildet haben.[84]

C. Parlamentarischer Rat

Die entscheidenden Erörterungen verfassungsrechtlicher Ideen und die Ausarbeitung des Grundgesetzes erfolgten im Parlamentarischen Rat, der nach einer Vereinbarung der Westalliierten in der Zeit vom 1. September 1948 bis zum 23. Mai 1949 in Bonn am Rhein zusammentrat. Auch die verfassungsrechtlichen Grundlagen für die Errichtung des Bundesverfassungsgerichts und die Schaffung einer neuen Bundesgerichtsbarkeit (Art. 92 ff. GG) wurden in den zuständigen Fachausschüssen des Parlamentarischen Rates festgelegt. Die in den Bonner Beratungen erfolgte Einführung eines Verfassungsgerichts auf Bundesebene waren in erster Linie auf zwei Ursachen zurückzuführen: Einerseits beruhten sie auf der von den westalliierten Militärregierungen unterstützten Grundsatzentscheidung zur Errichtung einer umfassenden und modernen Verfassungsgerichtsbarkeit, andererseits war entscheidend, dass auch maßgebliche Politiker verschiedener deutscher Parteien die Schaffung eines Verfassungsgerichts grundsätzlich befürworteten. Was die konkrete Ausgestaltung der grundlegenden verfassungsrechtlichen Prinzipien im Grundgesetz anbelangt, so zeigen das Scheitern des Senatsmodells und der Präsidialdemokratie beispielhaft,[85] dass die Abgeordneten des Parlamentarischen Rats dem US-amerikanischen Verfassungsbeispiel keineswegs unreflektiert und detailgetreu nacheifern mussten, sondern in ihren damaligen Entscheidungen für das Bundesratsmodell und die Errichtung einer parlamentarischen Demokratie weitgehend frei handelten. Dieser Zusammenhang von nicht disponib-

---

[84] Z.B. *Strauß* (CDU), in: Prot. Parl. Rat, Bd. 13/II, Dok.-Nr. 55, 1272, 1227 ff. (5. Sitzung d. RpflA, 10.11.1948); *ders.* (CDU), in: Prot. Parl. Rat, Bd. 13/II, Dok.-Nr. 56, 1332, 1335 ff. (6. Sitzung d. RpflA, 16.11.1948) („*Wir könnten ... prüfen, welche Fragen verfassungsrechtlicher Natur dem Bundesgericht überwiesen werden sollten. Dabei waren wir zunächst nach dem Katalog von Herrenchiemsee vorgegangen, ...*“).

[85] Prot. Parl. Rat, Bd. 13/I, Dok.-Nr. 3 (3. Sitzung d. KombA, 21.9.1948), 47 ff., Dok.-Nr. 4 (4. Sitzung d. KombA, 22.9.1948), 83, 86 ff. [Senatslösung]; sowie Prot. Parl. Rat, Bd. 13/I Dok.-Nr. 2 (2. Sitzung d. KombA, 16.9.1948), 4, 5 f., Dok.-Nr. 5 (5. Sitzung d. KombA, 23.9.1948), 114, 134 ff. [Präsidialdemokratie]; *Stern*, Staatsrecht, Bd. V, § 133, II 9 (S. 1308 ff. u. 1316 ff.).

len verfassungsrechtlichen Grundprinzipien (z.B. Föderalismus, Demokratie und Menschenrechte) und weitgehender Freiheit bei der konkreten Ausgestaltung waren auch bei der Errichtung einer Verfassungsgerichtsbarkeit auf Bundesebene kennzeichnend.

I. Ausgangslage der Beratungen

Bereits unmittelbar nach der Konstituierung des Parlamentarischen Rates wurde in den Eingangsberatungen vom 8. und 9. September 1948 die Schaffung einer modernen Verfassungsgerichtsbarkeit umfassend erörtert.[86] Aufgrund der herrschenden Mehrheitsverhältnisse waren die Positionen der beiden mit jeweils 27 stimmberechtigten Abgeordneten im Parlamentarischen Rat vertretenen Fraktionen von CDU/CSU und SPD von vorrangiger Bedeutung. Erst wenn zwischen diesen bei einem Themenbereich keine Einigkeit bestand, kam es auf die Voten der kleineren Parteien an, von denen die FDP über 5, das Zentrum, die Deutsche Partei (DP) und die KPD über je 2 Abgeordnete verfügten.[87] Wie sich jedoch gleich zu Beginn der Beratungen zeigte, bestand in der Frage einer Verfassungsgerichtsbarkeit auf Bundesebene ein parteiübergreifender Konsens zwischen CDU/CSU und SPD, dem sich die anderen bürgerlichen Parteien regelmäßig anschlossen.[88] So nahm in der 2. Sitzung des Plenums zunächst der damalige Justiz- und Kultusminister des Landes Rheinland-Pfalz, Adolf Süsterhenn (1905-1974), stellvertretend für die gemeinsame Fraktion von CDU und CSU zur Errichtung eines Verfassungsgerichts auf Bundesebene Stellung. Dabei führte er aus:

---

86 Zu den näheren Umständen dieser „Plenardebatte", vgl. *Lange*, Die Würde des Menschen ist unantastbar, 18 ff.

87 Vgl. zu den Mitgliedern und Sitzverteilungen, Prot. Parl. Rat, Bd. 1, Anhang, 429 ff.; *Lange*, Die Würde des Menschen ist unantastbar, 186; *Frotscher/Pieroth*, Verfassungsgeschichte, § 21, Rz. 730; *Stern*, Staatsrecht, Bd. V, § 133, II 6 (S. 1278).

88 Wie bereits im Vorfeld nahm die KPD auch in den Beratungen des Parlamentarischen Rates zur Frage der Verfassungsgerichtsbarkeit eine ablehnende Haltung ein. Da sie jedoch die Arbeit des Parlamentarischen Rates überhaupt für illegitim hielt, war sie als rein destruktive politische Kraft bei den Bonner Beratungen weitgehend wirkungslos, siehe *Feldkamp*, Der Parlamentarische Rat, 52.

> „Eines der wichtigsten Organe in einem auf föderativer Basis aufgebauten Rechtsstaat erscheint uns der Staats- und Verfassungsgerichtshof zu sein. Die föderative Struktur eines Staatswesens birgt in sich immer die Möglichkeit von Meinungsverschiedenheiten zwischen der Bundeszentralgewalt und den Ländergewalten. Unser Fraktionsmitglied Dr. Adenauer hat bei den verfassungspolitischen Vorarbeiten des Zonenbeirates mit Recht einen Staatsgerichtshof gefordert[89] (....).
>
> Wir wollen einen Staatsgerichtshof, dem nicht nur ein Prüfungsrecht darüber zusteht, ob ein Gesetz in der vorgeschriebenen Form erlassen ist oder ob es mit dem Buchstaben und dem Wortlaut der Verfassung in Einklang steht. Der von uns geforderte Verfassungsgerichtshof soll auch das Recht haben zu prüfen, ob ein Gesetz seinem Inhalt nach dem Geist und den naturrechtlichen, menschenrechtlichen Grundlagen entspricht, wie dies z.B. *beim Bundesgerichtshof der Vereinigten Staaten* der Fall ist, welcher über den Willen des Gesetzgebers hinaus zum Hüter der Verfassung, zum Wahrer des Naturrechts zum verkörperten Gewissen der Volksgesamtheit geworden ist.“[90]

Anknüpfend an die Ausführungen Adenauers zur Staatsgerichtsbarkeit vom November 1947 stellte Süsterhenn mit dem Verfassungsgericht moderner Prägung eine zentrale verfassungsrechtliche Forderung seiner Fraktion für das vom Parlamentarischen Rat zu erarbeitende Grundge-

---

[89] In der 17. Sitzung des Zonenbeirats der britischen Zone vom 24. November 1947 führte der spätere Bundeskanzler Adenauer zu den inhaltlichen Anforderungen an eine gesamtdeutsche Verfassung dementsprechend aus: *„Wir legen in der zukünftigen Verfassung noch auf zwei Dinge entscheidenden Wert: einmal auf die Schaffung eines Staatsgerichtshofs. ... Dieser Staatsgerichtshof soll weiter die Aufgabe haben, einem jeden Einwohner Deutschlands den nötigen Schutz zu gewähren gegen Beeinträchtigung der ihm verfassungsmäßig zugesicherten Grundrechte. Auch das ist eine absolute Notwendigkeit. Es gibt nicht nur eine Diktatur eines einzelnen, es kann auch eine Diktatur einer parlamentarischen Mehrheit geben, und davor wollen wir einen Schutz haben in der Form des Staatsgerichtshofes.“* vgl. *Adenauer*, Erinnerungen 1945-1953, 128, auch bereits in: Der Zonenbeirat zur Verfassungspolitik, Hamburg 1948, 35; vgl. hierzu auch *Pikart*, Auf dem Weg zum Grundgesetz, in: Die zweite Republik, hrsg. von Löwenthal/Schwarz, 149, 167.

[90] Vgl. Prot. Parl. Rat, Bd. 9, Dok-Nr. 2 (Zweite Sitzung d. Plenums, 8.9.1948), 18, 66 f. (Hervorhebungen v. Verf.); *Schmid*, Erinnerungen, 363 (*„Krönung des Verfassungsgefüges sollte ein Staats- und Verfasssungsgerichtshof bilden.“*)

setz auf. Dabei erscheint es durchaus schlüssig, dass er – wie Carlo Schmid bemerkte – in der richterlichen Gewalt ein konservatives Element sah, dessen Stärkung einer übertriebenen Neuerungswut Einhalt gebieten könnte.[91]

Bemerkenswert war an den Ausführungen Süsterhenns jedoch vor allem die unmittelbare Nennung des U.S. Supreme Court, den er offenkundig nicht nur in kompetenzieller, sondern auch in ideeller Hinsicht als Modell für ein deutsches Verfassungsgericht betrachtete. Ob der Supreme Court im amerikanischen Verfassungsgefüge tatsächlich – wie Süsterhenn behauptete – als „verkörpertes Gewissen der Volksgesamtheit" anzusehen war, erscheint auch aus der Perspektive des Jahres 1948 zwar durchaus zweifelhaft. Dennoch kann die Erwähnung des Supreme Court in den Eingangsberatungen des Parlamentarischen Rates nicht stark genug hervorgehoben werden, da damit bei einer äußerst prominenten Gelegenheit klargestellt wurde, welchen verfassungsrechtlichen Vorbildern bei der Gründung des Bundesverfassungsgerichts gefolgt werden sollte.

Die von Süsterhenn in seiner Grundsatzrede aufgestellte Forderung nach Errichtung eines Verfassungsgerichts mit umfassenden Kompetenzen wurde auch von der sozialdemokratischen Fraktion im Parlamentarischen Rat unterstützt. Nachdem der Eröffnungsredner der SPD, Carlo Schmid, sich tags zuvor nicht näher zur Verfassungsgerichtsbarkeit geäußert hatte, erklärte der Vorsitzende des Verfassungspolitischen Ausschusses der SPD und nordrhein-westfälische Innenminister Walter Menzel (1901-1963) am 9. September 1948 im Plenum des Parlamentarischen Rates hierzu folgendes:

> „In den Bereich der Rechtspflege gehören auch die Probleme des Verfassungsgerichtshofs, auf die ich hier im einzelnen nicht weiter einzugehen brauche, nachdem sie gestern schon Herr Kollege Süsterhenn berührt hat. Wer dem Prinzip von der Dreiteilung der Gewalten zustimmt, muß die Institution eines Verfassungsgerichtshofs bejahen, und wer dafür ist, dass die Verwaltung gesetzmäßig verläuft und kontrolliert wird und dass die Gesetzgebung des Landes sich unterordnen und in Einklang stehen muß mit der Gesetzgebung des höherrangigen Bundes, der muß eine solche richterliche Kontrolle zulassen.

---

[91] Vgl. *Schmid*, Erinnerungen, 336, zu den einleitenden Ausführungen Süsterhenns.

> Der Hinweis, diese Kontrolle durch die Souveränität der allgemeinen Volksversammlung ausüben zu lassen, übersieht, dass dann die gesetzgebende Versammlung selbst entscheiden müsste, ob ein von ihr erlassenes Gesetz mit der Bundesverfassung in Übereinstimmung ist, die Bundesversammlung mithin Richter in eigener Person würde.“[92]

Damit zeigt sich angesichts der Eingangsberatungen des Parlamentarischen Rats vom 8./9. September 1948, dass die beiden großen Fraktionen von Anfang an übereinstimmend für die Schaffung einer umfassenden und modernen Verfassungsgerichtsbarkeit auf Bundesebene eintraten.[93] Die darin zum Ausdruck gebrachte grundsätzliche Befürwortung einer Gerichtsbarkeit nach dem Beispiel des „Bundesgerichtshofs der Vereinigten Staaten“ hatte zur Folge, dass in den zuständigen Gremien des Parlamentarischen Rates nur noch Fragen der konkreten institutionellen und kompetenziellen Ausgestaltungen erörtert werden mussten, während die Grundsatzentscheidung zugunsten einer umfassenden Verfassungsgerichtsbarkeit bereits von Anfang an feststand. Diese Gegebenheiten hatten wiederum zur Folge, dass bei der Ausarbeitung der konkreten Bestimmungen über die Verfassungsgerichtsbarkeit keine grundlegenden Streitpunkte zwischen den beiden großen Fraktionen bestanden, so dass die Arbeit des Parlamentarischen Rates und seiner Fachausschüsse in dieser Frage vor allem von nüchterner Sachkunde und konstruktiver Zielstrebigkeit geprägt war.

II. Organisation und Arbeitsweise des Parlamentarischen Rates

Obwohl die Eingangsberatungen vom 8. und 9. September 1948 im Plenum stattfanden, lag der Arbeitsschwerpunkt des Parlamentarischen Rates bei den einzelnen Fachausschüssen und den koordinierenden Gremien. Zur Organisation der verfassunggebenden Tätigkeiten wurden zunächst der Ältestenrat und der Geschäftsordnungsausschuss errichtet, die den reibungslosen parlamentarischen Ablauf der Beratungen gewährleisten sollten.[94] Zur Koordinierung der Arbeit in den einzelnen

---

[92] Vgl. Prot. Parl. Rat, Bd. 9, Dok-Nr. 3 (Dritte Sitzung d. Plenums, 9.9.1948), 70, 82.

[93] Vgl. *Wilms*, Ausländische Einwirkungen, 167 ff.

[94] Vgl. *Lange*, Die Würde des Menschen ist unantastbar, 42 f.; eingehend dokumentiert in Prot. Parl. Rat, Bd. 10 „Ältestenrat, Geschäftsordnungsaus-

Fachausschüssen wurde außerdem der Hauptausschuss gebildet, in dem die zum Teil divergierenden Verfassungsbestimmungen miteinander in Einklang gebracht werden sollten.[95] Erarbeitet wurden die einzelnen Vorschriften des Grundgesetzes in erster Linie in den Fachausschüssen. Zu nennen sind hierfür:

der Ausschuss für Grundsatzfragen (GrdA),[96]

der Ausschuss für Zuständigkeitsabgrenzungen (ZustA),[97]

der Ausschuss für Finanzfragen (FinA),[98]

der Ausschuss für Wahlrechtsfragen (WahlA),[99]

der Ausschuss für das Besatzungsstatut (BesStA),[100]

der Ausschuss für Organisation des Bundes (OrgA), sowie

der Ausschuss für Verfassungsgerichtshof und Rechtspflege (RpflA).[101]

Im weiteren Fortgang der Verfassunggebung wurde zusätzlich noch der Allgemeine Redaktionsausschuss (ARA) eingerichtet, um die sprachliche und verfassungssystematische Abstimmung der einzelnen Verfas-

---

schuss und Überleitungsausschuss", bearbeitet von Michael F. Feldkampf, Boppard/Rh. 1997.

95 Vgl. hierzu Parlamentarischer Rat (Hrsg.), Verhandlungen des Hauptausschusses, Bonn o.J.; *Schmid*, Erinnerungen, 355 ff.; *Stern*, Staatsrecht, Bd. V, § 133, II 6 (S. 1281). Vgl. zu den einzelnen Phasen bei den Beratungen des Parlamentarischen Rats, *Lange*, Die Würde des Menschen ist unantastbar, 67; *Stern*, Staatsrecht, Bd. V, § 133, II 7 (S. 1286 ff.).

96 Eingehend dokumentiert in Prot. Parl. Rat, Bd. 5/1 u. 5/2 „Ausschuss für Grundsatzfragen", bearbeitet von Eberhard Pikart, Boppard/Rh. 1993.

97 Eingehend dokumentiert in Prot. Parl. Rat, Bd. 3 „Ausschuss für Zuständigkeitsabgrenzung", bearbeitet von Wolfram Werner, Boppard/Rh. 1986.

98 Eingehend dokumentiert in Prot. Parl. Rat, Bd. 12 „Ausschuss für Finanzfragen", bearbeitet von Michael F. Feldkamp, Boppard/Rh. 1999.

99 Eingehend dokumentiert in Prot. Parl. Rat, Bd. 6 „Ausschuss für Wahlrechtsfragen", bearbeitet von Harald Rosenbach, Boppard/Rh. 1994.

100 Eingehend dokumentiert in Prot. Parl. Rat, Bd. 4 „Ausschuss für das Besatzungsstatut", bearbeitet von Wolfram Werner, Boppard/Rh. 1989.

101 Beide eingehend dokumentiert in Prot. Parl. Rat, Bd. 13/I u. 13/II: „Ausschuss für Organisation des Bundes/Ausschuss für Verfassungsgerichtshof und Rechtspflege", bearbeitet von Edgar Büttner und Michael Wettengel, München 2002.

sungsvorschriften zu gewährleisten.[102] In Absprache mit dem Hauptausschuss wurden die Ergebnisse der Fachausschüsse im Allgemeinen Redaktionsausschuss verschiedenen Überarbeitungen und Anpassungen unterzogen, wobei zum Teil nicht unerhebliche inhaltliche Korrekturen vorgenommen wurden. Dies galt im besonderen Maß für die Verfassungsvorschriften über die Gerichtsorganisation des Bundes und das Bundesverfassungsgericht.[103] Schließlich wurde im Mai 1949 der sog. Überleitungsausschuss gebildet, der der zukünftigen Bundesregierung vordringliche gesetzgeberische und organisatorische Aufgaben nennen sollte.[104] Für die Verhandlungen mit den alliierten Militärregierungen wurden außerdem zwischenzeitlich als interfraktionelle Gremien der Fünfer- und der Siebenerausschuss gebildet, um die vor allem in der Schlussphase der Verfassunggebung (März bis Mai 1949) bestehenden Unstimmigkeiten auszuräumen.[105]

III. Kombinierter Ausschuss/Ausschuss für Verfassungsgerichtshof und Rechtspflege

Die Beratungen über die Verfassungsgerichtsbarkeit fanden vor allem im Ausschuss für Verfassungsgerichtshof und Rechtspflege statt (Rechtspflegeausschuss). Da jedoch im Ältestenrat frühzeitig erkannt wurde, dass die hierbei entstehenden Fragen notwendigerweise in Abstimmung mit der sonstigen Organisationsstruktur des Bundes gelöst werden müssen, sollte der Ausschuss für den Verfassungsgerichtshof zunächst zusammen mit dem Ausschuss für die Organisation des Bun-

---

[102] Der Allgemeine Redaktionsausschuss bestand aus lediglich drei Mitgliedern. Neben Georg August Zinn (SPD) und Thomas Dehler (FDP) kam von der CDU zunächst Heinrich v. Brentano, später Hermann von Mangoldt hinzu. Für den Abschnitt „Rechtsprechung“ vertrat jedoch der stellvertretende Vorsitzende des Rechtspflegeausschusses Walter Strauß die Fraktion von CDU/CSU, Prot. Parl. Rat, Bd. 13/I, Einleitung, XXIX (Fn. 86).

[103] Zu den Gründen im Einzelnen vgl. 2. Teil, B; Vgl. Prot. Parl. Rat, Bd. 13/I, Einleitung, CI f. u. XXIX (Fn. 86); *Zinn* (SPD), in: Prot. Parl. Rat, Bd. 13/II, Dok.-Nr. 62, 1512 (10. Sitzung d. RpflA, 11.1.1949); *Feldkamp*, Parl. Rat, 107; vgl. hierzu auch *v. Brünneck*, Die Verfassung des Landes Hessen, JöR 1953, 213, 219.

[104] Vgl. *Stern*, Staatsrecht, Bd. V, § 133, II 6 (S. 1281 f.); *Schmid*, Erinnerungen, 399 f.

[105] Vgl. *Lange*, Die Würde des Menschen ist unantastbar, 43 f.

des tagen.[106] Dieser „Kombinierte Ausschuss“ konstituierte sich am 15. September 1948 und erörterte in insgesamt 16 gemeinsamen Sitzungen bis zum 20. Oktober alle Fragen der Organisationsstruktur des Bundes, einschließlich des Bundesverfassungsgerichts. Nachdem die grundsätzlichen Festlegungen getroffen waren, lösten sich die beiden Ausschüsse voneinander und der Ausschuss für Verfassungsgerichtshof und Rechtspflege erörterte die verbliebenen Fragen bis zum Januar 1949. Außerdem wurden Fragen der Verfassungsgerichtsbarkeit auch verschiedentlich im Ausschuss für Zuständigkeitsabgrenzung erörtert.[107]

1. Zusammensetzung und Organisation

a. Kombinierter Ausschuss

Der Kombinierte Ausschuss wurde wegen der Anzahl seiner Mitglieder verschiedentlich auch „kleiner Hauptausschuss“ genannt.[108] Insgesamt gehörten ihm zuletzt 22 Mitglieder an, wovon CDU/CSU und SPD jeweils neun, die FDP zwei Mitglieder stellten, während DP und Zentrum jeweils einen Vertreter entsandten, die jedoch nicht mit den Mitgliedern der beiden Einzelausschüsse identisch waren. Folgende Abgeordnete waren Mitglieder des Kombinierten Ausschusses:[109]

CDU/CSU-Fraktion

Robert Lehr (Vorsitzender, Nordrhein-Westfalen)

Paul de Chapeaurouge (Hamburg)

Albert Finck (Rheinland-Pfalz)

Herman Fecht (Baden)

---

[106] Vgl. Prot. Parl. Rat, Bd. 10, Teil A, Dok.-Nr. 1, 3; Dok.-Nr. 4, 9 f. Siehe auch Beschlüsse des Plenums vom 9.9.1948, Prot. Parl. Rat, Bd. 9, Dok.-Nr. 3, TOP 3, 148; zum Ganzen Prot. Parl. Rat, Bd. 13/I, Einleitung, VII.

[107] Vgl. Prot. Parl. Rat, Bd. 3, Dok.-Nr. 8, 304, 307 bis 320 (7. Sitzung d. ZustA, 1.10.1948); Dok.-Nr. 13, 435, 481 (11. Sitzung des ZustA, 13.10.1948) u. Dok.-Nr. 14, 482 f. (12. Sitzung d. ZustA, 14.10.1948).

[108] Vgl. Prot. Parl. Rat, Bd. 13/I, Einleitung, VII; *Feldkamp*, Der Parlamentarische Rat, 69.

[109] Angaben aus: Prot. Parl. Rat, Bd. 13/I, Einleitung, IX ff.; ebenso *Feldkamp*, Der Parlamentarische Rat, 69.

Carl Schröter (Schleswig-Holstein)
Josef Schwalber (Bayern)
Felix Walter (Württemberg-Baden)
Ernst Wirmer (Niedersachsen)
ab 7.10.48: *Walter Strauß* (Hessen)

SPD -Fraktion
Rudolf Katz (stellv. Vorsitzender, Schleswig-Holstein)
Carlo Schmid (Württemberg-Hohenzollern)
Hermann Runge (Nordrhein-Westfalen)
Willibald Mücke (Bayern)
Georg August Zinn (Hessen)
Friedrich Wilhelm Wagner (Rheinland-Pfalz)
Fritz Löwenthal (Nordrhein-Westfalen)
Elisabeth Selbert (Niedersachsen, eigentl. Hessen)
ab 7.10.48: *Karl Kuhn* (Rheinland-Pfalz)

Für die FDP-Fraktion gehörten dem Kombinierten Ausschuss *Thomas Dehler* (Bayern) und *Max Becker* (Hessen) an, für die Deutsche Partei (DP) *Wilhelm Heile* (Niedersachsen) und für das Zentrum (Z) *Johannes Brockmann* (Nordrhein-Westfalen). Außerdem wurden von jeder Fraktion auch stellvertretende Mitglieder für den Ausschuss benannt.[110]

Obwohl grundsätzlich für jeden Fachausschuss eine feste Mitgliederzahl bestimmt worden war, entsprach es der üblichen Verfahrensweise im Parlamentarischen Rat, dass auch andere Abgeordnete „als Gäste" an den Sitzungen eines Fachausschusses teilnehmen und zu den Beratungen beitragen durften. So haben insgesamt 53 unterschiedliche Abgeordnete an Sitzungen des Kombinierten Ausschusses oder der beiden getrennten Ausschüsse teilgenommen.[111]

---

[110] Als Stellvertreter waren für den Kombinierten Ausschuss vorgesehen: CDU/CSU-Fraktion: *Adolf Süsterhenn, Blomeyer, Laforet, Kaufmann, Seibold, von Mangoldt*; SPD-Fraktion: *Schönfelder, Seifried, Hoch, Löwenthal, Heiland, Gayk, Mücke, Greve, Wagner*, Prot. Parl. Rat, Bd. 13/I, Einleitung, XI.

[111] Eine vollständige Auflistung von Gästen in den Sitzungen des Kombinierten Ausschusses und in den beiden getrennten Ausschüssen, vgl. Prot. Parl. Rat, Bd. 13/I, Einleitung, VIII (Komb. A.), XXXVI (OrgA) u. XXXVIII f. (RpflA).

Die in den drei genannten Fachausschüssen insgesamt relativ großzügig gehandhabte Beteiligung von „Gästen“ ermöglichte es, eine zahlenmäßige Ausdehnung des Ausschusses zu vermeiden, während gleichzeitig auf den Sachverstand kompetenter Abgeordneter und einiger Außenstehender nicht verzichten werden musste.[112] Allerdings nahmen der restriktiven Bestimmung über die Zulassung von Nicht-Mitgliedern in der Geschäftsordnung des Parlamentarischen Rates entsprechend (§ 19 Abs. 3 GeschO-ParlR)[113] nur selten auswärtige Sachverständige an den Ausschussberatungen teil.

b. Ausschuss für Verfassungsgerichtshof und Rechtspflege

Der ab 16. Oktober 1948 schwerpunktmäßig mit Fragen der Verfassungsgerichtsbarkeit befasste Ausschuss für Verfassungsgerichthof und Rechtspflege bestand aus insgesamt zehn Mitgliedern, von denen je vier der CDU/CSU und der SPD angehörten, und jeweils ein Mitglied der FDP bzw. der DP. Folgende Abgeordnete waren Mitglieder des Ausschusses für Verfassungsgerichtshof und Rechtspflege:[114]

CDU/CSU-Fraktion

Walter Strauß (stellv. Vorsitzender, Hessen)

Wilhelm Laforet (Bayern)

Paul de Chapeaurouge (Hamburg)

Ernst Wirmer (Niedersachsen)

SPD-Fraktion

Georg August Zinn (Vorsitzender, Hessen)

Friedrich Wilhelm Wagner (Rheinland-Pfalz)

Fritz Löwenthal (Nordrhein-Westfalen)

Elisabeth Selbert (Niedersachsen, eigentl. Hessen)

---

[112] Vgl. Prot. Parl. Rat, Bd. 13/I, Einleitung, IX.

[113] Vgl. Prot. Parl. Rat, Bd. 10, Dok.-Nr. B 5, 185, 192. Die Vorschrift des § 19 Abs. 3 GeschO-ParlR sah vor: „*Der Ausschuss kann im Benehmen mit dem Präsidenten Sachverständige zu seinen Verhandlungen hinzuziehen.*“

[114] Angaben aus: Prot. Parl. Rat, Bd. 13/I, Einleitung, IX ff.; ebenso *Feldkamp*, Der Parlamentarische Rat, 69.

Außerdem waren noch für die FDP Max *Becker* (Hessen) als Schriftführer und für die DP *Wilhelm Heile* (Niedersachsen) Mitglieder des Ausschusses.

Häufig nahmen auch die von den Parteien des Parlamentarischen Rates benannten Vertreter,[115] andere Abgeordnete und in einem Fall auch zwei auswärtige Sachverständige an den Sitzungen des Rechtspflegeausschusses teil.[116]

Den Vorsitz im Ausschuss für Verfassungsgerichthof und Rechtspflege übernahm der damalige hessische Justizminister und spätere Ministerpräsident Georg August Zinn (SPD).[117] Sein Stellvertreter Walter Strauß[118] gehörte der CDU an und war zu dieser Zeit Staatssekretär in

---

[115] Stellvertretende Mitglieder der CDU/CSU waren *Felix Walter* (Württemberg-Baden), *Adolf Blomeyer* (Nordrhein-Westfalen), *Hermann v. Mangoldt* (Schleswig-Holstein) und *Theophil Kaufmann* (Württemberg-Baden). Als stellvertretende Mitglieder der SPD-Fraktion waren nominiert *Rudolf Heiland* (Nordrhein-Westfalen), *Andreas Gayk* (Schleswig-Holstein), *Willibald Mücke* (Bayern) und *Otto Heinrich Greve* (Niedersachsen). Stellvertreter von *Max Becker* war *Thomas Dehler* (Bayern).

[116] Als auswärtige Sachverständige nahmen an der Sitzung des Rechtspflegeausschusses teil: Dr. Herbert Ruscheweyh, Präsident des Deutschen Obergerichts und Dr. Ernst Wolff, Präsident des Obersten Gerichtshofs für die Britische Zone (beide 5. Sitzung des Ausschusses für Verfassungsgerichtshof und Rechtspflege vom 10.11.1948, Prot. Parl. Rat, Bd. 13/I, Einleitung XIII).

[117] Georg August Zinn (1901-1976) war zunächst Kommunalbeamter in Kassel, ehe er zwischen 1923 und 1926 Rechts- und Staatswissenschaften studierte. Seit 1920 Mitglied der SPD, war er von 1929 bis 1933 Stadtverordneter in Kassel und dort auch zwischen 1933 und 1945 als Rechtsanwalt tätig. Von Oktober 1945 bis 1949 war Zinn hessischer Justizminister und gleichzeitig Direktor des Landespersonalamtes. Von 1950 bis 1969 übte Zinn das Amt des hessischen Ministerpräsidenten aus, wobei er zwischen 1951 und 1963 zugleich auch Justizminister war. Vgl. *Wilms*, Ausländische Einwirkungen, Bd. 2 (Dokumente), Biographische Angaben, 451; Prot. Parl. Rat, Bd. 13/I, Einleitung, XXIX.

[118] Der Jurist Walter Strauß (1900-1976) war 1928 in den Dienst des Reichswirtschaftsministeriums eingetreten, wurde aber aufgrund des Gesetzes zur Wiederherstellung des Berufsbeamtentums 1935 in den Ruhestand versetzt. Danach arbeitete er als wissenschaftlicher Gutachter und freier Mitarbeiter für Rechtsanwaltskanzleien und kirchliche Organisationen sowie auch als Rüstungsarbeiter. Ab 1946 war Strauß Staatssekretär und Bevollmächtigter des hessischen Landesregierung beim Länderrat der amerikanischen Zone in Stuttgart. Danach war er Staatsekretär in der hessischen Staatskanzlei in Wiesbaden. Später bekleidete er das Amt des Staatssekretärs im Bundesministerium der Justiz

der hessischen Staatskanzlei. Im Hinblick auf die beteiligten Personen fällt ohnehin auf, dass überproportional viele Abgeordnete aus dem Bundesland Hessen an der Ausarbeitung der Vorschriften über das Bundesverfassungsgericht beteiligt waren. Neben dem Ausschussvorsitzenden und seinem Stellvertreter sind in diesem Zusammenhang noch der als Gast an den Beratungen teilnehmende spätere Bundesaußenminister Heinrich v. Brentano (CDU), die politisch aus Hessen stammende SPD-Abgeordnete Elisabeth Selbert und der FDP-Abgeordnete Max Becker zu nennen.[119] Ein möglicher Grund für diese regionale Überrepräsentierung mag darin gelegen haben, dass in der hessischen Verfassung vom 1. Dezember 1946 bereits ein Verfassungsgerichtshof für das Land Hessen vorgesehen war, und v. Brentano sowie Selbert nachweislich an der Ausarbeitung der Landesverfassung in der Verfassungsberatenden Landesversammlung Hessens mitgewirkt hatten.[120] Außerdem war unter Zinns Leitung als Justizminister nicht nur die Landesverfassung, sondern im Jahre 1947 auch das Gesetz über den Hessischen Staatsgerichtshof erarbeitet und verabschiedet worden.[121]

2. *Ablauf der Ausschussberatungen*

Der Ausschuss für Verfassungsgerichtshof und Rechtspflege tagte zwischen dem 16. Oktober 1948 und dem 11. Januar 1949 insgesamt zehnmal.[122] Hinzu kommen noch die 16 gemeinsam mit dem Ausschuss für

---

(1950-63), bis er von 1963 bis 1970 als Richter am Europäischen Gerichtshof tätig war, vgl. Prot. Parl. Rat, Bd. 13/I, Einleitung, XXVI.

[119] Vgl. auch zur erfolgreichen Kooperation *Zinns* mit *v. Brentano* (CDU), *Walter Strauß* (CDU) und *Thomas Dehler* (FDP) im Allgemeinen Redaktionsausschuss, Prot. Parl. Rat, Bd. 13/I, Einleitung, XXIX; vgl. hierzu auch *v. Brünneck*, Die Verfassung des Landes Hessen, JöR 1953, 213, 219.

[120] Vgl. *Jochen Lengemann*, Das Hessen-Parlament 1946-1986, Frankfurt/M., 81 u. 83. Wie *Heideking*, Im zweiten Anlauf, in: Elvert/Salewski (Hrsg.), Deutschland und der Westen, Bd. 1, 247, 257, nachweist, hatten nicht weniger als 51 der 65 Mitglieder des Parlamentarischen Rats zuvor in verfassunggebenden Versammlungen der Länder mitgewirkt.

[121] Gesetz über den Staatsgerichtshof v. 12.12.1947, HessGVBl. 1948, 3 ff. Zu dieser Zeit war auch Max Becker (FDP) Mitglied des hessischen Landtags, *Lengemann*, Das Hessen-Parlament 1946-1986, 108.

[122] Von der am 16.10.1948 stattfindenden ersten Sitzung des Ausschusses existiert kein offizielles Protokoll, da sich die Mitglieder bei dieser Zusammenkunft neben der Konstituierung darauf beschränkten, die zukünftige Arbeit des

die Organisation des Bundes als Kombinierter Ausschuss abgehaltenen Beratungen. Hätte man ohne Vorarbeiten die erforderlichen verfassungsrechtlichen Vorschriften formulieren wollen, so wären die – zum Teil – recht kurzen Beratungszeiten nicht ausreichend gewesen, um das Arbeitspensum zu erfüllen. Bei seiner Arbeit konnte der Ausschuss jedoch vor allem auf den Entwurf des Verfassungskonvents von Herrenchiemsee zurückgreifen.[123] Soweit dies erforderlich war, konnten auch spezielle Ausarbeitungen einzelner Mitglieder in die Diskussionen eingeführt werden. Dies geschah in sehr wirkungsmächtiger Weise durch die vom stellvertretenden Ausschussvorsitzenden Strauß verfassten Denkschrift mit dem Titel „Die Oberste Bundesgerichtsbarkeit",[124] die den Abgeordneten des Rechtspflegeausschusses zu Beginn der Beratungen überreicht wurde und damit als Grundlage der Erörterungen diente.[125] Wie weiterhin aus den Ausschussprotokollen hervorgeht, wurden Fragen der Gerichtsorganisation und Verfassungsgerichtsbarkeit auch außerhalb des Ausschusses von maßgeblichen Mitgliedern besprochen und die jeweiligen Standpunkte ungeachtet der unterschiedlichen Parteizugehörigkeiten aufeinander abgestimmt (z.B. Zinn, Strauß, v. Brentano und Dehler).[126] Gerade diese parteiübergreifenden Einigungen zwischen dem Ausschussvorsitzenden und seinem Stellvertreter machten es den anderen Abgeordneten von CDU/CSU bzw. SPD schwer, wenn nicht sogar unmöglich, sich den getroffenen Kompromissen zu widersetzen.[127]

Ausschusses zu skizzieren und die anfallenden Aufgaben zu verteilen. Ausschusssitzungen fanden an den folgenden Terminen statt: 2. Sitzung - 20.10.1948; 3. Sitzung - 22.10.1948; 4. Sitzung -27.10.1948; 5. Sitzung - 10.11.1948; 6. Sitzung - 16.11.1948; 7. Sitzung - 12.12.1948; 8. Sitzung - 07.12.1948; 9. Sitzung - 17.12.1948; 10. Sitzung - 11.01.1949.

[123] Vgl. Prot. Parl. Rat, Bd. 13/I, Dok.-Nr. 5 (5. Sitzung d. KombA. 23.9.1948), 114, 144 ff.

[124] Die Denkschrift wurde 1949 im Verlag Lambert Schneider veröffentlicht.

[125] *Strauß* (CDU), in: Prot. Parl. Rat, Bd. 13/II, Dok.-Nr. 51, 1162, 1166 f. (2. Sitzung d. RpflA, 20.10.1948) („*Ich habe in den letzten Wochenenden eine Denkschrift für Sie ausgearbeitet, die gestern noch nicht vollständig abgezogen war, die mir aber in den nächsten Stunden gebracht wird...*").

[126] Vgl. 2. Teil, B.

[127] Nicht zu unrecht wird daher bei der biographischen Beschreibung *Zinns* hervorgehoben, dass er eng mit *Strauß* zusammenarbeitete, wenn es darum ging inhaltliche Kompromisse zu finden, Prot. Parl. Rat, Bd. 13/I, Einleitung, XXIX.

Dieser Mechanismus zeigte sich auch in einer für die weitere Entwicklung der Verfassungsgerichtsbarkeit des Grundgesetzes bedeutsamen Phase der Verfassunggebung. Da der Rechtspflegeausschuss die Zeit bis zur 6. Sitzung im Wesentlichen dazu benötigt hatte, sich mit den einzelnen Vorschriften des Herrenchiemseer-Verfassungsentwurfs auseinanderzusetzen, war er, da seine Beratungen ohnehin spät begonnen hatten, mit seinem Arbeitspensum erheblich in Rückstand geraten. Angesichts der immer prekärer werdenden Zeitnot trafen sich in der Beratungspause zwischen der 6. und der 7. Sitzung, Anfang Dezember 1948 die Mitglieder des Allgemeinen Redaktionsausschusses Zinn, Strauß und Dehler, um einen konsolidierten Textentwurf des XII. Kapitels „Gerichtsbarkeit und Rechtspflege" für die Verhandlungen des Hauptausschusses zu erarbeiteten. Eingangs der 7. Sitzung des Rechtspflegeausschusses vom 6. Dezember 1948 informierte der Ausschussvorsitzende Zinn die übrigen Mitglieder von dieser Vorgehensweise und bat, den Entwurf – dem die im Ausschuss erarbeiteten Richtlinien als Grundlage gedient hätten – als Arbeitsunterlage anzunehmen.[128] Diesem Wunsch kam der Rechtspflegeausschuss nach und begann sodann mit der Einzelerörterung der neuabgefassten Vorschriften.

3. *Quellenlage*

Die erste Dokumentation über die Verhandlungen im Parlamentarischen Rat und damit auch über die Beratungen des Ausschusses für Verfassungsgerichtshof und Rechtspflege sowie des Ausschusses für die Organisation des Bundes wurden im ersten Band des Jahrbuchs für Öffentliches Recht (JöR) im Jahre 1951 abgedruckt.[129] Da hierfür jedoch eine Auswahl getroffen wurde, konnte der Verlauf der einzelnen Beratungen nicht vollständig dargestellt werden. Diese Dokumentation bildet daher lediglich eine grobe Zusammenfassung der Vorgänge und Abläufe im Rechtspflegeausschuss.[130]

---

[128] Diese Hintergrundinformationen sind lediglich dem Kurzprotokoll zu entnehmen, vgl. Prot. Parl. Rat, Bd. 13/II, Dok.-Nr. 57, 1347, 1348 (Fn. 13 u. 14) (7. Sitzung d. RpflA, 6.12.1948).

[129] Jahrbuch des Öffentlichen Rechts (JÖR), Bd. 1 (1951), Die Entstehungsgeschichte der Artikel des Grundgesetzes, hrsg. von *Claus-Berto von Doemming/Rudolf Werner Füßlein/Werner Matz*.

[130] Siehe zur Kritik *Wilms*, Ausländische Einwirkungen, 167.

Erst 1999 erfolgte unter dem Titel „Das Grundgesetz – Dokumente seiner Entstehung“ eine an der historischen Entwicklung der Artikel 92 und 93 GG orientierte sehr nützliche Querschnittsdarstellung der einschlägigen Dokumente beginnend mit den diversen Verfassungsentwürfen und den einschlägigen Protokollen des Herrenchiemseer Verfassungskonvents bis hin zu den Beratungen im Parlamentarischen Rat.[131] Im Jahre 2002 wurde dann schließlich in der vom Deutschen Bundestag und dem Bundesarchiv gemeinschaftlich herausgegebenen Reihe „Der Parlamentarische Rat 1948-1949 – Akten und Protokolle“ eine aufwendig kommentierte und auch höchsten verfassungshistorischen Anforderungen genügende Publikation der Ausschussprotokolle in zwei Teilbänden mit insgesamt etwa 1600 Seiten veröffentlicht.[132] Sofern in der vorliegenden Untersuchung auf die Sitzungen des Kombinierten Ausschusses bzw. des separat tagenden Ausschusses für Verfassungsgerichtshof und Rechtspflege Bezug genommen wird, wurde regelmäßig die in dieser Publikation enthaltenen Dokumente und ergänzenden Informationen herangezogen.

IV. Ausländische Vorbilder und deutsche Rechtstradition

1. Vorgehensweise des Rechtspflegeausschusses

In den Beratungen des Parlamentarischen Rates über die Verfassungsgerichtsbarkeit und Gerichtsorganisation mangelt es insgesamt nicht an Bezugnahmen auf institutionelle und organisatorische Vorbilder. Bereits in der 2. Sitzung des Rechtspflegeausschusses äußerte sich der stellvertretende Ausschussvorsitzende Strauß programmatisch zu der anzuwendenden Arbeitsmethode. Er schlug vor, dass der Ausschuss dort, wo Anlass und Möglichkeit besteht, sich bei der Ausgestaltung der Gerichtsbarkeit an ausländischen Vorbildern orientieren soll, wobei aber

---

[131] Vgl. *Schneider* (Hrsg.), Das Grundgesetz – Dokumentation seiner Entstehung (bearbeitet von Rainer Schuckart), Band 23/Teilband I, Vor Artikel 92, Artikel 92 und 93, Frankfurt/M. 1999. Allerdings würde ein umfangreiches Personen- und Sachregister die Arbeit mit diesem Band wesentlich praktischer gestalten.

[132] Vgl. Prot. Parl. Rat, Bd. 13/I u. 13/II: „Ausschuss für Organisation des Bundes/Ausschuss für Verfassungsgerichtshof und Rechtspflege“, bearbeitet von Edgar Büttner und Michael Wettengel, München 2002.

auch bestimmte Grundprinzipien der deutschen Rechtstradition nicht aus den Augen verloren werden sollen. Wörtlich führte er aus:

> „Selbstverständlich sind ausländische Vorbilder besonders dann von hohem Wert, wenn sie auf eine lange, in einigen Fällen vielhundertjährige Erfahrung zurückblicken. Auf der anderen Seite muß man berücksichtigen, wie die deutsche Entwicklung war, und muß versuchen, eine Form zu finden, die sich sowohl mit der deutschen Vergangenheit (...) wie auch mit der praktischen Wirklichkeit vereinbaren läßt."[133]

Somit sollte bei der Arbeit des Rechtspflegeausschusses eine Synthese von deutscher Rechtstradition und ausländischen Vorbildern erreicht werden. Dass zu den ausländischen Vorbildern der deutschen Bundesgerichtsbarkeit insbesondere auch der U.S. Supreme Court zählte, ist neben den einleitenden Ausführungen Süsterhenns im Plenum des Parlamentarischen Rates, vor allem auch der verfassungsrechtlichen Bewährung des Supreme Court in der amerikanischen Verfassungspraxis zu entnehmen. Kaum ein anderes Gericht der Welt konnte im Jahre 1948 wie Strauß es in der 2. Sitzung formulierte auf eine „vielhundertjährige Erfahrung" zurückblicken und kaum eines verfügte über ebenso umfangreiche verfassungsgerichtliche Befugnisse wie der U.S. Supreme Court. Außerdem waren im Hinblick auf die Verfassungsgerichtsbarkeit weder von den Westmächten Großbritannien und Frankreich mit ihren rein parlamentarischen Verfassungssystemen und schon gar nicht von der kommunistischen Staats- und Gesellschaftsordnung der Sowjetunion zusätzliche Anregungen zu erwarten.

2. Gerichte aus der deutschen Rechtstradition

Als unmittelbare deutsche Anknüpfungspunkte für die Verfassungsgerichtsbarkeit kamen im Sinne der von Strauß angestrebten Synthese deutscher und ausländischer Vorbilder zunächst Gerichte aus der Zeit der Weimarer Republik in Betracht. Diese Bezugnahme mag dem heutigen Betrachter wegen des schlechten Ansehens der Weimarer Reichsverfassung von 1919 verwundern, ist aber aus dem Lebenshorizont der beteiligten Abgeordneten nur allzu verständlich. Denn ungeachtet der zwischenzeitlichen Diskreditierung wegen ihrer tatsächlichen oder vermeintlichen (Mit)Verantwortlichkeit für den Untergang der Weima-

---

[133] *Strauß* (CDU), in: Prot. Parl. Rat, Bd. 13/II, Dok.-Nr. 51, 1162, 1168 f. (2. Sitzung d. RpflA, 20.10.1948).

rer Republik, waren die Weimarer Reichsverfassung und ihre Verfassungsorgane für die an den Beratungen des Parlamentarischen Rats (1948/49) beteiligten Abgeordneten noch in lebhafter und vor allem praktischer Erinnerung, so dass es nahe lag, bei den Beratungen auch von den verfassungsrechtlichen Erfahrungen der Weimarer Zeit auszugehen.

Soweit auf noch ältere Gerichte, Gremien oder sonstige judikative Körperschaften der deutschen Verfassungsgeschichte Bezug genommen wurde, geschah dies regelmäßig nur zu illustrativen Zwecken, da ihre praktische Verwertbarkeit aufgrund der verstrichenen Zeit und der unterschiedlichen Verfassungssysteme gering war.[134]

Aus der Zeit der Weimarer Republik wurden vor allem das Reichsgericht und der Staatsgerichthof des Deutschen Reichs (StGH) von den zuständigen Ausschüssen des Parlamentarischen Rates zu Vergleichen herangezogen. Allerdings verfügte die Gerichtsbarkeit der Weimarer Republik von Verfassungs wegen nur in eingeschränktem Umfang über verfassungsgerichtliche Befugnisse, die im Rahmen einer zweigliedrigen Struktur auf Reichsgericht und StGH verteilt waren.[135]

Das Reichsgericht war für die Beratungen des Parlamentarischen Rates vor allem im Hinblick auf Fragen der Gerichtsorganisation von herausgehobener Bedeutung. So diente es bei der Erörterung als Vergleichsmaßstab für das ursprünglich vorgesehene Oberste Bundesgericht und seine Befugnisse zur Wahrung der Rechtseinheit.[136] Auch was die Er-

---

[134] Z.B. die Nennung des Reichskammergerichts durch *Strauß* (CDU), in: Prot. Parl. Rat, Bd. 13/II, Dok. Nr. 51, 1162, 1163 (2. Sitzung d. RpflA, 20.10.1948); z.B. auch der Bundesrat des Deutschen Reichs, 1871-1918, oder der Bundestag des Deutschen Bundes, 1815-1866.

[135] Vgl. *Stern*, Staatsrecht, Bd. V, § 129, IV 6 (S. 647); *Wahl/Rottmann*, Bedeutung der Verfassung, 339, 353.

[136] Eingehend *Strauß* (CDU), in: Prot. Parl. Rat, Bd. 13/II, Dok. Nr. 51, 1162, 1163-1174 (2. Sitzung d. RpflA, 20.10.1948); *Wagner* (SPD), a.a.O., 1162, 1178 f. (2. Sitzung d. RpflA, 20.10.1948); *Löwenthal* (SPD), a.a.O., 1162, 1184 (2. Sitzung d. RpflA, 20.10.1948); erneut *Strauß* (CDU), in: Prot. Parl. Rat, Bd. 13/II, Dok. Nr. 52, 1191, 1196 ff. (3. Sitzung d. RpflA, 22.10.1948); *Selbert* (SPD), in: Prot. Parl. Rat, Bd. 13/II, Dok. Nr. 52, 1191, 1206 (3. Sitzung d. RpflA, 22.10.1948); *Zinn* (SPD), in: Prot. Parl. Rat, Bd. 13/II, Dok. Nr. 53, 1217, 1225 f. (4. Sitzung d. RpflA, 27.10.1948); *Greve* (SPD), in: Prot. Parl. Rat, Bd. 13/II, Dok. Nr. 53, 1217, 1231 ff. (4. Sitzung d. RpflA, 27.10.1948); *Strauß* (CDU), in: Prot. Parl. Rat, Bd. 13/II, Dok. Nr. 62, 1512, 1516 u. 1525 (10. Sitzung d. RpflA, 11.01.1949).

richtung des Bundesgerichtshofs als Spitze der ordentlichen Gerichtsbarkeit im Jahre 1950 anbelangt, übte es als Vorgängerinstitution ebenfalls prägenden Einfluss aus.[137]

Der Staatsgerichthof des Deutschen Reiches (StGH) konnte als unmittelbarer Vorläufer des Bundesverfassungsgerichts auf Reichsebene aufgrund seiner beschränkten Befugnisse nicht als Verfassungsgericht im modernen Sinne verstanden werden. Gleichwohl lag es für die mit der Verfassungspraxis der Weimarer Republik vertrauten Abgeordneten des Parlamentarischen Rates nahe, sich im Rahmen der Erörterungen verschiedentlich auch auf den Staatsgerichthof zu beziehen, um eine Verbindung zur deutschen Verfassungstradition herzustellen.[138] Aus diesen Bezugnahmen geht jedoch hervor, das der StGH in erster Linie als Gegenvorbild diente, dessen Praxisuntauglichkeit – zu Recht oder Unrecht – aus dem Untergang der Weimarer Republik geschlossen wurde.[139]

---

[137] Vgl. statt vieler *Becker* (FDP), in: Prot. Parl. Rat, Bd. 13/II, Dok. Nr. 55, 1272, 1287 ff. (5. Sitzung d. RpflA, 10.11.1948).

[138] Z.B. *Walter* (CDU) in: Prot. Parl. Rat, Bd. 13/I, Dok.-Nr. 6, 155, 171 f. (6. Sitzung d. KombA, 24.9.1948); zum Preußenschlag-Verfahren vor dem StGH *Schwalber* (CSU) in: Prot. Parl. Rat, Bd. 13/I, Dok.-Nr. 19, 556, 560 (14. Sitzung d. KombA, 14.10.1948) u. *Fecht* (CDU), a.a.O., 556, 563 u. 585 ff.; z.B. zum Fehlen von Vorschriften über Einstweilige Verfügungen des Weimarer StGH, vgl. *Zinn* (SPD) in: Prot. Parl. Rat, Bd. 13/I, Dok.-Nr. 5, 144, 152 (5. Sitzung d. KombA, 23.9.1948); zur variierenden Besetzung nach §§ 3 u. 18 StGHG, vgl. *Zinn* (SPD), in: Prot. Parl. Rat, Bd. 13/II, Dok. Nr. 57, 1347, 1379 f. (7. Sitzung d. RpflA, 6.12.1948); zur Beteiligtenfähigkeit von Fraktionen *Fecht* (CDU), in: Prot. Parl. Rat, Bd. 13/II, Dok. Nr. 57, 1347, 1359 (7. Sitzung d. RpflA, 6.12.1948); *Strauß* (CDU), in: Prot. Parl. Rat, Bd. 13/II, Dok. Nr. 57, 1347, 1368 (7. Sitzung d. RpflA, 6.12.1948); *v. Brentano* (CDU) in: Prot. Parl. Rat, Bd. 13/II, Dok.-Nr. 62, 1512, 1528 (10. Sitzung d. RpflA, 11.1.1949).

[139] *Zinn* (SPD) und *Katz* (SPD) in: Prot. Parl. Rat, Bd. 13/I, Dok.-Nr. 5, 144, 145 ff. (5. Sitzung d. KombA, 23.9.1948) („*Zweifellos gab es einen Staatsgerichtshof!*" Katz: „*Er hat aber nicht richtig funktioniert.*" Zinn: „*Das können Sie nicht behaupten. Denken Sie an den berühmten Fall Reuß.*" Katz: „*Er hat politisch nicht funktioniert. Ich hoffe, es wird gelingen, das Bundesverfassungsgericht zu einer echten politischen Wirksamkeit zu bringen.*").

Zweiter Teil

Organisatorische und institutionelle Grundstruktur der Gerichtsbarkeit

Wenn es um die Errichtung eines Verfassungsgerichts geht, stellt sich zugleich die Frage nach der gerichtlichen Gesamtkonzeption. Denn die Organisationsform der Verfassungsgerichtsbarkeit muss mit der übrigen Gerichtsorganisation abgestimmt werden und hat daher unmittelbare Auswirkungen hierauf. Sogar wenn auf die Errichtung eines Verfassungsgerichts verzichtet wird, bleibt dies für die jeweilige Gerichtsorganisation nicht folgenlos.

Die Behandlung der organisatorischen und institutionellen Grundstruktur nimmt naturgemäß einen großen Umfang ein, da hiervon die Gestaltung zahlreicher Einzelbereiche maßgeblich beeinflusst und – zu einem gewissen Grad – präjudiziert wird. Außerdem umfasst die Frage nach der organisatorischen und institutionellen Grundstruktur zwei miteinander verknüpfte Themenbereiche: Der eine betrifft die Wechselbeziehung zwischen Verfassungsgerichtsbarkeit und Gerichtsorganisation und der andere die Bedeutung der Gerichtsorganisation einschließlich des Verfassungsgerichts für die Ausprägung des Gewaltenteilungsgrundsatzes. Im Folgenden wird daher zunächst der amerikanische Supreme Court und seine Funktion in der amerikanischen Bundesgerichtsbarkeit sowie seine Bedeutung für das in der U.S. Bundesverfassung niedergelegte System der Gewaltenteilung untersucht. Hieran schließt sich eine in erster Linie an den Dokumenten des Parlamentarischen Rates orientierte rechtshistorische Untersuchung an, an deren Ende festgestellt werden soll, ob der U.S. Supreme Court als höchste Instanz der amerikanischen Bundesgerichtsbarkeit Einfluss auf die Errichtung des Bundesverfassungsgerichts und die Organisation der deutschen Bundesgerichtsbarkeit bzw. auf die diesen zugrundeliegenden Verfassungsvorschriften ausgeübt hat.

A. Organisatorische und institutionelle Grundstruktur im Vergleich

I. U.S. Bundesgerichtsbarkeit

Die amerikanische Bundesgerichtsbarkeit mit dem United States Supreme Court an ihrer Spitze wurde bereits bei den vorbereitenden Beratungen des Herrenchiemseer Verfassungskonvents als Modell für eine Verfassungsgerichtsbarkeit in Form eines einheitlichen obersten Bundesgerichts bezeichnet.[140] Mit dieser auch im Schrifttum häufig vorgenommenen Einordnung ist jedoch noch kein Aufschluss über die konkrete Ausgestaltung der Verfassungsgerichtsbarkeit in den Vereinigten Staaten gewonnen.[141] Daher ist es erforderlich, die organisatorischen Besonderheiten der amerikanischen Verfassungsgerichtsbarkeit im Rahmen ihrer Verfassungsordnung näher zu beleuchten, so dass auf dieser Grundlage ein differenziertes Bild der amerikanischen Bundesgerichtsbarkeit als Ganzes und des U.S. Supreme Court als Verfassungsorgan entworfen werden kann.

1. Gerichtsbarkeit und Enumerativverfassung

Die in der amerikanischen Verfassungsordnung vorgesehene Zuständigkeitsverteilung zwischen den Einzelstaaten und dem Bundesstaat beruht – ähnlich wie im Grundgesetz[142] – auf dem Prinzip enumerierter

---

140 Vgl. Prot. Parl. Rat, Bd. 2, Dok.-Nr. 10 (Bericht des Unterausschusses III), 279, 301 (Fn. 77); *Schneider* (Hrsg.), Das Grundgesetz – Dokumentation seiner Entstehung, Bd. 23/I, Vor Art. 92, Dok.-Nr. 6 (1. Sitzung des UA III, v. 13.8.1948), 13, 14; *Wilms,* Ausländische Einwirkungen, 115.

141 Vgl. *Jackson/Tushnet*, Comparative Constitutional Law, 461; *Wieland*, in: Dreier, GG, Bd. 3., Art. 93, Rdnr. 26 f.; *Voßkuhle*, in: v. Mangoldt/Klein/Starck, GG, Bd. 3, Art. 93, Rdnr. 14; *Schlaich/Korioth*, Das Bundesverfassungsgericht, Rdnr. 2; *Wilms*, Die Vorbildfunktion des United States Supreme Court für das BVerfG, NJW 1999, 1527 ff.

142 Vgl. Art. 30, 70, 83 und 92 GG. Nach Art. 92 GG (gegenwärtige Fassung) ist für die Gerichtsbarkeit vorgesehen: *„...; sie [die Rechtsprechung] wird durch das Bundesverfassungsgericht, durch die in diesem Grundgesetz vorgesehenen Bundesgerichte und durch die Gerichte der Länder ausgeübt.“* Ähnlich Art. 70 (Gesetzgebung) u. Art. 83 GG (Verwaltung).

Bundeskompetenzen.[143] Danach verbleiben alle durch die U.S. Bundesverfassung nicht ausdrücklich auf den Bundesstaat übertragenen Kompetenzen bei den Einzelstaaten.[144] Für die Gerichtsbarkeit hat dies zur Folge, dass Bundesgerichte lediglich über eine begrenzte Zuständigkeit verfügen, während einzelstaatliche Gerichte eine allgemeine Zuständigkeit haben.[145] Aus diesem Grund besteht die Gerichtsbarkeit in den Vereinigten Staaten aus 51 unabhängig voneinander organisierten Gerichtssystemen, der dreistufigen Bundesgerichtsbarkeit (federal judiciary)[146] und fünfzig zwei- oder dreistufig organisierten einzelstaatlichen Gerichtsbarkeiten (state judiciaries).[147]

Die Zuständigkeiten der unterschiedlichen Gerichtsbarkeiten richten sich in der Regel nach den zur Entscheidung eines Streitfalles heranzuziehenden Rechtsvorschriften.[148] Entstammen die anwendbaren Vorschriften etwa dem Bundesrecht, so ist üblicherweise die U.S. Bundes-

---

[143] Vgl. *Wright/Miller/Cooper/Amar,* Federal Practice and Procedure, Bd. 13, § 3531, 52 ff. unter Verweis auf den Grundsatzfall *Hodgson v. Bowerbank*, 8. U.S. 3003 (1809); *Burnham*, Introduction to the Law and Legal System, 8 f. u. 196. Vgl. entsprechend auch im deutschen Verfassungsrecht *Degenhart*, Gerichtsorganisation, in: Isensee/Kirchhof, HdbStR, 2. Aufl.; Bd. 3, § 75, Rdnr. 4 f.; *Schulze-Fielitz*, in: Dreier, GG, Bd. III, Art. 92, Rdnr. 18; *Detterbeck*, in: Sachs, GG, Art. 92, Rdnr. 1; *Kern*, Die Rechtsprechung, DV 1949, 330 f.

[144] Der Grundsatz der Enumerativverfassung geht am deutlichsten aus dem 10. Amendment vom 15.12.1791 hervor, das besagt: "*The powers not delegated to the United States by the Constitution or prohibited by it to the States, are reserved to the States respectively, or to the people.*" Vgl. auch *Pennoyer*, The Case of Marbury v. Madison, Am.L.Rev., Bd. 30 (1896), 188, 190.

[145] Vgl. *Wright/Miller/Cooper/Amar,* Federal Practice and Procedure, Bd. 13, § 3531, 60 f.; *Burnham*, Introduction to the Law and Legal System, 8 f.

[146] Bestehend aus U.S. District Courts als Tatsacheninstanzen (trial court), U.S. Courts of Appeals als mittlere Rechtsmittelinstanzen (intermediate appellate court) und dem U.S. Supreme Court als oberste Rechtsmittelinstanz (final appellate court).

[147] Vgl. *Stone/Seidman/Sunstein/Tushnet*, Constitutional Law, 147; Moore's Federal Practice, Bd. 12, § 300.01, 1 f.

[148] Ohne dass hierbei tatsächliche Bezüge nachgewiesen werden könnten, erinnert diese Form der Zuweisung doch entfernt an die „modifizierte Subjektstheorie", wie sie für das deutsche Verwaltungsrecht von Hans J. Wolff entwickelt worden ist, *Hans J. Wolff*, Der Unterschied zwischen öffentlichem und privatem Recht, AöR , Bd. 76 (1950/51), 205; *Wolff/Bachof/Stober*, Verwaltungsrecht I, 10. Auflage, München 1994, § 22, Rdnr. 25 ff.; *Rennert*, in: Eyermann, VwGO, § 40, Rdnr. 44.

gerichtsbarkeit zur Streitentscheidung ermächtigt. Sind hingegen Bestimmungen des einzelstaatlichen Rechts einschlägig, so muss auf einzelstaatlicher Ebene Klage erhoben werden. Diese Aufteilung führt dazu, dass Verfahren, die auf bundesrechtlicher Grundlage vor einem Bundesgericht begonnen wurden, unter keinem denkbaren Gesichtspunkt vor ein einzelstaatliches Gericht gelangen können. In ähnlicher Weise verbleiben Verfahren, die vor den Gerichten eines Einzelstaates begonnen haben, regelmäßig bis zum letztinstanzlichen Urteil des höchsten einzelstaatlichen Gerichts unter der Justizhoheit des betreffenden Einzelstaates. Allerdings bestehen bei der Zuständigkeit einzelstaatlicher Gerichte verschiedene Ausnahmen, in denen auch diese Fälle vor ein Bundesgericht gelangen können. Beispiele hierfür sind die sog. "federal question-cases",[149] in denen neben dem einzelstaatlichen Recht auch Bundes(verfassungs)recht entscheidungserheblich ist. Allerdings ist die Zuständigkeit der Bundesgerichte in den meisten "federal question-cases" nicht obligatorisch, sondern lediglich fakultativ neben der Zuständigkeit der einzelstaatlichen Gerichte eröffnet.[150] In diesen Fällen haben die Streitparteien die Wahl, einen Rechtsstreit bereits in der Bundesgerichtsbarkeit zu beginnen oder zunächst den einzelstaatlichen Instanzenzug abzuschließen, um danach den Rechtsstreit vor den U.S. Supreme Court zu bringen. Durch die fakultative Zuweisung an Bundesgerichte soll verhindert werden, dass Bundesrecht durch die Gerichte der Einzelstaaten unterschiedlich ausgelegt oder seine Wirkung durch Nichtanwendung vereitelt wird. Ein weiteres Beispiel sind die Fälle der sog. "diversity jurisdiction", in denen die fakultative Zuständigkeit eines Bundesgerichts begründet werden kann, wenn an einem Rechtsstreit zwei Bürger aus unterschiedlichen Einzelstaaten als Parteien beteiligt sind.[151] Um hierbei den Anschein der Parteilichkeit eines einzelstaatlichen Gerichts zu vermeiden, besteht die Möglichkeit, dass ein Bundesgericht tätig wird. In Fällen der "diversity jurisdiction" können auch Fälle, die bei einzelstaatlichen Gerichten bereits anhängig waren,

---

[149] Vgl. *Burnham*, Introduction to the Law and Legal System, 196 f.; *Currie*, Federal Courts, 139 ff.

[150] Vgl. *Redish/Sherry*, Federal Courts, 408 ff. In "federal question cases" kann nach der letztinstanzlichen Entscheidung eines einzelstaatlichen Gerichts noch der U.S. Supreme Court zuständig sein oder der gesamte Fall von Anfang an der Bundesgerichtsbarkeit überlassen werden.

[151] Vgl. 28 U.S.C. § 1332.; *Redish/Sherry*, Federal Courts, 565 ff.; *Hay*, Einführung in das Amerikanische Recht, 50 f.

bei Einverständnis der Prozessparteien an ein Bundesgericht verwiesen werden (removal).[152]

2. *Verfassungsrechtliche Grundlage*

Während sich der organisatorische und institutionelle Aufbau der einzelstaatlichen Gerichtssysteme nach den Verfassungen der Einzelstaaten bestimmt, hat der Aufbau der amerikanischen Bundesgerichtsbarkeit seine Grundlage in der verfassungsrechtlichen Vorschrift des Art. III, Section 1 U.S. Bundesverfassung, deren Bestimmung wie folgt lautet: "The judicial Power of the United States, shall be vested *in one supreme Court*, and in such inferior Courts as the Congress may from time to time ordain and establish."[153]

Nach Art. III, Sec. 1 ist der U.S. Supreme Court das einzige Bundesgericht, das in der U.S. Bundesverfassung ausdrücklich genannt wird. Dies hat zur Folge, dass seine Errichtung im Jahre 1789 obligatorisch war,[154] während die Schaffung der übrigen Bundesgerichte von entsprechenden Gesetzen des Kongresses abhing.[155] Auch der Umstand, dass der U.S. Supreme Court – anders als etwa das Bundesverfassungsgericht – lediglich aus einem Spruchkörper besteht und nicht aus mehreren Senaten, ist auf die Vorschrift des Art. III U.S. Bundesverfassung zurück-

---

[152] Vgl. *Currie*, Federal Courts, 227 ff.

[153] Übersetzung aus *Franz*, Staatsverfassungen, 11, 31: *„Die richterliche Gewalt soll einem obersten Gerichtshof und solchen unteren Gerichten übertragen sein, wie sie der Kongress von Zeit zu Zeit anordnen und einrichten wird."* (Hervorhebung v. Verf.).

[154] Vgl. *Wright/Miller/Cooper/Amar*, Federal Practice and Procedure, Bd. 13, § 3507, 27 ff. u. Bd. 16 B, § 4001, 3. Außerdem wird der Supreme Court auch in Art. I cl. 8 U.S. Bundesverfassung bei den Gesetzgebungskompetenzen des Kongresses und in Art. II cl.2 U.S. Bundesverfassung bei der Ernennung der Supreme Court-Richter erwähnt.

[155] Vgl. *Hay*, Einführung in das Amerikanische Recht, 44; *Burnham*, Introduction to the Law and Legal System, 184. Die entsprechende Gesetzgebungskompetenz ist in Art. I, cl. 8 enthalten. Sie lautet: *"Congress shall have power … To constitute Tribunals inferior to the Supreme Court"*. Ob möglicherweise eine Pflicht zur Errichtung unterer Bundesgerichte bestand, ist im Schrifttum umstritten, *Tribe*, American Constitutional Law, 274 ff. Vgl. zu den politischen Schwierigkeiten bei der Errichtung von festen Mittelinstanzen (Circuit Courts), *Stuart v. Laird*, 5 U.S. (1 Cranch) 299 (1803).

zuführen, worin lediglich von einem ("one") Supreme Court die Rede ist.[156]

3. Konkretisierung der Verfassung

Da Art. III U.S. Bundesverfassung nach überwiegender Auffassung keine unmittelbare Rechtswirkung entfaltet, sondern als umsetzungsbedürftig gilt (not self-executing),[157] hat der amerikanische Kongress das Gerichtssystem beginnend mit dem Judiciary Act von 1789[158] strukturiert und die Zuständigkeitsbestimmungen der Verfassung näher ausgestaltet.[159] Als Indiz für die ursprüngliche verfassunggeberische Absicht im Hinblick auf Art. III U.S. Bundesverfassung werden die Grundsatzentscheidungen des Ersten Kongresses (1789-1791) als besonders wichtig und prägend angesehen.[160] Grundsätzlich ist anerkannt, dass der Spielraum des Kongresses bei der Ausgestaltung des Gerichtssystems durch die von der Bundesverfassung übertragene Kompetenz beschränkt wird, da im Regelfall nichts vom Gesetzgeber ausgestaltet

---

[156] Vgl. *Wright/Miller/Cooper/Amar,* Federal Practice and Procedure, Bd. 16 B, § 4001, 3. Nach der Supreme-Court-Rule 22 können jedoch Aufgaben von einzelnen Richtern des Supreme Court übernommen werden.

[157] Vgl. *Fallon/Meltzer/Shapiro*, The Federal Courts and the Federal System, 28.

[158] Der Judiciary Act entspricht in etwa dem deutschen Gerichtsverfassungsgesetz (GVG).

[159] Vgl. *Wright/Miller/Cooper/Amar,* Federal Practice and Procedure, Bd. 16 B (Statuatory Foundations), § 4002, 7.

[160] Vgl. *Tribe*, American Constitutional Law, 276. Über den 'Judiciary Act von 1789' siehe *Goebel*, History of the Supreme Court of the United States, 457-508; *Wright/Miller/Cooper/Amar,* Federal Practice and Procedure, Bd. 13, § 3503, 7 ff.; *Winfred J. Ritz*, Rewriting the History of the Judiciary Act of 1789 (*Wythe Holt* & *Lewis H. LaRue* eds. Oklahoma 1990); *Akhil Reed Amar* The Two Tiered Structure of the Judiciary Act of 1789, U.Pa.L.Rev., Bd. 138 (1990), 1499; *Wythe Holt*, "To establish Justice": Politics, the Judiciary Act of 1789, and the Invention of the Federal Courts, 1989 Duke L.J. 1989, 1421; *Robert Lowry Clinton*, A Mandatory View of Federal Court Jurisdiction: Early Implementation of and Departures from the Constitutional Plan, Colum.L.Rev., Bd. 86 (1986) 1515 ff.; *William R. Casto*, The First Congress's Understanding of its Authority over the Federal Courts' Jurisdiction, B.C.L.Rev., Bd. 26 (1985), 1101 (1985); *Charles Warren*, New Light on the History of the Federal Judiciary Act of 1789, Harv.L.Rev., Bd. 37 (1923), 49.

werden kann, was zuvor nicht durch die Verfassung auf den Bundesstaat übertragen wurde.[161] Allerdings hat dieser verfassungsrechtliche Grundsatz in den letzten Jahrzehnten eine allmähliche Aufweichung erfahren, die den Absolutheitsanspruch dieser Aussage relativiert.[162] So ist die bei Fällen der "diversity jurisdiction" bereits genannte Möglichkeit einer einverständlichen Verweisung an ein Bundesgericht (removal) ursprünglich ebenso wenig in der U.S. Bundesverfassung vorgesehen gewesen,[163] wie die Erledigung von Neben- und Annexfragen (ancilliary/pendent jurisdiction), die von Verfassung wegen eigentlich keine Zuständigkeit der Bundesgerichtsbarkeit begründet hätten.[164]

4. U.S. Supreme Court an der Spitze der Bundesgerichtsbarkeit

Um ein möglichst hohes Maß an normativer Rechtssicherheit zu gewährleisten, fasst der amerikanische Bundesgesetzgeber die über zahlreiche Einzelgesetze verstreuten gesetzlichen Bestimmungen seit 1926 im offiziellen Gesetzeskodex (U.S. Code) zusammen.[165] Auf dieser

---

[161] Vgl. Chief Justice Marshall im Fall *Marbury v. Madison*, 5 U.S. (3 Cranch), 137, 176 (1803) hervor, "*The powers of the legislature are defined and limited; and that those limits may not be mistaken, or forgotten, the Constitution is written. To what purpose are powers limited, and to what purpose is that limitation committed to writing, if these limits may, at any time, be passed by those intended to be restraint?*" Darin lag letztlich auch der wesentliche Grund für die Aufhebung von § 13 des Judiciary Act von 1789 in *Marbury v. Madison* (1803).

[162] Vgl. *Wright/Miller/Cooper/Amar*, Federal Practice and Procedure, Bd. 13, § 3521, 53 ff.

[163] Aufrecht erhalten im Fall *Tennessee v. Davis*, 100 U.S. 257 (1880); *Railway Co. v. Whitton's Administrator*, 80 U.S. 270 (1871); eingehend *Wright/Miller/Cooper/Amar*, Federal Practice and Procedure, Bd. 14 A, § 3721-3740, 285 ff.

[164] Z.B. *City of Chicago v. International College of Surgeons*, 522 U.S. 156 (1997); grundlegend *Local Loan Co. v. Hunt*, 292 U.S. 234 (1934); *Dugas v. Amercan Sur. Co. of New York*, 300 U.S. 414 (1937); *Fallon/Meltzer/Shapiro*, The Federal Courts and the Federal System, 962 ff.; *Wright/Miller/Cooper/Amar*, Federal Practice and Procedure, Bd. 13, § 3523, 82 ff.

[165] Nach Black's Law Dictionary, 1533 ist darin "*positive law for federal legislation*" enthalten. Nach kontinentaleuropäischem Rechtsverständnis ist der U.S. Code jedoch weniger eine Gesetzeskodifizierung als etwas Ähnliches wie ein konsolidiertes Bundesgesetzblatt. Es erscheint seit 1926 und wird alle sechs Jahre neu herausgegeben.

Grundlage sieht Titel 28 des U.S. Code eine konsolidierte Textfassung der bundesstaatlichen Gerichtsverfassung vor, die sowohl Vorschriften über die Gerichtsorganisation als auch über die einzelnen Verfahrensmöglichkeiten vor Bundesgerichten enthält. Die für die unmittelbare institutionelle Vorbildwirkung des U.S. Supreme Court auf die Beratungen des Parlamentarischen Rates maßgeblichen Vorschriften sind im Judicial Code vom 25. Juni 1948 enthalten.[166] Im Gegensatz zu verschiedenen Verfahrensbestimmungen[167] hat sich der institutionelle Rahmen der amerikanischen Bundesgerichtsbarkeit in den letzten fünfzig Jahren kaum geändert, so dass zwischen der Gerichtsorganisation des Jahres 1948/49 und der gegenwärtig bestehenden Gerichtsorganisation keine wesentlichen Unterschiede bestehen.[168]

Innerhalb der heute und im Judicial Code von 1948 vorgesehenen dreistufigen Bundesgerichtsbarkeit dient der U.S. Supreme Court als höchste Rechtsmittelinstanz (highest appellate court).[169] Als Eingangs- und Tatsacheninstanz fungieren die U.S. District Courts (trial courts), von denen es in jedem Bundesstaat mindestens einen, abhängig von der Bevölkerungsdichte in einigen Staaten bis zu vier gibt.[170] Außerdem existieren seit 1891 U.S. Courts of Appeals als mittlere Revisionsinstanz

---

[166] Act of June 25, 1948, 62 Stat. 869; eingehend hierzu *Wechsler*, Federal Jurisdiction and the Revision of the Judicial Code, in: Law & Contemp. Problems, Bd. 13 (1948), 216 ff.

[167] Vgl. 28 U.S.C. (1994 Ed.), § 1, S. 27 ff. mit den "Short Titles" der Amendments von 1994, 1992, 1990, 1988, 1987, 1986, 1984, 1983, 1982, 1980, 1979, 1978, 1976, 1970, 1966 und 1964.

[168] "Judicial Code and Judiciary" of 1948, 62 Stat. 92, Title 28 U.S.C. §§ 1 bis 2255; siehe auch: www.uscourts.gov.

[169] 28 U.S.C. §§ 1 ff. (Organization), §§ 1251 (Jurisdiction and Venue) and §§ 1651 (Procedure). Siehe auch www.supremecourtus.gov. So gut wie alle Vorschläge in der Verfassungsversammlung von Philadelphia im Jahre 1897 sahen die Errichtung eines „obersten Gerichtshofs" an der Spitze der Bundesgerichtsbarkeit vor. *Max Farrand*, The Framing of the Constitution of the United States, Bd. 1, 21, 244 u. 292 (1923), *Farrand*, Bd. 3, 600. In dem sich letztendlich durchsetzenden Randolph oder Virginia-Plan war beabsichtigt, eine Gerichtsbarkeit zu schaffen, die aus einem oder mehreren Spruchkörpern bestehen sollte, sowie Untergerichten, die aufgrund von Bundesgesetzen errichtet werden sollten, *Fallon/Meltzer/Shapiro*, The Federal Courts and the Federal System, 5.

[170] Z.B. in New York, Kalifornien und Texas; 28 U.S.C. §§ 81 ff.; *Wright/Miller/Cooper/ Amar*, Federal Practice and Procedure, Bd. 13, § 3505, 16 ff.; *Fallon/Meltzer/Shapiro*, The Federal Courts and the Federal System, 47 ff.

(intermediate appellate courts), von denen es gegenwärtig insgesamt dreizehn gibt und deren örtlicher Zuständigkeitsbereich (Circuit) regelmäßig mehrere Einzelstaaten umfasst.[171]

Grundsätzlich werden Entscheidungen der U.S. District Courts von den U.S. Courts of Appeal nachgeprüft. Nur in wenigen Ausnahmefällen können Rechtsmittel gegen District Court-Entscheidungen unmittelbar vor den U.S. Supreme Court gebracht werden (sog. "direct appeal").[172] Den wichtigsten Fall hiervon stellte im Jahr 1948 die mittlerweile nicht mehr bestehende Möglichkeit eines "direct appeal" nach 28 U.S.C. § 1252 für den Fall dar, dass ein U.S. District Court ein Bundesgesetz (Act of Congress) aufgehoben hatte und die Vereinigten Staaten, eine Regierungsbehörde oder ein Regierungsbeamter als Prozesspartei beteiligt waren.[173] Der Grund für diese damalige prozessuale Bestim-

---

[171] 28 U.S.C. §§ 41 ff. Zunächst hießen die Mittelinstanzen "U.S. Circuit Courts of Appeals" vgl. *Posner*, The Federal Courts, 4 f.; *Wright/Miller/Cooper/Amar*, Federal Practice and Procedure, Bd. 13, § 3506, 21 ff.

Die Anzahl und örtliche Zuständigkeit der Courts of Appeals ist in 28 U.S.C. § 41 geregelt (vgl. www.supremecourtus.gov/about/circuitmap.html): So ist der U.S. Court of Appeals of the *1st Circuit* mit Sitz in Boston zuständig für die Staaten Maine, Massachusetts, New Hampshire, Rhode Island und für Puerto Rico. *2nd Circuit*, Sitz: New York, zuständig für Connecticut, New York, Vermont. *3rd Circuit*, Sitz: Philadelphia, zuständig für Delaware, New Jersey, Pennsyslvania, Virgin Islands. *4th Circuit*, Sitz: Richmond/Va., zuständig für Maryland, North Carolina, South Carolina, Virginia, West Virginia. *5th Circuit*, Sitz: New Orleans/La., zuständig für Louisiana, Mississippi, Texas, Kanalzone. *6th Circuit*, Sitz: Cincinnati/Oh., zuständig für Kentucky, Michigan, Ohio, Tennessee. *7th Circuit*, Sitz: Chicago, zuständig für Illinois, Indiana, Wisconsin. *8th Circuit*, Sitz: St. Louis/Mo., zuständig für Arkansas, Iowa, Minnesota, Missouri, Nebraska, North Dakota, South Dakota. *9th Circuit*, Sitz: San Francisco, zuständig für Alaska, Arizona, California, Idaho, Montana, Nevada, Oregon, Washington, Guam, Hawaii. *10th Circuit*, Sitz: Denver, zuständig für Colorado, Kansas, New Mexico, Oklahoma, Utah, Wyoming. *11th Circuit*, Sitz: Atlanta/Ga., zuständig für Alabama, Florida, Georgia. *Federal Circuit*, Sitz: Washington D.C., zuständig für alle bundesgerichtlichen Distrikte. *District of Columbia*, Sitz: Washington D.C., zuständig für den District of Columbia.

[172] Vgl. *Stern/Gressman/Shapiro/Geller*, Supreme Court Practice, 47 ff.; 28 U.S.C § 2284(a); 15 U.S.C. § 29(b) ("enforcing antitrust laws").

[173] Bis 1988 gab es neben den Verfahren nach 28 U.S.C. § 1252 auch "direct appeals" nach 18 U.S.C. § 3731 (orders in criminal cases), nach 28 U.S.C. § 2321 (review of orders of the ICC) und nach 28 U.S.C. § 2281, 2282 ("enjoin the enforcement of state or federal laws on the grounds of unconstitutionality").

mung lag darin, dass bei einer für die Rechtssicherheit so bedeutsamen Frage wie der Wirksamkeit eines Bundesgesetzes nicht erst langwierige Instanzenwege zu zusätzlichen Verzögerungen führen sollten. Mit zunehmender Überlastung des Supreme Court wurde mit den anderen appeal-Zuständigkeiten auch der "direct-appeal" abgeschafft.

5. Zuständigkeitszuweisung an den U.S. Supreme Court

Die kompetenzielle Stellung des United States Supreme Court ist dadurch gekennzeichnet, dass er ein Gericht allgemeiner Zuständigkeiten ist (court of general jurisdiction). Das heisst, dass er erstinstanzlich oder als höchste Rechtsmittelinstanz in allen Bereichen des Zivil-, Straf-, Steuer-, Sozial-, Arbeits-, Verwaltungs-, Völker- und Verfassungsrechts aus dem Zuständigkeitsbereich der Bundesgerichtsbarkeit Entscheidungen trifft.[174] Auf deutsche Kategorien übertragen nähme der Supreme Court damit die Aufgaben aller obersten Gerichtshöfe des Bundes[175] zusätzlich zu denen des Bundesverfassungsgerichts wahr. In diesem Zusammenhang ist noch zu ergänzen, dass das amerikanische Recht eine Unterteilung in verschiedene Fachgerichte nur in sehr eingeschränkten Umfang kennt.

Wichtigster Prüfungsmaßstab des Supreme Court ist neben den gesamten bundesrechtlichen Vorschriften naturgemäß die U.S. Bundesverfassung, die auch im Drittwirkungsbereich zwischen Privaten zur Anwendung kommen kann.[176] In den Fällen, in denen einzelstaatliches Recht bei der Rechtsfindung relevant wird, ist der Supreme Court jedoch an die jeweilige Auslegung der höchsten einzelstaatlichen Gerichte gebunden.[177]

---

[174] Vgl. *Wright/Miller/Cooper/Amar*, Federal Practice and Procedure, Bd. 16 B, § 4001, 4.

[175] I.e. Bundesgerichtshof (BGH), Bundesverwaltungsgericht (BVerwG), Bundesfinanzhof (BFH), Bundesarbeitsgericht (BAG) und Bundessozialgericht (BSG), Art. 95 GG.

[176] Vgl. *Finck*, Judicial Review: The United States Supreme Court Versus the German Constitutional Court, Boston College Int'l & Comp. L.Rev., Bd. 20 (1997), 123, 138.

[177] Vgl. *Fallon/Meltzer/Shapiro*, The Federal Courts and the Federal System, 510 ff.; *Murdock v. City of Memphis*, 87 U.S. (20 Wall.) 590 (1875); *Enterprise Irrigation Dist. v. Farmers' Mut. Canal Co.*, 243 U.S. 157 (1917); *Herb v. Pictairn*, 324 U.S. 117 (1945); zuletzt *Coleman v. Thompson*, 501 U.S. 722 (1991).

Die Stellung und Position des U.S. Supreme Court innerhalb der Bundesgerichtsbarkeit hängt zunächst davon ab, welche Zuständigkeitsbereiche durch die U.S. Bundesverfassung auf die Bundesgerichtsbarkeit insgesamt übertragen wurden. Es muss daher in einem ersten Schritt der gesamte Kompetenzrahmen der Bundesgerichtsbarkeit festgestellt werden, bevor zu ermitteln ist, welche Bereiche davon wiederum dem Obersten Gerichtshof erst- bzw. letztinstanzlich zugewiesen wurden. Die Verteilung der Zuständigkeiten richtet sich nach Art. III, Section 2 U.S. Bundesverfassung.[178]

Darin heißt es wie folgt:

> "The judicial Power shall extend to all Cases, in Law and Equity, arising under this Constitution, the Laws of the United States, and Treaties made, or which shall be made, under their Authority;
>
> - to all Cases affecting Ambassadors, other public Ministers and Consuls;
> - to all Cases of admirality and maritime Jurisdiction;
> - to Controversies to which the United States shall be a Party;
> - to Controversies between two or more States;
>
> [- between a State and Citizens of another State][179]
>
> - between Citizens of Different States,
> - between Citizens of the same State claiming Lands under Grants of different States,
>
> [and between a State, or the Cititizen thereof, and foreign States, Citizens or Subjects]."[180]

---

[178] Vgl. *Wright/Miller/Cooper/Amar*, Federal Practice and Procedure, Bd. 16 B, § 4002, 6.

[179] Nach der Entscheidung *Chisholm v. Georgia*, 2 U.S. (2 Dall.) 419 (1793) wurde am 7. Februar 1795 das sogenannte 11. Amendment ratifiziert, das die genannten Zuständigkeiten der Bundesgerichtsbarkeit aufhob.

[180] Übersetzung in Anlehnung an *Franz*, Staatsverfassungen, 11, 31: „*Die richterliche Gewalt erstreckt sich auf alle Fälle, im gemeinen Recht und Billigkeitsrecht, die im Geltungsbereich dieser Verfassung, der Gesetze der Vereinigten Staaten und der unter ihrer Hoheit abgeschlossen oder künftig abzuschließenden völkerrechtlichen Verträge entstehen; - auf alle Fälle, die Botschafter, andere diplomatische Geschäftsträger oder Konsuln betreffen; - auf alle Fälle, der Schiffahrts- und Seegerichtsbarkeit; - auf Streitigkeiten, in den die Vereinigten Staaten Partei sind; - auf Streitigkeiten zwischen zwei oder mehreren Einzelstaaten; - [zwischen Staaten und Bürgern eines anderen Staates;] - zwischen*

Damit werden in Art. III, Section 2 der U.S. Bundesverfassung insgesamt neun Kompetenzbereiche der Bundesgerichtsbarkeit genannt, die (a) nach den damit verfolgten Zielsetzungen, (b) nach sprachlich-systematischen Gesichtspunkten und (c) nach erstinstanzlicher und letztinstanzlicher Zuständigkeit ("original" oder "appellate jurisdiction"") unterteilt werden können.[181]

a. Unterteilung nach verfolgten Zielen

Bei der Unterteilung der in Art. III U.S. Bundesverfassung festgelegten Kompetenzbereiche nach den damit verfolgten Zielsetzungen, lassen sich vier zentrale Ziele ausmachen, die durch die Zuständigkeit der Bundesgerichtsbarkeit gefördert werden sollen.[182]

(1) Zunächst soll die Bundesgerichtsbarkeit dem Schutz und der Durchsetzung von Bundeskompetenzen dienen, was besonders in den Fällen gilt, in denen die Vereinigten Staaten selbst als Streitpartei an einer gerichtlichen Auseinandersetzung beteiligt sind oder Bundesrecht streitentscheidende Bedeutung hat. (2) Außerdem soll die Bundesgerichtsbarkeit nach Art. III U.S. Bundesverfassung Streitigkeiten beilegen, die in Zusammenhang mit der Wahrnehmung auswärtiger Angelegenheiten entstanden sind und die Aktivitäten ausländischer Diplomaten[183] betreffen. Diese Zuständigkeit der Bundesgerichtsbarkeit ergänzt die

---

Bürgern verschiedener Einzelstaaten; - zwischen Bürgern desselben Einzelstaates, die Land unter Zuweisung verschiedener Einzelstaaten beanspruchen; - [und zwischen einem Staat oder dessen Bürgern und fremden Staaten, Bürgern oder Untertanen].“

[181] Vgl. *Fallon/Meltzer/Shapiro*, The Federal Courts and the Federal System, 13.

[182] Hierzu eingehend *Fallon/Meltzer/Shapiro*, The Federal Courts and the Federal System, 13.

[183] Z.B. Botschafter, Gesandte und Konsuln. Dass die Vorschrift des Art. III, Sec. 2 U.S. Bundesverfassung ausschließlich auf ausländische Diplomaten abzielt, ist u.a. der Vorschrift des 28 U.S.C. § 1251(a)(3) und (b)(1) zu entnehmen. Der Supreme Court hat außerdem entschieden, dass Diplomaten der USA nicht unter Art. III, Sec. 2 U.S. Bundesverfassung fallen, *Ex parte Gruber*, 269 U.S. 302, 303 (1925); *Wright/Miller/Cooper/Amar*, Federal Practice and Procedure, Bd. 17, § 4050, 236 f. Siehe hierzu im übrigen auch *United States v. Ortega*, 24 U.S. 467, 469 (1826); *Farnsworth v. Sanford*, (Circuit Court of the 5th Cir.) 115 F.2d 375, 379 (1940).

ohnehin dem Bundesstaat zugewiesene Kompetenz zur Wahrnehmung auswärtiger Angelegenheiten.[184]

(3) Drittens sollen die Bundesgerichte mit der Zuständigkeit für föderale Streitigkeiten eine klassische Aufgabe der Verfassungsgerichtsbarkeit wahrnehmen, indem sie Konflikte zwischen verschiedenen Einzelstaaten und zwischen Einzelstaaten und dem Bundesstaat beilegen.[185]

(4) Schließlich sind die Bundesgerichte wegen ihrer Neutralität und regionalen Unabhängigkeit dafür zuständig, diejenigen Fälle zu entscheiden, in denen zu befürchten stände, dass einzelstaatliche Gerichte befangen oder voreingenommen sein könnten.[186]

b. Sprachlich-systematische Unterteilung

Bei einer sprachlich-systematischen Untersuchung von Art. III, Section 2 U.S. Bundesverfassung ergibt sich eine Untergliederung in die ersten drei und die letzten sechs Zuständigkeitsbereiche. Während die ersten drei Kategorien überwiegend nach Sachzuständigkeit definiert werden und der Wortlaut von "all cases" spricht, werden die abschließenden sechs Bereiche davon bestimmt, welche Parteien an den zu entscheidenden Streitigkeiten beteiligt sind ("controversies").[187] Eine allgemeine prozessuale Bedeutung kommt dem hieraus abgeleiteten "case-or-controversy"-Erfordernis im Bereich der verfassungs- und verwaltungsprozessualen Klagebefugnis bei der Frage zu, ob der Supreme Court auch abstrakte Rechtsfragen beantworten darf.[188]

---

[184] Vgl. *Tribe*, American Constitutional Law, 634 ff.; *Rotunda/Nowak/Young*, Treatise on Constitutional Law, Bd. 1, § 6.1 (S. 370 ff.); *Stone/Seidman/Sunstein/Tushnet*, Constitutional Law, 473 ff.; *Farber/Eskridge/Frickey*, Constitutional Law, 926 ff. u. 946 ff.; aus der Rechtsprechung des Supreme Court, *United States v. Curtiss-Wright Export Co.*, 299 U.S. 304 (1936), Sutherland, J., und *Youngstown Sheet & Tube Co. v. Sawyer* (The Steel Seizure Case), 343 U.S. 579 (1952).

[185] Z.B. Streitigkeiten zwischen Einzelstaaten oder Verfahren über Landzuweisungen aus bundeseigenem Grundvermögen ("land grants").

[186] Z.B. sog. "diversity cases", *Hay*, Einführung in das Amerikanische Recht, 50 f.; *Redish/Sherry*, Federal Courts, 565 ff.

[187] Vgl. *Fallon/Meltzer/Shapiro*, The Federal Courts and the Federal System, 13.

[188] Vgl. hierzu unten 7. Teil, A, I.

(1) Cases

Die ersten drei Kompetenzzuweisungen orientieren sich an Sachgegenständen.[189] Genannt werden darunter (1) Fälle, die unter Anwendung der Verfassung, der Bundesgesetze und der bestehenden oder noch in Kraft tretenden völkerrechtlichen Verträge der Vereinigten Staaten entstehen ("Cases arising under the Constitution, Laws and Treaties of the United States"). (2) Davon erfasst sind außerdem Fälle, die sich auf ausländische Botschafter, andere diplomatische Geschäftsträger oder Konsule auswirken ("Cases affecting Ambassadors, Other Public Ministers, or Consuls") und (3) schließlich Fälle der Schiffahrts- und Seegerichtsbarkeit ("Cases of Admiralty and Maritime Cases").

(2) Controversies

Die verbleibenden sechs Zuständigkeiten knüpfen an die beteiligten Parteien an.[190] Das wichtigste "controversy"-Verfahren liegt vor, (1) wenn die Vereinigten Staaten ("United States" als Bundesstaat) Partei in einem Rechtsstreit sind.[191] Hierbei misslang es jedoch bei der Ausarbeitung der U.S. Bundesverfassung dem U.S. Supreme Court die erstinstanzliche Zuständigkeit zuzuweisen, wodurch das Gericht heute nur letztinstanzlich über diese Fälle entscheidet. Ferner ist es Aufgabe der Bundesgerichtsbarkeit (2) Streitigkeiten zwischen zwei oder mehreren Einzelstaaten,[192] (3) Streitigkeiten zwischen einem Einzelstaat und

---

[189] So schon Justice Story in *Martin v. Hunter's Lessee*, 14 U.S. (1 Wheat.) 304, 330 ff. (1816).

[190] Vgl. *Tribe*, American Constitutional Law, 275 mit Verweis auf Justice Story in *Martin v. Hunter's Lessee*, 14 U.S. (1 Wheat.) 304, 330 (1816).

[191] Nur einer von fünf Vorschlägen, der sog. *Blair*-Entwurf, in der Verfassungsversammlung von Philadelphia sah die Zuweisung der allgemeinen Sachzuständigkeit der Bundesgerichte für Fälle vor, in denen die "United States" Partei ist. Die anderen Entwürfe gingen davon aus, dass die Zuständigkeitszuweisung in verschiedenen Bundesgesetzen einzellfallartig geregelt werden würde, *Max Farrand*, The Framing of the Constitution of the United States, Bd. 2, S. 432 und S. 367 (1913); *Fallon/Meltzer/Shapiro*, The Federal Courts and the Federal System, 30.

[192] Die geradezu „klassischen" Streitigkeiten zwischen den amerikanischen Bundesstaten sind Grenzstreitigkeiten. Als Beispiel aus jüngerer Zeit war der Fall *New Jersey v. New York* anzusehen, bei dem die Grenzziehung auf der ehemaligen Einwandererinsel Ellis Island (mit den heutigen touristischen Verdienstmöglichkeiten) zur Frage stand, vgl. *New Jersey v. New York*, 523 U.S.

einem Bürger eines anderen Einzelstaates (4) und Streitigkeiten zwischen Bürgern verschiedener Staaten zu entscheiden (sog. diversity jurisdiction). Außerdem soll sich die Bundesgerichtsbarkeit mit Fällen befassen, die (5) Landzuweisung eines Einzelstaates an Bürger eines anderen Einzelstaates, und (6) Streitigkeiten zwischen Einzelstaaten oder ihren Bürgern einerseits und ausländischen Staaten, deren Bürgern bzw. Untertanen andererseits zum Gegenstand haben.[193]

c. Instanzliche Unterteilung

Der Zuständigkeitsbereich des U.S. Supreme Court erhält schließlich sein entscheidendes Profil innerhalb des Gesamtzuständigkeitsbereichs der Bundesgerichtsbarkeit, wenn seine erstinstanzliche und letztinstanzliche Zuständigkeiten ("original" bzw. "appellate jurisdiction") unterschieden werden.[194] Aufschluss über die Kompetenzverteilung innerhalb der Bundesgerichtsbarkeit gibt die Vorschrift des Art. III, Section 2, cl. 2 U.S. Bundesverfassung:

> "In all Cases affecting Ambassadors, other public Ministers and Consuls, and those in which a State shall be Party, the supreme Court shall have *original Jurisdiction. In all other Cases before mentioned*, the Supreme Court shall have *appellate Jurisdiction* both as to Law and Fact, with such Exceptions, and under such Regulations as the Congress shall make."[195]

---

767 (1998). Siehe allgemein hierzu *Vincent L. McKusick*, Discretionary Gatekeeping: The Supreme Court's Management of Its Origial Docket since 1961, 45 Me.L.Rev 185, Note 1; *Wright/Miller/Cooper/Amar*, Federal Practice and Procedure, Bd. 17, § 4045, 195 ff.

[193] Die beiden letzen Kompetenzen waren allgemein unbestritten und wurden in den meisten Entwürfen gleich behandelt, *Fallon/Meltzer/Shapiro*, The Federal Courts and the Federal System, 17 f.

[194] Vgl. *Stern/Gressman/Shapiro/Geller*, Supreme Court Practice, 461 ff.; Note, The Original Jurisdiction of the United States Supreme Court, Stan.L.Rev., Bd. 11 (1959), 665 ff.; *Wright/Miller/Cooper/Amar*, Federal Practice and Procedure, Bd. 17, § 4042, 167 ff.; *Casto*, James Iredell and the American Origins of Judicial Review, Conn.L.Rev., Bd. 27 (1995), 329, 344.

[195] Übersetzung in Anlehnung an *Franz*, Staatsverfassungen, 11, 31: „*In allen Fällen, die Botschafter, andere diplomatische Geschäftsträger und Konsuln betreffen, und in denjenigen, in welchen ein Staat Partei ist, soll der Oberste Gerichtshof erstinstanzliche Gerichtsbarkeit besitzen. In allen anderen oben erwähnten Fällen soll der Oberste Gerichtshof letztinstanzlich zuständig sein, und*

Nach den Bestimmungen des Art. III, Sec. 2 cl. 2 der U.S. Bundesverfassung ist der U.S. Supreme Court folglich nur dann erstinstanzlich zuständig, wenn dies ausdrücklich in der Verfassung vorgesehen ist. Im Regelfall dienen daher die U.S. District Courts als Eingangsinstanzen der Bundesgerichtsbarkeit, während der U.S. Supreme Court grundsätzlich nur letztinstanzlich tätig werden kann.[196] Von dieser Verteilung der Zuständigkeit ist nach vorherrschender Auffassung auch die letztinstanzliche Überprüfung von einzelstaatlichen Entscheidungen zu Fragen des Bundesrechts (federal question-cases) umfasst.[197]

Die erstinstanzliche Zuständigkeit des U.S. Supreme Court besteht nach Art. III, Sec. 2 U.S. Bundesverfassung i.V.m. 28 U.S.C. § 1251 lediglich in zwei Fallgruppen. Zum einen dann, wenn ausländische Botschafter, andere diplomatische Geschäftsträger oder Konsuln betroffen sind,[198] und zum anderen bei solchen Streitigkeiten, in denen Einzelstaaten als Partei beteiligt sind.[199] Während Fälle, in denen Botschafter und anderes diplomatisches Personal beteiligt sind, in der Vergangenheit so gut wie nie vorgekommen sind, liegt der Schwerpunkt erstinstanzlicher Zuständigkeit des Supreme Court bei föderalen Streitigkeiten zwischen verschiedenen Einzelstaaten bzw. zwischen einem Einzel-

---

zwar sowohl hinsichtlich der Rechts- als auch der Tatfragen; Ausnahmen und Einzelheiten bestimmt der Kongress.“ (Hervorhebungen v. Verf.).

[196] Wie bereits dargelegt, müssen sich die Regelungen des jeweils gültigen "Judiciary Act" innerhalb der verfassungsrechtlichen Grenzen befinden. Dies macht es möglich, dass die gesetzlich vorgesehene höchstrichterliche Überprüfungsmacht hinter dem verfassungsrechtlich Möglichen zurückbleibt. So geschah es im “Judiciary Act von 1789”, dass der Supreme Court nicht alle Entscheidungen der unteren Bundesgerichte überprüfen konnte, *Fallon/Meltzer/Shapiro*, The Federal Courts and the Federal System, 32.

[197] Vgl. *Fallon/Meltzer/Shapiro*, The Federal Courts and the Federal System, 19.

[198] 28 U.S.C. § 1251(a)(2) “All actions or proceedings against ambassadors or other public ministers of foreign states or their domestic or domestic servants, not inconsistent with the law of nations.” und (b)(1) “All actions or proceedings brought by ambassadors or other public ministers of foreign states or to which consuls or vice consuls of foreign states are parties.” Vgl. *Wright/Miller/Cooper/Amar,* Federal Practice and Procedure, Bd. 17, § 4050, 236.

[199] 28 U.S.C. § 1251(a)(1) “All controversies between two or more States”; (b)(2) “All controversies between the United States and a State”; (b)(3) “All actions or proceedings by a State against citizens of another State or against aliens.” Vgl. auch U.S.L.W., Bd. 64, 3094 (1995).

staat und den „United States" als Bundesstaat.[200] Verfassungsrechtlich umstritten ist im Hinblick auf die erstinstanzlichen Zuständigkeiten des U.S. Supreme Court, ob der Gesetzgeber befugt ist, hieraus Zuständigkeiten herauszulösen und auf ein anderes Gericht zu übertragen.[201] Weniger problematisch ist hingegen die seit einigen Jahren eingeführte Zuweisung erstinstanzlicher, aber nicht ausschließlicher Zuständigkeit ("original, but not exclusive jurisdiction"), bei der neben dem U.S. Supreme Court gleichzeitig andere Bundesgerichte zuständig sind.[202]

Im Ergebnis führt die instanzliche Unterteilung der bundesgerichtlichen Zuständigkeiten dazu, dass der U.S. Supreme Court in erster Instanz über internationale Fallgestaltungen, insbesondere aus dem Bereich auswärtiger Beziehungen zu entscheiden hat. Die dem U.S. Supreme Court außerdem erstinstanzlich zugewiesenen föderalen Streitigkeiten, bei denen Einzelstaaten als Prozesspartei beteiligt sind, gehören dem anerkannten verfassungsgerichtlichen Kernbereich an und unterstützen daher die Einstufung des Supreme Court als Verfassungsgericht.[203] Bei föderalen Streitigkeiten innerhalb der Vereinigten Staaten ist der U.S. Supreme Court besser als jedes andere amerikanische Ge-

---

[200] Vgl. *Stern/Gressman/Shapiro/Geller*, Supreme Court Practice, 462 u. 468; eine nähere Untersuchung wird in Zusammenhang mit dem Bund-Länder-Streit im 10. Teil, A, I erfolgen.

[201] Vgl. *Amar*, Marbury, Section 13 and the Original Jurisdiction of the Supreme Court, in: U.Chi.L.Rev. 56 (1989), 443, 478; *Paul M. Bator*, Congressional Power Over the Jurisdiction of the Federal Courts, Vill. L. Rev., Bd. 27 (1981-82), 1030, 1039; *Leonard G. Ratner*, Congressional Power Over the Apellate Jurisdiction of the Supreme Court, U.Pa.L.Rev., Bd. 109 (1960), 157, 201 f. Allerdings sind einige Fälle dieser Art traditionell anerkannt, z.B. 28 U.S.C. § 2284 (die Beanstandung einer Wahlkreiseinteilung für die Kongress-Wahlen muss zunächst von einem "special three judge federal district court" gehört werden, *Tribe*, American Constitutional Law, 270 ff. mit weiteren Beispielen.

[202] Vgl. *Stern/Gressman/Shapiro/Geller*, Supreme Court Practice, 462 u. 468 ff., siehe z.B. gegenwärtig 28 U.S.C. §§ 1251(b)(2), 1345, 1346; 5 U.S.C. §§ 702, 703 und folgende Fälle: *Börs v. Preston*, 111 U.S. 252 (1884); *Ames v. Kansas*, 111 U.S. 449 (1884); *Case v. Bowles*, 327 U.S. 92, 97 (1946), *United States v. California*, 328 F 2d. 729, 732 u. 735 (Court of Appeals of the 9th Circuit); kritischer sieht dies *Tribe*, American Constitutional Law, 270.

[203] Vgl. *Mosler*, Das Heidelberger Kolloquium, in: Verfassungsgerichtsbarkeit in der Gegenwart, XI; *Stern*, Staatsrecht, II, § 44, I 2 (S. 938); *Schlaich/Korioth*, Das Bundesverfassungsgericht, Rdnr. 8.

richt dazu geeignet, den Frieden innerhalb der bundesstaatlichen Ordnung zu gewährleisten, indem er aus neutraler Position über bestehende föderale Konflikte entscheidet.[204] Einzelstaatliche Gerichte und auch lokal angesiedelte Bundesgerichte wären in diesen Fällen überfordert oder könnten äußeren Einflussnahmen ausgesetzt sein.

Die Zuweisung der letztinstanzlichen bundesgerichtlichen Zuständigkeiten erfasst Fälle aus den Bereichen des Bundesverfassungsrechts (federal constitutional law), des Verwaltungsrechts (federal administrative law), der Bürgerrechte (Civil Rights law), des Völkerrechts (international law), des Kartellrechts (antitrust law), des zwischenstaatlichen und internationalen Handelsrechts (interstate and international trade law), des Zivilprozessrechts (federal rules of civil procedure), des Steuerrechts (federal tax law), sowie des Strafrechts (federal criminal law), soweit Bundesrecht urteilserheblich ist. Insbesondere die Zuständigkeit für Rechtssachen, in denen Bundesverfassungsrecht streitentscheidend ist, führen zu einer Vielzahl von Zuständigkeiten, da die U.S. Bundesverfassung in die meisten anderen Rechtsgebiete ausstrahlt und somit auch ursprünglich einzelstaatliche Streitigkeiten zu Bundesrechtsfällen werden können (federal question-cases).[205]

d. Überprüfung der Art. I-Courts

Neben den in der U.S. Bundesverfassung vorgesehenen Bundesgerichten nach Art. III gibt es noch weitere „Gerichte", die auf spezialgesetzlicher Grundlage errichtet wurden (z.B. U.S. Court of Military Appeals[206], U.S. Tax Court[207], District Courts for Guam, the Virgin Islands, the Canal Zone and Puerto Rico[208], Bankruptcy Courts[209]).

---

[204] Vgl. 10. Teil, A, I.

[205] Vgl. *Burnham*, Introduction to the Law and Legal System, 316 ff.

[206] 10 U.S.C.A § 867; vgl. *Redish/Sherry*, Federal Courts, 272 f.; *Stern/Gressman/Shapiro/Geller*, Supreme Court Practice, 82 f.; *Tribe*, American Constitutional Law, 298 ff.; *O'Callahan v. Parker*, 395 U.S. 258 (1969); *Thoth v. Quarles*, 350 U.S. 11 (1955); *Dynes v. Hoover*, 61 U.S. 65 (1857).

[207] 26 U.S.C.A. § 7441; *Martin Ginsberg*, Is the Tax Court constitutional?, Mississippi L.J., Bd. 35 (1964), 382.

[208] Vgl. *Wright/Miller/Cooper/Amar*, Federal Practice and Procedure, Bd. 13, § 3528, 263.

[209] 28 U.S.C.A. §§ 151-160, 581-589, etc.; aufgehoben durch *Northern Pipeline Construction Co. v. Marathon Pipe Line Co.*, 458 U.S. 50 (1982); *Currie*,

Wegen ihrer ausschließlich legislativen Organisationsgrundlage werden diese mit fachlichen oder territorialen Spezialzuständigkeiten ausgestatteten Gerichte "Art. I-Courts" oder "legislative courts" genannt.[210] Im Gegensatz zu den in Art. III U.S. Bundesverfassung vorgesehenen Bundesgerichten üben sie nach Auffassung des Supreme Court keine richterliche Gewalt im Sinne der U.S. Bundesverfassung aus ("no judicial power of the United States"), sondern sind den beiden anderen staatlichen Teilgewalten zuzuordnen.[211] Zwar wurden einige ursprünglich als "legislative courts" angesehene Gerichte mittlerweile als vollgültige Bundesgerichte im Sinne von Art. III U.S. Bundesverfassung anerkannt.[212] Was die verbliebenen "legislative courts" jedoch weiterhin von den verfassungsrechtlich vorgesehenen Bundesgerichten unterscheidet, ist das Fehlen verschiedener Vorkehrungen zum Schutz der richterlichen Unabhängigkeit[213] und ein abweichendes Ernennungsverfahren.[214]

Federal Courts, 125 ff.; *Wright/Miller/Cooper/Amar,* Federal Practice and Procedure, Bd. 17, § 4106, 441 ff.

[210] Engl. "Art. I-tribunals" oder "legislative courts"; vgl. *Fallon/Meltzer/Shapiro*, The Federal Courts and the Federal System, 43-47; *Posner*, The Federal Courts, 6 ff.

[211] *Northern Pipeline Construction Co. v. Marathon Pipe Line Co.*, 458 U.S. 50 (1982); *Grandfinanciera, S.A. v. Nordberg,* 492 U.S. 33 (1989); anders *Thomas v. Union Carbide Agrcultureal Products Co.*, 473 U.S. 568 (1985) und *Commodity Futures Trading Commission v. Schor*, 478 U.S. 833 (1986). Frühere Entscheidungen zu "legislative courts": *American Insurance Company v. Canter* , 26 U.S. 511, 546 (1828) (Marshall, C.J.: "*They are legislative courts, created in virtue of the general right of sovereignty which exists in the government, or in virtue of that clause which enables congress to make all needful rules and regulations, respecting the territory belonging to the United States.*"); *Ross v. McIntyre*, 140 U.S. 453 (1891); *Ex parte Bakelite Corporation*, 279 U.S. 438 (1929); *Williams v. United States*, 289 U.S. 553 (1933); *Glidden Company v. Zdanok*, 370 U.S. 530 (1962); *Palmore v. United States*, 411 U.S. 389, 36 (1973); zum Ganzen *Tribe*, American Constitutional Law, 294 ff.; *Fallon/Meltzer/Shapiro*, The Federal Courts and the Federal System, 43 ff. u. 394 ff.

[212] Z.B. Court of Claims, Customs Court, Court of Customs and Patent Appeals, Court of Appeals of the District of Columbia, vgl. *Redish/Sherry*, Federal Courts, 258 ff.

[213] Vgl. *Martin Redish*, Legislative Courts, Adminstrative Agencies and the Northern Pipeline Decision, Duke L.J. 1983, 197 ff.; *Richard H. Fallon*, Of Legislative courts, Administrative Agencies, and Article III, Harv.L.R., Bd. 101 (1988), 915 ff.; *Wright/Miller/Cooper/Amar,* Federal Practice and Procedure, Bd. 13, § 3528, 247 f.

6. U.S. Bundesgerichtsbarkeit und Gewaltenteilung

Die Gewaltenteilung (separation of powers) ist einer der zentralen Grundsätze der amerikanischen Verfassungsordnung. Er ist durch drei unabhängig voneinander bestehende, gleichberechtigte Teilgewalten mit verfassungsrechtlich umgrenzten Zuständigkeitsbereichen gekennzeichnet.[215] Allerdings ist die Gewaltenteilung nach der U.S. Bundesverfassung nicht nur ein System von nebeneinander bestehenden staatlichen Einheiten, sondern auch eines von "checks and balances". Dadurch wird gewährleistet, dass ein Kernbereich von Befugnissen nicht durch Übergriffe einer anderen Teilgewalt streitig gemacht werden kann.[216]

Besondere Bedeutung kommt dem Umstand zu, dass die amerikanische Bundesgerichtsbarkeit im gewaltenteiligen System der U.S. Bundesverfassung die Stellung einer ebenbürtigen Teilgewalt einnimmt. Diese im Zeitkontext des Jahres 1787 neuartige Berücksichtigung der Judikative kommt besonders augenfällig in der Systematik der U.S. Bundesverfassung zum Ausdruck. So ist der Aufbau der amerikanischen Verfassung dadurch gekennzeichnet, dass die wesentlichen Bestimmungen über die drei staatlichen Teilgewalten in jeweils einer Vorschrift zusammengefasst wurden, wobei die „Artikel“ der U.S. Bundesverfassung so umfangreich sind, dass sie im deutschen Verfassungsrecht als eigen-

---

[214] *Freytag v. Commissioner*, 501 U.S. 868 (1991); vgl. auch *Fallon/Meltzer/Shapiro*, The Federal Courts and the Federal System, 399. So sollte die Amtszeit eines Richters an einem U.S. bankruptcy court nach dem aufgehobenen Bankruptcy Act of 1978 insgesamt 14 Jahre betragen, mit der Möglichkeit der Entlassung (removal) durch den "judicial council" des betreffenden Bezirks aufgrund von Unfähigkeit, Fehlverhalten, Vernachlässigung der Amtspflichten oder Verhinderung ("incompetence, misconduct, neglect of duty, or disability"), 28 U.S.C.A. §§ 151-160, 581-589, 771-775, 1293, 1334, 1408, 1471-1482, 1930, 2256; eingehend *Wright/Miller/Cooper/Amar,* Federal Practice and Procedure, Bd. 17, § 4107; zu den Military Courts, vgl. *Fallon/Meltzer/Shapiro*, The Federal Courts and the Federal System, 45. Zum Status des 'Court of Claims' *Williams v. United States*, 289 U.S. 553 (1933), anders zu den Gerichten des District of Columbia *O'Donoghue v. United States*, 289 U.S. 516 (1933); eingehend *Currie*, Federal Courts, 126; *Wright/Miller/Cooper/Amar,* Federal Practice and Procedure, Bd. 13, § 3528, 253 ff.

[215] Vgl. *Tribe*, American Constitutional Law, 124 ff.; *Stone/Seidman/Sunstein/Tushnet*, Constitutional Law, 385, 387 ff.

[216] Vgl. *Stone/Seidman/Sunstein/Tushnet*, Constitutional Law, 387 f.

ständige Abschnitte bezeichnet würden.[217] Entsprechend sieht Art. I U.S. Bundesverfassung Bestimmungen über die Legislative vor (*"All legislative Powers herein granted ..."*), Art. II U.S. Bundesverfassung enthält Vorschriften über die Exekutive (*"The executive Power shall be vested ..."*) und Art. III U.S. Bundesverfassung beinhaltet die wesentlichen Bestimmungen über die Bundesgerichtsbarkeit (*"The Judicial Power of the United States, shall be vested ..."*).

Zur Durchsetzung des Gewaltenteilungsgrundsatzes trug maßgeblich der U.S. Supreme Court durch verschiedene Entscheidungen bei. Vor allem im Fall *Marbury v. Madison* (1803)[218] betonte der Oberste Gerichtshof, dass die Verfassungsordnung durch die Existenz dreier gleichberechtigter Teilgewalten (*"three co-equal branches of government"*) gekennzeichnet ist, von denen die Gerichtsbarkeit dazu berufen sei, die Verfassung auszulegen und damit die ihr zugrunde liegende Kompetenzordnung im Sinne einer "limited Constitution" zu schützen.[219] Allerdings gibt es auch im amerikanischen Schrifttum Überlegungen, Streitigkeiten aus dem Bereich der Gewaltenteilung als nicht justiziabel einzustufen und ihre Beilegung dem politischen Prozess zu überlassen.[220] Hierbei wäre jedoch absehbar, dass die nur aufgrund von Klagen und Anträgen tätig werdende Judikative strukturell benachteiligt wäre. Eine geringere verfassungsrechtliche Kontrolle bei Fragen der Gewaltenteilung ergibt sich in der Praxis des U.S. Supreme Court ohnehin aus dem Umstand, dass bedeutende Streitigkeiten zwischen den drei Teilgewalten, die die Möglichkeit zu übergreifenden Aussagen bieten, relativ selten vorkommen.[221] Somit bleiben viele Fragen, die das Verhältnis der drei Teilgewalten zueinander betreffen, der amerikanischen Verfassungspraxis sowie informellen oder formellen Verfahrensweisen überlassen, die zwar regelmäßig bei der U.S. Bundesverfassung ihren Ausgang nehmen, im übrigen aber an den praktischen Erfordernissen des amerikanischen Bundesstaates orientiert sind.[222]

---

[217] Justice Scalia, dissenting in *Morrison v. Olson*, 487 U.S. 654, 705 ff. (1988).

[218] 5 U.S. (1 Cranch) 137 (1803).

[219] *Marbury v. Madison*, 5 U.S. (1 Cranch) 137, 177 f. (1803).

[220] Vgl. *Jesse H. Choper*, Judicial Review and National Political Process, Chicago 1980, 263 ff.

[221] Vgl. *Stone/Seidman/Sunstein/Tushnet*, Constitutional Law, 391.

[222] Vgl. eingehend hierzu *Stone/Seidman/Sunstein/Tushnet*, Constitutional Law, 391 f.

II. Deutsche Gerichtsorganisation und Bundesverfassungsgericht

1. Enumerativverfassung

Die das Grundgesetz im Bereich der Gerichtsbarkeit prägende Aufgabenverteilung zwischen Bund und Ländern wurde schon früh vom Zuständigkeitsausschuss des Parlamentarischen Rates festgelegt.[223] Sie beruht wesentlich auf dem Prinzip enumerierter Bundeskompetenzen[224] (vgl. Art. 92, 30 GG[225]), was auch gegenwärtig noch zur Folge hat, dass Rechtsfälle grundsätzlich der Justizhoheit der Länder unterfallen, es sei denn, die Zuständigkeit wird durch Gesetz ausdrücklich auf Gerichte des Bundes übertragen.[226] Das besondere Merkmal des deutschen Gerichtssystems sind jedoch die gemeinsamen und übergreifenden Instan-

---

[223] Vgl. Beschluss des Zuständigkeitsausschusses über Art. 30 GG, in: Prot. Parl. Rat, Bd. 3, Dok.-Nr. 14, 482, 502 (12. Sitzung d. ZustA, 14.10.1948).

[224] Vgl. *Wagner* (SPD), in: Prot. Parl. Rat, Bd. 3, Dok.-Nr. 2, 4, 18 ff. (2. Sitzung d. ZustA, 22.9.1948), so auch *Hoch* (CDU), *Laforet* (CSU) u. *Kleindienst* (CDU), a.a.O., 4, 18 bis 21; *Hoch* (CDU) *u. Laforet* (CSU), in: Prot. Parl. Rat, Bd. 3, Dok.-Nr. 5, 173, 244 f. (5. Sitzung d. ZustA, 29.9.1948) (Hoch: *„Die Grundlage für die vollkommene Selbständigkeit, ..., der Landesverwaltung ergibt sich wohl aus Art. 30 [GG]. ... Er ist der Grundsatz, der im Unterabschnitt ‚Bund und Länder' die Zuweisung unserer Staatsgewalt festlegt, also nicht nur für die Verwaltung, auch für die Selbstverwaltung, auch für die Rechtsprechung, für alles, auch für alle Funktionen der Staatsgewalt.“*). Aus dem Schrifttum *Zinn*, Die Rechtsprechung, DÖV 1949, 278; *Degenhart*, Gerichtsorganisation, in: Isensee/Kirchhof, HdbStR, Bd. 3, 2. Aufl., § 75, Rdnr. 4 f.; *Schulze-Fielitz*, in: Dreier, GG, Bd. III, Art. 92, Rdnr. 18; *Detterbeck*, in: Sachs, GG, Art. 92, Rdnr. 1; *Kern*, Die Rechtsprechung, DV 1949, 330 f.

[225] Vgl. Art. 30 GG vor: *„Die Ausübung von staatlichen Befugnissen und die Erfüllung staatlicher Aufgaben ist Sache der Länder soweit dieses Grundgesetz keine andere Regelung trifft.“* Nach Art. 92 GG (gegenwärtige Fassung) ist für die Gerichtsbarkeit vorgesehen: *„...; sie [die Rechtsprechung] wird durch das Bundesverfassungsgericht, durch die in diesem Grundgesetz vorgesehenen Bundesgerichte und durch die Gerichte der Länder ausgeübt.“*

[226] Vgl. *Zinn*, Die Rechtspflege im Bonner Grundgesetz, in: Verh 37. DJT (1949), 46, 66; *v. Mangoldt*, Das Bonner Grundgesetz, 1. Auflage (1953), Art. 92, Ziff. 4 (S. 502); *Herzog*, in: Maunz/Dürig, GG, Bd. 4, Art. 92, Rdnr. 4, 18 u. 105 ff.; *ders.*, Art. 95, Rdnr. 6; *Erbguth*, in: Sachs, GG, Art. 30, Rdnr. 10; zur Zuweisung von Revisionszuständigkeiten an Oberlandesgerichte, BVerfG v. 16.1.1957, BVerfGE 6, 45, 51.

zenzüge von Bund und Ländern, bei denen Tatsacheninstanzen[227] und erste Rechtsmittelinstanzen[228] regelmäßig der Justizhoheit der Länder unterstehen, während die oberste (Revisions)Instanz des jeweiligen Rechtszuges üblicherweise der Justizhoheit des Bundes unterfällt.[229] Auf diese Weise kann die Justizhoheit bei Gerichtsverfahren, die mehrere Instanzen durchlaufen von den Ländern auf den Bund wechseln, ohne dass ein neuer Rechtszug begonnen werden muss. Strikt voneinander getrennte Gerichtszüge – wie sie im US-amerikanischen System bestehen – kennt die deutsche Gerichtsorganisation damit nicht.

2. *Bundesverfassungsgericht als Teil der deutschen Gerichtsbarkeit*

a. Kompetentielle Aufgaben des Bundesverfassungsgerichts

Betrachtet man die im Grundgesetz niedergelegten Vorschriften über das Bundesverfassungsgericht, so zeigt sich, dass die ursprünglich in Art. 97 bis 100 des Herrenchiemseer Verfassungsentwurfs (HC-E) vorgesehenen Regelungen in komprimierter und leicht modifizierter Form in die Bestimmungen der Art. 93, 94 und 100 GG eingegangen sind.[230] In verfassungssystematischer Hinsicht ist vor allem hervorzuheben, dass die in Art. 98 HC-E vorgesehene enumerative Nennung der verfassungsgerichtlichen Zuständigkeiten in Art. 93 Abs. 1 GG ihre Entsprechung findet.[231] Abweichend vom Herrenchiemseer Entwurf wur-

---

[227] I.e. Amtsgericht u. Landgericht, Verwaltungsgericht, Finanzgericht, Arbeitsgericht, Sozialgericht.

[228] I.e. Landgericht u. Oberlandesgericht, Oberverwaltungsgericht od. Verwaltungsgerichtshof, Landesarbeitsgericht, Landessozialgericht; Ausnahme ist hierbei die Finanzgerichtsbarkeit, bei der nur zwei Instanzen existieren, die Finanzgerichte (FG) und der Bundesfinanzhof (BFH).

[229] I.e. Bundesgerichtshof, Bundesverwaltungsgericht, Bundesfinanzhof, Bundesarbeitsgericht und Bundessozialgericht. Vgl. *Herzog*, in: Maunz/Dürig, GG, Bd. 4, Art. 92, Rdnr. 4, 18 u. 105 ff.; *ders.*, Art. 95, Rdnr. 6; *Erbguth*, in: Sachs, GG, Art. 30, Rdnr. 10; zur Zuweisung von Revisionszuständigkeiten an Oberlandesgerichte, BVerfG v. 16.1.1957, BVerfGE 6, 45 (51).

[230] Siehe hierzu den Verlauf der Beratungen, *Strauß* (CDU), in: Prot. Parl. Rat, Bd. 13/II, Dok.-Nr. 56, 1332, 1335 (6. Sitzung d. RpflA, 16.11.1948); vgl. auch *Stern*, Staatsrecht, Bd. 2, § 32 I 2 (S. 336).

[231] Vgl. *Wieland*, in: Dreier, GG, Bd. 3., Art. 93, Rdnr. 15 f. u. 43 ff.; *Voßkuhle*, in: v. Mangoldt/ Klein/Starck, GG, Bd. 3, Art. 93, Rdnr. 91 ff.

den jedoch die bereits an anderer Stelle im Grundgesetz normierten Zuständigkeiten des Bundesverfassungsgerichts in Art. 93 GG nicht mehr wiederholt, sondern lediglich durch die Verweisung des Art. 93 Abs. 1 Nr. 5 GG mittelbar in den Zuständigkeitskatalog aufgenommen.[232] Insgesamt gibt Art. 93 Abs. 1 GG einen guten Überblick über die wesentlichen verfassungsgerichtlichen Verfahren, da die im Grundgesetz an anderer Stelle verorteten Befugnisse – mit Ausnahme der konkreten Normenkontrolle – später in der Praxis selten oder nie in Anspruch genommen werden sollten. So sieht das Grundgesetz neben dem Organstreitverfahren (Art. 93 Abs. 1 Nr. 1 GG)[233], eine abstrakte Normenkontrolle (Art. 93 Abs. 1 Nr. 2 GG)[234] und ein Bund-Länder-Streitverfahren bzw. weitere föderale Streitverfahren (Art. 93 Abs. 1 Nr. 3 und 4 GG)[235] vor. In Art. 100 GG ist außerdem die konkrete Normenkontrolle geregelt (Art. 93 Abs. 1 Nr. 5 i.V.m. Art. 100 Abs. 1 GG).[236]

Obwohl der Herrenchiemseer Verfassungsentwurf in Art. 98 Nr. 8 HC-E[237] bereits ein Verfassungsbeschwerdeverfahren vorgesehen hatte, wurde im Art. 93 Abs. 1 GG des Jahres 1949 unter Verweis auf den ohnehin bestehenden Grundsatz des effektiven Rechtsschutzes (Art. 19 Abs. 4 GG) zunächst auf eine verfassungsrechtliche Normierung verzichtet. Erst mit dem Gesetz über das Bundesverfassungsgericht wurde die Verfassungsbeschwerde auf einfachgesetzlicher Basis eingeführt (Art. 93 Abs. 2 GG i.V.m. § 90 ff. BVerfGG), bevor sie im Jahre 1969 in

---

[232] Z.B. Verwirkung von Grundrechten gem. Art. 18 S. 2 GG; Parteiverbote gem. Art. 21 Abs. 2 GG; Wahlprüfung gem. Art. 41 Abs. 2 GG; Präsidentenanklage gem. Art. 61 GG; Aufsichtsklage gem. Art. 84, Abs. 4; Amtsenthebung eines Richters gem. Art. 98 Abs. 2 GG; Landesverfassungsstreitigkeiten, die dem Bund zugewiesen sind gem. Art. 99 GG; konkrete Normenkontrollverfahren gem. Art. 100 GG und Meinungsverschiedenheiten über die Fortgeltung alten Bundesrechts gem. Art. 126 GG, vgl. *Benda*, Constitutional Jurisdiction in Western Germany, Colum.J.Transn'l. L., Bd. 19 (1981), 1, 2; *Voßkuhle*, in: v. Mangoldt/Klein/Starck, GG, Bd. 3, Art. 93, Rdnr. 203; *Wieland*, in: Dreier, GG, Bd. 3., Art. 93, Rdnr. 16.

[233] Vgl. 9. Teil, II.

[234] Vgl. 7. Teil, II.

[235] Vgl. 10. Teil, II.

[236] Vgl. 8. Teil, II.

[237] *„Das Bundesverfassungsgericht entscheidet: ... 8. über Beschwerden wegen Verletzung der durch dieses Grundgesetz gewährleisteten Grundrechte."*, abgedruckt bei *Wilms*, Dokumente zur neuesten deutschen Verfassungsgeschichte, Bd III/2, Dok.-Nr. Nr. 2, 52, 75 f.

Art. 93 Abs. 1 Nr. 4 a GG in die Verfassung aufgenommen wurde.[238] Insgesamt sind im Grundgesetz 16 verschiedene Verfahrensarten vor dem Bundesverfassungsgericht geregelt.[239] Weitere können nach Art. 93 Abs. 2 GG auf einfachgesetzlicher Grundlage hinzugefügt werden, was üblicherweise im Gesetz über das Bundesverfassungsgericht (BVerfGG), aber auch in anderen Bundesgesetzen geschehen kann.[240]

b. Bundesverfassungsgericht und „spezifisches Verfassungsrecht"

Die im Grundgesetz vorgesehenen Kompetenzen des Bundesverfassungsgerichts ergeben sich vor allem aus den Artikeln 93, 98, 99 und 100 GG. Anders als der U.S. Supreme Court ist das Bundesverfassungsgericht kein reguläres Instanzengericht, sondern nach den Vorschriften des Grundgesetzes ein Spezialgericht für Verfassungsfragen.[241] Der übrige Rechtsschutz bleibt regelmäßig den fünf Fachgerichtsbarkeiten überlassen.[242] Entsprechend hat auch das Bundesverfassungsgericht selbst stets betont, keine „Superrevisionsinstanz" zu sein, da dies nicht nur seine begrenzte Arbeitskapazität übersteigen würde, sondern

---

238 Siehe zu den näheren Umständen und der im Jahre 1969 erfolgten ausdrücklichen Normierung im Grundgesetz, *Roellecke*, Aufgaben und Stellung des Bundesverfassungsgerichts im Verfassungsgefüge, in: Isensee/Kirchhof, HdbStR, Bd. 3, § 67, Rdnr. 12; *Voßkuhle*, in: v. Mangoldt/Klein/ Starck, GG, Bd. 3, Art. 93, Rdnr. 165; *Wieland*, in: Dreier, GG, Bd. 3., Art. 93, Rdnr. 17; zu einer etwaigen Zulässigkeit der Streichung, *R. Häußler*, Konflikt, 169 ff.; 11. Teil, B.

239 Vgl. *Zeidler*, The Federal Constitutional Court of the Federal Republic of Germany, Notre Dame L.Rev., Bd. 62 (1987), 504; in Übersicht auch *Friesenhahn*, Bundesrepublik Deutschland, in: Verfassungsgerichtsbarkeit in der Gegenwart, 89, 107 ff.

240 Vgl. Aufzählung bei *Voßkuhle*, in: v. Mangoldt/Klein/ Starck, GG, Bd. 3, Art. 93, Rdnr. 204 f.

241 Vgl. *Zeidler*, The Federal Constitutional Court of the Federal Republic of Germany, Notre Dame L. Rev., Bd. 62 (1987), 504; *Donald P. Kommers*, German Constitutionalism, Emory L.J., Bd. 40 (1991), 837, 840; *Voßkuhle*, in: v. Mangoldt/Klein/Starck, GG, Bd. 3, Art. 93, Rdnr. 54 u. 56; *Vitzthum*, Annahme nach Ermessen bei Verfassungsbeschwerden?, JöR 53 (2004), 319, 337.

242 I.e. ordentliche Gerichtsbarkeit, Verwaltungs-, Finanz-, Arbeits- und Sozialgerichtsbarkeit.

auch seinem verfassungsmäßigen Auftrag widerspräche.[243] Herkömmliche Rechtsmittel wie Berufung, Revision oder Beschwerde können zum Bundesverfassungsgericht nicht eingelegt werden.[244] Auch die Verfassungsbeschwerde stellt kein reguläres Rechtsmittel im Sinne der Prozessgesetze dar, sondern lediglich einen außerordentlichen und subsidiär eingreifenden Rechtsbehelf, der nur zulässig ist, wenn eine Grundrechtsverletzung auf andere Weise nicht beseitigt werden kann.[245] Während die Zuständigkeit des Bundesverfassungsgerichts bei den meisten Verfahrensformen bereits durch den enumerativen Kreis möglicher Verfahrensbeteiligter beschränkt wird (z.B. §§ 63, 76 BVerfGG),[246] ist die Verfassungsbeschwerde nach Erschöpfung des Rechtswegs üblicherweise der einzig verbleibende verfassungsprozessuale Rechtsbehelf des Bürgers.

Zwar können Verfassungsbeschwerden ausweislich des Wortlautes des Art. 93 Abs. 1 Nr. 4 a GG nur mit der Behauptung erhoben werden, in einem Grundrecht bzw. einem grundrechtsgleichen Recht verletzt zu sein, da jedoch auch in zahlreichen „einfachgesetzlichen" Fällen zumindest eine Verletzung der allgemeinen Handlungsfreiheit (Art. 2 Abs. 1 GG) oder des Willkürverbots (Art. 3 Abs. 1 GG) nicht auszuschließen ist,[247] hat das Bundesverfassungsgericht seit Beginn seiner Rechtspre-

---

[243] Vgl. BVerfG, Beschl. v. 17.4.1953, BVerfGE 2, 336 (339 ff.); BVerfG, Beschl. v. 11.7.1967, BVerfGE 22, 145 (176) BVerfG, Beschl. v. 20.12.1979, BVerfGE 53, 30 (53); *Denninger*, Judicial Review Revisited, Tulane L.Rev., Bd. 59 (1985), 1013 1025; *Kenntner*, Vom „Hüter der Verfassung" zum „Pannenhelfer der Nation", DÖV 2005, 269, 270.

[244] Vgl. *Isensee*, Grundrecht auf Ehre, FS. Kriele 1997, 5, 44 ff. (unter Hinweis auf die unterschiedliche Behandlung von „*Tat- und Rechtsfragen*"); *Denninger*, Judicial Review Revisited: The German Experience, Tulane L.Rev., Bd. 59 (1985), 1013, 1016 u. 1025.

[245] Vgl. BVerfG, Beschl. v. 10.10.1978, BVerfGE 49, 252 (258); *Wahl/Wieland*, Verfassungsrechtsprechung als knappes Gut, JZ 1996, 1137, 1144; *Kau*, Annahme nach Ermessen bei der Verfassungsbeschwerde, ZRP 1999, 319, 320, *Kenntner*, Das BVerfG als subsidiärer Superrevisior?, NJW 2005, 785.

[246] Vgl. etwa Art. 93 Abs. 1 Nr. 1 („*Rechte und Pflichten oberster Verfassungsorgane*"), Nr. 2 („*...auf Antrag der Bundesregierung, einer Landesregierung oder eines Drittels der Mitglieder des Bundestages;*") oder auch Nr. 3 GG („*Rechte und Pflichten des Bundes und der Länder...*").

[247] Zuletzt hierzu *Kenntner*, Das BVerfG als subsidiärer Superrevisior?, NJW 2005, 785 mit Hinweis auf die im Elfes-Urteil entwickelte Grundrechts-Dogmatik, BVerfG, Urt. v. 16.1.1957, BVerfGE 6, 32 (36 ff.); *ders.*, Vom „Hüter

chungstätigkeit verschiedene Formeln entwickelt, um der Vielzahl von Verfassungsbeschwerden Herr werden zu können.[248]

In den meisten Entscheidungen findet die inoffiziell nach dem früheren Verfassungsrichter Karl Heck (1896-1997)[249] benannte „Hecksche Formel“ Verwendung.[250] Danach überprüft das Bundesverfassungsgericht Urteile der Fachgerichte nur dann, wenn „spezifisches Verfassungsrecht“ verletzt wurde.[251] Wörtlich führt das Bundesverfassungsgericht hierzu aus, dass die „Gestaltung des Verfahrens, die Feststellung und Würdigung des Tatbestandes, die Auslegung der Gesetze und ihre Anwendung auf den einzelnen Fall“ allein Sache der Fachgerichte und somit der Nachprüfung durch das Bundesverfassungsgericht entzogen sind, soweit nicht „spezifisches Verfassungsrecht verletzt“ ist.[252] Eine solche „spezifische“ Verfassungsverletzung liegt regelmäßig vor, wenn „eine Gerichtsentscheidung auf einer grundsätzlich unrichtigen Auffassung von der Reichweite und Wirkkraft eines Grundrechts beruht oder das Entscheidungsergebnis selbst Grundrechte eines Beteiligten ver-

---

der Verfassung“ zum „Pannenhelfer der Nation“, DÖV 2005, 269, 271; *Pieroth/Aubel*, Grenzen richterlicher Entscheidungsfindung, JZ 2003, 504.

[248] Die Bedeutung der unterschiedlichen Formeln für die Verfahrensautonomie und Annahmepraxis des Bundesverfassungsgericht wird noch an anderer Stelle eingehend beleuchtet werden, vgl. 13. Teil, A, II. BVerfG, Beschl. v. 3.10.1951, BVerfGE 1, 7 (8); BVerfG, Beschl. v. 18.9.1952, BVerfGE 1, 418 (420); BVerfG, Beschl. v. 17.6.1953, BVerfGE 2, 336 (339); BVerfG, Urt. v. 17.12.1953, BVerfGE 3, 213 (219 f.). Die verschiedenen Formeln mit ihren spezifischen Unterschieden zeichnet *Herzog*, Das Bundesverfassungsgericht und die Anwendungen einfachen Gesetzesrechts, FS. Dürig, 431, 433 ff. nach.

[249] Vgl. FS. 50 Jahre BVerfG, Bd. 2, Anhang (Die Mitglieder des BVerfG 1951 bis 2001), 913, 919.

[250] Vgl. *Herzog*, Das Bundesverfassungsgericht und die Anwendungen einfachen Gesetzesrechts, FS. Dürig, 431, 432 f.; *Roth*, Die Überprüfung fachgerichtlicher Urteile, AöR 121 (1996), 522, 550 ff.; *Kenntner*, Das BVerfG als subsidiärer Superrevisior?, NJW 2005, 785, 786; kritisch zur Namensgebung *Pestalozza*, VerfassungsprozessR, § 12, Rdnr. 13 (Fn. 38).

[251] Vgl. *Pestalozza*, Verfassungsprozessrecht, § 12, Rdnr. 13 f.; *Benda/Klein*, Verfassungsprozessrecht, Rdnr. 213; *Bethge*, in: Maunz/Schmidt-Bleibtreu, BVerfGG, Vorb, Rdnr. 199; *Wieland*, in: Dreier, GG, Bd. 3., Art. 93, Rdnr. 34; kritisch *Roth*, Die Überprüfung fachgerichtlicher Urteile, AöR 121 (1996), 522, 550 ff.

[252] BVerfG, Beschl. v. 18.9.1952 BVerfGE 1, 418 (420); BVerfG, Beschl. v. 10.6.1964, BVerfGE 18, 85 (92 f.).

letzt".[253] Kurz gesagt ist die Zuständigkeit des Bundesverfassungsgerichts im Rahmen des Verfassungsbeschwerdeverfahrens nur eröffnet, wenn Fachgerichte verfassungsrechtliche Wertungen oder grundrechtliche Gewährleistungen vollkommen außer Acht gelassen oder nur unzureichend berücksichtigt haben.

Die Hecksche Formel ist im staatsrechtlichen Schrifttum zwar stets kritisiert worden,[254] sie wird jedoch nach wie vor vom Bundesverfassungsgericht verwendet, um seine Zuständigkeit für Verfassungsbeschwerden zu begründen oder abzulehnen.[255] Allerdings ermöglicht selbst die Kenntnis der Formel kaum vorherzusagen, ob sich das Bundesverfassungsgericht eines Falles annehmen wird oder nicht.[256] Davon unberührt ist der grundsätzliche praktische Nutzen für das Bundesverfassungsgericht, dem hierdurch die verfahrensmäßige Bewältigung der jährlich in großer Zahl erhobenen Verfassungsbeschwerden erst ermöglicht wird.[257]

Angesichts der verfassungsrechtlichen Grundlagen und der bisherigen Rechtsprechungspraxis wird deutlich, dass das Bundesverfassungsge-

---

[253] BVerfG, Beschl. v. 10.6.1964, BVerfGE 18, 85 (92); BVerfG, Beschl. v. 8.2.1972, BVerfGE 32, 311 (316); BVerfG, Beschl. v. 14.2.1973, BVerfGE 34, 269 (280); vgl. auch *Zeidler*, The Federal Constitutional Court of the Federal Republic of Germany, Notre Dame L.Rev., Bd. 62 (1987), 504, 524.

[254] Vgl. *Papier*, „Spezifisches Verfassungsrecht" und „einfaches Recht" als Argumentationsformel des Bundesverfassungsgerichts, in: FG BVerfG I, 432, 436 u. 450; *Lechner/Zuck*, BVerfGG, § 90, Rdnr. 63 ff.; *Ernst-Wolfgang Böckenförde*, Zur gegenwärtigen Lage der Grundrechtsdogmatik, Der Staat 29 (1990), 1, 9; *Voßkuhle*, in: v. Mangoldt/Klein/Starck, GG, Bd. 3, Art. 93, Rdnr. 55; *Ulrich Steinwedel*, „Spezifisches Verfassungsrecht" und „einfaches Recht", Baden-Baden 1976.

[255] Aus jüngerer Zeit z.B. BVerfG, Beschl. v. 26.2.2002 (2. Senat, 3. Kammer), NJW 2002, 2308; BVerfG, Beschl. v. 26.1.2000 (1. Senat, 1. Kammer), VIZ 2000, 683 (Anm. *Scholtyssek*, VIZ 2001, 243 f.); BVerfG, Beschl. v. 12.1.2000 (2. Senat, 3. Kammer), NJW 2000, 1480.

[256] So auch *Wieland*, in: Dreier, GG, Bd. 3., Art. 93, Rdnr. 35; *Kenntner*, Das BVerfG als subsidiärer Superrevisior?, NJW 2005, 785, 786 („*Diese Formel klingt gut, ... lässt ... eine trennscharfe Scheidung jedoch nicht zu*").

[257] Vgl. ähnlich auch *Bethge*, in: Maunz/Schmidt-Bleibtreu, BVerfGG, Vorb, Rdnr. 199; *Herzog*, Das Bundesverfassungsgericht und die Anwendungen einfachen Gesetzesrechts, FS. Dürig, 431 („*es [sind] nicht Gebote der Logik, sondern lediglich praktische Überlegungen ..., die dem Verfassungsgericht insoweit die Feder führen*").

richt nicht in die fachgerichtlichen Instanzenzüge des bundesdeutschen Gerichtssystems integriert ist. Stattdessen besteht es selbständig über den Instanzenzügen der Fachgerichtsbarkeiten und ist in seiner Zuständigkeit auf Fälle „spezifischen Verfassungsrechts" beschränkt.[258] Im Hinblick auf die beiden anerkannten Organisationsformen der Verfassungsgerichtsbarkeit ist das Bundesverfassungsgericht nach Art. 92 ff. GG als ein institutionell selbständiges Gericht im Sinne des „Trennungsmodells" einzustufen, das ausschließlich für spezifisch verfassungsrechtliche Fragen zuständig ist.[259]

Obwohl das Bundesverfassungsgericht gerne als „Hüter der Verfassung" bezeichnet wird,[260] zeigt doch die Gesamtzahl von nur etwa 4.000 bis 5.000 erledigten Verfahren jährlich, dass es diese Aufgabe nicht allein wahrnehmen kann. Wie schon der „Heckschen Formel" zu entnehmen ist, wird der „gewöhnliche" Grundrechtsschutz regelmäßig von den fünf Fachgerichtsbarkeiten gewährleistet.[261] Diese wenden zwar bei ihren Entscheidungen in erster Linie einfachgesetzliche Vorschriften an, bei ihrer Gesetzesinterpretation sind sie aber an die grundlegenden Wertentscheidungen der Verfassung gebunden (z.B. bei der Auslegung der zivilrechtlichen Generalklauseln).[262] In besonderem Maß

---

[258] Vgl. *Davis/Burnham*, The Role of the Federal Judiciary, Boston College Int'l & Comp. L. Rev., Bd. 12 (1989), 63, 69; *Kommers*, German Constitutionalism, Emory L.J., Bd. 40 (1991), 837, 840.

[259] Vgl. *Stern*, Staatsrecht, Bd. II, § 44 I 1 (S. 936 f.); *Friesenhahn*, Bundesrepublik Deutschland, in: Verfassungsgerichtsbarkeit in der Gegenwart, 89, 91; *Schlaich/Korioth*, Das Bundesverfassungsgericht, Rdnr. 2; *Voßkuhle*, in: v. Mangoldt/Klein/Starck, GG, Bd. 3, Art. 93, Rdnr. 15.

[260] Vgl. *Benda*, Constitutional Jurisdiction in Western Germany, Colum.J. Transn'l. L., Bd. 19 (1981), 1, 3.

[261] Vgl. *Kommers*, German Constitutionalism, Emory L.J., Bd. 40 (1991), 837, 840; *Brun-Otto Bryde*, Verfassungsentwicklung, Baden-Baden 1982, 316 spricht von „Aufgabenparallelität" zwischen Fachgerichten und Bundesverfassungsgericht; jüngst hierzu auch *Kenntner*, Vom „Hüter der Verfassung" zum „Pannenhelfer der Nation", DÖV 2005, 269, 271.

[262] Vgl. *J. Schmidt*, in: Staudinger, BGB, 13. Aufl., Berlin 1995, Einl zu §§ 241 ff., Rdnr. 538 ff.; zur einschlägigen Rechtsprechung BGH, Urt. v. 25.5.1954, BGHZ 13, 334, 338; BGH, Urt. v. 26.11.1954, BGHZ 15, 249, 257; BGH, Urt. v. 14.2.1958, BGHZ 26, 349, 354; BGH, Urt. v. 22.12.1959, BGHZ 31, 308, 313; BGH, Urt. v. 6.4.1960, BGHZ 33, 145, 149; BGH, Urt. v. 21.6.1966, BGHZ 45, 296, 307; BGH, Urt. v. 9.2.1978, BGHZ 70, 313, 324.

trifft diese Verantwortung wegen der Anwendung öffentlich-rechtlicher Normen die Verwaltungs-, Finanz- und Sozialgerichte.[263]

c. Bundesverfassungsgericht und Gewaltenteilung

Die Funktion und Bedeutung des Bundesverfassungsgerichts innerhalb der grundgesetzlichen Gewaltenteilung wirft überaus komplexe und umstrittene verfassungsdogmatische Fragen auf. Es würde daher den Rahmen dieser Untersuchung sprengen, wenn der gesamte Meinungsstand innerhalb des Schrifttums mit allen inhaltlichen Nuancen nachgezeichnet und darauf basierend ein selbständiger Ansatz entwickelt werden sollte. Aus diesem Grunde wird im Folgenden nur ein zusammenfassender Überblick über das Bundesverfassungsgericht in der gewaltenteiligen Verfassungsordnung des Grundgesetzes gegeben werden, der sich auf bestimmte Grundzüge und wesentliche Merkmale beschränkt.

Obwohl das Bundesverfassungsgericht nur für einen verhältnismäßig kleinen Bereich von Rechtsstreitigkeiten zuständig ist, kommt ihm für den Grundsatz der Gewaltenteilung eine herausragende Bedeutung zu. So ist es nach Art. 92 GG zunächst ein Teil der rechtsprechenden Gewalt, mithin also ein Gericht im herkömmlichen Sinn.[264] Außerdem kann es – obwohl dies im Schrifttum bisweilen bestritten wird[265] – als einziges Bundesgericht die Position eines Verfassungsorgans für sich beanspruchen (vgl. Art. 92, 93 GG i.V.m. § 1 BVerfGG).[266]

---

[263] Vgl. *Zeidler*, The Federal Constitutional Court of the Federal Republic of Germany, Notre Dame L.Rev., Bd. 62 (1987), 504, 524.

[264] Vgl. *Roellecke*, Aufgaben und Stellung des Bundesverfassungsgerichts im Verfassungsgefüge, in: Isensee/Kirchhof, HdbStR, Bd. 3, § 67, Rdnr. 11 u. 16; *Voßkuhle*, in: v. Mangoldt/Klein/Starck, GG, Bd. 3, Art. 93, Rdnr. 19 ff.; *Bethge*, in: Maunz/Schmidt-Bleibtreu, BVerfGG, § 1, Rdnr. 3; *Ernst Friesenhahn*, Über Begriff und Arten der Rechtsprechung, FS. Richard Thoma, Tübingen 1950, 21, 27; BVerfG, Beschl. v. 3.12.1975, BVerfGE 40, 356 (360).

[265] Vgl. *Schoch/Wahl*, Die einstweilige Anordnung des Bundesverfassungsgerichts in außenpolitischen Angelegenheiten, FS. Benda, Heidelberg 1995, 265, 284 (Fn. 62); *Ipsen*, Staatsrecht I, Rdnr. 733 ff., *Schlaich/Korioth*, Das Bundesverfassungsgericht, Rdnr. 26 u. 30 ff.; *Voßkuhle*, in: v. Mangoldt/Klein/Starck, GG, Bd. 3, Art. 93, Rdnr. 29.

[266] Vgl. *Stern*, Staatsrecht, Bd. 2, § 32 II 1 (S. 341 ff.); *Maunz*, in: Maunz/Schmidt-Bleibtreu, BVerfGG, § 1, Rdnr. 8; *Roellecke*, Aufgaben und Stellung des Bundesverfassungsgerichts im Verfassungsgefüge, in: Isensee/

Diese Qualifizierung ist zwar in erster Linie eine Beschreibung der verfassungsrechtlichen Gegebenheiten, sie hat jedoch auch statusrechtliche Folgen.[267] Keinesfalls aber kann aus dem „Verfassungsorgan-Status" eine vollständig oder teilweise Loslösung des Bundesverfassungsgerichts von prozessrechtlichen oder anderen einfachrechtlichen Verpflichtungen abgeleitet werden.[268]

In Zusammenhang mit dem Grundsatz der Gewaltenteilung muss weiterhin berücksichtigt werden, dass das Bundesverfassungsgericht zwar

---

Kirchhof, HdbStR, Bd. 3, § 67, Rdnr. 17 f.; *Friesenhahn*, Bundesrepublik Deutschland, in: Verfassungsgerichtsbarkeit in der Gegenwart, 89, 91 u. 100; *Benda*, in: Benda/Klein, Verfassungsprozessrecht, Rdnr. 99 f.; *Bethge*, in: Maunz/Schmidt-Bleibtreu, BVerfGG, Vorb, Rdnr. 5; *Laufer*, Verfassungsgerichtsbarkeit und politischer Prozeß, 293 ff.; *Hesse*, Grundzüge des Verfassungsrechts, Rdnr. 669 f.; *Kriele*, § 218 StGB nach dem Urteil des Bundesverfassungsgerichts, ZRP 1975, 73, 74; *Maurer*, Staatsrecht I, § 20, Rdnr. 7 f.; *Wieland*, in: Dreier, GG, Bd. 3., Art. 93, Rdnr. 30; *Geiger*, BVerfGG-Kommentar, § 1, Anm. 1 ff. ; *Badura*, Die Bedeutung von Präjudizien im öffentlichen Recht, in: U. Blaurock (Hrsg.), Die Bedeutung von Präjudizien im deutschen und französischen Recht, Baden-Baden 1985, 49, 68; *Degenhart*, Funktion und Stellung der Verfassungsgerichtsbarkeit, SächsVBl. 2003, 159. Vgl. zum Selbstverständnis des Bundesverfassungsgerichts, BVerfG, Beschl. v. 21.5.1957, BVerfGE 7, 1 (14); BVerfG, Beschl. v. 21.3.1957, BVerfGE 6, 300 (304).

[267] Vgl. Aufzählung bei *Maurer*, Staatsrecht I, § 20, Rdnr. 8; *Stern*, Staatsrecht, Bd. 2, § 32 II 3 (S. 346); *Benda*, in: Benda/Klein, Verfassungsprozessrecht, Rdnr. 100; *Laufer*, Verfassungsgerichtsbarkeit und politischer Prozeß, 256 ff.; *Friesenhahn*, Bundesrepublik Deutschland, in: Verfassungsgerichtsbarkeit in der Gegenwart, 89, 100; *Bethge*, in: Maunz/Schmidt-Bleibtreu, BVerfGG, Vorb, Rdnr. 5 u. 43 (zur organschaftlichen Befugnis zum Erlass einer Geschäftsordnung); ebenso BVerfG, Urt. v. 11.7.1961, BVerfGE 13, 54 (94); BVerfG, Beschl. v. 29.1.1974, BVerfGE 36, 342 (357); BVerfG, Beschl. v. 24.3.1982, BVerfGE 60, 175, (213) (*„im Rahmen rechtlicher Bindungen"*); kritisch hierzu *Voßkuhle*, in: v. Mangoldt/Klein/Starck, GG, Bd. 3, Art. 93, Rdnr. 29; *Schlaich/Korioth*, Das Bundesverfassungsgericht, Rdnr. 32.

[268] Problematisch ist beispielsweise, wenn das Bundesverfassungsgericht sich als „Herr des Verfahrens" bezeichnet, vgl. *Voßkuhle*, in: v. Mangoldt/Klein/Starck, GG, Bd. 3, Art. 93, Rdnr. 29, *Benda*, in: Benda/Klein, Verfassungsprozessrecht, Rdnr. 100 f. u. 114 ff.; *Bethge*, in: Maunz/Schmidt-Bleibtreu, BVerfGG, Vorb, Rdnr. 42 f.; *Schlaich/Korioth*, Das Bundesverfassungsgericht, Rdnr. 32 mit Verweis auf BVerfG, Urt. v. 11.7.1961, BVerfGE 13, 54 (94); BVerfG, Beschl. v. 29.1.1974, BVerfGE 36, 342 (357); einschränkend mittlerweile auch BVerfG, Beschl. v. 24.3.1982, BVerfGE 60, 175, (213) (*„im Rahmen rechtlicher Bindungen"*).

einerseits Teil der dritten Gewalt ist, es aber darüber hinaus auch zur Normen- und Exekutivkontrolle befugt ist (vgl. Art. 93 u. 100 GG) und somit die Ausübung der verfassungsmäßigen Kompetenzen durch die anderen Teilgewalten überwacht.[269] Daher kann das Bundesverfassungsgericht – wie andere Verfassungsgerichte auch – nicht ohne weiteres in das herkömmliche Schema der Gewaltenteilung oder Gewaltenverschränkung eingefügt werden.[270] Als Lösung bieten die Befürworter eines funktionell-rechtlichen Ansatzes an, das Verhältnis des Bundesverfassungsgerichts zu Legislative und Exekutive einzeln anhand der jeweiligen Staatsfunktionen zu beurteilen. Danach soll eine Aufgabe innerhalb des „Funktionsgefüges des Grundgesetzes" immer von dem Organ wahrgenommen werden, das ihr nach seinem gesamten Leistungsprofil am nächsten steht und zur Erfüllung am besten geeignet erscheint.[271] Nach einem anderen, materiell-rechtlichen Ansatz soll das Bundesverfassungsgericht lediglich dann zur Kontrolle befugt sein, wenn die Verfassung einen unmittelbaren Kontrollmaßstab zur Überprüfung des jeweiligen Sachbereichs vorsieht.[272] Fehlt es hieran, so hat das Bundesverfassungsgericht den anderen Teilgewalten einen weiten Gestaltungs- oder Ermessensspielraum einzuräumen.

---

[269] Vgl. *Weiler*, Equal Protection, Legitimacy, and the Legalization of Education: The Role of the Federal Constitutional Court in West Germany, Rev. Pol., Bd. 47 (1985) 66, 70.

[270] Vgl. *Roellecke*, Aufgaben und Stellung des Bundesverfassungsgerichts im Verfassungsgefüge, in: Isensee/Kirchhof, HdbStR, Bd. 3, § 67, Rdnr. 40.

[271] Vgl. *Horst Ehmke*, Prinzipien der Verfassungsinterpretation, VVDStRL 20 (1963), 53, 73; *Schuppert*, Verfassungsinterpretation, 1 ff.; *Dolzer*, Die staatstheoretische und staatsrechtliche Stellung des Bundesverfassungsgerichts, 68 ff.; *H.-P. Schneider*, Verfassungsgerichtsbarkeit und Gewaltenteilung, NJW 1980, 2103; *Konrad Hesse*, Funktionelle Grenzen der Verfassungsgerichtsbarkeit, in: Ausgewählte Schriften, Heidelberg 1984, 311; *Rinken*, AlternativKommentar, Bd. 2, vor Art. 93 Rdnr. 98 ff., Baden-Baden 1989; *Arno Scherzberg*, Wertkonflikte vor dem Bundesverfassungsgericht, DVBl. 1999, 356, 362; *Voßkuhle*, Rechtsschutz gegen den Richter, 94 ff.; kritisch *E.-W. Böckenförde*, Grundrechte als Grundnorm, Der Staat 29 (1990), 1, 26 f.; *Werner Heun*, Funktionell-rechtliche Grenzen der Verfassungsgerichtsbarkeit, Baden-Baden 1992, 31 ff.; *Schlaich/Korioth*, Das Bundesverfassungsgericht, Rdnr. 498 ff.; *Wieland*, in: Dreier, GG, Bd. 3., Art. 93, Rdnr. 36.

[272] Vgl. etwa BVerfG, Urt. v. 16.2.1983, BVerfGE 62, 1 (51); BVerfG, Urt. v. 6.11.1984, BVerfGE 67, 256 (289); BVerfG, Urt. v. 18.12.1984, BVerfGE 68, 1 (97); BVerfG, Urt. v. 24.6.1986, BVerfGE 72, 330 (390).

Da es an kritischen Einwänden gegen beide Ansätze nicht fehlt,[273] werden sie in der verfassungsgerichtlichen Praxis unter Verwendung unterschiedlicher Regeln, Argumentationsmuster und Rechtsfiguren abhängig von den tatsächlichen Gegebenheiten eines Falles variierend angewendet oder miteinander kombiniert. Letztlich hat das Bundesverfassungsgericht sich durch die Verwendung eines derartigen „offenen Systems" weitgehende Anwendungs- und Gestaltungsfreiheit bei der Wahrnehmung seiner Aufgaben verschafft.[274]

Im historischen Rückblick darf darüber hinaus nicht übersehen werden, dass das Bundesverfassungsgericht – dem U.S. Supreme Court damit in seinen Anfängen nicht unähnlich[275] – traditionell das schwächste der Verfassungsorgane des Bundes war und es verschiedener Anstrengungen bedurfte, sich von der Rechtsaufsicht durch das Bundesjustizministerium und den damit verbundenen Abhängigkeiten zu befreien.[276] Maßgeblich hat hierzu die Status-Denkschrift vom 27. Juni 1952 beigetragen, in der sich das Bundesverfassungsgericht selbst „als der oberste Hüter der Verfassung" und zugleich als „mit höchster Autorität ausgestattetes Verfassungsorgan" bezeichnet hatte.[277] Zwar sind die Feststellungen der Status-Denkschrift nicht ohne Kritik geblieben, letztlich

---

[273] Vgl. zum Diskussionsstand *Voßkuhle*, in: v. Mangoldt/Klein/Starck, GG, Bd. 3, Art. 93, Rdnr. 39 u. 41.

[274] Vgl. *H.-P. Schneider*, Verfassungsgerichtsbarkeit und Gewaltenteilung, NJW 1980, 2103; *Ossenbühl*, in: Verfassungsgerichtsbarkeit und Gesetzgebung (Symposion Lerche, hrsg. P. Badura), München 1998, 75, 96; *Bethge*, in: Maunz/Schmidt-Bleibtreu, BVerfGG, Vorb., Rdnr. 175; *Voßkuhle*, in: v. Mangoldt/Klein/Starck, GG, Bd. 3, Art. 93, Rdnr. 42; *v. Brünneck*, Verfassungsgerichtsbarkeit in den westlichen Demokratien, 155; *Degenhart*, Funktion und Stellung der Verfassungsgerichtsbarkeit, SächsVBl. 2003, 159, 163.

[275] Vgl. *Marbury v. Madison*, 5 U.S. (1 Cranch) 137 (1803). Hierzu auch *Van Alstyne*, A Critical Guide to Marbury v. Madison, Duke L.J. 1969, 1; *Burris*, Some Preliminary Thoughts on a Contextual Historical Theory for the Legitimacy of Judicial Review, Okla.City U.L.Rev., Bd. 12 (1987), 585, 626; *Haggard*, Marbury v. Madison, Journal of Law & Politics, Bd. 10 (1994), 543; *Engelhardt*, Das richterliche Prüfungsrecht im modernen Verfassungsstaat, AöR 8 (1959), 101, 103.

[276] Vgl. *Donald P. Kommers*, Judicial Politics in West Germany, 83-86; *Stern*, in: Bonner Kommentar, Art 94, Rdnr. 130; *R. Häußler*, Konflikt, 23 ff.

[277] Abgedruckt in JöR, Bd. 6 (1957), 144, 199 ff.; *Stern*, Staatsrecht, Bd. 2, § 32 II 1 (S. 345 ff.); *Benda*, in: Benda/Klein, Verfassungsprozessrecht, Rdnr. 103 ff.; *Voßkuhle*, in: v. Mangoldt/Klein/Starck, GG, Bd. 3, Art. 93, Rdnr. 30; *Simons*, Grundrechte und Gestaltungsspielraum, 69 ff.

führte sie in der verfassungsrechtlichen Praxis jedoch dazu, dass das Bundesverfassungsgericht gegenwärtig keinem Bundesministerium mehr untersteht, gleichgeordnet mit den anderen Verfassungsorganen verkehrt und über weitgehende Haushaltsautonomie verfügt.[278] Hinzu kommt in materiell-verfassungsrechtlicher Hinsicht, dass das Gericht die ihm zur Verfügung stehenden verfassungsmäßigen Rechte wirkungsvoll, aber behutsam entwickelt hat, um nach und nach seine Position gegenüber Bundesregierung und Bundestag zu festigen. Nach einigen grundlegenden Urteilen zum Verständnis der Grundrechte aus der Anfangszeit,[279] war es vor allem der sog. „Fernsehstreit" aus dem Jahre 1961, durch den das Bundesverfassungsgericht seine Position gegenüber den beiden anderen staatlichen Gewalten endgültig behauptet hat.[280]

Im Übrigen lässt sich die herausgehobene Stellung des Bundesverfassungsgerichts auch anhand weiterer normativer Bestimmungen des Grundgesetzes erkennen. Als Indiz kann hierfür beispielsweise die aus dem Jahre 1968 stammende Vorschrift des Art. 115 g GG aus der sog. „Notstandsverfassung" herangezogen werden.[281] Während die Aufgaben und Funktionen der anderen Verfassungsorgane und der Länder in vereinfachter Form vom Gemeinsamen Ausschuss (Art. 53 a GG) oder anderen Verfassungsorganen wahrgenommen werden können, bleiben die Befugnisse des Bundesverfassungsgerichts auch im Verteidigungsfall weitgehend unangetastet (Art. 115 g Satz 1 GG). Sogar das Gesetz über das Bundesverfassungsgericht (BVerfGG) kann vom Gemeinsamen Ausschuss nur mit Zustimmung des Bundesverfassungsgerichts „zur

[278] Vgl. *Benda*, in: Benda/Klein, Verfassungsprozessrecht, Rdnr. 104; *Roellecke*, Aufgaben und Stellung des Bundesverfassungsgerichts im Verfassungsgefüge, in: Isensee/Kirchhof, HdbStR, Bd. 3, § 67, Rdnr. 17; zur Haushaltsautonomie vgl. §§ 27, 28 Abs. 3 BHO.

[279] BVerfG, Urt. v. 16.1.1957, BVerfGE 6, 32 (Elfes-Fall); BVerfG, Urt. v. 15.1.1958, BVerfGE 7, 198 (Lüth-Urteil); BVerfG, Urt. v. 11.6.1958, BVerfGE 7, 377 (Apotheken-Urteil).

[280] BVerfG, Urt. v. 28.2.1961, BVerfGE 12, 205 (Deutschland-Fernsehen GmbH); *Davis/Burnham*, The Role of the Federal Judiciary, Boston College Int'l & Comp. L. Rev., Bd. 12 (1989), 63, 80; *R. Häußler*, Konflikt, 47 ff.

[281] Vgl. auch *Roellecke*, Aufgaben und Stellung des Bundesverfassungsgerichts im Verfassungsgefüge, in: Isensee/Kirchhof, HdbStR, Bd. 3, § 67, Rdnr. 11.

Aufrechterhaltung der Funktionsfähigkeit des Gerichts" geändert werden (Art. 115 g Satz 2 GG).[282]
Zusammenfassend nimmt das Bundesverfassungsgericht im grundgesetzlichen System der Gewaltenteilung und Gewaltenverschränkung eine der Legislative und Exekutive ebenbürtige Stellung ein, die vor allem durch die Ausübung zahlreicher verfassungsrechtlicher Kontrollbefugnisse im Hinblick auf die beiden anderen Teilgewalten gekennzeichnet ist.

3. Gewaltenteilung nach dem Grundgesetz

Die Errichtung eines Systems ebenbürtiger Staatsgewalten hat ihren unmittelbaren verfassungsrechtlichen Ausdruck in der Systematik des Grundgesetzes gefunden. Während der Herrenchiemseer Verfassungsentwurf – insofern dem Vorbild der Bayerischen Landesverfassung folgend – noch zwei separate Abschnitte mit den Überschriften „Das Bundesverfassungsgericht" (Art. 97 ff. HC-E) und „Die Rechtspflege" (Art. 128 ff. HC-E) vorgesehen hatte,[283] verfügt das Grundgesetz nach wechselhaften Beschlüssen in den verschiedenen Gremien des Parlamentarischen Rates lediglich über einen einzigen Abschnitt mit der Überschrift „Die Rechtsprechung" (Art. 92 ff. GG).[284] Durch diese

---

[282] Vgl. *Herzog*, in: Maunz/Dürig, GG, Bd. 5, Art. 115 g, Rdnr. 19; *Heun*, in: Dreier, GG, Bd. 3, Art. 115 g, Rdnr. 8; *Grote*, in: v. Mangoldt/Klein/Starck, GG, Bd. 3, Art. 115 g, Rdnr. 9 ff.; *Bethge*, in: Maunz/Schmidt-Bleibtreu, BVerfGG, Vorb, Rdnr. 4. Allerdings sollte bei diesen Vorkehrungen des GG nicht unberücksichtigt bleiben, dass das Bundesverfassungsgericht nach Feststellung des Verteidigungsfalls oder bei einem Angriff auf das Bundesgebiet nur einen geringen Beitrag leisten kann und es in diesen Situationen vordringlichere Aufgabe geben wird, als verfassungsrechtliche Urteile zu fällen, vgl. so auch *Grote*, in: v. Mangoldt/Klein/Starck, GG, Bd. 3, Art. 115 g, Rdnr. 2 (*„faktische Zwänge ... die für übertriebene Erwartungen an die Wirksamkeit seiner Kontrollfunktion keinen Raum lassen."*); mit positiverem Ansatz *Heun*, in: Dreier, GG, Bd. 3, Art. 115 g, Rdnr. 3.

[283] Bericht über den Verfassungskonvent von Herrenchiemsee, in: Prot. Parl. Rat, Bd. 2, Dok.-Nr. 14, 504, 572.

[284] Vgl. *v. Mangoldt*, Das Bonner Grundgesetz, 1. Auflage (1953), Vorbemerkung zu „IX. Die Rechtsprechung", Ziff. 1 (S. 491); *Rotberg*, Zur Stellung der Justiz im Grundgesetz, DRZ 1949, 387; *Strauß*, Die rechtsprechende Gewalt im Bonner Grundgesetz, SJZ 1949, Sp. 523, 524 f.; *Kern*, Gerichtsverfassungsrecht, 292; vgl. *Zinn* (SPD), in: Prot. Parl. Rat, Bd. 13/II, Dok.-Nr. 57, 1347, 1348 f. (7. Sitzung d. RpflA, 6.12.1948).

Konzentration der wesentlichen verfassungsrechtlichen Bestimmungen über das Bundesverfassungsgericht (Art. 92, 93, 94, 99, 100 GG), die Gerichtsorganisation des Bundes (Art. 92, 95, 96, 100 GG), die Rechtstellung der Richter (Art. 97, 98 GG), die sog. Justizgrundrechte (Art. 101, 103, 104 GG) sowie die Abschaffung der Todesstrafe (Art. 102 GG) im IX. Abschnitt wurde die Bedeutung der rechtsprechenden Gewalt im Verfassungsgefüge des Grundgesetzes hervorgehoben.[285] Zwar ist im staatsrechtlichen Schrifttum überwiegend anerkannt, dass auch der IX. Abschnitt des Grundgesetzes keine in sich geschlossene und vor allem keine abschließende Regelung der mit der dritten Gewalt zusammenhängenden Fragen enthält, sondern lediglich die Regelungen verschiedener Einzelprobleme, die vom Parlamentarischen Rat als besonders wichtig betrachtet wurden.[286] An der grundlegenden Bedeutung der systematischen Zusammenfassung ändert dieser Einwand jedoch nichts.

Hinzu kommt, dass im vorhergehenden VII. Abschnitt die legislativen Befugnisse und Verfahrensabläufe (Art. 70 ff. GG) sowie im VIII. Abschnitt die exekutiven und administrativen Vorschriften (Art. 83 ff. GG) in jeweils einem eigenen Abschnitt zusammengefasst wurden.[287] Im Ergebnis sollte damit die Konzentration der wesentlichen Vorschriften über die Gerichtsbarkeit im IX. Abschnitt des Grundgesetzes auf die ebenbürtige verfassungsrechtliche Stellung der Gerichtsbarkeit hinweisen, was durch die ausdrücklichen Bestimmungen des Art. 20 Abs. 2

---

[285] Vgl. *v. Mangoldt*, Das Bonner Grundgesetz, 1. Auflage (1953), Vorbemerkung zu „IX. Die Rechtsprechung", Ziff. 3 (S. 497); *Kern*, Die Rechtsprechung, DV 1949, 330; *Schulze-Fielitz*, in: Dreier, GG, Bd. 3, Art. 92, Rdnr. 8; mit der Mahnung diesen Umstand nicht über zu bewerten *Stern*, Staatsrecht, Bd. 2, § 32 I 2 (335).

[286] Vgl. *Herzog*, in: Maunz/Dürig, GG, Bd. 5, Art. 92, Rdnr. 3; *Scheuner*, Die Selbständigkeit und Einheit der Rechtspflege, DÖV 1953, 517, 520 („*Grundzüge des Gerichtsaufbaus ... nur in großen Linien ...*"). Nach Kern vermag der Abschnitt VIII des Grundgesetzes„*[E]in sehr klares und eindrucksvolles Bild des Aufbaus der Gerichtsbarkeit und ihres Aufgabenkreises ... nicht zu vermitteln*", *Kern*, Die Rechtsprechung, DV 1949, 330, 333; *v. Mangoldt*, Das Bonner Grundgesetz, 1. Auflage (1953), Vorbemerkung zu „IX. Die Rechtsprechung", Ziff. 2 (S. 492, „*allgemeinen Rahmen*").

[287] Vgl. *Meyer*, in: v. Münch/Kunig, GG, Bd. 3, Art. 92, Rdnr. 1.

Satz 2 GG[288] und Art. 1 Abs. 3 GG noch zusätzlich unterstrichen wurde.[289]

III. Amerikanische und deutsche Gerichtsorganisation

Im Hinblick auf die organisatorische und institutionelle Grundstruktur lassen sich zahlreiche, zum Teil sehr deutliche Unterschiede zwischen der amerikanischen und der deutschen Gerichtsbarkeit feststellen. Dies darf jedoch nicht den Blick auf gleichfalls bestehende Übereinstimmungen auf diesem Gebiet verstellen.

1. Abweichungen

a. Einheits- und Trennungsmodell

Der U.S. Supreme Court gilt als Paradebeispiel für eine nach dem „Einheitsmodell" organisierte Verfassungsgerichtsbarkeit, bei der die verfassungsgerichtlichen Kompetenzen von einem obersten Gericht ausgeübt werden, das zugleich auch als höchstes Gericht in einfachrechtlichen Streitigkeiten fungiert. Im unmittelbaren Gegensatz hierzu wird das Bundesverfassungsgericht regelmäßig als Beispiel für das verfassungsgerichtliche „Trennungsmodell" genannt, dessen Zuständigkeit auf spezifisch verfassungsrechtliche Streitigkeiten beschränkt ist.[290] Vorzüge und Nachteile der beiden verfassungsgerichtlichen Modelle zeigen sich vor

---

[288] Art. 20 Abs. 2 Satz 2 GG: „*Sie [die Staatsgewalt] wird vom Volke in Wahlen und Abstimmungen und durch die Organe der Gesetzgebung, der vollziehenden Gewalt und der Rechtsprechung ausgeübt.*"

[289] Vgl. *v. Mangoldt*, Das Bonner Grundgesetz, 1. Auflage (1953), Vorbemerkung zu „IX. Die Rechtsprechung", Ziff. 2 (S. 492); *Zinn*, Die Rechtspflege im Bonner Grundgesetz, 46, 47; *Rotberg*, Zur Stellung der Justiz im Grundgesetz, DRZ 1949, 387.

[290] Vgl. hierzu die Einleitung, V.; *Mosler*, Das Heidelberger Kolloquium, in: Verfassungsgerichtsbarkeit in der Gegenwart, X ff.; *Friesenhahn*, Wesen und Grenzen der Verfassungsgerichtsbarkeit, ZSchwR, Bd. 73 (1954), 129, 130 u. 132; *Stern*, Staatsrecht, Bd. II, § 44 I 1 (S. 936 f.); *Voßkuhle*, in: v. Mangoldt/Klein/Starck, GG, Bd. 3, Art. 93, Rdnr. 14 u. 15; *Schlaich/Korioth*, Das Bundesverfassungsgericht, Rdnr. 2; *Wieland*, in: Dreier, GG, Bd. 3, Art. 93, Rdnr. 26 ff.

allem bei der Einheitlichkeit der Rechtsprechung. Während das Einheitsmodell den Vorzug einer einheitlichen Rechtsprechung mit sich bringt, liegen die Nachteile des Trennungsmodells spiegelbildlich in der zu befürchtenden Uneinheitlichkeit von Verfassungs- und Fachgerichtsbarkeit.[291] Allerdings treten bei der amerikanischen Bundesgerichtsbarkeit mit dem Supreme Court an ihrer Spitze die Vorteile bei weitem nicht so stark hervor, wie es auf den ersten Blick den Anschein hat. Denn so verlockend das Einheitsmodell abstrakt im Hinblick auf die territoriale und materielle Rechtseinheit erscheint, so problematisch ist es im konkreten Beispiel des U.S. Supreme Court. Bereits die rein arithmetische Betrachtung zeigt, dass ein mit neun Richtern besetztes Gericht kaum in der Lage sein kann, letztinstanzlich über alle wesentlichen bundesrechtlichen Streitigkeiten einer auf mittlerweile 300 Millionen Menschen angewachsenen Bevölkerung zu entscheiden.[292] Die Unmöglichkeit dieser Aufgabe zeigt sich indiziell auch am Beispiel des ebenfalls nach dem Einheitsmodell konstituierten Schweizerischen Bundesgerichts in Lausanne, das bei einer Bevölkerungszahl von lediglich 7,4 Millionen[293] gegenwärtig über fünf sachlich gegliederte Hauptabteilungen mit 41 hauptamtlichen und insgesamt 41 nebenamtlichen Richtern verfügt.[294]

Umfangreiche Zuständigkeiten bei begrenzten personellen und sachlichen Mitteln führen dazu, dass eines der Hauptprobleme des Einheitsmodells darin liegt, eine angemessene Auswahl der zur Entscheidung anzunehmenden Fälle zu treffen. Dass beim U.S. Supreme Court im besonderen Maß eine Notwendigkeit hierfür besteht, zeigt sich insbesondere anhand der jährlichen Arbeitsbelastung von 7.000 bis 8.000 Vorgängen.[295] Im Jahre 1995 wurden beispielsweise insgesamt 7.565 Fälle

---

[291] Vgl. unten 2. Teil, B.III; *Strauß* (CDU), in: Prot. Parl. Rat, Bd. 13/II, Dok.-Nr. 51, 1162, 1164 (2. Sitzung d. RpflA, 20.10.1948).

[292] Quelle für 2006: U.S. Census Bureau, www.census.gov/.

[293] Quelle für 2005, Eidgenössisches Bundesamt für Statistik, www.statistik.admin.ch/.

[294] Quelle www.bger.ch/index/federal.htm. Geht man davon aus, dass zwei nebenamtliche Richter etwa das Arbeitspensum eines hauptamtlichen Richters erfüllen, so besteht das höchste eidgenössische Gericht aus etwa 60 Richtern. Setzt man diese Richterzahl zu den Einwohnern ins Verhältnis, so kommen in der Schweiz auf einen Richter etwa 120.000 Einwohner, während es in den USA etwa 30 Millionen sind.

[295] Vgl. *Epstein/Segal/Spaeth/Walker*, The Supreme Court Compendium, 71, 76, Table 2-2 (The Supreme Court's Caseload, 1880-1995 Term).

vom Supreme Court behandelt, wovon jedoch bereits 6.501 ohne nähere Befassung abgewiesen wurden (= 85 %). Von den übrig gebliebenen Fällen wurden nur 105 zur Überprüfung angenommen (petition granted review), was letztlich einer Quote von 1,3 % entspricht.[296] Während dies für individuelle verfassungsgerichtliche Verfahren keine ungewöhnliche Annahmequote darstellen würde,[297] darf im Fall des U.S. Supreme Court nicht außer Acht gelassen werden, dass regelmäßig nur etwa die Hälfte der entschiedenen Fälle verfassungsrechtlicher Natur sind und die übrige Hälfte aus letztinstanzlichen Entscheidungen zu einfachrechtlichen Fragen besteht.[298] Die genannten Zahlenbeispiele zeigen, dass beim U.S. Supreme Court ein großer Nachteil des Einheitsmodells in der angemessenen Auswahl der Fälle liegt. Die hierbei geltenden prozeduralen Vorkehrungen und die sie leitenden Grundsätze werden an anderer Stelle noch eingehend dargestellt.[299] Es ist jedoch schon allein von der Arbeitsbelastung des einzelnen Richters und seiner bis zu drei Mitarbeiter (law clerks) nicht anders vorstellbar, als dass die Auswahl der zur Entscheidung anzunehmenden bzw. der überhaupt in einen engeren Auswahlkreis gelangenden Fälle das Ergebnis eines zu einem gewissen Grad willkürlichen Vorgangs darstellt.

Hinzu kommt, dass kaum ein Richter des Supreme Court fachlich in der Lage sein kann, die ihm in einer Sitzungsperiode vorgelegten spezialrechtlichen und verfassungsrechtlichen Streitigkeiten gleichermaßen bis ins letzte Detail zu beherrschen. Beim Bundesverfassungsgericht spielen die einfachrechtlichen Fragen eines Falles in erster Linie eine Rolle, um die damit verbundenen verfassungsrechtlichen Fragen verstehen zu können. So ist es beispielsweise nicht erforderlich, dass jeder einzelne Verfassungsrichter die Dogmatik des Steuerrechts oder des Sozialrechts bis in ihre kleinsten Verästelungen beherrscht, um einen verfassungsrechtlichen Fall aus diesem Bereich beurteilen zu können.[300]

---

[296] Vgl. *Epstein/Segal/Spaeth/Walker*, The Supreme Court Compendium, 83, Table 2-6 (Petitions granted review, 1970-1995).

[297] Vgl. zu den Annahmequoten des Bundesverfassungsgerichts bei der Verfassungsbeschwerde, 13.Teil, A, II.

[298] Vgl. *Wieland*, Zugang des Bürgers, Der Staat, Bd. 29 (1990), 333, 343.

[299] Vgl. 13. Teil, A, I.

[300] Z.B. *Kenntner*, Das BVerfG als subsidiärer Superrevisior?, NJW 2005, 785, 788 („*Mit Feinheiten des Fachrechts und systematischen Zusammenhängen sind die Richter des BVerfG überdies naturgemäß nicht vertraut, so dass ein ‚revisionsartiger' Eingriff stets Gefahr läuft, die Eigengesetzlichkeiten und Wechselbezüge des einfachen Rechts zu verkennen.*“).

Von einem Richter des U.S. Supreme Court wird hingegen verlangt, dass er über gleichermaßen genaue Kenntnisse in allen Rechtsbereichen aus der Zuständigkeit der Bundesgerichtsbarkeit verfügt. Auch die Mitarbeiter der amerikanischen Supreme Court-Richter können bei der schieren Vielzahl rechtlicher Spezialbereiche kaum eine Hilfe sein, da es sich bei ihnen – anders als bei den wissenschaftlichen Mitarbeitern des Bundesverfassungsgerichts – nicht um bereits eingehend erprobte Richter, Staatsanwälte oder Verwaltungsbeamte handelt, sondern regelmäßig (nur) um die besten Absolventen renommierter juristischer Fakultäten, denen es abgesehen von Praktika, weitgehend an Erfahrung und Spezialisierung fehlt. Gegen diese gravierenden Nachteile des nach dem Einheitsmodell konstituierten U.S. Supreme Court erscheinen die mit dem Dualismus von Verfassungsgerichtsbarkeit und Fachgerichtsbarkeit verbundenen Probleme der deutschen Gerichtsorganisation durchaus erträglich. Zumal sich in der verfassungsgerichtlichen Praxis bislang gezeigt hat, dass die Anzahl der aufgetretenen Konflikte durchaus überschaubar war. Im Grundsatz ist daher davon auszugehen, dass die Verfassungsgerichtsbarkeit in Staaten mit zahlenmäßig großer Bevölkerung schon aus praktischen Erwägungen heraus nur nach dem Trennungsmodell organisiert sein kann. Das Einheitsmodell, wie es in den Vereinigten Staaten – allerdings bei wesentliche geringerer Bevölkerungsgröße[301] – im ausgehenden 18. Jahrhundert errichtet wurde, eignet sich hingegen nur für Staaten mit verhältnismäßig kleiner Bevölkerung, wobei auch dann noch bei einheitlichen Spruchkörpern fachlich sehr hohe Anforderungen an den einzelnen Richter gestellt werden. Die im Falle der amerikanischen Bundesgerichtsbarkeit mit dem U.S. Supreme Court an der Spitze versprochene Einheitlichkeit der Rechtsprechung stellt sich aufgrund der zum Teil nicht anders als willkürlich zu nennenden Fallauswahl und kaum beherrschbarer materiell-rechtlicher Details letztlich als Trugbild dar.

b. Gerichtsorganisation

Im Hinblick auf die Gerichtsorganisation der beiden Staaten bestehen zwischen amerikanischem und deutschem Recht weitere Abweichungen. Während die Instanzenzüge der amerikanischen Bundesgerichtsbarkeit auf den U.S. Supreme Court zugeschnitten sind, steht das insti-

---

[301] Nach dem Census von 1790 hatten die USA weniger als 4 Mio. Einwohner, *Guggisberg*, Geschichte der USA, 374 (Anhang 4); www.u-s-history.com/pages /h980.html.

tutionell selbständige Bundesverfassungsgericht weitgehend losgelöst über den obersten Gerichtshöfen des Bundes, ohne dass deren fachgerichtliche Instanzenzüge unmittelbar zum Verfassungsgericht führen. Dass die Organisation der Bundesgerichtsbarkeit in den Vereinigten Staaten und in Deutschland unterschiedlich ausgefallen ist, stellt jedoch eine unmittelbare Konsequenz der beiden unterschiedlichen verfassungsgerichtlichen Modelle dar. Eine isolierte Bewertung dieser Gegebenheit erscheint daher wenig sinnvoll.

c. Gerichtsbarkeit im bundesstaatlichen Verband

Eine deutliche Abweichung zwischen der amerikanischen und der deutschen Gerichtsorganisation zeigt sich außerdem bei der Gerichtshoheit über die Instanzenzüge. Während die Aufteilung judikativer Kompetenzen in den USA zu einer weitgehenden Trennung zwischen der Bundesgerichtsbarkeit und den fünfzig einzelstaatlichen Gerichtsbarkeiten geführt hat, ist die deutsche Gerichtsbarkeit durch gemeinsame und übergreifende Instanzenzüge von Bund und Ländern gekennzeichnet.

Bei der Bewertung der unterschiedlichen Instanzenzüge im amerikanischen und deutschen Recht ist zunächst festzuhalten, dass beide jeweils Ausdruck eines spezifischen Verständnisses von Bundesstaatlichkeit sind. Die in der amerikanischen Gerichtsorganisation vorgenommene strikte Trennung von Bundes- und Einzelstaatsgerichtsbarkeit betont vor allem die Eigenständigkeit und Souveränität der Einzelstaaten. Diese sind jedoch nicht nur in organisatorischer und institutioneller Hinsicht eigenständig, auch die einzelstaatlichen Rechtsordnungen unterscheiden sich zum Teil stark voneinander. Der Grund hierfür liegt in den wesentlich umfassenderen Gesetzgebungsbefugnissen der amerikanischen Einzelstaaten. Im Gegensatz zur Kompetenzordnung des Grundgesetzes (vgl. Art. 70 ff. GG) liegt in den Vereinigten Staaten der faktische Schwerpunkt der Gesetzgebungsbefugnisse nicht beim Bundesstaat, sondern bei den Einzelstaaten. Dies führt dazu, dass anders als in Deutschland die Einzelstaaten nicht nur unterschiedliche verwaltungsrechtliche Vorschriften verabschieden können, sondern auch eigene Vorschriften im Zivil-, Handels- und Strafrecht sowie in weiteren Rechtsgebieten erlassen.[302] Obwohl es viele Bereiche gibt, in denen der

---

[302] Vgl. *Burnham*, Introduction to the Law and Legal System, 19 f. u. 34 (contract, tort, property, family and commercial law, corporations law, criminal law).

amerikanische Bundesstaat und die Einzelstaaten über konkurrierende Gesetzgebungsbefugnisse verfügen (concurrent federal and state law-making-power),[303] wendet ein angerufenes Gericht jeweils nur entweder Bundesrecht oder einzelstaatliches Recht an, je nachdem welcher Gerichtsbarkeit es selbst angehört. Eine gleichzeitige Anwendung von Bundes- und Landesrecht in einem Gerichtsverfahren, wie es die deutsche Rechtsordnung beispielsweise im Baurecht kennt (LBO und BauGB), kommt daher im amerikanischen Rechtssystem grundsätzlich nicht vor. Würden die Einzelstaaten vor diesem Hintergrund dem U.S. Supreme Court die letztinstanzliche Entscheidung über die Auslegung landesrechtlicher Bestimmungen überlassen, so wäre damit eine erhebliche Einbuße an einzelstaatlicher Souveränität verbunden. Die Zweiteilung in Bundes- und Einzelstaatsgerichtsbarkeiten ist damit in erster Linie auf die Souveränitätsvorbehalte der Einzelstaaten zurückzuführen und nicht auf die verfassungsgerichtliche Funktion des U.S. Supreme Court.

Da in Deutschland die Souveränität der Bundesländer nicht vergleichbar stark ausgeprägt ist wie die der amerikanischen Einzelstaaten, bedarf es auch der strikt voneinander getrennten Gerichtszüge nicht.[304] Darüber hinaus ist die wechselnde Gerichtshoheit ein aus der deutschen Verfassungstradition resultierendes Charakteristikum deutscher Bundesstaatlichkeit, die den nicht zu unterschätzenden Vorzug hat, dass bei der rechtlichen Behandlung von einheitlichen Lebenssachverhalten auch alle einschlägigen Rechtsvorschriften zur Anwendung gelangen – unabhängig davon, ob sie bundes- oder landesrechtlichen Ursprungs sind. Es wäre wohl auch im Hinblick auf die Akzeptanz gerichtlicher Entscheidungen nur schwer vermittelbar, dass ein Anspruch vor einem Bundesgericht scheitert, während er vor dem Gericht eines Bundeslandes wegen der Anwendung anderer Rechtsvorschriften Erfolg haben würde. Die amerikanischen und deutschen Instanzenzüge sind damit letztlich

---

[303] Zu nennen sind beispielsweise zivilrechtliche Verhältnisse, die von einzelstaatlichem Vertragsrecht und bundesrechtlichen Verbraucherschutzrecht erfasst werden, oder Straftaten, die sowohl im betreffenden Einzelstaat als auch bundesrechtlich unter Strafe stehen, z.B. Raubdelikte in Zusammenhang mit bundesrechtlich versicherten Banken, vgl. *Burnham*, Introduction to the Law and Legal System, 33 f.

[304] Gewisse Ähnlichkeiten zeigen sich lediglich im Verwaltungsprozessrecht, wo § 137 VwGO die Revisibilität landesrechtlicher Entscheidungen eines OVG bzw. VGH auf bundesrechtliche bzw. bestimmte landesverfahrensrechtliche Fragen beschränkt, *Schmidt*, in: Eyermann, VwGO, § 137, Rdnr. 1 f. u. 21 ff.

Ausdruck der ihnen zugrundeliegenden bundestaatlichen Ordnungen, in denen sich vor allem die Souveränität und Eigenständigkeit der Gliedstaaten abbildet.

2. *Übereinstimmungen*

a. Enumerativverfassungen

Eine offensichtliche Übereinstimmung im organisatorischen Bereich liegt im Bestehen einer Enumerativverfassung. Allerdings überrascht dieser Befund nicht allzu sehr, da sowohl die Vereinigten Staaten von Amerika als auch die Bundesrepublik Deutschland Bundesstaaten sind und die enumerative Nennung der Bundeskompetenzen der übliche normativ-verfassungsrechtliche Weg zur Abgrenzung einzelstaatlicher bzw. gesamtstaatlicher Befugnisse darstellt.

b. Systematik der Verfassung und Gewaltenteilung

Eine aussagekräftigere Parallele besteht indessen in der Systematik der beiden Verfassungen. So wie in den Art. I, Art. II und Art. III der U.S. Bundesverfassung die Regelungen über Legislative, Exekutive und Judikative zusammengefasst wurden, so finden sich auch im VII. Abschnitt (Art. 70 ff. GG), im VIII. Abschnitt (Art. 83 ff. GG) und im IX. Abschnitt (Art. 92 ff. GG) des Grundgesetzes die verfassungsrechtlichen Bestimmungen über Gesetzgebung, Verwaltung und Rechtsprechung.[305] Dies erscheint umso erstaunlicher, als aus der deutschen Rechtstradition keine oder nur sehr bedingte Verfassungsvorbilder für eine solche Zusammenfassung herangezogen werden können.[306]

---

[305] Vgl. *Meyer*, in: v. Münch/Kunig, GG, Bd. 3, Art. 92, Rdnr. 1.

[306] Vgl. *v. Mangoldt*, Das Bonner Grundgesetz, 1. Auflage (1953), Vorbemerkung zu „IX. Die Rechtsprechung“, Ziff. 4 (S. 497); *Jahrreiß*, Die Rechtspflege im Bonner Grundgesetz, in: Verh 37. DJT (1949), 26, 32; *Zinn*, Die Rechtspflege im Bonner Grundgesetz, in: Verh 37. DJT (1949), 46, 47. Die nicht in Kraft getretene Frankfurter Paulskirchenverfassung von 1849 sah beispielsweise getrennte Bestimmungen über das Reichsgericht (Abschnitt V, §§ 125 ff. FRV) und die Rechtspflege (Abschnitt VI, §§ 174 ff. FRV) vor, während die Bismarcksche Reichsverfassung gänzlich auf einen eigenen Abschnitt über die Gerichtsbarkeit verzichtete. Die Weimarer Reichsverfassung beließ es schließlich bei einem Abschnitt über „Die Rechtspflege“ (Art. 102 bis 108 WRV), des-

Die Zusammenfassung der einschlägigen Vorschriften über die drei staatlichen Teilgewalten in einem separaten Verfassungsabschnitt soll zur Begründung eines Systems ebenbürtiger Staatsgewalten beitragen. Im Hinblick auf die bislang eher untergeordnete Stellung der deutschen Gerichtsbarkeit war damit eine Aufwertung der Judikative verbunden. Im Ergebnis ging von der Zusammenfassung der einschlägigen Vorschriften mehr als eine bloß symbolische Wirkung aus. Sie sollte darauf hinweisen, dass die Gerichtsbarkeit im Verhältnis zu den beiden anderen Teilgewalten über eine ebenbürtige verfassungsrechtliche Stellung verfügt. Für die grundgesetzliche Ordnung wird dieser Rechtsgedanke durch die ausdrücklichen Bestimmungen des Art. 20 Abs. 2 Satz 2 GG[307] und Art. 1 Abs. 3 GG unterstrichen.[308]

B. Erarbeitung und Entwicklung der Organisation und institutionellen Grundstruktur

Die Bedeutung der amerikanischen Bundesgerichtsbarkeit mit dem U.S. Supreme Court an ihrer Spitze für die organisatorische und institutionelle Grundstruktur der deutschen Gerichtsbarkeit soll im Folgenden anhand der Beratungen in den zuständigen Ausschüssen des Parlamentarischen Rates im Jahr 1948/1949 untersucht werden.[309] Sofern Verfassungsvorschriften aus diesem Bereich in späteren Jahren geändert wurden oder durch einfachgesetzliche Bestimmungen ergänzt wurden, sollen auch diese parlamentarischen Erörterungen herangezogen werden. Dabei soll vor allem festgestellt werden, inwieweit die amerikani-

---

sen Bestimmungen jedoch kaum über ein Gerichtsverfassungsgesetz auf Verfassungsebene hinausgingen, vgl. *Strauß*, Die rechtsprechende Gewalt im Bonner Grundgesetz, SJZ 1949, Sp. 523.

[307] Art. 20 Abs. 2 Satz 2 GG: *„Sie [die Staatsgewalt] wird vom Volke in Wahlen und Abstimmungen und durch die Organe der Gesetzgebung, der vollziehenden Gewalt und der Rechtsprechung ausgeübt."*

[308] Vgl. *v. Mangoldt*, Das Bonner Grundgesetz, 1. Auflage (1953), Vorbemerkung zu „IX. Die Rechtsprechung", Ziff. 2 (S. 492); *Zinn*, Die Rechtspflege im Bonner Grundgesetz, 46, 47; *Rotberg*, Zur Stellung der Justiz im Grundgesetz, DRZ 1949, 387.

[309] Z.B. Ausschuss für Verfassungsgerichtshof und Rechtspflege (Rechtspflegeausschuss), Kombinierter Ausschuss für die Organisation des Bundes und für Verfassungsgerichtshof und Rechtspflege (Kombinierter Ausschuss) und Ausschuss für Zuständigkeitsfragen (Zuständigkeitsausschuss).

sche Bundesgerichtsbarkeit bei der Ausarbeitung der grundgesetzlichen Vorschriften über das Bundesverfassungsgericht und die Organisation der Rechtspflege (Art. 92 ff. GG) als Vorbild bzw. als Gegenvorbild gedient hat.

Zunächst wird der wechselhafte Verlauf der über die Ausgestaltung der deutschen Bundesgerichtsbarkeit geführten Erörterungen in den zuständigen Ausschüssen des Parlamentarischen Rats nachgezeichnet (I-VI). Im Anschluss daran werden die im Jahre 1949 im Grundgesetz vorgesehenen Regelungen über Organisation und institutionelle Aufgabenverteilung einschließlich der später vorgenommenen Änderungen dargestellt (VII). Am Ende werden die Einflüsse der amerikanischen Bundesgerichtsbarkeit mit dem Supreme Court an ihrer Spitze und die von der deutschen Rechtstradition ausgehenden Einwirkungen analysiert (VIII).

I. Ausgangslage der Bonner Beratungen

Die Abgeordneten des Parlamentarischen Rates konnten auf verschiedene vorwiegend im Jahre 1947 erarbeitete Entwürfe für eine deutsche Bundesverfassung zurückgreifen.[310] Die wichtigste inhaltliche Vorlage für die Bonner Beratungen war jedoch der Herrenchiemseer Verfassungsentwurf vom August 1948, dessen Systematik bei der Ausarbeitung der verfassungsrechtlichen Vorschriften als wertvolle Orientierungshilfe diente.[311] Allerdings bedeutete die inhaltliche und strukturelle Anknüpfung an den Herrenchiemseer Entwurf nicht, dass die Erörterungen im Parlamentarischen Rat ausschließlich auf den von ihm gewiesenen Wegen blieben. So nahmen beispielsweise die Beratungen über die gerichtliche Gesamtkonzeption und den Aufbau der Bundesgerichtsbarkeit im Rechtspflegeausschuss des Parlamentarischen Rates ei-

---

[310] I.e. Verfassungsentwurf des Deutschen Büros für Friedensfragen, Stuttgart; der Ellwanger Verfassungsentwurf der CDU/CSU; Düsseldorfer Entwurf der CDU; Menzels Entwurf einer Deutschen Satzung (SPD).

[311] Vgl. *Schmid*, Erinnerungen, 335; *Strauß*, Aus der Entstehungsgeschichte des Grundgesetzes, FS. Schäffer, 343, 352. Siehe hierzu auch die Gegenüberstellung von Vorschriften des HC-E und des Grundgesetzes im Anhang von *Fait*, Potsdam – Herrenchiemsee – Bonn, 52 ff.

nen größeren Raum ein, als dies auf Herrenchiemsee der Fall gewesen war.[312]

Anders noch als im Verfassungskonvent und im Kombinierten Ausschuss[313] waren die Erörterungen im Rechtspflegeausschuss somit nicht auf die Frage beschränkt, ob die verfassungsgerichtlichen Befugnisse von einem einheitlich für alle Rechtsgebiete zuständigen Obergericht (Einheitsmodell) oder von einem institutionell selbständigen Spruchkörper (Trennungsmodell) ausgeübt werden sollten,[314] sondern erstreckten sich überdies auf Erörterungen über die allgemeine Gerichtsorganisation, die Bildung unterschiedlicher Fachgerichte, mögliche Instanzenzüge und Rechtsmittel sowie die Wahrung territorialer und materieller Rechtseinheitlichkeit. Insgesamt waren die Beratungen über die verfassungsgerichtliche Konzeption im Parlamentarischen Rat durch ihre Verbindung mit der allgemeinen Gerichtsorganisation sowie der Ausgestaltung der Fachgerichtsbarkeit von einem sehr wechselhaften Verlauf gekennzeichnet. Dieser führte dazu, dass bereits verbindlich gefasste Beschlüsse des Rechtspflegeausschusses im weiteren Fortgang der Arbeiten wieder revidiert wurden, so dass die letztlich beschlossene Textfassung beinahe wieder der ursprünglichen Beratungsgrundlage entsprach.

Wie sich bereits in den Eingangsberatungen des Parlamentarischen Rates vom 8./9. September 1948 gezeigt hatte, bestand im Hinblick auf die Verfassungsgerichtsbarkeit von Anfang an wie schon zuvor im Verfassungskonvent von Herrenchiemsee Einigkeit, dass ein entsprechendes

---

[312] Vor allem in der 2., 3. und 4. Sitzung befasste sich der Ausschuss fast ausschließlich mit Fragen der Gerichtsorganisation, vgl. Prot. Parl. Rat, Bd. 13/I, Einleitung, XCIV ff. und Sitzungsprotokolle in Prot. Parl. Rat, Bd. 13/II, Dok.-Nr. 51, 1162 ff. (2. Sitzung d. RpflA, 20.10.1948), Prot. Parl. Rat, Bd. 13/II, Dok.-Nr. 52, 1191 ff. (3. Sitzung d. RpflA, 22.10.1948) und Prot. Parl. Rat, Bd. 13/II, Dok.-Nr. 53, 1217 ff. (4. Sitzung d. RpflA, 27.10.1948); *Strauß*, Die rechtsprechende Gewalt im Bonner Grundgesetz, SJZ 1949, Sp. 523, 528 ff.; *Stern*, Staatsrecht, Bd. 2, § 32 I 2 (335).

[313] Bericht über den Verfassungskonvent von Herrenchiemsee, in: Prot. Parl. Rat, Bd. 2, Dok.-Nr. 14, 504, 573 u. 620; *Säcker*, Verfassungskonvent 1948, DÖV 1998, 784, 790; siehe zu den vergleichbaren Überlegungen im Kombinierten Ausschuss *Lehr* in: Prot. Parl. Rat, Bd. 13/I, Dok.-Nr. 5, 144 ff. (5. Sitzung d. KombA, 23.9.1948); *Wilms*, Ausländische Einwirkungen, 170 f.

[314] Vgl. zu den beiden Grundformen der Verfassungsgerichtsbarkeit *Voßkuhle*, in: v. Mangoldt/Klein/Starck, GG, Bd. 3, Art. 93, Rdnr. 14; *Wieland*, in: Dreier, GG, Bd. 3., Art. 93, Rdnr. 26 f.

Gericht in der neuen deutschen Bundesverfassung vorgesehen werden sollte.[315] Umstritten war in den zuständigen Ausschüssen des Parlamentarischen Rates vor allem, wie sich das zu schaffende Verfassungsgericht in die neue Gerichtsorganisation des Bundes einfügen sollte.

II. Gerichtsbarkeit und Gewaltenteilung

1. Beratungen im Kombinierten Ausschuss

Von den zahlreichen Gremien des Parlamentarischen Rates befasste sich zunächst der Kombinierte Ausschuss, bestehend aus einem Teil der Mitglieder des Organisations- und des Rechtspflegeausschusses, mit den Fragen der Verfassungsgerichtsbarkeit und Gerichtsorganisation. Da die Beratungen des Kombinierten Ausschusses außerdem auch alle anderen wesentlichen Fragen der Bundesorganisation umfassten (z.B. Gestaltung des Bundestags, Senat oder Bundesrat, Bundespräsident oder Bundespräsidium), wurden die Bereiche der Verfassungsgerichtsbarkeit und der Gerichtsorganisation nur in wenigen Sitzungen angesprochen.[316]

Die einzige ausführliche Erörterung im Kombinierten Ausschuss erfolgte in der 5. Sitzung vom 23. September 1948, bei der neben anderen Fragen vor allem die Stellung und Funktion des Bundesverfassungsgerichts innerhalb der bundesstaatlichen Verfassungsordnung diskutiert wurde. Wie sich bei dieser Gelegenheit zeigte, bestanden hierzu im Ausschuss unterschiedliche Meinungen: Während sich der Ausschussvorsitzende Robert Lehr (CDU) zu Beginn dafür aussprach, dass das im Herrenchiemseer Entwurf vorgesehene Bundesverfassungsgericht die gleichberechtigte dritte Gewalt repräsentieren sollte,[317] verwies der Abgeordnete Georg August Zinn (SPD) in seiner Stellungnahme darauf, dass tatsächlich die gesamte Justiz als dritte Gewalt angesehen werden müsse, während das zu schaffende Verfassungsgericht als „pouvoir

---

[315] Vgl. *Stern*, Staatsrecht, Bd. 2, § 32 I 2 (S. 336), 1. Teil, C, I.

[316] Z.B. in der 5. Sitzung (23.9.1948); 8. Sitzung (30.9.1948); 10. Sitzung (6.10.1948).

[317] *Lehr* (CDU), in: Prot. Parl. Rat, Bd. 13/I, Dok.-Nr. 5, 144 (5. Sitzung d. KombA, 23.9.1948).

neutre" über den anderen Teilgewalten stehen sollte.[318] Seiner Auffassung nach sollte das Bundesverfassungsgericht nach der in Art. 97 und 98 HC-E vorgesehenen Konzeption neben den originär verfassungsgerichtlichen Aufgaben zugleich auch als einziges oder als eines von mehreren obersten Bundesgerichten fungieren. Damit war nach Zinns Interpretation im Herrenchiemseer Verfassungsentwurf die Schaffung eines „selbständigen Staatsgerichtshofs", der unabhängig von den anderen Bundesgerichten existieren sollte, nicht vorgesehen. Dies war aber nicht nur nach Zinns persönlicher Auffassung, sondern auch nach der im Kombinierten Ausschuss fraktionsübergreifend bestehenden Überzeugung dringend geboten.[319]

Ohne dass zwischenzeitlich näher geklärt worden wäre, in welchem Verhältnis das Bundesverfassungsgericht zur übrigen Bundesgerichtsbarkeit stehen sollte, sprachen sich in der 5. Sitzung des Kombinierten Ausschusses auch die Abgeordneten Mücke (SPD) und Löwenthal (SPD) grundsätzlich für eine Gewaltenteilung mit drei ebenbürtigen Teilgewalten aus.[320] Damit bestand für die weitere Arbeit des Parlamentarischen Rates insgesamt Einigkeit darüber, dass die Judikative nach dem Grundgesetz erstmalig in der deutschen Verfassungsgeschichte tatsächlich gleichberechtigt im Verhältnis zu Legislative und Exekutive sein sollte. Welche Aufgaben ein zu schaffendes Verfassungsgericht des Bundes wahrnehmen sollte und vor allem welche Stellung ihm im Gesamtgefüge der Bundesgerichtsbarkeit zukommen sollte, wurde hingegen im Kombinierten Ausschuss nicht geklärt. Diese Fragen blieben vor allem dem Rechtspflegeausschuss und dem Allgemeinen Redaktionsausschuss überlassen. Allerdings vertrat der Vorsitzende des Kombinierten Ausschusses Lehr (CDU) die Auffassung, dass die Fragen der verfassungsgerichtlichen Zuständigkeiten „sehr schnell" zu lösen wären, sobald der eingesetzte Unterausschuss eine vertretbare Lösung für die Position des Bundesverfassungsgerichts in der deutschen Gerichtsorganisation erarbeitet hätte.[321]

---

[318] *Zinn* (SPD), in: Prot. Parl. Rat, Bd. 13/I, Dok.-Nr. 5, 144 f. (5. Sitzung d. KombA, 23.9.1948).

[319] *Zinn* (SPD), in: Prot. Parl. Rat, Bd. 13/I, Dok.-Nr. 5, 144, 146 f. (5. Sitzung d. KombA, 23.9.1948); so auch die Abgeordneten *Katz* (SPD), a.a.O., 144, 147; *Fecht* (CDU), a.a.O., 144, 148; *Lehr* (CDU), a.a.O, 144, 149.

[320] *Mücke* (SPD), in: Prot. Parl. Rat, Bd. 13/I, Dok.-Nr. 5, 144, 149 (5. Sitzung d. KombA, 23.9.1948); *Löwenthal* (SPD), a.a.O., 144, 150.

[321] *Lehr* (CDU), in: Prot. Parl. Rat, Bd. 13/I, Dok.-Nr. 5, 144, 152 (5. Sitzung d. KombA, 23.9.1948) („*Ich glaube, wir kämen sehr schnell zu einer Überein-*

2. *Einsetzung eines Unterausschusses*

In jedem Fall hatten Zinns kritische Äußerungen gezeigt, dass bei den Vorschriften über die dritte Gewalt eine eingehende Erörterung des Herrenchiemseer Verfassungsentwurfs vonnöten war. Daher einigten sich die Mitglieder des Kombinierten Ausschusses darauf, einen Unterausschuss („Dreierkollegium") für das Kapitel über das Bundesverfassungsgericht einzusetzen, dem die Abgeordneten Zinn (SPD), Fecht (CDU) und Dehler (FDP) angehörten. Diesem Gremium fiel nach dem Willen Lehrs nun die Aufgabe zu, einen „neuen Vorschlag" für die Verfassungsgerichtsbarkeit zu entwerfen.[322] Allerdings verzögerte sich die Ausarbeitung durch den Unterausschuss „Bundesverfassungsgericht" mehrfach, so dass er seine Ergebnisse nicht mehr im Kombinierten Ausschuss präsentieren konnte. Bei der Überfülle von Beratungsthemen im Kombinierten Ausschuss dürften sich die Beteiligten einig gewesen sein, dass ein entsprechender Entwurf ebenso gut später im getrennt tagenden Rechtspflegeausschuss diskutiert werden konnte. Allerdings änderte sich die Zusammensetzung des Unterausschusses, dem nunmehr die Abgeordneten Fecht, Dehler und Becker (FDP) angehörten. Ihr Vorschlag, der sog. Kollegiats-Entwurf, wurde dem ab 12. Oktober 1948 separat tagenden Rechtspflegeausschuss zu Beginn seiner Arbeiten vorgelegt.[323] Weshalb Zinn aus dem Gremium ausgeschieden und durch Becker ersetzt worden war, ist weder den Protokollen des Kombinierten Ausschusses noch den bisher veröffentlichten Dokumenten dieser Zeit zu entnehmen. Allerdings führte u.a. das Fehlen eines SPD-Vertreters im Unterausschuss „Bundesverfassungsgericht" dazu, dass die vom Dreierkollegium erarbeitete Textfassung in den Beratungen des Rechtspflegeausschusses ohne nennenswerte Bedeutung geblieben ist. Ein Vergleich der später im Grundgesetz normierten Vorschriften mit denen des Kollegiats-Entwurfs zeigt, dass weder dessen Struktur, noch seine inhaltlich vom Herrenchiemseer Entwurf abweichenden Vorgaben

---

stimmung, weil die Diskussion die Richtlinien im großen schon aufgezeichnet hat.").

[322] Vgl. Prot. Parl. Rat, Bd. 13/I, Dok.-Nr. 5, 144, 152 ff. (5. Sitzung d. KombA, 23.9.1948).

[323] Vgl. Prot. Parl. Rat, Bd. 13/II, Dok.-Nr. 49, 1155 ff. (Vorschläge der Abgeordneten Dr. Fecht, Dr. Dehler und Dr. Becker für eine Neufassung des Kapitels VIII „Das Bundesverfassungsgericht").

in nennenswertem Umfang in das Grundgesetz Eingang gefunden haben.[324]

3. Beratungen im Rechtspflegeausschuss

Unbeeinflusst von den im Unterausschuss erzielten Ergebnissen befasste sich der Ausschuss für Verfassungsgerichtshof und Rechtspflege des Parlamentarischen Rates (Rechtspflegeausschuss) von neuem mit den Fragen im Hinblick auf Bundesverfassungsgericht und Gerichtsorganisation. In seiner konstituierenden Sitzung vom 12. Oktober 1948 wurde neben der Wahl des Abgeordneten Zinn zum Ausschussvorsitzenden auch der Arbeitsplan des Ausschusses verabschiedet und Berichterstatter für einzelne Themenbereiche benannt. Der Arbeitplan sah für die ersten Sitzungen folgende Beratungsschwerpunkte vor, die später einen Großteil der Ausschusssitzungen bestimmen sollten:

> „1. Aufbau und Gliederung der obersten Bundesgerichtsbarkeit.
> (Berichterstatter: Dr. Strauß, CDU)
> 2. Selbständige oder übertragene Verfassungsgerichtsbarkeit?
> (Berichterstatter: Dr. Strauß, CDU) ...“[325]

Im Rechtspflegeausschuss des Parlamentarischen Rates bestand grundsätzlich Einigkeit darüber, dass die Ausgestaltung der gesamten Gerichtsorganisation große Bedeutung für die im Grundgesetz zu verwirklichende Gewaltenteilung haben würde. Diesem Verständnis entsprechend kam der stellvertretende Ausschussvorsitzende Strauß (CDU) bereits zu Beginn der Beratungen zu folgender Feststellung:

> „Ich glaube, wir begrüßen alle, dass der Herrenchiemseer Entwurf den Versuch gemacht hat, die die Rechtspflege betreffenden Fragen in einen besonderen Abschnitt zusammenzufassen, ... Hiermit wird richtig zum Ausdruck gebracht, dass die dritte Gewalt, die Rechtsprechung, gleichberechtigt neben den beiden anderen Gewalten steht, ein Gesichtspunkt, der vielleicht auch vor 1932 sowohl in der

---

[324] Vgl. Prot. Parl. Rat, Bd. 13/II, Dok.-Nr. 49, 1155 ff, Art. 97 bis 106 Kollegiats-Entwurf, und Grundgesetz, BGBl. I 1949, 1, 12 bis 14.

[325] Vgl. Prot. Parl. Rat, Bd. 13/II, Dok.-Nr. 50, 1159, 1160 (1. Sitzung d. RpflA, 12.10.1948).

> deutschen Staatslehre als auch in der deutschen staatsrechtlichen Wirklichkeit nicht hinreichend zum Ausdruck gekommen ist.[326]

Strauß stellte sich damit als Befürworter eines Gewaltenteilungsprinzips dar, bei dem die Gerichtsbarkeit als gleichberechtigte und ebenbürtige staatliche Teilgewalt anerkannt sein sollte. Bei diesem Ansatz war es nur naheliegend, dass das Beispiel des U.S. Supreme Court – zumindest mittelbar – zur Sprache kam. Im Rückblick auf die bisherige Rechtstradition kam Strauß in einer Denkschrift aus dem gleichen Jahr auf die Defizite zu sprechen, die es in Deutschland im Vergleich zu den angloamerikanischen Rechtsordnungen der Vereinigten Staaten und Großbritanniens bei der Gerichtsbarkeit gegeben hat:

> „Weder im Kaiserreich noch in der Weimarer Republik hat sie [die oberste Gerichtsbarkeit] die Rolle gespielt und den Beitrag zum Aufbau des staatlichen Lebens und des Rechtsbewusstseins geleistet, die ihr in anderen, insbesondere den angelsächsischen Staaten als Spitze der ‚Dritten Gewalt', der richterlichen Gewalt, beschieden war."[327]

Diese verfassungsrechtlichen Defizite sollten durch die Gewährleistung einer ebenbürtigen Gewaltenteilung ausgeglichen werden, so dass die richterliche Gewalt eine „ihr gebührende Stellung" innerhalb der Verfassungsordnung einnehmen kann.[328] Da Strauß die Auffassung vertrat, dass die geringere Bedeutung der Judikative keineswegs ein naturgemäßes oder gar zwingendes Resultat deutscher Eigenart und Tradition wäre, sollte auch in Deutschland mit der Schaffung einer ebenbürtigen Gerichtsbarkeit erreicht werden, „was in anderen demokratischen Ländern" gelungen war.[329] Auch dieser Hinweis richtet die Aufmerksamkeit indirekt auf die Vereinigten Staaten, da im Jahre 1948 kein anderer Staat über ein Gericht mit einer vergleichbar bedeutenden und einflussreichen Position innerhalb der Verfassungsordnung verfügte wie die USA mit dem Supreme Court. Dies galt umso mehr, weil weder von den Westmächten Großbritannien und Frankreich mit ihren parlamentarischen Verfassungssystemen und schon gar nicht von der Sowjet-

---

[326] *Strauß* (CDU), in: Prot. Parl. Rat, Bd. 13/II, Dok.-Nr. 51, 1162 f. (2. Sitzung d. RpflA, 20.10.1948).

[327] Vgl. *Strauß*, Die oberste Bundesgerichtsbarkeit, 9.

[328] Vgl. *Miebach*, Der Gemeinsame Senat der obersten Gerichtshöfe des Bundes, 51; *Strauß*, Die rechtsprechende Gewalt im Bonner Grundgesetz, SJZ 1949, Sp. 523.

[329] Vgl. *Strauß*, Die oberste Bundesgerichtsbarkeit, 9.

union zusätzliche Anregungen im Hinblick auf die Errichtung einer modernen und umfassenden Verfassungsgerichtsbarkeit zu erwarten waren.

Ähnlich wie Strauß waren die anderen Mitglieder des Rechtspflegeausschusses überwiegend davon überzeugt, dass die Errichtung eines Verfassungsgerichts sehr wesentlich von der Struktur und Ausgestaltung der gesamten dritten Gewalt abhängig sein würde.[330] Dies führte wiederum dazu, dass die Schaffung eines Verfassungsgerichts in den Beratungen des Rechtspflegeausschusses zunächst hinter die Frage zurücktrat, wie die Spitze der Bundesgerichtsbarkeit und wie die Gerichtsorganisation des Bundes insgesamt beschaffen sein sollten. Hierbei stand besonders die Frage im Zentrum, ob möglicherweise ein Oberstes Bundesgericht[331] als Revisionsinstanz für alle Rechtsgebiete eingerichtet werden soll.[332]

4. Die Rolle des Allgemeinen Redaktionsausschusses

Während der Rechtspflegeausschuss des Parlamentarischen Rates einen Großteil seiner Beratungszeit auf Fragen der Gerichtsorganisation und der Einrichtung eines Obersten Bundesgerichts verwendete, wurden die Kompetenzen und verfahrensrechtlichen Besonderheiten des Bundesverfassungsgerichts in verhältnismäßig kurzer Zeit erörtert und beschlossen.

Zahlreiche Formulierungen des IX. Abschnitts des Grundgesetzes (Art. 92 ff. GG) gingen aus Zeitgründen nicht auf die Beratungen des zuständigen Rechtspflegeausschusses zurück, sondern wurden vor allem in der Endphase der Verfassunggebung vom dreiköpfigen Allge-

---

330 Vgl. *Strauß* (CDU), in: Prot. Parl. Rat, Bd. 13/II, Dok.-Nr. 51, 1162, 1163 (2. Sitzung d. RpflA, 20.10.1948): *„Der Aufbau im einzelnen und die Lösung sehr vieler Fragen wird sich wesentlich danach richten, wie die oberste Spitze dieser dritten Gewalt aussehen wird, ...“*.

331 Vgl. zum Obersten Bundesgericht *Zinn*, Die Rechtsprechung DÖV 1949, 278, 280; *Strauß*, Die rechtsprechende Gewalt im Bonner Grundgesetz, SJZ 1949, Sp. 523, 528 ff.; *Möhring*, Der Bundesgerichtshof, NJW 1950, 47; *Jagusch*, Zur Gestalt des Obersten Bundesgerichts nach Art. 95 GG, NJW 1953, 244; *Cartellieri*, Ein Recht, aber wie viele Gerichtsbarkeiten, BB 1953, 1021, 1022; *Fuchs*, Das Oberste Bundesgericht, JZ 1953, 592.

332 *Strauß* (CDU), in: Prot. Parl. Rat, Bd. 13/II, Dok.-Nr. 51, 1162, 1167 (2. Sitzung d. RpflA, 20.10.1948). So war der RpflA in den meisten Sitzungen schwerpunktmäßig mit der Spitze der Bundesgerichtsbarkeit befasst (6 von 10).

meinen Redaktionsausschuss (ARA) erarbeitet.[333] Diesem gehörten mit den Abgeordneten Zinn und Dehler zwei Mitglieder an, die auch auf die Beratungen des Rechtspflegeausschusses maßgeblichen Einfluss ausübten.[334] Vertreter der CDU/CSU-Fraktion im Redaktionsausschuss waren grundsätzlich der Abgeordnete v. Brentano bzw. später der Abgeordnete v. Mangoldt, für den Abschnitt „Rechtsprechung" nahm jedoch der stellvertretende Vorsitzende des Rechtspflegeausschuss Walter Strauß für seine Fraktion an den Beratungen teil.[335] Somit nahmen Zinn, Dehler und Strauß Doppelfunktionen im Rechtspflegeausschuss und im Redaktionsausschuss wahr, die die Möglichkeit eröffneten, Formulierungen des „eigenen" Ausschusses redaktionell zu überarbeiten und dabei auch inhaltliche Änderungen vorzunehmen.[336] Dies war vor allem deshalb möglich, weil nach den verbindlichen Richtlinien des Redaktionsausschusses inhaltliche Änderungen grundsätzlich nur in Absprache mit dem jeweiligen Ausschussvorsitzenden vorgenommen werden durften, was beim Rechtspflegeausschuss wegen Zinns Doppelfunktion jedoch ohne Bedeutung blieb.[337] Außerdem wurden Detailformulierungen, zu denen im Rechtspflegeausschuss die Zeit fehlte, ausdrücklich dem Allgemeinen Redaktionsausschuss zur Ausarbeitung übertragen.[338]

---

[333] Vgl. etwa *Greve* (SPD), in: Prot. Parl. Rat, Bd. 13/II, Dok. Nr. 57, 1347, 1447 (7. Sitzung d. RpflA, 6.12.1948).

[334] Vgl. Prot. Parl. Rat, Bd. 13/I, Einleitung, CI f.; *Feldkamp*, Parl. Rat, 107.

[335] Vgl. Prot. Parl. Rat, Bd. 13/I, Einleitung, XXIX (Fn. 86); *Zinn* (SPD), in: Prot. Parl. Rat, Bd. 13/II, Dok.-Nr. 58, 1449 (8. Sitzung d. RpflA, 7.12.1948); *ders.*, in: Prot. Parl. Rat, Bd. 13/II, Dok.-Nr. 62, 1512 (10. Sitzung d. RpflA, 11.1.1949); vgl. hierzu auch *v. Brünneck*, Die Verfassung des Landes Hessen, JöR 1953, 213, 219.

[336] Vgl. Prot. Parl. Rat, Bd. 13/I, Einleitung, CI; vgl. 1. Teil, C, III.

[337] Vgl. *Feldkamp*, Parl. Rat, 107.

[338] Vgl. zur Praxis der Kooperation zwischen Rechtspflegeausschuss und Allgmeinen Redaktionsausschuss, *Zinn* (SPD), in: Prot. Parl. Rat, Bd. 13/II, Dok.-Nr. 62, 1512, 1537 (10. Sitzung d. RpflA, 11.1.1949); *ders.*, a.a.O., 1512, 1550.

III. Der Strauß-Entwurf

1. *Denkschrift zur obersten Bundesgerichtsbarkeit*

Während der Verfassungskonvent von Herrenchiemsee die Frage der allgemeinen Gerichtsorganisation durch eine alternative Formulierung noch bewusst offen gelassen hatte,[339] sah sich der Parlamentarische Rat gezwungen, hierüber verbindlich zu entscheiden. Im Rechtspflegeausschuss wurde die Erörterung der Gerichtsorganisation gleich zu Beginn von einer Initiative des stellvertretenden Ausschussvorsitzenden Strauß geprägt, der damit massiven Einfluss auf den Schwerpunkt der Ausschussberatungen nahm.[340] In der zweiten Sitzung des Rechtspflegeausschusses vom 20. Oktober 1948 legte er eine von ihm selbst verfasste Denkschrift mit dem Titel „Die oberste Bundesgerichtsbarkeit" vor,[341] in der in Anknüpfung an Überlegungen aus der Zeit der Weimarer Republik das Modell einer neuartigen Gerichtsorganisation entwickelt wurde.[342]

---

[339] Vgl. *Strauß*, Die rechtsprechende Gewalt im Bonner Grundgesetz, SJZ 1949, Sp. 523, 528 ff.; *v. Mangoldt*, Das Bonner Grundgesetz, 1. Auflage (1953), Vorbemerkung zu „IX. Die Rechtsprechung", Ziff. 1 (S. 490); *Stern*, Staatsrecht, Bd. 2, § 32 I 1 (332). Siehe hierzu die alternative Fassung von Art. 97 Abs. 1 HC-E, abgedruckt bei *Wilms*, Dokumente zur neuesten Verfassungsgeschichte, Bd. III/2, Dok.-Nr. 2, 55, 75; Prot. Parl. Rat, Bd. 2, Dok.-Nr. 14, 504, 599; 1. Teil, B, III.

[340] Vgl. *Miebach*, Der Gemeinsame Senat der obersten Gerichtshöfe des Bundes, 50; *Schulze-Fielitz*, in: Dreier, GG, Bd. 3, Art. 95, Rdnr. 6.

[341] Vgl. *Strauß*, Die oberste Bundesgerichtsbarkeit, Heidelberg 1949 (Verlag Lambert Schneider, 38 Seiten). Noch während der abschließenden Beratungen des Parlamentarischen Rates wurde die Denkschrift in Druck gegeben. Im 16-seitigen Anhang waren außerdem Übersichten über die obersten Gerichte ausländischer Staaten und die Ermächtigungen zur Nachprüfung der Verfassungsmäßigkeit von Gesetzen enthalten. Erwähnung der Denkschrift, *Strauß* (CDU), in: Prot. Parl. Rat, Bd. 13/II, Dok.-Nr. 51, 1162, 1166 ff. (2. Sitzung d. RpflA, 20.10.1948); *Münzer*, Das Oberste Bundesgericht, 18 ff.

[342] Bei seinen Überlegungen knüpfte Strauß an die Ausführungen *Eugen Schiffers*, Die Deutsche Justiz – Grundzüge einer durchgreifenden Reform (Berlin 1928), sowie an die Pläne des ehemaligen Reichjustizministers *Curt Joel* und des ehemaligen Reichsgerichtspräsidenten *Simons* an, die bereits in den 20er Jahren eingehend diskutiert worden waren. Aus jüngerer Zeit kamen damals auch noch Pläne der "Legal Division" der britischen Militärregierung vom 21.9.1946 hinzu, vgl. zum Ganzen Prot. Parl. Rat, Bd. 13/I, Einleitung,

Charakteristisches Merkmal des Entwurfs waren neben neuen kompetenziellen Befugnissen der Gerichtsbarkeit, die Errichtung mehrerer zuvor nicht bestehender Gerichte.[343] So wurde in der Strauß-Denkschrift zunächst vorgeschlagen, dass an der Spitze der gesamten Gerichtsbarkeit ein „Oberstes Bundesgericht" zur Wahrung der Rechtseinheit im Bundesstaat stehen sollte.[344] Außerdem war, wie auch schon im Herrenchiemseer Verfassungsentwurf, ein „Bundesverfassungsgerichtshof" vorgesehen, der ausschließlich für sog. „politische Streitigkeiten" zuständig sein sollte.[345] Die in der Denkschrift entworfene Gerichtsorganisation war nach Aussage ihres Verfassers nicht nur neuartig, sondern stellte außerdem eine weitgehende Abkehr von der bisherigen deutschen Rechtstradition dar, was sich letztlich im Hinblick auf ihre Umsetzbarkeit als Schwäche erweisen sollte.[346]

2. *Oberstes Bundesgericht*

Veranlasst durch die negativen Erfahrungen während der Weimarer Republik sollte das im Strauß-Entwurf vorgesehene Oberste Bundesgericht die Einheitlichkeit der Rechtsprechung in materiell-rechtlicher und regionaler Hinsicht durch die verschiedenen oberen Bundesgerichte bzw. die Gerichte der Länder gewährleisten.[347] In der Denkschrift

---

XCIII ff.; *Miebach*, Der Gemeinsame Senat der obersten Gerichtshöfe des Bundes, 34 ff.; *Münzer*, Das Oberste Bundesgericht, 6 ff.; *Strauß* (CDU), in: Prot. Parl. Rat, Bd. 13/II, Dok.-Nr. 51, 1162, 1167 (2. Sitzung d. RpflA, 20.10.1948).

[343] Vgl. *Achterberg* in: Bonner Kommentar, Art. 95, Rdnr. 45 f.; *Fuchs*, Das Oberste Bundesgericht, JZ 1953, 592.

[344] Vgl. *Strauß*, Die oberste Bundesgerichtsbarkeit, 12.

[345] Vgl. 1. Teil, B, III.

[346] Vgl. *Strauß*, Die oberste Bundesgerichtsbarkeit, 5 (Vorwort).

[347] Vgl. *Kern*, Die Rechtsprechung, DV 1949, 330, 332; *Zinn*, Die Rechtsprechung DÖV 1949, 278, 280; *ders.*, Die Rechtspflege im Bonner Grundgesetz, in: Verh 37. DJT (1949), 46, 64; *Scheuner*, Die Selbständigkeit und Einheit der Rechtspflege, DÖV 1953, 517, 518; *Cartellieri*, Ein Recht, aber wie viele Gerichtsbarkeiten, BB 1953, 1021, 1022; *Bogumil*, Bemerkungen zum Gemeinsamen Senat der obersten Gerichtshöfe, MDR 1968, 797; *Miebach*, Der Gemeinsame Senat der obersten Gerichtshöfe des Bundes, 50 f.

nannte Strauß diese Aufgaben „fachliche bzw. territoriale Gleichmäßigkeit".[348]

Der Grund, weshalb die „territoriale Gleichmäßigkeit" judikativer Entscheidungen in der Denkschrift besondere hervorgehoben wurde, lag darin, dass die Schaffung eines föderalen Bundesstaates für Strauß die Gefahr einer regionalen Rechtszersplitterung in sich barg.[349] Diese in den Ausschussberatungen häufig wiederholte Befürchtung war einerseits durch das seit 1945 über mehrere Jahre erlebte rechtliche Auseinanderfallen der westlichen Besatzungszonen begründet, das sich in extrem föderalistischen Positionen vor allem in Süddeutschland fortsetzte. Andererseits trug zu dieser Besorgnis die rechtliche Isolierung der sowjetischen Besatzungszone und des Saarlandes bei, die auch während der Bonner Beratungen von den jeweiligen Militärmächten weiter forciert wurde.[350] Außerdem sollte das Oberste Bundesgericht auch die materiell-rechtliche Rechtszersplitterung eindämmen, die sich aus der Untergliederung in verschiedene Fachgerichtsbarkeiten ergab.[351] Die Herstellung „fachlicher Gleichmäßigkeit" sollte vor diesem Hintergrund verhindern, dass „grundlegende Rechtsbegriffe" auf „fachlich verschiedenen Rechtsgebieten des Bundesrechts" von den jeweils zuständigen (Fach)Gerichten unterschiedlich ausgelegt oder angewendet würden.[352]

---

[348] Vgl. *Strauß*, Die oberste Bundesgerichtsbarkeit, 12; *Strauß* (CDU), in: Prot. Parl. Rat, Bd. 13/II, Dok.-Nr. 51, 1162, 1167 (2. Sitzung d. RpflA, 20.10.1948).

[349] Vgl. *Strauß*, Die oberste Bundesgerichtsbarkeit, 11 f.

[350] Vgl. hierzu auch *Cartellieri*, Ein Recht, aber wie viele Gerichtsbarkeiten, BB 1953, 1021.

[351] *Strauß* nennt in diesem Zusammenhang aus der Weimarer Zeit neben dem Reichsgericht (Zivil- und Strafsachen), das Reichsversicherungsamt (Fragen der Sozialversicherung), den Reichsfinanzhof (Finanzgerichtsbarkeit), Reichswirtschaftsgericht, Reichsversorgungsgericht und Reichsbahngericht (Sonderverwaltungsgerichte) sowie das Reichsarbeitsgericht (angeschlossen an das RG), *Strauß* (CDU), in: Prot. Parl. Rat, Bd. 13/II, Dok.-Nr. 51, 1162, 1164-1166 (2. Sitzung d. RpflA, 20.10.1948).

[352] Vgl. *Strauß*, Die oberste Bundesgerichtsbarkeit, 12. Insbesondere verweist er auf die unterschiedlichen Interpretationen steuerrechtlicher Vorschriften durch den Reichsfinanzhof und das Reichsgericht, bzw. das öffentliche Recht und das Privatrecht allgemein, *Strauß* (CDU), in: Prot. Parl. Rat, Bd. 13/II, Dok.-Nr. 51, 1162, 1167 (2. Sitzung d. RpflA, 20.10.1948). Siehe hierzu auch *Wolff* (Sachverst.), in: Prot. Parl. Rat, Bd. 13/II, Dok.-Nr. 55, 1272, 1294 (5. Sitzung d. RpflA, 10.11.1948) und *Ruscheweyh* (Sachverst.), in: Prot. Parl. Rat, Bd. 13/II, Dok.-Nr. 55, 1272, 1295 (5. Sitzung d. RpflA, 10.11.1948).

Hierbei spielte vor allem die während der Weimarer Republik als problematisch empfundene Pluralität verschiedener Fachgerichte[353] eine wichtige Rolle.

Ein weiterer Grund, weshalb gerade der Aspekt der „fachlichen Gleichmäßigkeit" in der Strauß-Denkschrift hervorgehoben wurde, ist mit den Forderungen und Begehrlichkeiten zu erklären, die von außen an den Parlamentarischen Rat herangetragen wurden. Konkret war die Errichtung von mindestens zwei zusätzlichen Fachgerichten in hohem Maße wahrscheinlich. So forderten die Gewerkschaften vehement die Schaffung eines höchsten Arbeitsgerichts auf Bundesebene (später: Bundesarbeitsgericht).[354] Außerdem sollte ein Bundesverwaltungsgericht errichtet werden, dessen Realisierungschancen ungeachtet bestehender Widerstände sehr gut waren.[355] Damit war, während die Ausschussberatungen im Jahre 1948/49 noch andauerten, bereits absehbar, dass in Zukunft eher mehr als weniger Fachgerichte eingerichtet würden als noch zur Weimarer Zeit.

---

[353] Z.B. Reichsgericht (Zivil- und Strafsachen), Reichsversicherungsamt (Sozialversicherungsrecht), Reichsfinanzhof (Finanzgerichtsbarkeit), Reichswirtschaftsgericht, Reichsversorgungsgericht und Reichsbahngericht (als Sonderverwaltungsgerichte in den jeweiligen Rechtsgebieten) sowie das an das RG angeschlossene Reichsarbeitsgericht, vgl. *Strauß* (CDU), in: Prot. Parl. Rat, Bd. 13/II, Dok.-Nr. 51, 1162, 1164 (2. Sitzung d. RpflA, 20.10.1948).

[354] Vgl. Prot. Parl. Rat, Bd. 13/I, Einleitung, XCIII (Fn. 501); *Zinn* (SPD), in: Prot. Parl. Rat, Bd. 13/II, Dok.-Nr. 53, 1217, 1218 (4. Sitzung d. RpflA, 27.10.1948) unter Hinweis auf eine am 12.10.1948 eingetroffene Eingabe des Deutschen Gewerkschaftsbundes (DGB); *Kern*, Die Rechtsprechung, DV 1949, 330, 331; *Zinn*, Die Rechtspflege im Bonner Grundgesetz, in: Verh 37. DJT (1949), 46, 65; *Schulze-Fielitz*, in: Dreier, GG, Bd. 3, Art. 95, Rdnr. 6; *Voßkuhle*, in: v. Mangoldt/Klein/ Starck, GG, Bd. 3, Art. 95, Rdnr. 15.

[355] Zwar war ein „Reichsverwaltungsgericht", wie es ursprünglich in Art. 107 WRV vorgesehen gewesen war, tatsächlich mit Sitz in Wien errichtet worden, es beruhte jedoch auf einem „Erlass des Führers und Reichkanzlers vom 3.4.1941" (RGBl. 1941 I, S. 201), und entsprach damit nicht dem, was der Nationalversammlung im Jahre 1919 vorgeschwebt hatte, vgl. eingehend *Wolfgang Kohl*, Das Reichsverwaltungsgericht, Tübingen 1991; *Friesenhahn*, Bundesrepublik Deutschland, in: Verfassungsgerichtsbarkeit in der Gegenwart, 89, 155 f.; *Stern*, Staatsrecht, Bd. 2, § 33 II 1 (S. 383); *Achterberg* in: Bonner Kommentar, Art. 92, Rdnr. 36; Art. 95, Rdnr. 21; *Wieland*, in: Dreier, GG, Bd. 3., Art. 93, Rdnr. 13; *Voßkuhle*, in: v. Mangoldt/Klein/Starck, GG, Bd. 3, Art 95, Rdnr. 10; *Kern*, Die Rechtsprechung, DV 1949, 330, 331.

Als ausdrückliches Vorbild für die Gewährleistung territorialer und materieller Rechtseinheit nannte Strauß in seiner Denkschrift den U.S. Supreme Court. Ausdrücklich sprach er hierbei von einer „Amerikanischen Parallele",[356] da das für die Bundesrepublik Deutschland zu schaffende Oberste Bundesgericht wie der U.S. Supreme Court den höchsten einzelstaatlichen Gerichten (im deutschen System: den Oberlandesgerichten) und den anderen Bundesgerichten übergeordnet sein sollte.[357] Außerdem wurde der amerikanische Supreme Court auch bei der ausführlichen Aufzählung historischer und ausländischer Vorbilder für die Errichtung eines Obersten Bundesgerichts hervorgehoben.[358] Schon in seiner Denkschrift betonte Strauß, dass vor allem das öffentliche Ansehen des U.S. Supreme Court beispielhaft für die deutsche Gerichtsbarkeit sein sollte. Im Hinblick hierauf führte er in der 2. Sitzung des Rechtspflegeausschusses aus:

> „Ich glaube, wenn wir zu diesem Ziel kommen: ein kleiner oberster Bundesgerichtshof, der an Autorität und Bedeutung wirklich als Spitze der dritten Gewalt nicht nur von den Rechtsunterworfenen im einzelnen Fall, sondern so vom Volke gesehen wird wie der *Supreme Court der Vereinigten Staaten*, allerdings auf Grund einer 150-jährigen Rechtsprechung, (...) empfunden [wird], dass dann ein über alles bisher auf diesem Gebiet in deutscher Rechtsgeschichte und Staatsgeschichte Geschehene hinaus ganz großer Fortschritt zum Rechtsstaatgedanken (...) erreicht werden kann."[359]

---

[356] Vgl. *Strauß*, Die oberste Bundesgerichtsbarkeit, 13.

[357] Aus dem amerikanischen Gerichtssystem werden neben den normalen Bundesgerichten (District Courts, Circuit Courts) noch „Spezial-Bundesgerichte" wie der ‚Court of Claims', der ‚Court of Customs and Patent Appeals' und Verwaltungsbehörden wie die ‚Federal Trade Commission' (FTC) und das ‚National Labor Relations Board' (NLRB) genannt, vgl. *Strauß*, Die oberste Bundesgerichtsbarkeit, 13.

[358] Aus der deutschen Verfassungs- und Rechtsgeschichte wird auf das Reichkammergericht von 1495 sowie das Reichsgericht der Paulskirchenverfassung (§ 126 Verf. des Deutschen Reiches vom 28. März 1849) bezug genommen, *Strauß*, Die oberste Bundesgerichtsbarkeit, 13 u. 14.

[359] *Strauß* (CDU), in: Prot. Parl. Rat, Bd. 13/II, Dok.-Nr. 51, 1162, 1173 f. (2. Sitzung d. RpflA, 20.10.1948) [Hervorhebungen v. Verf.]. Später so ähnlich *Strauß* (CDU), in: Prot. Parl. Rat, Bd. 13/II, Dok.-Nr. 62, 1512, 1525 (10. Sitzung d. RpflA, 11.1.1949) *(„Dann haben wir das repräsentative Gericht, das in Deutschland einmal den Rang bekommen kann, den die höchsten Gerichte in England, in Amerika und in vielen anderen Ländern der Welt haben.")*

Damit bestand unabhängig von der konkreten kompetenziellen und organisatorischen Ausgestaltung der Gerichtsbarkeit das Hauptziel der Denkschrift darin, die dritte Gewalt als ebenbürtige Teilgewalt zu etablieren. An der Spitze der rechtsprechenden Gewalt sollte nach den Vorstellungen von Strauß ein vergleichbar repräsentatives und einflußreiches Gerichtsorgan wie der U.S. Supreme Court stehen. Nach der ursprünglichen Konzeption der Denkschrift war diese Aufgabe in erster Linie dem „Obersten Bundesgericht" zugedacht.

3. *Bundesverfassungsgerichtshof*

Ungeachtet des in der Denkschrift vorgesehenen Obersten Bundesgerichts sollte auch ein selbständiger Verfassungsgerichtshof errichtet werden, der sich vorwiegend mit solchen Streitigkeiten befassen sollte, die als „politisch" eingestuft wurden.[360] Auf diese Weise war beabsichtigt, an die Spitze der Bundesgerichtsbarkeit – anders als es das amerikanische oder schweizer Vorbild nahegelegt hätte – nicht ein einheitliches Gericht treten zu lassen, sondern einen Dualismus von Oberstem Bundesgericht und Bundesverfassungsgerichtshof zu begründen. Dieser Dualismus sah jedoch keine gleiche oder annähernd ebenbürtige Aufteilung der anfallenden judikativen Aufgaben vor, sondern wies dem Verfassungsgerichtshof lediglich den erwartungsgemäß kleineren Teil von Streitigkeiten zu, die wegen ihrer politischen Implikationen den Fachgerichten und dem Obersten Bundesgericht nicht zugemutet werden sollten.

Wie Strauß in seiner Denkschrift und auch später im Rechtspflegeausschuss freimütig einräumte, stellte die Schaffung eines Verfassungsgerichts einen klaren Systembruch dar. Dem Prinzip der rechtseinheitlichen Behandlung, wie es beispielsweise in den Vereinigten Staaten mit dem U.S. Supreme Court bestand, hätte es entsprochen, auch politisch motivierte Verfassungsstreitigkeiten dem Obersten Bundesgericht zur Entscheidung zuzuweisen.[361] Die Gründe, die Strauß für seine bewusste Abkehr vom amerikanischen Modell nannte, beruhen auf schwer meßbaren und nachträglich kaum mehr zu beurteilenden politischen Ein-

---

[360] Vgl. *Strauß*, Die oberste Bundesgerichtsbarkeit, 10 u. 28 ff.

[361] Vgl. *Strauß* (CDU), in: Prot. Parl. Rat, Bd. 13/II, Dok.-Nr. 51, 1512, 1525 (10. Sitzung d. RpflA, 11.1.1949); *ders.*, Die oberste Bundesgerichtsbarkeit, 28 („*Diese Lösung ist bekanntlich auch in den Vereinigten Staaten und vielen anderen Ländern gewählt worden.*").

schätzungen der damaligen deutschen Nachkriegssituation. So führte Strauß an, dass die politischen Zustände des Jahres 1948/49 gegen eine einheitliche Lösung sprächen, da „das deutsche öffentliche Bewusstsein ... unter der Nachwirkung einer obrigkeitsstaatlichen Vergangenheit noch nicht hinreichend daran gewöhnt [sei], Verfassungsstreitigkeiten als Streitigkeiten anzusehen, die durch eine rein sachliche Gerichtsentscheidung geschlichtet werden könnten“.[362] Außerdem sei im Gegensatz zu den Richtern des U.S. Supreme Court die Autorität eines lediglich mit Berufsrichtern besetzten Gerichts noch nicht groß genug, um solche Fälle zu entscheiden. Würde sich stattdessen das Oberste Bundesgericht mit verfassungsrechtlichen Fragen befassen, so stünde zu befürchten, dass die öffentliche Meinung eine umstrittene Entscheidung als politisch beeinflusst ansehen würde.[363] Diese Verwicklung in politische Meinungsverschiedenheiten hätte aber nach der Auffassung von Strauß beinahe notwendig zur Folge, dass das Ansehen des Obersten Bundesgerichts gefährdet wäre und möglicherweise auch Angriffe auf seine Unabhängigkeit erfolgen würden.[364] Somit begründete er seinen dualen Ansatz letztlich mit der politischen und verfassungsrechtlichen Unreife des deutschen Volkes. Dass sich in dieser Auffassung mehr als die bloße Skepsis eines von den negativen Erfahrungen der NS-Zeit geprägten Mannes niederschlug, lässt sich aus vergleichbaren Äußerungen im Parlamentarischen Rat und der politischen Praxis der 1950er und 1960er Jahre ableiten.[365]

Obwohl die Konzeption der Denkschrift im Parlamentarischen Rat ein wechselhaftes Schicksal durchlebte und die mit den Verfassungsänderungen des Jahres 1968 letztlich geschaffene Gerichtsorganisation sowohl von der Strauß-Denkschrift als auch von den im Grundgesetz des Jahres 1949 verabschiedeten Bestimmungen erheblich abwich, blieb doch die Trennung von Verfassungsgerichtsbarkeit und Fachgerichtsbarkeiten, wie sie im dualen Ansatz der Strauß-Denkschrift zum ersten Mal auftrat, dauerhaft erhalten. In dieser organisatorischen Trennung lag rückblickend eine nicht unwesentliche Bedingung für die erfolgrei-

---

[362] Vgl. *Strauß*, Die oberste Bundesgerichtsbarkeit, 28; *Miebach*, Der Gemeinsame Senat der obersten Gerichtshöfe des Bundes, 50 f.

[363] Vgl. *Strauß*, Die oberste Bundesgerichtsbarkeit, 28.

[364] Vgl. *Strauß*, Die oberste Bundesgerichtsbarkeit, 29.

[365] Vgl. aus dem Schrifttum statt vieler *Tenbruck*, Alltagsnormen und Lebensgefühl in der Bundesrepublik, in: Die zweite Republik, hrsg. von Löwenthal/Schwarz, 289 ff.; zu Demokratiedefiziten der Nachkriegsjugend, *Helmut Schelsky*, Die skeptische Generation, 2. Auflage, Düsseldorf 1957.

che Etablierung einer umfassenden und modernen deutschen Verfassungsgerichtsbarkeit. Wenn auch die schlimmsten Befürchtungen über die möglichen politische Anfeindungen des Verfassungsgerichts sich in den vergangenen 50 Jahren – von wenigen Ausnahmen abgesehen[366] – nicht bestätigt haben, so bot doch die organisatorische Aufteilung der judikativen Befugnisse auf das Bundesverfassungsgericht einerseits und die Fachgerichte andererseits stets Gewähr dafür, dass Fehler oder Missgriffe des Bundesverfassungsgerichts nicht automatisch auch negative Auswirkungen auf die obersten Gerichtshöfe des Bundes oder sonstige Obergerichte gehabt haben.[367]

4. Instanzenzug

Nach dem Strauß-Entwurf sollten an der Spitze der Bundesgerichtsbarkeit das Oberste Bundesgericht und parallel dazu der Verfassungsgerichtshof stehen. Dem Obersten Bundesgericht sollten unmittelbar vier

---

[366] Eingehend *R. Häußler*, Konflikt, 22 ff.; vgl. die Reaktionen auf die sog. Kruzifix-Entscheidung des Bundesverfassungsgerichts, BVerfG, Beschl. v. 16.5.1995, BVerfGE 93, 1 ff.; zur Rezeption *Michael Stolleis*, Überkreuz – Anmerkungen zum Kruzifix-Beschluss (BVerfGE 93, 1-37) und seiner Rezeption, KritV 2000, 376 ff.; *Christian Bamberger*, Vorbehaltslose Grundrechte unter staatlichem Vorbehalt?, Der Staat 39, 355 ff.; *Hinrich Rüping*, „Im Namen des Volkes" – Zur gesellschaftlichen Akzeptanz von Gerichtsurteilen, Recht u. Politik 2000, 180 ff.; *Peter Badura*, Das Kreuz im Schulzimmer, BayVBl 1996, 33 ff. u. 71 ff.; *Gregor Stricker*, Das „Kruzifixurteil" in der wissenschaftlichen Diskussion, NJW 1996, 440 ff.; *Josef Isensee*, Bildersturm durch Grundrechtsinterpretation – Der Kruzifix-Beschluss des BVerfG, ZRP 1996, 10 ff. Ähnlich auch die Kritik an der ersten Abtreibungsentscheidung aus dem Jahre 1975, BVerfG, Urt. v. 25.2.1975, BVerfGE 39, 1 ff.; *R. Häußler*, Konflikt, 66 ff.

[367] Dies hätte beispielsweise bei der Entscheidung des BVerfG über die Bundestagsauflösung des Jahres 1983 der Fall sein können, die zwar politisch richtig, verfassungsrechtlich jedoch nur schwer vermittelbar war und ist, BVerfG, Urt. v. 16.2.1983, BVerfGE 62, 1 (42 ff.); wie hier auch *Roellecke*, Aufgaben und Stellung des Bundesverfassungsgerichts im Verfassungsgefüge, in: Isensee/Kirchhof, HdbStR, 2. Aufl., Bd. 2, § 53, Rdnr. 42 (Fn. 85); vgl. aus dem Schrifttum *Karl Carstens*, Die Auflösung des Bundestages im Januar 1983, in: FS. der Rechtswissenschaftlichen Fakultät zur 600-Jahr-Feier der Universität zu Köln, Köln 1988, 661 ff.; *Wolfgang Schreiber/Klaus-Dieter Schnapauff*, Rechtsfragen „im Schatten" der Diskussion um die Auflösung des Deutschen Bundestags nach Art. 68 GG, AöR 109 (1984), 369 ff.; *v. Münch*, Staatsrecht I, Rdnr. 815 ff. Aus jüngerer Zeit zur selben Frage, BVerfG, Urt. v. 25.8.2005, BVerfGE 114, 121 (Bundestagsauflösung 2005).

Obergerichte mit speziellen Sachzuständigkeiten untergeordnet werden, wobei die fachliche Zuordnung noch nicht endgültig festgelegt war.[368] Zunächst war vorgesehen, dass obere Bundesgerichte für die Arbeits-, Finanz-, Verwaltungs- und Sozialgerichtsbarkeit errichtet werden. Das Oberste Bundesgericht sollte letztinstanzlich über Fragen des Zivil- und Strafrechts entscheiden und damit den Instanzenzug der ordentlichen Gerichtsbarkeit abschließen. Außerdem war es für die einheitliche Rechtsanwendung und -auslegung durch die Obergerichte zuständig. Unterhalb der bundesstaatlichen Gerichtsinstanzen waren noch zwei oder drei Instanzen mit Ländergerichten vorgesehen.[369] Obwohl in der Denkschrift noch nicht genau skizziert war, welche Instanzenzüge in einzelnen Verfahren existieren sollten, bestand im Ausschuss Einigkeit darüber, dass es keinesfalls möglich sein sollte, einen Rechtsstreit über fünf Instanzen bis zum Obersten Bundesgericht zu führen.

---

[368] Genannt werden Bundesverwaltungsgericht, Bundesfinanzgericht und Bundessozialgericht, *Strauß* (CDU), in: Prot. Parl. Rat, Bd. 13/II, Dok.-Nr. 51, 1162, 1169 ff. (2. Sitzung d. RpflA, 20.10.1948).

[369] *Strauß* (CDU), in: Prot. Parl. Rat, Bd. 13/II, Dok.-Nr. 51, 1162, 1169 (2. Sitzung d. RpflA, 20.10.1948).

Die Untergliederung der Bundesgerichtsbarkeit nach der Strauß-Denkschrift sah im Schaubild wie folgt aus:

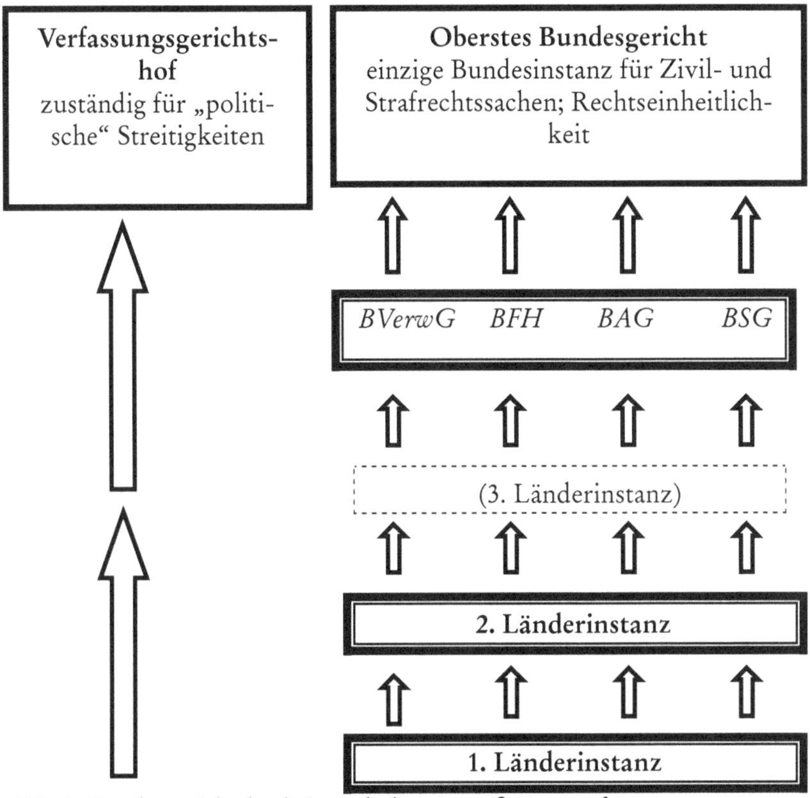

Abb. 1: Bundesgerichtsbarkeit nach dem Strauß-Entwurf

5. Rechtsmittel

In seiner Denkschrift sprach sich Strauß sowohl gegen das Berufungs- als auch gegen das Revisions- und das Kassationsprinzip bei den Rechtsmitteln aus.[370] Stattdessen schlug er vor, mit der sog. „Rechtsrüge" und dem „Grundsatzprinzip" neue prozessuale Wege zu beschreiten.[371]

---

[370] Vgl. *Strauß*, Die oberste Bundesgerichtsbarkeit, 19-22.

[371] Vgl. *Münzer*, Das Oberste Bundesgericht, 103 ff.; *Jagusch*, Revision oder Grundsatzentscheidung, NJW 1953, 161 f.; *ders.*; Zur Gestaltung des Obersten Bundesgerichts nach Art. 95 GG, NJW 1953, 244 f.; *Möhring*, Das Oberste

Nach den Ausführungen in seiner Denkschrift bewiesen vor allem Beispiele aus dem anglo-amerikanischen Recht, dass sich durch das Grundsatzprinzip die Anzahl höchstinstanzlicher Fälle auf ein von wenigen Richtern zu bewältigendes Maß vermindern ließe, wenn lediglich Rechtssachen von grundsätzlicher Bedeutung den Rechtsmitteln zugängig wären.[372] In diesem Zusammenhang verwies Strauß ausdrücklich auf den amerikanischen Supreme Court und das englische House of Lords sowie das Judicial Committee des Privy Councils für den Bereich des Commonwealth. Den genannten anglo-amerikanischen Gerichten war gemeinsam, dass sie mit einer verhältnismäßig geringen Anzahl von Richtern ihre Entscheidung auf Rechtsfragen von grundsätzlicher Bedeutung beschränkten.

Innerhalb des im Strauß-Entwurf vorgesehenen neuartigen Gerichtsaufbaus sollten Rechtsfälle auf zwei Arten vor das Oberste Bundesgericht gelangen können. (1) Zunächst sollten nur Fragen von grundsätzlicher rechtlicher Bedeutung (Grundsatzprinzip) nach Zulassung durch den ‚iudex a quo' (Richter der Vorinstanz) zum Obersten Bundesgericht gelangen. In den prozessualen Vorschriften sollte darüber hinaus bestimmt werden, wann der ‚iudex a quo' dazu verpflichtet wäre, einen Fall an die nächste Instanz zu verweisen. Dies sollte etwa dann geschehen, wenn ein Gericht von den vorliegenden Entscheidungen des Obersten Bundesgerichts oder eines anderen (gleichrangigen) Gerichts abweichen wollte.[373] (2) Als zweite Gruppe nannte der Strauß-Entwurf Fälle, in denen das Oberste Bundesgericht über die Möglichkeit verfügen sollte, bundesrechtliche Rechtsrügen von großer Bedeutung aufgrund eigener Ermessensentscheidungen zuzulassen (Annahme-Entscheidung des ‚iudex ad quem').[374] Gegen abschlägige Entscheidungen des Obersten Bundesgerichts sollte eine sofortige Beschwerdemöglichkeit bei der Ausgangsinstanz (‚iudex a quo') eingeräumt werden.[375]

Bundesgericht in Zivil- und Strafrechtssachen – ein Revisionsgericht, NJW 1949, 1 ff.; *Miebach*, Der Gemeinsame Senat der obersten Gerichtshöfe des Bundes, 51.

[372] Vgl. *Strauß*, Die oberste Bundesgerichtsbarkeit, 22.

[373] *Strauß* (CDU), in: Prot. Parl. Rat, Bd. 13/II, Dok.-Nr. 51, 1162, 1171 f. (2. Sitzung d. RpflA, 20.10.1948).

[374] Vgl. *Strauß*, Die oberste Bundesgerichtsbarkeit, 26; *Strauß* (CDU), in: Prot. Parl. Rat, Bd. 13/II, Dok.-Nr. 51, 1162, 1172 (2. Sitzung d. RpflA, 20.10.1948).

[375] Vgl. *Strauß*, Die oberste Bundesgerichtsbarkeit, 26.

In seiner Denkschrift hatte Strauß bei der Frage der Rechtsmittel vor allem auf den anglo-amerikanischen Rechtskreis verwiesen.[376] Daher überrascht es nicht, dass das in seinem Entwurf vorgesehene ermessensabhängige Rügeverfahren bei Grundsatzfragen (Entscheidung durch den ‚iudex ad quem') sehr stark der als "Writ of Certiorari" (28 U.S.C. § 1254 ff.[377]) bezeichneten Annahme nach Ermessen durch den amerikanischen Supreme Court ähnelte (vgl. heute §§ 93 a ff. BVerfGG).[378]

IV. Reaktionen auf den Strauß-Entwurf

Der in Inhalt und tatsächlicher Auswirkung durchaus bahnbrechend zu nennende Entwurf des stellvertretenden Ausschussvorsitzenden Strauß stieß im Rechtspflegeausschuss zunächst nicht auf allzu viel Gegenliebe. Zahlreichen Reaktionen anderer Ausschussmitglieder (z.B. Zinn, Wagner, de Chapeaurouge) zeigen deutlich, dass die meisten von ihnen, wenn sie dem Strauß-Entwurf vielleicht auch im Grunde mit Sympathie gegenüberstanden,[379] der Ansicht waren, dass die dort vorgesehene Neustrukturierung des gesamten Gerichtsaufbaus den Auftrag des Parlamentarischen Rates übersteigen würde.[380] Diese Auffassung beruhte im Wesentlichen auf drei verschiedenen Argumenten:

(1) Zunächst war im Rechtspflegeausschuss wie im gesamten Parlamentarischen Rat die Ansicht weitverbreitet, dass der aus den drei west-

---

[376] Vgl. *Strauß*, Die oberste Bundesgerichtsbarkeit, 22 f.

[377] § 1254 lautete beispielsweise: "*Cases in the courts of appeals may be reviewed by the Supreme court by the following methods: (1) By writ of certiorari granted upon petition of any party to any civil or criminal case, before or after rendition of judgment or decree; ...*" Eine ähnliche Regelung enthielt § 1257 für "*final judgments or decrees rendered by the highest court of a State*", Act of June 25, 1948, 62 Stat. 928 f.

[378] Vgl. 13. Teil, A, I.

[379] *Zinn* (SPD), in: Prot. Parl. Rat, Bd. 13/II, Dok.-Nr. 51, 1162, 1186 (2. Sitzung d. RpflA, 20.10.1948); *Wirmer* (CDU), in: Prot. Parl. Rat, Bd. 13/II, Dok.-Nr. 51, 1162, 1182 (2. Sitzung d. RpflA, 20.10.1948).

[380] *Zinn* (SPD), in: Prot. Parl. Rat, Bd. 13/II, Dok.-Nr. 51, 1162, 1175 (2. Sitzung d. RpflA, 20.10.1948); *de Chapeaurouge* (CDU), in: Prot. Parl. Rat, Bd. 13/II, Dok.-Nr. 51, 1162, 1176 (2. Sitzung d. RpflA, 20.10.1948) (*„Aber ich glaube, der Parlamentarische Rat in Bonn kann diese Sachen unmöglich entscheiden. Er muß in der Zielsetzung, die er sich gibt, sehr viel bescheidener sein ...“*).

deutschen Besatzungszonen zu konstituierende Teilstaat „Bundesrepublik Deutschland" und das dazugehörende Grundgesetz lediglich provisorischer und vorübergehender Natur sein würden. Die Verfassungsordnung des Grundgesetzes sollte nur bis zu einer – aus damaliger Perspektive – „bald zu erwartenden" deutschen Wiedervereinigung in Kraft bleiben und sodann von einer durch die Verfassunggebende Nationalversammlung zu erarbeitenden gesamtdeutschen Verfassung abgelöst werden.[381] Ausdruck dieser Erwartung war nicht zuletzt Art. 146 GG a.F.

Allerdings gab es auch bereits im Jahr 1948/1949 in bezug auf die historische Bedeutung und zeitliche Geltung des Grundgesetzes abweichende Ansichten. Der Abgeordnete Becker führte – wie sich erweisen sollte – hierzu weitsichtig aus:

> „Ich bin jetzt ungefähr 40 Jahre politisch tätig und habe immer gehört, dass die Zeit für grundlegende Gesetzgebung nicht reif sei. Ich hoffe aber trotz meiner 60 Jahre den Zeitpunkt zu erleben, wo die Zeit dafür reif ist. Es wird nach außen hin gesagt, wir erarbeiteten nur ein Provisorium. Ich persönlich glaube es nicht, sondern stehe auf dem Standpunkt, dass man durchaus bewußt etwas Grundsätzliches schaffen sollte, *genau wie Amerika mit seinen 13 Staaten nicht gewartet hat, bis der 48.* dabei war und wie Italien seinen Staatsaufbau gemacht hat, als Rom noch nicht dabei war."[382]

---

[381] Vgl. *de Chapeaurouge* (CDU), in: Prot. Parl. Rat, Bd. 13/II, Dok.-Nr. 51, 1162, 1176 (2. Sitzung d. RpflA, 20.10.1948); *Laforet* (CSU), in: Prot. Parl. Rat, Bd. 13/II, Dok.-Nr. 51, 1162, 1183 (2. Sitzung d. RpflA, 20.10.1948) (*„Das Grundgesetz, das wir in Bonn auszuarbeiten haben, hat keine Dauerwirkung. Es ist schon durch die Zielsetzung auf eine bestimmte Zeit beschränkt, nämlich bis der neue Staat wieder an eine Verfassung herangeht."*); *Zinn* (SPD), in: Prot. Parl. Rat, Bd. 13/II, Dok.-Nr. 52, 1191, 1199 ff. (3. Sitzung d. RpflA, 22.10.1948) (*„Wir gehen von der Vorstellung aus, dass dieses Grundgesetz, nicht nur in räumlicher und zeitlicher Hinsicht, sondern auch historisch betrachtet, ein Provisorium sein soll, dass uns in dem Augenblick, in dem die Ostzone zu uns stößt, und die Möglichkeit besteht, eine Nationalversammlung einzuberufen, eigentlich erst die Aufgabe gestellt wird, eine wirkliche Verfassung zu schaffen, die dann dieses Grundgesetz außer Kraft setzt."*).

[382] *Becker* (FDP), in: Prot. Parl. Rat, Bd. 13/II, Dok.-Nr. 51, 1162, 1185 f. (2. Sitzung d. RpflA, 20.10.1948) (Hervorhebungen v. Verf.), Becker spricht nur von 48 Staaten der USA, da Hawaii und Alaska erst 1959 der Union beitraten. Ähnlich äußerte er sich auch in der 3. Sitzung, *Becker* (FDP), in: Prot. Parl. Rat, Bd. 13/II, Dok.-Nr. 52, 1191, 1199 ff. (3. Sitzung d. RpflA, 22.10.1948) (*„Wir betonen ja wohl nach außen hin, dass wir die ganze Sache als etwas Proviso-*

Es erscheint unwahrscheinlich, dass der Abgeordnete Becker bei der Erörterung des provisorischen Charakters der auszuarbeitenden Verfassung bloß zufällig Bezug auf die historische Situation der Vereinigten Staaten im 18. Jahrhundert nahm. Wie sich später zeigte, hatte sich Becker eingehend mit den Grundsätzen des amerikanischen Verfassungsrechts sowie deren historischen Grundlagen befasst und war darüber auch von amerikanischen Verbindungsoffizieren informiert worden.[383]

(2) Neben der Frage des vermeintlich provisorischen Charakters des Grundgesetzes erschien einigen Mitgliedern des Ausschusses eine öffentliche und vor allem umfassende wissenschaftliche Diskussion über die Frage einer Totalrevision der bundesstaatlichen Gerichtsorganisation notwendig, bevor entsprechende Bestimmungen in der Verfassung normiert werden sollten.[384] Hierbei blieb außer Betracht, dass die im Strauß-Entwurf enthaltenen Vorschläge bereits während der Weimarer Republik eingehend erörtert worden waren und daher tatsächlich nicht mehr ganz so neuartig waren, wie es auf den ersten Blick den Anschein hatte.

(3) Schließlich konnte den Ausführungen des Ausschussvorsitzenden Zinn wiederholt entnommen werden, dass der Parlamentarische Rat die Gerichtsorganisation nicht im Einzelnen vorwegnehmen sollte, da

---

risch-Fragmentarisches betrachten. Ich gehöre nicht zu denen, die auf diesem Standpunkt stehen, sondern ich bin der Meinung, dass wir uns auf den Standpunkt stellen sollen, etwas Definitives schaffen zu wollen, ...")

[383] *Becker* (FDP), in: Prot. Parl. Rat, Bd. 13/II, Dok.-Nr. 53, 1217, 1248 f. (4. Sitzung d. RpflA, 27.10.1948) mit Verweis auf die Unterstützung durch den bereits verschiedentlich erwähnten amerikanischen Verbindungsoffizier Hans Simons, vgl. 7. Teil, B, IV.

[384] *De Chapeaurouge* (CDU), in: Prot. Parl. Rat, Bd. 13/II, Dok.-Nr. 51, 1162, 1185 f. (2. Sitzung d. RpflA, 20.10.1948) (*„Es sind unerhört interessante gesetzgeberische Probleme, die aber sehr viel gründlicher in Besprechungen in Literatur und in Aufsätzen vorgeprüft werden müssen.“);* Wagner (SPD), in: Prot. Parl. Rat, Bd. 13/II, Dok.-Nr. 51, 1162, 1184 f. (2. Sitzung d. RpflA, 20.10.1948) (*„Nun werden wir aber vor eine Frage gestellt, die in keiner Weise ausdiskutiert, in keiner Weise spruchreif ist. Ich würde es von meinem Standpunkt aus etwas anmaßend finden, wollten wir jetzt eine Frage wie die Beschränkung der Revisionsmöglichkeiten, ..., entscheiden. Es scheint mir, dass diese Fragen zuerst einmal in der juristischen Öffentlichkeit diskutiert werden müssen.“*); *v. Brentano* (CDU), in: Prot. Parl. Rat, Bd. 13/II, Dok.-Nr. 51, 1162, 1188 (2. Sitzung d. RpflA, 20.10.1948); hierzu auch *de Chapeaurouge* (CDU), in: Prot. Parl. Rat, Bd. 13/II, Dok.-Nr. 62, 1512, 1521 f. (10. Sitzung d. RpflA, 11.1.1949).

fundamentale Entscheidungen über Struktur und Aufbau des Gerichtswesens dem zukünftigen Bundesgesetzgeber vorbehalten bleiben sollten.[385] Ein Grund für diese Haltung mag darin gelegen haben, dass die sozialdemokratische Parteiführung damit rechnete, eine Mehrheit im zu wählenden Deutschen Bundestag zu erreichen, der durch die Verfassung keine unnötigen Fesseln angelegt werden sollten.

Wie die unmittelbaren Reaktionen der Ausschussmitglieder zeigen, waren die Vorschläge des Strauß-Entwurfs zu neuartig und zu weitreichend, als dass man sich ohne längere Erörterung hiermit einverstanden erklären konnte. Gleichwohl zeigt der wechselhafte Diskussionsprozess im Rechtspflegeausschuss, dass die geltend gemachten Vorbehalte nach eingehender Erörterung nicht mehr so schwerwiegend waren wie noch zu Beginn der Beratungen angenommen.

V. Beschlüsse zur Gerichtsorganisation

1. Oberstes Bundesgericht und Verfassungsgericht

Mit zunehmender Beratungsdauer im Ausschuss zeigte sich, dass es von entscheidender Bedeutung war, ob das oberste Bundesgericht zugleich auch die Kompetenzen eines Verfassungsgerichts haben sollte oder nicht.[386] In diesem Zusammenhang regte der Ausschussvorsitzende Zinn zunächst als Gegenvorschlag zum Strauß-Entwurf die Errichtung eines Verfassungsgerichts an, das sich in Anlehnung an das Trennungs-

---

[385] *Zinn* (SPD), in: Prot. Parl. Rat, Bd. 13/II, Dok.-Nr. 51, 1162, 1175 (2. Sitzung d. RpflA, 20.10.1948) („*Ich neige der Auffassung zu, wir sind in Bonn nicht in der Lage, die Frage der Einheit der Rechtspflege endgültig zu entscheiden. Wir dürfen nur nichts tun, das den Weg in dieser Richtung verbaut.*“); siehe hierzu auch *Laforet* (CSU), in: Prot. Parl. Rat, Bd. 13/II, Dok.-Nr. 52, 1191, 1199 (3. Sitzung d. RpflA, 22.10.1948) und *Wagner* (SPD) in: Prot. Parl. Rat, Bd. 13/II, Dok.-Nr. 51, 1162, 1179 (2. Sitzung d. RpflA, 20.10.1948) („*Ich glaube nicht, dass wir im Rahmen dieses Grundgesetze diese Frage lösen können. Ich glaube nicht, dass wir in diesem engen Rahmen unserer Zuständigkeit diese großen Fragen entscheiden können.*“).

[386] *Zinn* (SPD), in: Prot. Parl. Rat, Bd. 13/II, Dok.-Nr. 52, 1191, 1194 f. (3. Sitzung d. RpflA, 22.10.1948); ablehnend *Löwenthal* (SPD), in: Prot. Parl. Rat, Bd. 13/II, Dok.-Nr. 51, 1162, 1184 (2. Sitzung d. RpflA, 20.10.1948).

modell ausschließlich mit der Überprüfung verfassungsrechtlicher Fragen befassen sollte.[387] Hierzu führte er in der 2. Sitzung aus:

> „Man kann vielleicht als provisorische Lösung bestimmen, dass der Bundesverfassungsgerichtshof sich vornehmlich mit Verfassungsfragen zu befassen haben wird, dass man, solange die Einheit der Rechtspflege in organisatorischer Hinsicht noch nicht verwirklicht ist, diesem Gericht in gewissem Umfang, ..., eine gewisse Normenkontrolle über die anderen Gerichte zuweist."[388]

Später trat er in Anlehnung an den U.S. Supreme Court und den Hessischen Verfassungsgerichtshof dafür ein, dass das Bundesverfassungsgericht, wenn auch in abweichender Besetzung, zugleich als sog. „Supergericht" über die Einheit der Rechtsordnung wachen sollte.[389] Diesem Vorschlag, der weitgehend einer Verwirklichung des verfassungsgerichtlichen Einheitsmodells gleichgekommen wäre, stimmte im Grundsatz auch die Abgeordnete Selbert zu.[390] Das von Zinn und Selbert unterstützte Modell lief damit auf die Schaffung eines einheitlichen obersten Bundesgerichts hinaus, das sowohl zur Wahrung der Einheitlichkeit der Rechtsprechung als auch zur Entscheidung verfassungsrechtlicher Streitigkeiten zuständig sein sollte. Eine so gestaltete Zusammenlegung der

---

[387] *Zinn* (SPD), in: Prot. Parl. Rat, Bd. 13/II, Dok.-Nr. 51, 1162, 1175 (2. Sitzung d. RpflA, 20.10.1948); eingehend *Miebach*, Der Gemeinsame Senat der obersten Gerichtshöfe des Bundes, 52.

[388] *Zinn* (SPD), in: Prot. Parl. Rat, Bd. 13/II, Dok.-Nr. 51, 1162, 1186 f. (2. Sitzung d. RpflA, 20.10.1948).

[389] *Zinn* (SPD), in: Prot. Parl. Rat, Bd. 13/II, Dok.-Nr. 52, 1191, 1200 u. 1215 (3. Sitzung d. RpflA, 22.10.1948) („*Ferner wäre zu überlegen, ob das oberste Bundesgericht auch über die Verfassungsmäßigkeit von Rechtsvorschriften entscheiden soll, ob es zur Entscheidung der sogenannten politischen Streitigkeiten, bei Streitigkeiten öffentlich-rechtlicher Art zwischen Bund und Ländern oder Ländern untereinander, soweit es sich um Bundesrecht handelt, auch Ministeranklagen und was sonst noch alles im Staatsgrundgesetz vorgesehen ist, zuständig sein soll.*").

[390] *Selbert* (SPD), in: Prot. Parl. Rat, Bd. 13/II, Dok.-Nr. 52, 1191, 1204 (3. Sitzung d. RpflA, 22.10.1948) *(„Nun taucht die Frage auf, ob man, wenn dieses oberste Bundesgericht gleichzeitig auch Verfassungsgericht sein soll, alle diese Fragen* [Zuständigkeiten] *in einer Hand vereinigen soll. Auch da halte ich den Vorschlag für durchaus richtig, dass man auch hier eine Untergliederung machen sollte, wenn auch nicht so vielfältig wie beim Bundesgericht. ... Im Grunde genommen läßt es sich aber sehr gut vereinigen, besonders wenn wir uns auf den Standpunkt stellen, dass bei der Bedeutung der Verfassung nur ein hohes Bundesgericht für Verfassungsfragen zuständig sein soll, ...").*

von Strauß mit Bedacht voneinander getrennten Befugnisse hätte zur Konsequenz gehabt, dass das Oberste Bundesgericht dem Modell des amerikanischen Supreme Court in kompetenzieller Hinsicht stark angeglichen worden wäre. Dass sich zumindest der Ausschussvorsitzende Zinn – wahrscheinlich aber auch noch andere Abgeordnete des Rechtspflegeausschusses – dieses Bezugs bewusst waren, zeigt sich indiziell an der Erläuterung zu Art. N[391] des Vorschlags vom 3. November 1948. Zur Frage der Ermessensannahme hieß es dort:

> „... Wie der Supreme Court in Washington und wie das Deutsche Obergericht soll hier das Deutsche Bundesgericht[392] nach eigenem Ermessen entscheiden können, ob es eine Klage annimmt oder nicht, ...“[393]

Da die Kenntnis über das amerikanische Verfahren der Ermessensannahme[394] jedenfalls nicht mehr zu den allgemein bekannten Regelungen des amerikanischen Prozessrechts zählen dürfte, legt die beinahe schon selbstverständliche Bezugnahme auf diese Detailregelung den Schluss nahe, dass entweder juristische Berater der amerikanischen Militärregierung mit Formulierungsvorschlägen geholfen hatten oder dass sich einzelne Abgeordnete mit den Grundlagen und Verfahren der amerikanischen Verfassungsgerichtsbarkeit eingehender vertraut gemacht haben, als es bislang angenommen werden durfte. Ohne die Erläuterung zu Art. N des Vorschlags vom 3. November 1948 in ihrer Bedeutung überstrapazieren zu wollen, zeigt sich daran in jedem Fall, dass Kenntnisse über Detailfragen des amerikanischen Prozessrechts bis in die Beratungen des Rechtspflegeausschusses vordrangen und dort sogar Gegenstand von Beschlussvorlagen waren.

---

[391] Die Vorschrift sollte wie folgt lauten: „*Artikel N: (1) Das Deutsche Bundesgericht (Großer Bundessenat) kann wegen Verletzung eines Grundrechts angerufen werden, wenn die Bedeutung der Sache über den Einzelfall hinausgeht, insbesondere mit einer Wiederholung zu rechnen ist, und daher eine allgemeine Regelung erforderlich erscheint. (2) ...*“. Vgl. Prot. Parl. Rat, Bd. 13/II, Dok.-Nr. 54, 1263, 1266 (Formulierungsvorschläge der Abgeordneten Strauß und Zinn zu den Kapiteln VIII und XII, 3.11.1948).

[392] So der voraussichtliche Name des „Supergerichts.“

[393] *Zinn* (SPD), in: Prot. Parl. Rat, Bd. 13/II, Dok.-Nr. 54, 1263, 1271 (Formulierungsvorschläge der Abgeordneten Strauß und Zinn zu den Kapiteln VIII und XII, 3.11.1948).

[394] Vgl. eingehende Darstellung unten 13. Teil, A, I.

Vorerst noch unbeeindruckt von der möglichen Schaffung eines einheitlichen „Supergerichts“, sprach sich der stellvertretende Ausschussvorsitzende Strauß in den Beratungen wie schon in seiner Denkschrift gegen eine Zusammenlegung von Oberstem Bundesgericht und Verfassungsgericht aus.[395]

2. *Einheitliches Oberstes Bundesgericht als „Supergericht“*

a. Organisation

Vor der 4. Sitzung des Ausschusses vom 27.10.1948 ergab sich in Bezug auf die Frage von Trennung oder Zusammenlegung des Obersten Bundesgerichts und des Verfassungsgerichts eine, wenn auch lediglich vorübergehende Wende. Nachdem sich der Ausschussvorsitzende Zinn und sein Stellvertreter Strauß außerhalb des Ausschusses beraten hatten, waren sie in einem gemeinsamen Entwurf übereingekommen, dass die Gründung eines einheitlichen Gerichts mit den Kompetenzen eines obersten Bundesgerichts und eines Verfassungsgerichts die sachgerechteste Lösung für eine starke Judikative darstellt.[396] Zinn fasste die wesentlichen Ergebnisse dieser Einigung folgendermaßen zusammen:

> „Wir sind uns ... darüber einig, dass ein oberstes Bundesgericht ... errichtet werden soll, das die Aufgabe des Bundesverfassungsgerichts übernimmt und zum anderen oberstes Rechtsmittelgericht ist, um die territoriale und fachliche Gleichmäßigkeit der Rechtsanwendung schlechthin und insbesondere durch die obersten Bundesgerichtshöfe oder Bundesfachgerichte zu sichern.“[397]

Nach der Einigung zwischen Zinn und Strauß sollte an der Spitze der deutschen Gerichtsorganisation das Oberste Bundesgericht stehen, das

---

[395] *Strauß* (CDU), in: Prot. Parl. Rat, Bd. 13/II, Dok.-Nr. 52, 1191, 1215 (3. Sitzung d. RpflA, 22.10.1948) als Zwischenruf zur von Zinn (SPD) vorgeschlagenen Ausübung verfassungsgerichtlicher Befugnisse des Obersten Bundesgerichts: *„Darüber müssen wir noch diskutieren.“*

[396] Vgl. *v. Mangoldt*, Das Bonner Grundgesetz, 1. Auflage (1953), Vorbemerkung zu „IX. Die Rechtsprechung“, Ziff. 3, d (S. 495); *Münzer*, Das Oberste Bundesgericht, 28; *Miebach*, Der Gemeinsame Senat der obersten Gerichtshöfe des Bundes, 52; *Achterberg* in: Bonner Kommentar, Art. 95, Rdnr. 50.

[397] *Zinn* (SPD), in: Prot. Parl. Rat, Bd. 13/II, Dok.-Nr. 53, 1217, 1225 (4. Sitzung d. RpflA, 27.10.1948).

in Anlehnung an das Einheitsmodell sowohl die Aufgaben eines Verfassungsgerichts als auch die eines Gerichts zur Wahrung der Rechtseinheit ausüben sollte. Damit war die im Strauß-Entwurf vorgesehene parallele Struktur von Oberstem Bundesgericht und Bundesverfassungsgerichtshof aufgegeben worden. Unter der höchsten gerichtlichen Ebene sollten mehrere Bundesfachgerichte bestehen, über deren Errichtung und Zuständigkeit jedoch der Bundesgesetzgeber später entscheiden sollte. Insofern trug der geschlossene Kompromiss den vor allem von Zinn geäußerten Bedenken Rechnung, dass die Gestaltungsmöglichkeiten des Bundesgesetzgebers nicht unnötig eingeschränkt werden sollten. Unterhalb der Ebene mit Bundesfachgerichten sollte eine noch nicht näher bestimmte Anzahl von Länderinstanzen folgen.

Im Schaubild sah der Aufbau der Bundesgerichtsbarkeit folgendermaßen aus:

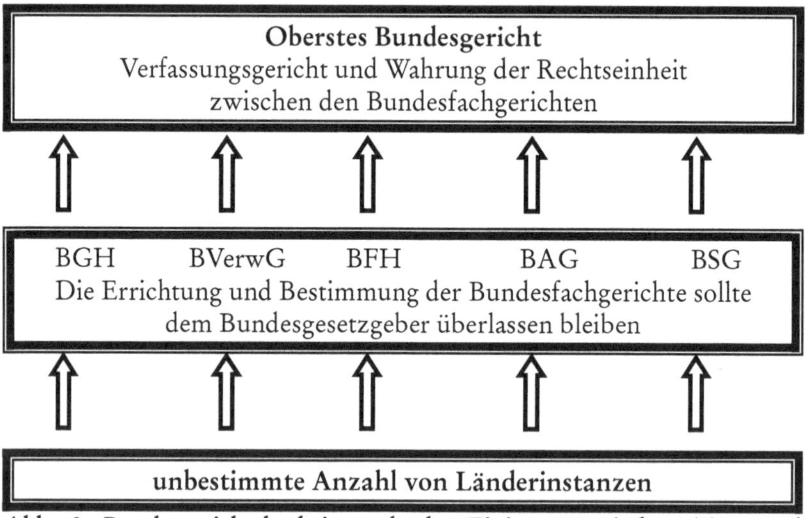

Abb. 2: Bundesgerichtsbarkeit nach der Einigung zwischen Zinn und Strauß

Der nach dem Kompromiss zwischen Zinn und Strauß vorgesehene Aufbau der deutschen Gerichtsbarkeit wies sowohl Gemeinsamkeiten als auch deutliche Unterschiede zum Aufbau der amerikanischen Bundesgerichtsbarkeit auf. Einerseits sollte das Oberste Bundesgericht wie der U.S. Supreme Court an der Spitze der Bundesgerichte für alle grundsätzlichen Fragen des Bundesrechts zuständig sein. Abweichend vom amerikanischen Beispiel, dem die fachgerichtliche Aufteilung in mehrere Rechtsgebiete mit wenigen Ausnahmen weitgehend fremd ist,[398] waren unterhalb des Obersten Bundesgerichts die sog. oberen Bundesgerichte (später Art. 96 GG a.F.) als eigentlicher Kopf der Fachgerichtsbarkeiten vorgesehen. Außerdem sollte ein einheitlicher Instanzenzug von Ländergerichten mit wechselnder Justizhoheit zu den (Bundes)Fachgerichten führen, was im amerikanischen Gerichtssystem ebenfalls nicht existiert, da einzelstaatliche und bundesstaatliche Gerichtszüge grundsätzlich voneinander getrennt verlaufen. Somit stellte das von Zinn und Strauß vereinbarte Modell eine Mischung von deutschen Rechtstraditionen (Fachgerichte, wechselnde Justizhoheit) und amerikanischen Judikativkompetenzen mit verfassungsgerichtlichen Befugnissen dar (einheitliches Oberstes Bundesgericht).

b. Rechtsmittel zum Obersten Bundesgericht

Bei den Rechtsmitteln waren Zinn und Strauß nicht zu einer einvernehmlichen Lösung gekommen. Zinn äußerte insbesondere Bedenken wegen der ausschließlich abstrakten Entscheidung von Rechtsfragen im Rahmen der Rechtsrüge. Er bot zwei Lösungsmöglichkeiten für die Zulassung von Verfahren zum Obersten Bundesgericht an: (1) Zunächst könnte die alte Revision beibehalten werden, bei der der ‚iudex a quo' (der Richter der Vorinstanz) über die Zulassung des Rechtsmittels befindet. (2) Außerdem könnte der ‚iudex a quo' bei bestimmten Fällen gezwungen sein, die Rechtssache – ohne eigenes Urteil – an das oberste Bundesgericht abzugeben, wenn er in einer „Frage von grundlegender Bedeutung" für die Rechtseinheit von einer Entscheidung des obersten Bundesgerichts oder von der Entscheidung eines oberen Bundesfachgerichts abweichen will.[399] Hierbei sollte die letzte Entscheidung über die Zulässigkeit einer solchen Revision dem obersten Bundesgericht überlassen bleiben.[400]

---

[398] Vgl. Tax Courts und verschiedene andere Art. I-Courts, siehe 2. Teil, A, I.

[399] Vgl. das „Grundsatzprinzip" aus der Strauß-Denkschrift, *Strauß*, Die oberste Bundesgerichtsbarkeit, 22.

[400] *Zinn* (SPD), in: Prot. Parl. Rat, Bd. 13/II, Dok.-Nr. 53, 1217, 1227 f. (4. Sitzung d. RpflA, 27.10.1948).

3. Vorbehalte gegen das „Supergericht"

a. Gerichtsorganisation

Das von Zinn und Strauß favorisierte System einer einheitlichen Bundesgerichtsbarkeit traf im Rechtspflegeausschuss auf erheblichen Widerstand. Dies war an sich nicht verwunderlich, da das von ihnen vereinbarte Modell noch stärker von der traditionellen deutschen Gerichtsorganisation abwich, als der ursprüngliche von Strauß erarbeitete Entwurf. Konnte man diesem noch teilweise zugute halten, dass er mit dem Bundesverfassungsgerichtshof an die auf Länderebene bereits existierenden Verfassungsgerichte und an den früher bestehenden Staatsgerichtshof für das Deutsche Reich (StGH) anknüpfte, so lag die Schaffung eines „Supergerichts" auf Bundesebene außerhalb des bislang Denkbaren. Allein das seit 1948 bestehende „Deutsche Obergericht des Vereinigten Wirtschaftsgebietes" (Bi-Zone) in Köln verfügte ansatzweise über vergleichbare Befugnisse[401] und wurde bei den Erörterungen im Parlamentarischen Rat entsprechend häufig als Beispiel für ein „Supergericht" herangezogen.[402] Ungeachtet einiger vergleichbarer Merkmale,[403] führten seine auf die amerikanischen und britischen Besatzungszonen begrenzte territoriale Zuständigkeit und seine vor allem auf wirtschaftsrechtliche Fragen beschränkte rechtliche Zuständigkeit dazu, dass es in kompetenzieller Hinsicht letztlich hinter dem nun vorgesehe-

---

[401] Vgl. *Voßkuhle*, in: v. Mangoldt/Klein/Starck, GG, Bd. 3, Art 95, Rdnr. 11; *Achterberg*, in: Bonner Kommentar, Art. 95, Rdnr. 30 ff.; *Ruscheweyh*, Das Deutsche Obergericht, Gesetz und Recht, Bd. 3, 961 ff.; *Fuchs*, Das Oberste Bundesgericht, JZ 1953, 592; *Münzer*, Das Oberste Bundesgericht, 14 f.

[402] Z.B. *Strauß* (CDU), in: Prot. Parl. Rat, Bd. 13/II, Dok.-Nr. 52, 1191, 1197 (3. Sitzung d. RpflA, 22.10.1948); *ders.* (CDU), in: Prot. Parl. Rat, Bd. 13/II, Dok.-Nr. 51, 1162, 1173 (2. Sitzung d. RpflA, 20.10.1948); *Zinn* (SPD), in: Prot. Parl. Rat, Bd. 13/I, Dok.-Nr. 5, 114, 153 (5. Sitzung d. KombA, 23.9.1948); *ders.* (SPD), in: Prot. Parl. Rat, Bd. 13/II, Dok.-Nr. 51, 1162, 1187 (2. Sitzung d. RpflA, 20.10.1948); *Greve* (SPD), in: Prot. Parl. Rat, Bd. 13/II, Dok.-Nr. 55, 1272, 1276 (5. Sitzung d. RpflA, 10.11.1948).

[403] Z.B. Bindungswirkung seiner Entscheidungen für andere Gerichte und Behörden der Bi-Zone, Nachprüfung von Entscheidungen deutscher Gerichte mit abstrakten Normativentscheidungen und Grundsatzprinzip, *Barthold*, Die Zuständigkeit des Deutschen Obergerichts, NJW 1949, 405 ff.; *Ruscheweyh*, Das Deutsche Obergericht, Gesetz und Recht, Bd. 3 (1948), 961 ff.; *Fuchs*, Das Oberste Bundesgericht, JZ 1953, 592.

nen Gericht zurückblieb.[404] Dessen ungeachtet ist hervorzuheben, dass von den Beteiligten klare Parallelen zwischen dem Deutschen Obergericht und dem amerikanischen Supreme Court gesehen wurden.[405]

Den gewichtigsten Einwand gegen die Errichtung eines Supergerichts erhob indessen der Abgeordnete Greve (SPD), indem er darauf verwies, dass die Schaffung eines Obersten Bundesgerichts mit den genannten Kompetenzen im Grunde doch „reichlich kompliziert" sei. [406] Die von ihm formulierte Alternative für die Aufteilung der Bundesfachgerichte entspricht weitgehend dem später tatsächlich realisierten Gerichtsaufbau und hatte darüber hinaus den großen Vorzug sich weitgehend innerhalb des traditionellen Organisationsschemas der deutschen Gerichtsbarkeit zu halten:

> „Wir wollen uns doch mal überlegen, ob es unbedingt notwendig ist, von dem System abzugehen, das wir früher einmal gehabt haben: Reichsgericht als oberste Instanz, Reichsverwaltungsgericht als oberste Instanz, dann Reichsfinanzhof selbstverständlich und ein Reichssozialgericht als oberste Instanz. Darüber hinaus sollte lediglich ein oberstes Bundesgericht als Verfassungsgericht eingerichtet werden, das keine Möglichkeit hat, sich auf dem Gebiet der Zivil- oder Strafrechtspflege neben den obersten Bundesgericht[en] zu betätigen."[407]

Allerdings sollte bei Greves Alternativvorschlag nicht übersehen werden, dass auch das vom ihm skizzierte Modell einer zukünftigen Bundesgerichtsbarkeit in wesentlichen Teilen nicht dem Gerichtssystem entsprach, das etwa während der Weimarer Republik bestanden hatte. So existierte zwischen 1919 und 1933 weder ein oberstes Gericht auf

---

[404] Ungeachtet der bestehenden Unterschiede war im Kombinierten Ausschuss vorgesehen worden, dass das Deutsche Obergericht bis zur Errichtung des Bundesverfassungsgericht „an dessen Stelle" treten soll, *Lehr* (CDU), in: Prot. Parl. Rat, Bd. 13/II, Dok.-Nr. 37, 902, 955 (27. Sitzung d. KombA, 6.12.1948); *Strauß* (CDU), in: Prot. Parl. Rat, Bd. 13/II, Dok.-Nr. 57, 1347, 1401 (7. Sitzung d. RpflA, 6.12.1948).

[405] *Zinn* (SPD), in: Prot. Parl. Rat, Bd. 13/II, Dok.-Nr. 54, 1263, 1271 (Formulierungsvorschläge der Abgeordneten Strauß und Zinn zu den Kapiteln VIII und XII, 3.11.1948).

[406] *Greve* (SPD), in: Prot. Parl. Rat, Bd. 13/II, Dok.-Nr. 53, 1217, 1230 (4. Sitzung d. RpflA, 27.10.1948).

[407] *Greve* (SPD), in: Prot. Parl. Rat, Bd. 13/II, Dok.-Nr. 53, 1217, 1232 (4. Sitzung d. RpflA, 27.10.1948).

Reichsebene für den Bereich des Verwaltungsrechts[408] noch ein einheitliches Gericht für sozialrechtliche Streitigkeiten.[409] Hervorzuheben ist außerdem, dass es nach der Weimarer Reichsverfassung keine Verfassungsgerichtsbarkeit im modernen Sinn gegeben hatte, sondern dass lediglich begrenzte verfassungsgerichtliche Befugnisse zusammen von Reichsgericht und Staatsgerichtshof (StGH) wahrgenommen wurden.[410]

b. Rechtsmittel zum Obersten Bundesgericht

Auch zur Frage des Zugangs zum Obersten Bundesgericht sowie zu dessen Prüfungsumfang wurden unterschiedliche Auffassungen vertreten. So sprach sich der Abgeordnete Laforet (CSU) im Rechtspflegeausschuss vehement für ein reines Kassationsprinzip aus, bei dem lediglich die aus einem Fall herausgelösten abstrakten Rechtsfragen beantwortet werden sollten, ohne dass es zu einer Lösung des konkreten Verfahrens kommt.[411] Hiergegen wendete sich jedoch die ganz überwiegende Mehrzahl der Ausschussmitglieder.[412]

---

[408] Vgl. *Wolfgang Kohl*, Das Reichsverwaltungsgericht, Tübingen 1991; *Stern*, Staatsrecht, Bd. 2, § 33 II 1 (S. 383); *Achterberg* in: Bonner Kommentar, Art. 92, Rdnr. 36; Art. 95, Rdnr. 21; *Kern*, Die Rechtsprechung, DV 1949, 330, 331.

[409] Das *„Reichsversorgungsgericht"* war als entfernter Vorläufer des Bundessozialgerichts für Rechtsfragen in Zusammenhang mit Leistungen zuständig, die das Reich vor allem an ehemalige Militärpersonen zum Ausgleich erlittener Dienstbeschädigungen gewährte. Das *„Reichsversicherungsamt"* war eine mit selbständigen Entscheidungs- und Zwangsbefugnissen ausgestattete Reichsbehörde im Geschäftsbereich des Reichsarbeitsministers. Es wurde aufgrund von § 87 UnfallVersG v. 6.7.1884 gegründet. Seine Entscheidungen waren mit wenigen Ausnahmen (dann Rechtsmittel zum Reichsrat) endgültig, vgl. *Fritz Stier-Somlo/Alexander Elfter* (Hrsg.), Handwörterbuch der Rechtswissenschaften, Berlin/Leipzig 1929, Bd. 6, Stichwort „Versorgungsrecht und Versorgungsverfahren" (S. 537 ff.) und Bd. 5, Stichwort „Reichsversicherungsamt" (S. 541 ff.).

[410] Vgl. *v. Mangoldt*, Das Bonner Grundgesetz, 1. Auflage (1953), Vorbemerkung zu „IX. Die Rechtsprechung", Ziff. 3, d (S. 496); *Scheuner*, Die Überlieferung der deutschen Staatsgerichtsbarkeit, in: Festgabe BVerfG, 1, 46.

[411] *Laforet* (CSU), in: Prot. Parl. Rat, Bd. 13/II, Dok.-Nr. 53, 1217, 1245 f. (4. Sitzung d. RpflA, 27.10.1948).

[412] U.a. *Wirmer* (CDU), *Selbert* (SPD), *Zinn* (SPD), *Strauß* (CDU) und *Becker* (FDP), in: Prot. Parl. Rat, Bd. 13/II, Dok.-Nr. 53, 1217, 1245 bis 1249 (4. Sitzung d. RpflA, 27.10.1948).

Um das Erreichte zusammenzufassen, wurde am Ende der 4. Sitzung vom 27. Oktober 1948 eine kleine Unterkommission gebildet, der die Abgeordneten Zinn, Strauß, Greve und Laforet angehörten. Diese Unterkommission hatte die Aufgabe, die endgültigen inhaltlichen Positionen des Ausschusses über Gerichtsorganisation, Zuständigkeiten und Rechtmittelmöglichkeiten zu fixieren.[413] Allerdings führte die in der 5. Sitzung eingetretene Wende dazu, dass die von dieser Arbeitsgruppe zu erarbeitenden Vorschläge eine neue Ausrichtung erhielten.

VI. Abkehr vom „Supergericht"

1. Intervention der Gerichtspräsidenten

Eigentlich hatte sich der Rechtspflegeausschuss bereits in seiner 4. Sitzung über die Grundzüge einer neuen deutschen Gerichtsorganisation mit einem „Supergericht" an ihrer Spitze geeinigt.[414] Die Aufgabe der Unterkommission bestand nur noch darin die verbliebenen Unstimmigkeiten im Hinblick auf Rechtsmittel und prozessuale Details zu bereinigen. Allerdings änderte die Intervention zweier hoher Richter die Situation grundlegend und führte dazu, dass der zwischen Zinn und Strauß vereinbarte Kompromiss wieder aufgegeben wurde.[415]

Zwar stimmten die Abgeordneten des Rechtspflegeausschusses grundsätzlich darin überein, dass Sachverständigenanhörungen im Ausschuss nicht stattfinden sollten,[416] in der 5. Sitzung machten sie hiervon jedoch eine folgenschwere Ausnahme. Der Präsident des Deutschen Obergerichts Ruscheweyh und der Präsident des Obersten Gerichts der Britischen Besatzungszone Wolff, brachten übereinstimmend vor, dass die im „Supergericht" vorgesehene kompetenzielle Zusammenfassung von Verfassungsgericht und Oberstem Bundesgericht die Grenzen zwischen

---

[413] Prot. Parl. Rat, Bd. 13/II, Dok.-Nr. 53, 1217, 1261 f. (4. Sitzung d. RpflA, 27.10.1948).

[414] Prot. Parl. Rat, Bd. 13/II, Dok.-Nr. 53, 1217, 1260 f. (4. Sitzung d. RpflA, 27.10.1948).

[415] Vgl. *v. Mangoldt*, Das Bonner Grundgesetz, 1. Auflage (1953), Vorbemerkung zu „IX. Die Rechtsprechung", Ziff. 3, d (S. 495); *Achterberg* in: Bonner Kommentar, Art. 95, Rdnr. 54.

[416] Prot. Parl. Rat, Bd. 13/II, Dok.-Nr. 53, 1217, 1224 (4. Sitzung d. RpflA, 27.10.1948).

Rechtsfragen und politischen Angelegenheiten auf gefährliche Weise verwische. In der Zusammenfassung eines bereits am Vormittag des 10. November 1948 geführten Gesprächs, gab der Abgeordnete Greve die Auffassungen des Gerichtspräsidenten Wolff folgendermaßen wieder:

> „Herr Dr. Wolff hat demgegenüber Bedenken geäußert, weil das Bundesverfassungsgericht doch mehr oder weniger politische Angelegenheiten zu entscheiden haben würde und die politische Infiltration aus der Tätigkeit des Bundesverfassungsgerichts auf das oberste Bundesgericht nicht ausbleiben würde. Die absolute Reinheit der Rechtssphäre des obersten Bundesgerichts glaubt Herr Präsident Dr. Wolff nur dann gewahrt, wenn man nicht zu dieser institutionellen Einheit von Bundesverfassungsgericht und oberstem Bundesgericht kommt.“[417]

Um aber die „absolute Reinheit der Rechtssphäre“ zu bewahren, erschien es beiden notwendig und ratsam, Rechtsfragen und politische Angelegenheiten unterschiedlichen Judikativorganen zuzuweisen. Vor allem Gerichtspräsident Wolff vertrat hierbei die Auffassung, dass die unausweichliche Verwicklung des Verfassungsgerichts in politische Abläufe beinahe zwingend negative Auswirkungen auf die Wahrnehmung judikativer Aufgaben hätte.[418] Bereits die Wortwahl mit der Verwendung der Begriffe „Infiltration“ und „Reinheit der Rechtssphäre“ zeigt deutlich das Maß an Abscheu und innerer Distanz, mit dem die Vertreter der traditionellen deutschen Justiz einer nach dem Einheitsmodell gestalteten Verfassungsgerichtsbarkeit gegenüber standen. Das hierin allgemein zutage tretende „politische Prinzip“ führte ihrer Ansicht nach zur schleichenden Untergrabung der von solchen Antastungen bislang angeblich unberührten Sphäre des Rechts. Bei seiner eigenen Stellungnahme fügte Wolff im Rechtspflegeausschuss noch folgendes hinzu:

> „Ich habe, wie ich heute Morgen schon sagte, doch starke Bedenken, die Aufgaben des Bundesverfassungsgerichts mit den Aufgaben des obersten Bundesgerichts zu verquicken. ... Die Aufgaben des Bundesverfassungsgerichts, über die nachher wohl im Einzelnen noch gesprochen werden soll, sind ja notwendigerweise im Wesentlichen

---

[417] *Greve* (SPD), in: Prot. Parl. Rat, Bd. 13/II, Dok.-Nr. 55, 1272, 1274 (5. Sitzung d. RpflA, 10.11.1948) in Zusammenfassung einer vorhergehenden Unterredung mit Ruscheweyh und Wolff.

[418] *Wolff* (Sachverst.), in: Prot. Parl. Rat, Bd. 13/II, Dok.-Nr. 55, 1272, 1299 (5. Sitzung d. RpflA, 10.11.1948).

politischer Natur oder haben zumindest einen sehr starken politischen Einschlag. ... Das sind alles Fragen [vorher genannt: Präsidentenanklage, Verfassungswidrigkeit von Parteien, Verwirkung von Grundrechten], die zumindest zum gleichen, vielleicht zum größten Teil zur Politik gehören. Man stelle sich vor, dass künftig irgendein neuer Hitler auftaucht, und dass diesem neuen Hitler auf Grund des Art. 20 Abs. 2 des Herrenchiemseer Entwurfs [heute: Art. 18 GG] das Recht aberkannt wird sich auf Grundrechte zu berufen, dass er dagegen den obersten Bundesverfassungsgerichtshof anruft. Dadurch wird notwendigerweise ... das Bundesverfassungsgericht in den politischen Streit einbezogen. Ich bitte, zu erwägen, ob dieses Odium, das sich dadurch unvermeidlicherweise von der unterlegenen Partei auf das Bundesverfassungsgericht werfen wird, nicht das oberste Bundesgericht in seiner Gesamtheit tangieren wird. Wird das nicht auf das oberste Bundesgericht abfärben?"[419]

Obwohl die Unterscheidung zwischen Recht und Politik einigen Ausschussmitgliedern gekünstelt erschien,[420] gewann ein Antrag für die Trennung von oberstem Bundesgericht und Bundesverfassungsgericht, wie sie auch der Strauß-Entwurf ursprünglich vorgesehen hatte, im Ausschuss eine Mehrheit.[421] Vor dem Hintergrund dieser Intervention rückte auch Strauß von dem mit Zinn vereinbarten Kompromiss ab und trat seinem ursprünglichen Entwurf folgend für die Einrichtung zweier getrennter Gerichte ein.[422]

---

[419] *Wolff* (Sachverst.), in: Prot. Parl. Rat, Bd. 13/II, Dok.-Nr. 55, 1272, 1299 bis 1301 (5 Sitzung d. RpflA, 10.11.1948) (Anm. v. Verf.).

[420] *Selbert* (SPD), in: Prot. Parl. Rat, Bd. 13/II, Dok.-Nr. 55, 1272, 1301 f. (5. Sitzung d. RpflA, 10.11.1948. Siehe hierzu auch: *Becker* (FDP), in: Prot. Parl. Rat, Bd. 13/II, Dok.-Nr. 55, 1272, 1306 f. (5. Sitzung d. RpflA, 10.11.1948).

[421] Prot. Parl. Rat, Bd. 13/II, Dok.-Nr. 55, 1272, 1308. (5. Sitzung d. RpflA, 10.11.1948). Zum Meinungsstand im Ausschuss vgl. *Greve* (SPD), in: Prot. Parl. Rat, Bd. 13/II, Dok.-Nr. 55, 1272, 1305 f. (5. Sitzung d. RpflA, 10.11.1948); *de Chapeaurouge* (CDU),a.a.O., 1272, 1307 f.; *Wolff* (Sachverst.), a.a.O.,1272, 1301 („*Ich würde deshalb im Interesse des künftigen obersten Bundesgerichts, seines Ansehens und seiner Neutralität doch zu erwägen bitten, ob man nicht, wie von Herrn Dr. Strauß vorgeschlagen, an der Trennung zwischen dem obersten Bundesgericht und dem Bundesverfassungsgericht festhalten soll.*“).

[422] *Strauß* (CDU), in: Prot. Parl. Rat, Bd. 13/II, Dok.-Nr. 55, 1272, 1301 ff. (5. Sitzung d. RpflA, 10.11.1948).

2. *Trennung von „Recht" und „Politik"*

Die begrifflichen und rechtsdogmatischen Merkmale, an denen sich die Diskussionen in den Ausschüssen des Parlamentarischen Rates orientierten, wirken aus heutiger Perspektive teilweise überholt. Sie sind aber vor dem Hintergrund der historischen Entwicklung der verfassungsgerichtlichen Kompetenzen in Deutschland durchaus folgerichtig und finden ihre Fortsetzung in den gegenwärtigen staatsrechtlichen Erörterungen.

Als wichtigstes Beispiel hierfür ist die in den damaligen Diskussionen stark betonte Trennung von „Recht" und „Politik" zu nennen. So waren zahlreiche Abgeordnete des Rechtspflegeausschusses sorgsam bemüht, die Erledigung „rechtlicher Streitigkeiten" und „politischer Streitigkeiten" voneinander abzugrenzen und unterschiedliche gerichtliche Verfahren wie auch Institutionen zu ihrer Erledigung zu schaffen.[423] Auf diese Weise knüpften sie – bewusst oder unbewusst – an die bereits von Bismarck geprägte Auffassung an, wonach „politische Streitigkeiten" als nicht oder als nur in sehr eingeschränktem Umfang justiziabel betrachtet wurden.[424] Diese historische Festlegung des 19. Jahrhunderts entpuppte sich in späteren Jahren als außerordentlich wirkungsmächtig und führte dazu, dass „Recht" und „Politik" in der weiteren deutschen Verfassungsentwicklung nach Möglichkeit voneinander getrennt wurden.[425] Auch zur Zeit des Kaiserreichs und während der Weimarer Re-

---

[423] *Greve* (SPD), in: Prot. Parl. Rat, Bd. 13/II, Dok.-Nr. 55, 1272, 1274 (5. Sitzung d. RpflA, 20.12.1948) in Zusammenfassung einer vorhergehenden Unterredung mit Ruscheweyh und Wolff.

[424] Vgl. Otto v. Bismarck, Rede vor dem Preußischen Landtag, 22. April 1863: „*Wenn ... ein Gericht berufen würde ... die Frage zu entscheiden: ist die Verfassung verletzt oder ist sie es nicht, so wäre damit dem Richter zugleich die Befugnis des Gesetzgebers zugewiesen; er wäre berufen, die Verfassung authentisch zu interpretieren oder materiell zu vervollständigen.*", zitiert nach Horst Kohl (Hrsg.), Die politischen Reden des Fürsten Bismarck, Bd. 2, 1892, 173, 175.

[425] Vgl. *Meyer/Anschütz*, Deutsches Staatsrecht, 7. Auflage, München/Leipzig 1919, § 207 „Die Funktionen", 906; *Friesenhahn*, Die Staatsgerichtsbarkeit, Der Ring, Bd. 4 (1930), 659, 661 f. („*Das Politische und das Rechtliche sind keine Gegensätze; vielmehr ist es die Eigenart des Verfassungsrechts, dass es politisches Recht ist.*"); *Huber*, Verfassungsgeschichte, Bd. 6, 543 f.; zum damaligen Meinungsstand *Stern*, Staatsrecht, Bd. V, § 129 IV 6 (S. 646); *ders.*, Staatsrecht, II, § 44, III 5 (S. 971); *Scheuner*, Die Überlieferung der deutschen Staatsgerichtsbarkeit, in: Festgabe BVerfG, 1, 45.

publik wurden beide als gegensätzliche Bereiche verstanden, die zwar Berührungspunkte aufwiesen, die dessen ungeachtet aber voneinander getrennt behandelt werden sollten. So wurde der Gerichtsbarkeit in den 1920er Jahren beispielsweise vorgeworfen, ihre verfassungsgerichtliche Tätigkeit sei nur noch von einem „Schein von Justizförmigkeit" umgeben, während es sich dabei tatsächlich um eine gerichtsförmige Legislativtätigkeit handele.[426] Als schwerwiegendste Konsequenz einer Aneignung verfassungsgerichtlicher Kompetenzen – wie beispielsweise seit 1925 durch das Reichsgericht[427] – wurde darauf verwiesen, dass letztlich den Gerichten die Wahrnehmung ihrer traditionellen judikativen Aufgaben erschwert würde. Denn eine „Expansion der Justiz" in den Bereich politischer Streitigkeiten sollte – anders als von manchem damaligem Befürworter erhofft – nicht zu einer „Juridifizierung der Politik", sondern zur „Politisierung der Justiz" führen, womit in letzter Konsequenz eine Delegitimierung der traditionellen judikativen Tätigkeiten verbunden sein würde.[428]

Diese Befürchtungen wurden in ähnlicher Form auch im Rechtspflegeausschuss des Parlamentarischen Rates geteilt. Die Gerichtspräsidenten Wolff und Ruscheweyh verwahrten sich in der 5. Sitzung des Ausschusses gegen eine „Verquickung" von Recht und Politik und beschworen stattdessen die „Reinheit der Rechtssphäre". Die Prämisse einer grundsätzlichen Trennbarkeit von „Recht" und „Politik" wurde auch von Mitgliedern des Rechtspflegeausschusses geteilt. So begründet etwa Strauß in seiner Denkschrift die Errichtung eines „Bundesverfassungsgerichtshofs" damit, dass dies für die gesonderte Entscheidung „politischer Meinungsverschiedenheiten" unbedingt erforderlich sei, wenn man das Ansehen des „Obersten Bundesgerichts" nicht frühzeitig gefährden wolle.[429] Allerdings wurde die Auffassung im Rechtspflegeausschuss auch kritisch beurteilt. Elisabeth Selbert (SPD) vertrat die Meinung, dass vom „Standpunkt des politischen Staatsrechtlers" gesehen,

---

426 Vgl. *Schmitt*, Der Hüter der Verfassung, 26 u. 29.

427 RG, Urt. v. 4.11.1925, RGZ 111, 320, 324; RG, Urt. v. 19.4.1929, RGZ 124, 173, 178; RG, Urt. v. 30.11.1929, RGZ 126, 161, 163; RG, Beschl. v. 3.12. 1929, RGZ 128, 165; zusammenfassend *Feigenspan*, Das richterliche Prüfungsrecht, 27.

428 Vgl. *Schmitt*, Der Hüter der Verfassung, 22; später auch *Werner Weber*, Spannung und Kräfte im westdeutschen Verfassungssystem, Stuttgart 1951, 26 ff. u. 31 ff.

429 Vgl. *Strauß*, Die oberste Bundesgerichtsbarkeit, 28.

die juristische Betrachtungsweise eines Falles nicht von der politischen zu trennen sei.[430]

Nach heutigem Verfassungsverständnis stellt Verfassungsrecht unmittelbar bindendes und justiziables Recht dar, aus dem sich hoheitliche Befugnisse ebenso ableiten lassen wie Handlungsbeschränkungen der Staatsorgane.[431] Vor dem Hintergrund dieses dogmatischen Verständnisses erscheint es nur folgerichtig, dass auch Streitigkeiten mit politischem Einschlag bis zu einem bestimmten Grad durch Anwendung verfassungsrechtlicher Kompetenznormen beigelegt werden können. Die Unterscheidung der Begriffe „Recht" und „Politik" hat aber auch in den verfassungsrechtlichen Erörterungen der letzten Jahre unter veränderten Vorzeichen ihre Bedeutung behalten. Sofern es darum geht, die funktionellen Grenzen von Verfassungsgerichtsbarkeit zu veranschaulichen, wird oftmals auf das altbekannte Begriffspaar „Recht" und „Politik" abgestellt.[432]

---

[430] *Selbert* (SPD), in: Prot. Parl. Rat, Bd. 13/II, Dok.-Nr. 55, 1272, 1301 f. (5. Sitzung d. RpflA, 10.11.1948) „*Wenn ich von dem Gedanken des Rechtsstaats ausgehe und diesen Gedanken des Rechtsstaats auch in das Gefüge des Staates einbauen will, den Staatsorganismus, den wir unter dem demokratischen Staatsgebilde verstehen, so kann ich hier nicht juristische Betrachtungsweise von politischer Betrachtungsweise trennen. Das sind Begriffe, die vielleicht im ersten Augenblick – wenn ich sie vom Standpunkt des, sagen wir, Gerichtsjuristen sehe – etwas fremd sind. Wenn ich sie aber vom Standpunkt des politischen Staatsrechtlers aus betrachte, so sind es keine getrennten Dinge.*" Vgl. *dies.*, a.a.O., 1272, 1327 f. (5. Sitzung d. RpflA, 10.11.1948); *Schmid*, Erinnerungen, 347 f. („*Doch liegt es nicht im Wesen des Rechtsstaates, dass sich seine Organe unter das Joch des Rechtes zu beugen haben, auch wenn dies im konkreten Fall den Plänen der Regierung und ihrer Parlamentsmehrheit nicht bekömmlich sein sollte?*").

[431] Vgl. *Schlaich/Korioth*, Das Bundesverfassungsgericht, Rdnr. 12; *Kunig*, in: v. Münch/Kunig, GG, Bd. 1, Art. 1, Rdnr. 50 f.

[432] Vgl. *Kriele*, Recht und Politik in der Verfassungsrechtsprechung, NJW 1976, 777; *Kurt Biedenkopf*, Verfassungsgerichtsbarkeit und Politik, SächsVBl. 1994, 25 ff.; *Roellecke*, Aufgaben und Stellung des Bundesverfassungsgerichts im Verfassungsgefüge, in: Isensee/Kirchhof, HdbStR, Bd. 3, § 67, Rdnr. 40 ff.; *Stern*, Verfassungsgerichtsbarkeit zwischen Recht und Politik, Opladen 1980; *Willi Geiger*, Das Bundesverfassungsgericht zwischen Recht und Politik, EuGRZ 1985, 401 ff.; *Simons*, Grundrechte und Gestaltungsspielraum, 71 ff.; kritisch hierzu *Voßkuhle*, in: v. Mangoldt/ Klein/Starck, GG, Bd. 3, Art. 93, Rdnr. 31.

Von den früheren Einwänden gegen die Verfassungsgerichtsbarkeit bleibt außerdem noch die Befürchtung einer „Politisierung der Justiz“ zurück. Tatsächlich spielen bei vielen verfassungsrechtlichen Deduktionen auch politische und gesellschaftspolitische Vorstellungen auf Seiten der Streitparteien sowie des Gerichts eine nicht unerhebliche Rolle.[433] Das Bundesverfassungsgericht hat diesen Umstand mit der Formulierung bestätigt, dass sich auch seine Entscheidungen durch einen „Akt des bewertenden Erkennens, dem auch willenhafte Elemente nicht fehlen“ auszeichnen.[434] Letztlich bleibt einem Gericht, das über Streitigkeiten von Verfassungsorganen oder zwischen Bund und Ländern entscheiden soll, keine andere Möglichkeit, als in politische Vorgänge einzugreifen oder politische Kategorien heranzuziehen. Daher müssen Politik und (Verfassungs)Recht nicht als antagonistische, sondern als komplementäre Aufgabenbereiche verstanden werden, die sich zum Teil, aber nicht vollständig decken.[435] Allerdings zeigt die bisherige gerichtliche Praxis auch, dass die in den politischen Bereich hineinwirkende Tätigkeit des Bundesverfassungsgerichts sich bislang nicht als allgemein schädlich für die Entscheidungen der übrigen Gerichte erwiesen hat. Dies liegt u.a. an der Trennung zwischen Verfassungsgerichtsbarkeit und Fachgerichtsbarkeit, die verhindert hat, dass Entscheidungen des Bundesverfassungsgerichts mit „politischen Implikationen“ zugleich negative Auswirkungen auf die übrigen Gerichte nach sich gezogen haben. Somit wirkt die vom Rechtspflegeausschuss des Parlamentarischen Rates in seiner 5. Sitzung beschlossene Trennung des

---

[433] Vgl. *Isensee*, Verfassungsrecht als „politisches Recht, in: Isensee/Kirchhof, HdbStR, Bd. 7, § 162, Rdnr. 5 ff.; *Grimm*, Politik und Recht, in: FS. Benda, Heidelberg 1995, 91 ff.; *Voßkuhle*, in: v. Mangoldt/ Klein/Starck, GG, Bd. 3, Art. 93, Rdnr. 31 ff.; *Michael Reinhardt*, Konsistente Jurisdiktion, Tübingen 1997, 311 ff.; *Denninger*, Judicial Review Revisited, Tulane L.Rev., Bd. 59 (1985), 1013 1024 (1985); *Wieland*, in: Dreier, GG, Bd. 3., Art. 93, Rdnr. 31 ff.; zurückhaltend *Schlaich/Korioth*, Das Bundesverfassungsgericht, Rdnr. 35; *Bethge*, in: Maunz/Schmidt-Bleibtreu, BVerfGG, Vorb, Rdnr. 18 f. u. 25; weitergehend *Ingwer Ebsen*, Das Bundesverfassungsgericht als Element gesellschaftlicher Selbstregulierung, Berlin 1985.

[434] BVerfG, Beschl. v. 14.2.1973, BVerfGE 34, 269 (287).

[435] Vgl. *Ulrich Scheuner* in: Verfassungsgerichtsbarkeit zwischen Recht und Politik, 35 (Hrsg. K. Stern, 1980); vgl. zur „political question-Doktrin“, 9. Teil, A, I.

Bundesverfassungsgerichts von den fünf oberen Bundesgerichten auch gegenwärtig nach.[436]

VII. Grundgesetzliche Konzeption des Jahres 1949

Bei der Bewertung und Einordnung des im Parlamentarischen Rat erarbeiteten Konzepts über die Schaffung eines Bundesverfassungsgerichts und die Ausgestaltung der übrigen Bundesgerichtsbarkeit darf nicht in Vergessenheit geraten, dass sich die später in der Bundesrepublik Deutschland tatsächlich realisierte Gerichtsorganisation in wesentlichen Punkten von dem im Grundgesetz des Jahres 1949 vorgesehenen Konzept unterschied.[437] Während heute das Bundesverfassungsgericht allein an der Spitze der Bundesgerichtsbarkeit steht, war in der ursprünglichen Konzeption des Grundgesetzes ein dualer Gerichtsaufbau der Bundesgerichtsbarkeit vorgesehen.

1. Dualer Gerichtsaufbau

Nach den Bestimmungen des Grundgesetzes sollte neben dem Bundesverfassungsgericht auch das bereits im Strauß-Entwurf erstmalig erwähnte „Oberste Bundesgericht" errichtet werden.[438] Die Grundnorm des Art. 92 GG a.F. lautete daher ursprünglich wie folgt:

> „Die rechtsprechende Gewalt ist den Richtern anvertraut; sie wird durch das Bundesverfassungsgericht, *durch das Oberste Bundesgericht*, durch die in diesem Grundgesetz vorgesehenen Bundesgerichte und durch die Gerichte der Länder ausgeübt."[439]

---

[436] Auch der Anspruch des Bundesverfassungsgerichts als „Verfassungsorgan" anerkannt zu werden, beruht maßgeblich auf der Feststellung, für „politische Rechtsstreitigkeiten" zuständig zu sein, vgl. Status-Denkschrift des Bundesverfassungsgericht, JöR 6 (1957), 144, 145; *Roellecke*, Aufgaben und Stellung des Bundesverfassungsgerichts im Verfassungsgefüge, in: Isensee/Kirchhof, HdbStR, Bd. 3, § 67, Rdnr. 17 u. § 68, Rdnr. 1.

[437] Vgl. *Voßkuhle*, in: v. Mangoldt/Klein/Starck, GG, Bd. 3, Art 95, Rdnr. 14 ff.; *Wieland*, in: Dreier, GG, Bd. 3., Art. 95, Rdnr. 28.

[438] Vgl. Art. 92, Art. 95 Abs. 1 bis 5, und Art. 100 Abs. 3 GG; *Möhring*, Der Bundesgerichtshof, NJW 1950, 47; *Stern*, Staatsrecht, Bd. 2, § 33 II 1 (S. 383).

[439] Gesetz vom 23.05.1949, BGBl. 1949 I, S. 1, 12 (Hervorhebung v. Verf.).

Uneinigkeit bestand anfangs in den verschiedenen Gremien des Parlamentarischen Rats über die Reihenfolge, in der Bundesverfassungsgericht und Oberstes Bundesgericht in Art. 92 GG a.F. genannt werden sollten. Unter Bezugnahme auf seinen eigenen Entwurf setzte sich Strauß bei der ersten Lesung im Hauptausschuss dafür ein, dass das Oberste Bundesgericht als „Repräsentant der gesamten rechtsprechenden Gewalt und der Rechtspflege" zuerst genannt werden müsse.[440] Carlo Schmid (SPD) sprach sich hingegen dafür aus, das Bundesverfassungsgericht wegen der ihm zukommenden „höheren Dignität" an die erste Stelle zu setzten.[441] Hierin folgte ihm der Hauptausschuss. In Vorbereitung auf die 2. Lesung des Hauptausschusses vom Januar 1949 wurde Schmids Auffassung auch im Rechtspflegeausschuss übernommen. Nicht zuletzt die verbliebenen geringfügigen Kompetenzen des Obersten Bundesgerichts hatten die Ausschussmitglieder dazu bewegt, dass in Art. 92 GG a.F. zunächst das Bundesverfassungsgericht und danach erst das Oberste Bundesgericht genannt werden sollte.[442]

2. *Oberstes Bundesgericht nach dem Grundgesetz*

Während Grundlagen und Aufgaben des Bundesverfassungsgerichts in den Artikeln 93, 94, 99 und 100 GG normiert wurden, sah das Grundgesetz in seiner ursprünglichen Fassung aus dem Jahre 1949 auch mehrere Vorschriften über das Oberste Bundesgericht vor. Die zentralen Regelungen über Befugnisse und verfassungsrechtliche Stellung des Obersten Bundesgerichts waren in Art. 95 GG a.F. enthalten, dessen Wortlaut bis zur Novellierung im Jahre 1968 der folgende war:

> „(1) Zur Wahrung der Einheit des Bundesrechts wird ein Oberstes Bundesgericht errichtet.

---

[440] *Strauß* (CDU), in: Parl. Rat – Verh. d. Hauptausschusses, 269 (23. Sitzung, 8.12.1948); zuvor schon *Strauß* (CDU), in: Prot. Parl. Rat, Bd. 13/II, Dok.-Nr. 57, 1347, 1352 (7. Sitzung d. RpflA, 6.12.1948); *Zinn* (SPD), a.a.O., 1347, 1349 u. 1352.

[441] *Schmid* (SPD), in: Parl. Rat – Verh. d. Hauptausschusses, 269 (23. Sitzung, 8.12.1948); so schon früher *de Chapeaurouge* (CDU), in: Prot. Parl. Rat, Bd. 13/II, Dok.-Nr. 57, 1347, 1351. (7. Sitzung d. RpflA, 6.12.1948); vor allem aber *Zinn* (SPD), in: Prot. Parl. Rat, Bd. 13/II, Dok.-Nr. 62, 1512, 1533 u. 1539 (10. Sitzung d. RpflA, 11.1.1949).

[442] Vgl. *v. Mangoldt*, Das Bonner Grundgesetz, 1. Auflage (1953), Vorbemerkung zu „IX. Die Rechtsprechung", Ziff. 3, d (S. 495); *Miebach*, Der Gemeinsame Senat der obersten Gerichtshöfe des Bundes, 56 ff.

(2) Das Oberste Bundesgericht entscheidet als Gericht des letzten Rechtszugs in Fällen, deren Entscheidung für die Einheitlichkeit der Rechtsprechung der oberen Bundesgerichte von grundsätzlicher Bedeutung ist.

(3) Über die Berufung der Richter des Obersten Bundesgerichtes entscheidet der Bundesjustizminister gemeinsam mit einem Richterwahlausschuss, der aus den Landesjustizministern sowie einer gleichen Anzahl von Mitgliedern besteht, die vom Bundestag gewählt werden.

(4) Im Übrigen werden die Verfassung des Obersten Bundesgerichts und sein Verfahren durch Bundesgesetz geregelt.“[443]

In Art. 100 Abs. 3 GG a.F. war schließlich noch eine Bestimmung über die Verfahrensweise bei Abweichungen von Entscheidungen des Obersten Bundesgerichts oder der anderen oberen Bundesgerichte enthalten.[444] Außer Bundesverfassungsgericht und Oberstem Bundesgericht waren in Art. 96 GG a.F. noch „obere Bundesgerichte“ für das Gebiet „der ordentlichen, der Verwaltungs-, der Finanz-, der Arbeits- und Sozialgerichtsbarkeit vorgesehen.[445]

Insgesamt hatte sich der Parlamentarische Rat mit der damaligen Gerichtsorganisation – insoweit dem Strauß-Entwurf ähnelnd – für einen dualen Gerichtsaufbau von Bundesverfassungsgericht (Art. 92, 93, 94, 100 GG) und Oberstem Bundesgericht (Art. 92, 95, 100 GG a.F.) entschieden. Allerdings hatte im Vergleich zum Strauß-Entwurf eine Kompetenzverschiebung zulasten des Obersten Bundesgerichts auf das Bundesverfassungsgericht stattgefunden. Ein letzter Versuch, wenigstens das richterliche Prüfungsrecht innerhalb der Normenkontrolle auf das Oberste Bundesgericht zu übertragen, war bereits im Rechtspflegeausschuss gescheitert, so dass dessen Zuständigkeitsrahmen – wie man bald erkannte – die „Gefahr des Funktionsmangels“ in sich barg.[446]

---

[443] Gesetz vom 23.05.1949, BGBl. 1949 I, 1, 12 f.

[444] „Art. 100 GG: (1) ... (3) ..., will es [ein Landesverfassungsgericht] von der Entscheidung des Obersten Bundesgerichtes oder eines oberen Bundesgerichtes abweichen, so hat es die Entscheidung des Obersten Bundesgerichtes einzuholen.“ Vgl. Gesetz vom 23.05.1949, BGBl. 1949 I, 1, 13; *Fuchs*, Das Oberste Bundesgericht, JZ 1953, 592, 594.

[445] Gesetz vom 23.05.1949, BGBl. 1949 I, 1, 13.

[446] Vgl. *Fuchs*, Das Oberste Bundesgericht, JZ 1953, 592, 593; eingehend zu den Aufgaben des Gerichts *Münzer*, Das Oberste Bundesgericht, 32 ff.

3. „Schleichender" Verzicht auf das Oberste Bundesgericht

Eine Folge der nur geringfügigen Kompetenzen des Obersten Bundesgerichts bestand darin, dass die im Jahre 1949 in Kraft getretenen Vorgaben des Grundgesetzes für den Aufbau der Gerichtsorganisation – vor allem Art. 92 und Art. 95 GG a.F. – im Gegensatz zu den meisten übrigen Bestimmungen nicht vollständig umgesetzt wurden.[447] Von den beiden als Spitzen der Bundesgerichtsbarkeit vorgesehenen Organen wurde lediglich das Bundesverfassungsgericht durch Gesetz vom 12. März 1951 errichtet.[448] Außerdem wurden im Laufe der 1950er Jahre die in Art. 96 GG a.F. aufgeführten oberen Bundesgerichte, namentlich der Bundesgerichtshof,[449] der Bundesfinanzhof,[450] das Bundesverwaltungsgericht,[451] das Bundesarbeitsgericht[452] und das Bundessozialgericht[453] errichtet. Die Gründung des in Art. 92, 95 und 100 Abs. 3 GG a.F. erwähnten Obersten Bundesgerichts unterblieb hingegen.[454]

Schon während der Verhandlungen im Rechtspflegeausschuss des Parlamentarischen Rates hatte es Kritik am Obersten Bundesgericht gege-

---

447 Dass Gesetzgebungsaufträge des Grundgesetzes nicht oder nur mit erheblicher Verzögerung umgesetzt wurden, war insgesamt nicht außergewöhnlich. Dem Auftrag nach Art. 21 Abs. 3 GG zur Verabschiedung eines Parteiengesetzes kam der Bundestag erst 1967 nach. Zu den vorher bestehenden Vorbehalten, vgl. *Oppelland*, Gerhard Schröder (1910-1989), 346 ff.

448 Vgl. Gesetz über das Bundesverfassungsgericht v. 12.3.1951, BGBl. 1951 I, 243 ff.

449 Begründet am 8.10.1950 nach Art. 10 und 52 des Gesetzes zur Wiederherstellung der Rechtseinheit auf dem Gebiet der Gerichtsverfassung, der bürgerlichen Rechtspflege, des Strafverfahrens und des Kostenrechts vom 12.9.1950, BGBl. 1950 I, 455; vgl. zum Ganzen *Möhring*, Der Bundesgerichtshof, NJW 1950, 47 ff.; *Voßkuhle*, in: v. Mangoldt/ Klein/Starck, GG, Bd. 3, Art 95, Rdnr. 20.

450 Begründet am 21.10.1950, Gesetz über den Bundesfinanzhof (§ 1 FGO) vom 29.6.1950, BGBl. 1950 I, 257.

451 Begründet am 8.6.1953, Gesetz über das Bundesverwaltungsgericht vom 23.9.1952, BGBl. 1952 I, 625.

452 Begründet am 10.5.1954, §§ 1, 40-45 des Arbeitsgerichtsgesetzes vom 3.9.1953, BGBl. 1953 I, 1267.

453 Begründet am 11.9.1954, §§ 2, 38-50 Sozialgerichtsgesetz v. 3.9.1953, BGBl. 1953 I, 1239.

454 Vgl. *H. Hofmann*, Die Entwicklung des Grundgesetzes nach 1949, in: Isensee/Kirchhof, HdbStR, Bd. 1, § 9, Rdnr. 35.

ben. Wie der Abgeordnete Greve bereits in der 4. Sitzung des Rechtspflegeausschusses angemerkt hatte, bestand keine wirkliche Notwendigkeit mehr für das aus dem Strauß-Entwurf übrig gebliebene Oberste Bundesgericht.[455] Auch wissenschaftliche Stellungnahmen des früheren Vorsitzenden des Rechtspflegeausschusses Zinn nach Abschluss der Bonner Beratungen ließen den Schluss zu, dass er die Errichtung eines selbständigen Obersten Bundesgerichts für durchaus verzichtbar hielt.[456] Ähnliches hatte er bereits in den Ausschussberatungen geäußert.[457]

Auch außerhalb des Ausschusses sprach sich in den Anfangsjahren der Bundesrepublik eine Mehrheit im Schrifttum gegen die Errichtung eines organisatorisch selbständigen Obersten Bundesgerichts aus.[458] Vor al-

---

[455] *Greve* (SPD), in: Prot. Parl. Rat, Bd. 13/II, Dok.-Nr. 53, 1217, 1231 (4. Sitzung d. RpflA, 27.10.1948).

[456] Vgl. *Zinn*, Die Rechsprechung, DÖV 1949, 278, 280; schon im Rechtspflegeausschuss hatte Zinn die Auffassung vertreten, dass die Vorschriften des Grundgesetzes die eigenständige Errichtung des Obersten Bundesgerichts ebenso ermöglichten wie die Wahrnehmung seiner Aufgaben durch einen „Plenarsenat", vgl. *Zinn* (SPD), in: Prot. Parl. Rat, Bd. 13/II, Dok. Nr. 57, 1347, 1398 (7. Sitzung d. RpflA, 6.12.1948); so auch *v. Mangoldt*, Das Bonner Grundgesetz, 1. Auflage (1953), Art. 95, Ziff. 3 (S. 519); *Jagusch*, Zur Gestalt des Obersten Bundesgerichts nach Art. 95 GG, NJW 1953, 244, 245 mit Verweis auf Art. 95 Abs. 4 GG a.F.; a.A. *Fuchs*, Das Oberste Bundesgericht, JZ 1953, 592, 593.

[457] *Zinn* (SPD), in: Prot. Parl. Rat, Bd. 13/II, Dok. Nr. 62, 1512, 1523 f. (10. Sitzung d. RpflA, 11.1.1949).

[458] Vgl. *Prost*, Verzicht auf das Oberste Bundesgericht, NJW 1957, 41, 43 („*Streichung des Art. 95 GG unmissverständlich bejaht werden.*"); *Möhring*, Der Bundesgerichtshof, NJW 1950, 47; *Jagusch*, Zur Gestalt des Obersten Bundesgerichts nach Art. 95 GG, NJW 1953, 244 („*eingeborener Funktionsmangel*"); *Fuchs*, Das Oberste Bundesgericht, JZ 1953, 592, 593 („*Gefahr des Funktionsmangels*") mit Verweis auf die wenigen Divergenzen während der Weimarer Republik.

In dem Prot. Parl. Rat, Bd. 13/II, Dok.-Nr. 61, 1498, 1499 ff. (9. Sitzung d. RpflA, 17.12.1948) wird ein entsprechendes Schreiben des Kölner Rechtsprofessors und späteren ersten Präsidenten des Bundesarbeitsgerichts *Hans-Carl Nipperdey* an die Mitglieder des Parlamentarischen Rates Zinn, Katz, Menzel und Strauß erwähnt. Auch die in den Protokollen zweifach erwähnte Sitzung der OLG-Präsidenten in Frankfurt a.M. hatte sich gegen ein einheitliches oberstes Bundesgericht mit zusätzlichen verfassungsgerichtlichen Kompetenzen ausgesprochen, *Wolff* (Sachverst.), in: Prot. Parl. Rat, Bd. 13/II, Dok.-Nr. 55,

lem wegen des in Art. 95 Abs. 2 GG a.F. normierten Grundsatzprinzips gingen die meisten Kommentatoren davon aus, dass eine Anrufung des Obersten Bundesgerichts nur in seltenen Fällen erfolgen würde.[459] Aufgrund der zu erwartenden geringen Anzahl von Divergenzfällen wurde das Gericht insgesamt als „entbehrlich" angesehen und war daher schon aus haushaltsrechtlichen Gründen kaum mehr zu verantworten.[460]

Walter Strauß, mittlerweile Staatssekretär im Bundesjustizministerium, bezeichnete sich in einer Bundestagsdebatte aus dem Jahre 1956 als den „unglücklichen Erfinder" des Obersten Bundesgerichts, durch dessen Fehlen bisher kein erkennbarer Schaden entstanden sei.[461] Neben den haushaltsrechtlichen Einwänden gab es noch weitere Erwägungen, die dazu beitrugen, dass letztlich von der Errichtung eines Oberstes Bundesgerichts abgesehen wurde. Mit Blick auf die deutsche Rechtsgeschichte wurde beispielsweise konstatiert, dass das Nebeneinander mehrerer oberster Gerichte – während der Weimarer Republik z.B. Reichsgericht, Reichsfinanzhof und Reichsversorgungsgericht – bei genauer Betrachtung nicht zu nennenswerten Komplikationen geführt

---

1272, 1301 (5. Sitzung d. RpflA, 10.11.1948); hierzu auch *Strauß* (CDU), a.a.O., 1272, 1297 (Fn. 65).

[459] Vgl. *Pritsch*, Rechtsmittelzulassung und Entlastung des Revisionsgerichts, NJW 1949, 403, 404 (*„Dekorationsstück"*); *Dass*, DRZ 1949, 328; *Jagusch*, Die Wahrung der Rechtseinheit, DRZ 1949, 435, 436 (*„praktisch äußerst gering und für die Rechtseinheit belanglos"*); *Fuchs*, Das Oberste Bundesgericht, JZ 1953, 592; *Prost*, Verzicht auf das Oberste Bundesgericht, NJW 1957, 41, 43; unentschieden *v. Mangoldt*, Das Bonner Grundgesetz, 1. Auflage (1953), Art. 95, Ziff. 3 (S. 519: *„Diese Einwendungen werden einer sorgfältigen Prüfung bedürfen"*).

[460] Vgl. *Hering*, Der Plan eines Gemeinsamen Senats der obersten Gerichtshöfe des Bundes, DÖV 1967, 153 f.; *Bogumil*, Bemerkungen zum Gemeinsamen Senat der obersten Gerichtshöfe, MDR 1968, 797, 798; distanzierter *Baur*, Das Oberste Bundesgericht, JZ 1967, 84, 85.

[461] BT-Sten. Prot. II/59024 f., 162. Sitzung v. 3.10.1956; vgl. *Prost*, Verzicht auf das Oberste Bundesgericht, NJW 1957, 41, 42; *Achterberg* in: Bonner Kommentar, Art. 95, Rdnr. 39; *Friedrich Giese*, Kein Schutz vor widersprechenden höchstgerichtlichen Entscheidungen DÖV 1957, 556, 557; *Prost*, Verzicht auf das Oberste Bundesgericht, NJW 1957, 41, 42. Ferner war eine Referenten-Denkschrift des BMJ vom 30.08.1958 über die Errichtung des Obersten Bundesgerichts zu dem Ergebnis gelangt, dass das Gericht nur in drei von elf Fällen zur Klärung von Divergenzen hätte beitragen können, *Miebach*, Der Gemeinsame Senat der obersten Gerichtshöfe des Bundes, 138 f., 142 f. u. 150 f.

hätte.[462] Außerdem wird mittlerweile im Schrifttum darauf hingewiesen, dass bei der Frage des Obersten Bundesgerichts zumeist unausgesprochen auch Gesichtspunkte der Machtbalance innerhalb des gewaltenteiligen Verfassungsstaates eine bedeutsame Rolle gespielt haben. Insbesondere bei Exekutive und Legislative bestand in den Anfangsjahren der Bundesrepublik die Befürchtung, dass die durch das Bundesverfassungsgericht seit 1951 ohnehin schon deutlich erstarkte Judikative durch die Schaffung eines Obersten Bundesgerichts vollends die Oberhand gewinnen könnte.[463] Eine noch weitergehende „Entfesselung der Dritten Gewalt" – so ein Schlagwort der damaligen Zeit – sollte daher nach Möglichkeit vermieden werden.[464] Dabei mag es auch eine Rolle gespielt haben, dass durch den Verzicht auf das „Oberste Bundesgericht" eine zu starke Rechteinheitlichkeit vermieden werden sollte, die eine spätere Einbindung der Sowjetischen Besatzungszone in den Verband der Bundesrepublik Deutschland möglicherweise erschwert hätte.

Schließlich lässt sich die unterbliebene Errichtung des Obersten Bundesgerichts auch damit erklären, dass das Bundesverfassungsgericht mehr und mehr die integrative und repräsentative Funktion innerhalb der dritten Gewalt ausfüllte, die nach dem Strauß-Entwurf ursprünglich noch dem Obersten Bundesgericht zugedacht gewesen war. Auch die zu Beginn der Beratungen von Lehr im Kombinierten Ausschuss geforderten umfassenden Repräsentation der dritten Gewalt wurde damit erreicht.[465] Zur effektiven Verwirklichung des Gewaltenteilungsgrund-

---

[462] Vgl. *Jagusch*, Die Wahrung der Rechtseinheit, DRZ 1949, 436; *Fuchs*, Das Oberste Bundesgericht, JZ 1953, 592, 593; *Prost*, Verzicht auf das Oberste Bundesgericht, NJW 1957, 41, 42.

[463] Vgl. *Voßkuhle*, in: v. Mangoldt/Klein/Starck, GG, Bd. 3, Art 95, Rdnr. 17; *ders.*, Rechtsschutz gegen den Richter, 50 f.; *Denninger*, Judicial Review Revisited,: The German Experience, Tulane L.Rev., Bd. 59 (1985), 1013, 1025; vgl. aus der damaligen Diskussion *Paulus van Husen*, Die Entfesselung der Dritten Gewalt, AöR 78, 49 ff.; *Scheuner*, Probleme und Verantwortung der Verfassungsgerichtsbarkeit in der Bundesrepublik, DVBl. 1952, 293, 297 ff.; *Ule*, Normenkontrolle, Verfassungsbeschwerde und Verwaltungsgerichtsbarkeit, DVBl. 1953, 12, 13 ff.

[464] Vgl. *R. Häußler*, Konflikt, 23, mit Verweis auf den 40. Deutschen Juristentag des Jahres 1953.

[465] *Lehr* (CDU), in: Prot. Parl. Rat, Bd. 13/I, Dok.-Nr. 5, 144 (5. Sitzung d. KombA, 23.9.1948). Auch das Bundesverfassungsgericht nahm in seiner Status-Denkschrift ausdrücklich Bezug auf Smends Integrationslehre, JöR, Bd. 6 (1957), 194, 199 f.; *v. Brünneck*, Verfassungsgerichtsbarkeit in den westlichen

satzes erschien die Errichtung eines Obersten Bundesgerichts daher nicht mehr erforderlich.

4. Novellierung des Grundgesetzes (1968)

Im Text des Grundgesetzes fand der zwischenzeitlich eingetretene Meinungswandel und der „schleichende" Verzicht auf das Oberste Bundesgericht keinen unmittelbaren Niederschlag.[466] So blieben die grundgesetzlichen Bestimmungen der Art. 92, 95 und 100 Abs. 3 GG a.F. zunächst unverändert erhalten und erinnerten daran, dass bei den Beratungen des Parlamentarischen Rates ursprünglich eine andere Gerichtsorganisation vorgesehen gewesen war. Zwar gab es seit 1956 immer wieder parlamentarische Anträge, um dem Verfassungsauftrag des Art. 95 GG a.F. zu erfüllen, da das Bundesjustizministerium die Sache jedoch als „nicht eilig" einschätzte, geschah zunächst nichts.[467]

Erst als mit Bildung der ersten Großen Koalition (1966-69) auf Bundesebene die erforderliche verfassungsändernde Mehrheit bestand, ergriff der Bundesgesetzgeber die Initiative zur Novellierung der einschlägigen Verfassungsvorschriften. Mit dem Sechzehnten Gesetz zur Ergänzung des Grundgesetzes vom 18. Juni 1968[468] wurde das „Oberste Bundesgericht" aus Art. 92, Art. 95 sowie Art. 100 GG gestrichen und Art. 95 und 96 GG vollständig neu gefasst.[469] Wie einer Denkschrift des Bun-

---

Demokratien, 146 ff.; kritisch *Voßkuhle*, in: v. Mangoldt/Klein/ Starck, GG, Bd. 3, Art. 93, Rdnr. 34.

[466] Vgl. *Prost*, Verzicht auf das Oberste Bundesgericht, NJW 1957, 41 u. 44 („*Der Gesetzgeber hätte es also auch an und für sich in der Hand, den Auftrag an das Ende der Dringlichkeitsliste zu setzen und damit stillschweigend zu erledigen.*"); *Miebach*, Der Gemeinsame Senat der obersten Gerichtshöfe des Bundes, 64 f.; BT-Drs. II/2436; BT-Sten. Prot., II/9634, 174. Sitzung v. 29.11.1956.

[467] Eingehend *Miebach*, Der Gemeinsame Senat der obersten Gerichtshöfe des Bundes, 64 ff.

[468] Sechzehntes Gesetz zur Änderung des Grundgesetzes vom 18.06.1968, BGBl. I 657.

[469] Art. 95 lautet jetzt: „(1) Für die Gebiete der ordentlichen, der Verwaltungs-, der Finanz-, der Arbeits- und der Sozialgerichtsbarkeit errichtet der Bund als oberste Gerichthöfe den Bundesgerichtshof, das Bundesverwaltungsgericht, den Bundesfinanzhof, das Bundesarbeitsgericht und das Bundessozialgericht. (2) ... (3) Zur Wahrung der Einheitlichkeit der Rechtsprechung ist ein Gemeinsamer Senat der in Absatz 1 genannten Gerichte zu bilden. Das Nähere regelt ein Bundesgesetz." Vgl. *Stern*, Staatsrecht, Bd. 2, § 33 II 2 (S. 386); *Ja-*

desjustizministeriums aus dem Jahr 1968 zu entnehmen war, hatte es seit Inkrafttreten des Grundgesetzes lediglich 29 Divergenzfälle i.S. von Art. 95 Abs. 2 GG a.F. gegeben, von denen sich zwölf auf „sonstige Weise", in der Regel durch Gesetzesänderung, erledigt hatten.[470] Das Oberste Bundesgericht hätte damit – wenn es errichtet worden wäre – in 19 Jahren nur 17 Rechtsstreitigkeiten zu entscheiden gehabt, woran sich zeigt, dass die im Schrifttum geäußerte Sorge eines „Funktionsmangels"[471] nicht vollkommen unbegründet war.

Der Wegfall des „Obersten Bundesgerichts" durch das 16. Gesetz zur Änderung des Grundgesetzes hatte zur Folge, dass die bislang in Art. 96 Abs. 1 GG a.F. normierten „oberen Bundesgerichte" zu „obersten Gerichtshöfen des Bundes" avancierten und in den frei gewordenen Art. 95 Abs. 1 GG rückten. Gleichzeitig mit der Verfassungsänderung des Jahres 1968 wurde durch das auf Art. 95 Abs. 3 GG beruhende „Gesetz zur Wahrung der Einheitlichkeit der Rechtsprechung der obersten Gerichtshöfe des Bundes" ein gemeinsamer Senat der obersten Bundesfachgerichte geschaffen, der seitdem über die Einheitlichkeit der Rechtsprechung wacht.[472] Dieses Modell war bereits zwanzig Jahre zuvor im Parlamentarischen Rat von einigen Mitgliedern des Rechtspflegeausschusses in Anlehnung an das damals bereits bestehende Vorbild der Vereinigten Zivilsenate angeregt worden (§§ 131 a ff., 136 ff. GVG

---

rass/Pieroth, GG, Art. 95, Rdnr. 1; vgl. hierzu auch die Regierungsentwürfe aus der 4. Legislaturperiode (1961-1965), BT-Drs. IV/3363 und IV/3360; *Miebach*, Der Gemeinsame Senat der obersten Gerichtshöfe des Bundes, 85; *Voßkuhle*, in: v. Mangoldt/Klein/Starck, GG, Bd. 3, Art 95, Rdnr. 17; *H. Hofmann*, Die Entwicklung des Grundgesetzes nach 1949, in: Isensee/Kirchhof, HdbStR, Bd. 1, § 9, Rdnr. 35.

[470] Vgl. *Hering*, Der Plan eines Gemeinsamen Senats der obersten Gerichtshöfe des Bundes, DÖV 1967, 153, 154; *Bogumil*, Bemerkungen zum Gemeinsamen Senat der obersten Gerichtshöfe, MDR 1968, 797, 798 mit Verweis auf BT-Drs. V/1449.

[471] Vgl. *Fuchs*, Das Oberste Bundesgericht, JZ 1953, 592, 593.

[472] Gesetz vom 18.06.1968, BGBl. 1968 I, S. 661, abgedruckt in: Schönfelder, Deutsche Gesetze, Nr. 95 b; *Bogumil*, Bemerkungen zum Gemeinsamen Senat der obersten Gerichtshöfe, MDR 1968, 797; *Stern*, Staatsrecht, Bd. 2, § 33 II 3 (S. 391); kritisch hierzu, *Baur*, Das Oberste Bundesgericht, JZ 1967, 84, 85.

a.F.[473]), hatte sich jedoch gegen das „Oberste Bundesgericht" als Wahrer der Rechtseinheitlichkeit nicht durchsetzen können.[474]

VIII. Einflüsse des U.S. Supreme Court

Nach der von Strauß in der 2. Sitzung des Rechtspflegeausschusses formulierten Arbeitsmethode, sollte sich der Ausschuss dort, wo Anlass und Möglichkeit bestand, bei der Ausgestaltung der künftigen deutschen Gerichtsbarkeit grundsätzlich an ausländischen Vorbildern orientieren, vor allem wenn sie auf eine „vielhundertjährige Erfahrung" zurückblicken könnten. Allerdings sollten dabei auch bewährte Grundprinzipien der deutschen Rechtstradition sowie praktische Erfordernisse der damaligen Zeit berücksichtigt werden.[475] Im Ergebnis zielte diese Vorgehensweise auf eine Synthese von ausländischen Vorbildern und deutscher Rechtstradition ab.

Dass zu den ausländischen Vorbildern der deutschen Bundesgerichtsbarkeit insbesondere der U.S. Supreme Court zählen würde, ist neben der objektiven weltpolitischen Lage des Jahres 1948/1949 auch aus der deutschen Besatzungssituation sowie der verfassungsrechtlichen Bewährung des Supreme Court in der amerikanischen Verfassungspraxis abzuleiten. Vor allem aber zeigen die stenographischen Protokolle des Rechtspflegeausschusses sowie die von Strauß angefertigte Denkschrift über „Die Oberste Bundesgerichtsbarkeit", dass der U.S. Supreme Court und die amerikanische Bundesgerichtsbarkeit mehrfach in Zusammenhang mit der organisatorischen und institutionellen Grundstruktur der deutschen Gerichtsbarkeit erwähnt und zum Gegenstand der Ausschussberatungen gemacht worden sind.

Wie jedoch bereits der objektive Vergleich der Gerichtsorganisationen gezeigt hat, wurde weder das Bundesverfassungsgericht noch die grundgesetzliche Konzeption der Bundesgerichtsbarkeit dem Beispiel

---

473 Vgl. *Möhring*, Der Bundesgerichtshof, NJW 1950, 47.

474 *Becker* (FDP), in: Prot. Parl. Rat, Bd. 13/II, Dok.-Nr. 55, 1272, 1288 f. (5. Sitzung d. RpflA, 10.11.1948); *Achterberg* in: Bonner Kommentar, Art. 95, Rdnr. 56. Auch im Jahre 1956 während der Bundestagsdebatte war diese Alternative von Walter Strauß (CDU) angeregt worden, *Prost*, Verzicht auf das Oberste Bundesgericht, NJW 1957, 41, 42.

475 Vgl. *Strauß* (CDU), in: Prot. Parl. Rat, Bd. 13/II, Dok.-Nr. 51, 1162, 1168 f. (2. Sitzung d. RpflA, 20.10.1948).

des U.S. Supreme Court oder der amerikanischen Bundesgerichtsbarkeit vollständig nachgebildet. Allerdings ist dies für die Feststellung wirksam gewordener Einflüsse auch nicht erforderlich, wenn die letztlich verabschiedeten Vorschriften des Grundgesetzes in rechtlicher oder ideeller Auseinandersetzung mit dem betreffenden Vorbild erarbeitet wurden. Somit können Einflüsse unabhängig davon bestehen, ob das ausländische Verfassungsmodell letztlich als Vorbild (positiver Einfluss) oder möglicherweise als Gegenvorbild (negativer Einfluss) gedient hat.

1. Positive Einflüsse

a. Gewaltenteilungsgrundsatz

Wie bereits die rechtsvergleichende Untersuchung ergeben hat,[476] besteht eine objektive Übereinstimmung zwischen der U.S. Bundesverfassung und dem Grundgesetz dahingehend, dass die jeweiligen Vorschriften über die drei staatlichen Teilgewalten in jeweils eigenständigen Verfassungsabschnitten zusammengefasst wurden und der Gewaltenteilungsgrundsatz somit eine systematische Grundlage erhielt.[477] Diese Übereinstimmung stellt für sich allein jedoch nur ein Indiz dafür dar, dass die U.S. Bundesgerichtsbarkeit möglicherweise Einfluss auf die Ausgestaltung der deutschen Gerichtsbarkeit gehabt haben könnte. Ein stichhaltigerer Nachweis hierfür kann erst dann erbracht werden, wenn sich auch in den Beratungen bzw. Dokumenten des Verfassungskonvents und des Parlamentarischen Rats Spuren einer inhaltlichen Auseinandersetzung mit der amerikanischen Bundesgerichtsbarkeit zeigen.

Wie sich anhand der einschlägigen Protokolle ergibt, stand der U.S. Supreme Court und die an ihm orientierte verfassungsgerichtliche

---

[476] Vgl. 2. Teil, A, III.

[477] *Strauß* (CDU), in: Prot. Parl. Rat, Bd. 13/II, Dok.-Nr. 51, 1162, 1162 f. (2. Sitzung d. RpflA, 20.10.1948) („*Ich glaube wir begrüßen es alle, dass der Herrenchiemseer Entwurf den Versuch gemacht hat, die die Rechtspflege betreffenden Fragen in einem besonderen Abschnitt zusammenzufassen, ... Hiermit wird richtig zum Ausdruck gebracht, dass die dritte Gewalt, die Rechtsprechung, gleichberechtigt neben den beiden anderen Gewalten steht, ...*“); siehe Art. I U.S. Bundesverfassung und VII. Abschnitt des GG (Art. 70 ff. GG) zur Legislative; Art. II U.S. Bundesverfassung und VIII. Abschnitt des GG (Art. 83 ff. GG) zur Exekutive/Verwaltung und Art. IIII U.S. Bundesverfassung und IX. Abschnitt des GG (Art. 92 ff. GG) zur Gerichtsbarkeit.

Grundkonzeption bei den im Verfassungskonvent angestellten Überlegungen zur Ausgestaltung der Gewaltenteilung und zur Rolle der Judikative als Dritter Staatsgewalt Pate.[478] Als Vorzug dieser Grundkonzeption wurde betont, dass dadurch eine Konzentration der dritten Gewalt herbeigeführt werde, die es erleichtere sie „dem Volksbewusstsein einzuprägen und eine scharfe Trennung der Gewalten" zu verdeutlichen.[479] Die ebenfalls befürwortete Zusammenfassung der Vorschriften über die dritte Staatsgewalt in einem eigenen Verfassungsabschnitt zeigt, dass – neben anderen – auch dem Beispiel der amerikanischen Bundesverfassung gefolgt werden sollte, die als erste geschriebene Verfassung überhaupt der Gerichtsbarkeit in Art. III U.S. Bundesverfassung einen eigenen Verfassungsabschnitt eingeräumt hatte. Nach der Konzeption des Herrenchiemseer Verfassungskonvents war, wie im amerikanischen Verfassungsrecht vorgesehen, die Judikative den beiden anderen Teilgewalten gleichberechtigt und ebenbürtig gegenüberzustellen.[480] Der Blick fällt in diesem Zusammenhang vor allem auch deshalb auf die U.S. Bundesverfassung, weil die deutsche Verfassungstradition keine oder nur sehr bedingte Vorbilder für eine systematische Zusammenfassung der judikativen Verfassungsvorschriften bietet.[481]

Dass die konkrete Ausgestaltung der Gewaltenteilung im Parlamentarischen Rat tatsächlich vom Vorbild der amerikanischen Bundesgerichtsbarkeit beeinflusst worden ist, zeigt sich zunächst in der vom stellvertretenden Ausschussvorsitztenden Strauß verfassten Denkschrift, die den Abgeordneten des Rechtspflegeausschusses zu Beginn der Beratun-

---

[478] Vgl. Bericht des Unterausschusses III, in: Prot. Parl. Rat, Bd. 2, Dok.-Nr. 10, 279, 309 f. sowie Bericht über den Verfassungskonvent von Herrenchiemsee, in: Prot. Parl. Rat, Bd. 2, Dok.-Nr. 14, 504, 573; *Säcker*, Verfassungskonvent 1948, DÖV 1998, 784, 790.

[479] Vgl. Bericht über den Verfassungskonvent von Herrenchiemsee, in: Prot. Parl. Rat, Bd. 2, Dok.-Nr. 14, 504, 573.

[480] Vgl. Bericht über den Verfassungskonvent von Herrenchiemsee, in: Prot. Parl. Rat, Bd. 2, Dok.-Nr. 14, 504, 554 u. 573 („ [soll die] *grundsätzliche Bedeutung dieser Institution hervorgehoben werden und die Gleichberechtigung dieses höchsten Organs der dritten Gewalt gegenüber den anderen Gewalten sichtbar gemacht werden.*").

[481] Vgl. *v. Mangoldt*, Das Bonner Grundgesetz, 1. Auflage (1953), Vorbemerkung zu „IX. Die Rechtsprechung", Ziff. 4 (S. 497); *Jahrreiß*, Die Rechtspflege im Bonner Grundgesetz, in: Verh 37. DJT (1949), 26, 32; *Zinn*, Die Rechtspflege im Bonner Grundgesetz, in: Verh 37. DJT (1949), 46, 47; *Strauß*, Die rechtsprechende Gewalt im Bonner Grundgesetz, SJZ 1949, Sp. 523.

gen überreicht wurde und damit als Grundlage der Erörterungen diente.[482] Bereits in der Einleitung zur Denkschrift wies Strauß ausdrücklich darauf hin, dass die oberste Gerichtsbarkeit in den „angelsächsischen Staaten als Spitze der ‚Dritten Gewalt'"– anders als die deutsche Judikative im Kaiserreich oder in der Weimarer Republik – „einen Beitrag zum Aufbau des staatlichen Lebens und des Rechtsbewußtseins geleistet" hat.[483] Der von Strauß durch seine Denkschrift und seine Beiträge als Berichterstatter[484] in die Beratungen des Rechtspflegeausschusses eingeführte Gegensatz zwischen der Bedeutung der Gerichtsbarkeit in der deutschen Rechtstradition auf der einen Seite und der herausgehobenen Stellung der Gerichtsbarkeit in den angelsächsischen Staaten auf der anderen Seite stellt im Rückblick den zentralen Ausgangspunkt für die späteren Erörterungen des Ausschusses über die Ausgestaltung der Gewaltenteilung und die Stellung der Dritten Gewalt im Verfassungsgefüge dar.[485]

Vor allem weil sich die Gerichtsbarkeit in den früheren Phasen der deutschen Verfassungsgeschichte als schwach und uneffektiv erwiesen hatte und zudem in der Öffentlichkeit nicht sonderlich hoch angesehen war, mussten die Gerichte der „angelsächsischen Staaten" fortan als Vorbilder für eine starke, den anderen Staatsgewalten ebenbürtige Judikative dienen.

Wie Strauß weiter ausführte, wäre ein vergleichbarer Beitrag der Judikative in Deutschland künftig nur möglich, wenn die richterliche Gewalt eine „gebührende Stellung" erhalten würde, wie es „in anderen demokratischen Ländern" bereits der Fall sei.[486] Unter diesen „anderen demokratischen Ländern" waren naheliegenderweise auch die bereits zuvor ausdrücklich erwähnten Vereinigten Staaten mit dem Supreme

---

[482] *Strauß* (CDU), in: Prot. Parl. Rat, Bd. 13/II, Dok.-Nr. 51, 1162, 1166 f. (2. Sitzung d. RpflA, 20.10.1948) („*Ich habe in den letzten Wochenenden eine Denkschrift für Sie ausgearbeitet, die gestern noch nicht vollständig abgezogen war, die mir aber in den nächsten Stunden gebracht wird...*").

[483] Vgl. *Strauß*, Die oberste Bundesgerichtsbarkeit, 9; vgl. 2. Teil, B, II, 3.

[484] Prot. Parl. Rat, Bd. 13/II, Dok.-Nr. 51, 1162 (2. Sitzung d. RpflA, 20.10.1948) [„2a. Referat des Berichterstatters Dr. Strauß"].

[485] *Strauß* (CDU), in: Prot. Parl. Rat, Bd. 13/II, Dok.-Nr. 51, 1162, 1166 f. (2. Sitzung d. RpflA, 20.10.1948) und *ders.*, in: Prot. Parl. Rat, Bd. 13/II, Dok.-Nr. 52, 1191 ff. (3. Sitzung d. RpflA, 22.10.1948).

[486] Vgl. *Strauß*, Die rechtsprechende Gewalt im Bonner Grundgesetz, SJZ 1949, Sp. 523; *ders.*, Die oberste Bundesgerichtsbarkeit, 9.

Court und Großbritannien mit dem House of Lords gemeint, da die Gerichtsbarkeit dort bereits über genau die „gebührende" Stellung im Rahmen der Gewaltenteilung verfügte, wie sie in Deutschland erst noch durch das Grundgesetz geschaffen werden sollte.[487] Auch die während der Beratungen des Rechtspflegeauschusses mehrfach erfolgten Hinweise auf die Gerichtsbarkeiten in „anderen europäischen bzw. außereuropäischen" Staaten ist vor allem als Hinweis auf die Verfassungsordnungen Großbritanniens und der USA zu verstehen.[488] So führte Strauß beispielsweise in der 2. Sitzung des Rechtspflegeausschusses aus:

> „Ich glaube, die Tatsache, dass das Reichsgericht im Bewusstsein des Volkes nicht die Rolle gespielt hat, die in manchen anderen europäischen und außereuropäischen Ländern das oberste Gericht spielt, hängt gerade damit zusammen, dass dieses Gericht eine anonyme Richtermasse dargestellt hat, wenn ich mich etwas unfreundlich ausdrücken darf ..."[489]

Dass mit den „anderen europäischen und außereuropäischen Ländern" tatsächlich in erster Linie wieder Großbritannien und die Vereinigten Staaten gemeint waren, lässt sich daraus schließen, dass die Gerichtshöfe in beiden Ländern zum Zeitpunkt der deutschen Verfassunggebung über ein besonders hohes und seit langem gefestigtes Ansehen bei der eigenen Bevölkerung verfügten. Unter den „außereuropäischen Staaten", die als Vorbild für die Schaffung einer ebenbürtigen Gerichtsbarkeit dienen sollten, waren daher vor allem die Vereinigten Staaten mit dem U.S. Supreme Court gemeint.

b. Öffentliches Ansehen des Gerichts

Im weiteren Verlauf der Ausschussberatungen zeigte sich die Vorbildwirkung des U.S. Supreme Court auch im Hinblick auf das öffentliche Ansehen und die Ausgestaltung der künftigen deutschen Gerichtsbarkeit, zu der Strauß wie folgt ausführte:

---

[487] Vgl. *Strauß*, Die oberste Bundesgerichtsbarkeit, 50 und 54.

[488] *Strauß* (CDU), in: Prot. Parl. Rat, Bd. 13/II, Dok.-Nr. 51, 1162, 1166 (2. Sitzung d. RpflA, 20.10.1948) (*„Diese Entwicklung ist um so bemerkenswerter, als sie sich, man kann wohl sagen grundsätzlich von der Entwicklung und dem Zustand unterschied, den die oberste Gerichtbarkeit in nahezu allen europäischen und außereuropäischen Staaten, ... , gezeigt hatte, ...*")

[489] *Strauß* (CDU), in: Prot. Parl. Rat, Bd. 13/II, Dok.-Nr. 51, 1162, 1164 (2. Sitzung d. RpflA, 20.10.1948).

„..., ein kleiner oberster Bundesgerichtshof, der an Autorität und Bedeutung wirklich als Spitze der dritten Gewalt nicht nur von den Rechtsunterworfenen im einzelnen Fall, sondern so vom Volke gesehen wird wie der Supreme Court der Vereinigten Staaten, allerdings auf Grund einer 150-jährigen Rechtsprechung, (...) empfunden [wird], ...“[490]

Neben der damit auch ausdrücklich erfolgten Nennung des schon zuvor mehrfach unausgesprochen in die Ausführungen einbezogenen U.S. Supreme Court, zeigt sich in dieser Aussage deutlich, dass der Oberste Gerichtshof der Vereinigten Staaten bei den Beratungen des Rechtspflegeausschusses nicht nur in normativer, sondern auch in ideeller Hinsicht als Vorbild fungierte. Unabhängig davon, welche Gerichtsorganisation letztlich realisiert würde, sollte an der Spitze der Dritten Gewalt ein Organ stehen, das über das gleiche öffentliche Ansehen verfügt „wie der Supreme Court der Vereinigten Staaten“.[491] Angesichts der in der deutschen Verfassungsgeschichte zwischen 1789 und 1948/49 eingetretenen zahlreichen Brüche und Verwerfungen waren die Mitglieder des Rechtspflegeausschusses von der kontinuierlichen Rechtsprechungspraxis des U.S. Supreme Court über einen Zeitraum von mehr als 150 Jahren offensichtlich tief beeindruckt. Dementsprechend ist auch der Hinweis von Strauß auf die Heranziehung „ausländischer Vorbilder“, die auf eine „vielhundertjährige Erfahrung“[492] zurückblicken, als impliziter Hinweis auf den U.S. Supreme Court zu verstehen. Später, als die Ausgestaltung der Gerichtsbarkeit in den Verfassungsvorschriften des Grundgesetzes weitgehend den von ihm zu Beginn der Beratungen und in seiner Denkschrift skizzierten Vorstellungen entsprachen, stellte Strauß in der letzten Sitzung des Rechtspflegeausschusses vom 11. Januar 1949 abschließend fest:

„Dann haben wir das repräsentative Gericht, das in Deutschland einmal den Rang bekommen kann, den die höchsten Gerichte in

---

[490] *Strauß* (CDU), in: Prot. Parl. Rat, Bd. 13/II, Dok.-Nr. 51, 1162, 1173 f. (2. Sitzung d. RpflA, 20.10.1948).

[491] Vgl. 2. Teil, A, III; *Strauß* (CDU), in: Prot. Parl. Rat, Bd. 13/II, Dok. Nr. 51, 1162, 1168 f. (2. Sitzung d. RpflA, 20.10.1948).

[492] Vgl. *Strauß* (CDU), in: Prot. Parl. Rat, Bd. 13/II, Dok.-Nr. 51, 1162, 1168 f. (2. Sitzung d. RpflA, 20.10.1948).

England, in Amerika und in vielen anderen Ländern der Welt haben."[493]

Zwar wurden in den Beratungen des Parlamentarischen Rates verschiedene ausländische Vorbilder für die Ausgestaltung einer ebenbürtigen Gewaltenteilung und die Spitze der deutschen Judikative herangezogen und nutzbar gemacht, die Vielzahl ausdrücklicher und impliziter Bezugnahmen auf den U.S. Supreme Court zeigt jedoch, dass bei den Beratungen des Gewaltenteilungsgrundsatzes keines das Gewicht und die Bedeutung des Obersten Gerichtshofs der USA erreichte.

Die Vorbildfunktion des U.S. Supreme Court wurde weiterhin auch dadurch verstärkt, dass die übrigen Gerichte des anglo-amerikanischen Rechtskreises aus unterschiedlichen Gründen nur geringen Einfluss auf die Ausgestaltung des Gewaltenteilungsgrundsatzes nehmen konnten. So werden in der Denkschrift von Strauß neben den USA und Großbritannien zwar noch weitere dem anglo-amerikanischen Rechtskreis zuzuordnende Staaten wie Australien, Neuseeland, Kanada, Südafrika und Irland im Überblick behandelt,[494] doch stehen diese – auch angesichts der Besatzungssituation des Jahres 1948/49 – im Hinblick auf ihre weltweite Bedeutung weit hinter den Vereinigten Staaten und Großbritannien zurück. Außerdem fehlt es auch im Text der Denkschrift und den Ausschussprotokollen weitgehend an ausdrücklichen Bezugnahmen auf sie.

Gegen eine intensive Rezeption des britischen House of Lords sprechen schließlich zwei wesentliche Umstände: Zum einen erfüllte das House of Lords zusätzlich zu seinen judikativen Aufgaben, vor allem eine legislative Funktion, in der es neben dem House of Commons als zweite Kammer des britischen Parlaments fungierte. Folglich ist es nicht als typisches Gericht anzusehen. Im Gegensatz hierzu nahm der U.S. Supreme Court seit seiner Errichtung im Jahre 1789 ausschließlich judikative Aufgaben wahr, was eine normative und ideelle Anknüpfung deutlich erleichterte.

Außerdem bestand die Verfassung Großbritanniens im Jahre 1948/49 wie auch jetzt noch – sofern man nach kontinentaleuropäischem Verständnis überhaupt von einer Verfassung sprechen kann – aus verschiedenen, unterschiedlichen Epochen entstammenden „Verfassungsgeset-

---

[493] *Strauß* (CDU), in: Prot. Parl. Rat, Bd. 13/II, Dok.-Nr. 62, 1512, 1525 (10. Sitzung d. RpflA, 11.1.1949).

[494] Vgl. *Strauß*, Die oberste Bundesgerichtsbarkeit, 45 ff. (Anlage D „Übersicht über die oberste Gerichtsbarkeit ausländischer Staaten").

zen“ sowie zahlreichen ungeschriebenen Rechtsquellen.[495] Dies hat zur Folge, dass sie sich vor allem im Hinblick auf Form und Systematik kaum als dogmatisches Vorbild für die deutsche Verfassunggebung des Jahres 1948/49 eignete. Anders als die englische „Verfassung“ enthielt Art. III der U.S. Bundesverfassung eine kompakte Zusammenfassung der einschlägigen Bestimmungen über die Gerichtsbarkeit, was die Erörterung der normativen Grundlagen deutlich erleichterte. Vor diesem Hintergrund sind die meisten pauschalen Hinweise auf die „angelsächsischen Staaten“ letztlich vor allem als Hinweise auf das amerikanische Verfassungsmodell zu verstehen.

Insgesamt lässt sich aus diesen verfassungsdogmatischen und praktischen Gegebenheiten der Jahre 1948/49 sowie den Ausschussprotokollen und begleitenden Materialien des Parlamentarischen Rates die Schlussfolgerung ziehen, dass das in der Systematik des Grundgesetz niedergelegte System ebenbürtiger Staatsgewalten vor allem vom Vorbild der U.S. Bundesverfassung und dem Supreme Court geprägt wurde.

2. Negative Einflüsse

a. Gerichtsorganisation

Ein zentraler Grund dafür, weswegen der Einfluss des U.S. Supreme Court auf das Bundesverfassungsgericht im Detail häufig als gering eingeschätzt wird, liegt darin, dass der amerikanische Gerichtshof neben dem Schweizerischen Bundesgericht, wie schon die rechtsvergleichende Untersuchung ergeben hat, als Paradebeispiel einer nach dem Einheitsmodell konstitutierten Verfassungsgerichtsbarkeit angesehen wird, während das Bundesverfassungsgericht als typischer Vertreter des verfassungsgerichtlichen Trennungsmodells gilt.[496] Dieser offenkundige und sich auf die gesamte Gerichtsorganisation auswirkende strukturelle Unterschied steht jedoch erst am Ende umfangreicher Beratungen im

---

[495] Vgl. *Barnett*, Constitutional and Administrative Law, 5. Aufl., London u.a. 2004, 8 ff.; *Jackson/Leonard*, Constitutional and Administrative Law, 8. Aufl., London 2001, 5 ff.

[496] Vgl. *Mosler*, Das Heidelberger Kolloquium, in: Verfassungsgerichtsbarkeit in der Gegenwart, X ff.; *Schlaich/Korioth*, Das Bundesverfassungsgericht, Rdnr. 2; *Voßkuhle*, in: v. Mangoldt/Klein/Starck, GG, Bd. 3, Art 93, Rdnr. 15; *Stern*, Staatsrecht, Bd. II, § 44 I 1 (S. 936 f.).

Herrenchiemseer Verfassungskonvent und im Parlamentarischen Rat, in deren Verlauf mehrfach der U.S. Supreme Court ausdrücklich oder implizit Gegenstand der Befassung war.

Sowohl dem Bericht des Unterausschusses III als auch dem Abschlussbericht des Herrenchiemseer Verfassungskonvents lässt sich entnehmen, dass die Vereinigten Staaten und die Schweiz mit ihren einheitlichen höchsten Gerichten auf Bundesebene ausdrücklich als Vorbilder für Systeme mit einem einheitlichen obersten Bundesgericht angesehen wurden. Übereinstimmend hieß es in den beiden Berichten hierzu:

> „*Einheitliches oberstes Bundesgericht oder mehrere oberste Bundesgerichte?* Hier entstanden im Ausschuß Meinungsverschiedenheiten darüber, ob ein einheitliches oberstes Bundesgericht für sämtliche Sachgebiete des Bundesrechts zu schaffen sei [Fn.: Vor allem Küster, Zürcher und Carlo Schmid] oder ob verschiedene oberste Bundesgerichte errichtet werden sollen [Fn.: So Leusser und Brill]
>
> Für die erste Meinung wird vor allem angeführt:
>
> Konzentration der dritten Gewalt, um sie dem Volksbewußtsein einzuprägen und eine scharfe Trennung der Gewalten herbeizuführen;
>
> Zusammenfassung der Materie;
>
> einheitliche Rechtsprechung;
>
> Vorbilder in der Schweiz und den Vereinigten Staaten.
>
> Gegen diese Auffassung wurde vorgebracht:
>
> Andere Voraussetzungen in Deutschland und Gegenvorbilder in Frankreich und Großbritannien; ...“[497]

Aus den Akten und Protokollen des Herrenchiemseer-Verfassungskonvents lässt sich außerdem entnehmen, dass der Delegierte Küster (Württemberg-Baden) sich in der 1. Sitzung des Unterausschusses III unter Hinweis auf das Beispiel der USA (Supreme Court) und der Schweiz (Bundesgericht) im Sinne des Einheitsmodells für ein „einheitliches oberstes Gericht“ aussprach, das neben den Zuständigkeiten für Zivil-, Straf- und sonstige Streitsachen auch über die Verfassungsmä-

[497] Vgl. Bericht des Unterausschusses III, in: Prot. Parl. Rat, Bd. 2, Dok.-Nr. 10, 279, 309 f. sowie Bericht über den Verfassungskonvent von Herrenchiemsee, in: Prot. Parl. Rat, Bd. 2, Dok.-Nr. 14, 504, 573 (Hervorhebungen v. Verf.).

ßigkeit hoheitlicher Akte befinden sollte.[498] Diese Auffassung bekräftigte er in der 4. Sitzung,[499] worauf Brill zur Entwertung dieser rechtlichen Parallele erwiderte „Der oberste Gerichtshof der Vereinigten Staaten bestehe bekanntlich aus den *nine old gentlemen*“, während das Reichsgericht zuletzt über etwa 70 Reichsgerichtsräte verfügt habe. Bereits anhand dieser Zahlen sei deutlich ablesbar, dass beide Gerichte offenkundig vollkommen unterschiedliche Funktionen erfüllt hätten, so dass der Oberste Gerichtshof der USA kaum als Vorbild herangezogen werden könne.[500]

Im Rechtspflegeausschuss des Parlamentarischen Rates und in seiner Denkschrift nannte Strauß als Hauptgrund zugunsten der von ihm favorisierten Gerichtsorganisation die Wahrung der Rechtseinheit in territorialer und materiell-rechtlicher Hinsicht durch die sog. doppelte Überordnung des Obersten Bundesgerichts gegenüber Landesgerichten und den Oberen Bundesgerichten für Spezialfragen (z.B. Bundesverwaltungsgericht, Bundesfinanzgericht und Bundessozialgericht).[501] Dabei hob Strauß ausdrücklich die in dieser organisatorischen und institutionellen Grundstruktur zutage tretende „amerikanische Parallele“ hervor. Wörtlich führte er aus:

> „Das [die doppelte Überordnung] entspricht auch der amerikanischen Regelung der Stellung des Obersten Bundesgerichts. Auch dieses ist übergeordnet einerseits den höchsten Gerichten der Einzelstaaten, andererseits den Bundesgerichten, insbesondere auch den großen einheitlichen Spezial-Bundesgerichten oberer Instanz, nämlich den Court of Claims und dem Court of Customs and Patent Appeals, aber auch Verwaltungsbehörden des Bundes wie z.B. der

---

[498] Vgl. Prot. Parl. Rat, Bd. 2, Dok.-Nr. 10 (Bericht des Unterausschusses III), 279, 301 (Fn. 77); *Schneider* (Hrsg.), Das Grundgesetz – Dokumentation seiner Entstehung, Bd. 23/I, Vor Art. 92, Dok.-Nr. 6 (1. Sitzung des UA III, v. 13.8.1948), 13, 14; *Wilms,* Ausländische Einwirkungen, 115.

[499] Vgl. *Schneider* (Hrsg.), Das Grundgesetz – Dokumentation seiner Entstehung, Bd. 23/I, Vor Art. 92, Dok.-Nr. 7 (4. Sitzung des UA III, v. 16.8.1948), 14, 15 („... *sei es zweckmäßig, von vorneherein nur ein oberstes Bundesgericht zu errichten. Die Praxis Amerikas und der Schweiz hätten gezeigt, dass dies möglich ist.*“).

[500] Vgl. *Schneider* (Hrsg.), Das Grundgesetz – Dokumentation seiner Entstehung, Bd. 23/I, Vor Art. 92, Dok.-Nr. 7 (4. Sitzung des UA III, v. 16.8.1948), 14, 16 (Hervorhebung v. Verf.).

[501] Vgl. *Strauß*, Die oberste Bundesgerichtsbarkeit, 12.

Federal Trade Commission [FTC] und dem National Labor Relations Board [NLRB].“ [502]

Später betonte er, dass die meisten relevanten Staaten über eine einheitliche Spitze der Gerichtsbarkeit verfügen:

> „Diese einheitliche Lösung ist auch mit wenigen Ausnahmen in den übrigen demokratischen Ländern verwirklicht worden. Ein einheitliches, alle Sachgebiete umfassendes Oberstes Gericht besteht in sämtlichen englisch-amerikanischen Länder: für Großbritannien das House of Lords, für das Britische Weltreich im ganzen das Judicial Committee des Privy Council, für die Vereinigten Staaten der Supreme Court, für die Britischen Dominions das jeweilige oberste Gericht.“[503]

Damit wird erkennbar, dass das Oberste Bundesgericht ebenso an der Spitze der künftigen deutschen Bundesgerichtsbarkeit stehen sollte wie der U.S. Supreme Court an der Spitze der amerikanischen Bundesgerichtsbarkeit.[504] Im Ergebnis sah jedoch weder der Strauß-Entwurf[505] noch das Grundgesetz in der Fassung von 1949[506] die Verwirklichung des Einheitsmodells mit einem einzigen obersten Gericht vor.

Auch der Umstand, dass Strauß die Schaffung eines separaten Verfassungsgerichts als Systembruch ansah, zeigt, wie bedeutend die Vorbildwirkung des amerikanischen Modells tatsächlich gewesen ist. Denn von einem Systembruch kann im Grunde nur dann ausgegangen werden, wenn man einem bereits existierenden System nachfolgt. Dass dieses Modell der organisatorischen und institutionellen Grundstruktur der amerikanischen Bundesgerichtsbarkeit nachgestaltet war, geht ausdrücklich aus den weiteren Ausführungen des stellvertretenden Ausschussvorsitzenden Strauß hervor:

> „Dem Prinzip der rechtseinheitlichen Behandlung würde entsprechen, diese Streitigkeiten [i.e. Verfassungsstreitigkeiten] dem Obersten Bundesgericht zu belassen. ... Diese Lösung ist bekanntlich auch

---

[502] Vgl. *Strauß*, Die oberste Bundesgerichtsbarkeit, 13.

[503] Vgl. *Strauß*, Die oberste Bundesgerichtsbarkeit, 14.

[504] Vgl. *Strauß*, Die oberste Bundesgerichtsbarkeit, 13; *ders.*, in: Prot. Parl. Rat, Bd. 13/II, Dok. Nr. 51, 1162, 1173 f. (2. Sitzung d. RpflA, 20.10.1948).

[505] Vgl. 2. Teil, B, III, 2.

[506] Vgl. 2. Teil, B, VII.

> in den Vereinigten Staaten und vielen anderen Ländern gewählt worden."[507]

Als Grund für die Notwendigkeit eines eigenständigen Verfassungsgerichts verwies Strauß u.a. auf die Autorität der amerikanischen Bundesrichter, die sich seiner Meinung nach von der deutscher Richter im Jahre 1948/49 deutlich unterschied:

> „Insbesondere ist im Gegensatz zu den Vereinigten Staaten die Autorität eines lediglich mit Berufsrichtern besetzten Gerichts in Deutschland dazu noch nicht groß genug." [508]

Auch die erklärenden und rechtfertigenden Ausführungen im Hinblick auf die geplante Schaffung eines separaten Verfassungsgerichts zeigen somit indiziell, dass das maßgebliche ausländische Vorbild bei den Beratungen im Parlamentarischen Rat die nach dem Einheitsmodell organisierte amerikanische Bundesgerichtsbarkeit mit dem U.S. Supreme Court an ihrer Spitze war. Diese Schlussfolgerung findet ihre Bestätigung auch in den Vorgängen um die zwischenzeitlich von den maßgeblichen Mitgliedern des Rechtspflegeausschusses (u.a. Zinn und Strauß) favorisierte Errichtung eines deutsches „Supergerichts" mit den Kompetenzen eines Obersten Bundesgerichts und eines Verfassungsgerichts. Die Schaffung des „Supergerichts" hätte einer weitgehenden, wenn auch nicht vollständigen Übertragung des amerikanischen Vorbildes auf die deutsche Gerichtsbarkeit entsprochen.[509] Die enge dogmatische Verbindung zwischen dem einheitlichen Deutschen Bundesgericht[510] und dem U.S. Supreme Court zeigt sich u.a. anhand der Erläuterungen zu Art. N[511] des Vorschlags vom 3. November 1948, wo unter ausdrücklichem Hinweis auf den Obersten Gerichtshof der Vereinigten

---

507 Vgl. *Strauß*, Die oberste Bundesgerichtsbarkeit, 28.

508 Vgl. *Strauß*, Die oberste Bundesgerichtsbarkeit, 28.

509 Vgl. 2. Teil, B, V.

510 So der voraussichtliche Name des „Supergerichts."

511 Die Vorschrift sollte wie folgt lauten: *„Artikel N: (1) Das Deutsche Bundesgericht (Großer Bundessenat) kann wegen Verletzung eines Grundrechts angerufen werden, wenn die Bedeutung der Sache über den Einzelfall hinausgeht, insgesondere mit einer Wiederholung zu rechnen ist, und daher eine allgemeine Regelung erforderlich erscheint. (2) ...*" Vgl. Prot. Parl. Rat, Bd. 13/II, Dok.-Nr. 54, 1263, 1266 (Formulierungsvorschläge der Abgeordneten Strauß und Zinn zu den Kapiteln VIII und XII, 3.11.1948).

Staaten ein Verfahren der Ermessensannahme vorgesehen war.[512] Das nach der Intervention der Gerichtspräsidenten Wolff und Ruscheweyh im Rechtspflegeausschuss letztlich gegen das sog. „Supergericht“ ergangene Votum, lässt die gewählte Organistion der Bundesgerichtsbarkeit als bewusste Abkehr vom Leitbild des amerikanischen Modells erscheinen und weist dem U.S. Supreme Courts in organisatorischer Hinsicht die Rolle eines negativen Gegenvorbilds zu.

Im Ergebnis zeigt sich, dass gerade die bei den Beratungen des Rechtspflegeausschusses geäußerten Bedenken und Vorbehalte gegen eine nach dem Einheitsmodell konstitutierte Verfassungsgerichtsbarkeit zu den schließlich im Grundgesetz niedergelegten Verfassungsvorschriften geführt haben. Die Entscheidung für das Trennungsmodell mit den damit zusammenhängenden Folgen für die deutsche Verfassungsgerichtsbarkeit und die Gerichtsorganisation des Bundes wurde somit auf der Grundlage einer eingehenden inhaltlichen Auseinandersetzung mit der amerikanischen Bundesgerichtsbarkeit und dem U.S. Supreme Court getroffen.

b. Entscheidung grundsätzlicher Rechtsfragen

Negative Einflüsse zeigen sich darüber hinaus auch bei der Erörterung denkbarer Leitprinzipien für die Einlegung von Rechtsmitteln. Nach dem Strauß-Entwurf sollte das Oberste Bundesgericht neben Divergenzfällen vor allem für Rechtsfälle mit grundsätzlicher Bedeutung zuständig sein (Grundsatzprinzip).[513] Auf diese Weise sollte gewährleistet werden, dass das Oberste Bundesgericht seine Aufgaben mit einer geringen Anzahl von Richtern erfüllen kann. In seiner Denkschrift führte Strauß hierzu aus:

> „Dass auf diese Weise eine ausreichende Verminderung der höchstinstanzlichen Sachen und eine entsprechend geringe Mitgliederzahl des Obersten Gerichts herbeigeführt werden können, zeigt das Beispiel des englisch-amerikanischen Rechts, unter dessen Herrschaft ein Drittel der Bewohner der Erde lebt. Sowohl der amerikanische Supreme Court (9 Mitglieder) als auch das großbritannische House of Lords (6 Mitglieder und einige höchste Richter, die im House of

---

[512] *Zinn* (SPD), in: Prot. Parl. Rat, Bd. 13/II, Dok.-Nr. 54, 1263, 1271 (Formulierungsvorschläge der Abgeordneten Strauß und Zinn zu den Kapiteln VIII und XII, 3.11.1948).

[513] Vgl. 2. Teil, B, III.

> Lords sitzen) als auch das höchste Gericht des Britischen Empire, das Judicial Committee des Privy Council (6 Mitglieder und einige Kolonialmitglieder), kommen, ungeachtet ihrer Zuständigkeit für Rechtsfragen aller Gebiete, mit einer angesichts der großen Bevölkerungszahl (...) geradzu verblüffend geringen Zahl höchster Richter aus."[514]

Ungeachtet der von Strauß vorgelegten Statistiken zum Verhältnis von Bevölkerungszahlen und obersten Richtern, kam es nicht zu einer Zuweisung der Grundsatzfälle an das Oberste Bundesgericht, da sich bereits im Rechtspflegeausschuss Widerstand hiergegen formiert hatte. Angesichts der ausdrücklichen Erwähnung des amerikanischen Supreme Court in der Denkschrift wird man die Parallelen zwischen der im Strauß-Entwurf vorgesehenen Rechtsrüge nach dem Grundsatzprinzip und der Ermessensannahme von Rechtssachen im Verfahren des Writ of Certiorari vor dem amerikanischen Supreme Court nicht als zufällig betrachten können.[515] Allerdings führte der wechselhafte Verlauf der Beratungen nach der 4. Sitzung des Rechtspflegeausschusses dazu, dass sich das Grundsatzprinzip bei der Einlegung von Rechtsmitteln letztlich nicht in den Vorschriften des Grundgesetzes niederschlug. Wie die Auseinandersetzung mit dem U.S. Supreme Court und anderen Gerichten des anglo-amerikanischen Rechtskreises im Rechtspflegeausschuss des Parlamentarischen Rates und die ausdrückliche Darstellung in der Denkschrift von Strauß gezeigt haben, wirkte er damit auch beim Scheitern des Grundsatzprinzips als Gegenvorbild.

---

[514] Vgl. *Strauß*, Die oberste Bundesgerichtsbarkeit, 22.

[515] Vgl. 13. Teil, A, I.

Dritter Teil

Berufliche und persönliche Qualifikation von Verfassungsrichtern

Zur Bedeutung beruflicher und persönlicher Qualifikationen von Richtern für die moderne Verfassungsgerichtsbarkeit hat der deutsche Staatsrechtler Heinrich Triepel bereits im Jahre 1928 festgestellt, dass an der „Art und Auswahl der Verfassungsrichter bereits eine Vorentscheidung über den Wert der Verfassungsgerichtsbarkeit als Institution getroffen werden kann."[516] Im Hinblick auf die mögliche Vorbildwirkung des amerikanischen Supreme Court auf das Bundesverfassungsgericht erscheint die Untersuchung der beruflichen und persönlichen Qualifikationen vor allem deshalb vielversprechend, da es sich um charakteristische und nach außen gut feststellbare Merkmale handelt, bei denen sich rasch herausstellen sollte, inwieweit es Abweichungen von oder Übereinstimmungen mit dem U.S. Supreme Court gegeben hat.

Sowohl der amerikanische als auch der deutsche Verfassungstext ist im Hinblick auf fachliche und persönliche Qualifikationsmerkmale der höchsten Richter sehr zurückhaltend. Während in der deutschen Rechtsordnung durch die Bestimmungen des Bundesverfassungsgerichtsgesetzes (BVerfGG) auf einfachgesetzlicher Basis wenigstens ein allgemeiner rechtlicher Rahmen normiert wurden, schweigt die amerikanische Rechts- und Verfassungsordnung hierzu fast vollständig.

---

[516] Vgl. *Triepel*, Wesen und Entwicklung der Staatsgerichtsbarkeit, in: VVDStRL, Bd. 5 (1929/30), 2 ff.; *Klein*, in: Maunz/Schmidt-Bleibtreu, BVerfGG, § 5, Rdnr. 2; siehe auch *Hans Müller*, Die Auswahl der Verfassungsrichter, ÖZÖfR, Bd. 8 (1957/58), 149 ff.; *Laufer*, Verfassungsgerichtsbarkeit und politischer Prozeß, 206.

A. Berufliche und persönliche Qualifikation der Richter im Vergleich

I. Richter des U.S. Supreme Court

Die U.S. Bundesverfassung schreibt für Bundesrichter und somit auch für die Richter des U.S. Supreme Court keine spezielle fachliche Qualifikation vor. Auch im einfachgesetzlichen Bundesrecht gibt es hierzu keine konkretisierenden Regelungen. Ob eine solche Konkretisierung überhaupt verfassungsrechtlich zulässig wäre, wird im amerikanischen Schrifttum überwiegend bezweifelt. Denn wenn schon die höherrangige Verfassung keine fachlichen Mindestanforderungen für Supreme Court-Richter aufgestellt hat, dann soll auch das unterrangige Parlamentsgesetz diese Regelung nicht ohne verfassungsrechtliche Ermächtigung einschränken.[517] An einem erforderlichen Regelungsvorbehalt – wie es beispielsweise das deutsche Verfassungsrecht in Art. 94 Abs. 2 GG vorsieht – fehlt es der U.S. Bundesverfassung jedoch.

Als Mindestanforderung wäre dennoch daran zu denken, dass ein Kandidat einen rechtswissenschaftlichen Studienabschluss erworben haben muss. Ein solches "Law Degree" als akademischer Abschluss einer Juristischen Fakultät war und ist formal jedoch nicht erforderlich, um in den Vereinigten Staaten zum Bundesrichter ernannt zu werden. Dies zeigte u.a. das Beispiel des damaligen Senators von South Carolina und späteren U.S. Außenminister James F. Byrnes, der von 1941 bis 1942 als Richter am U.S. Supreme Court amtierte ohne jemals ein formelles "Law Degree" erworben zu haben.[518] In gleicher Weise ist im amerikanischen Verfassungsrecht auch die Zulassung zur Anwaltschaft ("admittance to the bar") – obwohl weithin üblich – nicht als notwendige Voraussetzung für die Wahl zum Richter am Supreme Court vorgesehen.[519]

---

[517] Vgl. *Marbury v. Madison*, 5 U.S. (3 Cranch), 137, 176 (1803).

[518] Vgl. *Baum*, The Supreme Court, 60 (Schaubild 2-3).

[519] Einen ähnlichen juristischen Werdegang wie Byrnes hatte auch der ein Jahr später zum Supreme Court-Richter ernannte Robert H. Jackson, der zwar im Jahre 1912 an Rechtsvorlesungen der Albany Law School (Union University) teilgenommen, jedoch keinen formellen Abschluss erworben hatte, vgl. *Epstein/Segal/Spaeth/Walker*, The Supreme Court Compendium, 252, 257, Table 4-4. Weitere Fälle von Richtern ohne formelle Law Degrees waren beispielsweise Benjamin Cardozo (1932-1938), Standley Reed (1938-1957) und Joseph McKenna (1898-1925), a.a.O., Table 4-4.

Ungeachtet der fehlenden formalen Anforderungen ist gegenwärtig davon auszugehen, dass eine herausragende juristische Ausbildung an einer der namhaften juristischen Fakultäten der Vereinigten Staaten als erste Vorbedingung für eine Nominierung anzusehen ist.[520] Schon die zu Beginn des Auswahlverfahrens eingeholte Bewertung des Kandidaten durch die American Bar Association (ABA) sieht eine eingehende fachliche Bewertung vor, bei der eine Einstufung in die Kategorien "Well Qualified", "Not Opposed" und "Not Qualified" erfolgt.[521] Hierbei wirkt alles andere als eine Bewertung in der Kategorie "Well Qualified" als schwere Belastung der Nominierung. Berücksichtigt werden im Auswahl- und Bestellungsverfahren in erster Linie herausragende Leistungen und Verdienste eines Kandidaten in Form von bedeutenden Prozessvertretungen vor Bundesgerichten, juristischen Fachveröffentlichungen, verantwortungsvollen Tätigkeiten in Justiz oder Regierung und ähnliches.[522] Gleichwohl ist es gesetzlich und von Verfassung wegen nicht ausgeschlossen, dass sogar ein juristischer Laie zum Richter des U.S. Supreme Court gewählt wird. Allerdings müssten in diesem Fall das Fehlen juristischer Kenntnisse durch besonders herausragende andere Merkmale oder Fähigkeiten ausgeglichen werden. Unabhängig vom Fehlen verfassungsrechtlicher oder einfachgesetzlicher Anforderungen fachlicher Art ist in den letzten 60 Jahren kein Supreme

---

[520] Im Dezember 2006 stammten beispielsweise fünf Justices von der *Harvard Law School* (Roberts C.J., Kennedy, Scalia, Souter, Breyer, JJ.), zwei von der *Yale Law School* (Thomas, Alito, JJ.) und einer von der *Northwestern Law School* (Stevens J.). Eine Richterin hatte zwar auch in Harvard studiert machte ihren Abschluss aber an der *Columbia University* in New York City (Ginsburg J.). Die zu diesem Zeitpunkt dem Supreme Court nicht mehr angehörenden Justice O'Connor und der frühere Chief Justice Rehnquist hatten an der *Stanford Law School* studiert, vgl. *Epstein/Segal/Spaeth/Walker*, The Supreme Court Compendium, 252 ff., Table 4-4.

[521] Vgl. *Carter*, The Confirmation Mess, Harv.L.Rev., Bd. 101 (1988), 1185, 1186; *Billing*, Problem der Richterwahl, 309 ff. konstatiert einen wachsenden Einfluss der ABA seit der Truman-Administration (1945-1953); vgl. zur Einstufung im Jahre 1962 und den Möglichkeiten, Einfluss darauf zu nehmen, *Hutchinson*, "The Ideal New Frontier Judge", Sup.Ct. Rev. 1997, 373, 388.

[522] Vgl. zu den vorherigen beruflichen Tätigkeiten von Supreme Court-Richtern, *Epstein/Segal/Spaeth/Walker*, The Supreme Court Compendium, 284 ff. „Political Experience", Table 4-8; und "Judicial Experience", Table 4-9; hierzu auch *Lee Epstein/Jack Knight/Andrew D. Martin*, The norm of prior judicial experience and its consequences for career diversity on the U.S. Supreme Court, California L.Rev., Bd. 91 (2003), 903 ff.

Court-Richter ernannt worden, der nicht über ein Law Degree verfügt hat.[523]

Da die amerikanische Rechts- und Verfassungsordnung bereits keine Anforderungen an die fachliche Voraussetzung für eine Ernennung zum Bundesrichter vorsieht, bestehen erst recht keine normativen Maßstäbe für persönliche Voraussetzungen. Dessen ungeachtet ist jedoch davon auszugehen, dass auch dieser Bereich von Bedeutung sein kann und daher ein vorzeigbares bürgerliches Leben unter Einhaltung bestimmter Konventionen erwartet wird. Wie bei anderen Bestellungsverfahren auf Bundesebene ist beispielsweise mit Fragen zu gegenwärtigen oder früheren Drogenerfahrungen, zu denkbaren wirtschaftlichen Interessenskonflikten oder dem politischen und sonstigen Vorleben eines Kandidaten zu rechnen.

II. Voraussetzungen für die Wahl zum Bundesverfassungsrichter

Im Gegensatz zu den Vereingten Staaten sieht die deutsche Rechts- und Verfassungsordnung sowohl im Grundgesetz als auch im Gesetz über das Bundesverfassungsgericht (BVerfGG) sowie in verschiedenen anderen Bundesgesetzen zahlreiche fachliche und persönliche Voraussetzungen für die Ernennung zum Bundesverfassungsrichter vor. Dabei sind auch die auf einfachgesetzlicher Basis normierten fachlichen und persönlichen Anforderungen durch den seit 1949 unverändert bestehenden Regelungsvorbehalt des Art. 94 Abs. 2 Satz 1 GG verfassungsrechtlich gedeckt, wonach Verfassung und Verfahren des Bundesverfassungsgerichts durch ein Bundesgesetz geregelt werden können.[524] Entsprechend stehen die fachlichen und persönlichen Anforderungen des BVerfGG und anderer Bundesgesetze stets in Zusammenhang mit der Bestimmung des Art. 94 Abs. 2 Satz 1 GG.

1. Beteiligung von Bundesrichtern

Für einen Teil der Bundesverfassungsrichter ergibt sich eine fachliche Anforderung für die Wahl bereits unmittelbar aus Art. 94 Abs. 1 GG.

---

[523] Vgl. *Epstein/Segal/Spaeth/Walker*, The Supreme Court Compendium, 252 ff., Table 4-4.

[524] Vgl. BGBl. 1949 I, S. 1, 12; *Wieland*, in: Dreier, GG, Bd. 3, Art. 94, Rdnr. 18 ff.

Darin ist vorgesehen, dass das Bundesverfassungsgericht „aus Bundesrichtern und anderen Mitgliedern" besteht. Daher müssen zumindest diejenigen Verfassungsrichter, die bereits vor ihrer Berufung an das Bundesverfassungsgericht als Bundesrichter an einem der obersten Gerichtshöfe des Bundes tätig waren, über die in den §§ 5-7 des Deutschen Richtergesetzes (DRiG) vorgesehenen juristischen Qualifikationen verfügen.

2. *Befähigung zum Richteramt*

Nachdem die fachlichen Anforderungen an die „Bundesrichter" somit klar gestellt sind, verbleibt die Frage, über welche fachlichen Qualifikationen die ebenfalls in Art. 94 Abs. 1 GG genannten „anderen Mitglieder" des Bundesverfassungsgerichts verfügen müssen. Da weder Art. 94 GG noch andere Vorschriften des Grundgesetzes nähere Aufschlüsse hierüber geben, ist davon auszugehen, dass es keine verfassungsrechtlichen Anforderungen an die Qualifikation der übrigen Verfassungsrichter gibt. Allerdings hat die Konkretisierung in § 3 Abs. 2 BVerfGG dazu geführt, dass die „Befähigung zum Richteramt" oder wahlweise bis zur Änderung von 1961 die „Befähigung für den höheren Verwaltungsdienst"[525] als unverzichtbare fachliche Voraussetzung angesehen wird, um das Amt eines Bundesverfassungsrichters zu bekleiden.[526] Durch die Regelung des Art. 94 Abs. 2 Satz 1 GG i.V.m. § 3 Abs. 2 BVerfGG wurde die an sich offene Vorschrift des Art. 94 Abs. 1 GG im Hinblick auf die „anderen Mitglieder" des Bundesverfassungsgericht einschränkend konkretisiert. Da das Grundgesetz ursprünglich die Beteiligung von juristischen Laien vor dem Hintergrund der „politischen Aufgaben" des Bundesverfassungsgerichts zuließ, ist im grundsätzlichen Ausschluss des Laienelements nach § 3 Abs. 2 BVerfGG eine normative

---

[525] Gesetz über das Bundesverfassungsgericht vom 12.03.1951, BGBl. I S. 243; vgl hierzu Art. 128 d GG-E i.d.F. vom 6.12.1948 sah eine entsprechende Regelung für die Richter des Obersten Bundesgerichts vor, vgl. Prot. Parl. Rat, Bd. 13/II, Dok.-Nr. 57, 1347, 1395 (7. Sitzung d. RpflA, 6.12.1948). Vgl. *Lechner/Zuck*, BVerfGG, § 3, Rdnr. 6 f.; *Wieland*, in: Dreier, GG, Bd. 3, Art. 94, Rdnr. 8; vgl. FS. 50 Jahre BVerfG, Bd. 2, Anhang (Die Mitglieder des BVerfG 1951 bis 2001), 913, 915 ff.; *Pestalozza*, VerfassungsprozessR, § 2, Rdnr. 20. Die „Befähigung zum höheren Verwaltungsdienst" wurde mit Gesetz vom 8.9.1961, BGBl. 1961 I, S. 1665 (in Kraft getreten am 1.7.1962) gestrichen.

[526] Vgl. *Kröger*, Richterwahl, in: Festgabe BVerfG, Bd. 1, 76, 84; *Schlaich/Korioth*, Bundesverfassungsgericht, Rdnr. 39.

Anerkennung der verfassungsgerichtlichen Tätigkeiten zu sehen. Denn durch die zwingende Besetzung mit Bundesrichtern und weiteren Juristen wird das Verfassungsgericht nicht länger als „politisches“ Gremium betrachtet, sondern als vollwertiges Judikativorgan anerkannt.[527]

3. Alterserfordernis und weitere persönliche Voraussetzungen

In § 3 Abs. 1 BVerfGG wird als weitere Voraussetzung bestimmt, dass ein Verfassungsrichter das 40. Lebensjahr vollendet und sich schriftlich bereit erklärt haben muss, Mitglied des Bundesverfassungsgerichts werden zu wollen. Durch das Alterserfordernis von 40 Jahren soll eine gewisse persönliche und vor allem berufliche Erfahrung sichergestellt werden.[528] Nach der einfachgesetzlichen Vorschrift des § 3 Abs. 1 BVerfGG liegt das Mindestalter für Bundesverfassungsrichter ebenso hoch wie die verfassungsrechtliche Altersgrenze für den Bundespräsidenten (vgl. Art. 54 Abs. 1 Satz 2 GG). Auch im Hinblick auf die weitere subjektive Voraussetzung orientieren sich die Regelungen des § 3 Abs. 1 BVerfGG an den Bestimmungen über den Bundespräsidenten. Ebenso wie dieser müssen auch Bundesverfassungsrichter nach Art. 38 Abs. 2, Abs. 3 GG i.V.m. dem Bundeswahlgesetz (BWahlG) „zum Bundestag wählbar sein“. Das heute in § 15 BWahlG normierte passive Wahlrecht geht bei der Altergrenze nicht über die Anforderung des § 3 Abs. 1 BVerfGG hinaus (Vollendung des 18. Lebensjahres), stellt aber im Hinblick auf die Staatsangehörigkeit (mindestens seit einem Jahr Deutscher) und den Besitz des aktiven Wahlrechts nach § 15 Abs. 2 i.V.m. § 13 BWahlG[529] zusätzliche persönliche Anforderungen auf.[530]

---

[527] So auch *Voßkuhle*, in: v. Mangoldt/Klein/Starck, GG, Bd. 3, Art. 94, Rdnr. 6. Auf Landesebene ist es hingegen durchaus möglich, dass auch Nichtjuristen zu Verfassungsrichtern ernannt werden (in 14 von 16 Bundesländern – nicht in Bayern u. dem Saarland), vgl. hierzu *Wassermann*, Nichtjuristen als Verfassungsrichter – zum Fall Dahn, NJW 1999, 471.

[528] Vgl. *Kröger*, Richterwahl, in: Festgabe BVerfG, Bd. 1, 76, 84 f.

[529] Dies fehlt beispielsweise Personen, die infolge Richterspruch das Wahlrecht nicht besitzen, was auch die Fälle des Art. 18 GG i.V.m. §§ 13 Nr. 1, 39 Abs. 2 BVerfGG miteinschließt. Außerdem sind nach § 13 BWahlG Betreute i.S. von § 1905 BGB und psychisch Kranke i.S. von § 63 BWahlG i.V.m. § 20 StGB von der Wahl ausgeschlossen.

[530] Vgl. *Lechner/Zuck*, BVerfGG, § 3, Rdnr. 4.

4. Verfassungsrechtliche Kenntnisse und politische Erfahrung

Neben der Befähigung zum Richteramt war ursprünglich in Art. 94 Abs. 2 Satz 1 GG i.V.m. § 3 Abs. 2 BVerfGG a.F. als weitere fachliche Qualifikation vorgesehen, dass sich Richter des Bundesverfassungsgerichts „durch besondere Kenntnisse im öffentlichen Recht auszeichnen" und im „öffentlichen Leben erfahren sein" sollen.[531] Beide Anforderungen wurden 1970 mit der 4. Novelle zum BVerfGG gestrichen. Im Schrifttum wird die Auffassung vertreten, dass die Streichung aus § 3 Abs. 2 BVerfGG a.F. erfolgt sei, weil sich diese Anforderungen ohnehin als „selbstverständliche Richtlinie" von selbst verstanden haben. Keinesfalls sollte dadurch aber zum Ausdruck gebracht werden, dass entsprechende Kenntnisse und Erfahrungen nunmehr entbehrlich seien.[532] Tatsächlich haben sich die in § 3 Abs. 2 BVerfGG a.F. normierten spezifischen Anforderungen aber als nur wenig praktikabel erwiesen.[533] Die Regelung des § 3 Abs. 2 BVerfGG a.F. war letztlich vor allem deswegen entbehrlich, weil bereits die in § 3 Abs. 1 BVerfGG vorgesehene Altersgrenze von 40 Jahren ein Mindestmaß an Lebens- und Berufserfahrung gewährleistet.[534] Bei rückblickender Betrachtung wird man wohl davon ausgehen können, dass die Streichung von § 3 Abs. 2 BVerfGG a.F. nicht geschadet hat, da die meisten – wenn nicht sogar alle – Richter des Bundesverfassungsgerichts über „besondere Kenntnisse im öffentlichen Recht" sowie über hinreichende Erfahrung im „öffentlichen Leben" verfügt haben.

---

[531] Sowohl der Regierungsentwurf als auch der Entwurf der SPD-Fraktion sahen bereits ähnliche Bestimmungen vor, vgl. Regierungsentwurf v. 28.3.1950, BT-Drs. I/788, S. 2, § 2 Abs. 3 Entw-BVerfGG („besondere Kenntnisse im öffentlichen Recht"); zum Gesetzesentwurf der SPD-Franktion, vgl. BT-Drs. I/328, S. 1. („*§ 3 Abs. 2 SPD-Entw.: Mitglied soll nur sein, wer im öffentlichen Leben erfahren ist, das Vertrauen der Allgemeinheit genießt und die Gewähr dafür bietet, dass er gerecht, mit sozialem Verständnis und im Geiste des Grundgesetzes die ihm anvertraute rechtsprechende Gewalt ausüben wird.*")

[532] Vgl. *Benda*, in: Benda/Klein, Verfassungsprozessrecht, Rdnr. 124. Die Streichung bedauernd *Kröger*, Richterwahl, in: Festgabe BVerfG, Bd. 1, 76, 85.

[533] Vgl. *Pestalozza*, VerfassungsprozessR, § 2, Rdnr. 20; *Geck*, Wahl und Amtsrecht, 17 f.

[534] Vgl. *Heinrichsmeier*, in: Umbach/Clemens/Dollinger, BVerfGG, § 3, Rdnr. 2. *Voßkuhle*, in: v. Mangoldt/Klein/Starck, GG, Bd. 3, Art. 94, Rdnr. 6 hält die Regelung „*vor dem Hintergrund der Konstitutionalisierung der gesamten Rechtsordnung*" für nicht mehr zeitgemäß.

5. *Berufliche Inkompatibilitäten*

Als weitere Voraussetzungen für die Wahl zum Bundesverfassungsrichter nennt das Grundgesetz in Art. 94 Abs. 1 Satz 3 GG, der wortgleich mit § 3 Abs. 3 BVerfGG übereinstimmt, berufliche Inkompatibilitäten zur Wahrung politischer Neutralität und richterlicher Unabhängigkeit.[535] Nach Art. 94 Abs. 1 Satz 3 GG darf ein Bundesverfassungsrichter weder dem Bundestag, dem Bundesrat, der Bundesregierung oder entsprechenden Organen eines Landes angehören. Nach § 3 Abs. 3 Satz 2 BVerfGG scheidet ein Verfassungsrichter mit seiner Ernennung automatisch aus dem betreffenden Legislativ- oder Exekutivorgan aus, so dass ein vorheriger Amtsverzicht nicht erforderlich ist.[536] Außer der Tätigkeit als Lehrer des Rechts an einer deutschen Hochschule, sind berufliche Tätigkeiten während der Amtszeit als Bundesverfassungsrichter grundsätzlich nicht gestattet (§ 4 BVerfGG, früher: § 3 Abs. 4 BVerfGG a.F.).[537]

6. *Nachprüfung von Voraussetzungen*

Insgesamt obliegt es dem jeweils tätigen Wahlgremium, die fachlichen und persönlichen Voraussetzungen eines Kandidaten im Rahmen der gesetzlichen Anforderungen zu überprüfen und umfassend zu bewerten.[538] Auch im Hinblick auf die politischen Vereinbarungen über die Besetzung von Verfassungsrichterstellen, werden die Befürworter eines Kandidaten darauf achten, dass der Betreffende die grundlegenden Voraussetzungen erfüllt. Eine eingehende charakterliche Prüfung der Kandidaten ist formal nicht vorgesehen, wird aber im Umfang der erreichbaren und relevanten Informationen in die Gesamtbeurteilung miteinzubeziehen sein. Da aber kein öffentliches Bestellungsverfahren stattfindet, erfolgen etwaige Nachforschungen üblicherweise mit eingeschränkter Intensität. Die in Grundgesetz und BVerfGG aufgestellten

---

[535] Vgl. *Voßkuhle*, in: v. Mangoldt/Klein/Starck, GG, Bd. 3, Art. 94, Rdnr. 16.

[536] Vgl. *Maunz*, in: Maunz/Schmidt-Bleibtreu, BVerfGG, § 3, Rdnr. 3; *Benda*, in: Benda/Klein, Verfassungsprozessrecht, Rdnr. 125 f.

[537] Vgl. *Heinrichsmeier*, in: Umbach/Clemens/Dollinger, BVerfGG, § 3, Rdnr. 13 ff.; *Maunz*, in: Maunz/ Schmidt-Bleibtreu, BVerfGG, § 3, Rdnr. 4; *Benda*, in: Benda/Klein, Verfassungsprozessrecht, Rdnr. 128; im Ergebnis zustimmend *Wieland*, in: Dreier, GG, Bd. 3, Art. 94, Rdnr. 17.

[538] Vgl. *Benda*, in: Benda/Klein, Verfassungsprozessrecht, Rdnr. 124.

persönlichen und fachlichen Voraussetzungen stellen somit lediglich Mindestanforderungen dar, die den zuständigen Wahlgremien einen weiten Entscheidungsspielraum eröffnen.[539]

III. Berufliche und persönliche Anforderungen in den Vereinigten Staaten und Deutschland

Beim Vergleich der beruflichen und persönlichen Anforderungen höchster Richter in den Vereinigten Staaten und in Deutschland zeigt sich ein widersprüchliches Bild. Während vor allem in normativer Hinsicht gravierende Unterschiede bestehen, zeigen sich in der verfassungsrechtlichen Praxis beider Staaten zum Teil erstaunliche Übereinstimmungen.

1. Abweichungen

a. Verfassungsrechtlicher Regelungsvorbehalt

Der für die weitere normative Situation folgenreichste Unterschied zwischen der amerikanischen und der deutschen Rechtsordnung findet sich auf verfassungsrechtlicher Ebene. Während das Grundgesetz in Art. 94 Abs. 2 GG von Anfang an einen expliziten Regelungsvorbehalt zugunsten des Gesetzgebers zur konkreten Ausgestaltung der Gerichtsorganisation und verfassungsprozessualer Details vorsah („Ein Bundesgesetz regelt seine Verfassung und das Verfahren...“), besteht nach den Vorschriften der amerikanischen Bundesverfassung eine solche Möglichkeit nicht. Vor diesem Hintergrund war im amerikanischen Verfassungsrecht von Anfang an jeder einfachgesetzlichen Konkretisierung der Weg verstellt, so dass Regelungen über berufliche und persönliche Anforderungen – wenn überhaupt – unmittelbar aus allgemeinen verfassungsrechtlichen Grundsätzen gewonnen werden mussten. Dass dies nicht eben zur Vereinfachung verfassungsprozessualer Vorgänge und zur Gewährleistung verfassungsrechtlicher Transparenz geführt hat, liegt auf der Hand.

---

539 Vgl. *Kröger*, Richterwahl, in: Festgabe BVerfG, Bd. 1, 76, 86. Als ausschlaggebende Kriterien nennt er in der Reihe ihrer Gewichtung: Parteienproporz, fachliche Qualifikation und föderative Gesichtspunkte.

Im Gegensatz hierzu wurden in der deutschen Verfassungsordnung durch die Vorschrift des Art. 94 Abs. 2 GG die maßgebliche Normierung auf dem Gebiet der Verfassungsgerichtsbarkeit fast vollständig auf den Bundesgesetzgeber übertragen. Als Konsequenz gibt es zwar mittlerweile fünf Novellen zum BVerfGG, aber nur wenige Änderungen der grundgesetzlichen Bestimmungen über das Bundesverfassungsgericht.[540] Dementsprechend ist im BVerfGG eine deutlich größere Zahl fachlicher und persönlicher Anforderungen vorgesehen als in der amerikanischen Rechtsordnung.

Dass die amerikanische und die deutsche Verfassungsordnung im Hinblick auf konkretisierende Bestimmungen über die Verfassungsgerichtsbarkeit unterschiedliche Wege beschritten haben, ist indessen kein Produkt des Zufalls. Die in der amerikanischen Bundesverfassung zum Ausdruck kommende Entscheidung gegen einen ausdrücklichen Regelungsvorbehalt lässt sich auf eine bewusste verfassungspolitische Entscheidung zurückführen, die in Zusammenhang mit den in Art. V U.S. Bundesverfassung vorgesehenen äußerst hohen Anforderungen an eine Verfassungsänderung[541] dazu führen sollte, dass die ursprünglichen Regelungen über die U.S. Bundesgerichtsbarkeit nur bei Bestehen breiter Mehrheiten im Kongress und weitgehender Zustimmung der Einzelstaaten geändert werden können. Dass das Fehlen eines Regelungsvorbehalts in der U.S. Bundesverfassung wohl auch nicht auf ein redaktionelles Versehen zurückzuführen ist, lässt sich Art. III Sec. 1 cl. 1 U.S. Bundesverfassung entnehmen, nach dem die Kompetenz zur Errichtung unterer Bundesgerichte ausdrücklich dem Kongress vorbehalten wurde ("... and such inferior Courts as the Congress may from time to time ordain and establish.").[542] Wie Art. III Sec. 1 cl. 1 somit zeigt, ist der amerikanischen Bundesverfassung das verfassungsrechtliche Instrument eines Regelungsvorbehalts keineswegs unbekannt. Letztlich diente sein Fehlen in den Vorschriften des Art. III U.S. Bundesverfassung vor allem der Zementierung einer auf einem schwierigen Kom-

---

540 Eine Ausnahme bildet insoweit die in der Grundgesetz-Änderung des Jahres 1968 vorgenommene Streichung des „Obersten Bundesgerichts", die jedoch die Vorschriften über das Bundesverfassungsgericht nicht wesentlich änderten, vgl. 2. Teil, B, VII.

541 Nach Art. V U.S. Bundesverfassung sind zunächst jeweils Zweidrittelmehrheiten im Senat und im Repräsentantenhaus erforderlich. Im Anschluss müssen dann noch drei Viertel aller Einzelstaaten der Verfassungsänderung zustimmen (zurzeit: 34 Staaten); *Tribe*, American Constitutional Law, 94 ff.

542 Vgl. *Franz*, Staatsverfassungen, 30.

promiss der beteiligten Einzelstaaten und Gruppierungen beruhenden Einigung über die Gründung einer gemeinsamen Bundesgerichtsbarkeit.

Im Vergleich zu der durch Art. 94 Abs. 2 GG geschaffenen gesetzgeberischen Flexibilität im Hinblick auf die berufliche und persönliche Qualifikation der Verfassungsrichter weist die amerikanische Regelung zahlreiche Nachteile auf: Insbesondere die weitgehend fehlende Entwicklungsmöglichkeit der rechtlichen Grundlagen durch die Festschreibung eines aus dem späten 18. Jahrhundert stammenden verfassungsrechtlichen *status quo* stellt sich als bleibendes Manko der amerikanischen Verfassungsordnung dar. Eine Verfassungsrevision – wie sie andere Staaten periodisch durchgeführt haben[543] – oder weitreichende Verfassungsergänzungen im Rahmen einer „nachgeholten Verfassunggebung" wie sie das Grundgesetz mehrfach erlebt hat,[544] werden durch die mittlerweile nur noch schwer zu erreichenden Mehrheitsanforderungen des Art. V U.S. Bundesverfassung fast vollständig ausgeschlossen. Beim Kompromiss über die Bundesgerichtsbarkeit des Jahres 1787 mag der fehlende Regelungsvorbehalt in der U.S. Bundesverfassung vielleicht erwünscht und vorteilhaft gewesen sein, mittlerweile wirkt er vor allem entwicklungshemmend, da Anpassungen an zwischenzeitlich eingetretene, tatsächliche oder verfassungsrechtliche Entwicklungen nur mit großer konstruktivischer und verfassungsdogmatischer Mühe möglich sind, was nicht dazu führt, dass die betreffenden Auslegungen nachvollziehbarer oder überzeugender würden.

---

[543] Z.B. die Verfassungsrevision in der Schweiz des Jahres 2001, vgl. *Felix Hafner*, Die neue Bundesverfassung im Kontext der Verfassungen, Entwürfe und Reformversuche seit 1798, ZSchR 2001, 11; *M. Fleig*, Die neue Bundesverfassung der Schweiz, VBlBW 2000, 268; *Heinrich Koller/Giovanni Biaggini*, Die neue Schweizerische Bundesverfassung, EuGRZ 2000, 337; *Barbara Hug/Niels Peter Ammitzboell*, Die Revision der Schweizerischen Bundesverfassung, ZfJ 1999, 377; *Rainer Schweizer*, Der neue Kulturartikel der Bundesverfassung, ZSchR 2001, 187; *Martin Lendi*, Offene Fragen im Bereich des Verkehrs – die neue Bundesverfassung als Vorgabe, ZSchR 2001, 473; *Ulrich Zimmerli*, Verfassungsgerichtsbarkeit, ZSchR 2002, 445; zum Ausgangspunkt *Daniel Thürer*, Die Bundesverfassung von 1848 – Kristallisationspunkt einer Staatsidee, ZSchR 1998, 163.

[544] Vgl. etwa die Einfügung der sog. Wehrverfassung 1956, der Notstandsverfassung 1968, die umfassende Änderung der Finanzverfassung 1968/1969 und die Ergebniss der Gemeinsamen Verfassungskommission von 1994, hierzu auch *Maurer*, Staatsrecht I, § 5, Rdnr. 14, 17 u. 27 ff.; *v. Münch*, Staatsrecht I, Rdnr. 79 ff.; *Markus Kenntner*, Grundgesetzwandel, DÖV 1997, 450 ff.

b. Einfachgesetzliche Regelungen

Aufgrund der unterschiedlichen verfassungsrechtlichen Grundlage verfügt der Gesetzgeber in den Vereinigten Staaten und in Deutschland über unterschiedliche Gestaltungsmöglichkeiten. So wurden in den §§ 5 bis 7 des Deutschen Richtergesetzes sowie vor allem in § 3 BVerfGG detaillierte Bestimmungen über die beruflichen und persönlichen Qualifikationen künftiger Richter des Bundesverfassungsgerichts geregelt, während die amerikanische Rechtsordnung solche Konkretisierungen nicht vorsieht. Sie wären nach herrschender Auffassung wohl auch nicht zulässig, da der Gesetzgeber sich, sofern er eine verfassungsrechtliche Gewährleistung einschränkt, unzulässigerweise über die Verfassung stellen würde.

Sowohl diejenigen Verfassungsrichter, die früher als Bundesrichter tätig waren, als auch die „anderen Mitglieder" müssen über die Befähigung zum Richteramt verfügen. Außerdem sind Vorschriften über das Erreichen einer bestimmten Altergrenze (§ 3 Abs. 1 BVerfGG), weitere persönliche Voraussetzungen (§ 3 Abs. 1 i.V.m. § 15 BWahlG, Staatsangehörigkeit, aktives und passives Wahlrecht), verfassungsrechtliche Kenntnisse und politische Erfahrung (§ 3 Abs. 2 BVerfGG a.F.) sowie Regelungen über berufliche Imkompatibilitäten vorgesehen (§ 3 Abs. 3 BVerfGG).

Die amerikanische Rechts- und Verfassungsordnung kennt in Ermangelung eines Regelungsvorbehalts hingegen keine einfachgesetzlichen Bestimmungen zu diesen Fragen. Vom Standpunkt der Rechtsklarheit und Rechtssicherheit wäre es sicherlich sinnvoll, wenn die persönlichen und beruflichen Anforderungen an Richter des Obersten Gerichtshofs ausdrücklich normiert werden. Auf diese Weise erhielte man einen verlässlichen Rechtsrahmen, der auch das ansonsten mit zahlreichen Risiken behaftete Bestellungsverfahren vorhersehbarer und beherrschbarer machen könnte.

2. Übereinstimmungen

Ungeachtet der unterschiedlichen normativen Ausgangssituation hat die verfassungsrechtliche Praxis beider Staaten überraschenderweise zu sehr ähnlichen, bisweilen sogar übereinstimmenden Ergebnissen im Hinblick auf die berufliche und persönliche Qualifikation der Verfassungsrichter geführt.

a. Akademischer Abschluss

Als erstes Beispiel für faktische Übereinstimmungen in der Verfassungspraxis bei unterschiedlichem normativen Rahmen ist zu nennen, dass auch in den USA – obwohl es an einer Vorschrift wie Art. 94 Abs. 2 Satz 1 GG i.V.m. § 3 Abs. 2 BVerfGG fehlt – mittlerweile ein rechtswissenschaftlicher Studienabschluss faktisch zur Voraussetzung für die Ernennung zum Richter am U.S. Supreme Court geworden ist. Unerheblich ist dabei, ob das Ziel der juristischen Ausbildung wie in Deutschland traditionell in der „Befähigung zum Richteramt" oder wie den Vereinigten Staaten in der Zulassung zur Rechtsanwaltschaft liegt ("admittance to the bar"). Der Grund, weswegen weder die U.S. Bundesverfassung noch das einfache amerikanische Gesetzesrecht Regelungen über Formalqualifikationen vorsieht, liegt darin, dass die maßgeblichen Verfassungsvorschriften aus dem späten 18. Jahrhundert stammen und zu dieser Zeit in vielen Regionen der Vereinigten Staaten Universitäten oder Einrichtungen höherer Bildung nur in geringem Umfang bestanden. Allzu hohe Anforderungen an fachliche Formalqualifikationen entsprachen damit weder den praktischen juristischen Erfordernissen noch den akademischen Ausbildungsmöglichkeiten dieser Zeit.

b. Alterserfordernis

Ähnliches gilt für die Festlegung eines Mindestalters von Verfassungsrichtern. Ohne eine dem Art. 94 Abs. 2 Satz 1 GG i.V.m. § 3 Abs. 1 BVerfGG vergleichbare Bestimmung wurde auch in den USA in den vergangenen 150 Jahren kein Richter zum Supreme Court ernannt, der jünger als 40 Jahre alt gewesen ist.[545] Der Umstand, dass die U.S. Bundesverfassung kein Alterserfordernis aufstellt, ist darauf zurückzuführen, dass ein Mindestalter von 40 Jahren auch wegen der damaligen Lebenserwartung kaum sinnvoll gewesen wäre. Selbst für das Amt des U.S. Präsidenten gilt nach Art. II, Sec. 1 Cl. 5 U.S. Bundesverfassung ein Mindestalter von nur 35 Jahren.[546] Gleichwohl waren auch ohne ausdrückliche Regelungen seit 1789 insgesamt nur sechs der mittlerwei-

545 Vgl. *Epstein/Segal/Spaeth/Walker*, The Supreme Court Compendium, 305, 307, Table 4-11 (1852 war es Edward A. Bradford im Alter von 38 Jahren).

546 Zum Senator ist beispielsweise wählbar, wer das 30. Lebensjahr (Art. I, Sec. 3, cl. 3 U.S. Bundesverfassung) und zum Abgeordneten im Repräsentantenhaus, wer das 25. Lebensjahr vollendet hat (vgl. Art. I, Sec. 2, cl. 2 U.S. Bundesverfassung).

le über 100 Richter des Supreme Court bei Amtsantritt jünger als 40 Jahre.[547]

c. Ungeschriebene und geschriebene Inkompatibilitäten

Die U.S. Bundesverfassung sieht keine Vorschrift wie Art. 94 Abs. 1 Satz 3 GG vor, nach der es Mitgliedern des Bundesverfassungsgerichts untersagt ist, zugleich auch Gesetzgebungs- oder Exekutivorganen des Bundes bzw. vergleichbaren Organen der Länder anzugehören. Allerdings bedarf es nach dem amerikanischen Verständnis über den verfassungsrechtlichen Grundsatz der Gewaltenteilung einer solchen ausdrücklichen Bestimmung auch nicht, da sich gewaltenteilungsbedingte Unvereinbarkeiten im amerikanischen Verfassungssystem gleichsam von selbst verstehen. In ähnlicher Weise fehlt es in der amerikanischen Bundesverfassung auch an einer ausdrücklichen Bestimmung darüber, dass der U.S. Präsident oder die Mitglieder seiner Regierung nicht zugleich auch Mitglieder des Kongresses sein dürfen, obwohl diese Inkompatibilitäten ebenfalls unbestritten sind. Zwar fehlt es damit im amerikanischen Verfassungsrecht an ausdrücklichen Ausschlussvorschriften, inhaltlich gilt für Richter der amerikanischen Bundesgerichte und somit auch für Richter am U.S. Supreme Court im Hinblick auf bestehende Inkompatibilitäten dasselbe wie in der deutschen Verfassungsordnung, so dass sie keine weiteren Ämter in den beiden anderen staatlichen Teilgewalten innehaben dürfen.

d. Politische Erfahrung

Ähnlich wie bei den akademischen Abschlüssen, dem Alterserfordernis und den Inkompatibilitäten verhält es sich auch bei der früher im BVerfGG geregelten Anforderung im Hinblick auf die „besonderen Kenntnisse im öffentlichen Recht" und Erfahrungen im „öffentlichen Leben". Zwar fehlt es im amerikanischen Verfassungsrecht auch in dieser Hinsicht an einer konkreten Regelung, die verfassungsrechtliche Praxis der Vereinigten Staaten zeigt jedoch ähnliche oder sogar identische Resultate.

So bekleideten viele spätere U.S. Supreme Court-Richter vor ihrer Ernennung bereits bedeutende politische Posten und hohe Positionen in

---

[547] Vgl. *Epstein/Segal/Spaeth/Walker*, The Supreme Court Compendium, 305, 307, Table 4-11.

der Gerichtsbarkeit, wodurch genau die Form öffentlicher Aktivität und Kenntnis des praktischen Verfassungslebens entstand, die ursprünglich durch § 3 Abs. 2 BVerfGG a.F. auch für Richter des Bundesverfassungsgerichts bestimmte fachliche Voraussetzung gewährleisten sollte. Vergleicht man darüber hinaus die Biographien der Richter am U.S. Supreme Court mit denen der Bundesverfassungsrichter, so zeigen sich erstaunliche Übereinstimmungen. Auf amerikanischer Seite amtierten am Supreme Court beispielsweise neben einem ehemaligen U.S. Präsidenten[548] mehrere frühere Gouverneure[549], Senatoren[550], Kabinettsmitglieder[551], Rechtsprofessoren[552] und ein großer Teil bereits an anderen Bundesgerichten tätiger Richter[553].

---

548 Der 27. Präsident der Vereinigten Staaten Howard Taft (1909-1913) war zwischen 1921 und 1930 Chief Justice des U.S. Supreme Court.

549 Z.B. Earl Warren (Kalifornien, ernannt 1953), Charles E. Hughes (New York, ernannt 1910), John Jay (New York, ernannt 1800).

550 Z.B. Sandra Day O'Connor, (Arizona State Senator, 1969-1975), Harold H. Burton (U.S. Senator Ohio, 1941-45), James F. Byrnes (U.S. Senator South Carolina, 1931-41), Hugo L. Black (U.S. Senator Alabama, 1927-37), Edward D. White (U.S. Senator, Louisiana, 1891-94).

551 Z.B. William H. Rehnquist (Assistant Attorney General=Abt. Leiter Justizministerium, 1969-71), Thurgood Marshall (Solicitor General= stellv. Justizminister, 1965-67), Arthur J. Goldberg (Arbeitsminister, 1961-62), Fred M. Vinson (Finanzminister, 1945-46); Tom C. Clark (Attorney General=Justizminister, 1945-49); Stanley Reed (Solicitor General, 1935-38), Robert H. Jackson (Attorney General, 1941-42), Frank Murphy (Attorney General, 1939-1940); Harlan Fiske Stone (Attorney General, 1924-1925), James C. McReynolds (Attorney General, 1913-1914), Joseph McKenna (Attorney General, 1897-1898), Roger B. Taney (Attorney General, 1831-33).

552 Z.B. Stephen G. Breyer (Harvard Law School, 1970-80), Ruth Bader Ginsburg (Columbia Law School, 1972-80), Antonin Scalia (University of Chicago Law School, 1977-82), Abe Fortas (Yale Law School, 1946-47), Felix Frankfurter (Harvard Law School, 1914-41), William O. Douglas (Yale Law School, 1929-36, später auch Vorsitzender der Security and Exchange Commission= Wertpapieraufsicht).

553 Z.B. John G. Roberts, Stephen G. Breyer, Ruth Bader Ginsburg, Clarence Thomas, David Souter, Anthony Kennedy, John Paul Stevens, Harry Blackmun, Warren Burger, Potter Stewart, etc. Zur politischen Erfahrung der Richter insgesamt *Epstein/Segal/Spaeth/Walker*, The Supreme Court Compendium, 284 ff. "Political Experience", Table 4-8; und "Judicial Experience", Table 4-9; zu diesem Umstand zuletzt kritisch *Lee Epstein/Jack Knight/Andrew D. Mar-*

Dem entsprechen auf deutscher Seite ein ehemaliger Ministerpräsident[554], zahlreiche Bundes- und Landesminister[555], Parlamentarier[556], politische Beamte von Bundes- und Landesministerien[557], Rechtsprofessoren[558] und frühere Bundesrichter[559]. Im Ergebnis besteht somit ei-

---

tin, The norm of prior judicial experience and its consequences for career diversity on the U.S. Supreme Court, California L.Rev., Bd. 91 (2003), 903 ff.

[554] Dritter Präsident des Bundesverfassungsgericht (1958-71) war Gebhard Müller, der von 1948 bis 1952 Ministerpräsident von Württemberg-Hohenzollern und von 1953 bis 1958 Ministerpräsident von Baden-Württemberg gewesen war; Angaben hier und in den folgenden Fn. aus FS. 50 Jahre BVerfG, Bd. 2, Anhang (Die Mitglieder des BVerfG 1951 bis 2001), 913, 915 ff. u. www.munzinger.de.

[555] Z.B. Rudolf Katz (Justizminister Schleswig-Holstein, 1947-50), Erwin Stein (Kultus-, z.T. auch Justizminister Hessen, 1946-50), Ernst Benda (Bundesinnenminister, 1968-69), Roman Herzog (Kultus-, später Innenminister Baden-Württemberg, 1978-83), Ernst-Gottfried Mahrenholz (Kultusminister Niedersachsen, 1974-76), Christine Hohmann-Dennhart (Justiz-, später Wissenschafts- u. Kultusministerin Hessen, 1991-99), Hans-Joachim Jentsch (Justizminister Thüringen, 1990-94), Jutta Limbach (Justizsenatorin Berlin, 1990-94), Wolfgang Hoffmann-Riem (Justizsenator Hamburg, 1995-97).

[556] Z.B. Hermann Höpker-Aschoff (MdB 1949-51, ehem. Preuß. Finanzminister); Walter Seuffert (MdB 1949-67), Martin Hirsch (MdB 1961-71), Hans-Hugo Klein (MdB 1972-83, parl. Staatssekretär im BMJ 1982-83), Hans-Joachim Jentsch (MdB 1976-82).

[557] Z.B. Theodor Ritterspach (MR, BMI), Claus Leusser (Leiter der Verfassungsabt., Bay. Staatskanzlei), Rupp-v. Brünneck (MDir, Hess. Staatskanzlei), Joachim Rottmann (MD, BMI), Engelbert Niebler (MDir, Bay StMJ), Konrad Kruis (MDir Bay. Staatskanzlei), Helga Selbert (MR, BMJ, 1982-89); Herbert Landau (Staatssekretär, Hess. JM).

[558] Z.B. Gerhard Leibholz (Universität Göttingen), Ernst Friesenhahn (Universität Bonn), Martin Drath (Freie Universität Berlin), Konrad Zweigert (Universität Tübingen), Hans Brox (Universität Münster), Konrad Hesse (Universität Freiburg), Helmut Steinberger (Universität Mannheim), Hans-Hugo Klein (Universität Göttingen), Dieter Grimm (Universität Bielefeld), Ernst-Wolfgang Böckenförde (Universität Freiburg), Paul Kirchhof (Universität Heidelberg), Udo Steiner (Universität Regensburg), Hans-Jürgen Papier (Universität München), Winfried Hassemer (Universität Frankfurt/M.), Lerke Osterloh (Universität Frankfurt/M.), Udo di Fabio (Universität München/Universität Bonn), Gertrud Lübbe-Wolff (Universität Bielefeld), Brun-Otto Bryde (Universität Gießen).

[559] Z.B. Willi Geiger (BGH u. MR BMJ, 1949-51), Karl Heck (BGH), Wolfgang Zeidler (BVerwG), Otto Seidl (BGH), Karin Graßhof (BGH), Everhardt

ne große strukturelle Übereinstimmung zwischen dem Personenkreis, aus dem die Richter des U.S. Supreme Court stammen und dem, aus dem die Richter des Bundesverfassungsgerichts hervorgehen.

B. Erarbeitung und Entwicklung im Parlamentarischen Rat und später

Auch im Hinblick auf die berufliche und personelle Qualifikation deutscher Verfassungsrichter lassen sich möglicherweise Einflüsse der Bestimmungen über die Richter der amerikanischen Bundesgerichtsbarkeit feststellen. Wenn sich die äußeren rechtlichen Rahmenbedingungen der deutschen bzw. der amerikanischen Verfassungsordnung über berufliche und personelle Anforderungen auf den ersten Blick auch deutlich voneinander unterscheiden, so hat bereits die rechtsvergleichende Untersuchung hinsichtlich der verfassungsrechtlichen Praxis einige erstaunliche Übereinstimmungen zum Vorschein gebracht.

Im Folgenden soll daher vor allem anhand der Protokolle des Rechtspflegeausschusses der Frage nachgegangen werden, welche Bedeutung die amerikanische Bundesgerichtsbarkeit mit dem U.S. Supreme Court an ihrer Spitze für die Anforderungen an berufliche und personelle Qualifikationen deutscher Verfassungsrichter gehabt hat.[560] Sofern einfachgesetzliche Bestimmungen in späteren Jahren erlassen wurden, sollen auch die hierzu ergangenen parlamentarischen Erörterungen herangezogen werden. Dabei soll vor allem festgestellt werden, inwieweit die amerikanische Bundesgerichtsbarkeit als Vorbild bzw. als Gegenvorbild gedient hat.

Franßen (BVerwG), Klaus Winter (BGH), Berthold Sommer (BGH), Dieter Hömig (BVerwG), Evelyn Haas (BVerwG), Renate Jaeger (BSozG), Jürgen Kühling (BVerwG), Rudolf Mellinghoff (BFH), Michael Gerhardt (BVerwG), Reinhard Gaier (BGH), Eichberger (BVerwG), Schluckebier (BGH).

[560] Z.B. Ausschuss für Verfassungsgerichtshof und Rechtspflege (Rechtspflegeausschuss), Kombinierter Ausschuss für die Organisation des Bundes und für Verfassungsgerichtshof und Rechtspflege (Kombinierter Ausschuss) und Ausschuss für Zuständigkeitsfragen (Zuständigkeitsausschuss).

I. Beteiligung von Bundesrichtern

Eine der späteren grundgesetzlichen Bestimmung über die Beteiligung von Bundesrichtern ähnelnde Vorschrift war bereits in Art. 100 Abs. 4 Satz 1 des Herrenchiemseer-Verfassungsentwurfs (HC-E) vorgesehen. Allerdings sollte danach noch „die Hälfte der Richter des Bundesverfassungsgerichts ... Richter der obersten Bundesgerichte und der höchsten Gerichtshöfe der Länder sein.“[561]

Bereits zu Beginn der Bonner Beratungen wurde die Festlegung aufgegeben, dass die Hälfte der Verfassungsrichter zuvor Bundesrichter gewesen sein müssen. So ist etwa in Art. 128 e Abs. 1 GG-Entw in der Fassung des Allgemeinen Redaktionsausschusses vom 5. Dezember 1948 lediglich davon die Rede, dass das Bundesverfassungsgericht „in der Besetzung von hauptamtlichen Bundesrichtern und Beisitzern“ entscheidet.[562] Wieviele der Bundesverfassungsrichter zuvor bereits Bundesrichter gewesen sein müssen, blieb somit der Festlegung durch den Gesetzgeber überlassen. Ergänzend stellte der Abgeordnete Strauß in der 7. Sitzung des Rechtspflegeausschusses vom 6. Dezember 1948 klar, dass unter „Bundesrichtern“ i.S. von Art. 128 e Abs. 1 GG-Entw „Mitglieder der oberen Bundesgerichte und des Obersten Bundesgerichts“ zu verstehen seien.[563] Entsprechend wurde die Vorschrift des Art. 128 e GG-Entw nach der Stellungnahme des Allgemeinen Redaktionsausschusses erneut überarbeitet. Danach hieß es nunmehr: „Das Bundesverfassungsgericht besteht aus Richtern des Obersten Bundesgerichts und der Oberen Bundesgerichte sowie aus Beisitzern.“[564]

Nachdem die Vorschrift in dieser Form die 1. Lesung im Hauptausschuss passiert hatte, schlug der Allgemeine Redaktionsausschuss am 16. Dezember 1948 vor, dass die Vorschrift lauten sollte: „Das Bundesverfassungsgericht besteht aus Bundesrichtern und anderen Mitglie-

---

[561] Vgl. *Wilms*, Dokumente zur neuesten Verfassungsgeschichte, Bd. III/2, Dok.-Nr. 2 (Herrenchiemseer Entwurf), 55, 76.

[562] Vgl. *Wilms*, Dokumente zur neuesten Verfassungsgeschichte, Bd. III/2, Dok.-Nr. 4 (Stellungnahme des ARA v. 5.12.1948), 124, 164.

[563] Vgl. *Strauß* (CDU), in: Prot. Parl. Rat, Bd. 13/II, Dok.-Nr. 57, 1347, 1400 (7. Sitzung d. RpflA, 6.12.1948).

[564] Vgl. *Wilms*, Dokumente zur neuesten Verfassungsgeschichte, Bd. III/2, Dok.-Nr. 5 (Fassung der 1. Lesung HA, v. 20.1.1949), 175, 238 und in: Prot. Parl. Rat, Bd. 13/II, Dok.-Nr. 59, 1486, 1487 (Neufassung des Kapitels XII „Gerichtsbarkeit und Rechtspflege“ nach der siebten und achten Sitzung des Ausschusses für Verfassungsgerichtshof und Rechtspflege, v. 7.12.1948).

dern".[565] Diese Fassung wurde schließlich übernommen und entspricht der heutigen Fassung von Art. 94 Abs. 1 Satz 1 GG.

Die noch in Art. 100 Abs. 4 Satz 1 HC-E vorgesehene Nennung der „höchsten Gerichtshöfe der Länder" war Ausdruck der föderativen Ausrichtung des Herrenchiemseer Verfassungsentwurfs und wurde aus diesem Grunde im Parlamentarischen Rat unter der Leitung von Zinn und Strauß aus dem Text herausgenommen.[566]

II. Richteramt und Laienrichter

Auf dem Herrenchiemseer Verfassungskonvent und im Rechtspflegeausschuss des Parlamentarischen Rates bestand im Hinblick auf die juristische Qualifikation künftiger Verfassungsrichter insoweit Einigkeit, als dass einem politisch so einflussreichen Gericht wie dem Bundesverfassungsgericht, auch juristische Laien angehören sollten.[567] Entsprechend sah die Vorschrift des Art. 100 Abs. 4 Satz 2 HC-E vor, dass „der Vorsitzende [des BVerfG] ... die Befähigung zum Richteramt haben" muss,[568] was im Umkehrschluss ergab, dass diejenigen Bundesverfas-

---

[565] Prot. Parl. Rat, Bd. 13/II, Dok.-Nr. 60, 1491, 1494 (Neufassung des Kapitels VIII „Gerichtsbarkeit und Rechtspflege" nach dem Entwurf des Allgemeinen Redaktionsausschusses, v. 16.12.1948).

[566] Vgl. *Strauß* (CDU), in: Prot. Parl. Rat, Bd. 13/II, Dok.-Nr. 57, 1347, 1401 (7. Sitzung d. RpflA, 6.12.1948); *Greve* (SPD), in: Prot. Parl. Rat, Bd. 13/II, Dok.-Nr. 57, 1347, 1401 (7. Sitzung d. RpflA, 6.12.1948) für den abwesenden Zinn.

[567] Für das „Laienelement" z.B. Strauß (CDU), in: Prot. Parl. Rat, Bd. 13/II, Dok.-Nr. 52, 1191, 1198 (3. Sitzung d. RpflA, 22.10.1948), *Wolff* (Sachverst.), in: Prot. Parl. Rat, Bd. 13/II, Dok.-Nr. 55, 1272, 1299 f. (5. Sitzung d. RpflA, 10.11.1948); *Zinn* (SPD), in: Prot. Parl. Rat, Bd. 13/II, Dok.-Nr. 57, 1347, 1350 (7. Sitzung d. RpflA, 6.12.1948); eingehend auch *Zinn* (SPD), *Selbert* (SPD), *Laforet* (CSU) und *Strauß* (CDU) in: Prot. Parl. Rat, Bd. 13/II, Dok.-Nr. 57, 1347, 1381 ff. (7. Sitzung d. RpflA, 6.12.1948); bei den Beratungen des Herrenchiemseer Konvents z.B. *Beyerle*, in: Prot. Parl. Rat, Bd. 2, Dok.-Nr. 13 (Plenarsitzung v. 23.8.1948), 403, 431; *Schmid*, a.a.O., 403, 432 f.; *Süsterhenn*, a.a.O., 403, 433 f.; *Nawiasky*, a.a.O., 403, 434.

[568] Vgl. Bericht über den Verfassungskonvent von Herrenchiemsee, in: Prot. Parl. Rat, Bd. 2, Dok.-Nr. 14, 504, 600; abgedruckt bei *Wilms*, Dokumente zur neuesten Verfassungsgeschichte, Bd. III/2, Dok.-Nr. 2 (Herrenchiemseer Entwurf), 55, 76.

sungsrichter, die nicht schon zuvor als Bundesrichter tätig waren und nicht Vorsitzender des Gerichts werden sollten, auch juristische Laien sein konnten. Vor allem die sozialdemokratischen Mitglieder drängten nach dem Vorbild verschiedener Landesverfassungen wiederholt darauf, mit dem „Laienelement" auch politische Erfahrung und gesunden Menschenverstand in das Gericht mit aufzunehmen.[569] So führte beispielsweise Carlo Schmid (SPD) im Plenum des Herrenchiemseer Konvents anschaulich aus, dass viele tüchtige und erfahrene Richter einer „déformation professionelle" unterlägen, was sehr dafür spräche, auch juristische Laien als Richter am Bundesverfassungsgericht zuzulassen.[570] Diese Regelung wurde zunächst auch im Rechtspflegeausschuss des Parlamentarischen Rates in leicht modifizierter Form übernommen. Danach mussten nunmehr der „Präsident und die Vorsitzenden der Senate" über die Befähigung zum Richteramt verfügen.[571] Bei der Diskussion über die Ersetzung des Begriffs „Beisitzer" durch den Begriff „Mitglieder" in Art. 128 e Abs. 1 GG-Entw ergab sich aus einem Zwiegespräch zwischen den Abgeordneten de Chapeaurouge (CDU) und Wagner (SPD) in der 9. Sitzung des Rechtspflegeausschusses vom 17. Dezember 1948, auch im Hinblick auf die Laienbeteiligung eine Klärung:

de Chapeaurouge:	„Dann wären in dem Wort „Mitglieder" Berufsrichter und Laienrichter zusammengefasst?"
Wagner:	„Es können auch Juristen sein, es brauchen nicht Laien zu sein, Wenn wir gewählt werden würden, wären wir keine Laien."[572]

Letztlich wurde jedoch auf eine ausdrückliche Regelung der fachlichen Qualifikation im Grundgesetz verzichtet, womit sich die generelle Auf-

[569] Vgl. zur Laienbeteiligung bei der Besetzung von Landesverfassungsgerichten in Hessen, Württemberg-Baden, etc. in: Prot. Parl. Rat, Bd. 13/II, Dok.-Nr. 52, 1191, 1198 (3. Sitzung d. RpflA, 22.10.1948).

[570] *Schmid*, in: Prot. Parl. Rat, Bd. 2, Dok.-Nr. 13 (Plenarsitzung des Verfassungskonvents v. 23.8.1948), 403, 432 f.

[571] Vgl. *Wilms*, Dokumente zur neuesten Verfassungsgeschichte, Bd. III/2, Dok.-Nr. 4 (Stellungnahme des ARA v. 5.12.1948), 124, 164; ebenso in der Neufassung v. 7.12.1948, in: Prot. Parl. Rat, Bd. 13/II, Dok.-Nr. 59, 1486, 1487 (Neufassung des Kapitels XII „Gerichtsbarkeit und Rechtspflege") und in der Neufassung des Allgemeinen Redaktionsausschusses v. 16.12.1948, in: Prot. Parl. Rat, Bd. 13/II, Dok.-Nr. 60, 1491, 1494 (Neufassung des Kapitels VIII „Gerichtsbarkeit und Rechtspflege").

[572] *De Chapeaurouge* (CDU) u. *Wagner* (SPD), in: Prot. Parl. Rat, Bd. 13/II, Dok.-Nr. 61, 1498, 1505 (9. Sitzung d. RpflA, 17.12.1948).

fassung Zinns durchgesetzt hatte, dass endgültige Festlegungen nach Möglichkeit unterbleiben sollten, um dem späteren Bundesgesetzgeber nicht vorzugreifen.[573] Nach verschiedenen sprachlichen und inhaltlichen Ergänzungen schlug der Allgemeine Redaktionsausschuss in seiner abschließenden Stellungsnahme vom 2. Mai 1949 vor, dass die Vorschriften der Art. 128-2 und Art. 128-3 (ehemals: Art. 128 e) GG-Entw zusammengefasst werden sollten. Dabei ging neben der Regelung über den Präsidenten und die Vorsitzenden der Senate auch die Bestimmung über deren spezifische juristische Qualifikation verloren.[574]

Auch im Rechtsausschuss des Deutschen Bundestages wurde die Frage des „Laienelementes" bei der Abfassung des BVerfGG erneut eingehend erörtert. Dabei hielt jedoch die Mehrheit der Abgeordneten eine umfassende juristische Ausbildung mit der „Befähigung zum Richteramt" oder zumindest die „Befähigung für den höheren Verwaltungsdienst"[575] für eine unverzichtbare fachliche Voraussetzung, um die Tätigkeit eines Bundesverfassungsrichters zu versehen.[576] Daher wurden beide Anforderungen alternativ in § 3 Abs. 2 BVerfGG aufgenommen.[577]

---

[573] Vgl. zur grundlegenden Einstellung *Zinn* (SPD), in: Prot. Parl. Rat, Bd. 13/II, Dok.-Nr. 51, 1162, 1175 (2. Sitzung d. RpflA, 20.10.1948) u. *ders.*, in: Prot. Parl. Rat, Bd. 13/II, Dok.-Nr. 53, 1217, 1260 (4. Sitzung d. RpflA, 27.10.1948) („*Wir dürfen uns nichts verbauen. Wir müssen unsere Fassung so halten, dass nichts verhindert wird.*").

[574] Vgl. *Wilms*, Dokumente zur neuesten Verfassungsgeschichte, Bd. III/2, Dok.-Nr. 9 (Fassung der 3. Lesung HA v. 2.5.1949), 461, 519 f.

[575] Gesetz über das Bundesverfassungsgericht vom 12.03.1951, BGBl. I S. 243; vgl. hierzu Art. 128 d GG-E i.d.F. vom 6.12.1948 sah eine entsprechende Regelung für die Richter des Obersten Bundesgerichts vor, vgl. Prot. Parl. Rat, Bd. 13/II, Dok.-Nr. 57, 1347, 1395 (7. Sitzung d. RpflA, 6.12.1948). Vgl. *Lechner/Zuck*, BVerfGG, § 3, Rdnr. 6 f.; *Wieland*, in: Dreier, GG, Bd. 3, Art. 94, Rdnr. 8; Vgl. FS. 50 Jahre BVerfG, Bd. 2, Anhang (Die Mitglieder des BVerfG 1951 bis 2001), 913, 915 ff. Vgl. *Pestalozza*, VerfassungsprozessR, § 2, Rdnr. 20. Die „Befähigung zum höheren Verwaltungsdienst" wurde mit Gesetz vom 8.9.1961, BGBl. I S. 1665 (in Kraft getreten am 1.7.1962) gestrichen.

[576] Vgl. *Kröger*, Richterwahl, in: Festgabe BVerfG, Bd. 1, 76, 84; lediglich der Gesetzesentwurf der SPD-Franktion sah eine Laienbeteiligung vor, indem auf die Voraussetzung der „Befähigung zum Richteramt" verzichtet wurde, vgl. BT-Drs. I/328, S. 1; anders der Regierungsentwurf v. 28.3.1950, BT-Drs. I/788, S. 2, § 2 Abs. 3 Entw-BVerfGG.

[577] Vgl. *Schlaich/Korioth*, Bundesverfassungsgericht, Rdnr. 39.

III. Alterserfordernis

Obwohl weder Art. 94 GG noch eine andere Verfassungsvorschrift eine Bestimmung über das Mindestalter von Verfassungsrichtern vorsieht, wurde diese Frage dennoch im Rechtspflegeausschuss des Parlamentarischen Rates erörtert. Allerdings war eine verfassungsrechtliche Bestimmung für die Mitglieder des Bundesverfassungsgerichts zu keinem Zeitpunkt vorgesehen. Stattdessen sah Art. 128 d GG-Entw in der Fassung vom 5. Dezember 1948 vor, dass die künftigen Mitglieder des Obersten Bundesgerichts „das vierzigste Lebensjahr vollendet haben" müssen.[578] Diese Formulierung blieb bis zur Stellungnahme des Allgemeinen Redaktionsausschusses vom 2. Mai 1949 erhalten. In der dort vorgeschlagenen Zusammenfassung von Art. 128-4 mit Art. 128-5 (ehemals: Art. 128 d) entfiel die Regelung über das Mindestalter der Richter des Obersten Bundesgerichts.[579]

Im Gesetzgebungsverfahren haben sich die Abgeordneten des Deutschen Bundestages später offenkundig daran erinnert, dass eine Bestimmung über das Mindestalter höchster Richter auch für das Bundesverfassungsgericht angebracht wäre.[580] Zu den weiteren persönlichen Anforderungen der Verfassungsrichter (z.B. aktives und passives Wahlrecht, Innehaben der Staatsangehörigkeit) finden sich in den Beratungen des Parlamentarischen Rats hingegen keine Äußerungen oder Stellungnahmen.[581]

---

[578] Vgl. *Wilms*, Dokumente zur neuesten Verfassungsgeschichte, Bd. III/2, Dok.-Nr. 4 (Stellungnahme des ARA v. 5.12.1948), 124, 164; ebenso in der Neufassung v. 7.12.1948, in: Prot. Parl. Rat, Bd. 13/II, Dok.-Nr. 59, 1486, 1487 (Neufassung des Kapitels XII „Gerichtsbarkeit und Rechtspflege") und in der Neufassung des Allgemeinen Redaktionsausschusses v. 16.12.1948, in: Prot. Parl. Rat, Bd. 13/II, Dok.-Nr. 60, 1491, 1494 (Neufassung des Kapitels VIII „Gerichtsbarkeit und Rechtspflege"). Zum weiteren Schicksal des Obersten Bundesgericht, vgl. 2. Teil, B, VII.

[579] Vgl. *Wilms*, Dokumente zur neuesten Verfassungsgeschichte, Bd. III/2, Dok.-Nr. 9 (Fassung der 3. Lesung HA v. 2.5.1949), 461, 520 f.

[580] Nach § 3 Abs. 1 des Entwurfs der SPD-Fraktion war ein Mindestalter von 35 Jahren vorgesehen, BT-Drs. I/328, S. 1; der Regierungsentwurf v. 28.3.1950 sah hingegen bereits ein Mindestalter von 40 Jahren vor, BT-Drs. I/788, S. 2, § 2 Abs. 2 Entw-BVerfGG.

[581] Insgesamt stufte Geck die formellen und fachlichen Anforderungen an etwaige Bundesverfassungsrichter als „bescheiden" ein, *Geck*, Wahl und Status der Bundesverfassungsrichter, in: Isensee/Kirchhof, HdbStR, 2. Aufl., Bd. 2, § 55, Rdnr. 2.

IV. Politische Erfahrung und verfassungsrechtliche Kenntnisse

Die Forderung, dass Verfassungsrichter über politische Erfahrungen und verfassungsrechtliche Kenntnisse verfügen sollten, entstammt ihrem Grunde nach dem bereits in Verfassungskonvent und später auch im Parlamentarischem Rat vorherrschenden Wunsch, fachliche und persönliche Anforderungen für einen idealtypischen Verfassungsrichter gesetzlich festzuschreiben. Obwohl der Herrenchiemseer Verfassungsentwurf ebenso wie später das Grundgesetz keine dem § 3 Abs. 2 BVerfGG a.F. entsprechende ausdrückliche Regelung vorsah, zeigen die im Verfassungskonvent und Parlamentarischem Rat geführten Diskussionen, dass die Persönlichkeit der zukünftigen Verfassungsrichter als äußerst wichtig betrachtet wurde. So äußerte etwa der Delegierte Beyerle (Württemberg-Baden) im Plenum des Verfassungskonvents von Herrenchiemsee die Sorge, dass im Deutschland des Jahres 1948/49 überhaupt genügend geeignete (Verfassungs)Richter gefunden werden können.[582] Aus den Beratungen lässt sich außerdem erkennen, dass die Mitglieder des Verfassungskonvents ähnlich wie später auch die Abgeordneten des Parlamentarischen Rates einen bestimmten, für damalige Verhältnisse neuen „Richter-Typus“ im Auge hatten. Die zukünftigen Bundesverfassungsrichter sollten danach – ähnlich wie viele Abgeordnete des Parlamentarischen Rates – über Erfahrungen im öffentlichen Leben verfügen. Diese konnten entweder als Parlamentarier oder als Mitglied einer Landes- bzw. der Bundesregierung erworben worden sein. Außerdem konnten sie auch andere öffentliche Ämter von Gewicht bekleidet oder eine akademische Laufbahn absolviert haben. Vor allem aber sollte es sich um politisch verantwortliche und demokratisch eingestellte Persönlichkeiten handeln, die aufgrund von herausragenden verfassungsrechtlichen Fähigkeiten und politischer Sensibilität zur Entscheidung von Streitfällen auf der Schnittstelle von Recht und Politik fähig sein sollten.[583]

V. Berufliche Inkompatibilitäten

Eine fast wortgleiche Bestimmung wie Art. 94 Abs. 1 Satz 2 GG über die Unvereinbarkeit des Amtes eines Bundesverfassungsrichters hatte

---

582 Vgl. *Beyerle*, in: Prot. Parl. Rat, Bd. 2, Dok.-Nr. 13 (Plenarsitzung des Verfassungskonvents v. 23.8.1948), 403, 431.

583 Vgl. *Strauß*, Die oberste Bundesgerichtsbarkeit, 28 f.

bereits Art. 100 Abs. 3 HC-E[584] und die verschiedenen Textfassungen von Art. 128 e Abs. 4 GG-Entw im Parlamentarischen Rat vorgesehen.[585] Sie überstanden auch die letzten redaktionellen Änderungen des Allgemeinen Redaktionsausschusses und waren im Übrigen in den Erörterungen des Rechtspflegeausschusses nicht weiter umstritten.

VI. Einflüsse des U.S. Supreme Court

Ob tatsächlich Einflüsse des U.S. Supreme Court auf die persönliche und berufliche Qualifikation der deutschen Bundesverfassungsrichter bestanden, muss in Ermangelung stichhaltiger Nachweise bezweifelt werden. Zwar lassen bereits die im Verfassungskonvent von Herrenchiemsee[586] und im Parlamentarischem Rat geführten Diskussionen über die als erforderlich angesehenen Qualifikationen höchster Richter erkennen, dass für die nun zu errichtende Bundesgerichtsbarkeit ein neuer „Richter-Typus" gesucht wurde, der gleichermaßen über herausragende fachliche Kenntnisse und über politische Erfahrung verfügen sollte. Dass hierbei möglicherweise das Vorbild der Supreme Court-Richter von Bedeutung war, lässt sich ansatzweise der vom stellvertretenden Ausschussvorsitzenden Strauß vorgelegten Denkschrift entnehmen, in der eine unmittelbare Verbindung zwischen der öffentlichen

---

584 *„Art. 100 Abs. 3 HC-E: Die Mitglieder des Bundesverfassungsgerichts dürfen weder dem Bundestag, dem Bundesrat (Senat), der Bundesregierung noch den entsprechenden Körperschaften eines Landes angehören"*, vgl. *Wilms*, Dokumente zur neuesten Verfassungsgeschichte, Bd. III/2, Dok.-Nr. 2 (Herrenchiemseer Entwurf), 55, 76.

585 *„Art. 128 e Abs. 4 GG-Entw: Die Mitglieder des Bundesverfassungsgerichts dürfern weder dem Bundestag, dem Bundesrat, der Bundesregierung noch entsprechenden Organen eines Landes angehören"*; vgl. auch *Zinn* (SPD), in: Prot. Parl. Rat, Bd. 13/II, Dok.-Nr. 57, 1347, 1402 (7. Sitzung d. RpflA, 6.12.1948) (*„Abs. 4, die Inkompatibilitäten, ist, glaube ich, selbstverständlich."*); ebenso in der Neufassung v. 7.12.1948, in: Prot. Parl. Rat, Bd. 13/II, Dok.-Nr. 59, 1486, 1487 (Neufassung des Kapitels XII „Gerichtsbarkeit und Rechtspflege") und nur geringfügige redaktionelle Änderung in der Stellungnahme des Allgemeinen Redaktionsausschusses v. 2.5.1949 zur Zusammenfassung von Art. 128-2 und 128-3 (ehemals: Art. 128 e GG-Entw), *Wilms*, Dokumente zur neuesten Verfassungsgeschichte, Bd. III/2, Dok.-Nr. 9 (Fassung der 3. Lesung HA v. 2.5.1949), 461, 519.

586 Vgl. *Beyerle*, in: Prot. Parl. Rat, Bd. 2, Dok.-Nr. 13 (Plenarsitzung des Verfassungskonvents v. 23.8.1948), 403, 431.

Akzeptanz verfassungsgerichtlicher Entscheidungen und der personellen Besetzung des Verfassungsgerichts hergestellt wurde.[587] Wörtlich führte Strauß hierzu aus:

> „Insbesondere ist im Gegensatz zu den Vereinigten Staaten die Autorität eines lediglich mit Berufsrichtern besetzten Gerichts noch nicht groß genug. Der Versuch, das Oberste Gericht auch mit der Entscheidung von Fragen zu befassen, die den Bereich des Politischen berühren, würde die Gefahr bergen, daß die öffentliche Meinung die Entscheidung des Obersten Gerichts als eine politische auffassen und werten würde."[588]

Während dem mit Berufsrichtern besetzten Supreme Court die Entscheidung „politischer" Fälle in der Vergangenheit im Allgemeinen nicht geschadet hatte, fürchtete Strauß, dass das noch zu errichtende Oberste Bundesgericht bei gleicher personeller Besetzung hierdurch Schaden erleiden könnte. Allerdings kann die eher allgemein gehaltenen Ausführungen von Strauß zur Frage der Laienbeteiligung nicht als Nachweis dafür angesehen werden, dass die Richter des U.S. Supreme Court im Hinblick auf die persönlich und berufliche Qualifikation deutscher Verfassungsrichter als vorbildhaft betrachtet wurden. Zumal es in dieser Phase der Verfassunggebung noch in erster Linie darum ging, dass im Strauß-Entwurf vorgesehene „Oberste Bundesgericht" zu errichten.

Da im Grundgesetz zunächst keine Vorkehrungen über berufliche und persönliche Qualifikationen der Verfassungsrichter geregelt wurden, nahm der Gesetzgeber später in das BVerfGG normative Vorkehrungen auf, die eine angemessene personelle Zusammensetzung des Bundesverfassungsgerichts gewährleisten sollten.[589] Die bereits in der rechtsvergleichenden Untersuchung festgestellten Übereinstimmungen im Hinblick auf den weitgehend identischen Personenkreis, denen in der verfassungsgerichtlichen Praxis sowohl die Richter des Bundesverfassungsgerichts als auch die des U.S. Supreme Court entstammten, könnte zwar als Indiz dafür gewertet werden, dass der neue „Richter-Typus" am Beispiel der Supreme Court-Richter orientiert werden sollte. Den

---

[587] Vgl. *Strauß*, Die oberste Bundesgerichtsbarkeit, 28 f. *Strauß* (CDU), in: Prot. Parl. Rat, Bd. 13/II, Dok.-Nr. 62, 1512, 1525 ff. (10. Sitzung d. RpflA, 11.1.1949).

[588] Vgl. *Strauß*, Die oberste Bundesgerichtsbarkeit, 28.

[589] Vgl. unten 3. Teil, A über die Zusammensetzung des Bundesverfassungsgerichts und des U.S. Supreme Court im Vergleich.

Akten und Protokollen des Parlamentarischen Rates bzw. des Deutschen Bundestags lässt sich jedoch kein belastbarer Nachweis entnehmen, der diese Annahme stützt.

Vierter Teil

Bestellungsverfahren für Verfassungsrichter

Ebenso wie die personellen und fachlichen Anforderungen kommt auch dem Bestellungsverfahren von Verfassungsrichtern große Bedeutung zu, die über die damit verbundenen rein technischen Fragen hinausgeht. Legt man die beiden in den Vereinigten Staaten und in der Bundesrepublik Deutschland bestehenden Verfahren der Richterbestellung zugrunde, so dienen diese, wie Laufer festgestellt hat, unmittelbar vier Zielen:

Durch Bestenauslese soll zunächst eine hohe richterliche Qualität gewährleistet werden. Außerdem soll eine hinreichende demokratische Legitimierung und eine angemessene föderale Repräsentation erreicht werden.[590] Schließlich sollen einseitige politische Einflüsse nach Möglichkeit ausgeschlossen werden.[591] Diese Zielsetzungen werden innerhalb der beiden Bestellungsverfahren mit unterschiedlicher Intensität verfolgt und durch voneinander abweichende prozedurale Vorkehrungen umgesetzt. Ob darüber hinaus auch Übereinstimmungen zwischen den beiden Verfahren bestehen und ob sich in den Akten und Protokollen Nachweise über etwaige Einflüsse finden lassen, soll Gegenstand des nachfolgenden Teils sein.

---

[590] Vgl. *Kröger*, Richterwahl, in: Festgabe BVerfG, Bd. 1, 76, 78 f.; *Billing*, Problem der Richterwahl, 93 ff.

[591] Vgl. *Laufer*, Verfassungsgerichtsbarkeit und politischer Prozeß, 207, der vom „magischen Viereck der Richterbestellung" spricht.

A. Bestellungsverfahren im Vergleich

I. Ernennung von Supreme Court-Richtern

1. Verfassungsrechtliche Grundlage

Das Auswahlverfahren von Richtern für die U.S. Bundesgerichte führte bereits in der Verfassungsversammlung von Philadelphia im Jahre 1787 zu tiefgreifenden Kontroversen unter den Delegierten.[592] Da nicht nur hierbei, sondern auch bei den Auswahlverfahren für diplomatische Vertreter, Kabinettsminister und andere Regierungsbeamte gleichgelagerte Meinungsverschiedenheiten bestanden,[593] machten die Verantwortlichen in der Verfassungsversammlung aus der Not eine Tugend und schufen eine einheitliche Verfassungsvorschrift für alle Ernennungen von Amtsträgern des Bundes. Die Kompromissformel des Art. II, Section 2, cl. 2 U.S. Bundesverfassung lautet wie folgt:

> "[A]nd he [the President] shall nominate, and by and with the Advice and Consent of the Senate, shall appoint Ambassadors, other public ministers and Consuls, *Judges of the supreme Court*, and all other Officers of the United States, whose Appointments are not herein otherwise provided for, and which shall be established by Law..."[594]

Die U.S. Bundesverfassung sieht damit kein Wahlverfahren im eigentlichen Sinn, sondern ein Bestellungsverfahren vor, bei dem der Präsident eine herausragende Rolle spielt. Entsprechend ist in der einschlägigen

---

[592] Vgl. *Freund*, Appointment of Justices, Harv.L.Rev., Bd. 101 (1988) 1146 ff.; *Fallon/Meltzer/Shapiro*, The Federal Courts and the Federal System, 9.

[593] Der sog. "Randolph Plan" sah eine Ernennung durch die gesamte Legislative vor, während Madison die Ernennung nur durch den kleineren und ausgesuchteren Senat favorisierte ("*less numerous and more select*"), *Fallon/Meltzer/Shapiro*, The Federal Courts and the Federal System, 9.

[594] Übersetzung aus *Franz*, Staatsverfassungen, 11, 29: „*Er [der Präsident] soll auf den Rat und mit Zustimmung des Senats Gesandte, andere diplomatische Geschäftsträger und Konsuln, die Richter des Obersten Gerichtshofs und alle anderen Amtsträger der Vereinigten Staaten, deren Bestallung durch die Verfassung nicht anderweitig geregelt ist und deren Ämter durch Gesetz geschaffen sind, vorschlagen und ernennen.*" (Hervorhebung v. Verf.).

Verfassungsvorschrift lediglich von "Consent" (Bestätigung) und nicht von "Election" (Wahl) oder vergleichbaren Begriffen die Rede.

Nach Art. II, Sec. 2, cl. 2 U.S. Bundesverfassung nominiert der Präsident zunächst den in seinen Augen geeigneten Kandidaten für den U.S. Supreme Court bzw. für ein anderes Bundesgericht.[595] Im sog. "confirmation proceeding" muss ein zukünftiger Bundesrichter nach einer eingehenden Prüfung die Bestätigung der Mehrheit des U.S. Senats erhalten ("by and with the Advise and Consent").[596] Danach ist wiederum der Präsident an der Reihe, um den Bestätigten zu ernennen (appointment), was jedoch, da er den Kandidaten selbst nominiert hat, eine reine Formalie darstellt. Der U.S. Senat übt beim Verfahren nach Art. II, Sec. 2, cl. 2 U.S. Bundesverfassung kein Wahlrecht im eigentlichen Sinn aus, da er an der Auswahl der Kandidaten nicht beteiligt ist. Ihm verbleibt im Rahmen eines Vetorechts lediglich die Möglichkeit, eine Nominierung des Präsidenten mit einfacher Mehrheit zuzustimmen oder sie abzulehnen.[597] Obwohl in der Verfassung von "Advice and Consent" die Rede ist, sucht der U.S. Präsident lediglich die Bestätigung, auf die Ratschläge des Senats verzichtet er hingegen im Regelfall.[598] Das Verfahren nach Art. 2, Sec. 2, cl. 2 U.S. Bundesverfassung räumt damit dem U.S. Präsidenten bei der Richterernennung einen deutlichen Vorrang ein, der in der Verfassungspraxis dazu geführt hat, dass die Besetzung des U.S. Supreme Court und der übrigen Bundesgerichte zu einem wesentlichen Bestandteil der präsidialen Machtausübung in den Vereinigten Staaten geworden ist.[599] Wie bereits in verfassungshistorischer Perspektive die Schaffung und Besetzung neuer Bundesrichter-

---

[595] Vgl. zu den hierbei angestellten Überlegungen die letztlich zur Ernennung von Byron R. White im Jahre 1962 zum Supreme Court Richter führte, *Hutchinson*, "The Ideal New Frontier Judge", Sup.Ct. Rev. 1997, 373 ff.; *Majer*, in: Umbach/Clemens, BVerfGG, 1. Aufl., § 6, Rdnr. 77.

[596] Vgl. *Kauper*, Judicial Review of Constitutional Issues in the United States, 568, 583, in: Verfassungsgerichtsbarkeit in der Gegenwart (hrsg. von H. Mosler); *Charles Warren*, The Making of the Constitution, 327-329.

[597] Vgl. *Majer*, in: Umbach/Clemens, BVerfGG, 1. Aufl., § 6, Rdnr. 77.

[598] Vgl. *Black*, A Note on Senatorial Consideration of Supreme Court Nominees, Yale L.J., Bd. 79 (1970), 457, 659; *Monaghan*, The Confirmation Process, Harv. L.Rev., Bd. 101 (1988) 1202, 1204.

[599] Vgl. *Monaghan*, The Confirmation Process, Harv. L.Rev., Bd. 101 (1988) 1202, 1203; *Majer*, in: Umbach/Clemens, BVerfGG, 1. Aufl., § 6, Rdnr. 79.

stellen durch die abgewählte Adams-Administration im Jahre 1801[600] und die Konfrontation Präsident Roosevelts mit New Deal-feindlichen Richtern in den Jahren 1934 bis 1937[601] gezeigt haben, begriffen U.S. Präsidenten schon seit Beginn der Republik die parteipolitische Besetzung der Bundesgerichte und insbesondere des U.S. Supreme Court als herausragendes Mittel ihrer politischen Machtausübung und Machtsicherung.[602] Dies gilt vor allem deshalb, weil die Aufhebungsbefugnis des Obersten Gerichtshofs eine wirksame Umsetzung legislativer und politischer Vorhaben auf lange Zeit verhindern kann. Die Möglichkeit, Richterstellen am Supreme Court neu zu besetzen, ist in verfassungspolitischer Hinsicht auch gegenwärtig noch so bedeutsam, dass beispielsweise allein die Aussicht auf die Neubesetzung von Supreme Court-Richterstellen zu einem der zentralen Themen der Präsidentschaftswahlkämpfe der Jahre 2000[603] und 2004[604] in den USA zählte. Dass die parteipolitische Besetzung des U.S. Supreme Court tatsächlich

---

600 Vgl. *John Ferling*, Adams vs. Jefferson, Oxford 2004; *Richard E. Ellis*, The Jeffersonian Crisis: Courts and Politics in the Young Republic, New York 1974, 43-45, 58 u. 64-68; *Donald O. Dewey*, Marshall versus Jefferson: The Political Background of Marbury v. Madison, New York 1970; *George L. Haskins*, Law versus Politics in the Early Years of the Marshall Court, U.Pa.L.Rev., Bd. 130 (1981) 1 ff.; *Bickel*, The Least Dangerous Branch, 1-14.

601 Vgl. *Farber/Eskridge/Frickey*, Constitutional Law, 19; *Stone/Seidman/Sunstein/Tushnet*, Constitutional Law, 213 ff.; *Leuchtenburg*, The Origins of Franklin D. Roosevelts "Court-Packing" Plan, Sup.Ct.Rev. 1966, 347, 349.

602 Vgl. mit umfangreichen Nachweisen *Billing*, Problem der Richterwahl, 262 ff.; *Rau*, Selbst entwickelte Grenzen, 51; *Quaas*, Die Verfassung der Vereinigen Staaten von Amerika und das Grundgesetz, VBlBW 2003, 217, 221 („*Die Bedeutung der Richterernennungen kann deshalb kaum überschätzt werden* ...").

603 Vgl. Financial Times Deutschland, v. 23.8.2000, US-Wahl bestimmt Ausrichtung des Gerichts; siehe insbesondere die eingehende Berichterstattung im Newsweek Magazine, v. 10.7.2000, S. 48 ff. mit dem Titel "The Supreme Question", in dem sowohl die Auswirkungen einer Wahl von George W. Bush (Rep.) als auch von Al Gore (Dem.) auf eine Neubesetzung des U.S. Supreme Court aufgezeigt wurden. Als durch eine Neubesetzung besonders zu beeinflussende Themenbereiche wurde die rechtliche Behandlung von Abtreibungen, Rechte von Homosexuellen, die Zulässigkeit von Schulgebeten und die Ausgestaltung prozessualer Rechte im Strafverfahren genannt; ähnlich auch FAZ, v. 11.11.2000, S. 44; FAZ, v. 13.12.2000, S. 2.

604 Vgl. FAZ, v. 30.6.2003, S. 4; FAZ, v. 25.6.2003, S. 33; FAZ, v. 29.3.2002, hierzu FAZ, v. 28.6.2003.

als Instrument der Machtausübung und Machtsicherung benutzt wurde, zeigt auch ein Blick auf seine gegenwärtige Zusammensetzung. Infolge der von den U.S. Präsidenten Ford (1974-1977), Reagen (1981-1989), Bush sen. (1989-1993) und Bush jun. (2001- vorauss. 2009) vorgenommenen parteipolitischen Auswahl sind von neun Mitgliedern heute insgesamt sieben von republikanischen Präsidenten ernannt worden,[605] während nur zwei Richter vom demokratischen Präsidenten Clinton (1993-2001) ins Amt gebracht wurden.[606] Da die Abstimmungsmehrheit innerhalb des U.S. Supreme Court bei fünf Stimmen liegt, ist damit auch in Zukunft eine eher an den politischen Zielen und Programmen der Republikanischen Partei orientierte Entscheidungspraxis des Supreme Court zu erwarten, was sich – wie manche Kommentatoren meinten – nicht zuletzt im Verfahren *Bush v. Gore* (2000)[607] über die Gültigkeit der Stimmauszählung im Staat Florida bei den Präsidentschaftswahlen 2000 bewahrheitete.[608] Allerdings darf auch nicht davon ausgegangen werden, dass die Richter des U.S. Supreme Court allein den jeweiligen Parteilinien verpflichtet sind, da sie über eine umfassende richterliche Unabhängigkeit verfügen. In nicht wenigen Fällen wurden die Erwartungen von U.S. Präsidenten sehr enttäuscht, da sich die von ihnen wegen vermeintlicher politischer Nähe favorisierten Supreme Court-Richter in der Rechtsprechungspraxis anders verhielten, als vorher erwartet.[609]

---

[605] I.e. Stevens, Kennedy, Scalia, Souter, Thomas, Roberts u. Alito, vgl. *Epstein/Segal/Spaeth/Walker*, The Supreme Court Compendium, 313, 320 f., Table 4-12; FAZ v. 21.7.2005, S. 1, 4 u. 10.

[606] I.e. Bader Ginsburg u. Breyer, vgl. *Epstein/Segal/Spaeth/Walker*, The Supreme Court Compendium, 313, 320 f., Table 4-12.

[607] 531 U.S. 98 (2000); hierzu auch *Bush v. Palm Beach Canvassing Board*, 531 U.S. 70 (2000); vgl. *E.J. Dionne/William Kristol*, Bush v. Gore - The Court Cases and the Commentary, Washington, D.C. 2001.

[608] Vgl. *Schneider*, Präsident von Richters Gnaden, NJW 2001, 487 ff.; *Heun*, Das Debakel der amerikanischen Präsidentenwahlen, JZ 2001, 421 ff.; *Wiegandt*, Ein Schatten über der Legitimität der Wahl, KJ 2001, 1 ff.; *Sunstein* (Hrsg.), The vote: Bush, Gore and the Supreme Court, Chicago 2001.

[609] Vgl. *Freund*, Appointment of Justices, Harv.L.Rev., Bd. 101 (1988) 1146, 1156 f.; *Wieland*, in: Dreier, GG, Bd. 3, Art. 94, Rdnr. 11 m.w.N. Gegenwärtige Beispiele hierfür sind die Supreme Court-Richter Stevens und Souter, die – obwohl von den republikanischen Präsidenten Ford und Bush sen. ernannt – in zahlreichen Fälle eher liberale Standpunkte vertreten haben.

Von diesen Abweichungen abgesehen, eröffnet das amerikanische Bestellungsverfahren dem U.S. Präsidenten durch das Nominierungsrecht die Möglichkeit, den Obersten Gerichtshof nach seinen rechts- und verfassungspolitischen Vorstellungen zu besetzen.[610] Obwohl der U.S. Senat aufgrund seiner Befugnisse im Verfahren nach Art. 2, Sec. 2, cl. 2 U.S. Bundesverfassung die Macht des Präsidenten sehr wirksam einschränken könnte, geschieht dies in einer Vielzahl der Fälle nicht.[611] Er verhindert im Regelfall nur vollkommen unhaltbare Kandidaten, deren fachliche oder persönliche Fähigkeiten der Bundesgerichtsbarkeit als Institution und damit den Vereinigten Staaten als Ganzes schaden würden.[612] Allerdings kann es auch vorkommen, dass bestehende politische Gegensätze zwischen Präsident und Senatsmehrheit auf dem Feld der Richterbestellung ausgetragen werden. Einseitiger parteipolitischer Einfluss auf den Obersten Gerichtshof ist auf lange Sicht nur dann ausgeschlossen, wenn sich Präsidenten der Demokratischen und der Republikanischen Partei abwechseln und die auf Lebenszeit ernannten Richter des U.S. Supreme Court ihren Ruhestand nicht allein von persönlichen und gesundheitlichen, sondern zumindest auch von politischen Umständen abhängig machen.[613]

2. *Widrigkeiten des "confirmation proceeding"*

Das seit mehr als 200 Jahren in den USA angewandte Verfahren nach Art. 2, Sec. 2, cl. 2 U.S. Bundesverfassung sieht vor, dass die vom Präsidenten nominierten Kandidaten vom U.S. Senat im Rahmen des sog.

---

[610] Vgl. *Fischer*, in: Großfeld/Roth, Verfassungsrichter, 71, 86.

[611] Vgl. *Monaghan*, The Confirmation Process, Harv. L.Rev., Bd. 101 (1988) 1202 f.

[612] Vgl. *Monaghan*, The Confirmation Process, Harv. L.Rev., Bd. 101 (1988) 1202, 1206.

[613] So gibt es eine durchgängige Tradition der Supreme Court-Richter, ihre lebzeitige Ernennung so lange „auszukosten", wie es ihnen ihre Gesundheit erlaubt. Diese führt dazu, dass es in vielen Fällen letztlich dem Zufall überlassen bleibt, welcher Präsident eine Neubesetzung vornehmen kann. Im Gegensatz hierzu sind manche Richter mit starker parteipolitischer Verbundenheit bestrebt, dass sie innerhalb der Amtszeit eines ihrer Partei angehörigen Präsidenten ihr Amt aufgeben, ehe die Gesundheit sie zu einem späteren Zeitpunkt unter anderen politischen Bedingungen dazu zwingt; vgl. hierzu die Studie von *David N. Atkinson*, Leaving the Bench – Supreme Court Justices at the End, Lawrence/Ks. 1999.

"confirmation proceeding" bestätigt werden müssen. Dieser Bestätigung gehen Beratungen und Anhörungen voraus, die den Senatoren ein Urteil über die Eignung eines Kandidaten ermöglichen sollen. Allerdings ist es erst seit Felix Frankfurters Nominierung im Jahre 1939 üblich, dass sich ein Kandidat im Rahmen der sog. "confirmation hearings" den Fragen des Senats-Rechtsausschusses (Senate Committee of the Judiciary) stellen muss oder darf.[614] Mittlerweile werden neben dem jeweiligen Kandidaten auch sachlich nahestehende Interessengruppen sowie geeignete Auskunftspersonen angehört. Letztere werden insbesondere zu ihrer Einschätzung der beruflichen und persönlichen Eignung des Kandidaten befragt.[615] Dabei hat sich in der Vergangenheit schon mehrfach gezeigt, dass die im Rahmen des Bestätigungsverfahrens stattfindenden öffentliche Anhörungen durch den Rechtsausschuss des U.S. Senats bisweilen auch zu parteipolitischen Zwecken missbraucht werden können.[616] So sind denn nicht wenige Fälle bekannt, in denen nominierte Kandidaten im Verlauf des Bestätigungsverfahrens gescheitert sind oder aus sonstigen Gründen eine Ernennung schließlich unterblieb.[617] Zuletzt zog das Verfahren bei der Nominierung von Cla-

---

[614] Vgl. *Freund*, Appointment of Justices, Harv.L.Rev., Bd. 101 (1988) 1146, 1157 f.; *Rau*, Selbst entwickelte Grenzen, 51 f. Vgl. zu den "confirmation hearings" und dem 13-5 Stimmen-Votum im Rechtsausschuss des Senats bei der Ernennung von Chief Justice Roberts, FAZ v. 24.9.2005, S. 6 („John Roberts nimmt erste Hürde"); hierzu auch The Economist v. 8.9.2005, ("The battle begins – John Roberts's nomination as chief justice makes the coming Senate hearings all the more momentous"); FAZ v. 1.10.2005, S.8 („Bush gibt Richterkandidat nächste Woche bekannt").

[615] Vgl. *Majer*, in: Umbach/Clemens, BVerfGG, 1. Aufl., § 6, Rdnr. 80.

[616] Vgl. *Carter*, Harv.L.Rev., Bd. 101 (1988), 1185; eingehend auch *Stoevesandt*, Aktivismus und Zurückhaltung im United States Supreme Court, 27.

[617] Zu nennen ist z.B. das "confirmation hearing" von Robert H. Bork, dessen Bestätigng durch den Senat im Jahre 1987 mit 42-58 Stimmen abgelehnt wurde, vgl. *Monaghan*, The Confirmation Process, Harv. L.Rev., Bd. 101 (1988) 1202, 1207 ("*They [the U.S. Senators] seemed to assume that they were under a duty to confirm unless Judge Bork fell outside the mainstream of legal thinking*"). Andere Fälle waren die Kandidaten Haynsworth und Carswell, die in den Jahren 1969 u. 1970 mit 45-55 Stimmen bzw. mit 45-51 Stimmen durch den Senat abgelehnt wurden, vgl. *McConenell*, Haynsworth and Carswell: A New Senate Standard of Excellence, Kentucky.L.J., Bd. 59 (1970), 7 ff.; *Freund*, Appointment of Justices, Harv.L.Rev., Bd. 101 (1988) 1146, 1148 ff. Im Jahre 1930 wurde außerdem der von Präsident Hoover vorgeschlagene Kandidat Parker mit 39-41 Stimmen vom Senat abgelehnt, *Epstein/Segal/Spaeth/Walker*, The

rence Thomas im Jahre 1991 große öffentliche Aufmerksamkeit auf sich, als in der landesweit im Fernsehen übertragenen Senatsanhörung eine ehemalige Mitarbeiterin des Nominierten den Vorwurf sexueller Belästigung gegen ihn erhob. Da sich die belastende Aussage ungeachtet eines glaubhaften Dementis des Kandidaten weder wirksam entkräften noch von weiteren Personen bestätigen ließ, erfolgte die Bestätigung von Thomas durch den Senat mit der denkbar knappen Mehrheit von 52 zu 48 Stimmen.[618] Solche Vorgänge zeigen anschaulich die möglichen negativen Folgen eines öffentlichen Anhörungsverfahrens, bei dem eine knappe Bestätigung wie eine moralische Verurteilung wirken kann. Ungeachtet der belastenden Umstände im Bestätigungsverfahren von Justice Thomas ist das "confirmation proceeding" nach Art. II, Sec. 2, cl. 2 U.S. Bundesverfassung auch heute weithin unbestritten und wurde seitdem viermal ohne größere Schwierigkeiten durchlaufen.[619] Allerdings war die Nachfolge von Justice O'Connor, deren Stimme häufig den Ausschlag gegeben hatte ("the court's swing vote"), umkämpft und stärker von parteipolitischen Manövern beherrscht.[620]

Auch die im Schrifttum verschiedentlich geäußerte Befürchtung, dass die öffentlich übertragenen "hearings" im Rechtsausschuss des Senats dazu führen könnten, dass künftig eher unerfahrene und vor allem unprofilierte Kandidaten aus dem „juristischen Mittelmaß" nominiert werden,[621] hat sich bislang nicht bewahrheitet.[622] Allerdings werden

---

Supreme Court Compendium, 326 ff., Table 4-13; *Rau*, Selbst entwickelte Grenzen, 51 ff.

[618] Vgl. *Stoevesandt*, Aktivismus und Zurückhaltung im United States Supreme Court, 28; *Rau*, Selbst entwickelte Grenzen, 52 f., *Epstein/Segal/Spaeth/Walker*, The Supreme Court Compendium, 326, 328, Table 4-13.

[619] Z.B. Ruth Bader Ginsburg mit 96-3 Stimen (1993) u. Stephen Breyer mit 87-9 Stimmen (1994), *Epstein/Segal/Spaeth/Walker*, The Supreme Court Compendium, 326, 328, Table 4-13. In den Jahren 2005 und 2006 wurden Chief Justice Roberts und Justice Alito mit 78-22 bzw. 58-42 Stimmen im Senat bestätigt. Mit kritischem Ansatz und Betonung der schwierigen Bestellungsverfahren, *Stoevesandt*, Aktivismus und Zurückhaltung im United States Supreme Court, 27 ff.

[620] Vgl. FAZ v. 24.9.2005, S. 6; Reuters v. 19.9.2005 ("Specter backs U.S. Chief justice nominee Roberts"), wonach die O'Connor-Nachfolge stärker umkämpft sein würde als die Rehnquist-Nachfolge ("Tougher fight next time").

[621] Vgl. *Rau*, Selbst entwickelte Grenzen, 53.

[622] Der von U.S. Präsident Bush jr. im Jahre 2005 nomierte und zwischenzeitlich ernannte Chief Justice John Roberts zählt ungeachtet seiner dezidiert

U.S. Präsidenten – wie es auch bereits in der Vergangenheit der Fall war – darauf zu achten haben, dass die von ihnen nominierten Kandidaten keine oder nur gerüngfügige Angriffsflächen bieten. Letztlich werden auf diese Weise vor allem Personen mit extremen rechtspolitischen Standpunkten ausgeschlossen, was aber insgesamt der Arbeit des U.S. Supreme Court zugute kommen dürfte und daher positiv zu bewerten ist.

3. *Transparentes Verfahren*

Die mit einer Nominierung verbundene Gefahr einer öffentlichen Bloßstellung sowie die eingehende fachliche und persönliche Bewertung werden in der amerikanischen Öffentlichkeit und im verfassungsrechtlichen Schrifttum überwiegend als legitimer Preis für die Ernennung zum Richter am U.S. Supreme Court angesehen.[623] Allerdings sollte nicht außer Acht gelassen werden, dass die "confirmation proceedings" im Senat bis zum Jahre 1929 nur öffentlich waren, wenn zwei Drittel der Senatoren dafür stimmten. Somit fanden die Beratungen des Senats während der ersten 140 Jahre der Vereinigten Staaten grundsätzlich in "closed executive sessions" statt. Und obwohl die Erfahrungen mit zwei öffentlichen Bestätigungsverfahren im Jahre 1916 (Justice Brandeis) und 1925 (Justice Stone) keineswegs positiv waren, beschlossen die Senatoren 1929, die Öffentlichkeit generell zuzulassen. Allerdings ist

---

konservativen Auffassungen zu den profiliertesten Juristen seiner Generation und überstand auch aus diesem Grund die "confirmation hearings" im Senat weitgehend unbeschadet, Portrait in: Newsweek Magazine, 11 July, 2005 (Vol 146), The Holy War Begins, 25, 26 f.; mit positiver Bewertung NZZ v. 6.9.2005, S. 2 („..., *bietet der persönlich integre und fachlich hochkompetente Roberts kaum Angriffsflächen.*").

[623] Vgl. zum Ganzen *William G. Ross*, The Supreme Court Appointment Process: A Search for Synthesis, Alb.L.Rev., Bd. 57 (1994), 993; *Albert P. Malone*, The Senate's Confirmation Role in Supreme Court Nominations and the Politics of Ideology versus Impartiality, Judicature, Bd. 75 (1991) 68; *William G. Ross*, The Functions, Roles, and Duties of the Senate in the Supreme Court Appointment Process, Wm. & Mary L.Rev., Bd. 28 (1987), 633; *ders.*, Participation by the Public in the Federal Judicial Selection Process, Vand.L.Rev., Bd. 43 (1990), 1; *Carter*, The Confirmation Mess, Harv.L.Rev., Bd. 101 (1988), 1185; *Donald E. Lively*, The Supreme Court Appointment Process: In Search of Constitutional Roles and Responsibilities, S.Cal.L.Rev., Bd. 59 (1986), 551.

seitdem für den Ausschluss der Öffentlichkeit nur noch eine einfache Mehrheit erforderlich.[624]

Durch die öffentlichen Anhörungen im Rechtsausschuss des Senats wird ein hohes Maß an Transparenz erzeugt, das der interessierten Öffentlichkeit einen guten Eindruck von der fachlichen und persönlichen Geeignetheit eines Kandidaten vermittelt soll – soweit dies in Befragungen möglich ist. Neben legitimen fachlichen Fragen, deren Schwerpunkt häufig auf früheren Äußerungen der Kandidaten zu verfassungsrechtlichen oder rechtspolitischen Themen liegt, sind vor allem die auf die charakterliche Eignung gerichteten Fragen im Hinblick auf die Intimssphäre des Kandidaten nicht unproblematisch. Dennoch wissen alle Beteiligten, dass im Rahmen der "confirmation hearings" die Vergangenheit eines Kandidaten auf mögliche fachliche Fehlgriffe und „charakterliche" Schwächen durchleuchtet wird, was den U.S. Präsidenten regelmäßig dazu veranlasst, bereits im Vorfeld einer Nominierung entsprechende Überprüfungen der in Frage kommenden Kandidaten vornehmem zu lassen.[625]

II. Bestellung von Bundesverfassungsrichtern

1. Wahlverfahren

Als verfassungsrechtliche Grundlage für die Bestellung von Richtern des Bundesverfassungsgerichts dient zunächst Art. 94 Abs. 1 Satz 2 GG. Als Ausdruck des Bundesstaatsprinzips und der vertikalen Gewaltenteilung sieht diese Vorschrift seit 1949 unverändert vor, dass „[d]ie Mitglieder des Bundesverfassungsgerichtes ... je zur Hälfte vom Bundestage und vom Bundesrate gewählt" werden, was nach Bettermann als „föderative Parität" bezeichnet wird.[626] Die Konkretisierung von Art. 94 Abs. 1 GG in §§ 5 bis 7 BVerfGG hat zur Folge, dass abhängig

[624] Vgl. *Freund*, Appointment of Justices, Harv.L.Rev., Bd. 101 (1988) 1146, 1157.

[625] Vgl. hierzu *Hutchinson*, "The Ideal New Frontier Judge", Sup.Ct. Rev. 1997, 373, 389 ff.

[626] Vgl. *Bettermann*, Opposition und Verfassungsrichterwahl, in: FS. Zweigert, 723, 726.

vom jeweils tätigen Wahlorgan zwei unterschiedliche Verfahren bestehen.[627]

Seinen Abschluss findet das deutsche Bestellungsverfahren mit der Ernennung des Gewählten durch den Bundespräsidenten nach Art. 60 GG i.V.m. § 10 BVerfGG.[628] Wie sich auch aus den Protokollen des Parlamentarischen Rates in seltener Eindeutigkeit ergibt,[629] kommt dem Bundespräsidenten bei dieser Ernennung grundsätzlich kein Prüfungs- oder Verweigerungsrecht zu, sondern lediglich eine rechtswahrende Kontrollfunktion im Hinblick auf die gesetzlichen Voraussetzungen des Grundgesetzes und des BVerfGG.[630] Ein darüber hinaus gehendes materielles Prüfungsrecht des Bundespräsidenten wäre außerdem auch mit den Rechten von Bundestag und Bundesrat aus Art. 94 Abs. 1 Satz 2 GG nur schwer in Einklang zu bringen. Im Gegensatz zum U.S. Präsidenten nimmt der Bundespräsident damit eine Richterernennung vor, auf deren Zustandekommen er keinen substantiellen Einfluss

---

[627] Vgl. *Kischel*, Amt, Unbefangenheit und Wahl der Bundesverfassungsrichter, in: Isensee/Kirchhof, HdbStR, Bd. 3, § 69, Rdnr. 5; *Klein*, in: Maunz/Schmidt-Bleibtreu, BVerfGG, § 5, Rdnr. 1; *Voßkuhle*, in: v. Mangoldt/Klein/Starck, GG, Bd. 3, Art. 94, Rdnr. 8 ff.; *Billing*, Problem der Richterwahl, 119 ff.

[628] So auch *Herzog*, in: Maunz/Dürig, GG, Bd. 3, Art. 60, Rdnr. 11; *Nierhaus*, in: Sachs, GG, Art. 60, Rdnr. 4; *Pernice*, in: Dreier, GG, Bd. 2, Art. 60, Rdnr. 17; *Fink*, in: v. Mangoldt/Klein/Starck, Bd. 2, Art. 60, Rdnr. 8; *Majer*, in: Umbach/Clemens, BVerfGG, 1. Aufl., § 6, Rdnr. 20; a.A. *Stern*, Staatsrecht, Bd. 2, § 30 III 4 (S. 249 f.); *Hemmrich*, in: v. Münch/Kunig, GG, Bd. 2, Art. 60, Rdnr. 6, die davon ausgehen, dass Bundesverfassungsrichter keine „Bundesrichter" i.S. von Art. 60 Abs. 1 GG sind.

[629] Protokoll der 7. Sitzung des Rechtspflegeausschusses: Laforet (CSU): *„Was gibt das für ein ius? Ein ius ad rem? Oder ist der Bundespräsident an diese Auswahl gebunden?"* Strauß (CDU): *„Natürlich ist er gebunden! Das ist völlig eindeutig; ich glaube, da gibt es keine Auslegungsschwierigkeiten."* Zinn (SPD): *„Ich habe auch keine Bedenken."* In: Prot. Parl. Rat, Bd. 13/II, Dok.-Nr. 57, 1347, 1396 (7. Sitzung d. RpflA, 6.12.1948).

[630] Vgl. *Geck*, Wahl und Status der Bundesverfassungsrichter, in: Isensee/Kirchhof, HdbStR, 2. Aufl., Bd. 2, § 55, Rdnr. 12; *Nettesheim*, Die Funktionen des Bundespräsidenten im Verfassungsgefüge, in: Isensee/Kirchhof, HdbStR, Bd. 3, § 62, Rdnr. 49 f.; *Hemmrich*, in: v. Münch/Kunig, GG, Bd. 2, Art. 60, Rdnr. 14; *Nierhaus*, in: Sachs, GG, Art. 60, Rdnr. 8; *Lechner/Zuck*, BVerfGG, § 10, Rdnr. 1; *Klein*, in: Maunz/Schmidt-Bleibtreu, BVerfGG, § 10, Rdnr. 4; *Heyde*, in: Umbach/Clemens/ Dollinger, BVerfGG, § 10, Rdnr. 5; *Billing*, Problem der Richterwahl, 162 f. (*„Die Ernennung ist ein Formalakt"*); *Kröger*, Richterwahl, in: Festgabe BVerfG, Bd. 1, 76, 101 f.

genommen hat. Anders als im amerikanischen System ist das Verfahren als Wahl ausgestaltet, bei der die zuständigen Gremien formal über die Auswahl der Kandidaten entscheiden können. Die Verfassungswirklichkeit hat jedoch zu anderen Gegebenheiten geführt, die mit dem Mehrheitserfordernis bei der Verfassungsrichterwahl zusammenhängen.

2. *Erfordernis einer Zweidrittelmehrheit*

Das Grundgesetz enthält keine Bestimmung über die bei der Wahl von Bundesverfassungsrichtern anzuwendenden konkreten Grundsätze. Es beschränkt sich darauf, die in Art. 94 Abs. 1 GG aufgeführten allgemeinen Vorgaben aufzustellen, überlässt es aber im übrigen durch den Regelungsvorbehalt des Art. 94 Abs. 2 Satz 1 GG dem Bundesgesetzgeber, das Wahlverfahren im Detail zu regeln.[631]

Der Bundesgesetzgeber hat mit dem BVerfGG von seinen Befugnissen aus Art. 94 Abs. 2 Satz 1 GG Gebrauch gemacht. Zentrale Bedeutung bei der Wahl von Bundesverfassungsrichtern hat in der Verfassungspraxis der Bundesrepublik Deutschland vor allem das Erfordernis einer Zweidrittelmehrheit im Wahlausschuss des Deutschen Bundestages nach § 6 Abs. 5 BVerfGG und im Bundesrat nach § 7 BVerfGG erlangt.[632] Ursprünglich war in § 6 Abs. 4 BVerfGG a.F. für Abstimmungen im damaligen Wahlmännerausschuss sogar eine Dreiviertelmehrheit (9 von 12 Stimmen) vorgesehen.[633] Aufgrund von Schwierigkeiten bei verschiedenen Neuwahlen wurde diese aber mit der 1. Novelle zum BVerfGG im Jahre 1956 auf eine Zweidrittelmehrheit (8 von 12 Stimmen) reduziert.[634] Das Ziel der damaligen Gesetzesänderung bestand darin, dass nach den Mehrheitsverhältnissen der II. Legislaturperiode (1953-57) die Koalition von CDU/CSU, DP, GP/BHE und FDP im Wahlmännerausschuss über die erforderliche Mehrheit von 8 Stimmen

---

[631] Vgl. *Voßkuhle*, in: v. Mangoldt/Klein/Starck, GG, Bd. 3, Art. 94, Rdnr. 4; *Schlaich/Korioth*, Bundesverfassungsgericht, Rdnr. 36.

[632] Vgl. *Laufer*, Verfassungsgerichtsbarkeit und politischer Prozeß, 212 u. 226; *Billing*, Problem der Richterwahl, 128 f.

[633] Vgl. zu den Gründen *Geiger*, BVerfGG-Kommentar, § 6, Anm. 4.

[634] Vgl. *Lechner/Zuck*, BVerfGG, § 6, Rdnr. 8; *Majer*, in: Umbach/Clemens, BVerfGG, 1. Aufl., § 6, Rdnr. 23; *Kröger*, Richterwahl, in: Festgabe BVerfG, Bd. 1, 76, 91.

verfügt hätte.[635] Das Zerbrechen der Koalition im Februar 1956 verhinderte jedoch, dass von den neuen Bestimmungen in beabsichtigter Weise Gebrauch gemacht werden konnte.[636] Auch in der weiteren Geschichte der Bundesrepublik verfügten weder die Unions-Parteien noch die SPD jemals allein oder in Koalitionen mit dritten Parteien über eine Zweidrittelmehrheit in Bundestag oder Bundesrat.

Das Erfordernis der Zweidrittelmehrheit nach § 6 Abs. 5 und § 7 BVerfGG verhinderte bislang einen einseitigen politischen Einfluss bei der Zusammensetzung des Bundesverfassungsgerichts zugunsten einer bestimmten politischen Richtung. An seine Stelle trat eine gleichmäßige und kontinuierliche Beeinflussung der Richterauswahl durch beide Volksparteien. Dass die Wahl von Bundesverfassungsrichtern auf der Grundlage eines parteiübergreifenden Konsenses zwischen Union und SPD basieren muss, hat im Hinblick auf die Personenauswahl dazu geführt, dass überwiegend moderate, auch für den politischen Gegner tragbare Kandidaten gewählt werden, die in parteipolitischen Auseinandersetzungen nicht allzu polarisierend in Erscheinung getreten sind.[637] Man kann also davon ausgehen, dass das Erfordernis der Zwei-

---

[635] Vgl. *Klein*, in: Maunz/Schmidt-Bleibtreu, BVerfGG, § 6, Rdnr. 14 ff; *Billing*, Problem der Richterwahl, 132 ff.; *Laufer*, Verfassungsgerichtsbarkeit und politischer Prozeß, 223 ff.; *Lechner/Zuck*, BVerfGG, § 6, Rdnr. 8.

[636] Vgl. *Birke*, Nation ohne Haus, 372; *Schwarz*, Adenauer, Bd. 2 (1952-67), 259 ff.; vgl. tabellarische Übersicht bei *Billing*, Problem der Richterwahl, 167.

[637] Vgl. *Wieland*, in: Dreier, GG, Bd. 3, Art. 94, Rdnr. 12 („... *dem ‚mainstream' des verfassungsrechtlichen Denkens zuzuordnen sind.*"); *Ruppert*, in: Umbach/Clemens/Dollinger BVerfGG, § 6, Rdnr. 24 („... *keine Richter mit extremen Überzeugungen* ..."); *Klein*, in: Maunz/Schmidt-Bleibtreu, BVerfGG, § 5, Rdnr. 4 („*Dadurch wird es einer politischen Seite kaum möglich sein, gerade ihre ausgeprägtesten Vertreter in das BVerfG zu senden. Der Vorgeschlagene muß für die andere Seite immerhin tolerierbar sein.*"); *Lorz*, Die Gefahr der Stimmengleichheit, ZRP 2003, 36, 39 („... *für die „eigenen" Stellen Persönlichkeiten zu suchen, die für die politische Gegenseite akzeptabel sind, und umgekehrt auf den anderen Stellen auch nur inakzeptable Vorschläge der anderen Seite abzulehnen, ...*"). Dies zeigte sich beispielsweise bei der (informellen) Nominierung der damaligen stellvertretenden Fraktionsvorsitzenden der SPD-Bundestagsfraktion *Hertha Däubler-Gmelin* für den Posten der Vizepräsidentin des Bundesverfassungsgerichts im Jahre 1994. Letztlich fand keine Abstimmung über ihre Person statt, da ihre Wahl in Unionskreisen als nicht zumutbar angesehen wurde und somit eine Zweidrittelmehrheit nicht zustande gekommen wäre, vgl. *Ruppert*, in: Umbach/Clemens/Dollinger BVerfGG, § 6, Rdnr. 24 (Fn. 41); *Pieper*, Verfassungsrichterwahlen, 13 (Fn. 20); *Zuck*, Politische Sekundärtugenden, NJW 1994, 497 ff. Mit grundsätzlich positiver Beurtei-

drittelmehrheit die einzige institutionelle Garantie gegen eine – zumindest vorübergehende – einseitige parteipolitische Besetzung des Bundesverfassungsgerichts darstellt.[638]

Manche sehen im Erfordernis der Zweidrittelmehrheit sogar eine „Existenzfrage" des Gerichts und vertreten die Auffassung, eine Abänderung zugunsten einer einfachen Mehrheit im Wahlausschuss wäre verfassungswidrig. Seine Grundlage soll diese Argumentation in der verfassungsgerichtlichen Funktion des Minderheitenschutzes finden, der es bedingt, dass Bundesverfassungsrichter nach Art. 94 Abs. 1 GG nur auf „breiter Legitimationsgrundlage" gewählt werden dürfen.[639] Allerdings greifen die verfassungsrechtlichen Bedenken nicht durch, da sich ein verfassungsrechtliches Gebot zur Wahl mit qualifizierter Mehrheit, dem Grundgesetz nicht entnehmen lässt. Als Ausnahme vom verfassungsrechtlichen Prinzip der einfachen Mehrheit müsste es ausdrücklich normiert sein. Auch der Hinweis auf den Minderheitenschutz überzeugt nicht, da ein verfassungsrechtlich gebotenes Erfordernis einer qualifizierten Mehrheit der parlamentarischen Opposition einen zu großen Einfluss sichern würde. Entsprechend ist davon auszugehen, dass bei der Verfassungsrichterwahl auch eine einfache Mehrheit vom Grundgesetz gedeckt wäre.[640]

---

lung der Kooperation zwischen CDU/CSU und SPD *Klein*, in: Maunz/Schmidt-Bleibtreu, BVerfGG, § 5, Rdnr. 4, der in einer „legitim zustehenden Beteiligung" der politischen Parteien einen besseren Weg sieht, „als diese auf den dunklen Weg inoffizieller und unkontrollierbarer Einflussnahme abzudrängen".

[638] Vgl. *Julius Federer*, Aufbau, Zuständigkeit und Verfahren des BVerfG, in: Das Bundesverfassungsgericht, Karlsruhe 1963, 36, 41; *Lechner/Zuck*, BVerfGG, § 6, Rdnr. 8.

[639] Vgl. *Katja Schmidt*, Art 42 II GG und die Wahl der Bundesverfassungsrichter, JA 1999, 479, 480; anders *Benda*, in: Benda/Klein, Verfassungsprozessrecht, Rdnr. 130 f.; BVerfG, Beschl. v. 23.7.1998, BayVBl. 1999, 16 (zur Wahl der berufsrichterlichen Mitglieder des Bayerischen Verfassungsgerichtshofs).

[640] Vgl. *Wieland*, in: Dreier, GG, Bd. 3, Art. 94, Rdnr. 13; ähnlich *Benda*, in: Benda/Klein, Verfassungsprozessrecht, Rdnr. 131; ohne Stellungnahme zum verfassungsrechtlichen Hintergrund der Zweidrittelmehrheit *Lechner/Zuck*, BVerfGG, § 6, Rdnr. 8; *Majer*, in: Umbach/Clemens, BVerfGG, 1. Aufl., § 6, Rdnr. 21 ff.; einschränkend *Voßkuhle*, in: v. Mangoldt/Klein/Starck, GG, Bd. 3, Art. 94, Rdnr. 9 („*zumindest verfassungspolitisch bedenklich*").

3. Besetzungspräferenzen

Das Erfordernis einer Zweidrittelmehrheit nach § 6 Abs. 5 u. § 7 BVerfGG hat seit Gründung des Bundesverfassungsgerichts im Jahre 1951 dazu geführt, dass die derzeit bestehenden 16 Richterstellen[641] nach einem festen Verteilungsschlüssel proportional nach Parteizugehörigkeit bzw. Parteinähe besetzt werden.[642] Da das Grundgesetz schon keine Bestimmung über die bei der Verfassungsrichterwahl bestehenden Mehrheitsanforderungen enthält, entwickelten sich auch die praktischen Folgen der Zweidrittelmehrheit nicht auf verfassungsrechtlicher Ebene. Genau genommen sind hierfür auch nicht die Vorschriften des BVerfGG einschlägig, da Planung und Vorbereitung von Verfassungsrichterwahlen auf einer informellen und untergesetzlichen Ebene stattfinden. Im Ergebnis entfallen hierbei unter Berücksichtigung früherer oder gegenwärtiger Koalitionen auf Bundesebene die Besetzungspräferenzen für sechs Verfassungsrichterstellen auf Kandidaten von CDU/CSU, sechs auf Kandidaten der SPD und jeweils eine auf FDP und Bündnis 90/Grüne. Die verbleibenden zwei Sitze sollen mit neutralen Kandidaten besetzt werden, wobei die Besetzungspräferenz wiederum bei den Volksparteien liegt.[643] Sobald eine Richterstelle vakant wird, erhält diejenige politische Partei, die bereits den Vorgänger benannt hat, erneut das Vorschlagsrecht.[644] Im Regelfall werden Vereinbarungen je-

---

[641] Zunächst waren 24, später 20 Richterstellen vorgesehen, vgl. § 2 Abs. 2 BVerfGG a.F.

[642] Vgl. *Pieper*, Verfassungsrichterwahlen, 27 („*nach einem festgelegten Tableau*"); *Kischel*, Amt, Unbefangenheit und Wahl der Bundesverfassungsrichter, in: Isensee/Kirchhof, HdbStR, Bd. 3, § 69, Rdnr. 21; *Ruppert*, in: Umbach/Clemens/Dollinger BVerfGG, § 6, Rdnr. 23 ff. (Praxis des Auswahlverfahrens); *Schlaich/Korioth*, Bundesverfassungsgericht, Rdnr. 43; kritisch auch *Klein*, in: Maunz/ Schmidt-Bleibtreu, BVerfGG, § 5, Rdnr. 4; *Giacometti*, Die Verfassungsgerichtsbarkeit des schweizerischen Bundesgerichts, 21; vgl. zur 1. Verfassungsrichterwahl im Jahre 1951 *Geiger*, BVerfGG-Kommentar, § 6, Anm. 1.

[643] Vgl. *Ruppert*, in: Umbach/Clemens/Dollinger, BVerfGG, § 6, Rdnr. 24 f.; *Kröger*, Richterwahl, in: Festgabe BVerfG, Bd. 1, 76, 94; *Wieland*, in: Dreier, GG, Bd. 3, Art. 94, Rdnr. 13; *Schlaich/Korioth*, Bundesverfassungsgericht, Rdnr. 43; *Quaas*, Die Verfassung der Vereinigen Staaten von Amerika und das Grundgesetz, VBlBW 2003, 217, 221.

[644] Vgl. *Geck*, Wahl und Amtsrecht, 34 f; *von Danwitz*, Qualifizierte Mehrheiten, JZ 1996, 481; *Lorz*, Die Gefahr der Stimmengleichheit, ZRP 2003, 36, 37; *Mauro Cappeletti*, The Judicial Process in Comparative Perspective, 138 (Hrsg. Paul J. Kollmer, Joanne M. Olson, 1989); *Ruppert*, in: Umbach/Clemens/Dollinger, BVerfGG, § 6, Rdnr. 24 ff.

doch nicht über einzelne Vakanzen getroffen, sondern die Volksparteien einigen sich im Vorfeld anstehender Neubesetzungen nach Möglichkeit auf ein mehrere Richterstellen umfassendes „Personalpaket“, bei dem auch bereits später frei werdende Stellen berücksichtigt werden.[645] Auch der Tausch von Vorschlagsrechten ist in der Vergangheit vorgekommen.[646] Auf diese Weise wurde die seit den Gründungsjahren der Bundesrepublik bestehende parteipolitische Zuordnung von Verfassungsrichterstellen bis in die Gegenwart aufrechterhalten.[647]

Es überrascht nicht, dass die parteipolitische Dominanz bei der Richterauswahl vor allem im früheren staatsrechtlichen Schrifttum mit harscher Kritik bedacht wurde.[648] Allerdings wurde ebenfalls zutreffend darauf hingewiesen, dass ungeachtet des parteipolitisch dominierten Auswahlverfahrens, viele Bundesverfassungsrichter aufgrund ihrer persönlichen Unabhängigkeit auch in politisch umstrittenen Verfahren Entscheidungen des Gerichts mitgetragen haben, die von denjenigen, die sie vorgeschlagen und gewählt haben, stark kritisiert wurden.[649] Allerdings – und das wird gerne ausgeblendet – gibt es andere, ebenfalls politisch brisante Verfahren, in denen die Richter eines Senats deutlich

---

[645] Vgl. *Benda*, in: Benda/Klein, Verfassungsprozessrecht, Rdnr. 135; *Ruppert*, in: Umbach/Clemens/Dollinger BVerfGG, § 6, Rdnr. 23.

[646] Zu nennen ist etwa der Tausch einer der CDU/CSU „zustehenden“ Vorschlagspräferenz mit der FDP für das Vorschlagsrecht des nächsten Bundesverfassungsgerichtspräsidenten von 1971, vgl. *Kröger*, Richterwahl, in: Festgabe BVerfG, Bd. 1, 76, 97.

[647] So berichtete die FAZ vom 7. August 1998, Nr. 181/32, S. 2, dass als Nachfolger der Richter Graßhof (auf Vorschlag der SPD gewählt) und Kruis (auf Vorschlag der Union gewählt) „man sich in Bonn“ auf Lerke Osterloh (SPD-Vorschlag) und Siegfried Broß (Unions-Vorschlag) geeinigt hätte. In ähnlicher Weise wurde in der FAZ v. 15. Oktober 2004, Nr. 241/42, S. 1 berichtet, dass als Nachfolger der Richterin Jaeger (auf Vorschlag der SPD gewählt) nun Reinhard Gaier (ebenfalls SPD-Vorschlag) gewählt werden soll. Hierzu hieß es wörtlich: „Darauf haben sich SPD und CDU verständigt.“

[648] Vgl. *Friedrich Giese*, Die Richterwahl in Deutschland, in: Der Wähler 1952, 304, 309 ff.; *Werner Weber*, Das Richterum in der deutschen Verfassungsordnung, in: FS. Niedermeyer, Göttingen 1953, 261, 272 ff.; *Laufer*, Verfassungsgerichtsbarkeit und politischer Prozeß, 208 f.

[649] Vgl. *Wieland*, in: Dreier, GG, Bd. 3, Art. 94, Rdnr. 11; *Lorz*, Die Gefahr der Stimmengleichheit, ZRP 2003, 36, 37; empirisch hierzu *von Danwitz*, Qualifizierte Mehrheiten, JZ 1996, 481, 486 f.; *Jäger*, Entscheidungsverhalten und Hintergrundfaktoren, ZRP 1987, 360.

erkennbar „entlang der Parteilinien" abstimmen,[650] so wie es bei der parteipolitischen Auswahl ursprünglich auch vorgesehen war. Üblicherweise erfolgen solche Voten ohne konkrete parteipolitische Einflussnahmen.[651] Solche sind jedoch bei „richtiger" Kandidatenauswahl auch nicht erforderlich.

4. *Wahlverfahren in Bundesrat und Bundestag*

Die Wahl von Bundesverfassungsrichtern durch den Bundesrat erfolgt nach § 7 BVerfGG im gesamten Plenum, so dass für das Erreichen der Zweidrittelmehrheit heute 46 der 69 Gesamtstimmen erforderlich sind. In der Regel wird das Votum im Bundesrat wegen des zuvor hergestellten Konsenses einstimmig abgegeben.[652] In der Verfassungspraxis tritt hierzu eine sich aus den Justizministern und -senatoren der Länder bestehende *ad hoc* Kommission zur Wahlvorbereitung zusammen (vgl. § 15 GeschO-BR), deren an sich nicht bindende Empfehlungen zur Verfassungsrichterwahl üblicherweise ohne weitere Erörterung im Plenum des Bundesrates verabschiedet werden.[653]

---

[650] Vgl. BVerfG, Urt. v 18.7.2001, BVerfGE 104, 51 (61 ff.) (LebenspartnerschaftsG) – Sondervotum Papier, Haas u. Steiner; BVerfG, Urt. v. 18.12.2002, BVerfGE 106, 310 (337 ff.) – Sondervotum Osterloh u. Lübbe-Wolff (Zuwanderungsgesetz); Urt. v. 8.12.2004, 2 BvE 3/02, NJW 2005, 203, 208 ff. – Sondervotum Osterloh/Gerhardt u. Sondervotum Lübbe-Wolff (Zusammensetzung d. Vermittlungsausschusses nach Art. 77 Abs. 2 GG).

[651] Von einem – wenn er tatsächlich statt gefunden hat – bemerkenswerten Einflussversuch berichtet *Lorz*, Die Gefahr der Stimmengleichheit, ZRP 2003, 36, 37 (Fn. 13) unter Verweis auf die WirtschaftsWoche v. 14.11.2002 (Nr. 47, S. 12). Danach soll der damalige Bundeskanzler Schröder einen an der Entscheidung zum Zuwanderungsgesetz beteiligten Verfassungsrichter angerufen haben, um ihn zu einem Votum im Sinne der SPD zu beeinflussen.

[652] Vgl. zu den Wahlergebnissen der Jahre 1951 bis 1967, *Laufer*, Verfassungsgerichtsbarkeit und politischer Prozeß, 219 ff.; z.B. zur einstimmigen Wahl v. 7.10.1955, BR-Drs. Nr. 332/55; desgl. Wahl v. 19.12.1958, Prot. BR, 283 C-D; desgl. Wahl v. 15.12.1961, Prot. BR 239 B-C; desgl. Wahl v. 12.6.1963, Prot. BR 176 D-177 A; Wahl v. 14.7.1967, Prot. BR 158 A-C; nicht einstimmig war hingegen die Wahl v. 20.7.1956, Prot. BR, 282, B-C.

[653] Vgl. *Geck*, Wahl und Amtsrecht, 25; *Klein*, in: Maunz/Schmidt-Bleibtreu, BVerfGG, § 7, Rdnr. 3; *Ruppert*, in: Umbach/Clemens/Dollinger, BVerfGG, § 7, Rdnr. 4; *Kröger*, Richterwahl, in: Festgabe BVerfG, Bd. 1, 76, 93; *Billing*, Problem der Richterwahl, 126 ff. u. 177 ff.; *Pieper*, Verfassungsrichterwahlen, 27 f.

Im Bundestag wurde die Wahl der Bundesverfassungsrichter seit 1951 auf den Wahlausschuss nach § 6 Abs. 2 BVerfGG übertragen (früher: Wahlmännerausschuss), dem zwölf Abgeordnete aller im Parlament vertretenen Parteien in proportionaler Stärke angehören.[654] Da es sich beim Ausschuss nach § 6 Abs. 2 BVerfGG um einen kleinen Ausschuss handelt, hat er für die politischen Parteien den Vorteil, leichter steuerbar zu sein.[655] Die Delegation auf den Wahlausschuss wurde jedoch im Schrifttum lange Zeit heftig kritisiert, weil darin ein Verstoß gegen den Wortlaut des Art. 94 Abs. 1 Satz 2 GG gesehen wurde. Sofern das Grundgesetz eine Wahl durch „den Bundestag“ vorsähe, soll diese unmittelbar durch das gesamte Plenum des Parlaments und nicht durch einen beauftragten Ausschuss erfolgen.[656] Allerdings ist dieser von Zeit zu Zeit immer wieder aufflackernde verfassungsrechtliche Streit durch die langjährige Verfassungspraxis weitgehend überholt. Auch das Bundesverfassungsgericht hat mittlerweile implizit entschieden, dass diese

---

[654] Vgl. zur früheren Zusammensetzung des Wahlausschusses nach § 6 Abs. 2 BVerfGG, BT-Drs. 15/140 u. 15/141, BT-Sten. Prot. 15/1041 A, 14. Sitzung, 5.12.2002; zu den Mitgliedern des Wahlmännerausschusses in den Jahren von 1951 bis 1967, *Laufer*, Verfassungsgerichtsbarkeit und politischer Prozeß, 219 ff. mit tabellarischen Übersichten über die Mitglieder bis zu V. Wahlperiode (1965-1969); *Billing*, Problem der Richterwahl, 122 ff. u. 171 ff.

[655] Vgl. *Klein*, in: Maunz/Schmidt-Bleibtreu, BVerfGG, § 6, Rdnr. 2; a.A. *Geiger*, BVerfGG-Kommentar, § 6, Anm. 2; *Ruppert*, in: Umbach/Clemens/Dollinger, BVerfGG, § 6, Rdnr. 7; zuvor bereits *Majer*, in: Umbach/Clemens, BVerfGG, 1. Aufl., § 6, Rdnr. 5, die darin überraschenderweise eine Möglichkeit sah, *„den parteipolitischen Einfluß ... möglichst gering zu halten“*.

[656] Vgl. eingehend *Arthur Kreuzer*, Zuständigkeitsübertragungen bei Verfassungsrichterwahlen, Der Staat, Bd. 7 (1968), 183, 189 ff.; *Ulrich K. Preuß*, Die Wahl der Mitglieder des BVerfG als verfassungsrechtliches und -politisches Problem, ZRP 1988, 389 f.; Benda, in: Benda/Klein, VerfassungsprozeßR, Rdnr. 132; *Pieper*, Verfassungsrichterwahlen, 29 ff.; *Wieland*, in: Dreier, GG, Bd. 3, Art. 94, Rdnr. 14; *Voßkuhle*, in: v. Mangoldt/Klein/Starck, GG, Bd. 3, Art. 94, Rdnr. 10; zur mittlerweile herrschenden Meinung im Schrifttum *Ruppert*, in: Umbach/Clemens/Dollinger, BVerfGG, § 6, Rdnr. 8 ff.; so auch schon in der Vorauflage *Majer*, in: Umbach/Clemens, BVerfGG, 1. Aufl., § 6, Rdnr. 32 ff., 39; *Jarass/Pieroth*, GG, Art. 94, Rdnr. 1; *Klein*, in: Maunz/Schmidt-Bleibtreu, BVerfGG, § 6, Rdnr. 2 ff. (*„normative Kraft des Faktischen“*); *Stern* in: Bonner Kommentar, Art. 94, Rdnr. 65 u. 83; *Lechner/Zuck*, BVerfGG, § 6, Rdnr. 2; *Kröger*, Richterwahl, in: Festgabe BVerfG, Bd. 1, 76, 92; kritisch auch *Geiger*, BVerfGG-Kommentar, § 6, Anm. 2, bei dem die Gründe der Praktikabilität und Zweckmäßigkeit aber überwiegen.

Regelung verfassungsrechtlich nicht zu beanstanden ist, was nicht zuletzt im Hinblick auf seine eigene Legitimationsgrundlage nur allzu verständlich ist.[657]

5. *Wahl von Bundesrichtern*

Da dem Bundesverfassungsgericht nach Art. 94 Abs. 1 GG „Bundesrichter" angehören müssen, sieht § 2 Abs. 3 Satz 1 BVerfGG in Konkretisierung dieser verfassungsrechtlichen Vorgabe gegenwärtig vor, dass in jedem Senat drei der acht Richter „aus der Zahl der Richter an den obersten Gerichtshöfen des Bundes gewählt" werden.[658] Das heißt, von den derzeit 16 Richtern des Bundesverfassungsgerichts müssen sechs zuvor bereits als Bundesrichter gewählt und ernannt worden sein. Somit kommt dem Bestellungsverfahren von Bundesrichtern auch für die Besetzung des Bundesverfassungsgerichts eine vorentscheidende Bedeutung zu.

Die Wahl von Bundesrichtern an den obersten Gerichtshöfen des Bundes[659] bestimmt sich in der ursprünglichen Fassung des Grundgesetzes nach Art. 96 Abs. 2 GG a.F. i.V.m. Art. 95 Abs. 3 GG a.F.; mittlerweile sind die nur leicht modifizierten Regelungen in Art. 95 Abs. 2 GG enthalten. Danach entscheidet über die Berufung der Bundesrichter der für das jeweilige Sachgebiet zuständige Bundesminister[660] zusammen mit einem Richterwahlausschuss, der aus den zuständigen Landesministern und -senatoren[661] und einer gleichen Anzahl von Mitgliedern besteht,

---

[657] BVerfG, Beschl. v. 6.11.1975, BVerfGE 40, 352 (356); BVerfG, Zwischenentscheidung v. 11.10.1983, BVerfGE 65, 152 (154).

[658] Bei einem insgesamt größeren Gericht sah § 4 Abs. 1 BVerfGG a.F. vor, dass *„[v]ier Richter jedes Senats aus der Zahl der Richter an den oberen Bundesgerichten für die Dauer ihres Amtes an diesen Gerichten gewählt werden."* Vgl. BGBl. I 1951, 243.

[659] Nach der Fassung des Art. 95 Abs. 1 GG n.F. sind das Bundesgerichthof (BGH), Bundesverwaltungsgericht (BVerwG) Bundesfinanzhof (BFH), Bundesarbeitsgericht (BAG) und Bundessozialgericht (BSG); vgl. 3. Teil, A, II.

[660] Nach a.F. war dies nur der Bundesminister der Justiz. Heute ist er dies für BGH, BVerwG und BFH unverändert; für das BAG und das BSG war bis 2002 der Bundesminister für Arbeit und Sozialordnung zuständig, *Stern*, Staatsrecht, Bd. II, § 33 IV 3 (S. 403); *Schulze-Fielitz*, in: Dreier, GG, Bd. III, Art. 95, Rdnr. 23.

[661] Früher waren dies nur die jeweiligen Landesjustizminister, vgl. Art. 96 Abs. 2 GG a.F.

die vom Bundestag gewählt werden. In der Praxis werden damit gegenwärtig 32 Mitglieder des Richterwahlausschusses bestellt, die nach den Bestimmungen des Richterwahlgesetzes v. 25.8.1950[662] über die Wahl der Richter für die obersten Gerichtshöfe des Bundes entscheiden.[663] Der zuständige Bundesminister hat zwar kein eigenes Wahlrecht, aber ein Vetorecht, da er der Entscheidung des Wahlausschusses am Ende zustimmen muss. Geschieht dies nicht, so gilt die Berufung eines Kandidaten als gescheitert (vgl. § 13 DRiG).[664]

In jüngerer Zeit sind Unstimmigkeiten in Zusammenhang mit der Wahl von Bundesrichtern aufgetreten,[665] die sogar zur Erhebung von Konkurrentenklagen nicht berücksichtigter Kandidaten geführt haben.[666] Diese zeigen, dass die Grundlagen des Verfahrens nach Art. 95 Abs. 2 GG im Hinblick auf die Anforderungen des Demokratieprinizips und dem in Art. 33 Abs. 2 GG niedergelegten Prinzip der Bestenauslese durchaus problematisch ist.[667] Die aufgetretenen Zweifel an der demo-

---

[662] BGBl. 1950 I, 368, geändert durch Gesetz v. 19.6.1968, BGBl. 1968 I, 661 und v. 30.7.1968, BGBl. 1968 I, 873, eingehend kommentiert in *Schmidt-Räntsch*, Deutsches Richtergesetz – Kommentar, 5. Aufl. 1995, Teil G; vgl. zum Ganzen *Achterberg*, in: Bonner Kommentar, Art. 95, Rdnr. 248 ff.; *Voßkuhle*, in: v. Mangoldt/ Klein/Starck, GG, Bd. 3, Art. 95, Rdnr. 30; *Schulze-Fielitz*, in: Dreier, GG, Bd. III, Art. 95, Rdnr. 23 ff.; im Hinblick vor allem auf Art. 98 Abs. 4 *Ehlers*, Verfassungsrechtliche Fragen der Richterwahl, Berlin 1998.

[663] Vgl. zur Zusammensetzung des Richterwahlausschusses nach § 5 RichterwahlG in der 15. Wahlperiode, BT-Drs. 15/138 u. 15/139; BT-Sten. Prot. 15/1024 D, 14. Sitzung, 5.12.2002.

[664] Vgl. *Meyer*, in: v. Münch/Kunig, III, Art. 95, Rdnr. 9; *Schulze-Fielitz*, in: Dreier, GG, Bd. III, Art. 95, Rdnr. 26; *Stern*, Staatsrecht, Bd. II, § 33 IV 3 (S. 403); *Voßkuhle*, in: v. Mangoldt/ Klein/Starck, GG, Bd. 3, Art. 95, Rdnr. 37.

[665] Vgl. zur Bundesrichterwahl vom 15.2.2001 u.a. *Bernd Rüthers*, Demokratischer Rechtsstaat oder oligarchischer Richterstaat? JZ 2002, 365 ff.; *Helmut Kerscher*, Abschied von der Besten-Auslese, DRiZ 2002, 42 ff.

[666] VG Schleswig, Beschl. v. 4.7.2001, SchlHA 2001, 195; OVG Schleswig-Holstein, Beschl. 15.10.2001, NJW 2001, 3495 (Anm. Schultze-Fielitz, JZ 2002, 144 ff.); VG Schleswig, Beschl. v. 17.6.2002, NJW 2003, 168, in zweiter Instanz hierzu: OVG Schleswig-Holstein, Beschl. 31.7.2002, NJW 2003, 158; OVG Schleswig-Holstein, Beschl. 25.11.2002, SchlHA 2002, 289 ff.

[667] Vgl. *Claus Arndt*, Richterauswahl für die obersten Bundesgerichte, Recht u. Politik 2002, 23 ff.; *Theo Rasehorn*, Um die „Bestenauslese" bei der Richterwahl, Recht u. Politik 2002, 29 ff.; *Klaus J. Griegoleit/Angelika Siehr*, Die Berufung zum Bundesrichter: Quadratur des Kreise?, DÖV 2002, 455 ff.; *Günter Bertram*, Von Richtern und Kröten, NJW 2001, 1838 ff.; *Geert W. Mackenroth*,

kratischen Legitimation und fachlichen Eignung der gewählten Richter sind vor allem auch wegen der von Art. 94 Abs. 2 Satz 1 GG i.V.m. § 2 Abs. 3 BVerfGG ausgehenden Fernwirkung auf die Auswahl von Bundesverfassungsrichtern bedenklich und in ihrer Bedeutung nicht zu unterschätzen. Dies gilt umso mehr, weil die in Art. 94 Abs. 1 GG vorgesehene Beteiligung von „Bundesrichtern" bei der Erarbeitung der grundgesetzlichen Bestimmungen stets als Garantie für hohe juristische Qualität betrachtet wurde.[668]

6. *Intransparenz der Verfassungsrichterwahl*

Da das Grundgesetz keine Bestimmung über die bei der Wahl von Bundesverfassungsrichtern anzuwendenden konkreten Grundsätze enthält, sind durch den Regelungsvorbehalt des Art. 94 Abs. 2 Satz 1 GG auch Fragen der Verfahrenstransparenz weitgehend dem Bundesgesetzgeber überlassen.

Während das amerikanische Bestellungsverfahren durch die Beteiligung der Öffentlichkeit von großer Transparenz geprägt ist, stellt sich das Verfahren bei der Wahl von Bundesverfassungsrichtern als weit weniger transparent dar.[669] So erfährt die Öffentlichkeit über mögliche Richterbesetzungen am Bundesverfassungsgericht in der Regel erst dann, wenn bereits interne politische Festlegungen über die vorzunehmenden Besetzungen erfolgt sind.[670] Diese Festlegungen finden regelmäßig nicht

---

Die Qual der Wahl, DRiZ 2001, 214 f.; *Sebastian Lovens*, Verfassungswidrige Richterwahl, ZRP 2001, 465 ff.; *Ulrich Goll*, Die Reform der Richterwahl, Recht u. Politik 2001, 121 ff.; vgl. zuletzt FAZ v. 1.3.2003, S. 7.

[668] Vgl. z.B. *Beyerle*, in: Prot. Parl. Rat, Bd. 2, Dok.-Nr. 13 (Plenarsitzung des Verfassungskonvents v. 23.8.1948), 403, 431; *Greve* (SPD), *Ruscheweyh* (Sachverst.) und *Wolff* (Sachverst.), in: Prot. Parl. Rat, Bd. 13/II, Dok.-Nr. 55, 1272, 1273 ff. (5. Sitzung d. RpflA, 10.11.1948); so auch BVerfG, Beschl. v. 11.10.1983, BVerfGE 65, 152 (157); *Wieland*, in: Dreier, GG, Bd. 3, Art. 94, Rdnr.7; *Voßkuhle*, in: v. Mangoldt/Klein/Starck, GG, Bd. 3, Art. 94, Rdnr. 4.

[669] Ein Vergleich der beiden Verfahren auch bei *Wahl*, Die Reformfrage, in: FS. 50 Jahre BVerfG, 461, 480 f.

[670] Vgl. FAZ v. 15.10.2004, Nr. 241/42, S. 1 („Reinhard Gaier wird Bundesverfassungsrichter"); *Laufer*, Verfassungsgerichtsbarkeit und politischer Prozeß, 244 (zu „harten politischen Auseinandersetzungen" außerhalb der Wahlkörperschaften); *Ruppert*, in: Umbach/Clemens/Dollinger, BVerfGG, § 6, Rdnr. 24 ff.; in der Vorauflage bereits *Majer*, in: Umbach/Clemens, BVerfGG, 1. Aufl., § 6, Rdnr. 29.

im Wahlausschuss nach § 6 Abs. 2 BVerfGG oder im Bundesrat statt, sondern im engsten Kreis der Partei- und Fraktionsführung von CDU/CSU und SPD oder im Kreis der Ministerpräsidenten. Häufig liegt die Beurteilung und Übersicht über die möglichen Wahlvorschläge in der Hand eines einzigen Mitglieds der Parteiführung, das eine Vorauswahl vornimmt.[671]

Auch Anhörungen oder eingehende Befragungen möglicher Kandidaten unter dem Gesichtspunkt fachlicher oder persönlicher Eignung finden weder beim Wahlverfahren durch den Bundesrat noch durch den Bundestag statt. Die Intransparenz des Verfahrens ist sogar durch die in § 6 Abs. 4 BVerfGG vorgesehene Verschwiegenheitspflicht der Mitglieder des parlamentarischen Wahlausschusses sowie die in § 69 GeschO-BT bestimmte generelle Nichtöffentlichkeit von Ausschusssitzungen normativ abgesichert.[672] Die im BVerfGG für den Wahlausschuss des Bundestages vorgesehene Verschwiegenheitspflicht erstreckt sich sowohl auf die im Ausschuss geführten Erörterungen und Abstimmungen[673] als auch auf die „persönlichen Verhältnisse der Bewerber". Im Schrifttum wird der Begriff der „persönlichen Verhältnisse" grundsätzlich extensiv ausgelegt, so dass über die unmittelbar privaten Lebensumstände eines Bewerbers hinaus auch Fragen des beruflichen Werdegangs und der politischen Einstellung von der Verschwiegenheitspflicht

---

[671] Vgl. *Kischel*, Amt, Unbefangenheit und Wahl der Bundesverfassungsrichter, in: Isensee/Kirchhof, HdbStR, Bd. 3, § 69, Rdnr. 25; *Geck*, Wahl und Amtsrecht, 34 f.; *Pieper*, Verfassungsrichterwahlen, 28; *Kröger*, Richterwahl, in: Festgabe BVerfG, Bd. 1, 76, 92 f.; *Klein*, in: Maunz/Schmidt-Bleibtreu, BVerfGG, § 6, Rdnr. 1; *Voßkuhle*, in: v. Mangoldt/Klein/Starck, GG, Bd. 3, Art. 94, Rdnr. 14; *Ruppert*, in: Umbach/Clemens/Dollinger, BVerfGG, § 6, Rdnr. 26 („*... hat sich die bestehende Praxis bei aller Kritik im Einzelfall bewährt.*"); anders noch in der Vorauflage: *Majer*, in: Umbach/Clemens, BVerfGG, 1. Aufl., § 6, Rdnr. 29 f. („*'Entspersönlichung' und ... Bürokratisierung der Wahl*"); *Schlaich/Korioth*, Bundesverfassungsgericht, Rdnr. 43. Aus der BR-Drs. 677/05, in der die Wahl Herbert Landaus zum Bundesverfassungsrichter vorgeschlagen wurde, geht hervor, dass die Koordinierung im Bundesrat durch den Baden-Württembergischen Ministerpräsident Oettinger (CDU) und den damaligen Bremer Bürgermeister Scherf (SPD) erfolgte.

[672] Vgl. *Ruppert*, in: Umbach/Clemens/Dollinger, BVerfGG, § 6, Rdnr. 17; *Klein*, in: Maunz/Schmidt-Bleibtreu, BVerfGG, § 6, Rdnr. 12 f.; *Wieland*, in: Dreier, GG, Bd. 3, Art. 94, Rdnr. 14.

[673] Vgl. *Laufer*, Verfassungsgerichtsbarkeit und politischer Prozeß, 226.

nach § 6 Abs. 4 BVerfGG umfasst sind, soweit sie im Wahlausschuss erörtert oder auf sonstige Weise im Verfahren von Bedeutung waren.[674]

Für das Verfahren im Bundesrat bestehen keine normativen Vorkehrungen zu Geheimhaltung und Verschwiegenheitspflichten (§ 7 BVerfGG), so dass – jedenfalls was die Beschlussfassung anbelangt – formale Transparenz gegeben ist. Allerdings führt die Vorbereitung der Entscheidung durch die *ad hoc*-Wahlkommission üblicherweise dazu, dass das Plenum des Bundesrates deren Empfehlungen einstimmig und ohne weitere Erörterung bestätigt.[675]

III. Amerikanisches und deutsches Bestellungsverfahren

Die beiden gegensätzlich ausgestalteten Bestellungsverfahren in den Vereinigten Staaten und in Deutschland führen in der Verfassungspraxis beider Länder zu weitgehend unterschiedlichen Resultaten. Was jedoch die beteiligten Gremien und die Notwendigkeit der Kooperation anbelangt, lassen sich strukturelle Parallelen entdecken.

1. Abweichungen

a. Verfassungssystematischer Hintergrund

Zu einem großen Teil sind die bestehenden Abweichungen auf den grundsätzlichen Unterschied zwischen einer Präsidialdemokratie nach amerikanischem Muster und einer parlamentarischen Demokratie bundesdeutscher Prägung zurückzuführen. So kommt dem U.S. Präsidenten im amerikanischen Verfassungssystem die zentrale Funktion bei der Auswahl von Bundesrichtern zu, indem er im Verfahren nach Art. II, Sec. 2, cl. 2 U.S. Bundesverfassung zunächst über ein Nominierungsrecht verfügt, dem der Senat durch seine Bestätigung ("Consent") entsprechen kann oder nicht. Die personelle Auswahl des Präsidenten ori-

---

674 Vgl. *Klein*, in: Maunz/Schmidt-Bleibtreu, BVerfGG, § 6, Rdnr. 13; *Ruppert*, in: Umbach/Clemens/Dollinger, BVerfGG, § 6, Rdnr. 20; *Lechner/Zuck*, BVerfGG, § 6, Rdnr. 7.

675 Vgl. Pressemitteilung des Bundesrats v. 23.9.2005, Nr. 154/2005, worin die einstimmige Wahl Herbert Landaus lapidar mitgeteilt wurde; so auch BR-Drs. 677/05 (Beschluss); SZ v. 24./25.9.2005, S. 5.

entiert sich daher vor allem an seinen eigenen politischen Anschauungen und erst in zweiter Linie an den Mehrheitsverhältnissen im U.S. Senat. Durch das Nominierungsrecht kann der U.S. Präsident bereits im Vorfeld des Bestellungsverfahrens bestimmen, dass nur ein ihm politisch nahestehender Kandidat das Bestätigungsverfahren im Senat durchläuft. Im deutschen Auswahlverfahren kommt dem Bundespräsidenten ein solches Vorrecht nicht zu. Er hat nach Art. 60 GG i.V.m. § 10 BVerfGG denjenigen Kandidaten zu ernennen, den Bundestag oder Bundesrat gewählt haben, wobei er lediglich die Einhaltung der verfassungsrechtlichen und einfachgesetzlichen Bestimmungen überprüfen kann. Die entscheidenden verfassungsrechtlichen Instanzen bei der Wahl von Bundesverfassungsrichtern sind die im Grundgesetz vorgesehenen Wahlgremien Bundestag und Bundesrat, die regelmäßig die von den engsten Führungskreisen der beiden großen Volksparteien verabredeten Kandidatenvorschläge beschließen.

Da beide Bestellungsverfahren letztlich Ausdruck des Kräfteverhältnisses im jeweiligen Verfassungssystem sind, würde die Übertragung eines Modells auf das andere vermutlich zu tiefgreifenden Verwerfungen führen. Es ist daher im Hinblick auf die beiden Verfassungstypen der Präsidialdemokratie und der parlamentarischen Demokratie nur konsequent, den Schwerpunkt im Richterbestellungsverfahren einerseits beim U.S. Präsidenten und andererseits bei den Gesetzgebungskörperschaften der Bundesrepublik Deutschland zu belassen. Damit auch künftig keine Störung des bestehenden verfassungsrechtlichen Gleichgewichts eintritt, kann dem deutschen Bundespräsidenten nach Art. 60 GG weder ein Nominierungs- noch ein umfassendes Prüfungs- oder Zustimmungsrecht bei der Richterernennung eingeräumt werden. Etwas stärker gefährdet ist das Gleichgewicht der amerikanischen Verfassungsordnung, da der U.S. Senat seine ihm im amerikanischen Bestellungsverfahren zustehenden Zustimmungsrechte bislang mit Zurückhaltung gegenüber der Auswahlentscheidung des U.S. Präsidenten ausgeübt hat. So hatten die in der Vergangenheit von den republikanischen Präsidenten Nixon (1969-1974), Ford (1974-1977), Reagan (1981-1989), Bush sen. (1989-1993) und Bush jun. (2001-vorauss. 2009) vorgeschlagenen Kandidaten – abgesehen von wenigen unerfreulichen Fällen[676] – in der

[676] Z.B. Robert H. Bork (abgelehnt im Jahre 1987 mit 42-58 Stimmen); Haynsworth (abgelehnt im Jahre 1969 mit 45-55 Stimmen) und Carswell (abgelehnt im Jahre 1970 mit 45-51 Stimmen), *Epstein/Segal/Spaeth/Walker*, The Supreme Court Compendium, 326 ff., Table 4-13; *Carter*, Harv.L.Rev., Bd. 101 (1988), 1185; *Monaghan*, The Confirmation Process, Harv.L.Rev., Bd. 101 (1988) 1202, 1207; *Freund*, Appointment of Justices, Harv.L.Rev., Bd. 101

Regel keine Schwierigkeiten, die Zustimmung des über viele Jahre hinweg demokratisch kontrollierten U.S. Senats zu erhalten.[677] Es liegt zwar in der Tradition der amerikanischen Gewaltenteilung, dass der Senat wie die gesamte Legislative eine grundsätzlich konstruktive Haltung gegenüber den personellen Vorschlägen des U.S. Präsidenten einnimmt (z.B. auch bei der Ernennung von Ministern und Botschaftern), dies schließt aber nicht grundsätzlich aus, dass in Zeiten härterer Konfrontation bei der Richterbestellung eine stärker an parteipolitischen Positionen orientierte Haltung eingenommen werden könnte. Allerdings darf hierbei auch nicht außer Acht gelassen werden, dass die parteipolitische Zugehörigkeit in der amerikanischen Verfassungspraxis längst nicht so bedeutsam ist wie bei den Ländervertretern im Bundesrat und schon gar nicht so wie bei den Mitgliedern der Bundestagsfraktionen. Gleichwohl liegt im Zustimmungserfordernis des Art. II, Sec. 2, cl. 2 U.S. Bundesverfassung ein Obstruktionspotential, das zu Konflikten zwischen zwei Verfassungsorganen führen kann. Im Vergleich dazu sieht das Wahlverfahren nach Art. 94 Abs. 1 Satz 2 GG lediglich vor, dass innerhalb eines Verfassungsorgans – entweder im Bundestag oder im Bundesrat – eine Einigung herbeigeführt werden muss, so dass bei der Bestellung von Verfassungsrichtern Streitigkeiten zwischen verschiedenen Verfassungsorganen üblicherweise nicht auftreten können.

b. Parteipolitische Besetzung und Beeinflussung

Auch in Hinblick auf die parteipolitische Besetzung und Beeinflussung der obersten Gerichte gehen das amerikanische und das deutsch Bestellungsverfahren unterschiedliche Wege. Das Verfahren nach Art. II, Sec. 2, cl. 2 U.S. Bundesverfassung hat zur Folge, dass lediglich Richter zum Supreme Court ernannt werden, die dem U.S. Präsidenten verfassungs- und rechtspolitisch nahestehen. Innerhalb seiner maximalen Regierungszeit von acht Jahren hat ein U.S. Präsident demnach beim Auftreten von Vakanzen die Möglichkeit, den Supreme Court nach seinen

---

(1988) 1146, 1148 ff.; *McConenell*, Haynsworth and Carswell: A New Senate Standard of Excellence, Kentucky.L.J., Bd. 59 (1970), 7 ff.

677 Im gleichen Zeitraum (1969-2006), in dem drei Ablehnungen erfolgten, wurden fünfzehn Bestellungsverfahren weitgehend problemlos absolviert (i.e. Burger, Blackmun, Powell, Rehnquist, Stevens, O'Connor, Rehnquist – Wahl zum Chief Justice, Scalia, Kennedy, Souter, Thomas, Ginsburg, Breyer, Roberts und Alito); vgl. *Epstein/Segal/Spaeth/Walker*, The Supreme Court Compendium, 326 ff., Table 4-13.

eigenen verfassungspolitischen Vorstellungen zu besetzen. Politische Einseitigkeit wird bei diesem System nur dadurch verhindert, dass demokratische und republikanische U.S. Präsidenten – auf lange Sicht betrachtet – in etwa gleich lang regieren und damit nach einer gewissen Wahrscheinlichkeit in ähnlichem Umfang die Gelegenheit erhalten, Vakanzen zu füllen. Zieht man unter diesem Blickwinkel etwa den 50-Jahres-Zeitraum zwischen 1953 und 2003 zum Vergleich heran, so kommt man darauf, dass republikanische Präsidenten insgesamt 30 Jahre und demokratische Präsidenten insgesamt 20 Jahre regierten.[678] Da von den demokratischen Präsidenten Jimmy Carter (1977-1981) in Ermangelung einer Vakanz nicht die Möglichkeit hatte, Richter zum U.S. Supreme Court zu ernennen, lässt sich beim Supreme Court heute ein deutlicher Überhang von sieben „republikanischen" Richtern gegenüber zwei „demokratischen" Richtern feststellen. Ein parteipolitischer Ausgleich wird angesichts dieser Mehrheitsverhältnisse im U.S. Supeme Court erst dann wieder möglich, wenn in der Amtszeit eines der nächsten demokratischen U.S. Präsidenten unerwartet viele Vakanzen besetzt werden können.

Während das amerikanische System damit auf einen Ausgleich über Zeit setzt, sieht das deutsche Auswahlverfahren durch das in §§ 6 und 7 BVerfGG vorgesehene Erfordernis einer Zweidrittelmehrheit in Bundestag und Bundesrat ein anderes Verfahren zum politischen Ausgleich des Bundesverfassungsgerichts vor. Das Erfordernis einer Zweidrittelmehrheit nach § 6 Abs. 5 BVerfGG soll verhindern, dass eine parlamentarische Mehrheit das Bundesverfassungsgericht im Laufe einer möglicherweise mehrere Wahlperioden umspannenden Regierungszeit einseitig nach parteipolitischen Gesichtspunkten besetzen kann. Somit führt das deutsche Bestellungsverfahren zu einem parteipolitisch dauerhaft ausgeglichenen Verfassungsgericht.

Zwar ist auch die amerikanische Verfassungsordnung bei der Besetzung von Bundesrichterstellen grundsätzlich auf einen Ausgleich zwischen den verschiedenen parteipolitischen Strömungen ausgerichtet, in Verbindung mit der Ernennung von Bundesrichtern auf Lebenszeit können aus den gegenwärtigen Bestimmungen des amerikanischen Verfassungsrechts jedoch erhebliche Verschiebungen resultieren. Außerdem führt

---

[678] Republikanische Präsidenten: Eisenhower (1953-1961); Nixon (1969-1974), Ford (1974-1977), Reagan (1981-1989), Bush sen. (1989-1993) und Bush jr. (2001-2003) = insgesamt 30 Jahre. Demokratische Präsidenten: Kennedy (1961-63), Johnson (1963-1969), Carter (1977-1981) und Clinton (1993-2001) = 20 Jahre; vgl. *Guggisberg*, Geschichte der USA, 372 f. (Anhang 3).

bereits die Möglichkeit zur einseitigen parteipolitischen Besetzung des Supreme Court dazu, dass die Besetzungen absehbarer Richter-Vakanzen wie zuletzt in den Präsidentschaftswahlkämpfen 2000 und 2004 stark in die politischen Auseinandersetzungen einbezogen werden, was der grundsätzlich neutralen Stellung der Gerichtshofs abträglich ist. Darüber hinaus hat die Möglichkeit zur einseitigen parteipolitischen Besetzung bei länger andauernden Regierungszeiten zur Folge, dass mögliche judikative Widerstände gegen Ende der Regierungszeit abnehmen, während sie für einen neu ins Amt kommenden Präsidenten zunächst besonders groß sind. Die einseitige Besetzung des Supreme Court kann schließlich auch dazu führen, dass eine eigentlich bereits abgewählte Person oder politische Strömung noch einige Jahre weiter maßgeblichen Einfluss auf der staatlichen Ebene ausübt.[679]

Bei aller Kritik an der parteipolitisch dominierten Besetzung des Bundesverfassungsgerichts ist ein dauerhafter und damit ausgeglichener Einfluss der maßgeblichen politischen Strömungen in Deutschland gegenüber einem zeitweilig auftretenden, parteipolitisch einseitigem Einfluss grundsätzlich vorzuziehen. Wenn es schon – wie es den Eindruck hat – unvermeidbar ist, dass das Bundesverfassungsgericht parteipolitischen Einflüssen ausgesetzt ist, so führt ein dauerhaft ausgeglichener Einfluss immerhin dazu, dass bei einem Regierungswechsel im Bund die Zusammensetzung des Bundesverfassungsgerichts unter der gegenwärtigen Rechtslage nicht ohne weiteres verändert werden kann. Eine ohne jede Rücksichtnahme vorgenommene parteipolitische Besetzung des Bundesverfassungsgerichts kann unter diesen Bedingungen nicht stattfinden, so dass sich im Bundesverfassungsgericht der personelle Minimalkonsens der in Deutschland vertretenen politischen Hauptströmungen zeigt. Zu einer grundsätzlich positiven Bewertung eines dauerhaft ausgeglichenen Einflusses auf das Bundesverfassungsgericht führt schließlich auch die Regelung des § 15 Abs. 4 Satz 3 BVerfGG, wonach bei Stimmengleichheit zwischen den Verfassungsrichtern ein Verstoß gegen das Grundgesetz oder sonstiges Bundesrecht grundsätzlich nicht

[679] Z.B. die späte Adams-Administration, die im Jahre 1801 durch die Ernennung der sog. "midnight judges" ihren Einfluss auf staatlicher Ebene wahren wollte, obwohl sie gerade die Präsidentschafts- und Kongresswahlen verloren hatte, vgl. *Donald O. Dewey*, Marshall versus Jefferson: The Political Background of Marbury v. Madison, New York 1970; *George L. Haskins*, Law versus Politics in the Early Years of the Marshall Court, U.Pa.L.Rev., Bd. 130 (1981) 1 ff.; *Richard E. Ellis*, The Jeffersonian Crisis: Courts and Politics in the Young Republic, New York 1974, 43-45, 58 u. 64-68; *Bickel*, The Least Dangerous Branch, 1-14; *John Ferling*, Adams vs. Jefferson, Oxford 2004.

festgestellt werden kann.[680] Hierdurch wird regelmäßig die Position der jeweiligen Bundestagsmehrheit gestärkt, da in einem verfassungsgerichtlichen Verfahren gegen eine gesetzgeberische Maßnahme mindestens fünf Richterstimmen zusammenkommen müssen. Dies setzt bei einem dauerhaft nach parteipolitischen Präferenzen besetzten Gericht voraus, dass sich mindestens einer von der Gegenseite vorgeschlagener oder ein sog. „neutraler" Verfassungsrichter gegen die betreffende Maßnahme wenden muss. Im Ergebnis führt dies zu einem strukurellen verfassungsrechtlichen Vorteil der parlamentarischen Mehrheit im Bundestag und der von ihr gestützten Bundesregierung, was im Hinblick auf das demokratische Mehrheitsprinzip grundsätzlich positiv zu bewerten ist.

c. Transparenz

Der gravierendste Unterschied zwischen dem amerikanischen und dem deutschen Bestellungsverfahren betrifft das jeweils bestehende Maß an Transparenz. Während das amerikanische Modell durch öffentlich übertragene Hearings, frühzeitige Nominierung und eingehende fachliche sowie persönliche Prüfung der Kandidaten ein hohes Maß an Transparenz erzeugt, verläuft das deutsche Auswahlverfahren weitgehend abgeschirmt von der Öffentlichkeit in informellen Kreisen der politischen Parteien. Auch das Bestehen von Verschwiegenheitspflichten der beteiligten Bundestagsabgeordneten (§ 6 Abs. 4 BVerfGG) und die grundsätzliche Nichtöffentlichkeit von Ausschusssitzungen des Bundestages (§ 69 GeschO-BT) haben zur Folge, dass das „Arkanum der Verfassungsrichterwahl" gewahrt bleibt. Lediglich die Wahl im Bundesrat erfolgt öffentlich. Dies erzeugt jedoch keine größere Transparenz, da die Wahlvorschläge regelmäßig schon vorher in den Empfehlungen der Wahlkommission vereinbart worden sind und das Plenum somit üblicherweise nur vollzieht, worauf sich CDU/CSU und SPD bereits vorher geeinigt haben.[681]

Die bestehenden prozeduralen Vorkehrungen führen dazu, dass das deutsche Auswahlverfahren durch den Wahlausschuss beinahe die Ge-

---

[680] Vgl. kritisch *Lorz*, Die Gefahr der Stimmengleichheit, ZRP 2003, 36, 37.

[681] Vgl. *Majer*, in: Umbach/Clemens, BVerfGG, 1. Aufl., § 6, Rdnr. 2 u. 12 ff.; *Ruppert*, in: Umbach/Clemens/Dollinger, BVerfGG, § 6, Rdnr. 23 ff.; *Kröger*, Richterwahl, in: Festgabe BVerfG, Bd. 1, 76, 92.

stalt eines „Geheimverfahrens" annimmt.[682] Als Rechtfertigung für diese Vorgehensweise wird genannt, dass die Integrität und demokratische Legitimität zukünftiger Bundesverfassungsrichter nicht durch knappe Wahlergebnisse oder sonstige im Verfahren auftretende Hindernisse belastet werden sollen.[683] Außerdem soll durch das weitgehend intransparente Wahlverfahren im Bundestag, bei dem die Kandidaten weder in positiver noch in negativer Form auffallen können, der kollegiale Charakter des Bundesverfassungsgerichts gewahrt werden.[684] Käme es hingegen zu öffentlichen Anhörungen oder einer Veröffentlichung von Wahlergebnissen, so wird befürchtet, dass einzelne Kandidaten durch schlagfertiges Auftreten, durch juristisch besonders fundierte oder lebensnahe Ausführungen sich positiv hervorheben, während andere durch knappes Erreichen des notwendigen 8-Stimmen-Quorums fortan als „Wackelkandidaten" gelten könnten. Außerdem wird darauf verwiesen, dass im Sinne der Bestenauslese die qualifiziertesten Bewerber gewählt werden sollen, dass aber die hierfür erforderlichen Fähigkeiten und Eigenschaften in einer öffentlichen Anhörung oder Befragung nur bedingt erkennbar sind.[685]

Die genannten Argumente haben zweifellos eine reale Grundlage. So birgt eine dem amerikanischen "confirmation hearing" nachempfundene öffentliche Anhörung tatsächlich zahlreiche Fallstricke und Unwägbarkeiten.[686] Diese können jedoch nicht darüber hinweghelfen, dass dem jetzigen Bestellungsverfahren von Verfassungsrichtern durch den Wahlausschuss des Deutschen Bundestages der fahle Beigeschmack der

---

[682] Vgl. *Kischel*, Amt, Unbefangenheit und Wahl der Bundesverfassungsrichter, in: Isensee/Kirchhof, HdbStR, Bd. 3, § 69, Rdnr. 26 („*Höchstmaß an Undurchsichtigkeit*"). Kröger lehnt daher auch die Einsetzung einer „Arbeitsgruppe" zur Vorbereitung der Wahl im Ausschuss nach § 6 Abs. 2 BVerfGG ab, da dies „das Wahlverfahren noch unüberschaubarer und apokrypher als bisher" gemacht habe. An anderer Stelle ist von „Arkana konkreter Absprachen" bzw. „autokephalen Prozeduren" die Rede, *Kröger*, Richterwahl, in: Festgabe BVerfG, Bd. 1, 76, 93 u. 94.

[683] Vgl. *Klein*, in: Maunz/Schmidt-Bleibtreu, BVerfGG, § 6, Rdnr. 12.

[684] Vgl. *Finck*, Judicial Review, Boston College Int'l & Comp.L.Rev., Bd. 20 (1997), 123, 143.

[685] Vgl. eingehend *Benda*, in: Benda/Klein, Verfassungsprozessrecht, Rdnr. 133.

[686] Vgl. *Kischel*, Amt, Unbefangenheit und Wahl der Bundesverfassungsrichter, in: Isensee/Kirchhof, HdbStR, Bd. 3, § 69, Rdnr. 49 ff. unter Verweis auf die problematischen Berufungsverfahren von Bork (1987) und Thomas (1991).

Intransparenz und mangelnder Lauterkeit anhaftet, in dem dort tatsächlich nur Kandidatenvorschläge nachvollzogen werden, die anderwärts ausgehandelt wurden.[687] Mit der in Art. 94 Abs. 1 S. 2 GG vorgesehenen „Wahl“ durch Bundestag und Bundesrat hat dieses Verfahren daher wenig gemein, was insbesondere im Hinblick auf die Anforderungen des Demokratieprinzips problematisch erscheint.[688] Auch wenn die benannten Mängel des seit Jahren praktizierten Verfahrens nicht zu seiner unmittelbaren Verfassungsgwidrigkeit führen, so haben nicht zuletzt die Ereignisse um die Bundesrichterwahlen des Jahres 2001 gezeigt,[689] dass mangelnde Transparenz im Wahlverfahren den gewählten Richtern und den betroffenen Gerichten regelmäßig mehr schadet, als eine öffentliche Auseinandersetzung über die fachliche und persönliche Eignung der Kandidaten.[690] Zu Recht hat Wieland darauf hingewiesen, dass jeder, der „in einer parlamentarischen Demokratie für 12 Jahre ein hohes Amt bekleiden will“, bereit sein muss, „dem berechtigten Informationsinte-

---

[687] So etwa *Kröger*, Richterwahl, in: Festgabe BVerfG, Bd. 1, 76, 92.

[688] Vgl. eindrücklich *Wieland*, in: Dreier, GG, Bd. 3, Art. 94, Rdnr. 15. Für eine „öffentliche Anhörung“ vor der Richterwahl treten auch ein: *Kröger*, Richterwahl, in: Festgabe BVerfG, Bd. 1, 76, 99; *Ulrich K. Preuß*, Die Wahl der Mitglieder des BVerfG als verfassungsrechtliches und -politisches Problem, ZRP 1988, 395 ff.; *Pieper*, Verfassungsrichterwahlen, 53 f.; *Sybille Koch*, Die Wahl der Richter des BVerfG, ZRP 1996, 41, 44. A.A. *Kischel*, Amt, Unbefangenheit und Wahl der Bundesverfassungsrichter, in: Isensee/Kirchhof, HdbStR, Bd. 3, § 69, Rdnr. 49 ff.; *Ruppert*, in: Umbach/Clemens/Dollinger BVerfGG, § 6, Rdnr. 26; *Wahl*, Die Reformfrage, in: FS 50 Jahre BVerfG, Bd. 1, 461, 481 ff.; *Klein*, Gedanken zur Verfassungsgerichtsbarkeit, FS Stern, 1135, 1153; *Quaas*, Die Verfassung der Vereinigen Staaten von Amerika und das Grundgesetz, VBlBW 2003, 217, 221.

[689] Vgl. *Claus Arndt*, Richterauswahl für die obersten Bundesgerichte, Recht u. Politik 2002, 23 ff.; *Theo Rasehorn*, Um die „Bestenauslese“ bei der Richterwahl, Recht u. Politik 2002, 29 ff.; *Günter Bertram*, Von Richtern und Kröten, NJW 2001, 1838 ff.; *Sebastian Lovens*, Verfassungswidrige Richterwahl, ZRP 2001, 465 ff.; *Helmut Kerscher*, Abschied von der Besten-Auslese, DRiZ 2002, 42 ff.; siehe auch VG Schleswig, Beschl. v. 4.7.2001, SchlHA 2001, 195; OVG Schleswig-Holstein, Beschl. 15.10.2001, NJW 2001, 3495 (Anm. Schultze-Fielitz, JZ 2002, 144 ff.).

[690] Vgl. *Rudolf Wassermann*, Herr und nicht bloß Hüter der Verfassung, Recht u. Politik 2001, 200 ff.

resse der Bevölkerung Genüge zu tun."[691] Das gegenwärtig gehandhabte Verfahren im Bundestag widerspricht diesen Grundsätzen jedoch.

Außerdem hat sich in Zusammenhang mit der Nachfolge des Bundesverfassungsrichters Jentsch im Jahr 2005 gezeigt, dass auch das Wahlverfahren im Bundesrat problematische Auswirkungen haben kann.[692] Vor allem das Fehlen einer förmlichen Nominierung erleichterte es, sich von ursprünglichen Vorschlägen zu lösen und andere Kandidaten auf den Schild zu heben.

Wenn man auch einräumen muss, dass einige der vorgetragenen Einwände gegen eine öffentliche Anhörung oder Befragung möglicher Verfassungsrichter durchaus substantieller Natur sind, so ist doch ein dem amerikanischen Vorbild nachempfundenes Bestellungsverfahren mit öffentlicher Anhörung durch einen Bundestagsausschuss und anschließender Abstimmung durch das Plenum dem gegenwärtig praktizierten Verfahren vorzuziehen. Ebenso sollte das Verfahren im Bundesrat in Anbetracht der jüngsten Erfahrungen deutlich transparenter gestaltet werden – auch um die zwischenzeitlich als Kandidaten gehandelten Personen zu schützen.

2. *Übereinstimmungen*

a. Mitwirkung parlamentarischer Körperschaften

Bei allen festgestellten grundlegenden Abweichungen zwischen der Richterbestellung zum U.S. Supreme Court und der zum Bundesverfassungsgericht sollte nicht außer Acht gelassen werden, dass in beiden

---

[691] Vgl. *Wieland*, in: Dreier, GG, Bd. 3, Art. 94, Rdnr. 15; hierin zustimmend *Voßkuhle*, in: v. Mangoldt/Klein/Starck, GG, Bd. 3, Art. 94, Rdnr. 15.

[692] So war zunächst Presseberichten zu entnehmen, dass der Tübinger Rechtsprofessor Ferdinand Kirchhof als Nachfolger von Hans-Joachim Jentsch vom Bundesrat gewählt werden soll (vgl. FAZ v. 4.5.2005, S. 4.). Dann wurde dessen Wahl jedoch nicht auf die Tagesordnung genommen (vgl. FAZ v. 8.7.2005, S. 6) und wenige Tage später mitgeteilt, dass sich die Ministerpräsidenten der Union nun auf den hessischen Justizstaatssekretär Herbert Landau als Nachfolger Jentschs geeinigt hätten. Dieser wurde dann in der Bundesratssitzung von 23. September 2005 zum Bundesverfassungsrichter gewählt (vgl. FAZ v. 13.7.2005, S. 2; BR-Drs. 677/05 v. 13.9.2005; SZ v. 24./25.9.2005, S. 5, FAZ v. 24.9.2005, S. 1 u. 10). Kritisch zu diesen Vorgängen vor allem der Leserbrief von Ulrich Fastenrath in FAZ v. 19.7.2005, S. 7 („Unwürdiges Gerangel").

Verfassungssystemen mit der maßgeblichen Mitwirkung parlamentarischer Körperschaften eine bedeutsame strukturelle Übereinstimmung besteht.[693] Während der U.S. Senat alle nominierten Kandidaten für Stellen innerhalb der Bundesgerichtsbarkeit mit Mehrheit bestätigen muss, werden die Richter des Bundesverfassungsgerichts entweder vom Bundesrat oder von einem Wahlausschuss des Bundestages gewählt. Hierin liegt vor allem für die deutsche Rechtstradition eine weitgehende Neuerung, da die vollständige Wahl von höchsten Richtern auf Reichs- bzw. Bundesebene durch parlamentarische Körperschaften – die Beisitzer des Staatsgerichtshofs der Weimarer Republik bilden insofern eine Ausnahme[694] – bis zum Jahre 1949 nicht existiert hatte. In der nach Art. 94 Abs. 1 Satz 2 GG vorgesehenen Wahl durch Bundestag und Bundesrat tritt daher an für die Judikative zentraler Stelle die mit der Verabschiedung des Grundgesetzes vollzogene Hinwendung zu einer parlamentarisch-demokratischen Verfassungsordnung zutage.

b. Kooperation und Konfrontation

Eine weitere Übereinstimmung zwischen dem amerikanischen und dem deutschen Verfahren liegt darin, dass in beiden Bestellungsverfahren die Kooperation zweier unterschiedlicher politischer Akteure erforderlich ist, während das Fortbestehen einer parteipolitisch motivierten Konfrontation das Verfahren üblicherweise ins Stocken bringt. Wie sich auch bereits im Hinblick auf die Besetzung und das Wahlverfahren gezeigt hat, liegt der prozedurale Schwerpunkt im amerikanischen Bestellungsverfahren auf dem Zusammenspiel von Präsident und U.S. Senat. Dies setzt jedoch voraus, dass beide Verfassungsorgane in zumutbarem Umfang miteinander kooperieren. Sofern der Präsident der gleichen Partei angehört, die im U.S. Senat über eine Mehrheit verfügt, wird dies regelmäßig kein großes Problem darstellen; insbesondere dann nicht, wenn auch ehemalige Mitglieder des Senats bei der Besetzung des

---

[693] Vgl. *Klein*, in: Maunz/Schmidt-Bleibtreu, BVerfGG, § 5, Rdnr. 1.

[694] Nach § 4 StGHG v. 9.7.1921 wurden die 10 Beisitzer des StGH von Reichstag und Reichsrat gewählt, während die übrigen Mitglieder von den Präsidien ihrer Gericht bzw. vom Vorstand der Anwaltskammer beim Reichsgericht gewählt wurden (§ 3 StGHG), vgl. *Huber*, Dokumente zur Deutschen Verfassungsgeschichte, Bd. 4, 1919-1933, Dok. Nr. 192 (S. 222); *Billing*, Problem der Richterwahl, 120.

Obersten Gerichsthofs berücksichtigt werden.[695] Allerdings haben sich in der Vergangenheit auch dann meist keine Schwierigkeiten gezeigt, wenn Präsident und Senatsmehrheit unterschiedlichen Parteien angehörten.[696]

In ähnlicher Weise führt das im deutschen Verfassungsrecht bestehende Erfordernis einer Zweidrittelmehrheit dazu, dass die Wahl eines neuen Verfassungsrichters im gegenseitigen Einvernehmen zwischen den Unions-Parteien und der SPD erfolgen muss. Da die Kandidaten auch mit den Stimmen der politischen Gegenseite gewählt werden müssen, liegt darin letztlich seine neutralisierende Wirkung.[697] Die in Grundgesetz und BVerfGG nicht ausdrücklich vorgesehene Bestellungspraxis hat in der Vergangenheit zu überwiegend unkomplizierten Wahlen von Verfassungsrichtern geführt und öffentliche Debatten über Fähigkeit und Eignung bestimmter Kandidaten weitgehend vermieden. Dabei darf jedoch nicht außer Acht gelassen werden, dass das Funktionieren dieses seit vielen Jahren praktizierten Verfahrens ungeachtet bestehender parteipolitischer Konfrontationen ein Klima demokratischer Konsens- und Kooperationsbereitschaft zwischen den Parteien voraussetzt.[698] Insbesondere aus den Anfangsjahren der Bundesrepublik sind verschiedene Beispiele bekannt, in denen Argwohn und Misstrauen zwischen den Parteien die Nachwahlen von Bundesverfassungsrichtern über Jahre hinweg blockierten.[699] Aber auch heute kommt es – insbesondere in

---

[695] Franklin D. Roosevelt ernannte beispielsweise mit Hugo L. Black (U.S. Senator Alabama, 1927-37) und James F. Byrnes (U.S. Senator South Carolina, 1931-41) zwei ehemalige Senatoren, die zu den stärksten Unterstützern des New Deal gehört hatten. Ebenso agierte später auch Präsident Truman im Fall von Harold H. Burton (U.S. Senator Ohio, 1941-45); vgl. *Epstein/Segal/Spaeth/Walker*, The Supreme Court Compendium, 284 ff, Table 4-8.

[696] Vgl. *Epstein/Segal/Spaeth/Walker*, The Supreme Court Compendium, 313, 320 ff., Table 4-12.

[697] Vgl. *Klein*, in: Maunz/Schmidt-Bleibtreu, BVerfGG, § 5, Rdnr. 4; *Weber*, Spannungen und Kräfte im westdeutschen Verfassungssystem, 45; *Finck*, Judicial Review, Boston College Int'l & Comp.L.Rev., Bd. 20 (1997), 123, 144.

[698] Vgl. *Geck*, Wahl und Status der Bundesverfassungsrichter, in: Isensee/Kirchhof, HdbStR, 2. Aufl., Bd. 2, § 55, Rdnr. 1; *Wieland*, in: Dreier, GG, Bd. 3, Art. 94, Rdnr. 13.

[699] Vgl. die Beispiele der Nachfolge Leussers oder Konrad Zweigerts im Jahre 1952, *Kröger*, Richterwahl, in: Festgabe BVerfG, Bd. 1, 76, 94 f.; *Laufer*, Verfassungsgerichtsbarkeit und politischer Prozeß, 243 ff.; *Billing*, Problem der Richterwahl, 189 ff. u. 198 ff.

Wahlkampfzeiten – noch dazu, dass anstehende Neubesetzungen parteipolitisch instrumentalisiert werden und die Konsensfindung auf stärkere Schwierigkeiten stößt als in der übrigen Zeit.[700]

B. Erarbeitung und Entwicklung des deutschen Bestellungsverfahrens

I. Wahlverfahren

Die Aufteilung der Verfassungsrichterwahl zwischen zwei Verfassungsorganen geht ihrem Ursprung nach bereits auf den Herrenchiemseer Verfassungsentwurf zurück. In Art. 100 Abs. 1 HC-E war vorgesehen, dass „die Richter des Bundesverfassungsgerichts gleichmäßig durch den Bundestag und den Bundesrat (Senat) ... gewählt“ werden. Für den Vorsitzenden sollte die Besonderheit bestehen, dass er von beiden Verfassungsorganen gewählt werden muss.[701] Ähnliche Formulierungen über die ebenbürtige Beteiligung von Bundestag und Bundesrat bei der Wahl von Verfassungsrichtern finden sich seit Beginn der Bonner Beratungen auch in den Textentwürfen des Parlamentarischen Rates. Die vom Allgemeinen Redaktionsausschuss schließlich in Art. 94 Abs. 1 Satz 2 GG verortete endgültige Formulierung über die Wahl durch Bundestag und Bundesrat wurde bereits in der 9. Sitzung des Rechtspflegeausschusses vom 17. Dezember 1948 festgelegt.[702]

---

[700] Vgl. in diesem Zusammenhang auch die letztlich erfolglose „Kandidatur“ der stellvertretenden Fraktionsvorsitzenden der SPD-Bundestagsfraktion *Däubler-Gmelin* im Jahre 1994, vgl. *Ruppert*, in: Umbach/Clemens/Dollinger BVerfGG, § 6, Rdnr. 24 (Fn. 41); *Zuck*, Politische Sekundärtugenden, NJW 1994, 497.

[701] Vgl. *Wilms*, Dokumente zur neuesten Verfassungsgeschichte, Bd. III/2, Dok.-Nr. 2 (Herrenchiemseer Entwurf), 55, 76.

[702] Vgl. die redaktionelle Intervention von Wagner (SPD) in der 9. Sitzung des Rechtspflegeausschusses, Prot. Parl. Rat, Bd. 13/II, Dok.-Nr. 61, 1498, 1503 f. (9. Sitzung d. RpflA, 17.12.1948). Zuvor zu Art. 128 e Abs. 2 GG-Entw *Strauß* (CDU) u. *Greve* (SPD), in: Prot. Parl. Rat, Bd. 13/II, Dok.-Nr. 57, 1347, 1401 (7. Sitzung d. RpflA, 6.12.1948). *Art. 128 e Abs. 2: Die Mitglieder des Bundesverfassungsgerichts werden je zur Hälfte vom Bundestag und vom Bundesrat gewählt.*“ Vgl. Prot. Parl. Rat, Bd. 13/II, Dok.-Nr. 59, 1486, 1487 (Neufassung des Kapitels XII „Gerichtsbarkeit und Rechtspflege“ nach der siebten

II. Zweidrittelmehrheit und parteipolitische Beeinflussung

Da das Grundgesetz keine Bestimmung über die bei der Wahl von Bundesverfassungsrichtern anzuwendenden konkreten Grundsätze enthält, war es aufgrund des Regelungsvorbehalts nach Art. 94 Abs. 2 Satz 1 GG weitgehend dem Bundesgesetzgeber überlassen, das Wahlverfahren im Detail auszugestalten.[703] Den Protokollen des Verfassungskonvents und des Parlamentarischen Rates lassen sich zu den meisten prozeduralen Fragen nur spärliche Hinweise entnehmen. Obwohl die Mehrheitsanforderungen des BVerfGG und die Einflussnahmen der politischen Parteien damals in ihrer konkreten Form noch nicht absehbar waren, ist die eingetretene Entwicklung der deutschen Verfassungspraxis in ihren Grundzügen bereits im Parlamentarischen Rat erwartet worden. So führte der als Sachverständiger in der 5. Sitzung des Rechtspflegeausschusses gehörte Präsident des Deutschen Obergerichts Wolff aus:

> „Höchstwahrscheinlich werden sich die politischen Parteien darin einmischen. Bei der Ernennung werden politische Gesichtspunkte mitspielen, und das, was wir heute Morgen besprochen haben [Neutralisierung der Bundesrichterwahl durch einen besonderen Wahlausschuss] wird für das Bundesverfassungsgericht nicht möglich sein."[704]

Um eine einseitige parteipolitische Beeinflussung zu vermeiden, einigten sich die politischen Grundströmungen bereits im BVerfGG des Jahres 1951 darauf, dass für die Wahl eines Verfassungsrichters eine einfache Mehrheit nicht genügt.

---

und achten Sitzung des Ausschusses für Verfassungsgerichtshof und Rechtspflege, v. 7.12.1948). *„128 e Abs. 1 Satz 2: „... Seine Mitglieder werden je zur Hälfte vom Bundestag und vom Bundesrat gewählt.“* Vgl. Prot. Parl. Rat, Bd. 13/II, Dok.-Nr. 60, 1491, 1494 (Neufassung des Kapitels VIII „Gerichtsbarkeit und Rechtspflege“ nach dem Entwurf des Allgemeinen Redaktionsausschusses, v. 16.12.1948).

[703] Vgl. *Voßkuhle*, in: v. Mangoldt/Klein/Starck, GG, Bd. 3, Art. 94, Rdnr. 4; *Schlaich/Korioth*, Bundesverfassungsgericht, Rdnr. 36.

[704] *Wolff* (Sachverst.), in: Prot. Parl. Rat, Bd. 13/II, Dok.-Nr. 55, 1272, 1299 f. (5. Sitzung d. RpflA, 10.11.1948).

III. Wahlverfahren in Bundesrat und Bundestag

Seit 1951 wurde die Wahl der Bundesverfassungsrichter im Bundestag auf den Wahlausschuss nach § 6 Abs. 2 BVerfGG übertragen (früher: Wahlmännerausschuss), dem Abgeordnete aller im Parlament vertretenen Parteien in proportionaler Stärke angehören.[705] Über die Wahl von Verfassungsrichtern durch den Bundestag findet sich bemerkenswerterweise in den Protokollen des Rechtspflegeausschusses des Parlamentarischen Rates eine kurze Erörterung, bei der auch die Frage der Aufgabendelegation berührt wurde. Im Gespräch zwischen den Abgeordneten Strauß (CDU), de Chapeaurouge (CDU) und Greve (SPD) kam es zu den folgenden Ausführungen:

Strauß: (Vors.)	„Nun sehe ich, daß gegen Absatz 2, der die Wahl regelt, hier im Ausschuß offenbar Bedenken bestehen.
Greve:	Nicht gegen den ersten Satz, nur gegen den zweiten.[706]
Strauß: (Vors.)	Wenn Sie den zweiten Satz streichen, bleibt es Bundestag und Bundesrat überlassen, die Vorschläge aus ihrer Mitte zu machen. Damit wäre ich einverstanden. Die eine Hälfte wird vom Bundestag, die andere vom Bundesrat gewählt.
de Chapeaurouge:	Es ist ein verhältnismäßig enges Gremium von Leuten, aus denen die Auswahl getroffen wird. Aber wie wird es, wenn sich das Gericht das erste Mal konstituiert?
Greve:	Man könnte sich vorstellen, dass der Bundestag seinen Rechtsausschuss beauftragt, Vorschläge ans Plenum zu machen.“[707]

[705] Vgl. zur Zusammensetzung des Wahlausschusses nach § 6 Abs. 2 BVerfGG in der 15. Wahlperiode, BT-Drs. 15/140 u. 15/141, BT-Sten. Prot. 15/1041 A, 14. Sitzung, 5.12.2002; zu den Mitgliedern des Wahlmännerausschusses in den Jahren von 1951 bis 1967, *Laufer*, Verfassungsgerichtsbarkeit und politischer Prozeß, 219 ff. mit tabellarischen Übersichten über die Mitglieder bis zur V. Wahlperiode (1965-1969); *Billing*, Problem der Richterwahl, 122 ff. u. 171 ff.

[706] Art. 128 e Absatz 2 GG-Entw lautete zu diesem Zeitpunkt noch folgendermaßen: *„(2) ... Der Bundestag wählt auf Vorschlag des Bundesrates, der Bundesrat auf Vorschlag des Bundestages.“*, vgl. Prot. Parl. Rat, Bd. 13/II, Dok.-Nr. 57, 1347, 1400 (7. Sitzung d. RpflA, 6.12.1948).

Aus der Aussage Greves geht damit hervor, dass er es zwar als möglich ansah, dass die Kandidatenfindung und die Formulierung eines Vorschlags auf einen Ausschuss delegiert würde, dass er aber von einer vollständigen Übertragung der Befugnisse aus Art. 94 Abs. 1 Satz 2 GG auf ein anderes Gremium als das Plenum des Bundestages ursprünglich nicht ausging. Allerdings dürfen die Überlegungen Greves für die Auslegung von Art. 94 GG auch nicht überbewertet werden, da der Rechtspflegeausschuss diese Frage letztlich nicht eingehend erörtert hat und auch keinen verbindlichen Beschluss hierüber fasste. Die Formulierung „Man könnte sich vorstellen“ zeigt außerdem, dass Greve hierin in erster Linie eine Vorhersage über die mögliche verfassungsrechtliche Entwicklung wagte, ohne dass daraus bereits konkrete Festlegungen resultieren mußten. Auch die von Strauß verwendete Formulierung „Vorschläge aus ihrer Mitte“ legt den Schluß nahe, dass jeweils das gesamte Plenum von Bundestag und Bundesrat mit der Verfassungsrichterwahl befasst sein sollte. Über die weitere Ausgestaltung des Wahlverfahrens im Bundesrat finden sich weder in den Protokollen des Herrenchiemseer Verfassungskonvents noch in denen des Parlamentarischen Rates Hinweise.

IV. Wahl von Bundesrichtern

Der in Art. 94 Abs. 1 GG vorgesehene Rückgriff auf „Bundesrichter“ als Mitglieder des Bundesverfassungsgerichts wurde sowohl in den Erörterungen des Herrenchiemseer Verfassungskonvents (vgl. Art. 100 Abs. 4 HC-E) als auch in den zuständigen Gremien des Parlamentarischen Rates als Garantie für die angestrebte hohe juristische Qualität des Bundesverfassungsgerichts betrachtet.[708] Das heute in Art. 95 Abs. 2 GG (früher: Art. 96 Abs. 2 GG a.F.) normierte Wahlverfahren wurde in den Beratungen des Rechtspflegeausschusses des Parlamentarischen Ra-

---

[707] *De Chapeaurouge* (CDU) u. *Greve* (SPD), in: Prot. Parl. Rat, Bd. 13/II, Dok.-Nr. 57, 1347, 1401 (7. Sitzung d. RpflA, 6.12.1948).

[708] Vgl. z.B. *Beyerle*, in: Prot. Parl. Rat, Bd. 2, Dok.-Nr. 13 (Plenarsitzung des Verfassungskonvents v. 23.8.1948), 403, 431; *Greve* (SPD), *Ruscheweyh* (Sachverst.) und *Wolff* (Sachverst.), in: Prot. Parl. Rat, Bd. 13/II, Dok.-Nr. 55, 1272, 1273 ff. (5. Sitzung d. RpflA, 10.11.1948); so auch BVerfG, Beschl. v. 11.10.1983, BVerfGE 65, 152 (157); *Wieland*, in: Dreier, GG, Bd. 3, Art. 94, Rdnr. 7; *Voßkuhle*, in: v. Mangoldt/Klein/Starck, GG, Bd. 3, Art. 94, Rdnr. 4.

tes ursprünglich für die Wahl von Richtern des Obersten Bundesgerichts entwickelt.

In Art. 128 d Abs. 2 GG-Entw hieß es, „[s]ie werden auf Vorschlag des Bundesjustizministers von einem Richterwahlausschuss gewählt, der aus den Landesjustizministern sowie einer gleichen Anzahl von Mitgliedern sowohl des Bundestages als auch des Bundesrates besteht".[709] Da der für die Bundesrichterwahl zuständige Wahlausschuss – abhängig von der Anzahl der Bundesländer – damals bis zu 33 Personen umfasst hätte, wurde in der 7. Sitzung des Rechtspflegeausschusses auf eine gesonderte Vertretung des Bundesrates verzichtet.[710] Nach den Ausführungen von Strauß war dies im Grunde auch nicht erforderlich, da die Länderinteressen bereits durch die Beteiligung der Landesjustizminister und -senatoren gewahrt werden konnten.[711] Dieses zunächst nur für die Richter des Obersten Bundesgerichts vorgesehene Wahlverfahren wurde in späteren Fassungen auf die „oberen Bundesgerichte" ausgeweitet.[712] Abgesehen von geringfügigen textlichen Änderungen wurde dabei im Kern das im Rechtspflegeausschuss vereinbarte Wahlverfahren beibehalten.[713]

---

[709] Vgl. *Wilms*, Dokumente zur neuesten Verfassungsgeschichte, Bd. III/2, Dok.-Nr. 4 (Stellungnahme des ARA v. 5.12.1948), 124, 164 u. vgl. Prot. Parl. Rat, Bd. 13/II, Dok.-Nr. 57, 1347, 1395 (7. Sitzung d. RpflA, 6.12.1948).

[710] Siehe den entsprechenden Einwand von de Chapeaurouge (CDU), in: Prot. Parl. Rat, Bd. 13/II, Dok.-Nr. 57, 1347, 1395 (7. Sitzung d. RpflA, 6.12.1948).

[711] Strauß (CDU), in: Prot. Parl. Rat, Bd. 13/II, Dok.-Nr. 57, 1347, 1395 (7. Sitzung d. RpflA, 6.12.1948).

[712] Vgl. *Wilms*, Dokumente zur neuesten Verfassungsgeschichte, Bd. III/2, Dok.-Nr. 7 (Stellungnahme des ARA v. 25.1.1949), 321, 391 („*Art. 129 Abs. 2: Auf die Richter der oberen Bundesgerichte findet Artikel 128-5 Anwendung.*"); *ders.*, Dokumente zur neuesten Verfassungsgeschichte, Bd. III/2, Dok.-Nr. 8 (Vorschlag des Fünferausschusses, v. 5.2.1949), 411, 450 („*Art. 129 Abs. 2: Auf die Richter der oberen Bundesgerichte findet Artikel 128-5 mit der Maßgabe Anwendung, dass an die Stelle des Bundesjustizministers und der Landesjustizminister die für das jeweilige Sachgebiet zuständigen Minister treten.*")

[713] Vgl. *Wilms*, Dokumente zur neuesten Verfassungsgeschichte, Bd. III/2, Dok.-Nr. 9 (Fassung der 3. Lesung HA v. 2.5.1949), 461, 521; Art. 96 Abs. 2 GG in der Fassung v. 23.5.1949, BGBl. I 1949, 1, 13.

V. Vorschlagsrecht des Bundesjustizministers

Während die Mitwirkung des Bundesjustizministers bei der Wahl von Richtern des Obersten Bundesgerichts und der oberen Bundesgerichte im Rechtspflegeausschuss des Parlamentarischen Rates weitgehend unbestritten war,[714] kam im Laufe der Beratungen von Seiten der FDP die Frage auf, ob der Bundesregierung in der Person des Bundesministers der Justiz bei der Bestellung von Verfassungsrichtern ein Vorschlags- bzw. Initiativrecht eingeräumt werden sollte. Damit hätte die Bundesregierung – dem Nominierungsrecht des U.S. Präsidenten im "confirmation proceeding" nicht unähnlich – die Möglichkeit erhalten, die Verfassungsrichterwahl durch Ausübung ihres Vorschlagsrechts maßgeblich zu beeinflussen. Nachdem Dehler die Frage eines Vorschlagsrechts des Bundesjustizministers aufgeworfen hatte („Wollen wir nicht ein Vorschlagsrecht des Bundesjustizministers einschalten?“), nahmen Strauß und Greve stellvertretend für ihre Fraktionen hierzu Stellung:

Strauß (Vors.):	„Man sollte den beiden Parlamenten die Autonomie überlassen.
Greve:	Das macht doch keine Schwierigkeiten. Wenn der Bundestag vor die Aufgabe gestellt wird, beauftragt er den Rechtsausschuss oder einen anderen Ausschuss, dem Plenum Vorschläge für die Wahl zu machen.“[715]

Die Initiative des späteren Bundesjustizministers Thomas Dehler (1949-53) hätte verfassungssystematisch dazu geführt, die Wahl von Richtern des Bundesverfassungsgerichts näher an das Wahlverfahren der übrigen Bundesrichter heranzuführen. Vor allem aber hätte die Bundesregierung in der Person des Bundesjustizministers ein erhebliches Vorrecht erhalten, das wesentlichen Einfluss auf die Besetzung des Bundesverfassungsgerichts eröffnet hätte. Indem aber Vertreter beider großen Fraktionen im Parlamentarischen Rat (Strauß-CDU und Greve-SPD) sich ablehnend äußerten, bestanden keine Aussichten auf Realisierung dieser von der FDP ausgehenden Initiative. Dementsprechend wurde der Ge-

---

[714] Vgl. Regelung des Art. 128 d GG-Entw, „Sie werden auf Vorschlag des Bundesjustizministers ... gewählt, ...“, und die Erörterung zwischen de *Chapeaurouge* (CDU), *Laforet* (CSU) und *Strauß* (CDU), in: Prot. Parl. Rat, Bd. 13/II, Dok.-Nr. 57, 1347, 1395 (7. Sitzung d. RpflA, 6.12.1948).

[715] *Dehler* (FDP), *Strauß* (CDU) u. *Greve* (SPD), in: Prot. Parl. Rat, Bd. 13/II, Dok.-Nr. 57, 1347, 1401 (7. Sitzung d. RpflA, 17.12.1948).

danke eines Vorschlagsrechts des Bundesjustizministers bei der Wahl von Bundesverfassungsrichtern später nicht mehr aufgenommen.[716]

VI. Einflüsse des U.S. Supreme Court

Im Hinblick auf die Ausgestaltung des deutschen Bestellungsverfahrens fehlen jegliche ausdrückliche Hinweise auf amerikanische Einflüsse. Auch die objektiven Parallelen beschränken sich auf die Beteiligung der Parlamente und die Notwendigkeit der Kooperation, worin in demokratisch konstituierten Staaten jedoch keine charakteristische, sondern vielmehr typische mit der Staatsform verbundene Merkmale zu sehen sind. Markanter ist im Zusammenhang mit dem Bestellungsverfahren höchstens Dehlers Vorschlag, dem Bundesjustizminister – und damit der Bundesregierung – ein Vorschlagsrecht bei der Verfassungsrichterwahl einzuräumen. Ungeachtet der hierbei erkennbaren Parallelen zum Vorschlagsrecht des U.S. Präsidenten beim Verfahren nach Art. II, Sec. 2, cl. 2 U.S. Bundesverfassung fehlt es jedoch an ausdrücklichen Hinweisen oder Bezugnahmen auf das amerikanische Verfassungsrecht. Somit bleibt im Endergebnis nicht erweislich, ob die amerikanische Verfassungsordnung bei diesem Vorschlag von Bedeutung war. Für die Ausgestaltung des deutschen Bestellungsverfahrens war es letztlich nur konsequent, dass der Bundesregierung in der Person des Bundesjustizministers kein Vorschlagsrecht eingeräumt wurde, da sie dadurch, ähnlich wie der U.S. Präsident, den Verlauf der Verfassungsrichterwahl maßgeblich hätte steuern können. Daher waren im Rückblick vor allem allgemein politische Bedenken und Fragen der Gewaltenteilung für die Ablehnung eines Vorschlagsrechts des Bundesjustizministers verantwortlich. Einflüsse des U.S. Supreme Court auf das Bestellungsverfahren lassen sich damit grundsätzlich nicht feststellen.

Darüber hinaus fällt auf, dass das deutsche Bestellungsverfahren im Hinblick auf Transparenz und parteipolitische Beeinflussungsmöglichkeiten andere Wege gegangen ist als das amerikanische Verfassungsrecht. Dass die U.S. Bundesverfassung insofern als Gegenmodell fungiert hat, lässt sich in Ermangelung ausdrücklicher Bezugnahmen in den Ausschussprotokollen oder begleitenden Dokumenten aus diesem Umstand jedoch nicht schließen. Dass vor allem in den Beratungen des

---

[716] Vgl. zur gegenwärtigen Rechtslage *Klein*, in: Maunz/Schmidt-Bleibtreu, BVerfGG, § 5, Rdnr. 7.

Deutschen Bundestags erarbeitete Bestellungsverfahren für Richter des Bundesverfassungsgericht stellt sich somit als weitgehend eigenständiges Produkt deutschen Rechtsdenkens dar. Sofern ausländische Vorbilder wirksam geworden sein sollten, so sind aus den bisher verfügbaren Unterlagen keine Nachweise hierfür zu entnehmen.

Fünfter Teil

Organisatorischer Aufbau der Verfassungsgerichte

Wie ein äußerlicher Vergleich der beiden Gerichte nahelegt, unterscheiden sich U.S. Supreme Court und Bundesverfassungsgericht im Hinblick auf ihren organisatorischen Aufbau nicht unerheblich voneinander. Damit setzten sich augenscheinlich die bereits beim Bestellungsverfahren festgestellten Abweichungen zwischen beiden Gerichten fort. Dennoch ist zu untersuchen, ob der U.S. Supreme Court bei den Erörterungen in den zuständigen Gremien des Parlamentarischen Rates und des Bundestages von Bedeutung war oder ob sich möglicherweise aus dem systematischen Zusammenhang mit den Fragen der organisatorischen und instutionellen Grundstruktur der Gerichtsbarkeit Rückschlüsse ziehen lassen.

A. Organisatorischer Aufbau der Verfassungsgerichte im Vergleich

I. U.S. Supreme Court und Bundesverfassungsgericht

Der organisatorische Aufbau der beiden Gerichte könnte auf den ersten Blick kaum unterschiedlicher sein. Während der U.S. Supreme Court wegen Art. III, Sec. 1 U.S. Bundesverfassung ("one" supreme Court) lediglich aus einem einzigen Senat besteht und nach herrschender Auffassung im Schrifttum auch nicht in mehrere Senate unterteilt werden könnte,[717] wurde das Bundesverfassungsgericht im Jahre 1951 als „Zwillingsgericht" mit zwei Senaten errichtet, die beide gleichermaßen

[717] Vgl. *Wright/Miller/Cooper/Amar,* Federal Practice and Procedure, Bd. 16 B, § 4001, 3; vgl. 2. Teil, A, I.

als „das Bundesverfassungsgericht“ tätig werden.[718] Obwohl in Art. 92 und Art. 94 GG lediglich „das“ Bundesverfassungsgericht erwähnt wird, ist daraus niemals ernstlich eine verfassungsrechtliche Verpflichtung zur Gründung eines einheitlichen Verfassungsgerichts abgeleitet worden.[719]

II. Abweichender organisatorischer Aufbau

Im Hinblick auf den organisatorischen Aufbau des U.S. Supreme Court und des Bundesverfassungsgerichts bestehen demnach deutliche Unterschiede zwischen der amerikanischen und der deutschen Verfassungsordnung. Wenn sich auch bislang im deutschen Verfassungsrecht die negativen Folgen eines als „Zwillingsgericht“ organisierten Verfassungsgerichts in Grenzen gehalten haben, so ist die Errichtung eines Einheitsgerichts ohne Senate doch deutlich vorzugswürdig. Denn bei einem einheitlich organisierten Verfassungsgericht wären beispielsweise prozeduralen Vorkehrungen für einen Ausgleich zwischen den gleichermaßen selbstbewusst agierenden Senaten nicht erforderlich. Regelungen wie sie im deutschen Verfassungsprozessrecht mit der Möglichkeit zur Herbeiführung einer Plenarentscheidung nach § 16 BVerfGG bestehen, wären bei einem Einheitsgericht überflüssig.[720] Außerdem können bei einem Einheitsgericht auch keine Fälle auftreten, bei denen ein Dissens zwischen den verschiedenen Senaten geleugnet wird, um eine Anrufung des Plenums zu umgehen.[721] Beim Bundesver-

---

[718] Vgl. BVerfG, Beschl. v. 12.10.1951, BVerfGE 1, 13, (29); BVerfG, Beschl. v. 8.12.1952, BVerfGE 2, 79, (95); *Geck*, Wahl und Status der Bundesverfassungsrichter, in: Isensee/Kirchhof, HdbStR, 2. Aufl., Bd. 2, § 55, Rdnr. 4; *Lechner/Zuck*, BVerfGG, § 2, Rdnr. 2, *Maunz*, in: Maunz/Schmidt-Bleibtreu, BVerfGG, § 2, Rdnr. 1; *Heinrichsmeier*, in: Umbach/Clemens/Dollinger, BVerfGG, § 2, Rdnr. 1 ff.; *Klein*, Gedanken zur Verfassungsgerichtsbarkeit, FS Stern, 1135, 1150 („*... weltweit kein anderes Verfassungsgericht nach diesem Vorbild errichtet worden.*“); *Kröger*, Richterwahl, in: Festgabe BVerfG, Bd. 1, 76, 80 ff.

[719] Vgl. *Heinrichsmeier*, in: Umbach/Clemens/Dollinger, BVerfGG, § 2, Rdnr. 1; Maunz, in: Maunz/Dürig, GG, Bd. 4, Art. 94, Rdnr. 9.

[720] Vgl. zu den Plenarverfahren *Benda*, in: Benda/Klein, Verfassungsprozessrecht, Rdnr. 150 ff.

[721] Beispiele bei *Sattler*, Die Zuständigkeit der Senate und die Sicherung der Einheitlichkeit der Rechtsprechung (§§ 14, 16 BVerfGG), Festgabe BVerfG,

fassungsgericht trat dieses Problem bei einer Entscheidung des 1. Senats auf, in der die durch eine misslungene Sterilisierung erfolgte Geburt eines Kindes bzw. die damit zusammenhängende Verpflichtung zum Unterhalt als Schaden angesehen wurde (Stichwort: Kind als Schaden),[722] während der 2. Senat im Abtreibungsurteil von 1992 einen gegenteiligen Standpunkt eingenommen hatte.[723] Die Anrufung des Plenums wurde damals vom 1. Senat abgelehnt, da er die Auffassung vertrat, dass die gegenteiligen Ausführungen des 2. Senats nicht zu den „tragenden Gründen" der Abtreibungsentscheidung gehört hatten.[724] Der Dissens zwischen den beiden Senaten des Bundesverfassungsgerichts wirft schwierige Fragen der Bindungswirkung verfassungsgerichtlicher Entscheidungen auf[725] und birgt außerdem das Risiko, dass sich in einem späteren Gerichtsverfahren sowohl Kläger als auch Beklagter auf eine ihnen jeweils günstige verfassungsgerichtliche Entscheidung berufen können, da beide Senate als „das Bundesverfassungsgericht" tätig gewesen sind.

Eine weitere problematische Folge eines aus mehreren Senaten bestehenden Verfassungsgerichts liegt darin, dass die Prüfung im gerichtlichen Verfahren einen unterschiedlichen Umfang haben kann, je nachdem welcher Senat entscheidet. Beim Bundesverfassungsgericht tritt dieses Problem beispielsweise bei Verfassungsbeschwerden auf, bei denen ein Beschwerdeführer nur die Verletzung eines speziellen Grundrechts rügt, tatsächlich jedoch ein anderes, nicht gerügtes Grundrecht

---

Bd. 1, 139 ff.; zum sog. ‚horror pleni' *Ulsamer*, in: Maunz/Schmidt-Bleibtreu, BVerfGG, § 16, Rdnr. 5 ff.

[722] BVerfG, Beschl. v. 22.10.1997, BVerfGE 96, 375 (409) (Kind als Schaden).

[723] BVerfG, Urt. v. 28.5.1993, BVerfGE 88, 203 (296).

[724] BVerfG, Beschl. v. 22.10.1997, BVerfGE 96, 375 (399 ff.) kritisch *Benda*, in: Benda/Klein, Verfassungsprozessrecht, Rdnr. 151; *Heinrichsmeier*, in: Umbach/Clemens/Dollinger, BVerfGG, § 2, Rdnr. 6; *Hillgruber*, Das BVerfG und der gesetzliche Richter, NVwZ 1999, 153; *Stürner*, Das Bundesverfassungsgericht und das frühe menschliche Leben – Schadensdogmatik als Ausformung humaner Rechtskultur?, JZ 1998, 317 ff.; *Weber*, Schadensersatzliche Folgen der Geburt eines unerwünschten Kindes?, VersR 1999, 389 ff.; grds. zustimmend *Sangmeister*, „Der Krieg der Richter", JuS 1999, 21; *Simon*, Arzthaftung bei fehlgeschlagener Sterilisation und fehlerhafter genetischer Beratung vor Zeugung eines Kindes – Kein Verstoß gegen Art. 1 Abs. 1 GG, NJ 1998, 140; *Losch/Radau*, Die „Kind als Schaden"-Diskussion, NJW 1999, 821 ff.; in der Sache wie der 1. Senat *Höfling*, in: Sachs, GG, Art. 1, Rdnr. 27 a.

[725] Vgl. zur Bindungswirkung: 12. Teil, A, II.

verletzt wurde bzw. eine zugrundegelegte Rechtsnorm tatsächlich verfassungswidrig ist.[726] Während der 2. Senat in seinen Entscheidungen überwiegend geneigt ist, die Prüfung auch auf andere, vom Beschwerdeführer nicht gerügte Grundrechte auszudehnen,[727] beließ es der 1. Senat in diesen Fällen häufig bei einer Prüfung der gerügten Grundrechte.[728] Auch diese Situation ist misslich, da sie zum Taktieren bei der Anrufung des Gerichts und zu Ungleichheiten beim verfassungsgerichtlichen Rechtsschutz führen kann.

Schließlich liegt ein Vorteil des Einheitsgerichts in der terminologischen Eindeutigkeit. Bei Verfassungsgerichten mit mehreren Senaten besteht hingegen die Gefahr, dass die Senate unterschiedliche Begrifflichkeiten für dogmatisch identische Sachverhalte verwenden. So haben die beiden Senate des Bundesverfassungsgerichts unterschiedliche Terminologien für die verfassungsrechtliche Beurteilung rückwirkender Gesetze entwickelt, wodurch eine Befassung mit diesen rechtlichen Fragen nicht eben erleichtert wird.[729] Die Lage der Verfassungsgerichtsbarkeit innerhalb des Staatsgefüges ist jedoch bereits von ihrer Grundkonstellation her schwierig genug, so dass kein Raum für verfassungsrechtliche Eigenheiten verschiedener Senate in der geschilderten Art besteht. Vor allem weil sich ein Verfassungsgericht nur schwer gegen die beiden anderen staatlichen Teilgewalten behaupten kann, sind Streitigkeiten innerhalb eines aus mehreren Senaten bestehenden Gerichts unbedingt zu vermeiden. Schwächungen und Widersprüche können daher auf ein unvermeidliches Minimum reduziert werden, wenn ein lediglich aus einem Spruchkörper bestehendes Einheitsverfassungsgericht geschaffen wür-

---

[726] Vgl. *Benda*, in: Benda/Klein, Verfassungsprozessrecht, Rdnr. 402.

[727] Z.B. BVerfG, Beschl. v. 25.2.1964, BVerfGE 17, 252 (258); BVerfG, Beschl. v. 21.9.1976, BVerfGE 42, 312 (325 f.); BVerfG, Beschl. v. 25.3.1985, BVerfGE 53, 366 (390); BVerfG, Beschl. v. 26.11.1985, BVerfGE 71, 202 (204); BVerfG, Beschl. v. 18.5.1988, BVerfGE 78, 205 (209).

[728] Z.B. BVerfG, Beschl. v. 24.6.1993, BVerfGE 89, 69 (76 u. 82) (im Hinblick auf Art. 103 Abs. 1 GG).

[729] Z.B. echte und unechte Rückwirkung einerseits (BVerfG, Beschl. v. 31.5.1960, BVerfGE 11, 139 (145); BVerfG, Beschl. v. 15.10.1996, BVerfGE 95, 64 (86); BVerfG, Beschl. v. 22.5.2001, BVerfGE 103, 392 (403) 1. Senat) bzw. Rückbewirkung von Rechtsfolgen und tatbestandliche Rückanknüpfung andererseits (BVerfG, Beschl. v. 22.3.1983, BVerfGE 63, 343 (353); BVerfG, Beschl. v. 14.5.1986, BVerfGE 72, 200, (241) 2. Senat), siehe auch *Sachs*, in: Sachs, GG, Art. 20, Rdnr. 132; *Jarass*, in: Pieroth/Jarass, GG, Art. 20, Rdnr. 47; *v. Münch*, Staatsrecht I, Rdnr. 446 ff.; *Maurer*, Staatsrecht I, § 17, Rdnr. 105 ff.

de.[730] Zu dieser Schlussfolgerung gelangte auch der Bundesgesetzgeber schon bald nach der Errichtung des Bundesverfassungsgerichts, er sah sich jedoch angesichts der sich abzeichnenden enormen Arbeitsbelastung durch Verfassungsbeschwerden und aufgrund der damit verbundenen politischen Komplikationen nicht mehr in der Lage, einen Senat des Bundesverfassungsgerichts abzuschaffen.[731] Auch später – zuletzt vor Verabschiedung der 4. Novelle zum BVerfGG im Jahre 1970 – waren sich die Beteiligten einig, dass ein einheitliches Bundesverfassungsgericht mit nur einem Spruchkörper grundsätzlich vorteilhaft wäre.[732] Jedoch hätte die zu diesem Zeitpunkt bereits bestehende große Arbeitsbelastung des Bundesverfassungsgerichts von einem aus acht oder zehn Richtern bestehenden einheitlichen Gericht wohl nicht mehr bewältigt werden können.[733] Somit streitet für das „Zwillingsgericht“ letztlich nur, dass die doppelte Anzahl von Verfassungsrichtern vermutetermaßen auch die doppelte Anzahl von Fällen erledigen kann. Allerdings besteht durch entsprechend verschärfte Annahme- und Zulassungsverfahren die Möglichkeit, das jährliche Fallaufkommen auf die verringerte Arbeitskapazität eines einheitlichen Bundesverfassungsgerichts anzupassen.[734] Im Ergebnis ist damit einem einheitlichen Verfassungsgericht wie dem U.S. Supreme Court der Vorzug gegenüber einem aus mehreren Senaten bestehenden Verfassungsgericht wie dem Bundesverfassungsgericht zu geben.

---

[730] Um seinen Rechtssprüchen möglichst großes Gewicht zu verleihen, soll das Bundesverfassungsgericht daher am besten „mit einer Zunge sprechen“, *Wöhrmann*, in: Umbach/Clemens, BVerfGG, 1. Aufl., IV. Änderungsnovellen, Rdnr. 1.

[731] Vgl. *Wöhrmann*, in: Umbach/Clemens, BVerfGG, 1. Aufl., IV. Änderungsnovellen, Rdnr. 4; BT-Drs. II/1662, 5 (zur 1. Novelle von 1956).

[732] BT-Drs. VI/1471 (zur 4. Novelle von 1971).

[733] Vgl. *Kröger*, Richterwahl, in: Festgabe BVerfG, Bd. 1, 76, 80; *Heinrichsmeier*, in: Umbach/Clemens/Dollinger, BVerfGG, § 2, Rdnr. 4.

[734] A.A. *Heinrichsmeier*, in: Umbach/Clemens/Dollinger, BVerfGG, § 2, Rdnr. 7.

B. Erarbeitung und Entwicklung des organisatorischen Aufbaus

Auch wenn sich die konkreten verfassungsrechtlichen Regelungen über den organisatorischen Aufbau deutlich voneinander unterscheiden, so ist doch denkbar, dass bei den Erörterungen im Herrenchiemseer Verfassungskonvent und im Parlamentarischen Rat eine bewusste Auseinandersetzung mit den amerikanischen Vorbildern stattgefunden hat.

I. Verfassungskonvent und Parlamentarischer Rat

Dass das Bundesverfassungsgerichts als „Zwillingsgericht" gegründet werden soll, war in den einschlägigen Bestimmungen des Grundgesetzes (Art. 92 ff. GG) nicht vorgegeben.[735] Die Materialien des Verfassungskonvents von Herrenchiemsee zeigen aber, dass bereits dort von einer Unterteilung in mehere Spruchkörper ausgegangen wurde. So ist etwa in Art. 100 Abs. 2 HC-E die Rede davon, dass „[d]ie Senate des Bundesverfassungsgerichts" gleichmäßig zu besetzen seien.[736]

Auch die verschiedenen Zwischenentwürfe des Grundgesetzes während der Beratungen des Parlamentarischen Rates zeigen, dass zu diesem Zeitpunkt an die Errichtung eines aus mehreren Senaten bestehenden Bundesverfassungsgerichts gedacht wurde. Art. 128 e Abs. 3 GG-Entw enthielt bespielsweise die Bestimmung, dass das Bundesverfassungsgericht nicht nur seinen Präsidenten, sondern auch „die Vorsitzenden der Senate aus seiner Mitte" wählt.[737] Wenn auch diese konkrete Regelung später aufgegeben wurde, so waren bis kurz vor Abschluss der Beratungen des Parlamentarischen Rates in den Grundgesetz-Entwürfen Bestimmungen vorgesehen, in denen von mehreren Senaten des Bun-

---

[735] Vgl. *Klein*, in: Maunz/Schmidt-Bleibtreu, BVerfGG, § 5, Rdnr. 9 spricht davon, dass *„der Charakter des Zwillingsgerichts dem Grundgesetz noch fremd"* sei.

[736] Vgl. *Wilms*, Dokumente zur neuesten Verfassungsgeschichte, Bd. III/2, Dok.-Nr. 2 (Herrenchiemseer Entwurf), 55, 76.

[737] Vgl. *Strauß* (CDU), in: Prot. Parl. Rat, Bd. 13/II, Dok.-Nr. 57, 1347, 1400 ff. (7. Sitzung d. RpflA, 6.12.1948) (*„Wir kämen zu Abs. 3 des Art. 128 e: ... Darüber ist wohl nichts zu sagen."*); *Wilms*, Dokumente zur neuesten Verfassungsgeschichte, Bd. III/2, Dok.-Nr. 4 (Stellungnahme des ARA v. 5.12.1948), 124, 164.

desverfassungsgerichts die Rede war.[738] Erst mit der nicht nur in diesem Bereich einschneidenden Textrevision durch den Allgemeinen Redaktionsausschuss vom 2. Mai 1949 entfielen die ausdrücklichen Hinweise auf „die Senate des Bundesverfassungsgerichts".[739] Damit blieben die Fragen des organisatorischen Gerichtsaufbaus dem Bundesgesetzgeber überlassen, so wie es vor allem der Vorsitzende des Rechtspflegeausschusses Zinn immer befürwortet hatte. Der genaue organisatorische Aufbau des Bundesverfassungsgerichts und die damit zusammenhängenden Details sind daher im Grundgesetz nicht normiert. Die Verfassung beschränkt sich darauf, in Art. 94 Abs. 2 Satz 1 GG einen Regelungsvorbehalt einzuräumen.

II. BVerfGG 1951 im Deutschen Bundestag

Die in § 2 Abs. 1 BVerfGG vorgesehene Gründung eines „Zwillingsgerichts" beruht ihrem Ursprung nach auf einem Kompromiss zwischen Bundesregierung und SPD-Opposition bei der Verabschiedung des BVerfGG.[740] Weder in den Vorschriften des Grundgesetzes noch in den Gesetzesentwürfen der Bundesregierung oder der SPD-Bundestagsfraktion war die Gründung eines „Zwillingsgerichts" vorgesehen.[741] Es waren damit vor allem politische Fragen im Gesetzgebungsverfahren, die zur Errichtung von zwei Senaten beim Bundesverfassungsgericht geführt haben.

---

[738] Vgl. *Wilms*, Dokumente zur neuesten Verfassungsgeschichte, Bd. III/2, Dok.-Nr. 5 (Fassung der 1. Lesung HA, v. 20.1.1949), 175, 238 („*Art. 128 e GG-Entw: Der Präsident und die Vorsitzenden der Senate werden aus den Mitgliedern des Bundesverfassungsgerichts ernannt.*"); so auch *ders.*, Dok.-Nr. 6 (Stellungnahme des ARA v. 16.12.1948), 257, 308; *ders.*, Dok.-Nr. 7 (Stellungnahme des ARA v. 25.1.1949), 321, 390; *ders.*, Dok.-Nr. 8 (Vorschlag des Fünferausschusses, v. 5.2.1949), 411, 449.

[739] Vgl. *Wilms*, Dokumente zur neuesten Verfassungsgeschichte, Bd. III/2, Dok.-Nr. 9 (Fassung der 3. Lesung HA v. 2.5.1949), 461, 519 f.

[740] Vgl. *Heinrichsmeier*, in: Umbach/Clemens/Dollinger, BVerfGG, § 2, Rdnr. 2 f.; eingehend zur Entwicklung *Geiger*, BVerfGG-Kommentar, § 2, Anm. 2.

[741] Vgl. § 2 Abs. 1 i.V.m. § 13 Entw-BVerfGG nach dem Regierungsentwurf v. 28.3.1950, BT-Drs. I/788, S. 2 u. 6; kein Zwillingsgericht auch in § 2 Abs. 1 Entwurf der SPD-Fraktion (10 ständige Mitglieder), BT-Drs. I/328, S. 1.

III. Einflüsse des U.S. Supreme Court

Der mögliche Einfluss des U.S. Supreme Court auf den organisatorischen Aufbau der deutschen Verfassungsgerichtsbarkeit war aufgrund der bereits festgestellten Unterschiede in erster Linie negativer Natur. Wie jedoch bereits die rechtsvergleichende Untersuchung ergeben hat, sieht das Grundgesetz selbst keine Regelung vor, die den später im BVerfGG gewählten organisatorischen Aufbau als „Zwillingsgericht" mit zwei selbständigen Senaten zwingend vorgeschrieben hätte. Auch die ursprünglichen Gesetzesentwürfe des Jahres 1950 (Bundesregierung, SPD-Bundestagsfraktion, Bundesrat[742]) gingen ungeachtet aller sonstigen Unterschiede übereinstimmend davon aus, dass das Bundesverfassungsgericht über lediglich einen Spruchkörper verfügen sollte. Von seinem ursprünglichen organisatorischen Aufbau her betrachtet, lag das Bundesverfassungsgericht damit näher am U.S. Supreme Court, als es das schließlich verabschiedete BVerfGG vermuten lässt. Letztlich waren es vor allem pragmatische Erwägungen bei der Gesetzgebung, die zu einer gravierenden Abweichung zwischen U.S. Supreme Court und Bundesverfassungsgericht geführt haben. Zwar lassen sich im Zusammenhang mit dem engeren organisatorischen Aufbau weder aus den Protokollen des Parlamentarischen Rates noch aus späteren parlamentarischen Erörterungen ausdrückliche Hinweise auf den U.S. Supreme Court finden, dies liegt jedoch vor allem daran, dass der organisatorische Aufbau des zu errichtenden Bundesverfassungsgerichts nur selten behandelt wurde. Außerdem stand er, wenn er zur Sprache kommen sollte, zumeist im Schatten der Frage, wie die organisatorische und institutionelle Grundstruktur der Gerichtsbarkeit insgesamt beschaffen sein soll.[743] Da in Zusammenhang mit der allgemeinen Gerichtsorganisation sowohl positive als auch negative Einflüsse des U.S. Supreme Court bereits umfangreich nachgewiesen wurden,[744] liegt der Schluss nahe, dass die dabei erfolgte Auseinandersetzung mit dem amerikanischen Verfassungsmodell sich auch auf den damit inhaltlich verbundenen organisatorischen Aufbau des Bundesverfassungsgerichts ausgewirkt hat. Wie die offene Fassung des Grundgesetzes und die ursprünglichen Gesetzesentwürfe des Jahres 1950 einerseits und das BVerfGG

---

[742] Vgl. § 2 Abs. 1 i.V.m. § 13 Entw-BVerfGG nach dem Regierungsentwurf v. 28.3.1950, BT-Drs. I/788, S. 2 u. 6; kein Zwillingsgericht auch in § 2 Abs. 1 Entwurf der SPD-Fraktion (10 ständige Mitglieder), BT-Drs. I/328, S. 1.

[743] Vgl. 2. Teil, B, I-VII.

[744] Vgl. 2. Teil, B, VIII.

von 1951 andererseits indiziell zeigen, ging vom U.S. Supreme Court zunächst positiver Einfluss auf den organisatorischen Aufbau der Verfassungsgerichtsbarkeit aus, um schließlich, wie bei der gerichtlichen Gesamtorganisation, als negatives Gegenvorbild zu wirken.

Sechster Teil

Anzahl und Amtszeit der Verfassungsrichter

Auch im Hinblick auf die Anzahl der amtierenden Richter und die Dauer der richterlichen Amtszeiten unterscheiden sich die Bestimmungen des amerikanischen und deutschen Verfassungsrechts äußerlich voneinander. Allerdings – und hierauf wird im Verlauf der Darstellung besonders einzugehen sein – gibt es in den Protokollen des Parlamentarischen Rates möglicherweise Hinweise und Äußerungen der Beteiligten, denen zu entnehmen ist, dass das Beispiel des U.S. Supreme Court in den Überlegungen und Erörterungen der zuständigen Gremien als verfassungsrechtliches Modell von Bedeutung war, wenn auch später abweichende Lösungen getroffen wurden.

A. Anzahl und Amtszeit der Verfassunsgsrichter im Vergleich

I. Anzahl der Richter

Ein besonders leicht erkennbares und charakteristisches Merkmal der beiden Gerichte ist die Anzahl der amtierenden Richter. Auch hierbei scheinen die Unterschiede auf den ersten Blick groß zu sein. Während der U.S. Supreme Court schon seit geraumer Zeit über neun Richter verfügt, wies das Bundesverfassungsgericht nach § 2 Abs. 2 BVerfGG a.F. zunächst 24, später 16 Richter auf, die auf zwei Senate verteilt wurden.

1. U.S. Supreme Court

Die U.S. Bundesverfassung schweigt über die Anzahl von Richtern am Supreme Court. Daher war es seit dem „Judiciary Act von 1789“ dem Kongress überlassen, die Größe des Gerichts festzulegen. Zunächst erschienen dem amerikanischen Bundesgesetzgeber sechs Richterstellen angemessen, um die anfallenden Aufgaben des U.S. Supreme Court zu erfüllen. Gleichzeitig errichtete er die sogenannten "Circuit Courts"[745] als mittlere Zwischeninstanzen.[746] Da diese jedoch nicht über eigene Richterstellen verfügten, wurden den Richtern des U.S. Supreme Court zusätzlich noch die Mitgliedschaft an den Circuit Courts zugewiesen. Im Ganzen bestanden die Circuit Courts aus einem Richter der erstinstanzlichen Gerichte (District Courts) und aus zunächst zwei, seit 1793 jedoch nur noch einem Richter des Supreme Court.[747]

Nachdem im Jahre 1789 lediglich drei Circuits mit jeweils einem Circuit Court bestanden hatten, wuchs deren Anzahl in den kommenden Jahren mit dem zunehmenden Territorium der USA auf sechs an, so dass jedem der sechs Richter des Supreme Court ein Circuit als Gerichtsbezirk zugeordnet werden konnte. Diese zeitweilige zahlenmäßige Übereinstimmung hatte zur Folge, dass die Zahl der Supreme Court-Richter und die der Circuits für einen längeren Zeitraum voneinander abhängig gemacht wurden. Im Folgenden wuchs daher die Anzahl der Richter am U.S. Supreme Court immer dann, wenn wegen des fortschreitenden territorialen Wachstums des Landes neue Gerichtsbezirke eingerichtet werden mussten. Als der Kongress im Jahr 1807 einen siebten Circuit schuf, wurde für den neuen Bezirk zugleich auch ein siebter Richter für den Supreme Court ernannt.[748]

Diese Verknüpfung von Supreme Court Richterstellen und Gerichtsbezirken führte in der Folge dazu, dass der Kongress der Einrichtung neuer Gerichtsbezirke regelmäßig großen Widerstand entgegensetzte.[749] Gleichwohl erfolgte im Jahre 1837 die Neuaufteilung des amerikanischen Territoriums in neun Circuits, was konsequenterweise auch die

---

[745] Circuit=Gerichtsbezirk.

[746] Sog. "intermediate appellate bodies"; der "Judiciary Act von 1789" sah zwei Tatsacheninstanzen (sog. "trial courts") vor: Den District Court (ein Richter), und die sog. Circuit Courts (drei Richter).

[747] Vgl. oben 2. Teil, A, I; hierzu auch *Charles Warren*, The Supreme Court in United States History, 85 ff.; *Fallon/Meltzer/Shapiro*, The Federal Courts and the Federal System, 34.

[748] Vgl. *Fallon/Meltzer/Shapiro*, The Federal Courts and the Federal System, 35.

[749] Vgl. *Fallon/Meltzer/Shapiro*, The Federal Courts and the Federal System, 35. Auch heute werden die dreizehn Circuits der Bundesgerichtsbarkeit auf die Associate Justices des Supreme Court aufgeteilt, was aber in erster Linie dienst- und disziplinarrechtliche Konsequenzen hat.

Anzahl der Supreme Court Richter auf neun erhöhte.[750] Nachdem der Gesetzgeber zwischenzeitlich einen zehnten Circuit geschaffen hatte und entsprechend auch ein zehnter Richter an den Supreme Court berufen worden war,[751] wurde die Anzahl der Supreme Court-Richterposten im Jahre 1866 gesetzlich auf sieben Mitglieder beschränkt.[752] Dies geschah – ähnlich wie im Jahre 1801 bevor Jefferson U.S. Präsident wurde[753] – um dem im Streit mit dem Kongress liegenden damaligen U.S. Präsidenten Andrew Johnson (1865-1869) die Möglichkeit weiterer Neubesetzungen des U.S. Supreme Court zu nehmen.[754]

Nachdem Johnsons Amtszeit beendet war, wurde die Anzahl der Supreme Court Richter im Jahre 1869 durch Bundesgesetz schließlich auf neun festgelegt und seither nicht mehr geändert. Während sich in den ersten achtzig Jahren nach Gründung der Vereinigten Staaten (1789-1869) die Anzahl der Supreme Court-Richterstellen andauernd geändert hatte, blieb sie seitdem in über 130 Jahren konstant.[755] Dieser Hintergrund lässt erahnen, weshalb der Versuch Präsident Roosevelts, die Anzahl der Supreme Court-Richter im Jahre 1937 von neun auf fünfzehn aufzustocken, trotz anfänglicher Unterstützung, letztlich als eklatanter Bruch amerikanischer Rechtstraditionen aufgefasst wurde und scheiterte.[756]

---

[750] Act of March 3, 1837, 5 Stat. 176.

[751] Act of March 3, 1863, 12 Stat. 794, amended by the Act of Feb. 19, 1864, 13 Stat. 4.

[752] Act of July 23, 1866, 14 Stat. 209 (1866).

[753] Vgl. eingehend *Van Alstyne*, A Critical Guide to Marbury v. Madison, Duke L.J. 1969,1, 4.

[754] Vgl. *Schwartz*, A History of the Supreme Court, 157.

[755] Vgl. *Fallon/Meltzer/Shapiro*, The Federal Courts and the Federal System, 35; Act of April 10, 1869, 16 Stat. 44. Heute sieht 28 U.S.C. § 1 vor: "The Supreme Court of the United States shall consist of *a Chief Justice* of the United States and *eight associate justices*, any six of them shall constitute a quorum." (Hervorhebung vom Verf.).

[756] Vgl. *Leuchtenburg*, The Origins of Franklin D. Roosevelts "Court-Packing" Plan, Sup.Ct.Rev. 1966, 347 ff.; hierzu auch *Lerche*, Versuche der Aushebelung von Verfassungsgerichten, BayVBl. 2003, 1, 2 f.; *Vitzthum*, Annahme nach Ermessen bei Verfassungsbeschwerden?, JöR 53 (2004), 319, 335 f.; *Schneider*, in: Großfeld/Roth, Verfassungsrichter, 27, 37; eingehend *Marian C. McKenna*, Franklin Roosevelt and the great Constitutional war – The court-packing crisis of 1937, New York (Fordham) 2002.

2. *Bundesverfassungsgericht*

Ähnlich wie die U.S. Bundesverfassung sieht auch das Grundgesetz keine Regelung über die Anzahl der Bundesverfassungsrichter vor. Wie schon in einigen anderen untersuchten Bereichen, ist es damit nach Art. 94 Abs. 2 Satz 1 GG dem Bundesgesetzgeber überlassen, eine Festlegung hierüber zu treffen. In § 2 BVerfGG a.F. des Jahres 1951 wurde daher nicht nur bestimmt, dass das Bundesverfassungsgericht aus zwei Senaten besteht (Abs. 1), sondern auch dass „[i]n jeden Senat ... zwölf Richter gewählt" werden (Abs. 2). Insgesamt belief sich die Besetzung des Bundesverfassungsgerichts damit auf 24 Richterstellen verteilt auf zwei Senate. Diese Anzahl wurde bald schon – vor allem bei den gerichtsinternen Abläufen – als unpraktikabel empfunden, so dass in mehreren gesetzgeberischen Schritten zwischen 1956 und 1963 acht Richterstellen abgebaut wurden.[757] Seit 1963 bestehen die beiden Senate des Bundesverfassungsgerichts aus je acht Richtern, so dass sich ihre Gesamtzahl nunmehr auf 16 beläuft.[758]

3. *Abweichende Anzahl der Verfassungsrichter*

Zwar sah das deutsche Verfassungsrecht seit seiner Gründung unterschiedlich große Senate vor, das entscheidene Merkmal sowohl der im Jahre 1951 etablierten als auch der seit 1970 bestehenden Konzeption liegt jedoch darin, dass die beiden Senate des Bundesverfassungsgerichts jeweils mit einer geraden Anzahl von Richtern besetzt waren – zunächst zwölf, später acht Richter pro Senat.

Im Vergleich zu dem mit neun Richtern besetzten U.S. Supreme Court bringen die mit einer geraden Anzahl von Richtern besetzten Senate des Bundesverfassungsgericht jedoch verschiedene Nachteile mit sich. Vor allem zur Vermeidung der als misslich empfundenen 4 zu 4-Entscheidung wurde im Schrifttum für Spruchkörper plädiert, die mit einer ungeraden Zahl von Richtern besetzt sind.[759] Im Grundsatz ist davon auszugehen, dass eine ungerade Anzahl von Richtern wie sie der U.S. Supreme Court hat die Mehrheitsfindung erleichtert. Hinzu kommt,

---

[757] Vgl. *Kröger*, Richterwahl, in: Festgabe BVerfG, Bd. 1, 76, 80 f.; *Geck*, Wahl und Status der Bundesverfassungsrichter, in: Isensee/Kirchhof, HdbStR, 2. Aufl., Bd. 2, § 55, Rdnr. 4.

[758] Vgl. *Finck*, Judicial Review, Boston College Int'l & Comp.L.Rev., Bd. 20 (1997), 123, 143.

[759] Vgl. *Lorz*, Die Gefahr der Stimmengleichheit, ZRP 2003, 36, 39.

dass Entscheidungen, die „mit Mehrheit von 5 zu 4“ gefasst wurden, in der Öffentlichkeit besser dargestellt werden können. Im Gegensatz hierzu bleibt bei einer 4-zu-4-Entscheidung regelmäßig ein unangenehmer Nachgeschmack zurück, da die Entscheidung nicht ohne Erläuterung von Seiten des Gerichts oder der Medien für sich selbst sprechen kann. Dass eine ungerade Zahl von Richtern auch von der Bundesregierung als günstig und sachgerecht angesehen wurde, zeigt der im 1. Entwurf der Bundesregierung für ein BVerfGG vom 28. März 1950 vorgesehene § 13 Entw-BVerfGG, der ursprünglich von einem Spruchkörper von neun Personen ausging.[760]

Allerdings gibt es aus der Perspektive des deutschen Verfassungsrechts auch verschiedene Argumente, die gegen die Besetzung der verfassungsgerichtlichen Senate mit einer ungeraden Anzahl von Richtern sprechen: Zunächst kann die Abgabe von Sondervoten dazu führen, dass ungeachtet einer ungeraden Zahl von Richtern die eigentliche arithmetische Senats-Mehrheit verfehlt wird. Außerdem ist daran zu denken, dass gegen Senate mit einer ungeraden Anzahl von Richtern der in Art. 94 Abs. 1 Satz 2 GG niedergelegte Grundsatz „föderativer Parität“[761] sprechen könnte. Nach Art. 94 Abs. 1 Satz 2 GG verfügen Bundestag und Bundesrat über die gleichen Mitwirkungsrechte bei der Verfassungsrichterwahl („... werden je zur Hälfte vom Bundestage und vom Bundesrate gewählt.“).[762] Zwar kann man zunächst davon ausgehen, dass die gleichmäßige Beteiligung an der Verfassungsrichterwahl durch zwei mit einer ungeraden Anzahl von Personen besetzte Senate im Hinblick auf die Gesamtrichterzahl nicht gefährdet würde.[763] Denn auch die Besetzung von zwei Senaten à neun Richtern führt mit 18 Richtern zu einer insgesamt geraden Zahl, so dass Bundestag und Bundesrat je neun Richter wählen könnten. Allerdings ist mit dem Recht zur hälftigen Richterwahl möglicherweise auch eine verfassungsrechtliche Festlegung über die Größe der tatsächlich tätig werdenden Spruchkörper verbunden. Seinem Ursprung nach soll Art. 94 Abs. 1 Satz 2 GG die Teilhabe der Länder an der Bestellung der Verfassungsgerichtsbarkeit des Bundes gewährleisten und dazu führen, dass die politischen Mehrheitsverhältnisse auf Bundes- und Landesebene gleichermaßen be-

---

[760] Vgl. BT-Drs. I/788, S. 6.

[761] Vgl. *Bettermann*, Opposition und Verfassungsrichterwahl, in: FS. Zweigert, 723, 726.

[762] Vgl. 4. Teil, A, II.

[763] Vgl. *Klein*, in: Maunz/Schmidt-Bleibtreu, BVerfGG, § 5, Rdnr. 10 f.

rücksichtigt werden.[764] Allerdings liegt der Schluss nahe, dass mit dem Bestellungsrecht zugleich auch sichergestellt werden soll, dass die hälftig gewählten Richter auch in entsprechendem Umfang an der Rechtsprechung des Bundesverfassungsgerichts beteiligt sind. Denn würde aus der Formulierung des Art. 94 Abs. 1 Satz 2 GG lediglich die Schlussfolgerung gezogen, dass die „föderative Parität“ sich allein auf den Wahlvorgang beschränkt, so könnte die Beteiligung der von den Ländern gewählten Verfassungsrichtern an der Entscheidungspraxis durch entsprechende Geschäftsverteilung oder sogar durch Änderungen des nicht zustimmungspflichtigen BVerfGG ausgehöhlt werden. Zwar hat das Bundesverfassungsgericht vor etwa dreißig Jahren entschieden, dass die föderative Parität bei der Besetzung der Kammern (damals: Dreierausschüsse) nicht berücksichtigt zu werden braucht,[765] hieraus kann aber nicht geschlossen werden, dass die Parität in den Senaten gleichfalls außer Acht gelassen werden darf. Dass die Wahlsymmetrie bei der Berücksichtigung von Bundesrichtern auf die Gesamtmitgliederzahl der Verfassungsrichter erfolgt,[766] ändert an den Feststellungen zur föderativen Parität bei der Wahl durch Bundestag und Bundesrat ebenfalls nichts, da die Verfassung zur Berücksichtigung von Bundesrichtern keine anteilsmäßige Konkretisierung vorsieht, so dass es dem Gesetzgeber frei steht, wie er die Wahl von Bundesrichtern in das Bundesverfassungsgericht ausgestaltet. Im Ergebnis ist davon auszugehen, dass die Senate des Bundesverfassungsgerichts wegen des verfassungsrechtlichen Grundsatzes der föderativen Parität nicht mit einer ungeraden Anzahl von Richtern besetzt werden können (Art. 94 Abs. 1 Satz 2 GG). Folglich besteht derzeit von Verfassung wegen nicht die Möglichkeit, die beim U.S. Supreme Court bewährte Besetzung mit einer ungeraden Anzahl von Richtern auf das Bundesverfassungsgericht zu über-

---

[764] Vgl. *Voßkuhle*, in: v. Mangoldt/Klein/Starck, GG, Bd. 3, Art. 94, Rdnr. 8; *Sturm*, in: Sachs, GG, Art. 93, Rdnr. 2.

[765] BVerfG, Beschl. v. 16.6.1965, BVerfGE 19, 88 (88). Soweit das Bundesverfassungsgericht in seiner Entscheidung davon ausgeht, dass „eine paritätische Zusammensetzung nicht auch für den einzelnen, jeweils tätig werdenden Spruchkörper“ gewahrt sein muss, bezieht es sich auf § 5 Abs. 1 BVerfGG, der jedoch nur einfachgesetzlich wiederholt, was Art. 94 Abs. 1 Satz 2 GG auf verfassungsrechtlicher Ebene vorsieht. Insofern kommt es nicht, wie das Gericht ausführt, auf eine „so weitgehende Auslegung des § 5 Abs. 1 Satz 1 BVerfGG ..., der als einfaches Recht vom Gesetzgeber geändert werden kann“, sondern auf die der Disposition des Gesetzgebers entzogene Verfassungsvorschrift des Art. 94 Abs. 1 Satz 2 GG an.

[766] Vgl. *Meyer*, in: von Münch/Kunig, GG, Bd. 3, Art. 94, Rdnr. 12.

tragen, auch wenn es die Mehrheitsfindung und vor allem die Mehrheitsdarstellung in der Öffentlichkeit deutlich erleichtern würde.

II. Dauer der richterlichen Amtszeit

Ein ähnliches Bild wie bei der Anzahl der Verfassungsrichter zeigt sich auch bei der Dauer der richterlichen Amtszeit. Vergleicht man die in den Vereinigten Staaten und in Deutschland bestehenden Regelungen miteinander, so findet man auf den ersten Blick kaum Übereinstimmungen zwischen dem U.S. Supreme Court und dem Bundesverfassungsgericht. Erschwerend kommt hinzu, dass das ursprüngliche seit 1951 im BVerfGG vorgesehene Regelungssystem über die Amtszeit der Bundesverfassungsrichter nach verschiedenen Novellen schließlich im Jahre 1970 vollständig umgestaltet wurde. Da sich vor allem der Wechsel der beiden Systeme über den Zeitraum mehrerer Jahre hinzog und die ursprünglichen Regelungen auch danach noch übergangsweise Wirkungen entfalteten, wird der rechtvergleichenden Untersuchung das seit 1970 bestehende System zugrunde gelegt. Das ursprünglich im Jahre 1951 vorgesehene System wird im Rahmen der rechtshistorischen Darstellung kurz dargestellt, während die „Zwischenstufen" vernachlässigt werden.[767] Im Hinblick auf den U.S. Supreme Court gab es solche Widrigkeiten nicht, da von Anfang an und seitdem unverändert eine denkbar einfache Bestimmung über die Amtszeit der amerikanischen Bundesrichter bestand.

1. Lebzeitige Ernennung von Supreme Court-Richtern

Die Ernennung von Richtern der amerikanischen Bundesgerichtsbarkeit und damit auch des U.S. Supreme Court erfolgt auf Lebenszeit. In Art. III Sec. 1 cl. 2 U.S. Bundesverfassung heißt es hierzu:

> "The Judges, both from the supreme and inferior Courts, shall hold their Offices during good Behavior, ..."[768].

---

[767] Vgl. Überblick über den Systemwechsel bei *Kröger*, Richterwahl, in: Festgabe BVerfG, Bd. 1, 76, 81 ff.

[768] Übersetzung aus *Franz*, Staatsverfassungen, 11, 29: *„Die Richter sowohl des Obersten Gerichtshofs wie auch der unteren Gerichte sollen im Amte bleiben, solange ihre Amtsführung einwandfrei ist, ...“*.

Die Ernennung auf Lebenszeit wird aus der Formulierung "during good Behavior" geschlossen, so dass die Richter des U.S. Supreme Court – wenn sie nicht ausnahmsweise wegen Fehlverhaltens im Wege der Amtsenthebung (Impeachment) von ihrem Posten entfernt werden – bis zu ihrem Tode als Bundesrichter amtieren können.[769] Wie es Alexander Hamilton im Federalist Nr. 78 formuliert hatte, sollte die zeitlich nicht begrenzte Ernennung eines Richters in erster Linie der Unabhängigkeit der Gerichtsbarkeit zugute kommen. Da die einmal ernannten Bundesrichter ohne erneute Wahl von den beiden anderen staatlichen Teilgewalten unabhängig sind, brauchen sie bei ihrer Amtsführung keine Rücksicht auf politische Mehrheiten und gesellschaftliche Strömungen zu nehmen.[770]

Ungeachtet der von Anfang an geäußerten Kritik stellt die Ernennung der Bundesrichter auf Lebenszeit nach Art. III Sec. 1 cl. 2 U.S. Bundesverfassung das herausragende und für die Machtfülle des U.S. Supreme Court entscheidende verfassungsrechtliche Merkmal dar. Während sich die Mitglieder des Repräsentantenhauses alle zwei Jahre, der U.S. Präsident alle vier Jahre und die U.S. Senatoren alle sechs Jahre zur Wahl stellen müssen, können die Richter des U.S. Supreme Court im Durchschnitt 20 bis 30 Jahre die Rechtsprechung auf allen Gebieten des Rechts für ein Volk von heute 300 Millionen Menschen prägen.[771] Dass diese neun Personen zukommende Befugnis zeitlich nur von der Lebenszeit der Amtsinhaber begrenzt wird, trägt erheblich zum besonderen Stellenwert des U.S. Supreme Court im amerikanischen Verfassungssystem bei.[772] Sie steht dabei vor allem in starkem Gegensatz zu

---

[769] In der Verfassungsversammlung von Philadelphia war die „during good behavior-Klausel" weitgehend unumstritten, vgl. *Fallon/Meltzer/Shapiro*, The Federal Courts and the Federal System, 10.

[770] Vgl. *Hamilton/Madison/Jay*, The Federalist Papers, 466 (ed. Clinton Rossiter 1961), "*... and that nothing can contribute so much to its [the judicial branch's] firmness and independence as permanency in office, ...*".

[771] Vgl. *Stoevesandt*, Aktivismus und Zurückhaltung im United States Supreme Court, 26 ff.; *Quaas*, Die Verfassung der Vereinigen Staaten von Amerika und das Grundgesetz, VBlBW 2003, 217, 221 („*Amerikanische Bundesrichter kommen, um zu bleiben.*"). Nach *Hay*, Gedanken zum zukünftigen U.S. Supreme Court, RIW 2005, 6, 8 ist deshalb die „*zukünftige Zusammensetzung des Supreme Court ... für die USA wichtiger als die Zusammensetzung des Kongresses*".

[772] Vgl. auch *Martin Shapiro*, Judicial Independence: The English Experience, North Carolina L.Rev., Bd. 55 (1977), 577 ff.; *James T. Barry*, The Council of

der seit 1951 im XXII. Amendment zur U.S. Bundesverfassung normierten Begrenzung der Amtszeit des U.S. Präsidenten auf zwei Wahlperioden von insgesamt acht Jahren.[773]

2. *Amtszeit der Bundesverfassungsrichter*

Der deutsche Bundesgesetzgeber war bei Erlass der Bestimmungen über die Amtszeit der Bundesverfassungsrichter stets um einen Ausgleich zwischen zwei divergierenden Zielen bemüht: Einerseits sollten die Amtszeiten lang genug sein, um die als notwendig erachtete Kontinuität der Rechtsprechung zu wahren, andererseits sollte sie wiederum nicht so lang sein, um zu Inflexibilität oder Erstarrung der Rechtsprechung zu führen.[774]

Seit 1970 ist festgelegt, dass die Amtszeit eines Verfassungsrichters zwölf Jahre dauert, längstens bis zum Erreichen der Altersgrenze, die bei 68 Jahren liegt (§ 4 Abs. 1 u. Abs. 3 BVerfGG).[775] Anders als in früheren Fassungen des BVerfGG stellt § 4 Abs. 2 BVerfGG unmissverständlich klar, dass eine anschliessende oder spätere Wiederwahl ausgeschiedener Verfassungsrichter nicht möglich ist. Die 12-jährige Amtszeit des § 4 BVerfGG soll einerseits eine kontinuierliche Entwicklung der Verfassungsrechtsprechung gewährleisten, andererseits aber verhindern, dass einzelne Richter zu lange die Geschicke des Bundesverfassungsgerichts beeinflussen.

3. *Abweichende Amtszeiten der Verfassungsrichter*

Die beiden in den Vereinigten Staaten und in Deutschland geltenen Regelungen über die Amtszeiten von Verfassungsrichtern könnten kaum

---

Revision and the Limits of Judicial Power, U.Chi.L.Rev. Bd. 56 (1989), 235, 240 m.w. N.

773 Zum Wortlaut des XXII. Amendement: *"No person shall be elected to the office of the president more than twice, ..."*, vgl. *Stone/Seidman/Sunstein/Tushnet*, Constitutional Law, LXXV.

774 Vgl. *Klein*, in: Maunz/Schmidt-Bleibtreu, BVerfGG, § 4, Rdnr. 2; *Lechner/Zuck*, BVerfGG, § 4, Rdnr. 2; *Benda*, in: Benda/Klein, Verfassungsprozessrecht, Rdnr. 122 f. („Kontinuität" und „Versteinerung der Rechtsprechung").

775 Vgl. *Benda*, in: Benda/Klein, Verfassungsprozessrecht, Rdnr. 121 ff.; *Kischel*, Amt, Unbefangenheit und Wahl der Bundesverfassungsrichter, in: Isensee/Kirchhof, HdbStR, Bd. 3, § 69, Rdnr. 58.

unterschiedlicher ausgestaltet sein. Während die Richter der amerikanischen Bundesgerichtsbarkeit auf Lebenszeit ernannt werden, endet die Amtszeit von Bundesverfassungsrichtern nach zwölf Jahren, längstens mit Vollendung des 68. Lebensjahres. In beiden Fällen soll die Länge der Amtszeiten sowohl die richterliche Unabhängigkeit als auch die Kontinuität der Rechtsprechung gewährleisten.

So außergewöhnlich die Ernennung von Supreme Court-Richtern auf Lebenszeit erscheint, so problematisch sind die damit verbundenen Konsequenzen. Als negative Folge der lebzeitigen Ernennung ist zunächst die damit verbundene Loslösung von der übrigen demokratischen und politischen Entwicklung anzusehen. Da die jeweilige Zusammensetzung des U.S. Supreme Court lediglich eine Momentaufnahme einer bestimmten politischen Konstellation in Präsidentenamt und Senat darstellt, welche selbst womöglich bereits durch die nächste Wahl überholt wird, bleibt die Besetzung des U.S. Supreme Court vom politischen Wechsel zunächst weitgehend unberührt.[776] Wie sich zuletzt in Zusammenhang mit der Nachfolge von Chief Justice Rehnquist und Justice O'Connor im Jahr 2005 gezeigt hat, stellt die für einen Zeitraum von voraussichtlich 20, 30 oder mehr Jahren wirkende Besetzung des Supreme Court keineswegs nur eine zufällige Nebenfolge verfassungsrechtlicher Gegebenheiten dar, sondern es handelt sich um eine vom U.S. Präsidenten und seinen Beratern sehr bewusst erwogene Frage, die für die dauerhafte Machtsicherung und Herrschaftsbildung der beiden großen politischen Lager der amerikanischen Politik von eminenter Bedeutung ist.[777] Die Folgen dieser Strategie zeigen sich beispielhaft an

---

[776] *Sanford Levinson*, Contempt of Court: The most important "Contemporary Challenge to Judging", Wash. & Lee L.Rev., Bd. 49 (1992) 339, 441. *L.A. Powe, Jr.*, Old People and Good Behavior, Constitutional Commentaries, Bd. 12 (1995) 195 weist darauf hin, dass der U.S. Supreme Court beispielsweise im Jahre 1984 auf beinahe unglaubliche Weise überaltert war. Damals seien allein fünf (= die erforderliche Abstimmungsmehrheit) seiner Mitglieder älter als 75 Jahre gewesen (Brennan geb. 1906, Burger u. Powell geb. 1907, Marshall u. Blackmun geb. 1908). Powe kritisiert, dass diese Richter, die die Universität in den späten 1920er oder frühen 1930er Jahren besucht hatten, im Jahre 1984 dazu berufen waren, die Verfassung für die amerikanische Gesellschaft des ausgehenden 20. Jahrhunderts anzuwenden und auszulegen.

[777] So wurde in den Medien das verhältnismäßig geringe Alter der als Kandidaten für die Nachfolge der Richterin O'Connor gehandelten Michael J. Luttig (51 Jahre) und John G. Roberts (50 Jahre) als Vorzug genannt, während das Alter des Kandidaten J. Harvie Wilkinson III (60 Jahre) ausdrücklich als negatives Merkmal hervorgehoben wurde; vgl. Newsweek, 11 July, 2005 (Vol 146), The

den Nominierungen des früheren Chief Justice Rehnquist (1972) und von Justice Thomas (1991). Während U.S. Präsident Nixon (1969-74) bereits lange aus dem Amt geschieden und zwischenzeitlich sogar verstorben war, amtierte der von ihm vorgeschlagene Rehnquist noch bis zum September 2005, insgesamt mehr als 31 Jahre nach dem Rücktritt Nixons.[778] Ähnliches kann in noch größerem Ausmaß im Fall des von Präsident Bush sen. (1989-93) nominierten Justice Thomas eintreten, der bei seiner Ernennung lediglich 43 Jahre alt war und daher – vorausgesetzt seine gesundheitliche Situation erlaubt dies – durchaus 40 Jahre oder länger im Amt verbleiben könnte.[779]

Angesichts dieser Gegebenheiten überrascht es nicht, dass im Schrifttum wiederholt Stimmen laut wurden, wonach zu viele Supreme Court-Richter aufgrund ihrer lebzeitigen Ernennung zu lange im Amt geblieben sind.[780] Schlimmstenfalls führt die lebenslange Amtszeit der Supreme Court-Richter zu einer beständig alternden „judikativen Oligarchie" (judicial oligarchy), die nicht mehr im erforderlichen Maß mit den Problemen der Gegenwartsgesellschaft vertraut ist.[781] Hinzu treten

---

Holy War Begins, 25, 26 (*"At 60, he's seen by some as too old for the job"*). Siehe auch *Quaas*, Die Verfassung der Vereinigen Staaten von Amerika und das Grundgesetz, VBlBW 2003, 217, 221; *Pieper*, Verfassungsrichterwahlen, 49; *Hay*, Gedanken zum zukünftigen U.S. Supreme Court, RIW 2005, 6.

[778] Vgl. *Hay*, Gedanken zum zukünftigen U.S. Supreme Court, RIW 2005, 6, 7; FAZ v. 5.9.2005, S. 2 („Strenger Kontrolleur des Kongresses – Zum Tode von William Hubbs Rehnquist"). Richard M. Nixon war am 9.8.1974 von seinem Amt als U.S. Präsident zurückgetreten und verstarb am 22.4.1994 im Alter von 81 Jahren.

[779] Mit diesem Beispiel auch *Stoevesandt*, Aktivismus und Zurückhaltung im United States Supreme Court, 28.

[780] Vgl. *L.A. Powe, Jr.*, Old People and Good Behavior, Constitutional Commentaries, Bd. 12 (1995)195, 196, nennt die die Ernennung auf Lebenszeit den am längsten fortdauernden Fehler der Verfassungväter (*"greatest lasting mistake"*); gleichermaßen kritisch, *Sanford Levinson*, Contempt of Court: The most important "Contemporary Challenge to Judging", Wash. & Lee L.Rev., Bd. 49 (1992) 339, 441, der vorschlägt, die Richter für eine nichtverlängerbare 18-jährige Amtszeit zu ernennen; *Monaghan*, The Confirmation Process, Harv. L.Rev., Bd. 101 (1988) 1202, 1211 f.; vgl. auch die eingehende und sehr kritische Studie über das Ende der Amtszeiten von Supreme Court-Richtern, *David N. Atkinson*, Leaving the Bench – Supreme Court Justices at the End, Lawrence/Ks. 1999.

[781] Vgl. *Kommers*, German Constitutionalism, Emory L.J., Bd. 40 (1991), 837, 844.

auch Fragen eines verantwortungsvollen Umgangs mit dem Richteramt am U.S. Supreme Court angesichts der unausweichlichen gesundheits- und altersbedingten Minderung der Leistungsfähigkeit. Doch nicht selten ist es in der Vergangenheit vorgekommen, dass Supreme Court-Richter nach längerer Krankheit im Amt verstarben oder sich erst unmittelbar vor ihrem Tod zum Rücktritt entschließen konnten.[782] Dies wird auch durch den Umstand belegt, dass von den insgesamt 115 Supreme Court-Richtern in 216 Jahren bislang 49 im Amt verstarben (=42,6 %) und 25 erst mit sich deutlich verschlechternder Gesundheit in den Ruhestand traten (=21,7 %). Beim Ausscheiden von Justice O'Connor und vor dem Tod von Chief Justice Rehnquist im Sommer 2005[783] konnte eine besonders starke Überalterung des U.S. Supreme Court festgestellt werden. Da es im Zeitraum von 1994 bis 2005 keine Vakanzen gegeben hatte, waren zwischenzeitlich sechs der neun Richter 68 Jahre und älter,[784] so dass sie nach den Bestimmungen des deutschen Rechts bereits in den Ruhestand hätten treten müssen (vgl. § 4 Abs. 1, Abs. 3 BVerfGG). Außerdem hätten acht der neun im Jahr 2005 amtierenden Supreme Court-Richter auch bereits die für Richter des Bun-

---

[782] Die fiktive Schilderung eines nach mehreren Schlaganfällen an den Rollstuhl gefesselten, schwerhörigen und auch sonst weitgehend paralysierten 91-jährigen Supreme Court-Richters in John Grishams Roman "The Pelican Brief" (dt.: Die Akte, München 1994), S. 1, mag zwar etwas übertrieben sein, findet ihre Bestätigung jedoch in zahlreichen tatsächlichen Beispielen der Vergangenheit ("*He was ninety-one, paralyzed, strapped in a wheelchair and hooked to oxygen. His second stroke seven years ago had almost finished him off, ...*"), vgl. auch *Epstein/Segal/ Spaeth/Walker*, The Supreme Court Compendium, 361 ff., Table 5-7 u. 371 ff., Table 5-9.

[783] Vgl. zur Amtsaufgabe von Justice O'Connor: NZZ v. 2./3.7.2005, S. 3; SZ v. 4.7.2005, S. 1; FAZ v. 4.7.2005, S. 3 u. 40; FAZ v. 6.4.2005, S. 37; FAZ v. 23.7.2005, S. 43; Time Magazine, July 11, 2005, Vol. 166 (Titelstory: "The Supreme Battle"), Newsweek Magazine, July 11, 2005, Vol. 146 ("Queen of the Court"), 17-26. Vgl. zum Tode von Chief Justice Rehnquist: NZZ v. 5.9.2005, S. 3; SZ v. 5.9.2005, S. 3; FAZ v. 5.9.2005, S. 2; FR v. 5.9.2005, S. 6; Die Welt v. 5.9.2005, S. 4; Time Magazine, September 12, 2005, Vol 166 No 11 ("Who will be the next Rehnquist?").

[784] I.e. Stevens (geb. 1920), Rehnquist (geb. 1924), Day O'Connor (geb. 1930), Bader Ginsburg (geb. 1933), Scalia und Kennedy (jeweils geb. 1936), vgl. *Epstein/Segal/Spaeth/Walker*, The Supreme Court Compendium, 305, 311 ff., Table 4-11; Harv.L.Rev. (Hrsg.), Nine Justices, Ten Years: A Statistical Retrospective, Harv.L.Rev., Bd. 118 (2004), 510 ff.; *Hay*, Gedanken zum zukünftigen U.S. Supreme Court, RIW 2005, 6, 7.

desverfassungsgerichts geltende 12-jährige Amtszeit absolviert.[785] Chief Justice Rehnquist (Jahrgang 1924) und Justice Stevens (Jahrgang 1920) amtierten zu diesem Zeitpunkt sogar schon seit mehr als 30 Jahren. Im Gegensatz hierzu war der als Nachfolger von Chief Justice Rehnquist gewählte John G. Roberts bei seiner Wahl erst 50 Jahre alt (Jahrgang 1955) und der als Nachfolger von Justice O'Connor gewählte Samuel Alito 55 Jahre (Jahrgang 1950).[786] Beide trennen damit immerhin 35 bzw. 30 Jahre von dem zum Zeitpunkt ihrer Ernennung ältesten Mitglied des Gerichtshofs, Justice Stevens.

Aus den aufgezeigten Gründen erscheint die in Deutschland geltende Befristung der Amtszeit im Vergleich zur lebzeitigen Ernennung, wie sie das amerikanische Verfassungsrecht vorsieht, bei weitem vorzugswürdig. Die 12-jährige Amtszeit von Bundesverfassungsrichtern ist als bessere Lösung anzusehen, da hierdurch sowohl die Kontinuität der Rechtsprechung in hinreichendem Umfang gewahrt als auch der Erstarrung des Gerichts wirksam vorgebeugt werden kann.[787]

B. Erarbeitung und Entwicklung der Anzahl und Amtszeit von Bundesverfassungsrichtern

Möglicherweise lassen sich im Hinblick auf die Anzahl und Amtszeit der Bundesverfassungsrichter Einflüsse des U.S. Supreme Court feststellen. Auch wenn sich die konkreten verfassungsrechtlichen Regelungen deutlich voneinander unterscheiden, so ist doch denkbar, dass bei den Erörterungen im Herrenchiemseer Verfassungskonvent oder im

---

[785] I.e. Rehnquist (seit 1972 am Supreme Court), Stevens (seit 1975), O'Connor (seit 1981), Scalia (seit 1986), Kennedy (seit 1988), Souter (seit 1990), Thomas (seit 1991), Bader Ginsburg (seit 1993), *Epstein/Segal/Spaeth/Walker*, The Supreme Court Compendium, 222, 226, Table 4-1.

[786] Vgl. FAZ v. 21.7.2005, S. 1, 4 u. 10 (O'Connor); NZZ v. 6.9.2005, S. 2; FAZ v. 5.9.2005, S. 2 u. 33 (Rehnquist); FAZ v. 1.11.2005, S. 6 (Alito); FAZ v. 2.2.2006, S. 10.

[787] Vgl. *Klein*, in: Maunz/Schmidt-Bleibtreu, BVerfGG, § 4, Rdnr. 4; *Ackerman*, The Future of Liberal Revolution, 4; a.A. *Benda*, in: Benda/Klein, Verfassungsprozessrecht, Rdnr. 123, der – wohl auch eingedenk seiner eigenen Erfahrungen – für eine „maßvoll verlängerte Dauer der Amtszeit" eintritt; ähnlich *Geck*, Wahl und Status der Bundesverfassungsrichter, in: Isensee/Kirchhof, HdbStR, 2. Aufl., Bd. 2, § 55, Rdnr. 22, der für eine generelle Verlängerung bis zum 68. Lebensjahr plädierte.

Parlamentarischen Rat eine bewusste Auseinandersetzung mit dem amerikanischen Vorbild stattgefunden hat.

I. Beratungen zur Anzahl der Richter

1. Parlamentarischer Rat

Die mögliche Anzahl von Bundesverfassungsrichtern kam in den Beratungen des Rechtspflegeausschusses mehrfach zur Sprache. Dies hing vor allem damit zusammen, dass im Laufe der Erörterungen noch unklar war, ob es überhaupt ein eigenständiges Verfassungsgericht des Bundes geben und in welchem Verhältnis es zum damals noch vorgesehenen „Obersten Bundesgericht" stehen sollte. Auch der U.S. Supreme Court fand in den Beratungen des Rechtspflegeausschusses ausdrückliche Erwähnung. In einer Äußerung des Abgeordneten Greve in der 5. Sitzung des Rechtspflegeausschusses diente der U.S. Supreme Court beispielsweise zur Abgrenzung, als es um die Frage ging, über wie viele Richter das zu errichtende Oberste Bundesgericht verfügen soll. Wörtlich führte er zu dieser Frage aus:

> „... Es würde also trotz allem niemals ein ganz kleines Gericht sein, wie wir es zum Beispiel bei dem obersten Bundesgericht in den USA haben, das aus neun Richtern besteht (*Zwischenruf Strauß*: „Aber aus 25 könnte es bestehen") ..."[788]

Da es in dieser Phase der Beratungen noch vorwiegend um die Ausgestaltung der Bundesgerichtsbarkeit insgesamt ging, kam dem Obersten Bundesgericht naturgemäß ein hoher Stellenwert zu.

Auch später mahnte die Abgeordnete Elisabeth Selbert in der 7. Sitzung des Rechtspflegeausschusses bei der Erörterung des organisatorischen Aufbaus des Bundesverfassungsgerichts eine konkrete Verfassungsvorschrift über die Anzahl der Verfassungsrichter an:

Selbert:	„Ich vermisse in diesen Vorschlägen Bestimmungen über die Zahl der Beisitzer.
Strauß (Vors.):	Das ist absichtlich weggelassen worden, weil das für die verschiedenen Fälle verschieden sein kann und sorgfältiger Überlegungen bedarf. Deshalb soll das

[788] *Greve* (SPD) u. *Strauß* (CDU), in: Prot. Parl. Rat, Bd. 13/II, Dok.-Nr. 55, 1272, 1291 (5. Sitzung d. RpflA, 10.11.1948).

> dem Ausführungsgesetz überlassen bleiben. (*Zwischenruf Greve*: „Das halte ich für richtig") – Wir können ja keinen ganzen Kodex hineinschreiben."[789]

In der zurückhaltenden Antwort von Strauß lässt sich erkennen, was auch wenige Monate später im Gesetzesentwurf der Bundesregierung zum BVerfGG zutage treten sollte. Bereits in den Beratungen des Herrenchiemseer Verfassungskonvents war immer wieder die Idee aufgetaucht, das Bundesverfassungsgericht – je nach anhängigem Verfahren – in unterschiedlichen Besetzungen tätig werden zu lassen. Obwohl niemand der Beteiligten ein schlüssiges Konzept präsentierte, wie ein solches „roulierendes System" funktionieren sollte, lag ihm der Gedanke zugrunde, dass bei „politischen Streitigkeiten" mehr Laienrichter beteiligt werden sollen, als bei „rein rechtlichen Streitigkeiten".[790] Zurück blieb somit aus der Stellungnahme von Strauß, dass eine Entscheidung über die Anzahl der Verfassungsrichter – wie viele andere Detailregelungen auch – dem Bundesgesetzgeber überlassen bleiben sollte.

2. BVerfGG 1951 im Deutschen Bundestag

Nach dem ursprünglichen Gesetzesentwurf der Bundesregierung vom 28. März 1950 sollte das Bundesverfassungsgericht mit einem Spruchkörper von neun Richtern tagen. In § 13 Entw-BVerfGG hieß es hierzu wie folgt:

> „§ 13: Das Bundesverfassungsgericht verhandelt und entscheidet in der Besetzung mit vier Bundesrichtern einschließlich des Präsidenten oder seines Stellvertreters und fünf anderen Mitgliedern."[791]

Bei einer in § 2 Abs. 1 Entw-BVerfGG festgelegten Gesamtrichterzahl von 24 wäre bei einem tatsächlich tätigen Spruchkörper mit neun Richtern ein roulierendes System mit wechselnden Besetzungen erforderlich gewesen.[792] Den zahlenmäßigen Parallelen kommt angesichts der im

---

[789] *Selbert* (SPD), *Strauß* (CDU) u. *Greve* (SPD), in: Prot. Parl. Rat, Bd. 13/II, Dok.-Nr. 57, 1347, 1402 (7. Sitzung d. RpflA, 6.12.1948). Zuvor auch schon mit diesem Tenor *Zinn* (SPD), in: Prot. Parl. Rat, Bd. 13/II, Dok.-Nr. 57, 1347, 1373 (7. Sitzung d. RpflA, 6.12.1948).

[790] Vgl. *Stern*, Staatsrecht, Bd. 2, § 32, III 1 b (S. 349).

[791] Vgl. BT-Drs. I/788, S. 6.

[792] Vgl. *Lechner/Zuck*, BVerfGG, § 2, Rdnr. 1; *Heinrichsmeier*, in: Umbach/Clemens/Dollinger, BVerfGG, § 2, Rdnr. 3; *Stern*, Staatsrecht, Bd. 2, § 32, III 1 b (S. 349). Auch im Gesetzesentwurf der Bundesregierung für die

BVerfGG schließlich verabschiedeten Lösung zwar keine überragende Bedeutung zu, die erneute Nennung von „neun Richtern" kann aber als zumindest indizieller Hinweis auf den U.S. Supreme Court gewertet werden.

Der Grund, weshalb kein aus neun Richtern bestehendes Bundesverfassungsgericht errichtet wurde, liegt vor allem an der Regelung des Art. 94 Abs. 1 Satz 2 GG, wonach Bundesrat und Bundestag die Mitglieder des Bundesverfassungsgerichts „je zur Hälfte wählen". Eine hälftige Wahl ist jedoch nur bei einer geraden Richterzahl ohne größere rechtliche und tatsächliche Probleme zu gewährleisten. Aus diesem Grund sahen sowohl der Gesetzentwurf der SPD-Bundestagsfraktion (10 Richter)[793] als auch der Entwurf des Bundesrates (12 Richter) gerade Zahlen vor.[794] Der Regierungsentwurf vom 28. März 1950 überlässt den Modus, nach dem sich aus den insgesamt 24 Verfassungsrichtern ein neunköpfiger Spruchkörper im Sinne von § 13 Entw-BVerfGG bilden soll, dem vom Gerichtspräsidium nach § 11 Abs. 2 Entw-BVerfGG aufzustellenden Geschäftsverteilungsplan. Weder aus der gesetzlichen Bestimmung noch aus den in der Entwurfsbegründung genannten Beispielen ist jedoch ersichtlich, wie 24 Richter in fortwährend wechselnden sog. „Sitzgruppen" verfassungsgerichtliche Entscheidungen fällen sollen, ohne dass dies zu handfesten technischen Schwierigkeiten führt.[795] Vergleichbare Regelungen hatte es schon während der Weimarer Republik für den Staatsgerichtshof des Deutschen Reichs gegeben, was die Etablierung der Verfassungsgerichtsbarkeit in Deutschland nicht unerheblich erschwert hatte.[796] Außerdem ist bei diesen Fragen noch nicht das verfassungsrechtliche Problem berührt, ob mit der Verpflichtung

---

1. Novelle zum BVerfGG war im Hinblick auf den auf lange Sicht zu schaffenden Einheitsspruchkörper anstelle des Zwillingsgerichts davon die Rede, dass *„dem Range des Bundesverfassungsgerichts ... eine Besetzung der Senate mit 7 bis 9 Richtern angemessen sein"* dürfte, BT-Drs. II/1662, S. 7.

[793] BT-Drs. I/328, S. 1, §§ 2 u. 3.

[794] Vgl. *Geiger*, BVerfGG-Kommentar, § 3, vor Anm. 1.

[795] Die Funktionalität und Operationalität des ursprünglich in §§ 13, 11 u. 2 Entw-BVerfGG des Regierungsentwurfs vorgesehenen Auswahlmechanismus ist insgesamt zu bezweifeln; vgl. Begründung des Regierungsentwurfs zu § 11, BT-Drs. I/788, S. 25 f.

[796] Vgl. *Schmitt*, Das Reichsgericht als Hüter der Verfassung, in: FG Reichsgericht, 154, 159; *Scheuner*, Die Überlieferung der deutschen Staatsgerichtsbarkeit, in: Festgabe BVerfG, 1, 47; *Stern*, Staatsrecht, Bd. V, § 129, IV 6 (S. 649) und die Regelungen der §§ 3, 4 u. §§ 17, 18 StGHG.

zur hälftigen Wahl der Verfassungsrichter nach Art. 94 Abs. 1 Satz 2 GG nicht auch eine Festlegung für den tatsächlich entscheidenden Spruchkörper verbunden ist.[797] Nach der bereits oben dargelegten Auffassung, wäre die Bildung einer aus neun Richtern bestehenden „Sitzgruppe“ mit dem in Art. 94 Abs. 1 Satz 2 GG niedergelegten Grundsatz der föderativen Parität nicht vereinbar gewesen.

II. Beratungen über die Dauer der richterlichen Amtszeit

1. Parlamentarischen Rat

Im Parlamentarischen Rat wurde die Frage der richterlichen Amtszeit in erster Linie am Für und Wider lebzeitiger Richterernennungen erörtert. Nachdem sich Zinn und Strauß zwischenzeitlich auf die Errichtung eines „Supergerichts“ nach dem Vorbild des U.S. Supreme Court und des Schweizerischen Bundesgerichts verständigt hatten,[798] war in dem von Zinn ausgearbeiteten Teil des Formulierungsvorschlags auch eine Regelung über die Berufung von Richtern vorgesehen. Dort hieß es:

> „Artikel F:
> (1) Die planmäßigen Richter werden auf Lebenszeit berufen.
>
> (2) Über die vorläufige Anstellung eines Richters und die Berufung auf Lebenszeit entscheidet die oberste Justizbehörde des Landes gemeinsam mit einem Richterwahlausschuss. Auf Lebenszeit berufen wird ein Richter erst, wenn er nach vorläufiger Anstellung in einer gesetzlich bestimmten Frist auf Grund seiner Persönlichkeit und richterlichen Tätigkeit die Gewähr dafür bietet, dass er sein Amt im demokratischen Geiste dieses Grundgesetzes und des sozialen Verständnisses ausübt.“[799]

---

[797] Vgl. oben 5. Teil, A, II, 3; *Klein*, in: Maunz/Schmidt-Bleibtreu, BVerfGG, § 5, Rdnr. 10 f.

[798] Vgl. 2. Teil, B, V.

[799] Formulierungsvorschläge v. 3.11.1948, in: Prot. Parl. Rat, Bd. 13/II, Dok.-Nr. 54, 1263, 1266 (Formulierungsvorschläge der Abgeordneten Dr. Strauß und Zinn zu den Kapiteln VIII „Das Bundesverfassungsgericht“ und XII „Die Rechtspflege“, 3. November 1948).

Ausweislich der Vorschlagsbegründung war diese Formulierung Art. 127 der Hessischen Landesverfassung nachgebildet.[800] Auch im Herrenchiemseer Verfassungskonvent war die Dauer der richterlichen Amtszeit zur Sprache gekommen. Allerdings bezog sich die betreffende Vorschrift des Art. 133 Abs. 2 HC-E lediglich auf Richter der ordentlichen Gerichtsbarkeit. Sofern es sich danach um „planmäßige Richter der ordentlichen Gerichtsbarkeit" handelte, sollten diese nach dem Herrenchiemseer-Verfassungsentwurf „auf Lebenszeit bestellt" werden.[801] Für die Richter des Bundesverfassungsgerichts war eine vergleichbare Bestimmung nicht vorgesehen. In deutlicher Abgrenzung zu Art. 133 HC-E betonte daher Zinn im Parlamentarischen Rat, dass eine Begrenzung der lebzeitigen Ernennung auf Richter der ordentlichen Gerichtsbarkeit nicht sinnvoll sei, da „sie für alle Richter gelten muss". Ohne dass dies ausdrücklich zur Sprache kam, waren damit insbesondere auch die Richter des Verfassungsgerichts gemeint.[802]

Allerdings sah die in Art. F vorgesehene Regelung eine Ernennung auf Lebenszeit mit vorheriger Bewährungszeit vor, was bei ihrer Umsetzung sicherlich auch zu praktischen Schwierigkeiten geführt hätte. Denn ob es innerhalb einer gesetzlich bestimmten Frist tatsächlich herauszufinden gewesen wäre, ob ein in Frage kommender Richter über die erforderliche demokratische Gesinnung oder ausreichendes „soziales Verständnis" verfügt, erscheint im Rückblick durchaus zweifelhaft.[803] Darüber hinaus wäre in der Bewährungszeit die richterliche Un-

---

[800] *„Art. 127 HessLVerf: Die planmäßigen hauptamtlichen Richter werden auf Lebenszeit berufen. Auf Lebenszeit berufen werden Richter erst dann, wenn sie nach vorläufiger Anstellung in einer vom Gesetz zu bestimmenden Bewährungszeit nach ihrer Persönlichkeit und ihrer richterlichen Tätigkeit die Gewähr dafür bieten, dass sie ihr Amt im Geiste der Demokratie und des sozialen Verständnisses ausüben werden."* Vgl. *Huber*, Quellen zum Staatsrecht der Neuzeit, Bd. 2, 351, 366.

[801] Vgl. *Wilms*, Dokumente zur neuesten Verfassungsgeschichte, Bd. III/2, Dok.-Nr. 2 (Herrenchiemseer Entwurf), 55, 87.

[802] Begründung zu Art. F., Formulierungsvorschläge v. 3.11.1948, in: Prot. Parl. Rat, Bd. 13/II, Dok.-Nr. 54, 1263, 1268.

[803] Vgl. zu den heutigen Regelungen und zum Verhältnis zum DRiG, *Zinn/Stein*, Verfassung des Landes Hessen, Vorbem. Art. 127, 128, Anm. B ff.; *Schmidt-Räntsch*, DRiG, § 8, Rdnr. 1 ff.

abhängigkeit vollständig aufgehoben gewesen wie auch der Abgeordnete Becker betonte.[804]

Obwohl der zwischen Zinn und Strauß geschlossene Kompromiss angesichts der von den Sachverständigen Ruscheweyh und Wolff geäußerten Einwände im übrigen keinen Bestand hatte,[805] ging aus den Beratungen des Rechtspflegeausschusses in der 5. Sitzung hervor, dass die Regelung über eine lebzeitige Richterernennung mit vorheriger Bewährungszeit übernommen werden könnte.[806] Dementsprechend wurde für die Richter des Obersten Bundesgerichts in Art. 128 d Abs. 3 GG-Entw vorgesehen, dass die Richterwahl „auf Zeit oder auf Lebenszeit erfolgen" kann.[807] Da jedoch mit dieser ambivalente Textfassung des

---

[804] *Becker* (SPD), in: Prot. Parl. Rat, Bd. 13/II, Dok.-Nr. 55, 1272, 1330 (5. Sitzung d. RpflA, 10.11.1948) („*Wenn das wirklich in einer Reihe von Fällen zugetroffen ist, so rechtfertigt selbst eine große Anzahl solcher Fälle, ..., nicht eine Bestimmung, die praktisch die Unabhängigkeit der Richter aufhebt und dahin führt, dass während einer Bewährungszeit, die mit einer Prüfung nach zwei ganz bestimmten Grundsätzen endigen soll, der Richter nicht nur nicht unabhängig ist, sondern gewissermaßen das Vorhandensein dieser beiden Tugenden auch noch in irgendeiner Form präsentieren soll. Das führt zu nichts Gutem.*")

[805] Vgl. 2. Teil, B, VI.

[806] *Greve* (SPD), in: Prot. Parl. Rat, Bd. 13/II, Dok.-Nr. 55, 1272, 1276 (5. Sitzung d. RpflA, 10.11.1948) („*Der Vorschlag, den Herr Präsident Dr. Ruscheweyh in seiner Broschüre gemacht hat, begegnet sich, glaube ich, mit dem, was der Herr Kollege Dr. Zinn und der Herr Kollege Dr. Strauß auf Grund gemeinsamer Arbeit vorgeschlagen haben, dass nämlich der Richter, der unabhängig und auch auf Lebenszeit angestellt sein soll, nicht a priori durch Ernennung des Justizministers zum Richter auf Lebenszeit wird, sondern erst nach einer gewissen Zeit auf Grund seiner Wahl durch ein besonders zu bildendes Richterwahlkollegium die volle Unabhängigkeit in dem Sinne bekommt, dass er unabsetzbar und auf Lebenszeit angestellt ist.*"); ähnlich auch *Selbert* (SPD), in: Prot. Parl. Rat, Bd. 13/II, Dok.-Nr. 55, 1272, 1328 (5. Sitzung d. RpflA, 10.11.1948).

[807] Vgl. *Wilms*, Dokumente zur neuesten Verfassungsgeschichte, Bd. III/2, Dok.-Nr. 4 (Stellungnahme des ARA v. 5.12.1948), 124, 164 („*Art. 128 d GG-Entw: Die Wahl kann auf Zeit oder Lebenszeit erfolgen.*"); Prot. Parl. Rat, Bd. 13/II, Dok.-Nr. 59, 1486, 1487 (Neufassung des Kapitels XII „Gerichtsbarkeit und Rechtspflege" nach der siebten und achten Sitzung des Ausschusses für Verfassungsgerichtshof und Rechtspfleg, v. 7.12.1948) („*Art. 128 d Abs. 2: Sie werden auf Vorschlag des Bundesjustizministers von einem Richterwahlausschuss auf Lebenszeit gewählt, ...*"). Zwischen dem 7.12. und 16.12.1948 wurde die Regelung gestrichen, vgl. *Wilms*, Dokumente zur neuesten Verfassungsgeschichte, Bd. III/2, Dok.-Nr. 5 (Fassung der 1. Lesung HA, v. 20.1.1949), 175, 242 u. Neufassung des Allgemeinen Redaktionsausschusses v. 16.12.1948, in:

Art. 128 d Abs. 3 GG-Entw im Grunde keine Entscheidung getroffen war, beschäftigte die Frage der richterlichen Amtszeiten in Zusammenhang mit der Organisationsform des Obersten Bundesgerichts den Rechtspflegeausschuss erneut in der 7. Sitzung vom 6. Dezember 1948. Darin hieß es u.a.:

Strauß:	„Sie [die Richter des Obersten Bundesgerichts] müssen auf Lebenszeit ernannt werden.
Zinn (Vors.):	Kollege Dehler und ich haben [im ARA] diese Fassung gewählt, weil wir nicht festlegen wollten, dass das Oberste Bundesgericht personell bereits vollständig als Institution errichtet wird, ...
Strauß:	Ich wollte schon jetzt entschieden haben, ob das Oberste Bundesgericht ein Körper für sich ist, dessen Mitglieder nur ihm angehören.
Zinn (Vors.):	Auf Lebenszeit wären sie ohnehin angestellt, aber es fragt sich, ob auf Lebenszeit als Richter am Obersten Bundesgericht.
Strauß:	Ich glaube, es ist hier [Art. 128 d Abs. 3 GG-Entw] ungeschickt ausgedrückt. Das Oberste Bundesgericht, wie ich es mir vorstelle als oberstes Normenkontrollgericht, soll mit Männern besetzt sein, die sich nur dieser Aufgabe widmen, nicht wie früher in dem Entwurf von 1928[808] einen von Fall zu Fall zusammentretenden Übersenat darstellen, sondern eine selbständige Körperschaft ...
Zinn (Vors.):	Wir wollten die Entscheidung dieser Frage dem Gesetzgeber überlassen.
de Chapeaurouge:	Ich halte es für gefährlich, diese Frage dem Gesetzgeber zur Entscheidung zu überlassen. Die

Prot. Parl. Rat, Bd. 13/II, Dok.-Nr. 60, 1491, 1496 (Neufassung des Kapitels VIII „Gerichtsbarkeit und Rechtspflege").

[808] Vgl. Verhandlungen des Reichstages, III. Wahlperiode, Bd. 412, RT-Drs. Nr. 2855; Abdruck eines leicht abweichenden Gesetzestextes auch bei *Grau*, Zum Gesetzentwurf, AöR, 11 N.F. (1926), 287, 288 f.; *Külz*, Die Prüfung der Verfassungsmäßigkeit von Vorschriften des Reichsrechts, DJZ 31 (1926), Sp. 837, 842 f; *Feigenspan*, Das richterliche Prüfungsrecht, 33 f.; *Huber*, Verfassungsgeschichte, Bd. 6, 563; *Maurer*, Das richterliche Prüfungsrecht zur Zeit der Weimarer Verfassung, DÖV 1963, 683, 687.

	Bestellung auf Lebenszeit ist eine Voraussetzung der richterlichen Unabhängigkeit, die schwer getroffen würde, wenn man die Richter abberufbar machte. ... Ich kann mich mit der Einfügung der Worte ‚auf Zeit' keineswegs einverstanden erklären.
Dehler:	Vielleicht könnte man das überhaupt streichen.
(...)	
Strauß:	Lassen wir den Absatz weg; das wäre die beste Regelung.
Zinn (Vors.):	... Auf Lebenszeit sind sie auf jeden Fall angestellt; daran will keiner rütteln. Die Frage ist nur, ob man einen Senat bilden will oder ein selbständiges, personell unabhängiges Gericht. Das wollten wir dem Gesetzgeber überlassen. Ich glaube, dann streichen wir Abs. 3."[809]

Damit scheiterte die Festlegung einer „Ernennung auf Lebenszeit" letzten Endes an der Uneinigkeit im Ausschuss über die Frage, ob das Oberste Bundesgericht ein eigenständiges Gericht oder ein *ad hoc* zusammenzurufender Gemeinsamer Senat sein soll. An der grundsätzlichen Bejahung der lebzeitigen Richterernennung – zumindest für das Oberste Bundesgericht – bestanden indessen keine Zweifel.[810] Von den Richtern des Bundesverfassungsgerichts war in diesem Zusammenhang zwar nicht die Rede, wie aber dem Hinweis von Strauß auf das „oberste Normenkontrollgericht" zu entnehmen ist, gelten die Ausführungen – vor allem nach Änderung der grundsätzlichen Gerichtsorganisation des Bundes[811] – sinngemäß auch für das Bundesverfassungsgericht. Wie bereits bei zahlreichen anderen Detailregelungen votierten die zuständigen Mitglieder des Allgemeinen Redaktionsausschusses Zinn, Strauß und Dehler dafür, diese Frage dem Bundesgesetzgeber zur Klärung zu überlassen. Folglich wurde die Dauer der richterlichen Amtszeiten we-

---

809 *Strauß* (CDU), *Zinn* (SPD), *de Chapeaurouge* (CDU) und *Dehler* (FDP), in: Prot. Parl. Rat, Bd. 13/II, Dok.-Nr. 57, 1347, 1397 ff. (7. Sitzung d. RpflA, 6.12.1948).

810 *Zinn* (SPD), in: Prot. Parl. Rat, Bd. 13/II, Dok.-Nr. 58, 1449, 1482 (8. Sitzung d. RpflA, 7.12.1948) („*Wenn wir schon die lebenslängliche Anstellung der Richter grundsätzlich bejahen, so muß auch das Verfahren der Richterwahl einheitlich für Bund und Länder festgelegt werden.*").

811 Vgl. 2. Teil, B, VI.

der für das Oberste Bundesgericht noch für das Bundesverfassungsgericht im Grundgesetz geregelt.

2. BVerfGG 1951 im Deutschen Bundestag

Die im BVerfGG des Jahres 1951 ursprünglich vorgesehene Konzeption versuchte den beiden bereits genannten Zielsetzungen der Kontinuität und Flexibilität durch ein gemischtes System von Verfassungsrichter-Amtszeiten gerecht zu werden.

Nach § 4 BVerfGG a.F. galten folgende Bestimmungen: Zur Wahrung der Kontinuität sollten nach § 4 Abs. 1 BVerfGG a.F. in jedem Senat vier Bundesrichter für die Dauer ihres Amtes an den oberen Bundesgerichten gewählt werden. Da zum Zeitpunkt der Verabschiedung des BVerfGG im Jahre 1951 noch keine Altergrenze für Bundesrichter bestand, wurden acht von insgesamt 24 Verfassungsrichtern zunächst auf Lebenszeit ernannt.[812] Erst die nachträglich aufgestellte Altersgrenze für Bundesrichter begrenzte die Amtszeit der Gewählten.[813] Für die ehemaligen Bundesrichter Stein, Rupp und Geiger bedeutete dies, dass sie im Jahre 1951 zu Bundesverfassungsrichtern gewählt wurden und erst 1971, 1975 bzw. 1977 nach Erreichen der damals für die oberen Bundesgerichte geltenden Altersgrenze von 68 Jahen ausschieden.[814] Im Falle Geigers ist auf diese Weise mit insgesamt 26 Jahren die längste jemals erreichte Amtszeit eines Bundesverfassungsrichters zusammengekommen, die sich durchaus mit der Amtszeit eines U.S. Supreme Court-Richters messen lassen kann.[815]

Im Hinblick auf etwaige Einflüsse des U.S. Supreme Court auf die Dauer der richterlichen Amtszeiten ist die nach § 4 Abs. 1 BVerfGG in der Fassung des Jahres 1951 eröffnete Möglichkeit zur Ernennung von

---

[812] Vgl. § 3 Nr. 11 des Gesetzes zur vorläufigen Regelung der Rechtsverhältnisse der im Dienst des Bundes stehenden Personen v. 17.5.1950, BGBl. I 1950, S. 207.

[813] Vgl. zur Zulässigkeit dieser nachträglichen Altersgrenze, *Geiger*, BVerfGG-Kommentar, § 4, Anm. 4.

[814] Vgl. FS. 50 Jahre BVerfG, Bd. 2, Anhang (Die Mitglieder des BVerfG 1951 bis 2001), 913, 917 f. Letzter dieser für die Dauer ihres Amtes gewählten Bundesrichter war Hans-Justus Rinck (Amtszeit: 1968-1986), vgl. *Klein*, in: Maunz/Schmidt-Bleibtreu, BVerfGG, § 4, Rdnr. 9.

[815] Vgl. *Epstein/Segal/Spaeth/Walker*, The Supreme Court Compendium, 336 f., Table 5-1.

Bundesverfassungsrichtern auf Lebenszeit von besonderem Interesse. Während die Möglichkeit einer lebzeitigen Ernennung in § 4 Abs. 1 BVerfGG a.F. durch eine dynamische Verweisung auf Vorschriften über die Amtszeit der Richter an den höchsten Gerichten verschleiert und damit – wie sich später zeigen sollte – auch bewusst reversibel ausgestaltet war, hatte noch der Gesetzesentwurf der Bundesregierung vom 28. März 1950 in § 3 Entw-BVerfGG ausdrücklich vorgesehen, dass sechs Bundesrichter „auf Lebenszeit" ernannt werden sollen.[816]

Als Hauptgruppe im gemischten System des BVerfGG im Jahre 1951 war in § 4 Abs. 2 BVerfGG a.F. die Regelamtszeit der Bundesverfassungsrichter auf acht Jahren festgelegt. Für die erste Konstituierung des Bundesverfassungsgerichts im Jahr 1951 war davon jedoch die Ausnahme vorgesehen, dass zunächst die Hälfte der übrigen Richter „auf die Dauer von vier Jahren" gewählt werden sollte. Folglich wurden zunächst acht Richter auf lediglich vier Jahre und weitere acht Richter für acht Jahre gewählt.[817] Damit sollte erreicht werden, dass Verfassungsrichterstellen im Vier-Jahres-Turnus neu besetzt werden können. Als Gründe wurden die Vermeidung der Erstarrung und die Anbindung an die vierjährigen Legislaturperioden des Bundestages genannt, um „eine unerträgliche Spannung zwischen dem Bundesverfassungsgericht und der politischen Entwicklung zu verhindern".[818] Tatsächlich sollte durch die Staffelung der Amtszeiten gewährleistet werden, dass in jeder Legislaturperiode Verfassungsrichterwahlen stattfinden müssen. Dass damit wegen des Zweidrittelmehrheitserfordernisses eigentlich nicht viel gewonnen war, war für die Beteiligten im Jahre 1951 offenkundig noch nicht absehbar. Die häufigen Verfassungsrichterwahlen und die damit verbundenen politischen Friktionen wurden später zunehmend als Last empfunden, so dass die 1970 eingeführten längeren Amtszeiten auch hierbei Abhilfe schaffen sollten.

Während das BVerfGG des Jahres 1951 eine Altersgrenze für Bundesverfassungsrichter somit zunächst nicht vorsah, war in § 4 Abs. 2 Satz 2 BVerfGG a.F. die problematische Formulierung enthalten: „Wiederwahl ist zulässig." Der daraus resultierende Mangel an Unabhängigkeit sowie die mit dem abgestuften Amtszeiten zusammenhängenden praktischen und politischen Schwierigkeiten waren letztlich die entschei-

---

[816] BT-Drs. I/788, S. 2.

[817] Vgl. im Überblick FS. 50 Jahre BVerfG, Bd. 2, Anhang (Die Mitglieder des BVerfG 1951 bis 2001), 913, 915 ff.

[818] Vgl. *Geiger*, BVerfGG-Kommentar, § 4, Anm. 7.

denden Gründe, für eine allmähliche Ablösung des im Jahre 1951 eingeführte Regelungssystems über die Amtszeit von Bundesverfassungsrichtern.[819]

III. Einflüsse des U.S. Supreme Court

Legt man allein den arithmetischen Vergleich zwischen U.S. Supreme Court und Bundesverfassungsgericht im Hinblick auf die Anzahl der zu schaffenden Richterstellen (neun – 24 bzw. 16 Richter) und die Dauer der richterlichen Amtszeiten (Lebenszeit – zwölf Jahre) zugrunde, so liegt der Schluss nahe, das der U.S. Supreme Court hierbei keine tieferen Spuren im deutschen Verfassungsrecht hinterlassen hat. Allerdings gibt es sowohl in den Protokollen des Parlamentarischen Rates als auch in den Gesetzgebungsmaterialien zum BVerfGG von 1951 verschiedene Hinweise, dass der Oberste Gerichtshof der Vereinigten Staaten auch in diesen Bereichen durchaus eine Rolle gespielt hat. Denn auch wenn die letztlich verabschiedeten Vorschriften abweichende Regelungen enthalten, sind in den dazu gehörenden Entwicklungsstufen und Beratungen verschiedene Hinweise zu erkennen, aus denen sich ergibt, dass das Beispiel des U.S. Supreme Court in den Überlegungen der Beteiligten von Bedeutung gewesen ist.

1. Supreme Court und Anzahl der Richter

Bei den Beratungen des Herrenchiemseer Verfassungskonvent und des Rechtspflegeausschusses über die Anzahl von Richtern des Obersten Bundesgerichts bzw. die mögliche Anzahl von Bundesverfassungsrichtern wurden der U.S. Supreme Court und seine neun Richter mehrfach ausdrücklich erwähnt.

Sofern im Parlamentarischen Rat und später im Bundestag über die Anzahl der höchsten Richter beraten wurde, ging vom Supreme Court der USA jedoch ein überwiegend negativer Einfluss aus, so dass er vornehmlich als Gegenvorbild diente. Besonders deutlich war dies bei den Erörterungen eines „Obersten Bundesgerichts“ wie es der Strauß-Entwurf vorsah. Hierbei vertrat beispielsweise Greve in der 5. Sitzung

---

[819] Vgl. auch die Erörterungen über eine Ernennung auf Lebenszeit als Alternative zur 12-jährigen Amtszeit in der Gesetzesbegründung der 4. Novelle zum BVerfGG, BT-Drs. VI/388, S. 6 (Zu Nummer 3).

des Rechtspflegeausschusses die Auffassung, das zu errichtende Oberste Bundesgericht könne kein „ganz kleines Gericht“ werden wie der oberste Bundesgerichtshof in den USA, der „aus neun Richtern besteht“.[820] Aus dieser Aussage geht zunächst hervor, dass der Supreme Court in Anbetracht der umfangreichen Aufgaben eines „Obersten Bundesgerichts“ als in personeller Hinsicht zu klein angesehen wurde. Außerdem zeigt Greves Stellungnahme, dass die Mitglieder des Ausschusses zumindest so gründlich über die organisatorischen Gegebenheiten des U.S. Supreme Court informiert waren, dass sie seine Richterzahl kannten. Als Informationsquelle diente wahrscheinlich die schon zuvor erwähnte Denkschrift des stellvertretenden Ausschussvorsitzenden Strauß, worin sich in Anlage D (Übersicht über die oberste Gerichtsbarkeit ausländischer Staaten) folgende Passage findet:

„VEREINIGTE STAATEN VON AMERIKA
Bundesstaat – rd. 140.000.000 Einwohner
Ein Oberstes Bundesgericht
(Supreme Court)
(Zuständigkeit: Zivil-, Straf- und Verwaltungssachen)
Zahl der Mitglieder: 9“[821]

Außerdem hatte Strauß im Text seiner Denkschrift am Beispiel des „englisch-amerikanischen Rechts“ nachgewiesen, dass die Anwendung des sog. Grundsatzprinzips zu einer „ausreichenden Verminderung der höchstinstanzlichen Sachen“ führen kann und somit „eine entsprechend geringe Mitgliederzahl des Obersten Gerichts“ möglich wird. Als Beispiel wurde hierbei wiederum der U.S. Supreme Court genannt:

> „Sowohl der amerikanische Supreme Court (9 Mitglieder), als auch das großbritannische House of Lords (6 Mitglieder und einige höchsten Richter ...) ... kommen, ..., mit einer angesicht der großen Bevölkerungszahl ... geradezu verblüffend geringen Zahl höchster Richter aus.“[822]

Auch im Herrenchiemseer Verfassungskonvent hatte es bereits einen Hinweis von Hermann Brill (SPD/Hessen) gegeben, wonach der amerikanische Supreme Court bekanntlich aus den “nine old gentlemen”

---

[820] *Greve* (SPD), in: Prot. Parl. Rat, Bd. 13/II, Dok.-Nr. 55, 1272, 1291 (5. Sitzung d. RpflA, 10.11.1948).

[821] Vgl. *Strauß*, Die oberste Bundesgerichtsbarkeit, 54.

[822] Vgl. *Strauß*, Die oberste Bundesgerichtsbarkeit, 22.

besteht, während das Reichsgericht als oberste Instanz in Zivil- und Strafsachen zuletzt über 70 Mitglieder gehabt hätte. Damit sollte klargestellt werden, dass der U.S. Supreme Court kaum als Vorbild für ein „Oberstes Bundesgericht" herangezogen werden kann.[823] Sobald sich die Überlegungen im Parlamentarischen Rat und später im Bundestag von der Errichtung eines Obersten Bundesgericht zur Gründung eines eigenständigen Bundesverfassungsgerichts übergingen, wurde der mit neun Richtern besetzte Supreme Court der Vereinigten Staaten erstmals auch als positives Beispiel erörtert. Allerdings hat sich eine Besetzung mit neun Richtern weder für das gesamte Bundesverfassungsgericht noch für einzelne seiner Senate durchgesetzt, so dass der Supreme Court auch in diesem Zusammenhang letztlich als Gegenvorbild diente.

Die zahlenmäßigen Bezugnahmen auf den U.S. Supreme Court beschränken sich zum Teil auf Überlegungen über eine Besetzung des zu errichtenden Verfassungsgerichts mit neun Richtern, was für sich allein gesehen wahrscheinlich nur als indizieller Hinweis zu werten wäre. Bei genauerer Betrachtung der Anlage D der Strauß-Denkschrift zeigt sich jedoch, dass zum damaligen Zeitpunkt kein anderes oberstes Gericht und kein Verfassungsgericht auf der Welt außer dem U.S. Supreme Court über neun Richter verfügte.[824] Vor allem waren damals auch die anderen in der Strauß-Denkschrift ausdrücklich genannten Gerichte des anglo-amerikanischen Rechtskreises lediglich mit sechs Richtern zuzüglich einer variablen Zahl weiterer Vertreter des House of Lords bzw. der Kolonien besetzt.[825] Insofern kommt der Nennung von neun Richtern mehr als eine bloß indizielle Bedeutung für den Einfluss des U.S. Supreme Court zu.

---

[823] Vgl. *Schneider* (Hrsg.), Das Grundgesetz – Dokumentation seiner Entstehung, Bd. 23/I, Vor Art. 92, Dok.-Nr. 7 (4. Sitzung des UA III, v. 16.8.1948), 14, 16.

[824] Vgl. *Strauß*, Die oberste Bundesgerichtsbarkeit, 45 bis 54. Dort werden genannt: Argentinien (5 Richter), Australien (7 Richter), Belgien (18 Richter), Brasilien (15 Richter), Britisches Weltreich (6 plus 9 Dominion Richter), Kanada (6 Richter), Chile (11 Richter), Costa Rica (11 Richter), Dänemark (26 Richter), Estland (13 Richter), Lettland (13 Richter), Finnland (13 Richter), Frankreich (49 Richter), Griechenland (14 Richter), Großbritannien (6 plus höchste Richter im House of Lords), Irland (?), Italien (15 Richter), Mexiko (16 Richter), Neufundland (3 Richter), Neuseeland (8 Richter), Niedelande (17 Richter), Norwegen (21 Richter), Österreich (29/?/14 Richter), Portugal (17 Richter), Spanien (36 Richter), Südafrikanische Union (5 Richter), Schweiz (24 Richter), Schweden (24 Richter) und Venezuela (7 Richter).

[825] Vgl. *Strauß*, Die oberste Bundesgerichtsbarkeit, 22, 47 u. 50.

Ein typisches Beispiel für einen Hinweis auf den U.S. Supreme Court stellt etwa die Aussage des Ausschussvorsitzenden Zinn über denkbare variierende Besetzungen des Bundesverfassungsgerichts dar. Im Einzelnen führte er in der 9. Sitzung des Rechtspflegeausschusses vom 17.12.1948 hierzu aus:

Zinn (Vors.): „Bei neun Mitgliedern könnten es also fünf Laienrichter und vier Bundesrichter sein. Man könnte aber auch, wenn es sich um reine Rechtsfragen handelt, meinetwegen vier und drei nehmen, dass müßte dem Bundesgesetz vorbehalten bleiben."[826]

Wäre das Vorbild des U.S. Supreme Court nicht bereits in verschiedenen anderen Sitzungen des Rechtspflegeausschusses ausdrücklich genannt worden, wäre man vielleicht geneigt, über diese zahlenmäßige Parallele unbedacht hinweg zu gehen. In Anbetracht der Gegebenheiten und der in der Denkschrift enthaltenen umfassenden Aufstellung ist in der Nennung von „neun Richtern" jedoch ein annähernd konkreter, zumindest aber impliziter Hinweis auf den U.S. Supreme Court zu sehen.

Auch der im Jahre 1949/50 erarbeitete 1. Gesetzesentwurf der Bundesregierung weist im Hinblick auf die Anzahl der Richter eine ähnliche Besonderheit wie das von Zinn im Rechtspflegeausschuss genannte Beispiel auf. Wie bereits dargestellt sollte nach § 13 Entw-BVerfGG aus den insgesamt 24 Mitgliedern des Bundesverfassungsgerichts eine „Sitzgruppe" von neun Richtern tätig werden.[827] Allerdings führte das parlamentarische Verfahren dazu, dass man sich letztlich auf zwei Senate à zwölf Richter einigte.

Den zahlenmäßigen Parallelen kommt zwar angesichts der im BVerfGG schließlich verabschiedeten Lösungen keine überragende Bedeutung zu, das wiederholte Auftreten von „neun Richtern" ist aber als impliziter Hinweis auf den U.S. Supreme Court zu bewerten, was wiederum seine Bedeutung im Erarbeitungsprozess des Grundgesetzes und des BVerfGG unterstreicht.

---

[826] *Zinn* (SPD), in: Prot. Parl. Rat, Bd. 13/II, Dok.-Nr. 61, 1498, 1505 (9. Sitzung d. RpflA, 17.12.1948).

[827] Vgl. BT-Drs. I/788, S. 6.

2. Supreme Court und lebzeitige Ernennung

Bei den Beratungen des Rechtspflegeausschusses über die Dauer der richterlichen Amtszeit lassen sich in den vorliegenden Dokumenten keine ausdrücklichen Hinweise auf den U.S. Supreme Court und die für seine Mitglieder geltenden Bestimmungen entnehmen. Auch die ausführlichen Erörterungen über eine lebzeitige Ernennung der obersten Bundesrichter stellt für sich allein lediglich ein Indiz dar, das zusammen mit weiteren Hinweisen auf einen Einfluss des amerikanischen Verfassungsrechts schließen lassen könnte. Bei der lebzeitigen Ernennung fehlt es jedoch - so weit erkennbar - an weiteren Hinweisen, die es nahe legen würden, dass die Abgeordneten des Parlamentarischen Rates und später die des Bundestages bei der Frage der richterlichen Amtszeit vom Beispiel der Supreme Court-Richter beeinflusst worden sind. Die Indizwirkung im Hinblick auf die lebzeitige Ernennung wird im Gegenteil erheblich geschwächt, da bereits in der Zeit des Kaiserreichs (1871-1918) in Deutschland eine lebzeitige Ernennung von Richtern gesetzlich vorgesehen war.[828] Außerdem war nach Art. 104 der Weimarer Reichsverfassung (WRV) bestimmt, dass Richter der ordentlichen Gerichtsbarkeit „auf Lebenszeit" ernannt werden.[829] Folglich war die Ernennung von Richtern auf Lebenszeit der deutschen Rechts- und Verfassungstradition keineswegs so unbekannt, wie man aus den gegenwärtigen Vorschriften über die Amtszeiten von Richtern schließen würde.

Allerdings ist auch nicht auszuschließen, dass neue Quellen über die Arbeit des Parlamentarischen Rates zu anderen Schlussfolgerungen führen werden. Denn die Ernennung von Supreme Court-Richtern auf Lebenszeit stellt ein im hohen Maße charakteristisches Merkmal der amerikanischen Verfassungsgerichtsbarkeit dar, das sich zu rechtsvergleichenden Überlegungen grundsätzlich sehr gut eignet.[830]

---

[828] Vgl. *Kern*, Gerichtsverfassungsrecht, 102 f.

[829] Vgl. *Huber*, Dokumente zur Deutschen Verfassungsgeschichte, Bd. 4, 1919-1933, Dok. Nr. 157 (S. 151, 167), RGBl. 1919, 1383.

[830] Vgl. etwa auch die Erörterung über eine lebzeitige Berufung bei den Beratungen der 4. Novelle zum BVerfGG aus dem Jahr 1970, BT-Drs. VI/388, S. 5; hierzu eingehend *Klein*, in: Maunz/Schmidt-Bleibtreu, BVerfGG, § 4, Rdnr. 2 ff.

Siebenter Teil

Verfahren der Normenkontrolle

Die zahlreichen organisatorischen und institutionellen Abweichungen zwischen dem amerikanischen Supreme Court und dem Bundesverfassungsgericht legen den Schluss nahe, dass auch in verfassungsprozessualer Hinsicht große Unterschiede zwischen den beiden Gerichten bestehen. Allerdings muss diese Schlussfolgerung einer eingehenden Untersuchung überlassen bleiben, in deren Verlauf vor allem anhand der Beratungsprotokolle des Parlamentarischen Rates der Frage nachgegangen werden soll, inwieweit zwischen dem amerikanischen und dem deutschen Verfassungsprozessrecht, namentliche bei den vier verfassungsgerichtlichen Kernverfahren, Parallelen bestehen und Einflüsse des amerikanischen Beispiels festgestellt werden können. Als verfassungsgerichtliche Kernverfahren werden die Normenkontrollen (7. Teil), die Vorlageverfahren (8. Teil), die Organstreitverfahren (9. Teil), die föderativen Streitverfahren (10. Teil) und die individuellen Klageformen (11. Teil) untersucht.[831] Damit orientiert sich die nachfolgende Untersuchung am deutschen Verfassungsprozessrecht, was der Systematik und Struktur des amerikanischen Prozessrechts zwar nicht vollständig gerecht wird, aber eine notwendige Konsequenz des mit der vorliegenden Arbeit verfolgten Forschungsansatzes darstellt. Seinen Ausgang nimmt die verfassungsprozessuale Untersuchung bei der Keimzelle der Verfassungsgerichtsbarkeit, dem Verfahren der Normenkontrolle und Normaufhebung.[832]

---

[831] Vgl. *Mosler*, Das Heidelberger Kolloquium, in: Verfassungsgerichtsbarkeit in der Gegenwart, XI.

[832] Vgl. *Heun*, Normenkontrolle, in: FS. 50 Jahre BVerfG, 615; *Degenhart*, Funktion und Stellung der Verfassungsgerichtsbarkeit, SächsVBl. 2003, 159.

A. Normenkontrolle und Normaufhebung im Vergleich

I. U.S. Supreme Court

1. Allgemeine Grundsätze

Das US-amerikanische Prozessrecht kennt kein besonderes Verfahren vor dem U.S. Supreme Court, das speziell auf die Aufhebung eines vom Kongress verabschiedeten Gesetzes gerichtet ist. Anders etwa als das deutsche Verfahren der abstrakten Normenkontrolle nach Art. 93 Abs. 1 Nr. 2 GG, bei der ausschließlich die Vereinbarkeit einer Rechtsvorschrift mit dem Grundgesetz geprüft wird,[833] kommt es im amerikanischen Rechtsschutzsystem grundsätzlich nur zur inzidenten Überprüfung formeller Gesetze aus einem konkreten Rechtsstreit heraus.[834] Ein allein auf die Aufhebung von Parlamentsgesetzen gerichtetes Verfahren, wäre im amerikanischen Prozessrecht aus zwei prozessualen Gründen unzulässig: Zum einen setzt das aus Art. III U.S. Bundesverfassung abgeleitete sog. "Case-or-Controversy-Requirement"[835] zwingend voraus, dass die Gerichtsbarkeit lediglich für konkrete Rechtsstreitigkeiten zwischen mehreren Streitparteien zuständig ist. Hierdurch soll ausgeschlossen werden, dass abstrakte Rechtsfragen zur gerichtlichen Überprüfung vorgelegt werden. Eine einfachgesetzliche Rechtsvorschrift kann somit nach amerikanischem Prozessrecht grundsätzlich nur dann auf ihre Verfassungsmäßigkeit hin überprüft werden, wenn sich eine von mehreren Streitparteien innerhalb eines Rechtsstreites auf die Unwirksamkeit einer entscheidungserheblichen gesetzlichen Bestimmung beruft.

---

[833] Vgl. *Klein*, in: Benda/Klein, Verfassungsprozessrecht, Rdnr. 705 ff.; *Pestalozza*, VerfassungsprozessR, § 8, Rdnr. 1 ff.; *Rozek*, in: Maunz/Schmidt-Bleibtreu, BVerfGG, § 76, Rdnr. 1; *Lechner/Zuck*, BVerfGG, Vor § 76, Rdnr. 4.

[834] Vg. *Scheuner*, Die Überlieferung der deutschen Staatsgerichtsbarkeit, in: Festgabe BVerfG, 1, 5.

[835] Vgl. *Currie*, Federal Courts, 8-12; *Redish/Sherry*, Federal Courts, 16 ff.; *Posner*, The Federal Courts, 43 f.; *Wright/Miller/Cooper/Amar*, Federal Practice and Procedure, Bd. 13, § 3529, 278 ff.; *Stone/Seidman/Sunstein/Tushnet*, Constitutional Law, 88-145; *Stoevesandt*, Aktivismus und Zurückhaltung im United States Supreme Court, 65; kritisch hierzu *Pushaw*, Article III's Case/Controversy Distinction, in: Notre Dame.L.Rev., Bd. 69 (1994), 447 ff.

Zum anderen müssen im amerikanischen Prozessrecht auch die subjektiven Voraussetzungen des sog. "standing" erfüllt sein.[836] Ähnlich wie bei der Klage- oder Beschwerdebefugnis des deutschen Prozessrechts[837] kann eine Partei im amerikanischen Prozessrecht nur dann Klage erheben, wenn sie ein hinreichendes persönliches Interesse am Ausgang des Verfahrens plausibel behaupten kann (personal stake in the outcome of the proceeding). Diese Möglichkeit besteht regelmäßig, wenn sich ein Kläger auf eine unmittelbare und tatsächliche Rechtsverletzung (injury in fact) berufen kann, sowie wenn zwischen der Rechtsverletzung und dem Verhalten des Beklagten eine hinreichende kausale Verbindung besteht (fairly traceable causal connection).[838] Der Begriff des "standing" ist jedoch schillernd und im Laufe der Zeit zahlreichen Änderungen und Ergänzungen unterzogen worden. Bisweilen entstand dadurch der Eindruck, der U.S. Supreme Court bediene sich der "standing"-Formel, um den Zugang und die Anzahl von Verfahren zu regulieren. Darüber hinaus sieht das amerikanische Prozessrecht noch weitere subjektive Voraussetzungen vor, die ebenfalls für die Zulässigkeit einer Klage erfüllt sein müssen.[839]

---

[836] Vgl. *Fallon/Meltzer/Shapiro*, The Federal Courts and the Federal System, 136 ff.; *Tribe*, American Constitutional Law, 385 ff.

[837] Vgl. *Happ*, in: Eyermann, VwGO, § 42, Rdnr. 71 ff.; *Dörr*, Die Verfassungsbeschwerde in der Prozesspraxis, Rdnr. 111 ff.

[838] *Massachusetts (Frothingham) v. Mellon*, 262 U.S. 447 (1923) hierzu *Fallon/Meltzer/Shapiro*, The Federal Courts and the Federal System, 137; *Ex parte Lévitt*, 302 U.S. 633, 634 (1937); *Alabama Power Co. v. Ickes*, 302 U.S. 464 (1938); *Tennessee Electric Power Co. v. TVA*, 306 U.S. 118 (1939); *Fallon/Meltzer/Shapiro*, The Federal Courts and the Federal System, 141 f.; *Wright/Miller/Cooper/Amar*, Federal Practice and Procedure, Bd. 13, § 3531.4, 418 ff.; *Tribe*, American Constitutional Law, 392 ff.; *Burnham*, Introduction to the Law and Legal System, 321 f.

[839] Vgl. *Wright/Miller/Cooper/Amar*, Federal Practice and Procedure, Bd. 13, § 3531, 347, z.B. "Zone of Interest" (Sollte der Kläger von der gesetzlichen Bestimmung überhaupt erfasst werden, auf die er sich beruft?), "Rights of Others" (Gibt es entgegenstehende Rechte Dritter?) und "Widespread Injury" (Handelt es sich um eine Rechtsverletzung, die von den meisten Bürgern erlitten wurde?).

2. Dezentrale Aufhebungsbefugnis

Der U.S. Supreme Court ist ein Gericht mit allgemeiner Zuständigkeit (court of general jurisdiction) und daher grundsätzlich nicht auf Fragen des Verfassungsrechts beschränkt. Als höchste Rechtsmittelinstanz trifft er aus dem Zuständigkeitsbereich der Bundesgerichtsbarkeit letztinstanzliche Entscheidungen im Zivil-, Straf-, Steuer-, Sozial-, Arbeits-, Verwaltungs-, Völker- und Verfassungsrecht.[840] Obwohl die richterliche Überprüfung von Parlamentsgesetzen und die damit verbundene Möglichkeit der Aufhebung wegen Verfassungswidrigkeit mittlerweile fest im amerikanischen Recht verwurzelt ist,[841] sind die verfassungsdogmatischen Grundlagen des Judicial Review weiterhin unklar. In Rechtsprechung und Wissenschaft wurden daher zahlreiche theoretische Ansätze entwickelt, um Reichweite und Umfang des Judicial Review zu definieren.[842] Ungeachtet der bestehenden verfassungsdogmatischen Unsicherheiten ergibt sich die Kompetenz zur Aufhebung verfassungswidriger Gesetze mittlerweile auch aus den einfachgesetzlichen Bestimmungen des amerikanischen Bundesrechts.[843] Allerdings verfügt der U.S. Supreme Court anders als das Bundesverfassungsgericht nach Art. 100 Abs. 1 GG nicht über ein zentrales Verwerfungsmonopol. Wie insbesondere die deutschen Kritiker des amerikanischen Gerichtssystems immer wieder betont haben,[844] ist grundsätzlich jedes amerikani-

---

[840] Vgl. 2. Teil, A, I.

[841] Vgl. *Bickel*, The Least Dangerous Branch, 1.

[842] Vgl. *Farber/Eskridge/Frickey*, Constitutional Law, 60 ff.; *Burris*, Some Preliminary Thoughts on a Contextual Historical Theory for the Legitimacy of Judicial Review, Okla.City U.L.Rev., Bd. 12 (1987), 585, 589; grundlegend z.B. *Ackerman*, We The People: Foundations; *Bork*, The Tempting of America; *Ely*, Democracy and Distrust; *Epstein*, Takings: Private Property and the Power of Eminent Domain; *Sunstein*, The Partial Constitution.

[843] Vgl. Judicial Code 1948, 28 U.S.C. § 1252 *"Any party may appeal to the Supreme Court from an interlocutory or final judgment, decree or order of any court of the United States, ..., holding an Act of Congress unconstitutional in any civil action, suit, or proceeding ..."*. Public Laws, June 25, 1948, 62 Stat. 928; ebenfalls 28 U.S.C. § 1257 (1) bis (3).

[844] Vgl. Darstellung bei *v. Hippel*, Das richterliche Prüfungsrecht, in: Anschütz/Thoma, HdbDStR, Bd. 2, § 99, 546, 554; *Morstein Marx*, Variationen, 73 ff.; *Otto Lenel*, Über die Reichsverfassung, Freiburg i.Br. 1920, 30 ff.; *Thoma*, Das richterliche Prüfungsrecht, AöR 4 N.F. (1922), 267, 275; *Scheuner*, Die Überlieferung der deutschen Staatsgerichtsbarkeit, in: Festgabe BVerfG, 1, 51;

sche Bundesgericht, also jeder der 92 U.S. District Courts und jeder der insgesamt dreizehn U.S. Courts of Appeals gleichermaßen befugt, Rechtsvorschrift auf ihre Verfassungsmäßigkeit hin zu überprüfen und sie gegebenenfalls aufzuheben.[845] Allerdings tritt die Wirkung von unterinstanzlichen Aufhebungsentscheidungen im hierarchisch organisierten System der amerikanischen Bundesgerichtsbarkeit erst ein, wenn der U.S. Supreme Court letztinstanzlich entschieden hat oder der Rechtsweg bereits vorher erschöpft wurde.

3. *Einzelstaatliche Klagen gegen Amtsträger des Bundes*

Obwohl im amerikanischen Prozessrecht grundsätzlich anerkannt ist, dass eine abstrakte Überprüfung von Rechtsvorschriften ausgeschlossen ist, haben vor allem die amerikanischen Einzelstaaten seit Beginn des 20. Jahrhunderts wiederholt versucht, indirekte Wege zu Überprüfung von Bundesgesetzen zu finden, ohne dass konkrete Streitigkeiten vorgelegen hätten.

a. Gesetzesüberprüfung und "Sovereign Immunity"

Unmittelbaren Klagen gegen die Vereinigten Staaten von Amerika als Bundesstaat steht der anglo-amerikanische Rechtsgrundsatz der "Sovereign Immunity" (Staatenimmunität) entgegen.[846] Dieser führt dazu,

---

ohne ausdrücklichen Amerika-Bezug *Anschütz*, Die Verfassung des Deutschen Reiches, Art. 70, Nr. 5 (S. 374).

[845] Vgl. *Mauro Cappeletti*, The Judicial Process in Comparative Perspective, 135 (hrsg. von Paul J. Kollmer/Joanne M. Olson1989). Wie jedoch die Ausführungen von *Zephaniah Swift* in seinem Werk *A System of the Laws of the State of Connecticut*, 53 (2 Bände, 1795-96) beweisen, waren die hiermit verbundenen Probleme der Geltungsunsicherheit bezüglich eines Gesetzes bereits vor dem Durchbruch des Judicial Review erkannt worden, vgl. *Melhorn*, A Moot Court Exercise, Const.Comm., Bd. 12 (1995), 327, 339.

[846] Vgl. Holmes, J., in *Kawananakoa v. Polybank*, 205 U.S. 349 (1907) *"[T]here can be no legal right against the authority that makes the law on which the right depends."* Siehe auch *Louis L. Jaffe*, Suits Against Governments and Officers: Sovereign Immunity, Harv.L.Rev., Bd. 77 (1963) 1; *Roger C. Crampton*, Nonstatuatory Review of Federal Administrative Action: The Need for Statutory Reform of Sovereign Immunity, Subject Matter Jurisdiction, and Parties Defendant, Mich.L.Rev., Bd. 68 (1970) 387; *David E. Engdahl*, Immunity

dass die Vereinigten Staaten gegen Rechtsstreitigkeiten, die von Einzelstaaten gegen sie angestrengt werden, verfahrensrechtlich weitgehend immun sind, wenn sie einem entsprechenden Verfahren nicht ausdrücklich zustimmen.[847] Aus diesem Grunde haben sich die Einzelstaaten seit Beginn des 20. Jahrhunderts in mehreren Fällen damit beholfen, Kabinettsmitglieder des Bundeskabinetts (public officers), in ihrer Eigenschaft als Bürger eines anderen Einzelstaates zu verklagen,[848] um über den Umweg der "diversity jurisdiction" ein von ihnen beanstandetes Bundesgesetz auf seine Verfassungsmäßigkeit hin überprüfen zu lassen.[849] Dabei wollten sie zusätzlich davon profitieren, dass der U.S. Supreme Court nach Art. III, Sec. 2 U.S. Bundesverfassung bei Klagen gegen Mitglieder des Bundeskabinetts erstinstanzlich zuständig ist.[850]

Allerdings hat der U.S. Supreme Court über einen längeren Zeitraum hinweg die Auffassung vertreten, dass er für einzelstaatliche Klagen gegen Minister des Bundeskabinetts sachlich nicht zuständig sei. Die anhängigen Streitfälle wurden demgemäß mit der Begründung abgewiesen, sie wären tatsächlich nicht gegen den genannten Bundesminister, sondern gegen den Bundesstaat (Federal Government) als Ganzes gerichtet. So führte der Gerichtshof in *Minnesota v. Hitchcock* (1901)[851] beispielsweise aus, dass der Beklagte Innenminister Hitchcock, als Bürger keinerlei Interessen gegenüber dem Kläger zu vertreten habe. Außerdem hätte ein Rücktritt des Beklagten von seinem Regierungsamt und die Ernennung eines Bürgers des klagenden Einzelstaates zur Folge, dass die Zuständigkeit des U.S. Supreme Court aufgehoben würde, obwohl das tatsächliche Klagebegehren der Parteien nicht erfüllt wor-

---

and Accountability for Positive Government Wrongs, U.Colo.L.Rev., Bd. 44 (1972) 1.

[847] *Oregon v. Hitchcock*, 202 U.S. 60, 68 (1905); *Kansas v. United States*, 204 U.S. 331, 342 (1907).

[848] Im Fall *Minnesota v. Hitchcock*, 185 U.S. 373 (1901) verklagte der Staat Minnesota Ethan A. Hitchcock, U.S. Secretary of the Interior (Innenminister), der Bürger des Staates Missouri war, und Binger Herman, den Commissioner des General Land Office, einen Bürger des Staates Oregon.

[849] Vgl. 2. Teil, A, I; 28 U.S.C. § 1332.; *Redish/Sherry*, Federal Courts, 565 ff.; *Hay*, Einführung in das Amerikanische Recht, 50 f.

[850] Vgl. 2. Teil, A, I; *Fallon/Meltzer/Shapiro*, The Federal Courts and the Federal System, 307.

[851] 185 U.S. 373, 383/384 (1901); Ethan A. Hitchcock war U.S. Secretary of the Interior (Innenminister) unter Präsident Theodore Roosevelt.

den sei. Daher stellte sich in den Augen des Gerichtshofs das gewählte prozessuale Vorgehen als bloße Umgehung der "Sovereign-Immunity"-Doktrin dar. Einige Jahre später bestätigte der U.S. Supreme Court seine Rechtsauffassung in den Fällen *Oregon v. Hitchcock* (1906)[852] und *New Mexico v. Lane* (1917).[853]

b. Keine Stellungnahme zu abstrakten Rechtsfragen

Bei späteren Abweisungen von Klagen gegen "public officers" stellte der U.S. Supreme Court nicht mehr ausschließlich auf die "Sovereign Immunity"-Doktrin ab. In Zusammenhang mit ähnlich gelagerten Sachverhalten wies das Gericht vor allem darauf hin, dass es nicht zur Erörterung und Beantwortung abstrakter Rechtsfragen berufen sei. Im Jahre 1923 lehnte es der U.S. Supreme Court im Fall *Massachusetts v. Mellon* (1923)[854] daher einstimmig ab, abstrakte Fragen in Bezug auf politische Machtverteilung, Staatssouveränität und Regierungsgewalt zu behandeln.[855] In seiner Entscheidung wies das Gericht ausdrücklich darauf hin, dass es ihm weitgehend an der Überprüfungsbefugnis fehle, abstrakt Stellung zur Verfassungsmäßigkeit von Bundes- oder Einzelstaatsgesetzen zu nehmen.[856]

---

[852] 202 U.S. 60, 69 (1906).

[853] 243 U.S. 52, 58 (1917); Franklin K. Lane war U.S. Secretary of the Interior unter Präsident Woodrow Wilson.

[854] 262 U.S. 447 (1923); Andrew W. Mellon (1855-1937) war damals U.S. Secretary of the Treasury (1921-1932). Im vorliegenden Fall wurde die Verfassungsmäßigkeit eines Bundesunterstützungsprogramms (federal grant programme) bestritten; zur Person Mellons vgl. *Philip H. Love*, Andrew W. Mellon: The Man and His Work, Belle Fourche, SD, 2003.

[855] *Massachusetts v. Mellon*, 262 U.S. 447, 485 (1923), "*abstract questions of political power, of sovereignty, of government.*" In diesem Fall bestritt Massachusetts die Verfassungsmäßigkeit des sog. Maternity Act, Act of November 23, 1921, 43 Stat. 224, mit der Begründung: "*rights and powers as a sovereign State and the rights of its citizens have been invaded and usurped by these expenditures and acts.*" 262 U.S. 447, 479.

[856] *Massachusetts v. Mellon*, 262 U.S. 447, 485 (1923) "*[The judiciary] is as much without authority to pass abstract opinions upon the constitutionality of acts of Congress as it was held to be ...of state statutes.*"

In den späteren Fällen *Florida v. Mellon* (1927)[857] und *Jones ex rel. Louisiana v. Bowles* (1944)[858] verneinte der Gerichtshof seine Zuständigkeit unter Art. III, Sec. 2 U.S. Bundesverfassung mit dem Hinweis darauf, dass der klageführende Einzelstaat keine unmittelbar durch die Anwendung des Gesetzes hervorgerufene Verletzung ("direct injury" oder "injury in fact") seiner Rechte geltend gemacht hätte.[859] In derselben Entscheidung betonte der U.S. Supreme Court, dass ein Einzelstaat weder die Pflicht noch die Kompetenz hätte, die Rechte seiner Bürger gegenüber dem Bundesstaat (Federal Government) zu vertreten (sog. *parens patriae*-Stellung).[860]

c. Spätere Entwicklung

Dass die genannten Versuche verschiedener Einzelstaaten, auch ohne das Vorliegen einer konkreten Verletzung, die Verfassungsmäßigkeit eines Gesetzes zu überprüfen, durchaus verfassungsprozessuale Substanz aufwiesen, zeigte sich spätestens in den 1960er Jahren. Im juristischen Kampf gegen die von der Kennedy- und Johnson-Administration vorangetriebene Integration schwarzer Amerikaner (Desegregation) wurde die Klage gegen einen Minister des Bundeskabinetts als prozessuale Möglichkeit wiederbelebt. Im Fall *South Carolina v. Katzenbach* (1966)[861] wandte sich der Staat South Carolina gegen den Voting Rights

---

[857] 273 U.S. 12 (1927); in diesem Fall wollte der Staat Florida verhindern, dass der Beklagte U.S. Secretary of the Treasury Mellon bzw. sein Ministerium Erbschaftssteuer nach § 301 Revenue Act von 1926, 44 Stat. 9, 69-70, erheben kann.

[858] 322 U.S. 707 (1944).

[859] *Florida v. Mellon*, 273 U.S. 12, 18 (1927), *"there is no substance in the contention that the state has sustained any direct injury as the result of the enforcement of the act in question;"* unter Bezugnahme auf die Fälle *Massachusets v. Mellon*, 262 U.S. 447, 488 (1923) und *In re Ayers*, 123 U.S. 443, 496 (1893).

[860] *Massachusetts v. Mellon*, 262 U.S. 447, 485/486 (1923); *Florida v. Mellon*, 273 U.S. 12, 18 (1927).

[861] 383 U.S. 301 (1966); Nicholas deBelleville Katzenbach war U.S. Attorney General (Justizminister) in der Zeit von Februar 1965 bis Oktober 1966 unter Präsident Lynden B. Johnson. Im vorgenanten Fall machte South Carolina eine Verletzung von verschiedenen Verfassungsvorschriften einschließlich des 15. Amendments zur Verfassung geltend.

Act von 1965.[862] Obwohl in den früheren Fällen wiederholt ausgeführt worden war, dass Einzelstaaten nicht als *parens patriae* eine Rechtsverletzung stellvertretendend für ihre Bürger gegen den Bundesstaat geltend machen konnten, nahm der U.S. Supreme Court in seiner Entscheidung zu den aufgeworfenen materiell-rechtlichen Fragen einer Verletzung des 15. Amendments zur U.S. Bundesverfassung Stellung ohne die Frage der Klagebefugnis näher zu erörtern.[863] Tatsächlich ignorierte der Supreme Court die entscheidende prozessuale Frage, ob South Carolina überhaupt klagebefugt war, vollständig, um sich sogleich mit den materiellen Rechtsfragen zu befassen.[864] Ähnlich ging der Gerichtshof im Fall *Oregon v. Mitchell* (1970)[865] vor, in dem Teile

---

[862] Allerdings hatte das Gericht bereits in einem früheren Verfahren einem Einzelstaat (Ohio) erlaubt einen public officer des Bundes zu verklagen, vgl. *Ohio v. Helvering*, 292 U.S. 360, 365 (1933). Dieser Fall erscheint jedoch nicht uneingeschränkt verallgemeinerungsfähig, da in Hinsicht auf Steuergesetze ein besonderes Rechtsschutzbedürfnis unterstellt wird, das auch bei den Anforderungen an das "standing" der Parteien zu Abstrichen führt. (the procedures "*are deemed to provide a complete system of corrective justice in the administration of revenue laws*"). Helvering war zum gegebenen Zeitpunkt nicht Mitglied der U.S. Bundesregierung, dafür aber U.S. Commissioner of Internal Revenue, was in etwa dem Präsidenten einer oberen Bundesbehörde entspricht.

[863] South Carolina erhob Klage ("bill of complaint") damit der U.S. Supreme Court bestimmte Vorschriften des Voting Rights Act von 1965 wegen Verstoßes gegen die U.S. Bundesverfassung aufheben möge, 383 U.S. 301, 307. Siehe auch *Fallon/Meltzer/Shapiro*, The Federal Courts and the Federal System, 323. Kritisch zur Entscheidung *Bickel*, The Voting Rights Cases, Sup.Ct.Rev., Bd. 1966, 79, 80-93.

[864] Wenig überraschend kritisierte Alexander Bickel dieses Verfahren im besonderen Maße, da es gegen seine Theorie von den „passiven Tugenden" des Supreme Court (passive virtues) verstieß, vgl. *Bickel*, The Least Dangerous Branch, 111. Zu konkreten Fall schrieb er später: "*And in the shuffle, the issue got lost altogether, for an implied promise by the Government to return to it at the argument on the merits was never carried out.*" Anschließend vermutete er, dass der U.S. Attorney General (= U.S. Justizminister) möglicherweise gefürchtet hatte, dass es für seine Position nachteilig gewesen wäre, wenn er unter Zulässigkeitsgesichtspunkten gegen South Carolinas Klagebegehren argumentiert hätte, *Bickel*, The Voting Rights Cases, Sup.Ct.Rev., Bd. 1966, 79, 85 f.; *McKusick*, Discretionary Gatekeeping, Me.L.Rev., Bd. 54 (1993) 185, 202 f.

[865] 400 U.S. 112 (1970); John Newton Mitchell war U.S. Attorney General von 1969 bis 1972 unter Präsident Richard M. Nixon. Im vorliegenden Fall, machte Oregon die Verletzung verschiedener Verfassungsvorschriften ein-

des "Voting Rights Act Amendments"[866] aufgehoben wurden. Auf die zentrale prozessuale Vorfrage der Klagebefugnis des Einzelstaates zur Klage gegen Justizminister Mitchell ging der Supreme Court erneut nicht ein. In zwei späteren Fällen, *South Carolina v. Regan* (1984)[867] und *South Carolina v. Baker* (1988)[868], befasste sich der Supreme Court mit der Frage, ob ein Einzelstaat einen Unterlassungsanspruch gegen den jeweiligen Finanzminister des Bundeskabinetts mit der Begründung haben könnte, dass eine bestimmte Vorschrift des Steuergesetzbuchs (Internal Revenue Code) wegen Verletzung des 10. Amendments zur U.S. Bundesverfassung und der Doktrine der einzelstaatlichen Steuerimmunität (doctrine of intergovernmental tax immunity) verfassungswidrig wäre. In beiden Fällen bestätigte das Gericht die wesentlichen Verfassungspositionen des klagenden Einzelstaates und bejahte die Frage nach der Klagebefugnis ohne nähere Begründung.[869] Allerdings gab es auch aus dieser späteren Zeit Verfahren, in denen der U.S. Supreme Court Klagen von Einzelstaaten gegen Mitglieder des Bundeskabinetts als unzulässig abwies, so dass die in den 1960er Jahren ansatzweise entwickelte Praxis sich weder dauerhaft noch vollständig durchsetzen konnte.[870]

---

schließlich des 15. Amendment geltend, in dem es sich gegen ein Gesetz wendete, das das Wahlalter von 21 auf 18 Jahre herabsetzte.

[866] Hier hielt das Gericht die Schlüsselvorschriften des Gesetzes aufrecht, während es andere Bestimmungen aufhob, *Farber/Eskridge/Frickey*, Constitutional Law, 223.

[867] 465 U.S. 367 (1984); Donald T. Regan war von 1981 bis 1985 U.S. Secretary of the Treasury (Finanzminister) unter Präsident Ronald Reagan.

[868] 485 U.S. 505 (1988); James L. Baker III war in den Jahren 1985 bis 1988 U.S. Secretary of the Treasury unter Präsident Ronald Reagan.

[869] Obwohl das Gericht die steuerrechtlichen Regelungen im Fall *South Carolina v. Baker* nicht aufhob, vertrat es im Fall *South Carolina v. Regan* die Auffassung die Gerichtsakten wären nicht hinreichend, so dass es einen sog. "Special Master" ernannte, der mit der Sachaufklärung beauftragt wurde, *South Carolina v. Regan*, 465 U.S. 367, 382 (1984).

[870] Im Fall *Hawaii v. Gordon*, 373 U.S. 57 (1963), verklagte der Einzelstaat den Direktor des "Bureau of the Budget", welcher vom Präsidenten ernannt worden war. Der Supreme Court wies die Klage mit der Begründung ab, dass die generelle Regel bei solchen Verfahren besage, dass der durch Klage verlangte Rechtsschutz gegen einen "public officer" sich tatsächlich gegen den Souverän (hier: die United States) richtet, wenn sich eine nachfolgende Verfügung gegen letzteren auswirke. ("*the general rule is that relief sought normally against an officer is in fact against the sovereign if the decree would operate against the*

Im Ergebnis ließ der U.S. Supreme Court, obwohl eine abstrakte Überprüfung von Normen dem amerikanischen Prozessrecht auch heute noch weitgehend fremd ist, seit Mitte der 1960er Jahre[871] Klagen amerikanischer Einzelstaaten gegen Mitglieder des Bundeskabinetts zu, in deren Verlauf – weitgehend abstrakt – die Vereinbarkeit von Bundesgesetzen mit der übergeordneten U.S. Bundesverfassung überprüft wurde. Zu einer konsistenten Dogmatik kam der Gerichtshof hierbei jedoch nicht.

II. Normenkontrolle im Grundgesetz

1. Allgemeine Grundsätze

Das Grundgesetz sieht mehrere verfassungsprozessuale Verfahren vor, in deren Verlauf ein Parlamentsgesetz auf seine Vereinbarkeit mit dem Grundgesetz überprüft und gegebenenfalls wegen eines Verfassungsverstoßes aufgehoben werden kann.[872] Als Verfahren zur Überprüfung von Vorschriften des Bundes- und Landesrechts kommen jedoch vor allem die Verfahren der abstrakten Normenkontrolle (Art. 93 Abs. 1 Nr. 2 GG) und der konkreten Normenkontrolle (Art. 100 GG) in Betracht, da allein diese speziell auf die Überprüfung von Rechtsvorschriften mit höherrangigem Recht ausgerichtet sind. Die konkrete Normenkontrolle wird jedoch erst später im Zusammenhang mit den verfassungsgerichtlichen Vorlageverfahren gesondert behandelt (vgl. 8. Teil).

2. Abstrakte Normenkontrolle (Art. 93 Abs. 1 Nr. 2 GG)

Das verfassungsprozessuale Verfahren der abstrakten Normenkontrolle, wie es seit 1949 in Art. 93 Abs. 1 Nr. 2 GG geregelt ist, hat die Auf-

---

later.") 373 U.S. 57, 58 (1963). Im Fall *Massachusetts v. Laird*, 400 U.S. 886 (1970), lehnte es der Supreme Court ab, dass ein Einzelstaat gegen den Verteidigungsminister klagte, um die Legalität des Vietnam Kriegs zu überprüfen. Im Fall *Idaho v. Vance*, 434 U.S. 1031 (1978) verklagte ein Einzelstaat den Außenminister im Namen seiner Bürger in Hinsicht auf die Verfügung über Eigentumspositionen am Panamakanal. Die Klage wurde abgewiesen.

[871] Z.B. *South Carolina v. Katzenbach*, 383 U.S. 301 (1966); *Oregon v. Mitchell*, 400 U.S. 112 (1970).

[872] Vgl. *Heun*, Normenkontrolle, in: FS. 50 Jahre BVerfG, 615, 618 u. 627 ff.

gabe, bei „Meinungsverschiedenheiten oder Zweifeln über die förmliche und sachliche Vereinbarkeit von Bundesrecht oder Landesrecht mit ... [dem] Grundgesetz oder die Vereinbarkeit von Landesrecht mit sonstigem Bundesrecht“ eine verfassungsrechtliche Klärung herbeizuführen.[873] Die abstrakte Normenkontrolle soll dadurch die Integrität der Verfassung, den Rechtsfrieden und die Unversehrtheit der bundesstaatlichen Kompetenzordnung gewährleisten.[874] Im Rahmen einer objektiven, nicht-kontradiktorischen Überprüfung kann das Bundesverfassungsgericht auf Antrag der Bundesregierung, einer Landesregierung oder eines Drittels der Mitglieder des Bundestages Bundesrecht jeder Normstufe am Maßstab des Grundgesetzes messen. Einer subjektiven oder individuell-rechtlichen Antragsbefugnis bedarf es daneben grundsätzlich nicht.[875] Außerdem eröffnet Art. 93 Abs. 1 Nr. 2 GG die Möglichkeit einer umfassenden Überprüfung von Landesrecht am Maßstab des gesamten Bundesrechts, einschließlich des Grundgesetzes.[876] Indem Bundesrecht am Grundgesetz und Landesrecht jeder Rangstufe am gesamten Bundesrecht gemessen wird, trägt das Verfahren der abstrakten

---

[873] Damit knüpft der Wortlaut von Art. 93 Abs. 1 Nr. 2 GG unmittelbar an die Formulierung von Art. 13 Abs. 2 WRV an, vgl. *Rozek*, in: Maunz/Schmidt-Bleibtreu, BVerfGG, § 76, Rdnr. 44; *Huber*, Dokumente zur Deutschen Verfassungsgeschichte, Bd. 4, 1919-1933, Dok. Nr. 157 (S. 151, 153.), RGBl. 1919, 1383; vgl. *Stern*, in: Bonner Kommentar, Art. 93, Rdnr. 190 f.; *Gusy*, Richterliches Prüfungsrecht, 76 f.

[874] BVerfG, Urt. v. 5.4.1952, BVerfGE 1, 208 (219 f.) BVerfG, Beschl. v. 18.12.1984, BVerfGE 68, 346 (351); BVerfG, Beschl. v. 2.3.1999, BVerfGE 100, 249 (257 f.) BVerfG, Urt. v. 23.11.1999, BVerfGE 101, 239 (257); *Stern*, Staatsrecht, Bd. 2, § 44, IV 5 (S. 985); *Löwer*, Zuständigkeit und Verfahren des Bundesverfassungsgerichts, in: Isensee/Kirchhof, HdbStR, Bd. 3, § 70, Rdnr. 62; *Rozek*, in: Maunz/Schmidt-Bleibtreu, BVerfGG, § 76, Rdnr. 1.

[875] Vgl. *Zeidler*, The Federal Constitutional Court of the Federal Republic of Germany, Notre Dame L.Rev., Bd. 62 (1987), 504, 505; *Schlaich/Korioth*, Das Bundesverfassungsgericht, Rdnr. 115; *Klein*, in: Benda/Klein, Verfassungsprozessrecht, Rdnr. 718; *Löwer*, Zuständigkeit und Verfahren des Bundesverfassungsgerichts, in: Isensee/Kirchhof, HdbStR, Bd. 3, § 70, Rdnr. 70; *Denninger*, Judicial Review Revisited, Tulane L.Rev., Bd. 59 (1985), 1013, 1026. Lediglich ein „objektives Klarstellungsinteresse“ wird verlangt, das aber regelmäßig durch die Antragstellung und das Bestehen eines Antraggrundes nach § 76 Abs. 1 BVerfGG indiziert wird, *Rozek*, in: Maunz/Schmidt-Bleibtreu, BVerfGG, § 76, Rdnr. 58 m.w.N.

[876] Vgl. *Kommers*, German Constitutionalism, Emory L.J., Bd. 40 (1991), 837, 841.

Normenkontrolle zur Wahrung der in der deutschen Rechtsordnung bestehenden Normenhierarchie und zum Vorrang der Verfassung i.S. von Art. 1 Abs. 3 und Art. 20 Abs. 3 GG bei.[877] Für das Bestehen einer modernen und umfassenden Verfassungsgerichtsbarkeit ist die Gewährleistung einer Normenhierarchie als zentrales Element anzusehen, ohne das eine effektive Normenkontrolle nicht möglich wäre. Für die grundgesetzliche Ordnung wird dieses Prinzip vor allem durch die prozessuale Möglichkeit der abstrakten Normenkontrolle gewährleistet.

Die vom konkreten Rechtsanwendungsfall losgelöste,[878] verfassungsrechtliche Überprüfung nach Art. 93 Abs. 1 Nr. 2 GG umfasst sowohl die formell-rechtliche Verfassungsmäßigkeit (förmliche Vereinbarkeit) als auch die materiell-rechtliche Verfassungsmäßigkeit (sachliche Vereinbarkeit) der betreffenden Norm.[879] Der umfassende Prüfungsrahmen und der objektiv-rechtliche Charakter haben dazu geführt, dass das Verfahren der abstrakten Normenkontrolle in der Vergangenheit auch bei föderativ motivierten oder organschaftlichen Streitigkeiten eingeleitet wurde.[880] Als Folge des objektiven Charakters der Normenkontrolle nach Art. 93 Abs. 1 Nr. 2 GG geht das Bundesverfassungsgericht davon aus, dass der jeweilige Antragsteller zwar weitgehend über den Verfahrensgegenstand,[881] nicht aber über den Fortgang und Verlauf des Ver-

---

[877] Vgl. *Heun*, Normenkontrolle, in: FS. 50 Jahre BVerfG, 615, 616; *Stuth*, in: Umbach/Clemens, BVerfGG, 1. Aufl., Vor §§ 76 ff., Rdnr. 21 f.; *Pestalozza*, VerfassungsprozessR, § 8, Rdnr. 1; *Stern*: in Bonner Kommentar, Art. 93, Rdnr. 264; *Rozek*, in: Maunz/Schmidt-Bleibtreu, BVerfGG, § 76, Rdnr. 1; mit Einschränkungen *Klein*, in: Benda/Klein, Verfassungsprozessrecht, Rdnr. 733.

[878] Vgl. *Simon*, in: Benda/Maihofer/Vogel, Handbuch des Verfassungsrechts, § 34, Rdnr. 24; *Heun*, Normenkontrolle, in: FS. 50 Jahre BVerfG, 615, 619; *Klein*, in: Benda/Klein, Verfassungsprozessrecht, Rdnr. 707; *Stern*: in Bonner Kommentar, Art. 93, Rdnr. 193; *Rozek*, in: Maunz/Schmidt-Bleibtreu, BVerfGG, § 76, Rdnr. 4.

[879] Vgl. BVerfG, Beschl. v. 25.6.1974, BVerfGE 37, 363 (397); *M. Graßhof*, in: Umbach/Clemens/Dollinger, BVerfGG, § 76, Rdnr. 22; *Klein*, in: Benda/Klein, Verfassungsprozessrecht, Rdnr. 732; *Wieland*, in: Dreier, GG, Bd. 3, Art. 93, Rdnr. 59.

[880] Vgl. *Schlaich/Korioth*, Das Bundesverfassungsgericht, Rdnr. 116; *Klein*, in: Benda/Klein, Verfassungsprozessrecht, Rdnr. 760, 1053 u. 1088 (z.B. anstelle des Bund-Länder-Streits); *Löwer*, Zuständigkeit und Verfahren des Bundesverfassungsgerichts, in: Isensee/Kirchhof, HdbStR, Bd. 3, § 70, Rdnr. 30; *Selmer*, Bund-Länder-Streit, in: FS. 50 Jahre BVerfG, 563, 565.

[881] Auch hierbei gibt es, wie auch § 78 BVerfGG zeigt, Einschränkungen, sofern die zur Überprüfung gestellten Vorschriften „in Zusammenhang mit oder

fahrens disponieren kann.[882] Dementsprechend hat das Bundesverfassungsgericht für sich beansprucht, ein abstraktes Normenkontrollverfahren beim Bestehen eines öffentlichen Interesses auch nach Rücknahme des verfahrenseinleitenden Antrags weiterzuführen.[883] Schließlich dient das Verfahren nicht nur dem Zweck, die Ungültigkeit einer Norm festzustellen, sondern es kann auch bei bestrittener Gültigkeit als sog. Normbestätigungsverfahren zur Feststellung der Verfassungsmäßigkeit einer Rechtsvorschrift herangezogen werden.[884] Am Ende eines Normenkontrollverfahrens sind unterschiedliche Ergebnisse möglich. Die verfassungsrechtlich bedeutsamste Entscheidungsoption ist dem Bundesverfassungsgericht nach § 78 Satz 1 BVerfGG eröffnet, indem es die überprüften Vorschriften für nichtig erklären kann.[885] In anderen Fällen beschränkt sich das Gericht regelmäßig aus pragmatischen Erwägungen darauf, die Unvereinbarkeit einer Vorschrift mit der Verfassung festzustellen oder die Wirksamkeit einer für verfassungswidrig erachte-

---

in Abhängigkeit von anderen Vorschriften“ stehen, vgl. BVerfG, Urt. v. 4.3.1975, BVerfGE 39, 96 (106); BVerfG, Urt. v. 5.11.1975, BVerfGE 40, 296 (309 f.); *Klein*, in: Benda/Klein, Verfassungsprozessrecht, Rdnr. 751 f.; *Ulsamer*, in: Maunz/Schmidt-Bleibtreu, BVerfGG, § 78, Rdnr. 25; *Pestalozza*, VerfassungsprozessR, § 8, Rdnr. 15.

[882] „Kein öffentliches Interesse“ wurde festgestellt bei BVerfG, Beschl. v. 12.1.1988, BVerfGE 77, 345; BVerfG, Beschl. v. 25.9.1992, BVerfGE 87, 152 (153); analog zum Ruhen des Verfahrens BVerfG, Beschl. v. 14.12.1993, BVerfGE 89, 327 (328); *Löwer*, Zuständigkeit und Verfahren des Bundesverfassungsgerichts, in: Isensee/Kirchhof, HdbStR, Bd. 3, § 70, Rdnr. 68; *Voßkuhle*, in: v. Mangoldt/Klein/Starck, GG, Bd. 3, Art. 93, Rdnr. 118; *Klein*, in: Benda/Klein, Verfassungsprozessrecht, Rdnr. 754; *M. Graßhof*, in: Umbach/Clemens/Dollinger, BVerfGG, § 76, Rdnr. 13; kritisch Lechner/Zuck, BVerfGG, § 76, Rdnr. 15.

[883] BVerfG, Beschl. v. 18.3.1969, BVerfGE 25, 308 (309); BVerfG, Beschl. v. 25.9.1992, BVerfGE 87, 152; *Löwer*, Zuständigkeit und Verfahren des Bundesverfassungsgerichts, in: Isensee/Kirchhof, HdbStR, Bd. 3, § 70, Rdnr. 68 f.; *Pestalozza*, VerfassungsprozessR, § 8, Rdnr. 4; *Rozek*, in: Maunz/Schmidt-Bleibtreu, BVerfGG, § 76, Rdnr. 7.

[884] Vgl. *Zeidler*, The Federal Constitutional Court of the Federal Republic of Germany, Notre Dame L.Rev., Bd. 62 (1987), 504, 505; *Kommers*, German Constitutionalism, Emory L.J., Bd. 40 (1991), 837, 840; *Voßkuhle*, in: v. Mangoldt/Klein/ Starck, GG, Bd. 3, Art. 93, Rdnr. 123 m.w.N.

[885] Vgl. BVerfG, Beschl. v. 12.10.1952, BVerfGE 1, 14 (20); BVerfG, Urt. v. 4.11.1986, BVerfGE 73, 118 (119).

ten Vorschrift noch innerhalb eines begrenzten Übergangszeitraums zuzulassen.[886]

III. Fallbezogene und abstrakte Normenkontrolle

Vergleicht man die im amerikanischen und im deutschen Rechtssystem bestehenden prozessualen Möglichkeiten der Normenkontrolle, so kommt man nicht umhin, vor allem deutliche Abweichungen zwischen der ausschließlich inzidenten Überprüfung durch den U.S. Supreme Court und der im objektiven Verfahren der abstrakten Normenkontrolle erfolgenden Überprüfung durch das Bundesverfassungsgericht festzustellen. Dennoch lassen sich vor allem unter Berücksichtigung der jüngeren Entwicklungen des amerikanischen Prozessrechts auch Ähnlichkeiten und zum Teil sogar Übereinstimmungen finden.

1. Abweichungen

a. Konkrete und abstrakte Überprüfung

Dass im amerikanischen Prozessrecht grundsätzlich nur konkrete Rechtsfälle entschieden werden können, hat seine Ursache vor allem in der Organisation der amerikanischen Bundesgerichtsbarkeit und der Verwirklichung des verfassungsgerichtlichen Einheitsmodells.[887] Danach ist der U.S. Supreme Court in erster Linie das letztinstanzliche Gericht der amerikanischen Bundesgerichtsbarkeit, wobei er zugleich auch als Verfassungsgericht über die Verfassungsmäßigkeit formeller Rechtsvorschriften entscheidet. In Anbetracht dieser Aufgabenzuweisung ist es nicht überraschend, dass sich der U.S. Supreme Court stets geweigert hat, abstrakte Rechtsfragen zu beantworten. Übertragen auf die Bedingungen des deutschen Gerichtssystems würden es auch der Bundesgerichtshof oder das Bundesverwaltungsgericht ablehnen, sich

---

[886] Vgl. *Heun*, Normenkontrolle, in: FS. 50 Jahre BVerfG, 615, 634 ff.; *Ulsamer*, in: Maunz/Schmidt-Bleibtreu, BVerfGG, § 78, Rdnr. 29 ff.; *Voßkuhle*, in: v. Mangoldt/Klein/Starck, GG, Bd. 3, Art. 93, Rdnr. 47 ff. nennt „Nichtigkeitserklärung“, „Unvereinbarkeitserklärung“, „Übergangsregelungen“, „Appellentscheidungen“ und „Verfassungskonforme Auslegung“.

[887] Vgl. hierzu 2. Teil, A, III; Einleitung, V.

zu abstrakten rechtlichen Fragen zu äußern, denen es am Bezug zu einem konkreten Streitfall fehlt.

Die Situation des nach dem verfassungsgerichtlichen Trennungsmodell organisierten Bundesverfassungsgerichts unterscheidet sich in dieser Hinsicht grundlegend von der des U.S. Supreme Court. Weil das Bundesverfassungsgericht nicht in die herkömmlichen, fachgerichtlichen Rechtszüge integriert ist, sondern entweder erst nach Erschöpfung der fachgerichtlichen Rechtsschutzmöglichkeiten oder – wie im Fall der abstrakten Normenkontrolle – unabhängig von bereits anhängigen Verfahren angerufen werden kann, erscheint die vom konkreten Rechtsstreit losgelöste, abstrakte Überprüfung von Vorschriften des Bundes- oder Landesrechts grundsätzlich unproblematisch. Das Trennungsmodell hat somit zur Folge, dass das Bundesverfassungsgericht allein mit Fragen des Verfassungsrechts befasst ist, während Fragen des einfachen Gesetzesrechts nach der Heckschen Formel grundsätzlich den Fachgerichten überlassen bleiben.[888] Allerdings führen die bestehenden Überprüfungsmöglichkeiten auch dazu, dass ergänzend das Vorlageverfahren der konkreten Normenkontrolle (Art. 100 Abs. 1 GG) erforderlich ist, wenn nämlich innerhalb einer einfachrechtlichen Streitigkeit Fragen der Verfassungsmäßigkeit von Gesetzen auftreten.

Im Vergleich zu den im amerikanischen Prozessrecht bestehenden Überprüfungsmöglichkeiten stellt sich das Verfahren der abstrakten Normenkontrolle nach Art. 93 Abs. 1 Nr. 2 GG als effektiveres prozessuales Mittel dar, indem es dem Antragsteller ohne weitere Verzögerungen die Möglichkeit eröffnet, die Verfassungswidrigkeit oder – was oftmals in Vergessenheit gerät – auch die Verfassungsgemäßheit formeller Bundesgesetze feststellen zu lassen. Anders als im amerikanischen Prozessrecht und bei der deutschen Verfassungsbeschwerde (§ 90 Abs. 2 BVerfGG) bedarf es bei der abstrakten Normenkontrolle nicht der vorherigen Rechtswegerschöpfung oder des Durchlaufens früherer Instanzen. Die abstrakte Normenkontrolle führt somit dazu, dass die verfassungsrechtliche Frage unmittelbar vor das Bundesverfassungsgericht gelangt, während in den Vereinigten Staaten zumindest ein U.S. District Court über die Gesetzesaufhebung entschieden haben muss – zumeist kommt es zu mehreren unterschiedlichen Entscheidungen aus verschiedenen Gerichtsbezirken – bevor der U.S. Supreme Court sich mit der betreffenden Frage befasst. Die prozessualen Vorzüge der abstrakten Normenkontrolle werden vor allem mit einem sehr kleinen Kreis möglicher Antragsberechtigter erkauft. Denn außer der Bundesregierung,

---

[888] Vgl. 13. Teil, A, II.

den 16 Landesregierungen und einem Drittel der Mitglieder des Bundestags verfügt niemand über die Antragsmöglichkeit im Normenkontrollverfahren. Neben dem unmittelbaren Zugang zum Bundesverfassungsgericht spricht für die abstrakte Überprüfung von Bundesgesetzen nach dem Muster der abstrakten Normenkontrolle auch der Umstand, dass damit eine umfassende Überprüfung sowohl in formell- als auch in materiell-rechtlicher Hinsicht verbunden ist („förmliche und sachliche Vereinbarkeit"), die alle denkbaren Aspekte einer verfassungsgerichtlichen Normenkontrolle einschließt und nicht auf Fragen beschränkt bleibt, die im Rahmen eines konkreten Verfahrens möglicherweise streitentscheidender Natur sind. Damit ist auch im Prüfungsumfang wegen der damit verbundenen Effektivität der Normenkontrolle ein Vorzug des Verfahrens nach Art. 93 Abs. 1 Nr. 2 GG zu sehen.

b. Subjektive und objektive Verfahrensausrichtung

Ein weiterer prozessualer Unterschied hängt eng mit dem subjektiven bzw. objektiven Charakter des jeweiligen Verfahrens zusammen. Während bei der abstrakten Normenkontrolle nach Art. 93 Abs. 1 Nr. 2 GG der Antragsteller – abgesehen vom sog. „objektiven Klarstellungsinteresse" – grundsätzlich keine subjektiven Anforderungen erfüllen muss, gelten im amerikanischen Prozessrecht hohe Anforderungen an das "standing" eines Klägers, die der Klagebefugnis nach § 42 Abs. 2 VwGO durchaus ebenbürtig sind. Somit tritt auch bereits in den Verfahrensvoraussetzungen zutage, dass das Normenkontrollverfahren nach Art. 93 Abs. 1 Nr. 2 GG vor allem objektiv-rechtlich „zum Schutz der Verfassungsintegrität" dienen soll. Das vom Bundesverfassungsgericht außerdem geforderte „objektive Klarstellungsinteresse" bleibt in seinen Anforderungen weit hinter einer subjektiv-rechtlichen Antragsbefugnis zurück, da die Antragsberechtigung regelmäßig durch die Antragstellung und das Bestehen eines Antraggrundes nach § 76 Abs. 1 BVerfGG indiziert ist.[889] Seine Bedeutung liegt in erster Linie darin, dass es dem Verfassungsgericht eine Einzelfallentscheidung im Rahmen

---

[889] Vgl. *Klein*, in: Benda/Klein, Verfassungsprozessrecht, Rdnr. 735; *Rozek*, in: Maunz/Schmidt-Bleibtreu, BVerfGG, § 76, Rdnr. 58; BVerfG, Urt. v. 23.1.1957, BVerfGE 6, 104 (110) („*besonderes objektives Interesse*"); BVerfG, Beschl. v. 4.3.1975, BVerfGE 39, 96 (106) („*rechtliches Interesse*"); BVerfG, Beschl. v. 2.3.1999, BVerfGE 100, 249 (257) („*erforderliches objektives Interesse*"); BVerfG, Beschl. v. 6.7.1999, BVerfGE 101, 1 (30) („*besonderes objektives Klarstellungsinteresse*").

der Zulässigkeitsprüfung ermöglicht, um etwa rechtsmissbräuchlich eingeleitete Verfahren aus prozessualen Gründen abweisen zu können. Die objektiv-rechtliche Ausrichtung der abstrakten Normenkontrolle zeigt sich überdies in dem Umstand, dass der Antragsteller einer abstrakten Normenkontrolle zwar im Rahmen seines Antrags über den Verfahrensgegenstand disponieren kann, der Fortgang und Verlauf jedoch weitgehend seiner Kontrolle entzogen sind. Anders stellt sich die Lage beim subjektiv-rechtlich ausgestalteten Verfahren des amerikanischen Prozessrechts dar, bei dem die klägerische Prozesspartei während der gesamten Zeit über die Möglichkeit verfügt, das Verfahren durch Klagerücknahme zu beenden.

Die objektiv-rechtliche Ausrichtung und der weitgehende Verzicht auf subjektive Antragsvoraussetzungen erleichtert die prozessuale Handhabung der abstrakten Normenkontrolle deutlich. Sie ist indessen auch nur möglich, weil der Kreis potentieller Antragsteller bewusst sehr klein gehalten wurde und somit davon ausgegangen wird, dass keiner der Antragsberechtigten leichtfertig oder aus missbräuchlichen Gründen ein Normenkontrollverfahren einleitet. Da sich die Normenkontrolle im amerikanischen Prozessrecht aus jedem beliebigen Rechtsstreit ergeben kann, sind zum Ausschluss querulatorischer und rechtsmissbräuchlicher Verfahren verschiedene prozessuale Vorkehrungen erforderlich. Da sich die unterschiedlichen prozessualen Voraussetzungen damit aus der grundsätzlich subjektiven bzw. objektiven Verfahrensausrichtung ergeben, lässt sich nicht feststellen, dass eine prozessrechtliche Ausgestaltung gegenüber der anderen vorzugswürdig ist. Zwar ist die abstrakte Normenkontrolle nach Art. 93 Abs. 1 Nr. 2 GG aufgrund ihres objektiven Charakters grundsätzlich leichter zu handhaben, sie weist aber im Gegensatz zum amerikanischen Prozessrecht den deutlichen Nachteil auf, dass nur ein sehr eingeschränkter Kreis von Verfassungsorganen und Organteilen überhaupt in der Lage ist, den erforderlichen Antrag zu stellen.

c. *Parens patriae*-Stellung und die Wahrung der Verfassungsintegrität

Eine weitere Abweichung zwischen dem amerikanischen und dem deutschen Normenkontrollverfahren liegt darin, dass im amerikanischen Prozessrecht die Überprüfung von Bundesgesetzen durch die Einzelstaaten grundsätzlich nur möglich ist, wenn sie im Rahmen einer *parens patriae*-Stellen – einer Form der Quasi-Prozessstandschaft – erfolgten, während eine Landesregierung ohne Anbindung an die Rechte ihrer Bevölkerung oder sonstiger individualrechtliche Interessen eine

Normenkontrolle nach Art. 93 Abs. 1 Nr. 2 GG allein aus dem objektiven Beweggrund heraus einleiten kann, die Integrität der Verfassung wahren zu wollen.

Der Vorzug der deutschen Bestimmung liegt darin, dass dabei die Einleitung des Normenkontrollverfahrens ohne dogmatische Verbiegungen erfolgen kann, während im amerikanischen Prozessrecht – auch bei politisch motivierten Überprüfungsverfahren – immer auch „Rechte der jeweiligen Bevölkerung" herangezogen werden müssen, die tatsächlich oder nur möglicherweise verletzt worden sind. Hierbei wird regelmäßig großer argumentativer Aufwand betrieben, um unsichere rechtliche Konstruktionen zu begründen, von denen die meisten Beteiligten ohnehin wissen oder zumindest ahnen können, dass es sich dabei tatsächlich nur um verfassungsrechtliche Vorwände handelt. Das abstrakte Normenkontrollverfahren nach Art. 93 Abs. 1 Nr. 2 GG erfordert diese Verbiegungen und konstruktivischen Bemühungen nicht, so dass die Verfahrensbeteiligten und üblicherweise auch die informierte Öffentlichkeit von Anfang an Kenntnis über den tatsächlichen Hintergrund haben, was dem ohnehin politisch angreifbaren Verfahren vor dem Bundesverfassungsgericht grundsätzlich zuträglich ist.

2. *Übereinstimmungen*

Eine nicht unwesentliche Übereinstimmung im Zusammenhang mit der verfassungsgerichtlichen Normenkontrolle zeigt sich darin, dass seit der Entscheidung des U.S. Supreme Court im Fall *South Carolina v. Katzenbach* (1966)[890] auch im amerikanischen Prozessrecht für Einzelstaaten die Möglichkeit besteht, bundesgesetzliche Vorschriften auf ihre Verfassungsmäßigkeit hin überprüfen zu lassen. Dabei zeigte sich der Supreme Court vor allen in den nachfolgenden Verfahren *Oregon v. Mitchell* (1970),[891] *South Carolina v. Regan* (1984)[892] und *South Carolina v. Baker* (1988)[893] geneigt, die angegriffenen Bundesgesetze – zumindest teilweise – aufzuheben. Während die deutschen Bundesländer schon seit Bestehen des Bundesverfassungsgerichts regen Gebrauch von ihrer Antragsmöglichkeiten nach Art. 93 Abs. 1 Nr. 2 GG i.V.m. §§ 13

---

[890] 383 U.S. 301 (1966).

[891] 400 U.S. 112 (1970).

[892] 465 U.S. 367 (1984).

[893] 485 U.S. 505 (1988).

Nr. 6, 76 BVerfGG gemacht hatten,[894] erhielten die amerikanischen Einzelstaaten erst ab Mitte der 1960er Jahre eine der abstrakten Normenkontrolle ähnelnde verfassungsprozessuale Möglichkeit. Allerdings können diese Parallelen nicht darüber hinwegtäuschen, dass es im amerikanischen Prozessrecht zahlreicher erfolgloser Anläufe und eines weitaus größeren argumentativen Aufwands bedurft hatte, ehe die Möglichkeit einer quasi-abstrakten Normenkontrolle der amerikanischen Einzelstaatten begründet wurde.[895] Allerdings bleibt diese im Hinblick auf den Kreis der Antragsberechtigten hinter der abstrakten Normenkontrolle des deutschen Verfassungsprozessrechts zurück, indem weder die U.S. Bundesregierung noch ein Quorum des Kongresses bzw. eines seiner beiden Häuser (Senat, Repräsentantenhaus) über die Möglichkeit einer entsprechenden Antragstellung verfügt. Außerdem zeigte sich in weiteren, von verschiedenen Einzelstaaten eingeleiteten Verfahren vor dem Supreme Court, dass die seit *South Carolina v. Katzenbach* (1966) eingeräumte prozessuale Möglichkeit nicht bundesgesetzlich fixiert war, sondern zu weiten Teilen von der Bereitschaft des U.S. Supreme Court abhing, sie anzuerkennen. Sofern es hieran im Einzelfall fehlte, wurden entsprechende Klagen auch später – etwa bei außen- und sicherheitspolitischen Streitfragen – bereits aus prozessualen Gründen abgewiesen.[896]

---

[894] Vgl. die ersten von Regierungen der Bundesländer eingeleiteten abstrakte Normenkontrollen, BVerfG, Beschl. v. 27.11.1951, BVerfGE 1, 85 (Landesregierung Württemberg-Baden); BVerfG, Urt. v. 20.2.1952, BVerfGE 1, 117 (Landesregierungen Württemberg-Baden u. der Senat von Hamburg); BVerfG, Beschl. v. 10.6.1953, BVerfGE 2, 307 (Landesregierung Niedersachsen); BVerfG, Urt. v. 30.5.1956, BVerfGE 5, 25 (Landesregierung Bayern); die erste von einem Drittel der Mitglieder des Bundestages eingeleitete abstrakte Normenkontrolle lag folgender Entscheidung zugrunde: BVerfG, Urt. v. 30.7.1952, BVerfGE 1, 396 (Deutschlandvertrag).

[895] Vgl. *Minnesota v. Hitchcock*, 185 U.S. 373 (1901); *Massachusetts v. Mellon*, 262 U.S. 447, 485 (1923); *Florida v. Mellon*, 273 U.S. 12, 18 (1927).

[896] Vgl. *Massachusetts v. Laird*, 400 U.S. 886 (1970); *Idaho v. Vance*, 434 U.S. 1031 (1978).

B. Erarbeitung und Entwicklung der abstrakten Normenkontrolle

Ungeachtet der bereits festgestellten Abweichungen zwischen dem amerikanischen und deutschen Prozessrecht soll im Folgenden untersucht werden, ob bei den Erörterungen im Herrenchiemseer Verfassungskonvent und im Parlamentarischen Rat eine bewusste Auseinandersetzung mit dem amerikanische Verfassungsmodell und dem U.S. Supreme Court stattgefunden hat. Für den vorliegenden Teil der Untersuchung werden erneut die zu diesen Fragen geführten Beratungen in den zuständigen Ausschüssen des Parlamentarischen Rates (1948/1949) herangezogen.

I. Verfassungshistorische Vorläufer

Als entfernter verfassungshistorischer Vorläufer der grundgesetzlichen Normenkontrolle lässt sich allenfalls die Befugnis des Reichsgerichts nach Art. 13 Abs. 2 der Weimarer Reichsverfassung (WRV) anführen, aufgrund deren die Vereinbarkeit von Landesrecht mit Reichsrecht zur Sicherung der bundesstaatlichen Kompetenzordnung überprüft werden konnte.[897] Ungeachtet ihrer abstrakten, von einem konkreten Rechtsfall losgelösten Verfahrenseinleitung, handelte es sich beim Verfahren nach Art. 13 Abs. 2 WRV jedoch lediglich um eine eingeschränkte Form der Normenkontrolle, da hierbei die Überprüfung von formellem Reichsrecht grundsätzlich augeschlossen war und lediglich eine Kontrolle von Landesrecht erfolgte.[898]

---

[897] Vgl. *Stern*, in: Bonner Kommentar, Art. 93, Rdnr. 190 ff.; *Klein*, in: Benda/Klein, Verfassungsprozessrecht, Rdnr. 729; *Stuth*, in: Umbach/Clemens, BVerfGG, 1. Aufl., Vor §§ 76 ff., Rdnr. 3; *Rozek*, in: Maunz/Schmidt-Bleibtreu, BVerfGG, § 76, Rdnr. 1; *Pestalozza*, VerfassungsprozessR, § 8, Rdnr. 2; *Huber*, Verfassungsgeschichte, Bd. 6, 562 und 410 f.

[898] Vgl. *Voßkuhle*, in: v. Mangoldt/Klein/Starck, GG, Bd. 3, Art. 93, Rdnr. 117.

II. Verfassungskonvent und Parlamentarischer Rat

Unabhängig von der früheren deutschen Rechtslage sind die im Parlamentarischen Rat zur Frage der Normenkontrolle und Normaufhebung geführten Erörterungen vor allem deshalb von besonderem Gewicht, da das letztlich verabschiedete Verfahren einer umfassenden abstrakten Normenkontrolle[899] nach Art. 93 Abs. 1 Nr. 2 GG keinen unmittelbaren Vorläufer im Herrenchiemseer Verfassungsentwurf oder den anderen deutschen Nachkriegsverfassungen hatte und daher als verfassungsrechtliche Neuentwicklung des Parlamentarischen Rates gelten kann.

Soweit der Herrenchiemseer Verfassungsentwurf in Art. 98 Nr. 5 i.V.m. Art. 110 HC-E eine abstrakte Normenkontrolle vorgesehen hatte, war diese lediglich auf die Überprüfung formell-rechtlicher Aspekte der Normsetzung beschränkt. Auch das in Art. 98 Nr. 4 i.V.m. Art. 137 HC-E normierte umfassende Normenkontrollverfahren unterschied sich hiervon, da es zwar über einen formellen und materiellen Prüfungsumfang verfügen sollte, aber – wie vergleichbare Vorlageverfahren in den Landesverfassungen auch[900] – nur auf Antrag eines Gerichts eingeleitet werden konnte und sich somit als Vorläufer der konkreten Normenkontrolle darstellte (vgl. 8. Teil).[901]

Obwohl der Herrenchiemseer-Verfassungsentwurf kein Verfahren für eine umfassende abstrakte Normenkontrolle enthielt, nahmen die Erörterungen im Rechtspflegeausschuss dennoch – wie auch bei den meisten übrigen Vorschriften – bei ihm ihren Anfang. Während in der 5. Sitzung vom 10. November 1948 noch nicht geklärt werden konnte, wie mit der Bestimmung des Art. 98 Nr. 5 HC-E (lediglich formelle Normenkon-

---

[899] Der Begriff der „abstrakten Normenkontrolle“ geht nach dem bisherigen Wissensstand auf Ernst Friesenhahn zurück, der ihn 1932 im „Handbuch des Deutschen Staatsrechts“ erstmalig verwendete, vgl. *Rozek*, in: Maunz/Schmidt-Bleibtreu, BVerfGG, § 76, Rdnr. 1; *Stern*, in: Bonner Kommentar, Art. 93, Rdnr. 193.

[900] Vgl. Art. 92 Württemberg-Badische Landesverfassung, Art. 133 Hessische Landesverfassung, Art. 65 i.V.m. Art. 92 Bayerische Landesverfassung und Art. 142 Bremische Landesverfassung, vgl. *Huber*, Quellen zum Staatsrecht der Neuzeit, Bd. 2, 336, 348 f. (Württemberg-Baden), 351, 366 f. (Hessen), 313, 321 (Bayern) und 431, 451 (Bremen).

[901] Vgl. *Wilms*, Dokumente zur neuesten Verfassungsgeschichte, Bd. III/2, Dok.-Nr. 2 (Herrenchiemseer Entwurf), 55, 76 u. 87.

trolle) verfahren werden sollte,[902] trat Strauß in der 6. Sitzung für eine Streichung der Vorschrift ein, indem er darauf verwies, dass dieser Regelungsbereich „durch vorhergehende Ziffern, oder durch gutachterliche Stellungnahme kraft einfachen Gesetzes“ gedeckt wäre. Diesem Vorschlag folgte der Ausschuss.[903] Allerdings war damit die Einführung einer umfangreichen abstrakten Normenkontrolle noch nicht endgültig vom Tisch. Nachdem nämlich die Mitglieder des Allgemeinen Redaktionsausschusses Zinn, Strauß und Dehler die Beratungspause zwischen der 6. und der 7. Sitzung, Anfang Dezember 1948 dazu genutzt hatten, einen konsolidierten Textentwurf des XII. Kapitels „Gerichtsbarkeit und Rechtspflege“ zu erarbeiteten, fand sich in Art. 128 b Abs. 1 Nr. 3 GG-Entw folgende Bestimmung:

> „Das Bundesverfassungsgericht entscheidet: ... 3. über die förmliche und sachliche Vereinbarkeit von Bundesrecht oder Landesrecht mit diesem Grundgesetz ... auf Antrag eines Gerichts (Art. 137 Abs. 1) oder auf Antrag der Bundesregierung oder einer Landesregierung (Art. 44 und 148 a); ...“[904]

Mit Art. 128 b Abs. 1 Nr. 3 GG-Entw wurde erstmalig eine abstrakte Überprüfung der „förmlichen und sachlichen Vereinbarkeit von Bundesrecht oder Landesrecht“ mit dem Grundgesetz in den Katalog verfassungsprozessualer Streitverfahren aufgenommen. Was die Mitglieder des Allgemeinen Redaktionsausschusses letztlich hierzu bewogen hat, ist im Rückblick nicht mehr vollständig rekonstruierbar, da die Erarbeitung des konsolidierten Entwurfs außerhalb der sonstigen protokollierten Beratungen erfolgte. Angesichts der von Strauß noch in der 6. Sitzung geäußerten ablehnenden Haltung gegenüber der abstrakten Normenkontrolle dürfte es vor allem auf den Einfluss Zinns und Dehlers zurückzuführen sein, dass ein entsprechendes Verfahren doch noch

---

902 *Strauß* (CDU), in: Prot. Parl. Rat, Bd. 13/II, Dok.-Nr. 55, 1272, 1314 f. (5. Sitzung d. RpflA, 10.11.1948) („*Nachdem Art. 110 gestrichen ist, sehe ich überhaupt nicht mehr was hierher gehört. – Wir stellen die Ziff. 5 zurück. Nächste Woche werden wir die Ergebnisse haben.*“).

903 *Strauß* (CDU), in: Prot. Parl. Rat, Bd. 13/II, Dok.-Nr. 56, 1332, 1335 u. 1340 (6. Sitzung d. RpflA, 16.11.1948), entsprechend sah die „vorläufige“ ohne Abstimmung erarbeitete Formulierung des Abschnitts VIII vor, dass Art. 98 Nr. 5 gestrichen und Art. 98 Nr. 4 zur „Erörterung vorläufig zurückgestellt“ wurde, vgl. Prot. Parl. Rat, Bd. 13/II, Dok.-Nr. 56, 1332, 1345 f. (Fn. 40) (6. Sitzung d. RpflA, 16.11.1948).

904 Vgl. *Wilms*, Dokumente zur neuesten Verfassungsgeschichte, Bd. III/2, Dok.-Nr. 4 (Stellungnahme des ARA v. 5.12.1948), 124, 163.

seinen Weg in den Katalog des Art. 128 b GG-Entw gefunden hat. Allerdings war darin zunächst lediglich vorgesehen, dass das Verfahren nach Art. 128 b Abs. 1 Nr. 3 GG-Entw auf Antrag der Bundesregierung oder einer Landesregierung eingeleitet werden kann. Auf Anregung der Abgeordneten de Chapeaurouge und Strauß wurde in der 7. Sitzung ein entsprechendes Antragsrecht außerdem auch einem „Drittel der Mitglieder des Bundestages" eingeräumt.[905] Auf diese Weise hatte die Vorschrift des Art. 128 b Abs. 1 Nr. 3 GG-Entw – von geringfügigen redaktionellen Änderungen abgesehen[906] – bereits im Rechtspflegeausschuss die inhaltlichen Merkmale bekommen, die später auch in Art. 93 Abs. 1 Nr. 2 GG erhalten bleiben sollten.[907]

Bemerkenswert sind die hierzu geführten Erörterungen im Rechtspflegeausschuss außerdem noch in zweierlei Hinsicht: Zum einen forderte Strauß den Grundsätzen seiner Denkschrift entsprechend, dass die Normenkontrollbefugnis bei der Vereinbarkeitsprüfung von Bundesrecht oder Landesrecht am Maßstab des Grundgesetzes dem Obersten Bundesgericht übertragen wird. Er scheiterte damit jedoch an der Haltung Zinns und de Chapeaurouges, die beide nachdrücklich für eine Zuweisung an das Bundesverfassungsgericht eintraten.[908] Was die Ab-

---

[905] *De Chapeaurouge* (CDU) u. *Strauß* (CDU), in: Prot. Parl. Rat, Bd. 13/II, Dok.-Nr. 57, 1347, 1373 (7. Sitzung d. RpflA, 6.12.1948); vgl. *Stern*, Staatsrecht, Bd. 2, § 44, IV 5 (S. 985 f.).

[906] Vgl. *Wilms*, Dokumente zur neuesten Verfassungsgeschichte, Bd. III/2, Dok.-Nr. 4 (Stellungnahme des ARA v. 5.12.1948), 124, 163; *ders.*, a.a.O., Dok.-Nr. 5 (Fassung der 1. Lesung HA, v. 20.1.1949), 175, 236; *ders.*, a.a.O. Dok.-Nr. 6 (Stellungnahme des ARA v. 16.12.1948), 257, 307. Die entscheidende redaktionelle Änderung erfolgte in der Stellungnahme des ARA v. 25.1.1949, vgl. *Wilms*, a.a.O., Dok.-Nr. 7 (Stellungnahme des ARA v. 25.1.1949), 321, 388; *ders.*, a.a.O., Dok.-Nr. 9 (Fassung der 3. Lesung HA v. 2.5.1949), 461, 518 f.

[907] Vgl. Prot. Parl. Rat, Bd. 13/II, Dok.-Nr. 59, 1486 (Neufassung des Kapitels XII „Gerichtsbarkeit und Rechtspflege" nach der siebten und achten Sitzung des Ausschusses für Verfassungsgerichtshof und Rechtspflege, v. 7.12.1948); Prot. Parl. Rat, Bd. 13/II, Dok.-Nr. 60, 1491, 1492 (Neufassung des Kapitels VIII „Gerichtsbarkeit und Rechtspflege" nach dem Entwurf des Allgemeinen Redaktionsausschusses, v. 16.12.1948); *Wilms*, Dokumente zur neuesten Verfassungsgeschichte, Bd. III/2, Dok.-Nr. 5 (Fassung der 1. Lesung HA, v. 20.1.1949), 175, 236.

[908] *Strauß* (CDU), *Zinn* (SPD) u. *de Chapeaurouge* (CDU), in: Prot. Parl. Rat, Bd. 13/II, Dok.-Nr. 57, 1347, 1372 f. (7. Sitzung d. RpflA, 6.12.1948). Auch die letzte Intervention in dieser Richtung hatte keinen Erfolg, vgl. *v. Brentano*

geordneten des Parlamentarischen Rates im Einzelnen mit der abstrakten Normenkontrolle bezweckten und was insbesondere den Zeitpunkt der Verfahrenseinleitung betrifft, geht aus einem Zwiegespräch zwischen Strauß und Dehler in der 7. Sitzung des Rechtspflegeausschusses hervor. Nicht zufällig bezieht sich Strauß hierbei auf das amerikanische Verfassungsmodell:

> Strauß: „Wenn das Gesetz falsch ist oder die Grenzen überschreitet, die durch die Bundesverfassung gezogen sind, ist es möglich, bei einem auftretenden Rechtsfall zu sagen – *das kommt in Amerika häufig vor* -: Hier ist das Gesetz in Widerspruch mit der Verfassung.
>
> Dehler: Etwas anderes will ich auch nicht, als dass die Minderheit, nachdem das Gesetz zustande gekommen ist, diese Möglichkeit hat.
>
> Strauß: Das ist etwas anderes als Ziff. 1 [=Organstreitverfahren]; das wäre in Zusammenhang mit Ziff. 3 [abstr. Normenkontrolle] zu behandeln.
>
> Dehler: Es ist nicht gewollt, dass eine Minderheit die Möglichkeit haben soll, die gesetzgeberische Arbeit eines Parlaments zu sabotieren, dadurch, dass sie einen Antrag an das Bundesverfassungsgericht stellt, sondern sie soll nach der Beschlussfassung des Parlaments beim Verfassungsgerichtshof geltend machen können: Dieses Gesetz steht in Widerspruch mit der Verfassung.“[909]

Bei der Erwähnung des amerikanischen Verfassungsmodells ist besonders hervorzuheben, dass Strauß sich offenbar durchaus bewusst war, dass eine Gesetzesüberprüfung im amerikanischen Prozessrecht schon durch die spezifischen Gegebenheiten des Common Law-Systems niemals abstrakt, sondern stets nur inzident erfolgen kann („bei einem auftretenden Rechtsfall“).[910] Darüber hinaus geht sowohl aus seiner Stellungnahme wie auch aus Dehlers Hinweis auf das Obstruktionspotential eines falsch verstandenen Minderheitenrechts deutlich hervor, dass das abstrakte Normenkontrollverfahren nicht vorbeugend eingeleitet werden darf, sondern grundsätzlich erst dann, wenn das betreffende

---

(CDU) in: Prot. Parl. Rat, Bd. 13/II, Dok.-Nr. 62, 1512, 1528 (10. Sitzung d. RpflA, 11.1.1949) und die Entgegnung von *Greve* (SPD), a.a.O., 1512, 1528.

909 *Strauß* (CDU) u. *Dehler* (FDP), in: Prot. Parl. Rat, Bd. 13/II, Dok.-Nr. 57, 1347, 1366 (7. Sitzung d. RpflA, 6.12.1948) (Hervorhebung v. Verf.).

910 Vgl. auch *Scheuner*, Die Überlieferung der deutschen Staatsgerichtsbarkeit, in: Festgabe BVerfG, 1, 5.

Gesetz „nach der Beschlussfassung des Parlaments" zustande gekommen ist.[911]

III. Abstrakte Rechtsfragen

Bei den Beratungen des Parlamentarischen Rates über die Einführung einer abstrakten Entscheidung von Rechtsfragen ist zu berücksichtigen, dass ein Teil der hierzu angestellten Überlegungen in der 4. Sitzung des Rechtspflegeausschusses vom 27. Oktober 1948 angestellt wurden und somit aus eine Phase stammen, als noch die Errichtung eines „Supergerichts" mit obergerichtlichen und verfassungsgerichtlichen Kompetenzen geplant war.[912] Daher erörterten die Abgeordneten in erster Linie die mögliche Zuständigkeit des höchsten Zivil- und Strafgerichts für abstrakte einfachgesetzliche Rechtsfragen und nicht die Frage einer abstrakten Normenkontrolle am Maßstab der Verfassung.[913] Wie auch den späteren Beratungen im Rechtspflegeausschuss und dem schließlich verabschiedeten Text des Grundgesetzes zu entnehmen ist, wurden nach Aufgabe des „Supergerichts" hieraus aber nicht nur Schlüsse für das Verfahren der abstrakten Normenkontrolle (Art. 93 Abs. 1 Nr. 2 GG), sondern zumindest in gleichem Umfang auch für die Bedingungen der konkreten Normenkontrolle (Art. 100 GG) gezogen. Die zwischenzeitliche Verbindung von Oberstem Bundesgericht und Bundesverfassungsgericht hatte daher zur Folge, dass der Ausschuss, obwohl

---

[911] Maßgeblicher Zeitpunkt ist nach heute h.M. die Verkündung eines Gesetzes, da mit diesem Akt die Tätigkeit aller am Normsetzungsverfahren Beteiligter formell abgeschlossen ist, vgl. BVerfG, Urt. v. 30.7.1952, BVerfGE 1, 396 (400 u. 413 f.); *Stern*, in: Bonner Kommentar, Art. 93, Rdnr. 256 f.; *Klein*, in: Benda/Klein, Verfassungsprozessrecht, Rdnr. 725; *M. Graßhof*, in: Umbach/Clemens/Dollinger, BVerfGG, § 76, Rdnr. 17; *Rozek*, in: Maunz/Schmidt-Bleibtreu, BVerfGG, § 76, Rdnr. 15 f.; *Pestalozza*, VerfassungsprozessR, § 8, Rdnr. 8; a.A. *Löwer*, Zuständigkeit und Verfahren des Bundesverfassungsgerichts, in: Isensee/Kirchhof, HdbStR, Bd. 3, § 70, Rdnr. 65. Eine Ausnahme besteht lediglich bei völkerrechtlichen Verträgen, die auch bereits vor Verkündung des Zustimmungsgesetzes überprüft werden können.

[912] Vgl. 2. Teil, B, V.

[913] *Hoch* (CDU), in: Prot. Parl. Rat, Bd. 13/II, Dok.-Nr. 53, 1217, 1244 . (4. Sitzung d. RpflA, 27.10.1948) („... *Wir wollen ja damit erreichen, dass eine Art Normenkontrolle erfolgt!*") *Laforet* (CSU), a.a.O. („*Nicht Normenkontrolle, abstraktes Recht.*") *u. Zinn* (SPD), a.a.O. („*Normenkontrolle geht weiter!*").

er eigentlich mit der letztinstanzlichen Zuständigkeit für abstrakte Rechtsfragen befasst war, zeitweilig auch verfassungsprozessuale Fragen aufgriff. Dabei ist im Hinblick auf die Vorbildwirkung des U.S. Supreme Court zu berücksichtigen, dass im Jahre 1948/49 noch die mit der Entscheidung *Minnesota v. Hitchcock* (1901)[914] begründete Rechtsprechungspraxis unangefochten bestand, wonach sich der U.S. Supreme Court grundsätzlich nicht mit abstrakten Gesetzesüberprüfungen befasste. Spätere Änderungen dieser Praxis waren während der Beratungen des Parlamentarischen Rates weder für die Abgeordneten noch für die alliierten Rechtsberater absehbar.

Die Erörterung über die Behandlung abstrakter Rechtsfragen nahm ihren Anfang in einen Beitrag des Abgeordneten Laforet, der sich nachdrücklich für ein reines Kassationsprinzip aussprach, bei dem lediglich die aus einem konkreten Verfahren herausgelösten abstrakten Rechtsfragen vom höchsten Gericht beantwortet werden sollten. Die Entscheidung des konkreten einfachgesetzlichen Rechtsstreits sollte hierbei dem ursprünglich zuständigen Untergericht überlassen bleiben.[915] Diese Auffassung traf im Ausschuss jedoch auf breite Ablehnung.[916] Der Abgeordnete Becker verwies in diesem Zusammenhang auf ein Buch über amerikanisches Verfassungsrecht, das er vom amerikanischen Verbindungsbüro in Bonn erhalten hatte. Bei dem Buch handelte es sich um ein Werk des amerikanischen Verfassungsrechtlers Edward S. Corwin mit dem Titel "The Constitution and What it Means Today" (10. Aufl., 1948).[917] Dazu führte Becker Folgendes aus:

> „Ich möchte die Sache einmal von einem anderen Gesichtspunkt aus betrachten. Ich hatte mich kürzlich mit Fragen der Zuständigkeiten beschäftigt und habe mir dabei Gedanken gemacht über die Zuständigkeit des höchsten Gerichtshofes in Amerika. Dabei habe ich mich bei der amerikanischen Delegation darüber unterrichten lassen. Herr

---

[914] 185 U.S. 373, 383/384 (1901).

[915] *Laforet* (CSU), in: Prot. Parl. Rat, Bd. 13/II, Dok.-Nr. 53, 1217, 1245 f. (4. Sitzung d. RpflA, 27.10.1948) („*Nein. Dagegen, dass dieser konkrete Fall nach oben getragen wird, habe ich Bedenken. Ich möchte eine wirklich abstrakte Rechtsentscheidung losgelöst vom konkreten Fall.*").

[916] *Wirmer* (CDU), *Selbert* (SPD), *Zinn* (SPD), *Strauß* (CDU) und *Becker* (FDP), in: Prot. Parl. Rat, Bd. 13/II, Dok.-Nr. 53, 1217, 1246 ff. (4. Sitzung d. RpflA, 27.10.1948).

[917] Diese Information konnte aus dem ‚Nachlass Zinn' gewonnen werden, vgl. Prot. Parl. Rat, Bd. 13/II, Dok.-Nr. 53, 1217, 1248 (Fn. 101) (4. Sitzung d. RpflA, 27.10.1948).

> Simons war so freundlich, mir ein Buch in englischer Sprache darüber auszuhändigen. Mit Hilfe des Übersetzers habe ich mir eine Stelle, auf die es mir in politischer Beziehung ankam, herausschreiben lassen."[918]

Bei den sich anschließenden ausführlichen Erörterungen der amerikanischen Rechtslage stellten die Abgeordneten fest, dass der U.S. Supreme Court nur dann tätig werden kann, wenn er einen konkreten Fall zu entscheiden hat (Case-or-Controversy-Requirement) und daher grundsätzlich kein „abstraktes Recht hat, über die Verfassungsmäßigkeit von Gesetzen zu entscheiden."[919] Diese Feststellung betrifft sowohl die Rolle des U.S. Supreme Court als höchstes Gericht der ordentlichen Gerichtsbarkeit als auch bei der Entscheidung von Streitfällen unter Anwendung von amerikanischem Bundesverfassungsrecht, da sich beide Funktionen bei einem Einheitsgericht nicht voneinander trennen lassen. Letztlich gewannen die Abgeordneten des Rechtspflegeausschusses auf Grund dieser Information die Überzeugung, dass mit der Vorlage abstrakter Rechtsfragen weitere nicht absehbare einfachrechtliche und verfassungsrechtliche Schwierigkeiten verbunden sein könnten. Zwar wurde in der 4. Sitzung kein förmlicher Beschluss hierüber gefasst, es hatte sich aber der Eindruck durchgesetzt, dass die Entscheidung abstrakter Fragen durch das höchste deutsche Gericht nach Möglichkeit vermieden werden sollte.[920] Da dies später aber vor allem für die Entscheidungen höchster Gerichte der einzelnen Fachgerichtsbarkeiten galt, war die daraus abgeleitete Aussagekraft für die abstrakte Normenkontrolle bei verfassungsrechtlichen Fragestellungen nicht allzu groß und hinderte den Parlamentarische Rat nicht, mit Art. 93 Abs. 1 Nr. 2 GG ein entsprechendes Verfahren im Grundgesetz zu normieren. Offenkundig waren die beteiligten Abgeordneten der Auffassung, dass verfassungsrechtliche Fragen aufgrund ihrer politischen Bezüge anderer Natur seien und sich die abstrakte Überprüfung von Vorschriften am Maßstab der Verfassung nicht vergleichbar schädlich auswirken würde, wie die Entscheidung abstrakter einfachgesetzlicher Rechtsfragen.

---

[918] *Becker* (FDP), in: Prot. Parl. Rat, Bd. 13/II, Dok.-Nr. 53, 1217, 1248 ff. (4. Sitzung d. RpflA, 27.10.1948); eingehende Darstellung bei *Wilms*, Ausländische Einwirkungen, 176 f.

[919] *Strauß* (CDU) in Übersetzung des Buchs von Corwin, in: Prot. Parl. Rat, Bd. 13/II, Dok.-Nr. 53, 1217, 1250 (4. Sitzung d. RpflA, 27.10.1948).

[920] *Zinn* (SPD) u. Laforet (CSU), in: Prot. Parl. Rat, Bd. 13/II, Dok.-Nr. 53, 1217, 1252. (4. Sitzung d. RpflA, 27.10.1948).

IV. Einflüsse des U.S. Supreme Court

Dass das Modell des U.S. Supreme Court und die einschlägigen Regelungen des amerikanischen Prozessrechts von substanzieller Bedeutung für die Schaffung der abstrakten Normenkontrolle nach Art. 93 Abs. 1 Nr. 2 GG waren, lässt sich zunächst der Aussage von Strauß in der 7. Sitzung des Rechtspflegeausschusses vom 6. Dezember 1948 entnehmen. Indem Strauß bei der Erörterung des grundsätzlichen Umgangs mit verfassungswidrigen Parlamentsgesetzen unvermittelt den Bezug zur Verfassungsordnung der Vereinigten Staaten herstellt („– das kommt in Amerika häufig vor –"),[921] zeigt er, dass im Hinblick auf die Ausübung einer richterlichen Normenkontrolle die Vereinigten Staaten als wichtiges Beispiel dieser Zeit im Bereich der Gerichtsbarkeit galten. Dies lag nicht zuletzt daran, dass im Jahre 1948 kein anderer, auf die deutsche Nachkriegsentwicklung vergleichbar einflussreicher Staat so weitreichende judikative Befugnisse vorsah wie die USA.

Stärker noch als der Hinweis von Strauß auf das amerikanische Verfassungsmodell zeugen die von Becker ausgelösten Erörterungen über die Ausgestaltung der prozessualen Grundlinien von der herausragenden Bedeutung des U.S. Supreme Court für die Beratungen des Rechtspflegeausschusses. In seltener Klarheit befassten sich die Abgeordneten in der 4. Sitzung vom 27. Oktober 1948 ausführlich mit dem Verfassungsrechtslehrbuch des weithin bekannten Professor Edward S. Corwin (1878-1963) von der Princeton University, in dem dieser im Hinblick auf die Anforderungen des „Case-or-Controvery-Requirements" darlegt, weshalb es dem U.S. Supreme Court grundsätzlich verwehrt ist, abstrakt über die Verfassungsmäßigkeit von Gesetzen zu entscheiden.[922] Wörtlich kam es dabei zu folgenden Erörterungen:

Becker: „... Ich weiß nicht, ob Sie den darin enthaltenen Gedanken schon kennen; ich kann sie ihnen aber zugängig machen. Ich bin im Englischen nicht so bewandert, um sagen zu können, ob meine Vermutung, die ich daraus ziehe, richtig ist. Wenn ich richtig verstanden habe, wird dort, und zwar unter Berufung auf einen Satz nicht nur von Lincoln, der ausdrücklich angeführt ist, sondern auch von Theodore Roosevelt, Jefferson

---

[921] *Strauß* (CDU), in: Prot. Parl. Rat, Bd. 13/II, Dok.-Nr. 57, 1347, 1366 (7. Sitzung d. RpflA, 6.12.1948).

[922] *Becker* (FDP) in: Prot. Parl. Rat, Bd. 13/II, Dok.-Nr. 53, 1217, 1248 ff. (4. Sitzung d. RpflA, 27.10.1948).

und Jackson, ausgeführt, daß, wenn dem obersten Gericht in Amerika eine abstrakte Rechtsfrage vorgelegt wird, das *oberste Gericht* mit deren abstrakter Beantwortung seine Kompetenz überschreitet und sich zum Gesetzgeber macht, dann also in Konkurrenz mit der Gesetzgebungsgewalt des Volkes tritt, und daß die Gesetzgebungsgewalt des Volkes, also die Legislative, in diesem Kompetenzfall den Vorrang hat vor der *Kompetenz dieses obersten Gerichts*. Ich weiß nicht, inwieweit diese Frage den hier aufgeworfenen Fall trifft, aber ich möchte bitten, das wenigstens hier mit zu berücksichtigen.

...

Zinn (Vors.): Ich weiß nicht, ob einer der Herren so fließend Englisch kann, um es zu verstehen.

Strauß: Darf ich es einmal haben? Ich will es versuchen (übersetzend) ‚... wie Lincoln in seiner ersten Ansprache auf dem Bundeskongreß geantwortet hat: Wenn die Politik der Regierungen über Lebensfragen, die das gesamte Volk berühren, durch *Entscheidungen des obersten Gerichts* unwiderruflich fixiert wird, ...' (Zuruf: ‚Wenn die Politik der Regierung über Lebensfragen das gesamte Volk berührt, ist unwiderruflich ...'!) (...)

Greve: Nachher kommt der wesentliche Absatz, der zweite Halbsatz des nächsten Absatzes. ...

Strauß: ‚...daß der *oberste Gerichtshof kein abstraktes Recht hat, über die Verfassungsmäßigkeit von Gesetzen zu entscheiden, sondern nur für den Zweck, den Einzelfall zu entscheiden.*[923] «[924]

Die Beratungen zeigen, wie intensiv sich die Abgeordneten des Rechtspflegeausschusses mit den prozessualen Befugnissen des U.S. Supreme Court befasst haben. Die Auseinandersetzung war so gründlich, dass

---

[923] Aus Edward S. Corwin, The Constitution and What it Means Today (10. Aufl.): "*... that the Supreme Court has no abstract right to pass on the constitutionality of laws, but only for the purpose of deciding cases ...*", zitiert nach Prot. Parl. Rat, Bd. 13/II, Dok.-Nr. 53, 1217, 1249 (Fn. 105) (4. Sitzung d. RpflA, 27.10.1948).

[924] *Becker* (FDP), *Zinn* (SPD) und *Strauß* (CDU), in: Prot. Parl. Rat, Bd. 13/II, Dok.-Nr. 53, 1217, 1248 ff. (4. Sitzung d. RpflA, 27.10.1948) (Hervorhebungen v. Verf.).

sich einzelne Abgeordnete von den amerikanischen Verbindungsoffizieren sogar mit verfassungsrechtlichen Fachbüchern versorgen ließen, um die Grundstäze des amerikanischen Verfassungsrechts und die Erfahrungen der dortigen Verfassungspraxis ihren Überlegungen zugrunde legen zu können. Wie die in Art. 93 Abs. 1 Nr. 2 GG niedergelegte abstrakte Normenkontrolle anschaulich zeigt, entschied sich der Parlamentarische Rat letztlich gegen eine nur inzidente Normüberprüfung und ließ eine vom konkreten Streitfall losgelöste abstrakte Überprüfung von Bundes- und Landesgesetzen zu. Diese Entscheidung hängt unmittelbar mit der Grundentscheidung für die Realisierung des verfassungsgerichtlichen Trennungsmodells zusammen, bei dem eine abstrakte Normüberprüfung weit weniger gefährlich erschien, als beim Einheitsmodell. Wenn damit im Ergebnis auch unterschiedliche Verfahren im amerikanischen und deutschen Prozessrecht zur Normenkontrolle vorgesehen sind, zeigen die Protokolle des Rechtspflegeausschusses doch sehr deutlich, dass die Formulierung des Art. 93 Abs. 1 Nr. 2 GG unter bewusster Berücksichtigung und in kritischer Auseinandersetzung mit dem amerikanischen Verfassungsmodell erarbeitet wurde und der U.S. Supreme Court insofern als Gegenvorbild wirkte. Ein Anknüpfen an die objektiven Übereinstimmungen der von amerikanischen Einzelstaaten eingeleiteten Normüberprüfungen war im Jahre 1948/49 noch nicht möglich, da sich diese erst seit den 1960er Jahren teilweise durchsetzen konnten.[925]

Dass sich die zuständigen Ausschüsse des Parlamentarischen Rates letztlich gegen eine inzidente und für eine abstrakte Normenkontrollmöglichkeit vor dem Bundesverfassungsgericht entschieden, ist außerdem auch auf rechtsdogmatische Vorformen in der deutschen Rechts- und Verfassungstradition zurückzuführen. Denn mit dem Verfahren nach Art. 13 Abs. 2 WRV, den in den Gesetzesentwürfen der Reichsregierung aus den Jahren 1926 bzw. 1928 vorgesehenen Normenkontrollmöglichkeiten[926] und der im Herrenchiemseer Verfassungsentwurf vorgesehenen lediglich formellen Normenkontrolle nach Art. 98 Nr. 5 i.V.m. Art. 110 HC-E bestanden allein drei unmittelbare verfassungsdogmatische Vorläufer, die zwar entweder nicht realisiert oder inhaltlich hinter der im Grundgesetz normierten Normenkontrolle zurück-

---

[925] Vgl. 7. Teil, A, I; z.B. *South Carolina v. Katzenbach*, 383 U.S. 301 (1966); *Oregon v. Mitchell*, 400 U.S. 112 (1970).

[926] Vgl. Entwurf eines Gesetzes über die Prüfung der Verfassungsmäßigkeit von Vorschriften des Reichsrechts v. 16.10.1928, RT-Drs. IV/382; zuvor schon Ges-Entw. v. 11.12.1926, RT-Drs. III/2855.

blieben, die aber – wie den Protokollen zu entnehmen ist – dennoch ihren Niederschlag in den grundgesetzlichen Bestimmungen gefunden haben. Das verfassungsprozessuale Verfahren nach Art. 93 Abs. 1 Nr. 2 GG ist somit auf eine Synthese der aus der deutschen Rechts- und Verfassungstradition entstammenden verfahrensrechtlichen Vorformen und der kritischen Auseinandersetzung mit den Befugnissen der amerikanischen Bundesgerichtsbarkeit zurückzuführen.

Achter Teil

Vorlageverfahren

Neben der Frage einer inzidenten oder abstrakten Normenkontrolle stellt sich im Hinblick auf die im deutschen Verfassungsprozessrecht vorgesehene Möglichkeit der Vorlage von Untergerichten die Frage, inwieweit das amerikanische Prozessrecht hierauf Einfluss genommen haben könnte. Bei näherer Betrachtung zeigte sich, dass auch ein Vorlageverfahren zum U.S. Supreme Court bestand, das zumindest strukturelle Ähnlichkeiten mit dem später eingeführten Vorlageverfahren nach Art. 100 GG aufwies, jedoch innerhalb des amerikanischen Rechtsschutzsystems nur von untergeordneter Bedeutung war.

A. Vorlageverfahren im Vergleich

I. Certification zum U.S. Supreme Court

Mit dem sogenannten Evarts Act von 1891[927] wurden die U.S. Courts of Appeals ermächtigt, „jede Rechtsfrage oder jeden Antrag, bei dem eine ordnungsgemäße Unterweisung durch den Supreme Court begehrt wird, vorzulegen".[928] Dieses Verfahren des amerikanischen Prozessrechts wird "Certification" genannt, was übersetzt nichts anderes bedeutet als Vorlageverfahren. Vorläufer dieses Verfahrens lassen sich im anglo-amerikanischen Rechtskreis bis in die Zeit vor der Amerikani-

---

[927] Act of March 3, 1891, 16 Stat. 826; das Gesetz wurde auch "Circuit Court of Appeals Act of 1891" genannt.

[928] U.S. Courts of Appeal are authorized to *"certify to the Supreme Court ... any question or propositions of law concerning which it desires the instruction of that court for its proper decision."* Hierzu auch *Bernard*, Certified Questions in the Supreme Court, Dick.L.Rev., Bd. 83 (1978), 31.

schen Revolution von 1776 zurückverfolgen.[929] Im Jahre 1948 bestanden im Rahmen der Certification folgende Möglichkeiten zur Vorlage:

> "§ 1254: Cases in the courts of appeals may be reviewed by the Supreme Court by the following methods:
>
> ...
>
> (3) By certification at any time by a court of appeals of any question of law in any civil or criminal case as to which instructions are desired, and upon such certification the Supreme Court may give binding instructions or require the entire record to be sent up for decision of the entire matter in controversy."[930]

Danach konnten die U.S. Courts of Appeals dem Supreme Court diejenigen Fälle vorlegen, in denen sie aus einem beliebigen Grund Anweisungen begehrten. Allerdings sollte sich in der gerichtlichen Praxis zeigen, dass diese Möglichkeit in weit geringerem Umfang bestand, als der Wortlaut des § 1254 vermuten ließ. Eine Verpflichtung zur Vorlage bestand grundsätzlich nicht.[931] Kam es zur Certification eines Gerichts, konnte der Supreme Court nach den gesetzlichen Bestimmungen entweder verbindliche Anweisungen zur Rechtsanwendung geben, die Entscheidung im übrigen aber dem vorlegenden Gericht überlassen (give binding instructions) oder er konnte das Verfahren ganz an sich ziehen und eine eigene Entscheidung erlassen (require the entire record to be sent up for decision). Einen verfassungsrechtlichen Schwerpunkt hatte das Certification-Verfahren nicht; es sollten dem Wortlaut von § 1254 zufolge vor allem einfachgesetzliche Fragen aus den Bereichen des Zivil- und Strafrechts vorgelegt werden.

---

[929] In den USA gab es ähnliche Vorlageverfahren bereits seit 1802, siehe Act of April 29, 1802, c. 31, 2 Stat. 156, 159, § 6; *Currie*, Federal Courts, 606 ff.; *Wright/Miller/Cooper/Amar*, Federal Practice and Procedure, Bd. 17, § 4038, 103.

[930] Public Laws, June 25, 1948, 62 Stat. 928; ebenfalls 28 U.S.C. § 1254 (3); weitgehend identisch die gegenwärtige Fassung von 28 U.S.C. § 1254; vgl. auch Rules of the Supreme Court of the United States (vom 5.12.1989, in der Fassung vom 4.1.1995) 28 U.S.C. Appendix-Rules of the Supreme Court, Rule 19 (Procedure on a Certified Question).

[931] Vgl. *Wright/Miller/Cooper/Amar*, Federal Practice and Procedure, Bd. 17, § 4038, 102.

Seit seiner Einführung wurde das Verfahren der Certification nur in geringem Umfang in Anspruch genommen,[932] so dass im Schrifttum mehrfach seine Streichung gefordert wurde.[933] Für die Jahre zwischen 1927 und 1936 konnten allerdings insgesamt 85 Vorlageverfahren verzeichnet werden, so dass im unmittelbaren Zeitraum vor der Aufnahme entsprechender Vorschriften in das Grundgesetz von einer gehäuften Inanspruchnahme gesprochen werden kann.[934] Kritisiert wurde das Verfahren der Certification hingegen vor allem deshalb, weil die damit verbundenen Entscheidungen abstrakter Natur waren, wenn der U.S. Supreme Court einem Untergericht lediglich verbindliche Anweisungen gibt, ohne sich mit dem konkreten Rechtsstreit zu befassen.[935] Allerdings hat der Supreme Court selbst diese Möglichkeit stark eingeengt, indem er die Vorlage abstrakter Fragen in mehreren Fällen rundweg ablehnte.

Im Fall *National Labor Relations Board v. White Swan Co.* (1941)[936] sollte der U.S. Supreme Court beispielsweise über eine Vorlage des Circuit Court of Appeals des Vierten Circuits entscheiden, da der zuständige Spruchkörper über eine Reihe von Fragen den National Labor Relations Act betreffend gespalten war. In der Ablehnung dieser Vorlage stellte der Supreme Court klar, dass die im Rahmen einer Certification

---

[932] Vgl. *Stern/Gressman/Shapiro/Geller*, Supreme Court Practice, § 9.1, 454. Nach *Fallon/Meltzer/Shapiro*, The Federal Courts and the Federal System, 1675 gab es zwischen 1927 und 1936 insgesamt 85 Certification-Verfahren, während es zwischen 1937 und 1946 nur 20 gab. Nach 1946 wurden nur drei Certification-Verfahren vom Supreme Court angenommen.

[933] Vgl. Report of the Study Group on the Caseload of the Supreme Court, 1972, 57 F.R.D. 573, 603 ff.; *Currie*, Federal Courts, 607; *Stern/Gressman/Shapiro/Geller*, Supreme Court Practice, § 9.1, 450 nennt das Certification-Verfahren *“virtually, but not quite, a dead letter.”*; *Wright/Miller/Cooper/Amar*, Federal Practice and Procedure, Bd. 17, § 4038, 119 f.; a.A. *Bernard*, Certified Questions in the Supreme Court, Dick.L.Rev., Bd. 83 (1978), 31, 32.

[934] Vgl. *Stern/Gressman/Shapiro/Geller*, Supreme Court Practice, § 9.1, 450; *Moore/Vestal*, Present and Potential Role of Certification in Federal Appellate Procedure, Va.L.Rev., Bd. 35 (1949) 1, 42.

[935] Vgl. zur Kritik Report of the Study Group on the Caseload of the Supreme Court, 1972, 57 F.R.D. 573, 603; *Wright/Miller/Cooper/Amar*, Federal Practice and Procedure, Bd. 17, § 4038, 106.

[936] 313 U.S. 23 (1941); hierzu auch *Wright/Miller/Cooper/Amar*, Federal Practice and Procedure, Bd. 17, § 4038, 118 f.; *Bernard*, Certified Questions in the Supreme Court, Dick.L.Rev., Bd. 83 (1978), 31, 34 ff.

vorzulegenden Fragen nicht allgemeiner Natur sein dürfen, sondern sich auf den konkret vorliegenden Fall zu beziehen hätten.[937] Der Gerichtshof führte weiter aus, dass er seine Aufgabe im Rahmen des Certification-Verfahrens keineswegs darin sähe, hypothetische oder abstrakte Fragen von abzulehnender Pauschalität (objectionable generality) in Bezug auf die Auslegung eines Gesetzes zu beantworten.[938] Damit war die nach dem Wortlaut von § 1254 U.S.C. an sich bestehende Möglichkeit zur Vorlage auch abstrakter Rechtsfragen durch die Rechtsprechung des Supreme Court praktisch ausgeschlossen. Dass der U.S. Supreme Court im Rahmen des Certification-Verfahren die Vorlage abstrakter Fragen regelmäßig abgelehnt hat, beruht vor allem auf dem bereits erwähnten verfassungsrechtlichen "Case-or-Controversy-Requirement" des amerikanischen Prozessrechts, dessen Prägung sich der U.S. Supreme Court auch angesichts der anderslautenden gesetzlichen Bestimmung des § 1254 U.S.C. offenbar nicht zu entziehen vermochte.

Für die geringe praktische Relevanz des Certification-Verfahrens waren in erster Linie die vom Supreme Court aufgestellten hohen Anforderungen an die Zulässigkeit einer Certification verantwortlich, so dass die meisten Untergerichte von entsprechenden Vorlagen absahen.[939] Der Grund für die restriktive Haltung des Supreme Court lag vor allem in der Sorge begründet, durch eine nicht zu kontrollierende Flut von Vorlageverfahren, die Kontrolle über die eigene Zuständigkeit und die Schwerpunkte der eigenen rechtsprechenden Tätigkeit zu verlieren.[940] Diese für die Stellung des U.S. Supreme Court sehr charakteristische Erwägung erscheint aus der Perspektive des deutschen Verfassungspro-

---

[937] So auch in den Fällen *Lowden v. Northwestern National Bank & Trust Co.*, 298 U.S. 160, 163 (1935); *Busby v. Electric Utilities Union*, 323 U.S. 72, 75 (1944); *Wisniewski v. United States*, 353 U.S. 901 (1957).

[938] So auch schon in *United States v. Mayer*, 235 U.S. 55, 66 (1914); *White v. Johnson*, 282 U.S. 367, 373 (1931); *Pflueger v. Sherman*, 293 U.S. 55, 58 (1934); *Bernard*, Certified Questions in the Supreme Court, Dick.L.Rev., Bd. 83 (1978), 31, 34; *Wright/Miller/Cooper/Amar*, Federal Practice and Procedure, Bd. 17, § 4038, 114 (Note 39).

[939] Vgl. *Stern/Gressman/Shapiro/Geller*, Supreme Court Practice, § 9.1, 450; *Currie*, Federal Courts, 606.

[940] Vgl. *Wright/Miller/Cooper/Amar*, Federal Practice and Procedure, Bd. 17, § 4038 (Certification), 106 f.; 110 u. 113 ("*Many rules have flowed from this major premise that the court of appeals' power to certify is subordinate to the Supreme Court's power to control its docket through certiorari discretion.*").

zessrechts ungewohnt, ist aber vor allem im Hinblick auf das amerikanische Annahmeverfahren und die Entscheidung über individuelle Klagemöglichkeiten von großer Bedeutung.[941] Im Ergebnis wurde dadurch der tatsächliche Anwendungsbereich der Certification im Widerspruch zum Wortlaut der einschlägigen Vorschriften eingeschränkt und damit verhindert, dass die Certification eine eigenständige prozessuale Bedeutung erlangen konnte.

II. Konkrete Normenkontrolle (Art. 100 Abs. 1 GG)

Das im Grundgesetz geregelte Verfahren der konkreten Normenkontrolle sieht in Art. 100 Abs. 2 und Abs. 3 GG zwei Verfahrensarten für weniger relevante Fallkonstellationen vor, während der Hauptanwendungsfall in Art. 100 Abs. 1 GG geregelt ist.[942] Danach ist ein Gericht verpflichtet ein Gesetz, das es für verfassungswidrig hält und auf dessen Gültigkeit es im konkreten Rechtsstreit ankommt, dem Bundesverfassungsgericht vorzulegen und während dessen das anhängige Verfahren auszusetzen.[943] Nachdem das Bundesverfassungsgericht seine Entscheidung über die vorgelegte Frage gefällt hat, setzt das vorlegende Gericht das ursprüngliche Verfahren fort und entscheidet in Übereinstimmung mit der verfassungsgerichtlichen Auffassung.[944]

Im Vorlageverfahren nach Art. 100 GG überprüft das Bundesverfassungsgericht, ob die vorgelegte und für verfassungswidrig gehaltene Rechtsnorm in Einklang mit dem Grundgesetz steht.[945] Auf den vor dem vorlegenden Gericht anhängigen Rechtsstreit geht das Bundesverfassungsgericht regelmäßig nur insoweit ein, als es überprüft, ob die vorgelegte Norm tatsächlich entscheidungserheblich ist.[946] Allerdings

---

941 Vgl. 13. Teil, A, I.

942 Vgl. zu den insgesamt vier Fallkonstellationen *Stern*, Staatsrecht, Bd. 2, § 44, IV 5 (S. 988 f.).

943 Vgl. *Pestalozza*, VerfassungsprozessR, § 13, Rdnr. 1.

944 Vgl. *Schlaich/Korioth*, Das Bundesverfassungsgericht, Rdnr. 127; *Finck*, Judicial Review, Boston College Int'l & Comp.L.Rev., Bd. 20 (1997), 123, 127.

945 Vgl. *Zeidler*, The Federal Constitutional Court of the Federal Republic of Germany, Notre Dame L.Rev., Bd. 62 (1987), 504, 505.

946 BVerfG, Beschl. v. 6.11.1957, BVerfGE 7, 171 (173 f.); BVerfG, Urt. v. 8.4.1987, BVerfGE 75, 40 (55); BVerfG, Beschl. v. 7.12.1988, BVerfGE 79, 240 (243); BVerfG, Beschl. v. 16.1.1996, BVerfGE 93, 373 (376); *Klein*, in: Ben-

haben die vom Bundesverfassungsgericht im Laufe der Jahre entwickelten, immer strengeren Zulässigkeitsanforderungen zur Folge gehabt, dass sich das Gericht bei der Überprüfung der „Entscheidungserheblichkeit" auch eingehend mit einfachgesetzlichen Fragen befasst hat.[947] Vorlageberechtigt ist grundsätzlich jedes Gericht, vom erstinstanzlichen Untergericht bis zu den obersten Gerichtshöfen des Bundes.[948]

Regelmäßig wird das dem Bundesverfassungsgericht zukommende Verwerfungs- oder Aufhebungsmonopol auf die Vorschrift des Art. 100 GG zurückgeführt. Allerdings kann nach der Rechtsprechung des Bundesverfassungsgerichts von einem uneingeschränkten „Monopol" lediglich in Bezug auf die endgültige Aufhebung formeller und nachkonstitutioneller Bundes- und Landesgesetze gesprochen werden.[949] Für die Überprüfung und gegebenenfalls Aufhebung von nur materiellen Gesetzen (Rechtsverordnungen u. Satzungen)[950] und von vorkonstitutionellem Recht sind nach der Auffassung des Bundesverfassungsgerichts allein die Fachgerichte zuständig.[951] Außerdem setzt das Verfahren nach Art. 100 GG voraus, dass das vorlegende Gericht die für seine Entscheidung in Betracht kommenden Rechtsvorschriften auf ihre Verfassungsmäßigkeit hin prüft und – zumindest für die Zeit der Vorlage – die

---

da/Klein, Verfassungsprozessrecht, Rdnr. 774 u. 827 ff.; *Pestalozza*, VerfassungsprozessR, § 13, Rdnr. 18 ff.

[947] Kritisch z.B. *Löwer*, Zuständigkeit und Verfahren des Bundesverfassungsgerichts, in: Isensee/Kirchhof, HdbStR, Bd. 3, § 70, Rdnr. 81 u. 90 ff.

[948] Vgl. *Löwer*, Zuständigkeit und Verfahren des Bundesverfassungsgerichts, in: Isensee/Kirchhof, HdbStR, Bd. 3, § 70, Rdnr. 82; *Stern*, Staatsrecht, Bd. 2, § 44, IV 5 (S. 989 f.); *Klein*, in: Benda/Klein, Verfassungsprozessrecht, Rdnr. 778 f.; *Schlaich/Korioth*, Das Bundesverfassungsgericht, Rdnr. 132 u. 138 ff.; *Pestalozza*, VerfassungsprozessR, § 13, Rdnr. 3.

[949] Vgl. *Klein*, in: Benda/Klein, Verfassungsprozessrecht, Rdnr. 767; *Finck*, Judicial Review: The United States Supreme Court Versus the German Constitutional Court, Boston College Int'l & Comp.L.Rev., Bd. 20 (1997), 123, 127; zu weit gehend daher *Kommers*, German Constitutionalism, Emory L.J., Bd. 40 (1991), 837, 840; *Mauro Cappeletti*, The Judicial Process in Comparative Perspective, 117 (Paul J. Kollmer/Joanne M. Olson, Hrsg. 1989).

[950] BVerfG, Urt. v. 20.3.1952, BVerfGE 1, 184 (189 f.); BVerfG, Beschl. v. 4.2.1964, BVerfGE 17, 208 (210); *Schlaich/Korioth*, Das Bundesverfassungsgericht, Rdnr. 133.

[951] Vgl. BVerfG, Beschl. v. 22.2.1983, BVerfGE 63, 181 (188); BVerfG, Beschl. v. 20.3.1984, BVerfGE 66, 248 (254); BVerfG, Beschl. v. 4.6.1985, BVerfGE 70, 126 (130 ff.).

Kompetenz zur vorläufigen Nichtanwendung einer formellen Rechtsnorm für sich in Anspruch nimmt.[952] Dementsprechend wird auch bei formellen, nachkonstitutionellen Gesetzen das richterliche Prüfungsrecht grundsätzlich dezentral ausgeübt; allein die Verwerfungskompetenz ist beim Bundesverfassungsgericht konzentriert.[953]

Der Zweck des konkreten Normenkontrollverfahrens nach Art. 100 Abs. 1 GG liegt zunächst in der Wahrung der bundesstaatlichen Rechtseinheit. Dabei soll das verfassungsgerichtliche Verwerfungs- und Aufhebungsmonopol im Hinblick auf formelle und nachkonstitutionelle Gesetze verhindern, dass lokale oder regionale Gerichte aufgrund unterschiedlicher Einschätzungen über die Verfassungsmäßigkeit von Gesetzen den betreffenden Normen einen unterschiedlichen Geltungsanspruch zuweisen. Das konkrete Normenkontrollverfahren nach Art. 100 GG erfüllt damit in erster Linie die Funktion, durch die Herbeiführung einer allgemein verbindlichen Klärung verfassungsrechtlicher Fragen zu verhindern, dass einzelne Gerichte divergierende Entscheidungen treffen, die – bis zur letztinstanzlichen Entscheidung durch das höchste Gericht – Rechtsunsicherheit und Rechtszersplitterung zur Folge haben würden.[954]

Außerdem hat das Bundesverfassungsgericht wiederholt betont, dass der Zweck des Verfahrens nach Art. 100 GG darin liege, dass sich einzelne Gerichte nicht über den Willen des Bundes- oder eines Landesgesetzgebers hinwegsetzen, indem sie die von einer parlamentarischen Mehrheit verabschiedeten Gesetze außer Acht lassen.[955] Dementsprechend kommt der konkreten Normenkontrolle in der grundgesetzli-

---

[952] Vgl. *Bettermann*, Normenkontrolle, in: Festgabe BVerfG, 323, 326; *Schlaich/ Korioth*, Das Bundesverfassungsgericht, Rdnr. 127.

[953] Vgl. *Löwer*, Zuständigkeit und Verfahren des Bundesverfassungsgerichts, in: Isensee/Kirchhof, HdbStR, Bd. 3, § 70, Rdnr. 79; so auch BVerfG, Beschl. v. 20.3.1952, BVerfGE 1, 184 (197).

[954] BVerfG, Beschl. v. 8.2.1983, BVerfGE 63, 131 (141); BVerfG, Beschl. v. 8.3.1983, BVerfGE 63, 312 (323).

[955] BVerfG, Beschl. v. 20.3.1952, BVerfGE 1, 184 (197); BVerfG, Beschl. v. 12.5.1992, BVerfGE 86, 71 (76 ff.); BVerfG, Beschl. v. 26.4.1994, BVerfGE 90, 263 (275); *Zeidler*, The Federal Constitutional Court of the Federal Republic of Germany, Notre Dame L.Rev., Bd. 62 (1987), 504, 506; *Stern*, Staatsrecht, Bd. 2, § 44, IV 5 (S. 988); *Löwer*, Zuständigkeit und Verfahren des Bundesverfassungsgerichts, in: Isensee/Kirchhof, HdbStR, Bd. 3, § 70, Rdnr. 79; *Klein*, in: Benda/Klein, Verfassungsprozessrecht, Rdnr. 769; *Schlaich/Korioth*, Das Bundesverfassungsgericht, Rdnr. 128.

chen Ordnung auch eine wichtige Aufgabe bei der Wahrung des Demokratieprinzips zu.[956]

III. Certification und konkrete Normenkontrolle

1. Abweichungen

a. Modellbedingte Unterschiede

Beim Vergleich zwischen dem amerikanischen Vorlageverfahren der Certification mit dem Verfahren der abstrakten Normenkontrolle nach Art. 100 Abs. 1 GG lassen sich zahlreiche Abweichungen feststellen. Wie schon bei der inzidenten Überprüfung von Normen im amerikanischen Prozessrecht und der abstrakten Normenkontrolle nach Art. 93 Abs. 1 Nr. 2 GG basieren auch die Unterschiede zwischen Certification und konkreter Normenkontrolle zu weiten Teilen auf dem Umstand, dass beide prozessualen Verfahrensmöglichkeiten innerhalb unterschiedlicher verfassungsgerichtlicher Modelle bestehen (Einheits- bzw. Trennungsmodell) und daher von unterschiedlichen prozessualen Bedingungen abhängig sind.[957]

b. Dezentrales und konzentriertes Normenkontrollrecht

Eng mit der Entscheidung für das verfassungsgerichtliche Einheits- bzw. für das Trennungsmodell verbunden ist die Frage, ob die Normenkontrollbefugnisse dezentral von allen Gerichten ausgeübt oder bei einem einzigen Gericht konzentriert werden sollen. Auch in verfassungshistorischer Perspektive stand im Hinblick auf eine mögliche Einführung des richterlichen Prüfungsrechts in Deutschland stets die Frage im Mittelpunkt, ob dieses Prüfungsrecht bei einem obersten Gericht konzentriert werden soll oder ob grundsätzlich alle Gerichte dezentral über die Befugnis zur Gesetzesaufhebung verfügen sollen. Da das amerikanische Prozessrecht auch früher bereits eine dezentrale Ausübung des Judicial Review durch alle Bundesgerichte vorsah, diente es in

---

[956] Vgl. *Bettermann*, Normenkontrolle, in: Festgabe BVerfG, 323, 324 ff.; *Stern*, Staatsrecht, Bd. 2, § 44, IV 5 (S. 988).

[957] Vgl. eingehend 2. Teil, A, III.

Deutschland bereits im 19. Jahrhundert häufig als Gegenvorbild. Denn in den Augen vieler barg die in der amerikanischen Rechts- und Verfassungsordnung vorgesehene Möglichkeit einer dezentralen Normenkontrolle durch voneinander abweichende Entscheidungen der Untergerichte eine erhebliche Gefahr für die Rechtssicherheit und Rechtseinheit des Landes.[958] Häufig wurde die Ablehnung der dezentralen Normenkontrolle auch als Grund – manchmal auch nur als Vorwand – für eine generelle Ablehnung des richterlichen Prüfungsrechts benutzt. Die Befürworter des richterlichen Prüfungsrechts waren hingegen stets bemüht, die Verfassungspraxis der Vereinigten Staaten als Beweis für die Unschädlichkeit eines dezentralen Normenkontrollrechts anzuführen.[959]

Die in früheren Debatten genannten Erwägungen und Argumente sind auch heute noch von Bedeutung, wenn es um die Ausübung der konkreten Nomenkontrollbefugnisse geht. Allerdings sind die in beiden Verfahren auftretenen tatsächlichen Folgen nicht so unterschiedlich, wie es die beiden Formen ihrer Ausübung nahe legen. Während bei der im amerikanischen Prozessrecht üblichen dezentralen Ausübung regelmäßig eine Unsicherheitsphase eintritt, wenn verschiedene U.S. District Courts in unterschiedlicher Weise über die Verfassungsmäßigkeit von Gesetzen entschieden haben, ist beim Verfahren nach Art. 100 Abs. 1 GG eine ähnliche Phase festzustellen, wenn ein deutsches Gericht einen Rechtsstreit ausgesetzt und eine Frage dem Bundesverfassungsgericht vorgelegt hat, weil es davon überzeugt ist, im konkreten Rechtsstreit eine verfassungswidrige Vorschrift anwenden zu müssen. Insofern können die gegen eine dezentrale Aufhebungsbefugnis angeführten Argumente der gefährdeten Rechtssicherheit und Rechtseinheit im Grunde nicht überzeugen, da auch das Vorlageverfahren regelmäßig zu Phasen der Rechtsunsicherheit führt. Darüber hinaus wird bei der Kritik an der in den Vereinigten Staaten üblichen dezentralen Ausübung des Normenkontrollrechts häufig die Bedeutung der Präjudizienbindung der

---

[958] Vgl. *Jellinek*, Verfassungswidrige Reichsgesetze, DJZ 1921, Sp. 753; *Otto Lenel*, Über die Reichsverfassung, Freiburg i.Br. 1920, 30 ff.; *Thoma*, Das richterliche Prüfungsrecht, AöR 4 N.F. (1922), 267, 275; *Scheuner*, Die Überlieferung der deutschen Staatsgerichtsbarkeit, in: Festgabe BVerfG, 1, 51.

[959] Vgl. *v. Hippel*, Das richterliche Prüfungsrecht, in: Anschütz/Thoma, HdbDStR, Bd. 2, § 99, 546, 554.

Untergerichte und die verkürzten Instanzenzüge unterschätzt, durch die die befürchtete Rechtsunsicherheit deutlich gemindert wird.[960]

Außerdem kennt das deutsche Verfassungsprozessrecht, wie bereits dargestellt wurde, auch keine vollständige Konzentration des Normenkontrollrechts, sondern sieht lediglich eine Konzentration der Verwerfungs- oder Aufhebungsbefugnis beim Bundesverfassungsgericht vor, soweit formelle und nachkonstitutionelle Gesetze betroffen sind (sog. Verwerfungsmonopol). Etwas anderes gilt für lediglich materielle (z.B. Rechtsverordnungen, Satzungen) und vorkonstitutionelle Gesetze, bei denen alle Gerichte über die Normüberprüfungs- und Normaufhebungskompetenz verfügen. Außerdem kommt jedem Gericht auch nach Art. 100 Abs. 1 GG – jedenfalls für die Zeit bis das Bundesverfassungsgericht über seine Vorlage entschieden hat – ein umfassendes Normenkontrollrecht im Hinblick auf formelle und nachkonstitutionelle Gesetze zu. Somit ähneln sich die tatsächlichen Folgen einer Aufhebungsentscheidung durch einen U.S. District Court und einer richterlichen Vorlage nach Art. 100 Abs. 1 GG weitgehend.

Ein Vorzug der dezentralen Ausübung des Normenkontrollrechts besteht außerdem darin, dass ein einmal anhängig gemachtes Verfahren nicht für das Vorlageverfahren beim Verfassungsgericht ausgesetzt zu werden braucht, da die richterliche Entscheidung „aus einer Hand" über alle im konkreten Rechtsstreit aufgeworfenen Fragen ergeht. Entsprechend besteht ein Nachteil des konzentrierten Vorlageverfahrens darin, dass alle Beteiligten während der Aussetzung des Ausgangsverfahrens längere Zeit warten müssen, bis das Bundesverfassungsgericht über die vorgelegten Fragen entschieden hat. Mag dieses Vorgehen bei prozessual zulässigen Gerichtsvorlagen bereits langwierig und kompliziert erscheinen, so sind die Folgen einer als unzulässig eingestuften Vorlage, bei der das Bundesverfassungsgericht zu den sachlichen Fragen überhaupt nicht Stellung nimmt, für alle Prozessbeteiligten noch negativer.

Problematisch an einem dezentralen Normenkontrollverfahren kann schließlich sein, dass hierbei verfassungsrechtliche und einfachrechtliche Fragen miteinander vermischt werden, so dass es am Ende nicht hinrei-

---

[960] Anders z.B. *v. Hippel*, Das richterliche Prüfungsrecht, in: Anschütz/Thoma, HdbDStR, Bd. 2, § 99, 546, 556 („*Wenn weiter das Prüfungsrecht als unerträglich hingestellt wird, so ist dagegen einzuwenden, dass es die Nichtprüfung bzw. die Unmöglichkeit der Kontrolle in weit höherem Maße sein würde. Dazu sind die vorausgesagten Mißstände in der bisherigen Praxis so wenig eingetreten wie in den rund 150 Jahren amerikanischen Prüfungsrechts.*").

chend klar wird, wie über die einzelne Frage konkret entschieden wurde. Bei einem gesonderten Vorlageverfahren kann sich das Bundesverfassungsgericht hingegen ausschließlich auf die verfassungsrechtlichen Fragen konzentrieren und somit zu dogmatisch überzeugenderen Lösungen gelangen. Im Ergebnis weisen sowohl das dezentrale wie auch das konzentrierte Normenkontrollrecht gleichermaßen Vorzüge und Nachteile auf, die keines von beiden dem anderen als überlegen erscheinen lassen.

c. Praktische Relevanz

Eine bedeutende Abweichung zwischen den beiden Vorlageverfahren des amerikanischen und des deutschen Verfassungsprozessrechts besteht in ihrer unterschiedlichen praktischen Relevanz. Während die konkrete Normenkontrolle im deutschen Verfassungsprozessrecht nach der Verfassungsbeschwerde (Art. 93 Abs. 1 Nr. 4 a GG) im Hinblick auf die Anzahl der Verfahren das zweitwichtigste verfassungsgerichtliche Verfahren darstellt,[961] ist das Certification-Verfahren vor dem U.S. Supreme Court gegenwärtig vollkommen bedeutungslos, was sich leicht daran ersehen lässt, dass in den letzten fünfzig Jahren weniger als fünf Vorlageverfahren eingeleitet wurden.[962] Allerdings hat der U.S. Supreme Court durch seine äußerst restriktive Entscheidungspraxis selbst erheblich zu dieser Entwicklung beigetragen. Die fast vollständige Bedeutungslosigkeit der Certification geht damit auf bewusste und absichtsvolle Maßnahmen des Obersten Gerichtshofs zurück und hängt nicht etwa mit ihren prozessualen oder sonstigen Unzulänglichkeiten zusammen. Allerdings ist auch zuzugeben, dass ein Vorlageverfahren für streitige Verfassungsrechtsfragen in einer von der dezentralen Ausübung der Normenkontrolle geprägten Prozessordnung einen Fremdkörper darstellt, der das Scheitern des Certification-Verfahren letztlich vorhersehbar machte.

---

[961] Vgl. *Klein*, in: Benda/Klein, Verfassungsprozessrecht, Rdnr. 776; *Schlaich/Korioth*, Das Bundesverfassungsgericht, Rdnr. 131.

[962] Vgl. *Fallon/Meltzer/Shapiro*, The Federal Courts and the Federal System, 1675; *Stern/Gressman/Shapiro/Geller*, Supreme Court Practice, § 9.1, 454.

d. Untersuchungsgegenstand

Ein weiterer materiell-rechtlicher Unterschied besteht schließlich darin, dass die konkrete Normenkontrolle nach Art. 100 GG ausschließlich verfassungsrechtliche Fragen zum Inhalt hat, während mit dem Certification-Verfahren vor allem Fragen aus den einfachrechtlichen Bereichen des Zivil- und Strafrechts vor den Supreme Court gebracht werden können. Dessen ungeachtet verbindet die konkrete Normenkontrolle mit dem amerikanischen Verfahren der Certification, dass die vorgelegten verfassungsrechtlichen Fragen in nicht unerheblichem Umfang aus privatrechtlichen oder strafrechtlichen Streitigkeiten entstanden sind. Allerdings ist im deutschen Schrifttum bereits kritisch angemerkt worden, dass sich das Bundesverfassungsgericht bei der konkreten Normenkontrolle mit dem Merkmal der „Entscheidungserheblichkeit" in eine ähnliche Position wie der U.S. Supreme Court gebracht habe, da unter diesem Blickwinkel auch einfachrechtliche Gesetzesauslegung und -anwendung einer eingehenden verfassungsgerichtlichen Überprüfung unterzogen werden können.[963] Der Vorwurf, das Bundesverfassungsgericht maße sich damit entgegen der eigenen Behauptung „Superrevisionskompetenzen" an, geht zwar in den meisten Fällen fehl,[964] ist aber in einigen anderen durchaus zutreffend.[965]

Der unterschiedliche Untersuchungsgegenstand stellt eine Konsequenz der unterschiedlichen Aufgabenwahrnehmung der beiden Gerichte dar und hat im Grunde kaum etwas mit den beiden Vorlageverfahren zu tun. Bei dem als Spezialgericht für Verfassungsrechtsfragen gegründeten Bundesverfassungsgericht kann es daher eigentlich nicht überraschen, dass die Vorlagen von Untergerichten sich auf die Anwendung und Auslegung grundgesetzlicher Vorschriften beziehen. In gleicher Weise ist es wohl typisch, dass sich der mit allgemeiner Zuständigkeit (general jurisdiction) ausgestattete U.S. Supreme Court – wenn es in der Vergangenheit überhaupt zu Vorlagen kam – mit Fragen aus allen Bereichen seiner Zuständigkeit auseinandersetzen musste.

---

[963] *Löwer*, Zuständigkeit und Verfahren des Bundesverfassungsgerichts, in: Isensee/Kirchhof, HdbStR, Bd. 3, § 70, Rdnr. 81.

[964] BVerfG, Beschl. v. 6.11.1957, BVerfGE 7, 171 (173 f.); BVerfG, Beschl. v. 16.1.1996, BVerfGE 93, 373 (376).

[965] Z.B. BVerfG, Beschl. v. 18.4.1984, BVerfGE 67, 26 (33 ff.).

2. *Übereinstimmungen*

a. Vorlageprinzip

Der Grund, weshalb das Certification-Verfahren ungeachtet der genannten, zahlreichen Unterschiede dennoch zum Vergleich heranzuziehen war, liegt in erster Linie am gemeinsamen Grundprinzip. In beiden Vorlageverfahren wird eine vom konkreten Rechtsfall isolierte Rechtsfrage einem höheren Gericht zur Entscheidung vorgelegt, während ein anhängiger konkreter Rechtsstreit ausgesetzt wird. Sowohl im amerikanischen als auch im deutschen Verfahren ist regelmäßig weiter vorgesehen, dass nach der Entscheidung des jeweils höchsten Gerichts der ursprüngliche Rechtsstreit wieder aufgenommen und unter Berücksichtigung der in der höchstgerichtlichen Entscheidung zum Ausdruck gebrachten Rechtsauffassung zu Ende gebracht wird.

b. Vermeidung der Rechtszersplitterung

Außerdem verbindet beide Verfahren ein gemeinsames normatives Ziel: Sowohl im amerikanischen als auch im deutschen Prozessrecht soll das Vorlageverfahren eine Rechtszersplitterung in territorialer und materiell-rechtlicher Hinsicht verhindern. Dass sich die Verfahrensform der Certification in den Vereinigten Staaten letztlich nicht hat durchsetzen können, liegt im Wesentlichen an der Rechtsprechungspraxis des U.S. Supreme Court und der Sorge, es könnten so viele Vorlagen an ihn herangetragen werden, dass seine Arbeitskapazitäten überbeansprucht würden. Dieser Gedanke tritt bemerkenswerter Weise auch in der bereits erwähnten frühen Leitentscheidung des Bundesverfassungsgerichts zum Umfang der konkreten Normenkontrolle vom 20. März 1952 auf. Bei der Frage, welche Regelungen als „Gesetz“ im Sinne von Art. 100 Abs. 1 GG eingestuft werden sollen, führte das Gericht aus, dass eine restriktive Auslegung sich auch aus dem Gebot ergäbe, „die Tätigkeit des Bundesverfassungsgerichts im Rahmen der Normenkontrolle auf wichtigere Aufgaben zu beschränken“.[966] Vielleicht auch als Folge dieser Auslegung von Art. 100 Abs. 1 GG ist beim Bundesverfassungsgericht die Notwendigkeit zu Drosselung und Kontrolle eingeleiteter Verfahren niemals bei der konkreten Normenkontrolle, sondern lediglich bei der Verfassungsbeschwerde entstanden.

---

[966] BVerfG, Urt. v. 20.3.1952, BVerfGE 1, 184 (200 f.).

B. Erarbeitung und Entwicklung der konkreten Normenkontrolle

I. Verfassungshistorische Vorläufer

Stärker noch als mit den abstrakten Formen der Normenkontrolle befasste sich die verfassungsrechtliche Diskussion in Deutschland während des 19. und frühen 20. Jahrhunderts mit der Frage, wie die ordentlichen Gerichte bei der Entscheidung konkreter Rechtsfälle mit einer Rechtsvorschrift verfahren sollen, deren Rechtmäßigkeit ihnen zweifelhaft erschien. Diese Überlegungen gingen vom damals bestehenden Rechtsschutzsystem aus, das – mit Ausnahme des 1919 gegründeten Staatsgerichtshofs – kein separates Gericht für Fragen des Verfassungsrechts vorsah, sondern auf bundesstaatlicher Ebene nur das Reichsgericht als Spitze der ordentlichen Gerichtsbarkeit kannte.[967] Damit bestanden in organisatorischer Hinsicht durchaus Ähnlichkeiten zwischen dem deutschen Gerichtssystem bis 1933 und der Organisation der amerikanischen Bundesgerichtsbarkeit.

Allerdings hatten bereits die Gesetzesentwürfe der Reichsregierung aus den Jahren 1926 bzw. 1928[968] sowie nach 1945 mehrere Landesverfassungen[969] und der Herrenchiemseer-Verfassungsentwurf[970] ähnliche Vorlageverfahren zur Überprüfung der Verfassungsmäßigkeit von Par-

---

[967] Vgl. eingehend *Kai Müller*, Der Hüter des Rechts – Das Reichsgericht 1879-1918, Baden-Baden 1998.

[968] Vgl. hierzu auch der Entwurf eines Gesetzes über die Prüfung der Verfassungsmäßigkeit von Vorschriften des Reichsrechts v. 16.10.1928, RT-Drs. IV/382, S. 1 f.; zuvor schon Ges-Entw. V. 11.12.1926, RT-Drs. III/2855, S. 2. *„§ 6: Hält ein Gericht eine von ihm anzuwendende, nach Inkrafttreten der Reichsverfassung vom 11. August 1919 als Gesetz oder Verordnung verkündete Rechtsvorschrift des Reichsrechts für unvereinbar mit der Reichsverfassung und daher für rechtsungültig, so hat es das Verfahren auszusetzen, bis diese Frage nach Maßgabe der folgenden Vorschriften entschieden ist. ...“*

[969] Z.B. Art. 92 Württemberg-Badische Landesverfassung, Art. 133 Hessische Landesverfassung, Art. 65 i.V.m. Art. 92 Bayerische Landesverfassung und Art. 142 Bremische Landesverfassung, vgl. *Huber*, Quellen zum Staatsrecht der Neuzeit, Bd. 2, 336, 348 f. (Württemberg-Baden), 351, 366 f. (Hessen), 313, 321 (Bayern) und 431, 451 (Bremen).

[970] Vgl. *Wilms*, Dokumente zur neuesten Verfassungsgeschichte, Bd. III/2, Dok.-Nr. 2 (Herrenchiemseer Entwurf), 55, 76 u. 87.

lamentsgesetzen für den Fall vorgesehen, dass deren Verfassungsmäßigkeit in konkreten einfachgesetzlichen Streitigkeiten von Fachgerichten bestritten würde. Durch die Bestimmung des Art. 100 GG knüpfte das Grundgesetz somit auch unmittelbar an praktische Erfahrungen in verschiedenen Bundesländern an.[971] Das Prinzip der Aussetzung fachgerichtlicher Streitigkeiten, um die Verfassungsmäßigkeit einer streitentscheidenden Vorschrift durch ein Verfassungsgericht klären zu lassen, konnte damit im Jahre 1948/49 zu den weitgehend etablierten verfassungsgerichtlichen Verfahren gezählt werden.

II. Parlamentarischer Rat

Der Rechtspflegeausschuss des Parlamentarischen Rates befasste sich nur verhältnismäßig kurz mit der Frage, wie mit verfassungswidrigen Gesetzen zu verfahren ist, deren Anwendung für Untergerichte von entscheidungserheblicher Bedeutung ist. In der 3. Sitzung vom 22. Oktober 1948 nahm der Abgeordnete Becker hierzu als erster Stellung und skizzierte gleichzeitig die beiden denkbaren Lösungsalternativen:

> „Eine weitere Frage ist nun die Frage der Überprüfung der Verfassungsmäßigkeit der Gesetze. Hier ist die Frage aufzuwerfen: Wenn in einem, sagen wir Verwaltungsverfahren, in einem Prozeßverfahren, die Frage auftaucht, ob hier gegen eine Bestimmung der Verfassung, insbesondere die Grundrechte, verstoßen wird, welchen Rechtsweg wollen wir dann eröffnen? Die Frage ist zu sehen unter zwei Gesichtspunkten, ..., auf der anderen Seite unter dem Gesichtspunkt, ob der, gleich der ersten Instanz in einem Zivilprozeß, in einem Verwaltungsstreitverfahren das Recht zustehen soll – etwa in der Form, wie wir es in Hessen haben –, durch ein Zwischenverfahren vor dem Verfassungsgerichtshof diese Frage klären zu lassen, oder soll diese Frage durch alle Instanzen hindurch gehen und dann in dritter oder vierter Instanz diese Frage der Verfassungsmäßigkeit an den obersten Gerichtshof des Bundes kommen?“[972]

---

[971] Vgl. die Entscheidung des BayVerfGH v. 15.10.1948, VGHE 64 II, 64 ff.; mit Aussetzung des konkreten Verfahrens und Gelegenheit zur Verfassungsbeschwerde in BayVerfGH v. 27.11.1948, VGHE 64 II, 81 ff.

[972] *Becker* (FDP), in: Prot. Parl. Rat, Bd. 13/II, Dok.-Nr. 52, 1191, 1205 f. (3. Sitzung d. RpflA, 22.10.1948).

Während eine konkrete Normenkontrolle aus dem Verwaltungsverfahren heraus im Rechtspflegeausschuss nicht weiter thematisiert wurde und folglich auch nicht im Grundgesetz geregelt wurde, verblieben für „Prozeßverfahren" nach Beckers Ausführungen zwei Möglichkeiten: Entweder könnte die Frage der Verfassungsmäßigkeit nach dem Muster der hessischen Landesverfassung in einem „Zwischenverfahren" geklärt werden[973] oder sie könnte im herkömmlichen Instanzenzug letztlich vom höchsten Gericht des betreffenden Rechtszuges entschieden werden. Auch wenn Becker dies nicht ausdrücklich gesagt hat, so weist die letzte Möglichkeit auf ein dezentrales Prüfungs- und Verwerfungsrecht aller Gerichte hin, während die erste Möglichkeit ein beim „Verfassungsgerichthof" konzentriertes Verwerfungsrecht nahelegt.

Später schlug der Ausschussvorsitzende Zinn bei den Erörterungen über den Einfluss des Obersten Bundesgerichts auf die Rechtsprechung der Fachgerichte in einfachrechtlichen Fragen vor, ein ähnliches Vorlageverfahren einzuführen, wie es bei verfassungsrechtlichen Streitigkeiten bereits bestand.[974] Ohne dass Zinn die betreffenden Normen ausdrücklich nannte, kann sich sein Hinweis eigentlich nur auf das in nachfolgenden Beratungen als Beratungsgrundlage für die konkrete Normenkontrolle dienende Verfahren nach Art. 98 Nr. 4 i.V.m. Art. 137 HC-E aus dem Herrenchiemseer Verfassungsentwurf bezogen haben.[975] Während die Erörterungen zu den in der späteren Verfassungspraxis weitgehend unbedeutenden Fällen der konkreten Normenkontrolle nach Art. 137 Abs. 2 u. Abs. 3 GG-Entw (später Art. 100 Abs. 2 u. Abs. 3 GG) im Rechtspflegeausschuss kontrovers verliefen,[976] wurde der Hauptanwendungsfall der konkrete Normenkontrolle in der 7. Sitzung vom 6. Dezember 1948 ohne längere Debatte behandelt. Indessen zeigt die Stellungnahme des Abgeordneten Laforet, wie sehr die

---

[973] Vgl. Art. 133 Hessische Landesverfassung, *Huber*, Quellen zum Staatsrecht der Neuzeit, Bd. 2, 351, 366 f. i.V.m. § 47 des Gesetzes über den Hessischen Staatsgerichthof (Hess. StGH), GVOBl. 1948, 3 ff., Prot. Parl. Rat, Bd. 13/II, Dok.-Nr. 52, 1191, 1206 (Fn. 65) (3. Sitzung d. RpflA, 22.10.1948).

[974] *Zinn* (SPD), in: Prot. Parl. Rat, Bd. 13/II, Dok.-Nr. 52, 1191, 1227 (3. Sitzung d. RpflA, 22.10.1948) („... *– ähnlich, wie das schon bei Verfassungsstreitigkeiten vorgesehen ist –* ...").

[975] Vgl. *Wilms*, Dokumente zur neuesten Verfassungsgeschichte, Bd. III/2, Dok.-Nr. 2 (Herrenchiemseer Entwurf), 55, 76 u. 87.

[976] *Zinn* (SPD), *Strauß* (CDU) u. *Laforet* (CSU), in: Prot. Parl. Rat, Bd. 13/II, Dok.-Nr. 57, 1347, 1374 f. u. 1376 ff. (Fn. 13 u. 14) (7. Sitzung d. RpflA, 6.12.1948).

Abgeordneten des Rechtspflegeausschusses beim Verfahren der konkreten Normenkontrolle von den damaligen (landes)verfassungsrechtlichen Bestimmungen und auch von früheren deutschen Rechtstraditionen geprägt waren:

> „Wir stehen hier auf dem Standpunkt, den auch die bayerische Verfassung eingenommen hat, dass wir dem einfachen Richter diese Entscheidung entziehen. Es geht nicht an, dass in einer unserer Fachzeitschriften steht, der brave Amtsrichter dort und dort hat die und die Bestimmung der Verfassung für ungültig erklärt. ... Es ist sehr bedeutsam, dass man heute fast als herrschende Meinung annehmen kann, dass die neuere Praxis unserer Verfassungsgesetze sich auf den Standpunkt des Art. 137 Abs. 1 stellt."[977]

Die Aussagen Laforets vermitteln wohl zutreffend den Eindruck, als spräche er für den gesamten Rechtspflegeausschuss. Tatsächlich gab es zur Frage der konkreten Normenkontrolle weder in dieser noch in einer späteren Ausschusssitzung abweichende Stellungnahmen. Aus diesem Grunde entspricht Art. 137 GG-Entw bis auf geringfügige redaktionelle Änderungen bereits dem späteren Art. 100 GG.[978] Wie schon Becker bei seiner einleitenden Bemerkung in der 3. Sitzung des Ausschusses, bezog sich auch Laforet auf verfassungsrechtliche Erfahrungen in den Bundesländern, um die Vorzüge der konkreten Normenkontrolle i.S. von Art. 137 GG-Entw zu betonen („neuere Praxis unserer Verfassungsgesetze"). Anstelle der hessischen Verfassung verwies er zwar auf die bayerische Landesverfassung, im Hinblick auf die konkrete Normenkontrolle unterschieden sich beide Verfassungen jedoch nicht grundlegend voneinander.[979]

---

[977] *Laforet* (CSU), in: Prot. Parl. Rat, Bd. 13/II, Dok.-Nr. 57, 1347, 1446 f. (7. Sitzung d. RpflA, 6.12.1948).

[978] Vgl. *Wilms*, Dokumente zur neuesten Verfassungsgeschichte, Bd. III/2, Dok.-Nr. 4 (Stellungnahme des ARA v. 5.12.1948), 124, 163 u. 166; *ders.*, a.a.O., Dok.-Nr. 5 (Fassung der 1. Lesung HA, v. 20.1.1949), 175, 236, 240 u. 243; *ders.*, a.a.O. Dok.-Nr. 6, 257, 307 u. 309 f.; *ders.*, a.a.O., Dok.-Nr. 7 (Stellungnahme des ARA v. 25.1.1949), 321, 388 u. 392 f.; a.a.O., Dok.-Nr. 8 (Vorschlag 5er Ausschuss v. 5.2.1949), 411, 450 f.; *ders.*, a.a.O., Dok.-Nr. 9 (Fassung der 3. Lesung HA v. 2.5.1949), 461, 523.

[979] Vgl. Art. 133 Hessische Landesverfassung und Art. 65 i.V.m. Art. 92 Bayerische Landesverfassung, *Huber*, Quellen zum Staatsrecht der Neuzeit, Bd. 2, 351, 366 f. (Hessen) und 313, 321 (Bayern); ebenso Art. 92 Württemberg-Badische Landesverfassung und Art. 142 Bremische Landesverfassung, *Huber*,

III. Konzentrierte oder dezentrale Verfassungsgerichtsbarkeit

Solange die Einführung eines richterlichen Prüfungsrechts in Deutschland erörtert wurde, stand die Frage im Mittelpunkt, ob dieses Prüfungsrecht bei einem obersten Gericht konzentriert werden sollte oder ob grundsätzlich alle Gerichte dezentral über diese Befugnis verfügen sollten.[980] Auch der Rechtspflegeausschuss des Parlamentarischen Rates befasste sich mit der Frage einer dezentralen oder konzentrierten Normenkontrolle. In der 4. Sitzung vom 27. Oktober 1948 wurde hierzu eine vorentscheidende Festlegung getroffen, indem der Ausschussvorsitzende Zinn Folgendes ausführte:

Zinn (Vors.): „Und wenn wir Zeit genug haben, hätte ich für diese Kommission noch einen weiteren Antrag, dann könnten wir in dieser Unterkommission auch die Frage der Zuständigkeit der Verfassungsgerichtsbarkeit formulieren. Über die Kernfrage sind wir uns einig, dass nämlich der einzelne Richter kein richterliches Nachprüfungsrecht haben soll im Gegensatz zur Weimarer Zeit und zur Reichsgerichtspraxis. Ist das unstreitig, dass man die Nachprüfung der Verfassungsmäßigkeit nur dem Verfassungsgericht überläßt?

Strauß: Ich glaube, dass wir uns doch darüber unterhalten müssen, ob nicht z.B. das oberste Gericht als Vorfilter wirken soll.

Zinn (Vors.): Gut, stellen wir es zurück. Aber ich glaube, das wird keine allzu langen Erörterungen geben, diese Frage wird ziemlich schnell zu klären sein. ...“[981]

Obwohl Strauß einen verhaltenen Einwand gegen das beim Verfassungsgericht konzentrierte Prüfungsrecht erhob, war an eine „Vorfilter“-Funktion bei der Normenkontrolle spätestens dann nicht mehr zu denken, als das Oberste Bundesgericht im weiteren Verlauf der Beratungen zusehends an Bedeutung und Kompetenzen verloren hatte. Damit blieb es bei Zinns Feststellung aus der 4. Sitzung, dass grundsätzlich nur das Bundesverfassungsgericht über eine Normenkontroll-

---

Quellen zum Staatsrecht der Neuzeit, Bd. 2, 336, 348 f. (Württemberg-Baden) und 431, 451 (Bremen).

[980] Vgl. 8. Teil, A, III.

[981] *Zinn* (SPD) u. *Strauß* (CDU), in: Prot. Parl. Rat, Bd. 13/II, Dok.-Nr. 53, 1217, 1261 f. (4. Sitzung d. RpflA, 27.10.1948).

kompetenz verfügen sollte.[982] Wie die Darstellung des konkreten Normenkontrollverfahrens nach Art. 100 Abs. 1 GG bereits gezeigt hat, lehnte das Bundesverfassungsgericht ein vollständig konzentriertes Normenkontrollrecht am Maßstab verfassungsrechtlicher Bestimmungen jedoch ab.

In seinem grundlegenden Urteil vom 20. März 1952 kam das Bundesverfassungsgericht bei umfassender Würdigung der Entstehungsgeschichte und der historischen Entwicklung des richterlichen Prüfungsrechts zum Ergebnis, dass beide keinen sicheren Anhaltspunkt für die Auslegung des Begriffs „Gesetz" in Art. 100 GG geben können.[983] Zwar stellte das Gericht fest, dass der im Herrenchiemseer-Verfassungsentwurf vorgesehene Art. 137 HC-E ausweislich des kommentierenden Teils sich sowohl auf formelle als auch auf materielle Gesetze bezog,[984] dass aber in keiner Ausschusssitzung des Parlamentarischen Rates die Frage, ob das Entscheidungsmonopol nach Art. 100 GG auf formelle Gesetze beschränkt oder auch auf materielle Gesetze erstreckt werden sollte, als Sonderproblem erkannt und behandelt worden ist.[985] Diese Feststellung wird durch die vorliegende Untersuchung bestätigt. Neben verschiedenen gesetzessystematischen und teleologischen Überlegungen verwies das Bundesverfassungsgericht in seiner Entscheidung schließlich auf die besondere Bedeutung der „äußeren Trennung der beiden Arten der Normenkontrolle" in Art. 93 und Art. 100, die es letztlich nahelegte, dass bei beiden Verfahren unterschiedliche Prüfungsmaßstäbe zugrunde gelegt werden.[986]

---

[982] Vgl. *Heun*, Normenkontrolle, in: FS. 50 Jahre BVerfG, 615, 616.

[983] BVerfG, Urt. v. 20.3.1952, BVerfGE 1, 184 (195).

[984] Vgl. Bericht über den Verfassungskonvent von Herrenchiemsee vom 10. bis 23. August 1948, in: Prot. Parl. Rat, Bd. 2, Dok.-Nr. 14, 504, 629 f.

[985] BVerfG, Urt. v. 20.3.1952, BVerfGE 1, 184 (192 f.).

[986] BVerfG, Urt. v. 20.3.1952, BVerfGE 1, 184 (201); Tatsächlich waren beide Verfahren nach dem gemeinsamen Vorschlag der Abgeordneten Zinn, Strauß und Dehler von Anfang Dezember 1948 in der Vorschrift des Art. 128 b Abs. 1 Nr. 3 GG-Entw zusammengefasst, was auf einen identischen Prüfungsmaßstab hingewiesen hätte.

IV. Einflüsse des U.S. Supreme Court

Das Verfassungsbeispiel der USA und die Befugnisse des Supreme Court spielten bereits im Herrenchiemseer-Verfassungskonvent unausgesprochen bei der Frage einer konzentrierten oder dezentralen Ausübung verfassungsgerichtlicher Kompetenzen eine zentrale Rolle.[987] Im Unterausschuss III wurde hierzu einhellig die Auffassung vertreten, dass nicht jedem Gericht in Deutschland in dezentraler Form die Befugnis zukommen sollte, ein Gesetz auf seine Verfassungsmäßigkeit hin zu überprüfen, sondern dass diese Kompetenz bei einem obersten Verfassungsgericht zentralisiert werden müsse. Bei der Erörterung des späteren Art. 137 HC-E (vor der Endredaktion: Art. 120) verwies Leusser in der Plenarsitzung vom 23. August 1948 auf das Beispiel der amerikanischen Gerichtsbarkeit, ohne sie jedoch namentlich zu nennen:

> „Es hat sich als notwendig erwiesen, die Frage des richterlichen Prüfungsrechts in der Verfassung zu regeln. Darauf kann nicht verzichtet werden. *In anderen Verfassungen ist dem Richter das Recht und die Pflicht eingeräumt, die Verfassungsmäßigkeit jedes Gesetzes zu prüfen, bevor er es anwendet.* Wir waren der Auffassung, dass der einzelne Richter, insbesondere draußen, dieser Prüfungspflicht nicht gerecht werden kann. ... Deshalb sollte das Prüfungsrecht dem obersten Verfassungsgericht übertragen werden."[988]

Aus dem inhaltlichen Zusammenhang wird indessen klar, dass mit der Aussage Leussers letztlich nur die amerikanische Bundesgerichtsbarkeit gemeint gewesen sein konnte, da die dort beschriebene Normenkontrollbefugnis im Jahre 1948 nur den wenigsten Richtern auf der Welt zukam. Jedenfalls kannten die anderen damals bedeutenden Staaten wie etwa Großbritannien, Frankreich, Italien oder die Sowjetunion keine vergleichbaren verfassungsgerichtlichen Kompetenzen.

Der auch in früheren Epochen deutscher Verfassungsstaatlichkeit bestehenden Sorge vor einer dezentralen Ausübung verfassungsgerichtlicher Kompetenzen[989] wurde im Herrenchiemseer-Verfassungsentwurf

---

[987] Vgl. *Stern*, Staatsrecht, Bd. II, § 44, I 1 (S. 936 f.); *Tomuschat*, Das BVerfG im Kreise anderer nationaler Verfassungsgerichte, FS. 50 Jahre BVerfG, Bd. 1, 247, 251 ff.

[988] Vgl. Prot. Parl. Rat, Bd. 2, Dok.-Nr. 13 (Plenarsitzung v. 23.8.1948), 403, 444 f. (Hervorhebungen v. Verf.).

[989] Vgl. in der Weimarer Republik bereits *Otto Lenel*, Über die Reichsverfassung, Freiburg i.Br. 1920, 30 ff.; *Thoma*, Das richterliche Prüfungsrecht, AöR 4 N.F. (1922), 267, 275; *Jellinek*, Verfassungswidrige Reichsgesetze, DJZ 1921,

durch die Einführung einer weitgehend konzentriert auszuübenden konkreten Normenkontrolle in Art. 137 HC-E begegnet.[990] Damit folgte der Verfassungskonvent einem Lösungsweg, der bereits bei den Gesetzesentwürfen der Weimarer Zeit (1926/1928), bei verschiedenen Landesverfassungen[991] und auch später beim Bundesverfassungsgericht mit dem Verwerfungsmonopol nach Art. 100 Abs. 1 GG eingeschlagen worden war.[992]

Da die Einzelerörterungen des konkreten Normenkontrollverfahrens im Rechtspflegeausschuss des Parlamentarischen Rates ohnehin kurz ausgefallen sind, überrascht es nicht, dass dabei nicht unmittelbar auf den U.S. Supreme Court Bezug genommen wurde. Vor allem lassen sich keine Hinweise auf einen vorbildhaften Einfluss des amerikanischen Verfahrens der Certification finden. Allerdings ist die in Zusammenhang mit der abstrakten Normenkontrolle dargestellte Erörterung über die Behandlung abstrakter Rechtsfragen durch den Obersten Gerichtshof der Vereinigten Staaten allgemeiner und grundsätzlicher Natur, so dass ihr ebenfalls Schlussfolgerungen zum Einfluss des Supreme Court auf die Normenkontrolle insgesamt entnommen werden können.[993]

Die bereits an anderer Stelle ausführlich zitierten Äußerungen Beckers in der 4. Sitzung und Strauß' in der 7. Sitzung des Rechtspflegeausschusses zeigen, dass sich die Abgeordneten eingehend mit den Normaufhebungskompetenzen des U.S. Supreme Court und seinen spezifischen Bedingungen und Beschränkungen auseinandergesetzt haben.[994] Die später ins Grundgesetz aufgenommenen beiden Sonderverfahrensarten der Normenkontrolle (Art. 93 Abs. 1 Nr. 2 u. Art. 100 Abs. 1

Sp. 753; a.A. schon damals *v. Hippel*, Das richterliche Prüfungsrecht, in: Anschütz/Thoma, HdbDStR, Bd. 2, § 99, 546, 556.

[990] Vgl. Bericht über den Verfassungskonvent von Herrenchiemsee, in: Prot. Parl. Rat, Bd. 2, Dok.-Nr. 14, 504, 574 u. 629 f. („*Zur viel umstrittenen Frage des richterlichen Prüfungsrechts wird vorgeschlagen, dieses Recht aus praktischen Gründen ... nicht dem einzelnen Richter zu überlassen.*").

[991] Vgl. Art. 92 BayLVerf; Art. 92 WBLVerf; Art. 132 HessLVerf, Art. 142 BremLVerf.

[992] Vgl. *Säcker*, Verfassungskonvent 1948, DÖV 1998, 784, 791.

[993] *Becker* (FDP) und *Strauß* (CDU), in: Prot. Parl. Rat, Bd. 13/II, Dok.-Nr. 53, 1217, 1248 ff. (4. Sitzung d. RpflA, 27.10.1948).

[994] *Becker* (FDP) und *Strauß* (CDU), in: Prot. Parl. Rat, Bd. 13/II, Dok.-Nr. 53, 1217, 1248 ff. (4. Sitzung d. RpflA, 27.10.1948); *Strauß* (CDU), in: Prot. Parl. Rat, Bd. 13/II, Dok.-Nr. 57, 1347, 1366 (7. Sitzung d. RpflA, 6.12.1948).

GG) wurden daher insgesamt in bewusster Auseinandersetzung mit dem Beispiel des amerikanischen Supreme Court erarbeitet. Da letztlich dem amerikanischen Beispiel nicht gefolgt wurde, diente es bei den Verfahren der Normenkontrolle als Gegenvorbild. Positive Wirkung ging für das Verfahren der konkreten Normenkontrolle – wie auch der Wortlaut von Art. 100 GG nahe legt – vor allem von den prozessualen Vorlageverfahren verschiedener Landesverfassungen und den Gesetzesentwürfen der Reichsregierung von 1926 bzw. 1928 aus.[995]

[995] Vgl. § 6 des Entwurfs eines Gesetzes über die Prüfung der Verfassungsmäßigkeit von Vorschriften des Reichsrechts v. 16.10.1928, RT-Drs. IV/382, S. 1 f.; zuvor schon Ges-Entw. v. 11.12.1926, RT-Drs. III/2855, S. 1 f.; vgl. hierzu eingehend *Maurer*, Das richterliche Prüfungsrecht zur Zeit der Weimarer Verfassung, DÖV 1963, 683 ff.

Neunter Teil

Streitverfahren zwischen Verfassungsorganen

Einige Verfahrensmöglichkeiten vor dem Bundesverfassungsgericht finden weder direkte noch indirekte Entsprechungen im amerikanischen Prozessrecht. Das bedeutendste Verfahren, auf das diese Feststellung zutrifft, ist das Organstreitverfahren nach Art. 93 Abs. 1 Nr. 1 GG. Dennoch soll im Folgenden untersucht werden, ob der U.S. Supreme Court und das amerikanische Verfassungsprozessrecht sich auf die Ausgestaltung des deutschen Organstreitverfahrens möglicherweise doch ausgewirkt haben. Außerdem soll der Frage nachgegangen werden, inwieweit die im amerikanischen Verfassungsprozessrecht anerkannte "political question-doctrine" Einfluss auf die Überprüfung im Rahmen von Art. 93 Abs. 1 Nr. 1 GG genommen hat.

A. Organstreitigkeiten im Vergleich

I. U.S. Supreme Court und "Political question-doctrine"

Das amerikanische Prozessrecht kennt keine Verfahrensform, mit der Streitigkeiten zwischen Verfassungsorganen des Bundesstaates unmittelbar vor den U.S. Supreme Court getragen werden können.[996] Die Gründe für die allgemeine Ablehnung solcher Verfahren liegen darin, dass der U.S. Supreme Court die meisten Streitigkeiten dieser Art als „politische Streitigkeiten" ansieht, die einer gerichtsförmigen Entscheidung nicht zugänglich sind (sog. political question). Im deutschen Rechtskreis wird in diesem Zusammenhang erörtert, wie Recht und Politik im Rahmen einer modernen Verfassungsgerichtsbarkeit voneinan-

[996] Vgl. auch *Pietzcker*, Organstreit, in: FS. 50 Jahre BVerfG, 587, der auf die Abweisung mangels Klagebefugnis im Fall *Campbell v. Clinton*, 203 F.3d 19 (2000) durch den U.S. District Court für den D.C. Circuit verweist; siehe hierzu auch Kommentar unter "Recent Cases", in: Harv.L.Rev., Bd. 113 (2000), 2134.

der abgegrenzt werden können.[997] Während sich aber die deutsche Verfassungsordnung ausdrücklich für die Justiziabilität organschaftlicher Streitigkeiten entschieden hat, wurde in der amerikanischen Verfassungsordnung die gerichtsförmige Beilegung zumeist abgelehnt.

Die sog. "political question-doctrine", durch die Streitigkeiten zwischen Verfassungsorganen weitgehend ausgeschlossen werden, ist jedoch keine einheitliche Theorie des amerikanischen Verfassungsprozessrechts, die einmal anhand eines konkreten Falles entwickelt wurde und seither weitgehend unverändert Anwendung gefunden hat.[998] Von einer "political question" im Sinne dieser Doktrin kann vor allem nicht schon dann gesprochen werden, wenn dem U.S. Supreme Court Fragen mit politischem Inhalt oder vergleichbaren politischen Implikationen vorgelegt werden.[999] Da dies gerade bei verfassungsgerichtlichen Streitigkeiten häufig der Fall ist, wirkt sich das nicht in jedem Fall nachteilig auf die Justiziabilität einer Streitigkeit aus.[1000] Stattdessen stellt die "political question-doctrine" eine Sammlung verschiedener prozessualer Formeln dar, die im Verlauf der amerikanischen Rechtsentwicklung un-

---

[997] Vgl. 2. Teil, B, VI.

[998] Vgl. *Stone/Seidman/Sunstein/Tushnet*, Constitutional Law, 120 ff.; *Tribe*, American Constitutional Law, 365 ff.; *Fallon/Meltzer/Shapiro*, The Federal Courts and the Federal System, 280 ff.; *Currie*, Federal Courts, 17 ff.; *Redish/Sherry*, Federal Courts, 144 ff. *Wechsler*, TowardsNeutral Principles of Constitutional Law, Harv.L.Rev., Bd. 73 (1959), 1, 7; *Michael Tigar*, The "Political Question" Doctrine and Foreign Relations, UCLA L.Rev., Bd. 17 (1970) 1135 ff.; *Fritz W. Scharpf*, Judicial Review and the Political Question: A Functional Analysis, Yale L.J., Bd. 75 (1966), 517, 566 ff.; *Louis Henkin*, Is There a "Political Question" Doctrine, Yale L.J., Bd. 85 (1976), 597; *Martin H. Redish*, Judicial Review and the "Political Question", Nw.U.L.Rev., Bd. 79 (1985), 1031 ff.; *Linda Sandstrom Simard*, Standing Alone: Do We still need the Political Question Doctrine?, Dick.L.Rev., Bd. 100 (1996), 303, 306; *Barkow*, More Supreme than Court?, Colum.L.Rev., Bd. 102 (2002), 237, 239 u. 248 ff.; in dt. Sprache zu diesem Thema *Piazolo*, Verfassungsgerichtsbarkeit und politische Fragen; *Engelen*, Political Question Doctrine (Diss, iur., Bonn 1984); *Rau*, Selbst entwickelte Grenzen, 64 ff.; eingehend *Lorz*, Interorganrespekt im Verfassungsrecht, 452 ff.

[999] Vgl. *Piazolo*, Verfassungsgerichtsbarkeit und politische Fragen, 17; *Fallon/Meltzer/Shapiro*, The Federal Courts and the Federal System, 292; *Stoevesandt*, Aktivismus und Zurückhaltung im United States Supreme Court, 77.

[1000] Vgl. 2. Teil, B, VI; so auch *Jackson*, The Supreme Court in the American System, 56; *Burnham*, Introduction to the Law and Legal System, 325; *Barkow*, More Supreme than Court?, Colum.L.Rev., Bd. 102 (2002), 237, 244 ff.

terschiedliche Konturen erhalten hat. Gemeinsam ist diesen Formeln, dass der U.S. Supreme Court unter dem Gesichtspunkt der "political question" die Justiziabilität von Streitigkeiten regelmäßig abgelehnt hat, ohne sich mit den materiell-rechtlichen Fragen der betreffenden Fälle auseinanderzusetzen.[1001]

Die auch heute noch maßgebliche Systematisierung der "political question-doctrine" beruht auf der Supreme Court-Entscheidung im Fall *Baker v. Carr*[1002] aus dem Jahre 1962. Aber auch schon zur Zeit des Parlamentarischen Rates (1948/49) hatte der U.S. Supreme Court durch zahlreiche grundlegende Entscheidungen eine heterogene "political question-doctrine" entwickelt.[1003] Im Hinblick auf das Organstreitverfahren des Grundgesetzes ist vor allem relevant, dass der U.S. Supreme Court unter der "political question-doctrine" eine gerichtsförmige Streitentscheidung stets ausgeschlossen hat, wenn für die vorliegende Streitigkeit bereits die Entscheidungskompetenz einer anderen staatlichen Teilgewalt verfassungsrechtlich begründet war[1004] oder wenn die angeführten verfassungsrechtlichen Normen keine Anspruchsgrundla-

---

[1001] Vgl. *Tribe*, American Constitutional Law, 385; kritisch hierzu *Benda*, in: Benda/Klein, Verfassungsprozessrecht, Rdnr. 24 der davon ausgeht, dass *„[d]ie Rechtsprechung des Supreme Court ... es bisher nicht vermocht [hat], klare Kriterien für die Voraussetzungen zu entwickeln, unter denen eine Streitfrage als eine ‚politische' einzustufen ist."*

[1002] 369 U.S. 186 (1962); *Barkow*, More Supreme than Court?, Colum.L.Rev., Bd. 102 (2002), 237, 263 ff.

[1003] Z.B. *Luther v. Borden* , 48 U.S. (7 How.) 1 (1849) (Verfassungsmäßigkeit einer einzelstaatlichen Regierung – Rhode Island); *Field v. Clark*, 143 U.S. 649 (1892) (Umfang der verfassungsmäßigen Befugnisse des Kongresses); *Pacific Telephone Co. v. Oregon*, 223 U.S. 118 (1912) (Entscheidung über das Fortbestehen der republikanischen Staatsform eines Einzelstaats – Oregon); *Coleman v. Miller*, 307 U.S. 433 (1939) (Entscheidung über die Fristsetzung für die Zustimmung zu Constitutional Amendments); *Colegrove v. Green*, 328 U.S. 549 (1946) (Wahlkreiseinteilung in einem Einzelstaat – Illinois); *Chicago & Southern Air Lines v. Waterman S.S. Corp.*, 333 U.S. 103 (1948) (Entscheidung über Lufttransportrechte, die vom Präsidenten bestätigt werden müssen); *Baker v. Carr*, 369 U.S. 186, 217 (1962) (Wahlkreiseinteilung in einem Einzelstaat – Tennessee). Sogar in *Marbury v. Madison*, 5 U.S. (1 Cranch) 137, 170 (1803) war bereits von "political questions" die Rede, die der Supreme Court nicht behandeln kann, *Barkow*, More Supreme than Court?, Colum.L.Rev., Bd. 102 (2002), 237, 239 ff.; *Rau*, Selbst entwickelte Grenzen, 66 ff.

[1004] *"A textually demonstrable constitutional commitment to a coordinate political department"*, *Baker v. Carr*, 369 U.S. 186, 217 (1962).

gen für das genannte Klageziel beinhalteten.[1005] Obwohl in diesen Fällen eine materiell-rechtliche Entscheidung an sich möglich gewesen wäre, beschränkte sich der Supreme Court auf eine Klageabweisung aus prozessualen Gründen. Im Hinblick auf das deutsche Organstreitverfahren sind zwei weitere Formeln der „political question-doctrine" von noch größerem Interesse: So lehnte der Supreme Court in ständiger Rechtsprechung eine gerichtliche Entscheidung regelmäßig ab, wenn eine politische Ermessensentscheidung der übrigen Teilgewalten vorliegt[1006] oder wenn eine gerichtliche Entscheidung nicht ohne Verletzung des angemessenen Respekts gegenüber einer anderen staatlichen Teilgewalt möglich ist.[1007] Es werden damit unter dem Begriff der "political question-doctrine" verschiedene Grundsätze der gegenseitigen Rücksichtnahme zwischen den staatlichen Teilgewalten und pragmatische Erwägungen des Verfassungslebens zusammengefasst. Welche Alternative nach Auffassung des Supreme Court sonst für die Beilegung „politischer" Streitigkeiten besteht, ist dem Sondervotum des Richters Woodbury im Grundsatzfall *Luther v. Borden* (1849)[1008] zu entnehmen:

> "But fortunately for our freedom from political excitements in judicial duties, this court can never with propriety be called on officially to be the umpire in questions merely political. The adjustment of these questions belongs to the people and their political representatives, either in the State or general government. These questions relate to matters not to be settled on strict legal principles. They are adjusted rather by inclination, - or prejudice or compromise, often."[1009]

[1005] "*A lack of judicially discoverable and manageable standards for resolving it*", *Baker v. Carr*, 369 U.S. 186, 217 (1962).

[1006] "*Policy determination of a kind clearly for nonjudicial discretion*", *Baker v. Carr*, 369 U.S. 186, 217 (1962).

[1007] "*Impossibility of a court's undertaking independent resolution without expressing lack of respect due coordinate branches of government*", *Baker v. Carr*, 369 U.S. 186, 217 (1962); *Fallon/Meltzer/Shapiro*, The Federal Courts and the Federal System, 291 f.

[1008] Zum Fall *Luther v. Borden*, 48 U.S. 1, 51 (1849) vgl. auch *Tribe*, American Constitutional Law, 368 f.; *Rau*, Selbst entwickelte Grenzen, 66 ff.; *Klaus J. Engelen*, Die "Political Question Doctrine", 12 ff.; *Barkow*, More Supreme than Court?, Colum.L.Rev., Bd. 102 (2002), 237, 255 ff.

[1009] 48 U.S. 1, 51 (1849) („*Jedoch zum Glück für unsere Freiheit von politischen Verwicklungen bei der Erfüllung judikativer Aufgaben, kann dieser Gerichtshof niemals zu Recht offiziell angerufen werden, um als Schiedsrichter*

In Woodburys Ausführungen wird deutlich, dass ein gerichtliches Verfahren vor dem U.S. Supreme Court keineswegs zur Beilegung aller sich aus der Verfassungspraxis ergebenden Streitigkeiten geeignet ist. Zahlreiche Konflikte sollen dem allgemeinen politischen Prozess und damit letztlich dem Volk in Wahlen und Abstimmungen bzw. seinen demokratisch-parlamentarischen Repräsentanten überlassen bleiben.[1010] Den verschiedenen Formeln der "political question-doctrine" ist gemeinsam, dass die Gerichtsbarkeit und damit in letzter Instanz der U.S. Supreme Court nicht als Schiedsrichter in politische Fragen eingreifen will (umpire in questions merely political). Diesem Prinzip liegt die Überlegung zugrunde, dass die Gerichtsbarkeit durch die Entscheidung „politischer Streitigkeiten", die nicht nach verbindlichen Verfassungsvorschriften gelöst werden können, sich auf unsicheres und damit gefährliches Terrain begibt. Als anerkannt schwächste der staatlichen Teilgewalten würde die Gerichtsbarkeit im Konflikt mit den beiden anderen unterliegen oder zumindest Schaden nehmen.[1011] Daher dient die "political question-doctrine", die eng mit dem Grundsatz der Gewaltenteilung verknüpft ist, vor allem dem Schutz der Gerichtsbarkeit vor politischen Auseinandersetzungen mit den anderen staatlichen Teilgewalten.

II. Organstreitverfahren (Art. 93 Abs. 1 Nr. 1 GG)

Eine "political question-doctrine" im formalen Sinn kennt das deutsche Verfassungsprozessrecht nicht.[1012] Der zentrale Grund hierfür liegt darin, dass der Zuständigkeitskatalog des Art. 93 Abs. 1 GG so umfassend ausgestaltet wurde, dass kaum verfassungsrechtliche Streitigkeiten

---

über ausschließlich politische Fragen zu entscheiden. Die Beurteilung dieser Fragen gebührt nämlich dem Volk und ihren politischen Repräsentanten in den Einzelstaaten und auf bundesstaatlicher Ebene. Diese Fragen beziehen sich auf Angelegenheiten, die nicht nach strengen rechtlichen Prinzipien beigelegt werden können. Sie werden vielmehr nach Neigung beurteilt, oder oftmals auch nach Vorurteil oder im Kompromiss.").

[1010] Vgl. auch *Tribe*, American Constitutional Law, 367 ("*Political questions … concern matters as to which departments of government other than the courts, or perhaps the electorate as a whole must have the final say.*"); kritisch hierzu *Louis Henkin*, Is There a 'Political Question' Doctrine, Yale L.J., Bd. 85 (1976), 597, 607 ff.

[1011] Vgl. *Bickel*, The Least Dangerous Branch, 183.

[1012] Vgl. *Kommers*, Constitutional Jurisprudence, 153 f.

denkbar sind, für die das Bundesverfassungsgericht nicht zuständig wäre. Dementsprechend hat das Bundesverfassungsgericht in der Vergangenheit seine Zuständigkeit niemals unter Hinweis auf den „politischen Charakter“ einer Streitigkeit abgelehnt. Allerdings sind die Grundsätze der “political question-doctrine” im deutschen Verfassungsprozessrecht auch nicht vollkommen unbekannt, sie kommen aber erst im Rahmen der materiell-rechtlichen Ausführungen zur Geltung.[1013] So hat es das Bundesverfassungsgericht – ohne jemals ausdrücklich auf die “political question-doctrine” oder ähnliche verfassungsrechtliche Theorien zu verweisen – in zahlreichen Entscheidungen abgelehnt, eine vollständige verfassungsrechtliche Überprüfung vorzunehmen, wenn Ermessensentscheidungen anderer Verfassungsorgane z.B. in Fragen der Außen- und Sicherheitspolitik zu beurteilen waren.[1014] Dieses auch unter dem Be-

---

[1013] Ausführungen hierzu finden sich auch in der sog. Status-Denkschrift des Gerichts vom Juni 1952, JöR, Bd. 6 (1957), 109, 125 f. Darin heisst es wie folgt: *„Es gehört aber seit über einem Jahrhundert zu den ‚basic principles‘ einer jeden Verfassungsrechtsprechung, dass rein politische Streitigkeiten einer solchen Gerichtsbarkeit nicht unterstehen.“* In der Fußnote wird dann auf den amerikanischen Supreme Court und dessen Entscheidung in *Luther v. Borden* (1849) verwiesen. Bemerkenswerterweise ist auch im Regierungsentwurf zur 1. Novelle des BVerfGG von 1956, davon die Rede, es sei verschiedentlich erörtert worden, *„ob nicht wenigstens ausgeschlossen werden könne, daß ‚politische‘ Fragen, insbesondere Fragen der Außenpolitik, der Entscheidung des Gerichts unterworfen würden“*. Im Ergebnis kommt der Gesetzentwurf aber zu dem Schluss, dass *„die Entscheidung darüber, wieweit es die geltenden Vorschriften des Grundgesetzes dem BVerfG gestatten, auch über ‚politische‘ Fragen zu entscheiden, nur der Rechtsprechung des Gerichts selbst überlassen bleiben“* kann, BT-Drs. II/1662, S. 5 u. 10. Auch in der Entlastungskommission des Jahres 1996/97 wurde eine Einschränkung der Prüfungsintensität durch eine „Political-Question-Doktrin“ erörtert. Allerdings riet die Kommission von einer Einführung ab, da neben umfangreichen Schwierigkeiten keine Entlastung damit verbunden wäre, vgl. *BMJ* (Hrsg.), Entlastung des Bundesverfassungsgerichts, 133 f. Vgl. hierzu auch *Simons*, Grundrechte und Gestaltungsspielraum, 71 ff.; a.A. *Stoevesandt*, Aktivismus und Zurückhaltung im United States Supreme Court, 76.

[1014] Z.B. BVerfG, Urt. v. 18.6.1973, BVerfGE 35, 257 (261 f.) (einstw. Anordnung Grundvertrag); BVerfG, Beschl. v. 31.7.1973, BVerfGE 36, 1 (14 f.) (Grundvertragsurteil); BVerfG, Beschl. v. 16.12.1983, BVerfGE 66, 39 (61) (Stationierung von Pershing II u. Cruise Missile); BVerfG, Urt. v. 12.7.1994, BVerfGE 90, 286 (358 ff.) (AWACS); BVerfG, Urt. v. 10.1.1995, BVerfGE 92, 26 (41 ff.) (Geltung ausländischen Arbeitsrechts auf dt. Handelsschiffen); BVerfG, Beschl. v. 18.4.1996, BVerfGE 94, 12 (35) (Bodenreform II: Bedeutung des Restitutionsausschlusses 1945-49 für die Wiedervereinigung); BVerfG, Urt. v.

griff des "judicial self-restraint"[1015] diskutierte Vorgehen des Verfassungsgerichts ist im Schrifttum zwar nicht unumstritten,[1016] fand in der Rechtsprechungspraxis des Gerichts jedoch auch in anderen Bereichen Anwendung.[1017] Grundsätzlich werden im Rahmen von Organstreitigkeiten nach Art. 93 Abs. 1 Nr. 1 GG Konflikte zwischen verschiedenen Verfassungsorganen entschieden, die in den Vereinigten Staaten wegen ihres „politischen" Inhalts in den meisten Fällen nicht justiziabel

---

14.5.1996, BVerfGE 94, 115 (143 ff.) (Sichere Herkunftsstaaten im Asylrecht); vgl. *Jackson/Tushnet*, Comparative Constitutional Law, 752 ff.; *Hailbronner*, Kontrolle der auswärtigen Gewalt, VVDStRL 56 (1997), 8, 14 ff.; *Stern*, Außenpolitischer Gestaltungsraum und verfassungsgerichtliche Kontrolle, 12 ff.; *Dolzer*, Staatstheoretische und staatsrechtliche Stellung, 108; *Engelen*, Political Question Doctrine, 132 ff. (Diss, iur., Bonn 1984); *Piazolo*, Verfassungsgerichtsbarkeit und politische Fragen, 55 ff. u. 70 ff.; *Quaas*, Die Verfassung der Vereinigen Staaten von Amerika und das Grundgesetz, VBlBW 2003, 217, 218; a.A. *Kriele*, Recht und Politik in der Verfassungsrechtsprechung, NJW 1976, 777, 780; *Tomuschat*, Auswärtige Gewalt und verfassungsgerichtliche Kontrolle, DÖV 1973, 801, 807.

[1015] Aus der Rechtsprechungspraxis des U.S. Supreme Court: *Ashwander v. Tennessee Valley Authority*, 297 U.S. 288, 345 ff. (1936) (Ausübung von Gesetzgebungsbefugnissen für Verteidigungszwecke); vgl. *Stern*, Staatsrecht, Bd. 2, § 44, II 3 (S. 958); *Kommers*, Constitutional Jurisprudence, 50 f.; *Sturm*, in: Sachs, GG, Art. 93, Rdnr. 15; *Schlaich/Korioth*, Das Bundesverfassungsgericht, Rdnr. 493; *Rau*, Selbst entwickelte Grenzen, 125 ff.; *Simons*, Grundrechte und Gestaltungsspielraum, 56 ff.; *Lorz*, Interorganrespekt im Verfassungsrecht, 460 ff.

[1016] Sehr kritisch z.B. *Voßkuhle*, in: v. Mangoldt/Klein/Starck, GG, Bd. 3, Art. 93, Rdnr. 36; *Murswiek*, Der Umfang der verfassungsgerichtlichen Kontrolle staatlicher Öffentlichkeitsarbeit, DÖV 1982, 529, 532; *Benda*, in: Benda/Klein, Verfassungsprozessrecht, Rdnr. 22; zustimmend hingegen *Kriele*, Grundrechte und demokratischer Gestaltungsspielraum, in: Isensee/Kirchhof, HdbStR, Bd. 5, 1. Auflage, Heidelberg 1992, § 110, Rdnr. 7 ff.

[1017] Z.B. BVerfG, Urt. v. 16.10.1977, BVerfGE 46, 160 (164 f.) (Schleyer); BVerfG, Beschl. v. 16.12.1980, BVerfGE 55, 349 (364 f.) (Hess); BVerfG, Urt. v. 16.2.1983, BVerfGE 62, 1 (48 ff.) (Bundestagsauflösung 1982/83); BVerfG, Urt. v. 25.8.2005, BVerfGE 114, 121 (Bundestagsauflösung 2005); BVerfG, Beschl. v. 17.7.1974, BVerfGE 38, 61 (82 u. 87 ff.) (Leberpfennig: Entwicklung des Werkfernverkehrs); siehe auch *Jackson/Tushnet*, Comparative Constitutional Law, 753; *Kommers*, Constitutional Jurisprudence, 169; *Sturm*, in: Sachs, GG, Art. 93, Rdnr. 15; *Laufer*, Verfasungsgerichtsbarkeit und politischer Prozeß, 351 ff. u. 365 ff.

wären.[1018] Eine Übertragung der amerikanischen "political question-doctrine" auf das deutsche Verfassungsrecht wird daher im Schrifttum überwiegend abgelehnt.[1019]

Das Organstreitverfahren nach Art. 93 Abs. 1 Nr. 1 GG erlaubt es den obersten Verfassungsorganen des Bundes sowie anderen Beteiligten, über den Umfang ihrer aus dem Grundgesetz resultierenden verfassungsmäßigen Rechte und Pflichten zu streiten.[1020] Der mit dem Organstreitverfahren verfolgte Zweck besteht darin, Konflikte zwischen den obersten Bundesorganen auf rechtlichem statt auf politischem Wege beizulegen,[1021] weshalb das deutsche Organstreitverfahren auch als „Judizialisierung politischer Konflikte" bezeichnet worden ist.[1022]

Da die Verfassungsorgane als Antragsteller resp. Antragsgegner am Verfahren beteiligt sind, ist der Organstreit als kontradiktorisches Streitverfahren ausgestaltet. Verfahrensbeteiligte können die in § 63 BVerfGG ausdrücklich genannten obersten Verfassungsorgane Bundespräsident, Bundestag, Bundesrat und Bundesregierung sowie nach Art. 93 Abs. 1 Nr. 1 GG auch „andere Beteiligte" sein, wenn sie im

---

[1018] Vgl. *Simon*, in: Benda/Maihofer/Vogel, Handbuch des Verfassungsrechts, § 34, Rdnr. 20. Nach *Pietzcker*, Organstreit, in: FS. 50 Jahre BVerfG, 587, 588 werden mit der Zulassung eines Organstreits „Verfassungsfragen in hochpolitischen Zusammenhängen zur Entscheidung des Bundesverfassungsgerichts gestellt".

[1019] Vgl. *Schlaich/Korioth*, Das Bundesverfassungsgericht, Rdnr. 493; *Stern*, Staatsrecht, Bd. 2, § 44, II 3 (S. 961); *Benda*, in: Benda/Klein, Verfassungsprozessrecht, Rdnr. 22 f.; *Murswiek*, Der Umfang der verfassungsgerichtlichen Kontrolle staatlicher Öffentlichkeitsarbeit, DÖV 1982, 529, 532; *Rau*, Selbst entwickelte Grenzen, 129 ff.; a.A. *Haller*, Supreme Court und Politik in den USA, 353; *Schenke*, NJW 1979, 1321, 1325.

[1020] Vgl. *Lorenz*, Der Organstreit vor dem Bundesverfassungsgericht, in: Festgabe BVerfG, Bd. 1, 225 ff.; *Schlaich/Korioth*, Das Bundesverfassungsgericht, Rdnr. 74; *Umbach*, in: Umbach/Clemens/Dollinger, BVerfGG, Vor §§ 63 ff., Rdnr. 2 ff.; kritisch zum Begriff des „Rechts" in Zusammenhang mit Staatsorganen *Löwer*, Zuständigkeit und Verfahren des Bundesverfassungsgerichts, in: Isensee/Kirchhof, HdbStR, Bd. 3, § 70, Rdnr. 8 ff.; *Klein*, in: Benda/Klein, Verfassungsprozessrecht, Rdnr. 983.

[1021] Vgl. *Klein*, in: Benda/Klein, Verfassungsprozessrecht, Rdnr. 1050; *Pestalozza*, VerfassungsprozessR, § 7, Rdnr. 2; *Günter Erdmann*, Organstreitigkeiten vor dem Bundesverfassungsgericht, 4 (Diss.iur., Heidelberg 1963).

[1022] Vgl. *Pietzcker*, Organstreit, in: FS. 50 Jahre BVerfG, 587, 588; *Schlaich/Korioth*, Das Bundesverfassungsgericht, Rdnr. 77; *Pestalozza*, VerfassungsprozessR, § 7, Rdnr. 2 f.

Grundgesetz oder der Geschäftsordnung eines obersten Bundesorgans mit eigenen Rechten ausgestattet sind.[1023] Gegenstand des Organstreitverfahrens ist eine rechtserhebliche Maßnahme bzw. ein Unterlassen, durch die der Antragsgegner gegen eine Bestimmung des Grundgesetzes verstoßen hat.[1024] Im Rahmen der Antragsbefugnis nach § 64 Abs. 1 BVerfGG muss der Antragsteller außerdem geltend machen, in einem ihm vom Grundgesetz übertragenen eigenen „Recht" verletzt oder unmittelbar gefährdet zu sein.[1025] Allerdings hat das Bundesverfassungsgericht die verfassungsprozessuale Dispositionsmaxime – wie schon bei der abstrakten Normenkontrolle – auf die Antragstellung begrenzt, so dass ein Streitfall selbst nach Rücknahme des verfahrenseinleitenden Antrags entschieden wird, wenn ein „öffentliches Interesse" an der Sicherung der Verfassungsintegrität besteht.[1026] Am Ende des Organstreitverfahrens stellt das Bundesverfassungsgericht fest, ob die beanstandete Maßnahme gegen das Grundgesetz verstößt oder nicht. Eine Entscheidung über die Verfassungsmäßigkeit von Normen kann nach Art. 93 Abs. 1 Nr. 1 GG i.V.m. § 67 BVerfGG grundsätzlich nicht ergehen.[1027]

[1023] Z.B. Präsidenten von Bundestag und Bundesrat, Mitglieder der Bundesregierung, Ausschüsse und Fraktionen, Gruppen, Fraktionen in Untersuchungsausschüssen, Abgeordnete, politische Parteien, vgl. *Geck*, Judicial Review of Statutes, Corn.L.Q., Bd. 51 (1966) 250, 269; *Stern*, Staatsrecht, Bd. 2, § 44, IV 4 (S. 980 ff.); *Schlaich/Korioth*, Das Bundesverfassungsgericht, Rdnr. 81 ff.; *Pietzcker*, Organstreit, in: FS. 50 Jahre BVerfG, 587, 592 ff.; *Löwer*, Zuständigkeit und Verfahren des Bundesverfassungsgerichts, in: Isensee/Kirchhof, HdbStR, Bd. 3, § 70, Rdnr. 17 ff.; *Klein*, in: Benda/Klein, Verfassungsprozessrecht, Rdnr. 995 ff.

[1024] Vgl. BVerfG, Beschl. v. 8.6.1982, BVerfGE 60, 374 (380 f.); BVerfG, Urt. v. 18.12.1984, BVerfGE 68, 1 (73); BVerfG, Urt. v. 14.7.1986, BVerfGE 73, 1 (27 ff.).

[1025] Vgl. BVerfG, Beschl. v. 30.6.1953, BVerfGE 2, 347 (366); BVerfG, Urt. v. 14.1.1986, BVerfGE 70, 324 (350); BVerfG, Beschl. v. 11.1.1995, BVerfGE 92, 74 (79); *Klein*, in: Benda/Klein, Verfassungsprozessrecht, Rdnr. 1029 f.

[1026] BVerfG, Beschl. v. 26.11.1968, BVerfGE 24, 299 (300); *Löwer*, Zuständigkeit und Verfahren des Bundesverfassungsgerichts, in: Isensee/Kirchhof, HdbStR, Bd. 3, § 70, Rdnr. 11.

[1027] Vgl. *Löwer*, Zuständigkeit und Verfahren des Bundesverfassungsgerichts, in: Isensee/Kirchhof, HdbStR, Bd. 3, § 70, Rdnr. 15; *Schlaich/Korioth*, Das Bundesverfassungsgericht, Rdnr. 89; *Klein*, in: Benda/Klein, Verfassungsprozessrecht, Rdnr. 1048; a.A. für den Fall des zu Recht ausgeübten Prüfungsrechts

III. Organstreitverfahren und politische Fragen

1. Abweichungen

Bei der judikativen Behandlung politischer Streitigkeiten besteht eine Vielzahl von Abweichungen im Detail, die sich jedoch letztlich vor allem darauf zurückführen lassen, dass der U.S. Supreme Court es grundsätzlich ablehnt, politisch überlagerte Streitfälle aus der Verfassungspraxis zu entscheiden.

a. Normative Situation

Der gravierendste Unterschied zwischen dem amerikanischen und deutschen Verfassungsprozessrecht besteht in dieser Hinsicht darin, dass das deutsche Organstreitverfahren, das potentiell zur Befassung mit politischen Streitigkeiten führen kann, ausdrücklich in der Verfassungsvorschrift des Art. 93 Abs. 1 Nr. 1 GG geregelt wurde. Das Bundesverfassungsgericht hat daher im Grunde gar keine andere Wahl, als sich mit dem ihm zugewiesenen Streitfall auseinanderzusetzen.[1028] Demgegenüber sind dem amerikanischen Prozessrecht verfassungsgerichtliche Spezialverfahren grundsätzlich fremd. Auch Streitigkeiten zwischen Verfassungsorganen und anderen am Verfassungsleben beteiligten Stellen werden nach amerikanischem Prozessrecht im Rahmen einer herkömmlichen kontradiktorischen Streitigkeit geführt. Somit ist der U.S. Supreme Court – wie auch alle anderen Gerichte der amerikanischen Bundesgerichtsbarkeit – in Ermangelung einer spezifischen normativen Grundlage nicht dazu verpflichtet, sich mit politisch überlagerten Streitigkeiten zu befassen, so dass er sich im Wege der richterlichen Rechtsfortbildung mit der "political question-doctrine" verschiedene prozessuale Grundsätze geschaffen hat, die die rasche Abweisung entsprechender Fälle ermöglichen.

---

des Bundespräsidenten bei Gesetzen, *Stern*, Staatsrecht, Bd. 2, § 44, IV 4 (S. 982).

[1028] Vgl. *Murswiek*, Der Umfang der verfassungsgerichtlichen Kontrolle staatlicher Öffentlichkeitsarbeit, DÖV 1982, 529, 532 („*Nichtentscheidung trotz gegebener Entscheidungszuständigkeit ist für ein Gericht Kompetenzüberschreitung.*"); *Stern*, Staatsrecht, Bd. 2, § 44, II 3 (S. 961); *Benda*, in: Benda/Klein, Verfassungsprozessrecht, Rdnr. 22; *Schlaich/Korioth*, Das Bundesverfassungsgericht, Rdnr. 493.

Auf den ersten Blick erscheint eine ausdrückliche Normierung der verfassungsprozessualen Möglichkeiten, wie sie im Grundgesetz und im BVerfGG vorgenommen wurde, vorzugswürdig. Denn dabei kann jeder Beteiligte von Anfang feststellen, ob es ein prozessuales Verfahren gibt, mit dem sein spezifisches Begehren verfolgt werden kann oder nicht. Allerdings sind dem amerikanischen Prozessrecht ausdrückliche Regelungen über verfassungsgerichtliche Sonderverfahren generell fremd. Sie würden auch den Grundsätzen einer nach dem Einheitsmodell konzipierten Gerichtsbarkeit zuwiderlaufen, da dabei verfassungsrechtliche Streitigkeiten grundsätzlich inzident im Rahmen von normalen Rechtsstreitigkeiten zwischen Parteien behandelt werden. Da die Gerichtsbarkeit im anglo-amerikanischen Rechtskreis eine wesentlich aktivere Funktion bei der Entwicklung und Fortbildung prozessualer Regeln hat als etwa im deutschen Rechtskreis, war es nur konsequent, dass der Supreme Court schon in der ersten Hälfte des 19. Jahrhunderts klargestellt hat, dass politische Streitigkeiten vom Volk oder seinen demokratisch legitimierten Repräsentanten beigelegt werden müssen und nicht den Gerichten überlassen werden können. Im Ergebnis haben beide prozessualen Vorgehensweisen – auch im Hinblick auf die Traditionen im jeweiligen Rechtskreis – ihre Berechtigung, die keine von beiden als vorzugswüdiger als die andere erscheinen lässt.

b. Umfang der Zuständigkeitsprüfung

Ein weiterer konkreter Unterschied zwischen dem amerikanischen und deutschen Prozessrecht zeigt sich beim Umfang der Zuständigkeitsprüfung. Im Gegensatz zum U.S. Supreme Court, der nach der "political question-doctrine" regelmäßig bereits die Zuständigkeit für „politische“ Streitigkeiten ablehnt, hat das Bundesverfassungsgericht seine Zuständigkeit für die Entscheidung von Organstreitigkeiten – auch wegen der ausdrücklichen Normierung in Art. 93 Abs. 1 Nr. 1 GG – stets anerkannt.[1029] Während der U.S. Supreme Court damit den Eindruck er-

[1029] Z.B. BVerfG, Beschl. v. 31.7.1973, BVerfGE 36, 1 (14 f.) (Grundvertragsurteil); BVerfG, Beschl. v. 16.12.1983, BVerfGE 66, 39 (61) (Stationierung von Pershing II u. Cruise Missile); BVerfG, Urt. v. 12.7.1994, BVerfGE 90, 286 (358 ff.) (AWACS); BVerfG, Urt. v. 10.1.1995, BVerfGE 92, 26 (41 ff.) (Geltung ausländischen Arbeitsrechts auf dt. Handelsschiffen); BVerfG, Beschl. v. 18.4.1996, BVerfGE 94, 12 (35) (Bodenreform II: Bedeutung des Restitutionsausschlusses 1945-49 für die Wiedervereinigung); vgl. eingehend zu den Unterschieden im deutschen und amerikanischen Recht *Thomas M. Franck*, Political

weckt, Streitigkeiten politischer Natur regelmäßig nicht näher zu prüfen – man könnte in deutschen Prozesskategorien sagen, dass entsprechende Streitigkeiten bereits aus formellen Gründen abgewiesen werden – setzt sich das Bundesverfassungsgericht mit solchen Streitigkeiten auch „in der Sache" auseinander.[1030] Dabei mag das Bundesverfassungsgericht zwar möglicherweise zu der Schlussfolgerung gelangen, dass judikative Zurückhaltung gegenüber Ermessensentscheidungen anderer Verfassungsorgane angebracht ist oder dass es an normativen Maßstäben zur verfassungsrechtlichen Beurteilung einer Streitigkeit fehlt,[1031] jedenfalls aber geht es hierbei ausdrücklich auf die in der jeweiligen Streitigkeit aufgeworfenen materiell-rechtlichen Fragen ein.[1032]

Bei der Frage, ob eine Streitigkeit politischer oder verfassungsrechtlicher Natur ist, handelt es sich im Kern um eine materiell-rechtliche Frage, die grundsätzlich nur unter Zugrundelegung des gesamten faktischen Materials eines Falles sachgerecht entschieden werden kann. Die Möglichkeit sich eingehend und nach außen erkennbar mit den rechtlichen und tatsächlichen Gegebenheiten einer Streitigkeit auseinanderzusetzen besteht eigentlich nur dann, wenn die Zuständigkeit des Gerichts bereits begründet ist. Da nach den Bestimmungen des deutschen Verfassungsprozessrechts eine sowohl formelle wie auch materielle Prüfung vorgenommen wird, erscheint der deutsche Lösungsansatz daher insgesamt überzeugender und vorzugswürdig. Indem der U.S. Supreme Court die "political question-doctrine" bereits bei der – an sich nur formellen – Zuständigkeitsprüfung anwendet, verschleiert er, dass er tatsächlich umfangreiche Bewertungen der materiell-rechtlichen Gegebenheiten vornimmt. Sofern hierbei also der Eindruck erweckt wird, dass sich der Supreme Court wegen mangelnder Zuständigkeit nicht „in der Sache" mit einem politischen Fall befassen kann, wird unterschla-

---

Questions/Judicial Answers: Does the Rule of Law Apply to Foreign Affaires, Princeton/N.J. 1992.

[1030] Vgl. *Quaas*, Die Verfassung der Vereinigten Staaten von Amerika und das Grundgesetz, VBlBW 2003, 217, 218 („*Die 'political question'-Kriterien greift das Bundesverfassungsgericht auf der ‚Begründetheitsebene' auf, ...*").

[1031] Vgl. *Stern*, Staatsrecht, Bd. 2, § 44, II 3 (S. 961).

[1032] Z.B. BVerfG, Urt. v. 12.7.1994, BVerfGE 90, 286 (358 ff.) (AWACS) BVerfG, Urt. v. 10.1.1995, BVerfGE 92, 26 (41 ff.) (Geltung ausländischen Arbeitsrechts auf dt. Handelsschiffen); BVerfG, Beschl. v. 18.4.1996, BVerfGE 94, 12 (35) (Bodenreform II: Bedeutung des Restitutionsausschlusses 1945-49 für die Wiedervereinigung).

gen, dass genau dies für die Zuständigkeitsprüfung erforderlich war und stattgefunden hat.

Da es bei der Einführung des Organstreitverfahrens und der anderen verfassungsgerichtlichen Spezialverfahren in Deutschland auch darum ging, den *Rechts*-Charakter des deutschen Verfassungsrechts festzuschreiben und seine Abgrenzung vom Bereich der Politik zu betonen,[1033] wäre es in hohem Maße schädlich gewesen, die Ablehnung der Zuständigkeit wegen Vorliegens einer politischen Streitigkeit auf eine Zuständigkeitsprüfung des Bundesverfassungsgerichts zu verlagern. Wenn das Gericht schon zu dem Ergebnis gelangt, dass eine Streitigkeit wegen der darin betroffenen Kompetenzen anderer staatlicher Teilgewalten oder aus sonstigen Gründen von ihm nicht entschieden werden kann, dann ist eine nach außen erkennbare vollständige prozessuale und sachliche Prüfung grundsätzlich einer in die Zuständigkeitsprüfung einbezogenen summarischen Beurteilung materieller Fragen vorzuziehen.

2. *Übereinstimmungen*

Wenn auch die bestehenden Unterschiede im Umgang mit „politischen" Streitigkeiten durch den U.S. Supreme Court und durch das Bundesverfassungsgericht nicht relativiert werden sollen, so kommt man doch nicht umhin festzustellen, dass die praktischen Ergebnisse beider verfassungsprozessualen Ansätze häufig dicht beieinander liegen und in der Vergangenheit nicht selten zu ähnlichen Resultaten geführt haben. So zeigen sich beispielsweise Übereinstimmungen bei der Überprüfung von Fragen der Außen- und Sicherheitspolitik und auch bei von anderen Verfassungsorganen getroffenen Ermessensentscheidungen.[1034] In beiden Rechtsordnungen liegt diesem Vorgehen die Überzeugung

---

[1033] Vgl. 2. Teil, B,VI.

[1034] Z.B. BVerfG, Beschl. v. 16.12.1983, BVerfGE 66, 39 (61) (Stationierung von Pershing II u. Cruise Missile); BVerfG, Urt. v. 12.7.1994, BVerfGE 90, 286 (358 ff.) (AWACS) bzw. BVerfG, Urt. v. 16.2.1983, BVerfGE 62, 1 (48 ff.) (Bundestagsauflösung 1982/83); vgl. *Jackson/Tushnet*, Comparative Constitutional Law, 752 ff.; *Hailbronner*, Kontrolle der auswärtigen Gewalt, VVDStRL 56 (1997), 8, 14 ff.; *Lorz*, Interorganrespekt im Verfassungsrecht, 460 ff. u. 470 ff. Auf amerikanischer Seite z.B. *Marbury v. Madison*, 5 U.S. (1 Cranch) 137, 170 (1803); *Ashwander v. Tennessee Valley Authority*, 29 U.S. 288, 345 ff. (1936) (Ausübung von Gesetzgebungsbefugnissen für Verteidigungszwecke); *Baker v. Carr*, 369 U.S. 186, 217 (1962).

zugrunde, dass sich Verfassungsgerichte mit einer judikativen Beilegung politischer Streitigkeiten regelmäßig überfordert sehen und daher grundsätzlich nach einer Möglichkeit suchen, sich hiervon soweit wie möglich zu entlasten.

B. Erarbeitung und Entwicklung des Organstreitverfahrens

I. Verfassungshistorische Vorläufer

Aus der deutschen Verfassungsgeschichte sind verschiedene ideelle und normative Vorläufer des grundgesetzlichen Organstreitverfahrens zu nennen. Abgesehen von verschiedenen frühkonstitutionellen Streitbeilegungsverfahren[1035] stellt das in § 126 lit. b der Frankfurter Reichsverfassung (FRV) vorgesehene fakultative Streitentscheidungsverfahren zwischen den obersten Organen des Reiches das erste Streitverfahren dieser Art im Rahmen einer modernen Verfassungsgerichtbarkeit dar.[1036] Da die Verfassung von 1849 jedoch niemals in Kraft trat, kam auch dem damaligen Organstreitverfahren über ideelle Anregungen hinaus keine tatsächliche Bedeutung zu. Die Weimarer Reichsverfassung (WRV) sah in Art. 19 Abs. 1 zwar ein Verfahren für Verfassungsstreitigkeiten innerhalb eines Landes vor, nicht aber für Streitigkeiten zwischen den Verfassungsorganen des Reiches.[1037] Dementsprechend konnte die verfassungsrechtliche Entwicklung zwischen 1919 und 1933 im Hinblick auf ein organschaftliches Streitverfahren nur bedingt als

---

[1035] Vgl. *Scheuner*, Die Überlieferung der deutschen Staatsgerichtsbarkeit, in: Festgabe BVerfG, 1, 31 ff.; *Hoke*, Verfassungsgerichtsbarkeit in den deutschen Ländern, in: Landesverfassungsgerichtsbarkeit, 66 ff.; *Schlaich/Korioth*, Das Bundesverfassungsgericht, Rdnr. 75.

[1036] Vgl. *Huber*, Verfassungsgeschichte, Bd. 2, 834; *Faller*, Die Verfassungsgerichtsbarkeit in der Frankfurter Reichsverfassung, in: FS. Geiger, 827, 842.

[1037] Vgl. *Pietzcker*, Organstreit, in: FS. 50 Jahre BVerfG, 587; *Huber*, Verfassungsgeschichte, Bd. 6, 548 u. 551 f.; *Stern*, Staatsrecht, Bd. 2, § 44, IV 4 (S. 979); *Pestalozza*, VerfassungsprozessR, § 7, Rdnr. 4; eingehend *W. Rathgen*, Verfassungsstreitigkeiten innerhalb eines Landes nach Art. 19 RV (Diss. iur., Heidelberg 1925); *W. Hofacker*, Verfassungsstreitigkeiten innerhalb eines Landes, RVerwBl. 51 (1930), 33 ff.

Vorbild für die Erarbeitung des Grundgesetzes herangezogen werden. Anders verhielt es sich bei den einschlägigen Regelungen der hessischen und der bayerischen Landesverfassung von 1946, die beide Landesorganstreitverfahren vorsahen und damit – wie auch den Protokollen des Parlamentarischen Rates zu entnehmen ist[1038] – im unmittelbaren verfassungshistorischen Kontext des Jahres 1948/49 als Vorbilder für das Verfahren nach Art. 93 Abs. 1 Nr. 1 GG dienten.[1039]

II. Verfassungskonvent und Parlamentarischer Rat

Auch die Erarbeitung des Organstreitverfahrens nahm ihren Ausgang beim Herrenchiemseer-Verfassungsentwurf. Die entsprechende Regelung des Art. 98 Nr. 2 HC-E war verhältnismäßig breit gehalten und sah vor, dass das Bundesverfassungsgericht über alle „Verfassungsstreitigkeiten zwischen obersten Bundesorganen oder Teilen von solchen" entscheiden sollte.[1040]

Gegen diese umfassende Formulierung der Vorschrift und den Gedanken eines Organstreitverfahrens überhaupt, regte sich in der 5. Sitzung des Rechtspflegeausschusses vom 10. November 1948 großer Widerstand. Der stellvertretende Ausschussvorsitzende Strauß ging dabei auch auf das bereits in Art. 98 Nr. 2 HC-E vorgesehene Streitverfahren zwischen Bundesorganen ein. Wörtlich führte er hierzu wie folgt aus:

> „Ich melde schwere Bedenken gegen die Aufnahme einer solchen Bestimmung überhaupt an. In der Weimarer Verfassung hat man ... zwar eine Zuständigkeit des Staatsgerichtshofs bei Streitigkeiten nicht-privatrechtlicher Art zwischen Reich und Ländern vorgesehen, aber nicht bei Streitigkeiten zwischen Organen des Reiches. ...
>
> Ich bin der Auffassung, dass es sich, wenn solche Konflikte auftauchen, um Konflikte handelt, die einer richterlichen, auch einer verfassungsrichterlichen Entscheidung nicht mehr zugänglich sind. Das

---

[1038] *Laforet* (CSU), in: Prot. Parl. Rat, Bd. 13/II, Dok.-Nr. 57, 1347, 1359 (7. Sitzung d. RpflA, 6.12.1948) („*Wir haben diese Formel leider auch in Art. 64 [BayLVerf], wo es um Verfassungsstreitigkeiten zwischen obersten Staatsorganen geht.*")

[1039] Vgl. Art. 131 HessLVerf und Art. 64 BayLVerf, *Huber*, Quellen zum Staatsrecht der Neuzeit, Bd. 2, 351, 366 f. (Hessen) und 313, 321 (Bayern).

[1040] Vgl. *Wilms*, Dokumente zur neuesten Verfassungsgeschichte, Bd. III/2, Dok.-Nr. 2 (Herrenchiemseer Entwurf), 55, 75.

sprengt den Rahmen dessen, was richterlich entschieden werden kann und würde unter Umständen den Konflikt nur verschärfen. ... Das sind Dinge, die einfach nicht justiziabel sind. Das ist jedenfalls meine persönliche Meinung. Wie denkt der Ausschuß darüber?“[1041]

In der sich anschließenden Diskussion zeigte sich, dass auch der Ausschuss einem umfassenden Organstreitverfahren überwiegend kritisch gegenüber stand. Als Beispiele für mögliche Organkonflikte wurden ein Streit zwischen zwei Bundesministern sowie ein Streit zwischen Bundestag und Bundesrat genannt. Zu letzterem Beispiel gab es folgende Stellungnahmen:

Selbert:	„Streit zwischen Bundestag und Bundesrat.
Greve:	Das ist völlig unmöglich. Da hat Herr Strauß Recht. In dem Fall, in dem es sich um Bundestag oder Bundesrat handelt ..., den Verfassungsgerichtshof einzuschalten, halte ich zumindest noch für bedenklicher, als die Sache offenzulassen und durch den Zwang der Tatsachen, da es sich hier um politische Entscheidungen handeln wird, das eine oder andere Organ dazu zu bringen, auf die Inanspruchnahme der Zuständigkeit zu verzichten. Ich glaube doch, dass es richtiger sein würde, die Ziff. 2 [=Art. 98 Nr. 2 HC-E] entsprechend dem Vorschlag von Herrn Strauß zu streichen.
Selbert:	Nehmen wir an, es handelt sich um die Auslegung der Verfassung hinsichtlich der Zuständigkeiten von Bundestag und Bundesrat oder Bundesrat und Bundesregierung. Welche übergeordnete Instanz soll dann die Verfassung auslegen?
	...
Becker:	... Ich glaube, wir können es wirklich weglassen.
Greve:	Wir können es wohl weglassen. Selbst in der Begründung [des Herrenchiemseer Verfassungsentwurfs] ist darüber nichts gesagt. Mir scheint, das ist irgendwie die liebgewordene Formulie-

[1041] *Strauß* (CDU), in: Prot. Parl. Rat, Bd. 13/II, Dok.-Nr. 55, 1272, 1310 (5. Sitzung d. RpflA, 10.11.1948); vgl. *Pestalozza*, VerfassungsprozessR, § 7, Rdnr. 5.

rung eines Mitglieds in Herrenchiemsee gewesen. ...

de Chapeaurouge: Ich halte die Bestimmung der Ziff. 2 auch meinerseits für entbehrlich, möchte aber raten, die Bestimmung heute nicht zu streichen, sondern möchte bitten, daß die Herren von der CDU und von der SPD einmal in ihrem Kreise Rücksprache nehmen und sich erläutern lassen, was sich die Herren gedacht haben. Es könnte sein, dass irgendwelche beachtlichen Gedanken von uns übersehen wurden."[1042]

Obwohl der stellvertretende Ausschussvorsitzende Strauß auch in der nachfolgenden 6. Sitzung noch einmal bekräftigte, dass der Rechtspflegeausschuss sich darauf geeinigt hätte, ein Verfahren für Verfassungsstreitigkeiten zwischen obersten Bundesorganen nicht in das Grundgesetz aufzunehmen,[1043] sah der in der 7. Sitzung vorgelegte und von Zinn, Strauß und Dehler erarbeitete Entwurf in Art. 128 b Abs. 1 Nr. 1 GG-Entw folgende Bestimmung vor:

> „Das Bundesverfassungsgericht entscheidet: 1. über die Auslegung dieses Grundgesetzes aus Anlaß von Streitigkeiten über den Umfang von Rechten und Pflichten eines obersten Bundesorgans oder eines Beteiligten, der in diesem Grundgesetz mit eigenen Rechten ausgestattet ist."

Welche Ursachen diesen Meinungswandel bewirkt haben, ist aus den Protokollen des Rechtspflegeausschusses nicht zu entnehmen. Es ist jedoch wahrscheinlich, dass die von de Chapeaurouge angeregte Nachfrage in den Fraktionen von CDU/CSU und SPD ergeben hat, dass das Organstreitverfahren – zumindest in seinem Kern – erhalten bleiben soll. Schließlich hatten die Vorsitzenden der beiden großen Fraktionen im Parlamentarischen Rat, Carlo Schmid (SPD) und Anton Pfeiffer (CSU), auch zu den maßgeblichen Delegierten des Herrenchiemseer Verfassungskonvents gezählt. Außerdem kann diese Änderung auch auf die wiedereinsetzende Mitwirkung des Ausschussvorsitzenden Zinn zurückzuführen sein, der weder in der 5. noch bei der 6. Aus-

[1042] *Selbert* (SPD), *Greve* (SPD), *Becker* (FDP) u. *de Chapeaurouge* (CDU), in: Prot. Parl. Rat, Bd. 13/II, Dok.-Nr. 55, 1272, 1311 f. (5. Sitzung d. RpflA, 10.11.1948).

[1043] *Strauß* (CDU), in: Prot. Parl. Rat, Bd. 13/II, Dok.-Nr. 56, 1332, 1335 (6. Sitzung d. RpflA, 16.11.1948) („*Wir waren uns weiter darüber einig, dass Ziffer 2 des Herrenchiemseer Entwurfs fallen sollte, ...*“).

schusssitzung anwesend war. Eine Einflussnahme von amerikanischer Seite ist vor dem Hintergrund der amerikanischen Rechtstraditionen, insbesondere der "political question-doctrine", hingegen unwahrscheinlich.

Den Mitgliedern des Allgemeinen Redaktionsausschusses erschien die Beibehaltung eines Organstreitverfahrens jedoch offenkundig rechtfertigungsbedürftig. Daher wiesen sie ausdrücklich darauf hin, dass die Regelung des Art. 128 b Abs. 1 Nr. 1 GG-Entw im Vergleich zu Art. 98 Nr. 2 HC-E wesentlich enger konzipiert war.[1044] Hierzu führten Strauß und Zinn wie folgt aus:

> Strauß: „Vor allem spricht der Herrenchiemseer Entwurf schlechthin von Streitigkeiten, während wir das eingeschränkt haben. Politische Streitigkeiten zwischen derartigen Beteiligten sollen hier nicht in Frage kommen, sondern hier geht es um Streitigkeiten über die Auslegung des Grundgesetzes.
> Zinn: Also über die Abgrenzung des verfassungsmäßigen Machtbereichs zwischen den einzelnen Bundesorganen.
> Strauß: Das, was noch einer gerichtlichen Entscheidung zugänglich ist."[1045]

Das Organstreitverfahren sollte somit lediglich den justiziablen Teil der an sich als „politisch" eingestuften Streitigkeiten erfassen. Dementsprechend setzt sich auch in diesen Ausführungen die Unterscheidung zwischen (verfassungs)rechtlichen und politischen Streitigkeiten fort. Während die weiteren Erörterungen zum Organstreitverfahren sich vor allem mit der Frage der sonstigen „Beteiligten" befassten,[1046] wurde die in Art. 128 b Abs. 1 Nr. 1 GG-Entw vorgesehene Regelung – von wenigen redaktionellen Änderungen abgesehen – weitgehend in Art. 93 Abs. 1 Nr. 1 GG übernommen.[1047] Es entbehrt angesichts des im Rechtspflege-

---

[1044] Vgl. *Pestalozza*, VerfassungsprozessR, § 7, Rdnr. 5.

[1045] *Strauß* (CDU) u. *Zinn* (SPD), in: Prot. Parl. Rat, Bd. 13/II, Dok.-Nr. 57, 1347, 1358 (7. Sitzung d. RpflA, 6.12.1948).

[1046] Prot. Parl. Rat, Bd. 13/II, Dok.-Nr. 57, 1347, 1358-1366 (7. Sitzung d. RpflA, 6.12.1948).

[1047] Vgl. *Wilms*, Dokumente zur neuesten Verfassungsgeschichte, Bd. III/2, Dok.-Nr. 4 (Stellungnahme des ARA v. 5.12.1948), 124, 163; *ders.*, a.a.O., Dok.-Nr. 5 (Fassung der 1. Lesung HA, v. 20.1.1949), 175, 236; *ders.*, a.a.O. Dok.-Nr. 6, 257, 306; *ders.*, a.a.O., Dok.-Nr. 7 (Stellungnahme des ARA v. 25.1.1949), 321, 388; *ders.*, a.a.O., Dok.-Nr. 8 (Vorschlag 5er Ausschuss v. 5.2.1949), 411, 448; *ders.*, a.a.O., Dok.-Nr. 9 (Fassung der 3. Lesung HA v. 2.5.1949), 461, 518 f.

ausschuss besonders hervorgehobenen Unterschieds zwischen Art. 128 b Abs. 1 Nr. 1 GG-Entw und Art. 98 Nr. 2 HC-E nicht einer gewissen Ironie, dass das Bundesverfassungsgericht – mit kritischer Begleitung des staatsrechtlichen Schrifttums[1048] – die grundgesetzliche Bestimmung des Art. 93 Abs. 1 Nr. 1 GG von Anfang an weiter ausgelegt hat, als es der Wortlaut der Vorschrift eigentlich zuließ.[1049] Damit wird Art. 93 Abs. 1 Nr. 1 GG in der verfassungsrechtlichen Praxis der Bundesrepublik so angewendet und ausgelegt, als wäre im Rechtspflegeausschuss der Wortlaut von Art. 98 Nr. 2 HC-E beibehalten worden.[1050] Gerechtfertigt wird dieses Vorgehen dadurch, dass mit Verabschiedung von §§ 64, 67 BVerfGG i.V.m. Art. 93 Abs. 2 GG eine Modifizierung des Organstreitverfahrens einhergegangen wäre.[1051]

III. Einflüsse des U.S. Supreme Court

Da das amerikanische Prozessrecht kein dem Organstreitverfahren nach Art. 93 Abs. 1 Nr. 1 GG vergleichbares Verfahren vorsieht, konnte von ihm in dieser Hinsicht keine positive Vorbildwirkung auf das Grundgesetz ausgehen. Allerdings zeigen die Erörterungen im Rechtspflegeausschuss des Parlamentarischen Rates, dass auch die beteiligten Abgeordneten einem Organstreitverfahren, wie es ursprünglich in Art. 98 Nr. 2 HC-E vorgesehen war, mit größten Bedenken begegneten. Obwohl darin keine ausdrückliche Bezugnahme auf das amerikanische Verfassungsmodell liegt, sind in den Stellungnahmen der Abgeordneten argumentative Parallelen zu Positionen festzustellen, anhand derer auch

---

[1048] Vgl. *Lorenz*, Der Organstreit vor dem Bundesverfassungsgericht, in: Festgabe BVerfG, Bd. 1, 225, 232 ff.; *Pietzcker*, Organstreit, in: FS. 50 Jahre BVerfG, 587, 591; *Stern*, Staatsrecht, Bd. 2, § 44, IV 4 (S. 979 f.); *Schlaich/Korioth*, Das Bundesverfassungsgericht, Rdnr. 77; *Löwer*, Zuständigkeit und Verfahren des Bundesverfassungsgerichts, in: Isensee/Kirchhof, HdbStR, Bd. 3, § 70, Rdnr. 13 ff.; *Klein*, in: Benda/Klein, Verfassungsprozessrecht, Rdnr. 979 f.; *Umbach*, in: Umbach/Clemens/ Dollinger, BVerfGG, Vor §§ 63 ff., Rdnr. 19 ff.

[1049] BVerfG, Urt. v. 5.4.1952, BVerfGE 1, 208 (231 f.); BVerfG, Beschl. v. 8.12.1952, BVerfGE 2, 79 (86); BVerfG, Urt. v. 7.3.1953, BVerfGE 2, 143 (150 ff.); BVerfG, Urt. v. 30.6.1953, BVerfGE 2, 347 (365).

[1050] Kritisch zu dieser Praxis *Pestalozza*, VerfassungsprozessR, § 7, Rdnr. 5.

[1051] BVerfG, Urt. v. 5.4.1952, BVerfGE 1, 208 (231 f.); mit besonderer Betonung des Herrenchiemseer Entwurfs BVerfG, Urt. v. 7.3.1953, BVerfGE 2, 143 (150 ff. u. 155).

der U.S. Supreme Court bereits Klagen unter Berufung auf die "political question-doctrine" abgewiesen hat.

So kam es bei der Erörterung des Organstreitverfahrens im Rechtspflegeausschuss zwar nicht zur namentlichen Nennungen des U.S. Supreme Court, der vom stellvertretenden Ausschussvorsitzenden Strauß formulierte Vorbehalt mangelnder Justiziabilität bestimmter „politischer" Streitigkeiten, entspricht jedoch weitgehend den vom U.S. Supreme Court im Rahmen der "politicial question-doctrine" genannten Grundsätzen.[1052] Allerdings lassen sich anhand der Ausschussprotokolle keine Rückschlüsse auf unmittelbare Einflüsse des amerikanischen Verfassungsprozessrechts auf die Ausgestaltung des Organstreitverfahrens ziehen. Möglicherweise ist die Parallelität der Argumentation auch nur darauf zurückzuführen, dass die Grenzen richterlicher Entscheidungskraft den Abgeordneten des Rechtspflegeausschusses auch ohne Rückgriff auf ausländische Vorbilder klar vor Augen standen. Auch die objektiven Übereinstimmungen zwischen Organstreitverfahren und amerikanischem Prozessrecht lassen keine weiteren Rückschlüsse auf etwaige Einflüsse des U.S. Supreme Court zu. Dies liegt vor allem daran, dass sich beispielsweise die Übereinstimmungen im Hinblick auf die verfassungsgerichtliche Behandlung von Ermessensentscheidungen der anderen Teilgewalten erst aus der Rechtsprechungspraxis des Bundesverfassungsgerichts ergaben, ohne bereits zuvor einen Niederschlag in den Vorschriften des Grundgesetzes oder des BVerfGG gefunden zu haben. Dass das Organstreitverfahren im Hinblick auf den Einfluss des amerikanischen Verfassungs- und Verfassungsprozessrechts eine Sonderstellung einnahm, konnte darüber hinaus auch bereits daran ersehen werden, dass es als einziges der verfassungsgerichtlichen Kernverfahren nicht im alliierten Memorandum vom 22. November 1948 erwähnt wurde. Hatten sich die Alliierten im Frankfurter Dokument Nr. I noch darauf beschränkt, von einer „demokratischen Verfassung föderalen Typs" zu sprechen, sollte durch das alliierte Memorandum vom 22. November 1948 sichergestellt werden, dass der dem Hauptausschuss des Parlamentarischen Rates zur 1. Lesung vorzulegenden

---

[1052] *Strauß* (CDU), in: Prot. Parl. Rat, Bd. 13/II, Dok.-Nr. 55, 1272, 1310 (5. Sitzung d. RpflA, 10.11.1948) („*Ich bin der Auffassung, dass es sich, wenn solche Konflikte auftauchen, um Konflikte handelt, die einer richterlichen, auch einer verfassungsrichterlichen Entscheidung nicht mehr zugänglich sind. Das sprengt den Rahmen dessen, was richterlich entschieden werden kann und würde unter Umständen den Konflikt nur verschärfen.*"); vgl. *Luther v. Borden*, 48 U.S. 1, 51 (1849); *Baker v. Carr*, 369 U.S. 186, 217 (1962).

Grundgesetz-Entwurf den verfassungsrechtlichen Vorstellungen der Alliierten entsprach.[1053] Während Normenkontrolle, Exekutivkontrolle, Streitigkeiten zwischen Bund und Ländern sowie ein Verfahren zur Wahrung der bürgerlichen Rechte und Freiheiten ausdrücklich erwähnt wurden,[1054] war von einem Organstreitverfahren, wie es später in Art. 93 Abs. 1 Nr. 1 GG normiert werden sollte, nicht die Rede. Angesichts dieser verfassungshistorischen Rahmenbedingungen erscheint es nicht wahrscheinlich, dass die "political question-doctrine" des U.S. Supreme Court Einfluss auf die Ausgestaltung des grundgesetzlichen Organstreitverfahren gehabt hat. An diesem Beispiel bestätigt sich damit auch, dass das Bundesverfassungsgericht nicht bloß als leicht modifizierte Kopie des U.S. Supreme Court geplant und realisiert wurde, sondern dass die Abgeordneten des Parlamentarischen Rates die Freiheit besaßen, auch zusätzliche verfassungsprozessuale Möglichkeiten zu schaffen. Im Ergebnis wurde mit der Normierung des Organstreitverfahrens in Art. 93 Abs. 1 Nr. 1 GG eine vom amerikanischen Prozessrecht deutlich abweichende Regelung getroffen. Dass die amerikanische Bundesverfassung hierbei möglicherweise als Gegenvorbild diente, erscheint angesichts der argumentativen Parallelität nicht ausgeschlossen, lässt sich aber derzeit anhand der vorliegenden Dokumenten nicht bestätigen.

[1053] Vgl. 1. Teil, A, II.

[1054] Vgl. *Wilms*, Ausländische Einwirkungen, Bd. 2 (Dokumente), Dok. Nr. 22a (S. 83 f.); Prot. Parl. Rat, Bd. 8, Dok.-Nr. 18 (Memorandum v. 22.11.48), 37, 38; vgl. auch *National Archives*, Group 260, Box 131, Talks on Germany, TRI/15 (Final).

Zehnter Teil

Föderative Streitverfahren

Föderative Streitigkeiten gehören sowohl im amerikanischen als auch im deutschen Rechtskreis zu dem seit langer Zeit anerkannten Kernbestand verfassungsgerichtlicher Streitverfahren.[1055] Während die deutsche Verfassungsentwicklung bei der Normenkontrolle und Normaufhebung erst nach dem Zweiten Weltkrieg zum amerikanischen Verfassungsrecht aufschließen konnte, gab es bereits seit der vorkonstitutionellen Epoche vergleichbare Verfahren zur Beilegung von Streitigkeiten zwischen den deutschen Bundesländern bzw. zwischen den deutschen Staaten.[1056] Im Hinblick auf föderative Streitverfahren hätte es des amerikanischen Vorbildes daher wohl nicht bedurft. Trotzdem ist zu untersuchen, ob Parallelen oder ausdrückliche Abweichungen zwischen den amerikanischen und den deutschen Verfahrensmöglichkeiten bestehen, und ob in den Beratungen des Parlamentarischen Rates auf die föderativen Streitverfahren des amerikanischen Verfassungsrechts Bezug genommen worden ist.

A. Föderative Streitverfahren im Vergleich

I. U.S. Supreme Court

Im amerikanischen Prozessrecht werden zwei Arten föderativer Streitigkeiten unterschieden: Zunächst kann es im Bundesstaat zu vertikalen Streitigkeiten zwischen dem Bundesstaat und den Einzelstaaten kommen, in denen über Kompetenzabgrenzungen oder ähnliche, mit der bundesstaatlichen Organisation zusammenhängende Konflikte gestrit-

---

[1055] Vgl. Einleitung, IV.

[1056] Vgl. *Robbers*, in: Umbach/Clemens/Dollinger, BVerfGG, Geschichtliche Entwicklung der Verfassungsgerichtsbarkeit, Rdnr. 5 ff.; *Schorkopf*, in: Umbach/Clemens/Dollinger, BVerfGG, Vor §§ 68 ff., Rdnr. 4.

ten wird. Außerdem können auf horizontaler Ebene mehrere Einzelstaaten untereinander über die ihnen zustehenden Rechte und Pflichten streiten. Obwohl beide Streitkonstellationen im amerikanischen Prozessrecht unterschiedlich behandelt werden, stellen sie aus normativer Perspektive keine gesonderten Verfahrensformen dar. Die ausdrückliche Nennung der Streitparteien dient vor allem dazu, die instanzielle Zuständigkeit der Bundesgerichte festzulegen.

1. Streitverfahren zwischen Bundesstaat und Einzelstaaten

Während sich die Vereinigten Staaten als Bundesstaat auf den Grundsatz der Staatenimmunität (Sovereign Immunity) berufen können, besteht diese Möglichkeit für die Einzelstaaten regelmäßig nicht. Folglich kann der amerikanische Bundesstaat einen oder mehrere Einzelstaaten verklagen, während den Einzelstaaten im umgekehrten Fall diese Möglichkeit verwehrt ist.[1057] Als Grund hierfür wird genannt, dass die Einzelstaaten durch ihre Zustimmung zur U.S. Bundesverfassung im Jahre 1787 bzw. durch ihre späteren Aufnahmeanträge Teile ihrer Souveränitätsrechte auf den amerikanischen Bundesstaat übertragen hätten.[1058]

Seit dem Judicial Code von 1948 wurde die prozessuale Möglichkeit für Streitigkeiten innerhalb der föderativen Verfassungsordnung in 28 U.S.C. § 1251 (b) (2) normiert.[1059] Danach war dem U.S. Supreme Court die erstinstanzliche, wenn auch nicht ausschließliche Zuständigkeit über „Streitigkeiten zwischen den Vereinigten Staaten und einem Einzelstaat" zugewiesen.[1060] Föderative Streitigkeiten hatten ihre Ursache regelmäßig in Grenzkonflikten zwischen einzelstaatlichem und

---

[1057] *South Carolina v. Katzenbach*, 383 U.S. 301 (1966); *Oregon v. Mitchell*, 400 U.S. 112 (1970); *South Carolina v. Regan*, 465 U.S. 367 (1984); *South Carolina v. Baker*, 485 U.S. 505 (1988).

[1058] *United States v. Texas*, 143 U.S. 621, 646 (1892); *McKusick*, Discretionary Gatekeeping, Me.L.Rev., Bd. 54 (1993) 185, 199.

[1059] Act of June 25, 1948, 62 Stat, 928.

[1060] *"All controversies between the United States and a State"*. Ergänzend sieht § 1345 vor, dass die U.S. District Courts für alle von den Vereinigten Staaten erhobenen privatrechtlichen Klagen (*"All civil actions inaugurated by the United States"*) zuständig sind, was dann auch Klagen gegen die Einzelstaaten mit einschließt. Weitere spezielle Zuständigkeitszuweisungen siehe *Fallon/Meltzer/Shapiro*, The Federal Courts and the Federal System, 306; *Wright/Miller/Cooper/Amar*, Federal Practice and Procedure, Bd. 17, § 4048, 227 ff.

bundesstaatlichem Territorium, in konkurrierenden Ansprüchen auf Wattgebiete und die darin lagernden Bodenschätze oder in anderen, vor allem eigentumsrechtlichen Fragen.[1061] Da die Initiative zu einem Rechtsstreit zwischen den Vereinigten Staaten und einem oder mehreren Einzelstaaten nur vom Bundesstaat ausgehen kann, ist die Anzahl dieser föderativen Streitigkeiten immer begrenzt geblieben.

Einen Sonderfall innerhalb der beschränkten Klagemöglichkeit von Einzelstaaten gegen den Bundesstaat stellen die bereits im Rahmen der Normenkontrolle eingehend dargestellten Klagen gegen Kabinettsminister des Bundes dar.[1062] Sofern es dabei nicht wie in *South Carolina v. Katzenbach* (1965)[1063] oder *Oregon v. Mitchell* (1970)[1064] um konkrete gesetzliche Regelungen ging, die mit der Klage inzident überprüft werden sollten, sondern um einzelne Maßnahmen der Exekutive oder Verwaltung,[1065] so sind diese Klagen ebenfalls als föderative Streitigkeiten zwischen den Einzelstaaten und dem amerikanischen Bundesstaat zu bewerten.

2. *Streitigkeiten zwischen Einzelstaaten*

Während Streitigkeiten zwischen dem Bundesstaat und Einzelstaaten verhältnismäßig selten vorkommen, haben Streitigkeiten zwischen ver-

---

[1061] *United States v. California*, 332 U.S. 19 (1947), worin dargelegt wird, dass das Federal Government Ansprüche auf überspültes Land an der Kalifornischen Küste hat. *United States v. Louisiana*, 339 U.S. 699 (1950), *United States v. Texas*, 339 U.S. 707 (1950), *United States v. Louisiana*, 363 U.S. 1 (1960), über den Eigentumsstatus des überspülten Landes an der Küste des Golfes von Mexiko (1950er und 1960er Jahre). Schließlich Verfahren gegen den Staat Maine und andere Anrainer des Atlantic Seaboard hinsichtlich der Wattgebiete an der Küstenfront: *United States v. Maine*, 420 U.S. 515 (1975), *United States v. Maine et al.*, 469 U.S. 504 (1985); *United States v. Maine et al.*, 475 U.S. 89 (1986); *McKusick*, Discretionary Gatekeeping, Me.L.Rev., Bd. 54 (1993) 185, 200.

[1062] Vgl. 7. Teil, A, I.

[1063] 383 U.S. 301 (1966).

[1064] 400 U.S. 112 (1970).

[1065] *Hawaii v. Gordon*, 373 U.S. 57 (1963); *Massachusetts v. Laird*, 400 U.S. 886 (1970); *Idaho v. Vance*, 434 U.S. 1031 (1978); vgl. *McKusick*, Discretionary Gatekeeping, Me.L.Rev., Bd. 54 (1993) 185, 195 f.

schiedenen Einzelstaaten eine weitaus größere praktische Relevanz.[1066] Seit Gründung der Vereinigten Staaten im Jahre 1789 erwuchsen die meisten föderativen Konflikte zwischen den Einzelstaaten über Grenzstreitigkeiten. Diese betrafen vor allem die zwischenstaatlichen Landgrenzen,[1067] die Ausübung von Wasserrechten und die Grenzziehung in zwischenstaatlichen Gewässern[1068] sowie andere wirtschaftliche oder staatsvertraglich geregelte Rechtsverhältnisse der Einzelstaaten zueinander.[1069] Es wäre jedoch verfehlt, die entstandenen Streitigkeiten als schlichte Eigentumsfragen einzustufen, da es dabei vielfach um zentrale Fragen der Souveränitätsausübung und innerstaatlichen Kompetenzabgrenzung ging. Die Bedeutung dieser Fragen und die Ernsthaftigkeit, mit der entsprechende Streitigkeiten vom U.S. Supreme Court behandelt wurden, zeigt sich bereits darin, dass verschiedene Konfrontationen zwischen Einzelstaaten nur auf diplomatischem Wege hätten beigelegt werden können oder – im äußersten Fall – militärische Auseinandersetzungen nach sich gezogen hätten, wären sie zwischen unabhängigen

[1066] Eingehend mit rechtsvergleichendem Hinweise auf die Eidgenössische Föderation der Schweiz und Kanada *Barnes*, Suits between States, Vanderbilt L.Rev., Bd. 7 (1954), 495, 495 ff.

[1067] *Rhode Island v. Massachusetts*, 37 U.S. (12 Pet.) 657, 723, 724 (1838); *New York v. Connecticut*, 4 U.S. (4 Dall.) 1 (1799); *United States v. Texas*, 143 U.S. 621, 639 (1892); *Georgia v. South Carolina*, 257 U.S. 516 (1922); *New Mexico v. Texas*, 275 U.S. 279 (1927); *Louisisana v. Mississippi*, 282 U.S. 458 (1931). Aus jüngerer Zeit *Nebraska v. Iowa*, 406 U.S. 117 (1972); *California v. Arizona*, 440 U.S. 59 (1979); *California v. Nevada*, 447 U.S. 125 (1980); *Ohio v. Kentucky*, 444 U.S. 335 (1980); *Louisiana v. Mississippi*, 466 U.S. 96 (1984); *Georgia v. South Carolina*, 497 U.S. 376 (1990); eingehend *Wright/Miller/Cooper/Amar*, Federal Practice and Procedure, Bd. 17, § 4045, 195 ff.; *Stern/Gressman/Shapiro/Geller*, Supreme Court Practice, § 10.2, 462 f.

[1068] Der "leading case" zu dieser Frage ist *Kansas v. Colorado*, 185 U.S. 125 (1902), dessen Grundsätze auch noch in *Arizona v. California*, 373 U.S. 546 (1963); *Vermont v. New York*, 417 U.S. 270 (1974) und *Colorado v. New Mexico*, 459 U.S. 176 (1982) angewandt wurden; siehe zuvor *Missiouri v. Illinois*, 180 U.S. 208 (1901); *Wright/Miller/Cooper/Amar*, Federal Practice and Procedure, Bd. 17, § 4042, 197 f.; *Barnes*, Suits between States, Vanderbilt L.Rev., Bd. 7 (1954), 495, 501 f.

[1069] *Texas v. New Jersey*, 379 U.S. 674 (1965); *Texas v. New Mexico*, 462 U.S. 554 (1983); *Kentucky v. Indiana*, 281 US. 163 (1930); *Maryland v. Louisiana*, 451 U.S. 725 (1981); im näheren auch *Barnes*, Suits between States, Vanderbilt L.Rev., Bd. 7 (1954), 495, 497 ff.; *McKusick*, Discretionary Gatekeeping, Me.L.Rev., Bd. 54 (1993) 185, 198 f.

Staaten entstanden.[1070] Insofern bestätigt sich auch in der amerikanischen Verfassungsordnung die Notwendigkeit eines zwischenstaatlichen Streitverfahrens zur Friedenssicherung im Bundesstaat.[1071]

a. Erstinstanzliche und ermessensabhängige Zuständigkeit

Nach Art. III, Section 2 U.S. Bundesverfassung ist der Supreme Court in denjenigen Fällen erstinstanzlich zuständig, in denen ein Einzelstaat Prozesspartei ist.[1072] Obwohl es noch andere erstinstanzliche Zuständigkeitszuweisungen des U.S. Supreme Court gibt,[1073] liegt der Schwerpunkt in der Praxis bei den föderativen Streitigkeiten zwischen verschiedenen Einzelstaaten.[1074] Allerdings hat der U.S. Supreme Court die allgemein gehaltene verfassungsrechtliche Vorschrift des Art. III, Sec. 2 U.S. Bundesverfassung niemals im weitest möglichen Sinne interpretiert.[1075] Stattdessen hat er wiederholt ausgeführt, dass die erstinstanz-

---

[1070] *Principality of Monaco v. Mississippi*, 292 U.s. 313 (1934); *Oklahoma v. Texas*, 258 U.S. 574, 579 ff. (1922); vgl. *Wright/Miller/Cooper/Amar*, Federal Practice and Procedure, Bd. 17, § 4042, 170 (Fn. 17 "Substitute for War").

[1071] *Charles Warren*, The Supreme Court and Sovereign States, Princeton 1924, 38; siehe auch *Fallon/Meltzer/Shapiro*, The Federal Courts and the Federal System, 317.

[1072] «*... in which a State shall be Party*", siehe auch *Wright/Miller/Cooper/Amar*, Federal Practice and Procedure, Bd. 17, § 4042, 182; *Stern/Gressman/Shapiro/Geller*, Supreme Court Practice, § 10.1, 461; vgl. 2. Teil, A, I.

[1073] Vgl. 2. Teil, A, I.

[1074] Vgl. *Stern/Gressman/Shapiro/Geller*, Supreme Court Practice, § 10.2, 462. Nach *McKusick*, Discretionary Gatekeeping, Me.L.Rev., Bd. 54 (1993) 185, 186 ff. ergingen vor 1961 121 Entscheidungen in Fällen mit erstinstanzlicher Zuständigkeit. Zwischen 1961 und 1993 wurden weitere 51 entschieden, was einem proportionalen Anstieg gleichkommt.

[1075] Ausgeschlossen von der erstinstanzlichen Zuständigkeit sind beispielsweise strafrechtliche Verfahren, wie ein Verfahren eines Einzelstaates gegen einen Bürger eines anderen Einzelstaates. Hierzu hatte der Supreme Court im Fall *Wisconsin v. Pelican Ins. Co.*, 127 U.S. 265, 297 (1888) ausgeführt: The original jurisdiction "*is limited to controversies of civil nature* [and does not extend to] *a suit or prosecution by the one State, of such a nature that it could not be entertained by the judiciary of the other State at all.*" Gleichermaßen ausgeschlossen von der erstinstanzlichen Zuständigkeit des Supreme Court wurden in der Nachwirkung von *Georgia v. Chisholm*, 2 U.S (2 Dall.) 419 (1793) und der davon verursachten Inkraftsetzung des 11. Amendment zur Verfassung (1795), Klagen von Bürgern gegen ihren eigenen Einzelstaat, *Hans v. Louisiana*,

liche Zuständigkeit neben den normativen Grundlagen von den beteiligten Parteien und der Art des Rechtsstreites abhängt.[1076] In Übereinstimmung mit verschiedenen einschlägigen Präjudizien nimmt der U.S. Supreme Court zur Ausübung seiner erstinstanzlichen Zuständigkeit grundsätzlich Ermessen in Anspruch (discretionary jurisdiction). Dies hat zur Folge, dass nur eine beschränkte Anzahl von Fällen aus dem Bereich der erstinstanzlichen Zuständigkeit tatsächlich vom U.S. Supreme Court entschieden wird.[1077] Hatte der Gerichtshof seit *Cohens v. Virginia* (1821)[1078] in ständiger Rechtsprechung entschieden, dass ein Gericht grundsätzlich verpflichtet sei, seine ihm von Verfassungs wegen zugewiesenen Zuständigkeiten wahrzunehmen,[1079] rückte er mit der Entscheidung in *Massachusetts v. Missouri* (1939)[1080] hiervon ausdrücklich ab. Dabei führte der U.S. Supreme Court aus, dass es eine „Notwendigkeit gäbe, gesunde Zurückhaltung zu üben, um das Gericht vor einer missbräuchlichen Inanspruchnahme seiner erstinstanzlichen Zuständigkeit zu schützen".[1081] Allerdings war eine Ablehnung der erstin-

---

134 U.S. 1 (1890), obwohl der Wortlaut des 11. Amendments nur Klagen von Bürgern eines anderen Einzelstaates (Citizens of *another* State) ausschließt. Gleichermaßen wurde das Anwendungsfeld des 11. Amendments vergrößert, da auch Klagen von anderen ausländischen Staaten nicht zugelassen wurden, *Principality of Monaco v. Mississippi*, 292 U.S. 313 (1934), obwohl der Text der Verfassungsänderung sich nur auf Klagen von ausländischen Bürgern bezieht (Citizens or Subjects of any Foreign State).

[1076] *California v. Southern Pacific Co.*, 157 U.S. 229, 257-58 (1985).

[1077] Vgl. *Wright/Miller/Cooper/Amar*, Federal Practice and Procedure, Bd. 17, § 4052, 260 f.; entgegen der weithin akzeptierten Reihe von Präjudizien vertritt *Pfander* die Auffassung, dass eine weitere Auslegung angemessener und mit dem Intention des Verfassunggebers besser vereinbar sei, *James E. Pfander*, Rethinking the Supreme Court's Original Jurisdiction in State-Party Cases, Cal.L.Rev., Bd. 82 (1994) 555.

[1078] 19 U.S. (6 Wheat) 264, 404 (1821).

[1079] Die sogenannte *"time-honored maxim of Anglo-American common-law tradition"*, vgl. *Ohio v. Wyandotte Chemicals Corp.*, 401 U.S. 493, 496-97 (1971).

[1080] 308 U.S. 1 (1939), *Barnes*, Suits between States, Vanderbilt L.Rev., Bd. 7 (1954), 495, 510 f.

[1081] *"[N]eed [for] the exercise of a sound discretion in order to protect the Court from an abuse of the opportunity to resort to its original jurisdiction."* *Massachusetts v. Missouri*, 308 U.S. 1, 19 (1939). Eingehend auch *Wright/Miller/Cooper/Amar*, Federal Practice and Procedure, Bd. 17, § 4053, 261 f.;

stanzlichen Zuständigkeit des U.S. Supreme Court grundsätzlich nur dann möglich, wenn die alternative Zuständigkeit eines anderen Gerichts bestand und weitere kasuistisch entwickelte Voraussetzungen erfüllt waren.[1082] Soweit diese Bedingungen erfüllt wurden, bestand die erstinstanzliche Zuständigkeit des U.S. Supreme Court lediglich neben der anderer Gerichte (concurrent jurisdiction). Bei dieser Sachlage haben die Prozessparteien die Möglichkeit, ihre Klage alternativ vor dem örtlich zuständigen U.S. District Court oder vor dem U.S. Supreme Court zu erheben.[1083]

Obwohl der U.S. Supreme Court seine Auffassung zur ermessensabhängigen Zuständigkeit auch in späteren Fällen mehrfach bestätigte,[1084] steht sie doch in Widerspruch zum ausdrücklichen Gesetzeswortlaut. Denn der "Judiciary Act" sah damals wie heute vor, dass der U.S. Supreme Court für Streitigkeiten zwischen den Einzelstaaten die erstinstanzliche und ausschließliche Zuständigkeit (original and exclusive jurisdiction) besitzen soll.[1085] Der Supreme Court führte in späteren Entscheidungen hierzu aus, dass die ausdrückliche gesetzliche Zuständigkeitszuweisung durch den Kongress insofern interpretationsbedürftig sei, als diese Vorschrift eine obligatorische erstinstanzliche Zuständigkeit tatsächlich nur für „angemessene Fälle" (appropriate cases) vorsehe.[1086] Außerdem lehnte der U.S. Supreme Court seine erstin-

---

Stern/Gressman/Shapiro/Geller, Supreme Court Practice, § 10.2, 466; *McKusick*, Discretionary Gatekeeping, Me.L.Rev., Bd. 54 (1993) 185, 189.

[1082] Vgl. *McKusick*, Discretionary Gatekeeping, Me.L.Rev., Bd. 54 (1993) 185, 190 ff. (Cautionary considerations) u. 197; *Wright/Miller/Cooper/Amar*, Federal Practice and Procedure, Bd. 17, § 4052, 262 (*"alternative forum available"*).

[1083] *Massachusetts v. Missouri*, 308 U.S. 1, 19 (1939).

[1084] *Arizona v. New Mexico*, 425 U.S. 794 (1976), *California v. Nevada*, 447 U.S. 125 (1980); *Texas v. New Mexico*, 462 U.S. 554 (1983); *Louisiana v. Mississippi*, 488 U.S. 990 (1988); *Mississippi v. Louisiana*, 506 U.S. 73 (1992); vgl. hierzu auch *David L. Shapiro*, Jurisdiction and Discretion, N.Y.U.L.Rev., Bd. 60 (1985) 543; *Wright/Miller/Cooper/Amar*, Federal Practice and Procedure, Bd. 17, § 4053, 264 f.

[1085] Die Vorschrift des 28 U.S.C. § 1251 (a) (1) sah vor: *"The Supreme Court shall have original and exclusive jurisdiction of ... All controversies between two or more States ..."*. Die gleich Regelung ist heute in 28 U.S.C. § 1251 (b)(3) vorgesehen; *Stern/Gressman/Shapiro/Geller*, Supreme Court Practice, § 10.2, 462.

[1086] *Arizona v. New Mexico*, 425 U.S. 794 (1976); *California v. West Virginia*, 454 U.S. 1027 (1981); *Maryland v. Louisana*, 451 U.S. 725, 739 (1981); *Louisiana v. Mississippi*, 488 U.S. 990 (1988); früher schon in *Ohio v. Wyandotte*

stanzliche Zuständigkeit in der Vergangenheit auch unter dem Hinweis auf die mit einem Fall verbundene Unannehmlichkeit (inconvinience) ab.[1087] Die Feststellung einer ermessensabhängigen Zuständigkeit ist nicht unbestritten geblieben. Einige Stimmen im Schrifttum kritisierten diese Methoden der „Streitigkeitsverschiebung“, da die verfassungsrechtlich vorgesehene ausschließliche Zuständigkeit des U.S. Supreme Court ihrer Meinung nach die Zuständigkeit der U.S. District Court (als Eingangsinstanz) sowie auch die Zuständigkeit der einzelstaatlichen Gerichtsbarkeiten eindeutig ausschließen soll.[1088] Ungeachtet dieser Kritik übt der U.S. Supreme Court bei föderativen Streitigkeiten nach Art. III, Sec. 2 U.S. Bundesverfassung bereits seit mehreren Jahrzehnten ein Zuständigkeitsermessen aus. Hierin zeigt sich eine grundsätzliche prozedurale Politik des U.S. Supreme Court, die auch bei anderen Zuständigkeitsbereichen festzustellen ist. Sie dient in erster Linie dem Zweck, die zur Entscheidung kommenden Fälle zu kontrollieren, um damit den Schwerpunkt der eigenen judikativen Tätigkeit nach Ermessen zu bestimmen. Dieses Muster zeigt sich auch bei der Annahme nach Ermessen in Zusammenhang mit individuellen Klagen.[1089]

b. Federal Common Law

Zur Streitentscheidung bei zwischenstaatlichen Fällen werden mit dem sog. Federal Common Law Rechtssätze herangezogen, die auf der Grundlage bundesgerichtlicher Präjudizien bei der Beilegung zwischenstaatlicher Konflikte entstanden sind. Die Anwendung von einzelstaatlichen Rechtsgrundsätzen kommt hingegen nur ausnahmsweise in Betracht.[1090] Der Grund für die Anwendung des Federal Common Law liegt darin, dass bei der Anwendung von einzelstaatlichem Recht die Gefahr einer Benachteiligung für die eine oder andere Seite gesehen

Chemicals Corp., 401 U.S. 493, 499 (1971); eingehend *McKusick*, Discretionary Gatekeeping, Me.L.Rev., Bd. 54 (1993) 185, 196.

[1087] Vgl. *Fallon/Meltzer/Shapiro*, The Federal Courts and the Federal System, 329.

[1088] Vgl. *Barnes*, Suits between States, Vanderbilt L.Rev., Bd. 7 (1954), 495, 508 f.; *Fallon/Meltzer/Shapiro*, The Federal Courts and the Federal System, 334.

[1089] Vgl. 11. Teil, A, I u. 13. Teil, A, I.

[1090] Vgl. *Wright/Miller/Cooper/Amar*, Federal Practice and Procedure, Bd. 17, § 4052, 250 ff.

wird.[1091] Der U.S. Supreme Court vertrat generell die Auffassung, dass zwischenstaatliche Streitigkeiten auf der Basis der Gleichberechtigung (equality of right) stattfinden müssen, da alle beteiligten Einzelstaaten hinsichtlich Macht und Rechtsposition auf der gleichen Ebene stünden und die Anwendung eines bestimmten einzelstaatlichen Rechts den betreffenden Einzelstaat bevorzugen könnte.[1092]

c. Die *parens patriae*-Klagebefugnis

Die bereits angesprochene Frage einer von den Einzelstaaten stellvertretend für ihre Bürger ausgeübten Klagebefugnis war auch auf der zwischenstaatlichen Ebene von erheblicher Bedeutung. Anfänglich hat der U.S. Supreme Court in diesem Zusammenhang die Auffassung vertreten, dass es einem Einzelstaat grundsätzlich an der Klagebefugnis fehle, wenn er sich die Klagen einer kleinen individualisierbaren Zahl von Bürgern zu Eigen macht.[1093] Beginnend mit *Missouri v. Illinois* (1901)[1094] hat der U.S. Supreme Court jedoch verschiedene Ausnahmen von dieser grundsätzlichen Linie zugelassen und eine neue „*parens-patriae*-Doktrin" auf der zwischenstaatlichen Ebene entwickelt.[1095] So vertrat er beispielsweise die Auffassung, dass ein Einzelstaat die Befugnis zur Verteidigung von Quasi-Soveränitätsinteressen haben soll, wenn keine angemessene andere Form des Rechtsschutzes verfügbar ist.[1096]

[1091] Vgl. *Fallon/Meltzer/Shapiro*, The Federal Courts and the Federal System, 314 mit Verweis auf *Connecticut v. Massachusetts*, 282 U.S. 660, 670-71 (1930); hierzu allgemein *Alfred Hill*, The Law-Making Power of the Federal Courts: Constitutional Preemption, Colum.L.Rev., Bd. 67 (1967) 1024, 1031 f.

[1092] *Connecticut v. Massachusetts*, 282 U.S. 660, 670-71 (1930); vgl. *Fallon/Meltzer/Shapiro*, The Federal Courts and the Federal System, 314 über die Rolle des Kongresses bei der Interpretation von zwischenstaatlichen Verträgen.

[1093] *New Hamshire v. Louisiana*, 108 U.S. 76 (1883); *North Dakota v. Minnesota*, 263 U.S. 365 (1923); *Louisiana v. Texas*, 176 U.S. 1 (1900); *South Dakota v. North Carolina*, 192 U.S. 286 (1904).

[1094] 180 U.S. 208 (1901).

[1095] Vgl. *Wright/Miller/Cooper/Amar*, Federal Practice and Procedure, Bd. 17, § 4047, 218 ff.; *McKusick*, Discretionary Gatekeeping, Me.L.Rev., Bd. 54 (1993) 185, 194.

[1096] Vgl. *Fallon/Meltzer/Shapiro*, The Federal Courts and the Federal System, 316-323. Im Fall *Missouri v. Illinois*, 180 U.S. 208 (1901) akzeptierte der Supreme Court Missouris Klagebefugnis, da es keinen anderen adäquaten Rechtsschutz gegen die Verunreinigung des Missouri River durch die Abwässer der

Später wurde diese Doktrin zur Klagebefugnis noch auf eine Reihe von Streitigkeiten zwischen Einzelstaaten und privaten Parteien ausgedehnt.[1097] So verhinderte der U.S. Supreme Court beispielsweise in den verbundenen Fällen *Pennsylvania v. West Virginia* und *Ohio v. West Virginia* (1923)[1098] den Vollzug eines Gesetzes des Staates West Virginia, das die zulässige Exportmenge von Erdgas um den Wert des innerstaatlichen Bedarfs reduzierte. Hierbei führte der Gerichtshof aus, dass die klagenden Einzelstaaten nicht nur tätig geworden seien, um die Freiheit des zwischenstaatlichen Warenverkehrs zu verteidigen (freedom of interstate commerce) oder um privaten Missständen abzuhelfen (redress private grievances), sondern gleichermaßen als (Mit)Eigentümer zahlreicher öffentlicher auf Erdgasversorgung angewiesener Institutionen und als Vertreter der Öffentlichkeit gehandelt habe, deren Energieversorgung in ähnlicher Weise beeinflusst würden.[1099] Außerdem fügte der U.S. Supreme Court hinzu, dass die Einzelstaaten noch Interessen hätten, die sich von denen einzelner Bürger unterschieden, wie etwa die öffentliche Gesundheitsvorsorge, allgemeine Annehmlichkeit und öffentliche Wohlfahrt.[1100] Nachdem der U.S. Supreme Court zwischenzeitlich in einigen Entscheidungen eine restriktivere Haltung in Hinsicht auf die Klagebefugnis von Einzelstaaten eingenommen hatte,[1101] bestätigte er die Grundsätze seiner früheren Fälle zuletzt in *Maryland v. Louisiana* (1981).[1102]

Stadt Chicago gab. Weitere Entscheidungen in dieser Linie sind *New York v. New Jersey*, 256 U.S. 296 (1921); *North Dakota v. Minnesota*, 263 U.S. 365 (1923) und *Wisconsin v. Illinois*, 278 U.S. 367 (1929).

[1097] *Georgia v. Tennessee Copper Co.*, 206 U.S. 230 (1907); aus der jüngeren Vergangenheit *Pennsylvania v. New Jersey*, 426 U.S. 660 (1976); *Nebraska v. Wyoming*, 115 S.Ct. 1933 (1995).

[1098] 262 U.S. 553 (1923).

[1099] *Pennsylvania v. West Virginia and Ohio v. West Virginia*, 262 U.S. 553, 591 (1923).

[1100] *Pennsylvania v. West Virginia and Ohio v. West Virginia*, 262 U.S. 553, 591 (1923). Mit ähnlichem Entscheidungstenor gegen Privatpersonen, vgl. *Georgia v. Pennsylvania R.R.*, 324 U.S. 439 (1945).

[1101] *Pennsylvania v. New Jersey*, 426 U.S. 660 (1976); *Austin v. New Hampshire*, 420 U.S. 656 (1975).

[1102] 451 U.S. 725 (1981).

II. Bundesverfassungsgericht

Das Grundgesetz sieht unterschiedliche Streitverfahren zur Beilegung von Konflikten innerhalb der föderativen Ordnung der Bundesrepublik Deutschland vor. Die zentrale Aufgabe dieser föderativen Verfahren liegt in der friedlichen Beilegung von Streitigkeiten innerhalb des Bundesstaates.

Neben der Wahrung des sog. „Bundesfriedens" sollen die gerichtlichen Verfahrensmöglichkeiten vor allem solche Konflikte beilegen, die bei unabhängigen Staaten in letzter Konsequenz zu einer militärischen Auseinandersetzung führen können, jedenfalls aber eine diplomatische Beilegung erforderlich machen.[1103] Auf diese Weise sollen politische Gegensätze in Verfassungsrechtsfragen gewandelt werden und im Rahmen eines formellen Gerichtsverfahrens beigelegt werden.[1104] Das Erfordernis streitschlichtender Verfahren resultiert somit notwendig aus der bundesstaatlichen Ordnung und der im Grundgesetz vorgesehenen Kompetenzverteilung zwischen Bund und Ländern.[1105]

1. Bund-Länder-Streit

Für Streitigkeiten zwischen Bund und Ländern sind im ursprünglichen Konzept des Grundgesetzes zwei unterschiedliche gerichtliche Verfahren vorgesehen: Neben der Zuständigkeit des Bundesverfassungsgerichts für Meinungsverschiedenheiten über Rechte und Pflichten des Bundes und der Länder aus der Verfassung (Art. 93 Abs. 1 Nr. 3 GG) besteht für „andere öffentlich-rechtliche Streitigkeiten" zwischen dem Bund und den Ländern ein weiteres Verfahren, „soweit nicht ein anderer Rechtsweg gegeben ist" (Art. 93 Abs. 1 Nr. 4 Var. 1 GG).[1106] Die

---

[1103] Vgl. *Klein*, in: Benda/Klein, Verfassungsprozessrecht, Rdnr. 1090 u. 1100; *Stern*: in Bonner Kommentar, Art. 93, Rdnr. 379; *Löwer*, Zuständigkeit und Verfahren des Bundesverfassungsgerichts, in: Isensee/Kirchhof, HdbStR, Bd. 3, § 70, Rdnr. 28.

[1104] Vgl. *Kelsen*, Wesen und Entwicklung der Staatsgerichtsbarkeit, in: VVDStRL 5 (1929), 81 f.; *Löwer*, Zuständigkeit und Verfahren des Bundesverfassungsgerichts, in: Isensee/Kirchhof, HdbStR, Bd. 3, § 70, Rdnr. 29; *Bethge*, in: Maunz/Schmidt-Bleibtreu, BVerfGG, § 13, Rdnr. 72.

[1105] Vgl. *Bethge*, in: Maunz/Schmidt-Bleibtreu, BVerfGG, § 13, Rdnr. 69 („*Verfassungsgerichtsbarkeit* [als] *Konstitutivelement des deutschen Föderalismus*").

[1106] Vgl. *Klein*, in: Benda/Klein, Verfassungsprozessrecht, Rdnr. 1053.

föderative Normenkontrolle nach Art. 93 Abs. 1 Nr. 2 a GG als Mischverfahren zwischen abstrakter Normenkontrolle und Bund-Länder-Streit soll nicht näher untersucht werden, da sie erst im Jahre 1994 in das Grundgesetz eingefügt worden ist und daher für die ursprüngliche Verfassungskonzeption des Parlamentarischen Rates keine Rolle gespielt hat.[1107]

Den Hintergrund für die beiden zu untersuchenden Verfahrensmöglichkeiten stellt das föderative Konzept des Grundgesetzes dar, wonach Bundesgesetze regelmäßig von den Ländern als eigene Angelegenheiten (Art. 84 GG) oder im Auftrag des Bundes (Art. 85 GG) ausgeführt werden.[1108] Aufgrund dieser Kompetenzverteilung und der daraus zu erwartenden Konflikte sieht das Grundgesetz mit dem sogenannten Bund-Länder-Streit nach Art. 93 Abs. 1 Nr. 3 GG ein Verfahren vor, mit dem die wechselseitigen Meinungsverschiedenheiten über Rechte und Pflichten, „insbesondere bei der Ausführung von Bundesrecht durch die Länder und die Ausübung der Bundesaufsicht", beigelegt werden können.[1109] Der Bund-Länder-Streit dient somit grundsätzlich dem objektiven Schutz der bundesstaatlichen Kompetenzordnung.[1110] Hieraus ergibt sich auch, dass nach Beginn der mündlichen Verhandlung – ähnlich wie bei abstrakter Normenkontrolle und Organstreitverfahren – eine Antragsrücknahme das Verfahren nur beendet, wenn kein öffentliches Interesse entgegensteht.[1111]

[1107] Vgl. *Selmer*, Bund-Länder-Streit, in: FS. 50 Jahre BVerfG, 563, 580 ff.

[1108] Vgl. *Meyer*, in: von Münch/Kunig, GG, Bd. 3, Art. 93, Rdnr. 48 f.; *Schlaich/Korioth*, Das Bundesverfassungsgericht, Rdnr. 91; *Klein*, in: Benda/Klein, Verfassungsprozessrecht, Rdnr. 1072 f.

[1109] Vgl. *Selmer*, Bund-Länder-Streit, in: FS. 50 Jahre BVerfG, 563, 565 ff.; *Stern*, Staatsrecht II, § 44 IV 6; *Löwer*, Zuständigkeit und Verfahren des Bundesverfassungsgerichts, in: Isensee/Kirchhof, HdbStR, Bd. 3, § 70, Rdnr. 40 ff.; vgl. zu den sonstigen Anwendungsfällen *Klein*, in: Benda/Klein, Verfassungsprozessrecht, Rdnr. 1078 ff.; *Löwer*, Zuständigkeit und Verfahren des Bundesverfassungsgerichts, in: Isensee/Kirchhof, HdbStR, Bd. 3, § 70, Rdnr. 45.

[1110] BVerfG, Urt. v. 17.12.1960, BVerfGE 12, 36 (43); BVerfG, Beschl. v. 10.2.1976, BVerfGE 41, 291 (303); vgl. *Löwer*, Zuständigkeit und Verfahren des Bundesverfassungsgerichts, in: Isensee/Kirchhof, HdbStR, Bd. 3, § 70, Rdnr. 32 f. (*„Wächteramt über die Kompetenzordnung der Verfassung"*); *Klein*, in: Benda/Klein, Verfassungsprozessrecht, Rdnr. 1058; *Schorkopf*, in: Umbach/Clemens/Dollinger, BVerfGG, Vor §§ 68 ff., Rdnr. 7 ff.

[1111] BVerfG, Beschl. v. 17.12.1991, BVerfGE 85, 164 (165); a.A. *Voßkuhle*, in: v. Mangoldt/Klein/Starck, GG, Bd. 3, Art. 93, Rdnr. 134.

Anders als bei den föderativen Streitigkeiten im amerikanischen Prozessrecht, kann der Bund-Länder-Streit sowohl vom Bund als auch von den betroffenen Ländern eingeleitet werden.[1112] Der Bund-Länder-Streit ist als kontradiktorisches Streitverfahren ausgestaltet, bei dem Bund und Länder Parteien sind, die von ihren jeweiligen Regierungen vertreten werden (§ 68 BVerfGG).[1113] Als Beurteilungsmaßstab für die Streitigkeiten kommt lediglich das Grundgesetz in Betracht.[1114] Um ein Verfahren nach Art. 93 Abs. 1 Nr. 3 GG vor dem Bundesverfassungsgericht einzuleiten, ist es nicht ausreichend, dass Bund und Länder bloß verschiedener Auffassungen über die Interpretation einer Verfassungsvorschrift sind.[1115] Grundsätzlich müssen Antragsteller und Antragsgegner in einem bundesstaatlich geformten,[1116] Verfassungsrechtsverhältnis zueinander stehen, aus dem sich Rechte und Pflichten ergeben, die die Parteien gegenseitig binden und die im konkreten Fall zwischen ihnen streitig geworden sind.[1117]

[1112] Zur "Sovereign-Immunity"-Doktrin vgl. 10. Teil, A, I.

[1113] BVerfG, Urt. v. 1.12.1954, BVerfGE 4, 115 (123); BVerfG, Beschl. v. 10.2.1976, BVerfGE 41, 291 (292); BVerfG, Urt. v. 10.4.1991, BVerfGE 84, 25 (26); vgl. auch *Leisner*, Der Bund-Länder-Streit vor dem Bundesverfassungsgericht, Festgabe BVerfG, Bd. 1, 260, 263; *Stern*: in Bonner Kommentar, Art. 93, Rdnr. 332; *Löwer*, Zuständigkeit und Verfahren des Bundesverfassungsgerichts, in: Isensee/Kirchhof, HdbStR, Bd. 3, § 70, Rdnr. 38; *Lechner/Zuck*, BVerfGG, § 68, Rdnr. 2; *Bethge*, in: Maunz/Schmidt-Bleibtreu, BVerfGG, § 69, Rdnr. 81.

[1114] Vgl. *Stern*: in Bonner Kommentar, Art. 93, Rdnr. 338; *Leisner*, Der Bund-Länder-Streit vor dem Bundesverfassungsgericht, Festgabe BVerfG, Bd. 1, 260, 277; *Löwer*, Zuständigkeit und Verfahren des Bundesverfassungsgerichts, in: Isensee/Kirchhof, HdbStR, Bd. 3, § 70, Rdnr. 34 („*Entgegen dem Normtext*").

[1115] Zustimmend *Klein*, in: Benda/Klein, Verfassungsprozessrecht, Rdnr. 1055 ff.; *Meyer*, in: von Münch/Kunig, GG, Bd. 3, Art. 93, Rdnr. 48 f.

[1116] Vgl. *Pestalozza*, VerfassungsprozessR, § 9, Rdnr. 7; *Löwer*, Zuständigkeit und Verfahren des Bundesverfassungsgerichts, in: Isensee/Kirchhof, HdbStR, Bd. 2, § 56, Rdnr. 34.

[1117] BVerfG, Urt. v. 11.7.1961, BVerfGE 13, 54 (72 ff.); BVerfG, Beschl. v. 22.3.1966, BVerfGE 20, 18 (23 f.); BVerfG, Urt. v. 7.4.1976, BVerfGE 42, 103 (113); BVerfG, Beschl. v. 11.3.1997, BVerfGE 95, 250 (262 u. 266); *Selmer*, Bund-Länder-Streit, in: FS. 50 Jahre BVerfG, 563, 567 ff.; *Schlaich/Korioth*, Das Bundesverfassungsgericht, Rdnr. 91; *Leisner*, Der Bund-Länder-Streit vor dem Bundesverfassungsgericht, Festgabe BVerfG, Bd. 1, 260, 263; *Meyer*, in: von Münch/Kunig, GG, Bd. 3, Art. 93, Rdnr. 46 f.; *Klein*, in: Benda/Klein, Verfassungsprozessrecht, Rdnr. 1055 f.

Eine spezielle Form des Bund-Länder-Streits ist die sog. Mängelrüge nach Art. 84 Abs. 4 S. 2 GG,[1118] die auch bereits in der Weimarer Reichsverfassung einen unmittelbaren Vorläufer hatte.[1119] Mit ihr kann die Bundesregierung die Ausführung von Bundesgesetzen überprüfen lassen, wobei auf Antrag zunächst der Bundesrat entscheidet, gegen dessen Beschluss wiederum das Bundesverfassungsgericht angerufen werden kann. Obwohl das Verhältnis der Mängelrüge zum Bund-Länder-Streit im Einzelnen umstritten ist, kann davon ausgegangen werden, dass bei einem Rechtsstreit über die Bundesaufsicht zunächst der Weg des Art. 84 Abs. 4 S. 2 GG mit der Anrufung des Bundesrates zu beschreiten ist, da dieses Verfahren ansonsten leerlaufen würden.[1120] Verfassungsprozessual gelten nach § 13 Nr. 7 BVerfGG für die Mängelrüge im Weiteren dieselben Bestimmungen wie für den Bund-Länder-Streit nach Art. 93 Abs. 1 Nr. 3 GG. Am Ende des Bund-Länder-Streits steht entweder die Zurückweisung des Antrags oder die Feststellung, dass die beklagte Partei durch eine bestimmte Maßnahme oder ein bestimmtes Unterlassen gegen eine Vorschrift des Grundgesetzes verstoßen hat.[1121]

Die zweite prozessuale Möglichkeit für Verfahren zwischen Bund und Ländern in der föderativen Ordnung der Bundesrepublik stellen die Bund-Länder-Streitigkeiten nach Art. 93 Abs. 1 Nr. 4 Var. 1 GG dar. Auch in diesen kontradiktorischen Verfahren sind nur der Bund und die Länder antragsbefugt. Anders als beim Bund-Länder-Streit nach Art. 93 Abs. 1 Nr. 3 GG geht es bei den Streitigkeiten nach Art. 93

[1118] Zum Verhältnis von Art. 93 Abs. 1 Nr. 3 GG und Art. 84 Abs. 4 S. 2 GG, BVerfG, Urt. v. 26.3.1957, BVerfGE 6, 309 (328 f.); BVerfG, Urt. v. 30.7.1958, BVerfGE 8, 122 (130 f.); vgl. auch *Broß*, in: von Münch/Kunig, GG, Bd. 3, Art. 84, Rdnr. 38; *Schorkopf*, in: Umbach/Clemens/Dollinger, BVerfGG, Vor § 68 ff., Rdnr. 11 ff.

[1119] Vgl. *Meyer*, in: von Münch/Kunig, GG, Bd. 3, Art. 93, Rdnr. 43.

[1120] So eingehend *Löwer*, Zuständigkeit und Verfahren des Bundesverfassungsgerichts, in: Isensee/Kirchhof, HdbStR, Bd. 3, § 70, Rdnr. 40 ff.; *Lerche*, in: Maunz/ Dürig, GG, Bd. 4, Art. 84, Rdnr. 179 f.; *Stern*: in Bonner Kommentar, Art. 93, Rdnr. 359; *Bethge*, in: Maunz/Schmidt-Bleibtreu, BVerfGG, § 70, Rdnr. 13 f.; *Schlaich/Korioth*, Das Bundesverfassungsgericht, Rdnr. 93; a.A. *Ulrich Scheuner*, in: Giese/von der Heydte (Hrsg.), Der Konkordatsprozess, Bd. 3, München 1958, 1137, 1145 ff.; *Geiger*, BVerfGG-Kommentar, § 70, Anm. 4.

[1121] Vgl. *Bethge*, in: Maunz/Schmidt-Bleibtreu, BVerfGG, § 13, Rdnr. 70; *Klein*, in: Benda/Klein, Verfassungsprozessrecht, Rdnr. 1086.

Abs. 1 Nr. 4 Var. 1 GG nicht um verfassungsrechtliche Rechtsverhältnisse, sondern lediglich um die Verteidigung von Rechtspositionen, die im einfachen Gesetzesrecht ihre Grundlage haben.[1122] Da ein Großteil der nichtverfassungsrechtlichen Streitigkeiten zwischen Bund und Ländern dem Bundesverwaltungsgericht und dem Bundessozialgericht zur Entscheidung zugewiesen sind, führt die in Art. 93 Abs. 1 Nr. 4 Var. 1 GG vorgesehene Subsidiarität dazu, dass in den letzten Jahren nur eine sehr geringe Anzahl von sonstigen Bund-Länder-Streitverfahren vor dem Bundesverfassungsgericht eingeleitet wurde.[1123] Der Zweck des Verfahrens nach Art. 93 Abs. 1 Nr. 4 Var. 1 GG liegt damit vor allem in der Gerwährleistung eines lückenlosen gerichtlichen Rechtsschutzes für den Fall, dass kein anderweitiger Rechtsweg besteht.[1124] Dadurch ist Art. 93 Abs. 1 Nr. 4 Var. 1 GG in erster Linie als „ruhende" Kompetenznorm des Rechtsstaates mit Reservefunktion einzustufen.[1125]

2. *Zwischenländerstreit*

In Art. 93 Abs. 1 Nr. 4 Var. 2 GG ist als weiteres föderatives Verfahren der sog. Zwischenländerstreit geregelt, mit dem Streitigkeiten zwischen verschiedenen Bundesländern ausgetragen werden können. Zwar soll das Bundesverfassungsgericht hierbei grundsätzlich sowohl für verfassungsrechtliche als auch für nichtverfassungsrechtliche Streitigkeiten zwischen den Ländern zuständig sein.[1126] Da jedoch auch diese Zuweisung unter einem Subsidiaritätsvorbehalt steht und vor allem im Zivil-,

---

[1122] Vgl. *Stern*: in Bonner Kommentar, Art. 94, Rdnr. 346; *Schlaich/Korioth*, Das Bundesverfassungsgericht, Rdnr. 98; *Sturm*, in: Sachs, GG, Art. 93, Rdnr. 59 ff.; *Meyer*, in: von Münch/Kunig, GG, Bd. 3, Art. 93, Rdnr. 50; zu den problematischen Entscheidungen des BVerfG *Klein*, in: Benda/Klein, Verfassungsprozessrecht, Rdnr. 1094.

[1123] Zuletzt aber noch BVerfG, Beschl. v. 29.4.1996, BVerfGE 94, 297 (309 ff.); vgl. zu den Ausnahmen *Klein*, in: Benda/Klein, Verfassungsprozessrecht, Rdnr. 1090 ff.; *Selmer*, Bund-Länder-Streit, in: FS. 50 Jahre BVerfG, 563, 566; *Löwer*, Zuständigkeit und Verfahren des Bundesverfassungsgerichts, in: Isensee/Kirchhof, HdbStR, Bd. 3, § 70, Rdnr. 48 ff.

[1124] Vgl. *Bethge*, in: Maunz/Schmidt-Bleibtreu, BVerfGG, § 13, Rdnr. 95.

[1125] Vgl. *Klein*, in: Benda/Klein, Verfassungsprozessrecht, Rdnr. 1067; *Sturm*, in: Sachs, GG, Art. 93, Rdnr. 60; *Voßkuhle*, in: v. Mangoldt/Klein/Starck, GG, Bd. 3, Art. 93, Rdnr. 165 („*Reservekompetenz*").

[1126] Vgl. *Löwer*, Zuständigkeit und Verfahren des Bundesverfassungsgerichts, in: Isensee/Kirchhof, HdbStR, Bd. 3, § 70, Rdnr. 50.

Verwaltungs- und Sozialrecht andere Rechtswege gegeben sind,[1127] bleiben dem Bundesverfassungsgericht regelmäßig nur verfassungsrechtliche Streitigkeiten zur Entscheidung.[1128] In sachlicher Hinsicht ist der Verfahrensgegenstand des Zwischenländerstreites ungeachtet objektiver Verfahrenszwecke vor allem subjektiver Natur, da die beteiligten Länder über die ihnen zustehenden verfassungsrechtlichen Kompetenzen oder über (staatsvertragliche) Rechte streiten.[1129] Parteien im Verfahren nach Art. 93 Abs. 1 Nr. 4 Var. 2 GG sind grundsätzlich die beteiligten Länder, die von ihren Landesregierungen vertreten werden. Auch untergegangene oder eingegliederte Länder sind nach der Rechtsprechung des Bundesverfassungsgerichts grundsätzlich parteifähig, wobei sie in Ermangelung einer Landesregierung regelmäßig von der auf ihrem Territorium bestehenden obersten Gebietskörperschaft vertreten werden.[1130] Ähnlich wie beim Bund-Länder-Streit muss ein Land im Zwischenländerstreitverfahren geltend machen, dass es durch das Verhalten des beklagten Landes in seinen eigenen, diesem Land gegenüber bestehenden Rechten verletzt oder unmittelbar gefährdet ist.[1131] Eines bundesstaatlichen Bezuges bedarf es hierbei jedoch nicht.[1132] Am Ende des Zwischenländerstreitverfahrens weist das Bundesverfassungsgericht den Antrag entweder ab, oder es entscheidet, dass die Maßnahme des beklagten Landes unzulässig war und entsprechend rückgängig gemacht werden muss (§ 72 BVerfGG).[1133]

[1127] Vgl. *Meyer*, in: von Münch/Kunig, GG, Bd. 3, Art. 93, Rdnr. 51; *Klein*, in: Benda/Klein, Verfassungsprozessrecht, Rdnr. 1100 f.

[1128] BVerfG, Urt. v. 18.7.1967, BVerfGE 22, 221 (229); BVerfG, Urt. v. 30.1.1973, BVerfGE 34, 216 (226 ff.); BVerfG, Beschl. v. 27.11.1974, BVerfGE 38, 231 (237 ff.); *Schlaich/Korioth*, Das Bundesverfassungsgericht, Rdnr. 99; *Stern*: in Bonner Kommentar, Art. 93, Rdnr. 387.

[1129] Vgl. *Klein*, in: Benda/Klein, Verfassungsprozessrecht, Rdnr. 1102.

[1130] BVerfG, Urt. v. 24.4.1954, BVerfGE 3, 267 (280); BVerfG, Urt. v. 18.7.1967, BVerfGE 22, 221 (230); BVerfG, Beschl. v. 27.11.1974, BVerfGE 38, 231 (237); BVerfG, Beschl. v. 22.9.1976, BVerfGE 42, 345 (355); *Stern*: in Bonner Kommentar, Art. 94, Rdnr. 389 ff.; *Bethge*, in: Maunz/Schmidt-Bleibtreu, BVerfGG, § 13, Rdnr. 96 b.

[1131] Vgl. *Klein*, in: Benda/Klein, Verfassungsprozessrecht, Rdnr. 1106.

[1132] Vgl. BVerfG, Urt. v. 24.4.1954, BVerfGE 3, 267 (280).

[1133] Vgl. *Löwer*, Zuständigkeit und Verfahren des Bundesverfassungsgerichts, in: Isensee/Kirchhof, HdbStR, Bd. 3, § 70, Rdnr. 51; *Klein*, in: Benda/Klein, Verfassungsprozessrecht, Rdnr. 1111.

III. Streitverfahren im Bundesstaat

1. Abweichungen

Die meisten Abweichungen bei der Beilegung föderativer Streitigkeiten im amerikanischen und deutschen Rechtssystem beruhen auf dem Umstand, dass es hierfür kein verfassungsgerichtliches Spezialverfahren vor dem U.S. Supreme Court gibt, während in Art. 93 Abs. 1 Nr. 3 und 4 GG gleich mehrere gesonderte Verfahrensmöglichkeiten eröffnet wurden. Darüber hinaus lassen sich aber auch noch weitere Abweichungen zwischen den beiden Verfassungsprozessordnungen feststellen.

a. Symmetrischer und asymmetrischer Rechtsschutz

Der Vergleich zwischen dem deutschen und amerikanischen Prozessrecht zeigt beispielsweise deutliche Unterschiede bei der konkreten Ausgestaltung der Rechtsschutzmöglichkeiten bei föderativen Streitigkeiten. So führt die im amerikanischen Rechtskreis vorherrschende "Sovereign Immunity"-Doktrin dazu, dass die Vereinigten Staaten als Bundesstaat (United States) grundsätzlich nicht von Einzelstaaten verklagt werden können. Im deutschen Verfassungsprozessrecht war es hingegen seit In-Kraft-Treten des Grundgesetzes im Jahre 1949 möglich, dass auch ein Land den Bund verklagen kann, was nicht zuletzt durch die in Art. 93 Abs. 1 Nr. 3 GG vorgesehene Möglichkeit einer „Meinungsverschiedenheit ... bei der Ausübung der Bundesaufsicht" besonders hervorgehoben wird. Der Bund-Länder-Streit kann grundsätzlich sowohl vom Bund als auch von den betroffenen Ländern eingeleitet werden.[1134] Damit sieht das Grundgesetz bei föderativen Streitigkeiten symmetrische Rechtsschutzmöglichkeiten vor, während das amerikanische Prozessrecht durch die weitgehende Immunität des Bundesstaates in dieser Hinsicht asymmetrisch ausgestaltet ist.

Auch wenn die zugunsten der "Sovereign Immunity"-Doktrin angeführten Argumente aus verfassungshistorischer Perspektive in den Vereinigten Staaten ihre Berechtigung haben, so ist es mit einem modernen Verständnis von Bundesstaatlichkeit kaum vereinbar, dass die einzelnen Gliedstaaten keine prozessuale Möglichkeit haben, um sich gegen Maßnahmen des Bundesstaates zu wehren. Dies gilt vor allem auch dann, wenn wie in den Vereinigten Staaten mit dem U.S. Supreme Court das

---

[1134] Zur "Sovereign-Immunity"-Doktrin vgl. 10. Teil, A, I.

mit höchsten Entscheidungsbefugnissen ausgestattete Gericht ein Bundesgericht ist und damit ohnehin eine nicht zu unterschätzende zentralisierende Tendenz bei der Ausübung judikativer Befugnisse besteht. Verfügt nur der Bundesstaat über eine Möglichkeit, etwaige Kompetenzüberschreitungen der Gliedstaaten gerichtlich überprüfen zu lassen, so hat dies in erster Linie eine kasuistische Eingrenzung der einzelstaatlichen Kompetenzen zur Folge, während die kompetenziellen Grenzen der bundesstaatlichen Befugnisse regelmäßig nicht zum Gegenstand gerichtlicher Entscheidung werden und damit weniger klar umrissen sind. Um eine Überprüfung der bundesstaatlichen Kompetenzen herbeizuführen ist das amerikanische Rechtsschutzsystem auf die vom Bürger ausgehende Einleitung von Streitigkeiten angewiesen, womit die verfassungsgerichtliche Überprüfung der bundesstaatlichen Kompetenzen von den Akteuren des Bundesstaates weg hin zu den Bürgern verlagert wird. Wie auch die seit den 1960er Jahren allmählich durchgreifenden Verfahren von Einzelstaaten gegen Kabinettsmitglieder zeigen,[1135] haben die asymmetrischen Rechtsschutzmöglichkeiten außerdem dazu geführt, dass die amerikanischen Einzelstaaten sich andere Verfahrensmöglichkeiten gesucht haben, um sich gegen eine Ausdehnung bundesstaatlicher Befugnisse zu wehren.

Da bei einer bundesstaatlichen Verfassungsordnung grundsätzlich die Notwendigkeit besteht die einzelstaatlichen von den bundesstaatlichen und im Gegenzug die bundesstaatlichen von den einzelstaatlichen Kompetenzen abzugrenzen, ist es deutlich vorzugswürdig, dass beide, Bundesstaat und Einzelstaat, über die gleichen prozessualen Möglichkeiten verfügen, um etwaige Verletzungen der Kompetenzordnung gerichtlich überprüfen und bestehende Kompetenzkonflikte beilegen zu lassen. Aus diesem Grund erscheint ein symmetrisches Rechtsschutzsystem wie es u.a. in Art. 93 Abs. 1 Nr. 3 und Nr. 4 GG geregelt ist, als vorzugswürdig gegenüber einem asymmetrischen Rechtsschutzsystem, wie es das amerikanische Prozessrecht vorsieht.

b. Verpflichtung zur Entscheidung und Zuständigkeitsermessen

Ein weiterer Unterschied zwischen den föderativen Streitverfahren im amerikanischen und deutschen Prozessrecht liegt darin, dass das Bundesverfassungsgericht zwar die Voraussetzungen des Art. 93 Abs. 1 Nr. 3 und Nr. 4 GG durch seine Rechtsprechung konkretisiert hat, sich

---

[1135] Vgl. 7. Teil, A, I.

aber föderativen Streitigkeiten nicht nach eigenem Ermessen entziehen kann. Ähnlich wie bei den übrigen verfassungsgerichtlichen Spezialverfahren ist es auch bei den Streitverfahren im Bundesstaat grundsätzlich verpflichtet, seine Befugnisse auszuüben.[1136] Zur Entlastung des Bundesverfassungsgerichts verbleibt lediglich die ausdrücklich in der Verfassung genannte Subsidiaritätsklausel des Art. 93 Abs. 1 Nr. 4 GG, um verwaltungsrechtliche oder sonstige nichtverfassungsrechtliche Streitigkeiten an die Fachgerichte zu verweisen. Eine Ermessensannahme für föderative Streitigkeiten besteht im deutschen Verfassungsprozessrecht nicht. Demgegenüber nimmt der U.S. Supreme Court – ungeachtet des anders lautenden Verfassungstextes – für sich in Anspruch, über ein Zuständigkeitsermessen bei föderativen Streitigkeiten zu verfügen (discretionary jurisdiction).

Bei aller berechtigter Kritik am prozessualen Vorgehen des U.S. Supreme Court darf nicht außer Acht gelassen werden, dass die Entwicklung des amerikanischen Prozessrechts ganz wesentlich in den Händen der Gerichte liegt und es daher nicht ungewöhnlich ist, dass der Supreme Court von den ausdrücklich geregelten Verfahrensvorschriften abweicht. Außerdem kommt beim Supreme Court noch hinzu, dass er stets größten Wert darauf gelegt hat, Kontrolle über die von ihm zu entscheidenden Fälle auszuüben. Hierin tritt das besondere Selbstverständnis des höchsten amerikanischen Gerichtshofs zutage, der aus dem Grundsatz der Gewaltenteilung u.a. auch das Recht ableitet, über den Schwerpunkt seiner judikativen Tätigkeit nach eigenem Ermessen bestimmen zu können. Hiermit würde es sich nicht vertragen, wenn bestimmte Fälle automatisch, ohne Vorprüfung unmittelbar vor den Supreme Court gelangen könnten. So wenig diese Haltung im Hinblick auf die Gewährleistung subjektiven Rechtschutzes tragbar erscheint, so nachvollziehbar ist sie aus verfassungsrechtlicher Sicht im Hinblick auf eine gewaltenteilige Verfassungsordnung, in der die Teilgewalten einander ebenbürtig sind. Das gleiche prozessuale Muster des U.S. Supreme Court zeigt sich vor allem bei der Annahme nach Ermessen in Zusammenhang mit individuellen Klagen.[1137]

Bei der Ermessensannahme, wie sie der U.S. Supreme Court bei föderativen Streitigkeiten praktiziert, tritt jedoch das nicht unerhebliche Problem der prozessualen Vorhersehbarkeit auf, da es für die Beteiligten

---

[1136] Vgl. *Stern*, Staatsrecht, Bd. 2, § 44, II 3 (S. 961); *Murswiek*, Der Umfang der verfassungsgerichtlichen Kontrolle staatlicher Öffentlichkeitsarbeit, DÖV 1982, 529, 532.

[1137] Vgl. 11. Teil, A, I u. 13. Teil, A, I.

nicht ohne weiteres im voraus zu erkennen ist, ob ungeachtet der gesetzlich begründeten Zuständigkeit nicht eine Verweisung an ein anderes Gericht erfolgt. Demgegenüber muss das Bundesverfassungsgericht grundsätzlich über die ihm zugewiesenen Streitigkeiten entscheiden und kann diese nicht ohne gesetzliche Regelung an andere Gerichte verweisen.

Außerdem ist die vom Bundesverfassungsgericht ausgeübte Selbstkontrolle über seinen judikativen Tätigkeitsbereich vor allem auf die Verfassungsbeschwerde beschränkt, da der zahlenmäßige Anfall föderativer Streitigkeiten insgesamt so gering ist, dass es einer Drosselung durch Ermessensentscheidung nicht bedarf. Im Ergebnis haben beide prozessualen Lösungen – Verpflichtung zur Entscheidung einerseits und Zuständigkeitsermessen andererseits – als Ausdruck prozessualer Besonderheit innerhalb der jeweiligen Rechts- und Verfassungsordnung ihre Berechtigung. Eine Übertragung erscheint wegen der unmittelbaren Bindung an das jeweilige Rechtsschutzsystem indessen nicht sinnvoll.

2. Übereinstimmungen

Gemeinsam ist beiden verfassungsprozessualen Möglichkeiten zur Beilegung föderativer Konflikte das Prinzip der Judizialisierung bundesstaatlicher Streitigkeiten. Dies gilt vor allem deshalb, weil der moderne Verfassungsstaat zur Wahrung des Bundesfriedens eine unabhängige Schlichtungsinstanz und angemessene zwischenstaatliche Streitverfahren gewährleisten muss.[1138] Wenn es auch heute schwer vorstellbar ist, sollte dennoch nicht gänzlich außer Acht gelassen werden, dass es bei Streitigkeiten zwischen Einzelstaaten oder zwischen Einzelstaaten und einem Bundesstaat oftmals um zentrale Fragen der Souveränitätsausübung und innerstaatlichen Kompetenzabgrenzung geht, die – würde es sich nicht um Gliedstaaten eines Bundesstaates handeln – zwischen unabhängigen Staaten nur auf diplomatischen Wege beizulegen wären.[1139]

[1138] *Charles Warren*, The Supreme Court and Sovereign States, Princeton 1924, 38; siehe auch *Fallon/Meltzer/Shapiro*, The Federal Courts and the Federal System, 317.

[1139] Vgl. *Klein*, in: Benda/Klein, Verfassungsprozessrecht, Rdnr. 1090 u. 1100; *Stern*, in: Bonner Kommentar, Art. 93, Rdnr. 379; *Löwer*, Zuständigkeit und Verfahren des Bundesverfassungsgerichts, in: Isensee/Kirchhof, HdbStR, Bd. 3, § 70, Rdnr. 28 f.

Äußerstenfalls hätten solche Konflikte früher sogar militärische Auseinandersetzungen nach sich ziehen können.[1140]

B. Erarbeitung und Entwicklung föderativer Streitverfahren

I. Traditionslinie föderativer Streitverfahren

Streitigkeiten zwischen dem Bund und den Ländern wurden wiederholt als „Urgestein deutscher Verfassungsgerichtsbarkeit" bezeichnet.[1141] Diese Aussage ist darauf zurückzuführen, dass bereits während der vorkonstitutionellen Epoche des Heiligen Römischen Reiches (bis 1806)[1142] sowie in den Bestimmungen der Frankfurter Reichsverfassung (Art. 126 lit. a), in der Bismarckschen Reichsverfassung (Art. 76 RV) und in der Weimarer Reichsverfassung (u.a. Art. 19 Abs. 1)[1143] zum Teil bereits föderative Streitbeilegungsverfahren bestanden haben, die später sogar gerichtsförmigen Charakter aufwiesen. Insofern ist es durchaus zutreffend, diese in unterschiedlichen deutschen Verfassungsordnungen bestehenden, föderativen Streitverfahren neben den aus dem amerikanischen Rechtskreis stammenden Normenkontrollverfahren als „zweite

---

[1140] *Principality of Monaco v. Mississippi*, 292 U.S. 313 (1934); *Oklahoma v. Texas*, 258 U.S. 574, 579 ff. (1922); vgl. *Wright/Miller/Cooper/Amar,* Federal Practice and Procedure, Bd. 17, § 4042, 170 (Fn. 17 "Substitute for War").

[1141] Vgl. *Maunz*, in: Maunz/Schmidt-Bleibtreu, BVerfGG, § 13, Rdnr. 13 (Erstbearbeitung); *Isensee*, Idee und Gestalt des Föderalismus, in: Isensee/Kirchhof, HdbStR, 2. Aufl., Bd. 4, § 98, Rdnr. 243; *Leisner*, Der Bund-Länder-Streit vor dem Bundesverfassungsgericht, Festgabe BVerfG, Bd. 1, 260, 262; *Löwer*, Zuständigkeit und Verfahren des Bundesverfassungsgerichts, in: Isensee/Kirchhof, HdbStR, Bd. 3, § 70, Rdnr. 28; *Bethge*, in: Maunz/Schmidt-Bleibtreu, BVerfGG, Vorb, Rdnr. 29 u. § 13, Rdnr. 69 ff.; zweifelnd *Stern*, in: Bonner Kommentar, Art. 93, Rdnr. 329.

[1142] Vgl. *Robbers*, in: Umbach/Clemens/Dollinger, BVerfGG, Geschichtliche Entwicklung der Verfassungsgerichtsbarkeit, Rdnr. 5 ff.; *Schorkopf*, in: Umbach/Clemens/Dollinger, BVerfGG, Vor §§ 68 ff., Rdnr. 4.

[1143] Vgl. zur Bewertung *Stern*, Staatsrecht, Bd. II, § 44, III 6 (S. 972 ff.); BVerfG, Urt. v. 11.7.1961, BVerfGE 13, 54 (72) mit ausdrücklicher Bezugnahme auf das Verfahren nach Art. 19 Abs. 1 WRV.

Traditionslinie"[1144] deutscher Verfassungsgerichtsbarkeit zu bezeichnen.[1145]

II. Bund-Länder-Streitverfahren

Bereits im Herrenchiemseer Verfassungsentwurf waren mehrere föderative Streitverfahren zwischen Bund und Ländern vorgesehen. Während in Art. 98 Nr. 2 HC-E lediglich davon die Rede war, dass das Bundesverfassungsgericht „über öffentlich-rechtliche Streitigkeiten zwischen dem Bund und den Ländern und zwischen den Ländern (Art. 44)" entscheidet,[1146] sah der dort in Klammern zitierte Art. 44 Abs. 1 Nr. 3 HC-E eine dem späteren Art. 93 Abs. 1 Nr. 3 GG weitgehend entsprechende Formulierung vor. Darin hieß es:

> „Bestehen Meinungsverschiedenheiten zwischen Bund und Ländern ... 3. über gegenseitige Rechte und Rechtspflichten von Bund und Ländern, insbesondere auch im Vollzug von Bundesrecht und der Bundesaufsicht ... so entscheidet auf Antrag des Bundes oder eines Landes das Bundesverfassungsgericht."[1147]

Außerdem war in Art. 44 Abs. 1 Nr. 4 HC-E – ähnlich wie später in Art. 93 Abs. 1 Nr. 4 GG – eine weitere Verfahrensmöglichkeit für „sonstige Rechtsbeziehungen des öffentlichen Rechts zwischen dem Bund und einem Land" geregelt. Die in der 5. Sitzung des Rechtspflegeausschusses am 10. November 1948 zu dieser Bestimmung erfolgten Erörterungen waren insgesamt betrachtet nicht sonderlich aussagekräftig. Nachdem sich der stellvertretende Ausschussvorsitzende Strauß zunächst mit den in Art. 44 HC-E geregelten Fällen zufrieden gezeigt

---

[1144] Vgl. *Löwer*, Zuständigkeit und Verfahren des Bundesverfassungsgerichts, in: Isensee/Kirchhof, HdbStR, Bd. 3, § 70, Rdnr. 28 macht dies aber auch von einem *„genügend weichzeichnenden Objektiv"* abhängig.

[1145] Vgl. *Voßkuhle*, in: v. Mangoldt/Klein/Starck, GG, Bd. 3, Art. 93, Rdnr. 133. Ähnlich auch *Bethge*, in: Maunz/Schmidt-Bleibtreu, BVerfGG, § 13, Rdnr. 73 der jedoch von einer *„ersten Formation materieller Verfassungsgerichtsbarkeit"* spricht.

[1146] Vgl. *Wilms*, Dokumente zur neuesten Verfassungsgeschichte, Bd. III/2, Dok.-Nr. 2 (Herrenchiemseer Entwurf), 55, 76.

[1147] Vgl. *Wilms*, Dokumente zur neuesten Verfassungsgeschichte, Bd. III/2, Dok.-Nr. 2 (Herrenchiemseer Entwurf), 55, 64.

hatte,[1148] kritisierte der als Sachverständiger gehörte Gerichtspräsident Wolff die Zuweisung der Bund-Länder-Streitigkeiten an das Bundesverfassungsgericht:

Wolff: „Mir war das bisher nicht klar. Wird darum gestritten, ob irgendein Landesrecht mit dem Bundesrecht vereinbar ist oder nicht, so würde die Sache nach Art. 98 Ziff. 3 [HC-E] an das Bundesverfassungsgericht gehen. Warum eigentlich? Das ist doch eine juristische Frage, die das ordentliche Gericht, in letzter Instanz das Oberste Bundesgericht, zu entscheiden hätte. Die Frage, ob ein Landesgesetz mit einem Reichsgesetz vereinbar ist, hat auch das Reichsgericht entschieden.

Strauß: Weil derartige Streitigkeiten vom Land aus gesehen immer eine stark politische Nuance haben. Wir haben vor 1932 beim Staatsgerichtshof eine Menge solcher Fälle gehabt."[1149]

Nicht zuletzt an Wolffs Äußerung zeigt sich, in welchem Umfang die frühere deutsche Rechtstradition die Diskussionen im Parlamentarischen Rat weiterhin beeinflusste. Da das Reichsgericht schon zu Zeiten des Kaiserreichs das richterliche Prüfungsrecht im Hinblick auf die Vereinbarkeit von Landesrecht mit Reichsrecht ausgeübt und nach Art. 13 der Weimarer Reichsverfassung ein spezielles Normenkontrollverfahren für landesrechtliche Vorschriften existiert hatte,[1150] lag es für Wolff nahe, diese Fragen auch künftig der ordentlichen Gerichtsbarkeit zu überlassen. In der Aussage von Strauß wird indessen ersichtlich, dass bei den maßgeblichen Mitgliedern des Rechtspflegeausschusses im Hinblick auf die Bedeutung föderativer Streitigkeiten ein Umdenken stattgefunden hat, das auch in der weiteren Behandlung dieser Frage

---

[1148] *Strauß* (CDU), in: Prot. Parl. Rat, Bd. 13/II, Dok.-Nr. 55, 1272, 1313 (5. Sitzung d. RpflA, 10.11.1948) (*„Ich glaube, diese vier Ziffern decken ungefähr alles, insbesondere die Ziff. 4. Die Ziffer 4 würde auch die Staatsabkommen betreffen, soweit sie weitergelten, zum Beispiel über Bahnen und Wasserstraßen, über Post usw."*).

[1149] *Wolff* (Sachverst.) u. *Strauß* (CDU), in: Prot. Parl. Rat, Bd. 13/II, Dok.-Nr. 55, 1272, 1313 (5. Sitzung d. RpflA, 10.11.1948).

[1150] Vgl. *Stern*, in: Bonner Kommentar, Art. 93, Rdnr. 190 ff.; *Klein*, in: Benda/Klein, Verfassungsprozessrecht, Rdnr. 729; *Stuth*, in: Umbach/Clemens, BVerfGG, 1. Aufl., Vor §§ 76 ff., Rdnr. 3; *Rozek*, in: Maunz/Schmidt-Bleibtreu, BVerfGG, § 76, Rdnr. 1; *Pestalozza*, VerfassungsprozessR, § 8, Rdnr. 2; *Huber*, Verfassungsgeschichte, Bd. 6, 562 und 410 f.

zum Ausdruck kommen sollte. Zu konkreten Beschlüssen kam es bei dieser Gelegenheit nicht.

Allerdings war im Rechtspflegeausschuss das Nebeneinander mehrer Vorschriften mit föderativen Verfahren offenkundig als unbefriedigend empfunden worden, so dass der Entwurf des Allgemeinen Redaktionsausschusses für die 1. Lesung des Hauptausschusses eine Zusammenfassung von Art. 44 Abs. 1 Nr. 3 u. 4 HC-E und Art. 98 Nr. 3 HC-E in der Vorschrift des Art. 128 b Abs. 1 Nr. 2 GG-Entw vorsah. Die konsolidierte Vorschrift lautete danach:

> „Das Bundesverfassungsgericht entscheidet: ... 3. über andere öffentlich-rechtliche Streitigkeiten zwischen dem Bund und den Ländern, zwischen verschiedenen Ländern oder innerhalb eines Landes, soweit kein anderer Rechtsweg gegeben ist.“[1151]

Damit entsprach Art. 128 b Abs. 1 Nr. 2 GG-Entw weitgehend dem späteren Art. 93 Abs. 1 Nr. 4 GG, während eine dem gegenwärtigen Art. 93 Abs. 1 Nr. 3 GG (Bund-Länder-Streit) entsprechende Bestimmung vorerst fehlte.

Nachdem die vom Allgemeinen Redaktionsausschuss erarbeitete Regelung des Art. 128 b Abs. 1 Nr. 2 GG-Entw in der 7. Sitzung des Rechtspflegeausschusses vom 6. Dezember 1948 ohne nähere Erörterung gut geheißen wurde,[1152] beschloss der Hauptausschuss, zusätzlich zur dieser Bestimmung eine dem früheren Art. 44 Abs. 1 Nr. 3 HC-E entsprechende Vorschrift in das Grundgesetz mitaufzunehmen.[1153] Nach der konsolidierten Fassung des Redaktionsausschusses vom 16. Dezember 1948 wurde danach in den neuen Art. 128 b Abs. 1 Nr. 2 GG-Entw aufgenommen, dass das Bundesverfassungsgericht bei „Meinungsverschiedenheiten über Rechte und Pflichten des Bundes und der Länder, insbesondere bei der Ausführung von Bundesrecht durch die

---

[1151] Vgl. *Wilms*, Dokumente zur neuesten Verfassungsgeschichte, Bd. III/2, Dok.-Nr. 4 (Stellungnahme des ARA v. 5.12.1948), 124, 163.

[1152] *Laforet* (CSU), in: Prot. Parl. Rat, Bd. 13/II, Dok.-Nr. 57, 1347, 1369 (7. Sitzung d. RpflA, 6.12.1948).

[1153] *Zinn* (SPD) u. *Greve* (SPD), in: Prot. Parl. Rat, Bd. 13/II, Dok.-Nr. 61, 1498, 1503 (9. Sitzung d. RpflA, 17.12.1948).(Zinn: *„Die Einfügung der Ziff. 2 ergibt sich aus der jetztigen Fassung des Art. 44 bzw. aus der Fassung des Art. 114 Abs. 3.* (Zwischenruf Greve: *Es ist im Hauptausschuss beschlossen worden, das hier hereinzubringen.*) Zinn (Forts.): *Der Wortlaut ist jetzt derjenige, der sich in Art. 44 Ziff. 2 findet. Dazu ist wohl nichts zu sagen.* (Zwischenruf Greve: *Nein.*)“).

Länder und bei der Ausübung der Bundesaufsicht (Art. 44 Ziffer 2 ...)“ entscheiden soll. Die Regelung über „andere öffentlich-rechtliche Streitigkeiten“ fand sich nunmehr mit gleichem Wortlaut unter Art. 128 b Abs. 1 Nr. 6 GG-Entw wieder.[1154] Damit war seit Dezember 1948 die Aufteilung der verfassungsrechtlichen Bestimmungen über föderative Streitigkeiten im Bund-Länder-Verhältnis auf zwei Vorschriften – den Bund-Länder-Streit und ein Verfahren für „andere öffentlich-rechtliche Streitigkeiten“ – festgelegt. Abgesehen von geringfügigen redaktionellen Änderungen[1155] blieb diese Aufteilung auch in der endgültigen Fassung des Grundgesetzes erhalten.

III. Zwischenländerstreit

Da die Bestimmungen über den Zwischenländerstreit, von der anfänglichen Trennung in Art. 44 Abs. 1 Nr. 4 und Abs. 2 HC-E abgesehen, grundsätzlich mit den „sonstigen Bund-Länder-Streitigkeiten“ verknüpft waren, galt für seine textliche Entwicklung weitgehend dasselbe wie für die Entwicklung der späteren, in Art. 93 Abs. 1 Nr. 4 GG niedergelegten Bestimmungen. Darüber hinaus lassen sich an verschiedenen Stellen der Protokolle des Rechtspflegeausschusses auch ausdrückliche Hinweise auf die bei der Befassung mit Zwischenländerstreitigkeiten auftretenden Schwierigkeiten finden. In der 5. Sitzung des Rechtspflegeausschusses vom 10. November 1948 – als die Bestimmung des Art. 44 HC-E noch keine Subsidiaritätsklausel aufwies – kam es zu folgendem kurzen Zwiegespräch zwischen dem Gerichtspräsidenten Ruscheweyh und dem stellvertretenden Ausschussvorsitzenden Strauß:

Ruscheweyh: „Nehmen wir an, über einen Grenzgraben zwischen Schleswig-Holstein und Niedersachsen führt eine Brücke, und man streitet darüber, ob die 2,50 Mark für ein neues Brett in der Brücke Schleswig-Holstein oder Niedersachsen bezahlen muß.“

[1154] Vgl. Prot. Parl. Rat, Bd. 13/II, Dok.-Nr. 60, 1491, 1492 (Neufassung „Gerichtsbarkeit und Rechtspflege“ nach dem Entwurf des ARA v. 16.12.1948); *Wilms*, Dokumente zur neuesten Verfassungsgeschichte, Bd. III/2, Dok.-Nr. 6 (Stellungnahme des ARA v. 16.12.1948), 257, 307.

[1155] Vgl. *Wilms*, Dokumente zur neuesten Verfassungsgeschichte, Bd. III/2, Dok.-Nr. 7 (Stellungnahme des ARA v. 25.1.1949), 321, 388; a.a.O., Dok.-Nr. 8 (Vorschlag 5er Ausschuss v. 5.2.1949), 411, 448 f.; *ders.*, a.a.O., Dok.-Nr. 9 (Fassung der 3. Lesung HA v. 2.5.1949), 461, 518 f.

Strauß: „Das kann ich sofort durch Abs. 2 von Art. 44 [HC-E] beantworten, wo es heißt: ‚Das Bundesverfassungsgericht entscheidet auf Antrag eines Landes auch über Streitigkeiten öffentlich-rechtlicher Natur zwischen verschiedenen Ländern.“

Ruscheweyh: „Es ist doch grässlich, die Frage betreffend diesen kleinen Graben dem Bundesverfassungsgericht zu geben.“

Strauß: „Es ist grässlich. Aber ich muß sagen, es würde gegen die beiden beteiligten Länder sprechen, wenn sie in einem solchen Fall nicht in der Lage wären, sich zu verständigen, und das Bundesverfassungsgericht anrufen müssten. Das wäre entsetzlich. Andererseits gibt es Grenzfälle. Ich meine nicht Fälle der Grenzziehung, sondern äußerste Fälle.“[1156]

Streitigkeiten der beispielhaft genannten Art waren offensichtlich der Grund dafür, dass die späteren Regelungen über den Zwischenländerstreit bis hin zu Art. 93 Abs. 1 Nr. 4 GG unter den Vorbehalt der Subsidiarität gestellt wurden („ ... soweit nicht ein anderer Rechtsweg gegeben ist.“).[1157] Dadurch erhielt der Bundesgesetzgeber die Möglichkeit, andere Gerichte für zivilrechtliche oder verwaltungsrechtliche Streitigkeiten zwischen verschiedenen Ländern zuständig zu machen.

Weitere Schlussfolgerungen über den Anwendungsbereich des später in Art. 93 Abs. 1 Nr. 4 Var. 2 GG geregelten Zwischenländerstreit lassen sich aus einer Äußerung in der 7. Sitzung des Rechtspflegeausschusses ziehen. Dort nahm der Abgeordnete Laforet zu den föderativen Verfahren wie folgt Stellung:

> „Klar ist der Fall zwischen Bund und den Ländern [Art. 128 b Abs. 1 Nr. 2 Var. 1 GG-Entw]. Klar ist auch zwischen verschiedenen Ländern [Var. 2]. Es sind öffentlich-rechtliche Streitigkeiten. Also

---

[1156] *Ruscheweyh* (Sachverst.) u. *Strauß* (CDU), in: Prot. Parl. Rat, Bd. 13/II, Dok.-Nr. 55, 1272, 1313 (5. Sitzung d. RpflA, 10.11.1948).

[1157] Vgl. *Wilms*, Dokumente zur neuesten Verfassungsgeschichte, Bd. III/2, Dok.-Nr. 4 (Stellungnahme des ARA v. 5.12.1948), 124, 163; *ders*, a.a.O., Dok.-Nr. 5 (Fassung der 1. Lesung Hauptausschuss), 175, 236; *ders.*, a.a.O. Dok.-Nr. 6 (Stellungnahme des ARA v. 16.12.1948), 257, 307; *ders.*, a.a.O., Dok.-Nr. 7 (Stellungnahme des ARA v. 25.1.1949), 321, 389; ders., a.a.O., Dok.-Nr. 8 (Vorschlag des 5er Ausschusses), 411, 449; *ders.*, a.a.O., Dok.-Nr. 9 (Fassung der 3. Lesung HA v. 2.5.1949), 461, 519.

die Donauversickerung als Gegenstand des Streites über die Ausübung von Wasserhoheit wird gedeckt. ...“[1158]

Mit dieser Äußerung nahm Laforet Bezug auf eine Entscheidung des Staatsgerichtshof des Deutschen Reichs vom 17./18.6.1927 über eine verfassungsrechtliche Streitigkeit im Sinne von Art. 19 WRV zwischen den Ländern Württemberg und Preußen einerseits und dem Land Baden andererseits über die sich aus der vermehrten Versickerung der Donau auf badischem Gebiet ergebenden öffentlich-rechtlichen Verpflichtungen bei der Ausübung der Wasserhoheit am oberen Donaulauf.[1159] Wäre nicht schon an anderer Stelle erkennbar gewesen, dass die föderativen Streitverfahren des Grundgesetzes in der Tradition der bereits in der Weimarer Reichsverfassung geregelten Verfahren standen, so hätte die obige Äußerung Laforets zum Zwischenländerstreit letzte Klarheit geschaffen. Im Ergebnis wird erkennbar, dass das Streitverfahren zwischen verschiedenen Ländern aus Art. 93 Abs. 1 Nr. 4 Var. 2 GG nach dem Willen des Parlamentarischen Rates denselben Zielen dienen sollte, wie das früher in Art. 19 WRV geregelte Verfahren.

IV. Einflüsse des U.S. Supreme Court

Soweit es um föderative Streitverfahren geht, finden sich in den Beratungsprotokollen des Rechtspflegeausschusses, keine Bezüge zu den einschlägigen verfahrensrechtlichen Möglichkeiten des amerikanischen Prozessrechts. Dies liegt – wie eingangs bereits angedeutet – vor allem daran, dass die Schlichtung und Beilegung von Streitigkeiten innerhalb eines föderativ verfassten Staatenverbundes in Deutschland bereits über eine langjährige und eigenständige Tradition verfügte. Daher lag für die Abgeordneten des Parlamentarischen Rates nichts näher, als an diese deutschen Verfassungstraditionen anzuknüpfen und Verfahren zu schaffen, die für vertikale und horizontale Streitigkeiten innerhalb des Bundesstaates in gewohnter Weise Abhilfe ermöglichten.

Insgesamt zeigt sich bei den föderativen Streitigkeiten, dass die aus der deutschen Rechtstradition herrührenden Einflüsse für die Formulierung des Grundgesetzes so bedeutsam waren, dass für Anleihen beim

---

[1158] *Laforet* (CSU), in: Prot. Parl. Rat, Bd. 13/II, Dok.-Nr. 57, 1347, 1369 (7. Sitzung d. RpflA, 6.12.1948).

[1159] RG, Zwischenentscheidung v. 17./18.6.1927, RGZ 116, Anhang 18* ff.; vgl. Prot. Parl. Rat, Bd. 13/II, Dok.-Nr. 57, 1347, 1369 (Fn. 57).

amerikanischen Supreme Court kein Bedürfnis und keine Notwendigkeit bestanden. Auch die objektiven Übereinstimmungen im Hinblick auf die in beiden Rechtsordnungen vorgesehene gerichtliche Beilegung föderativer Streitigkeiten ist für sich gesehen nicht spezifisch genug, um auf Einflüsse schließen zu lassen, da sie letztlich auf das grundlegende bundesstaatliche Bedürfnis zur Gewährleistung des Bundesfriedens zurückzuführen ist. Auch aus diesem Grund wird es im Hinblick auf das Alliierte Memorandum vom 22. November 1948[1160] der deutschen Seite keinerlei Kopfzerbrechen bereitet haben, in die neu zu schaffende westdeutsche Verfassung föderative Streitverfahren aufnehmen zu müssen, da diese auch bereits in der Weimarer Reichsverfassung (1919) und der nicht in Kraft getretenen Frankfurter Reichsverfassung (1849) in umfassendem Rahmen vorgesehen gewesen waren.

[1160] Vgl. 1. Teil, A, I. "*However, the three Governments believe that a desirable governmental structure for Germany should, to maximum extend possible, provide: (...) e. that the Constitution should provide for an independent judiciary ... to adjudicate conflicts between Federal and Land authorities as well as between Land authorities*", vgl. *Wilms*, Ausländische Einwirkungen, Bd. 2 (Dokumente), Dok.-Nr. 22a (S. 83 f.).

Elfter Teil

Individuelle Streitverfahren

Als letzte der vier verfassungsgerichtlichen Kernverfahren sind die im amerikanischen und deutschen Prozessrecht bestehenden individuellen Klageformen zu untersuchen.[1161] Allerdings ist hierbei – wie schon bei den anderen Verfahrensmöglichkeiten – zu beachten, dass ein wie in den USA nach dem Einheitsmodell gestaltetes Gerichtssystem regelmäßig ein durchgängiges Rechtsschutzverfahren mit einheitlichem Instanzenzug und inzidenter Überprüfung vorsieht,[1162] während eine wie in Deutschland nach dem Trennungsmodell organisierte Gerichtsbarkeit durch die Unabhängigkeit des Verfassungsgerichts von den sonstigen Instanzenzügen Raum für verfassungsgerichtliche Sonderverfahren lässt.

A. Individuelle Klageformen im Vergleich

I. U.S. Supreme Court

In der Rechts- und Verfassungsordnung der Vereinigten Staaten erfolgt der individuelle Rechtsschutz grundsätzlich nur inzident innerhalb eines normalen Gerichtsverfahrens. Ein gesondertes Verfahren zur Überprüfung von Grundrechtsverletzungen ist dem amerikanischen Prozessrecht – mit Ausnahme des Writ of Habeas Corpus – hingegen fremd.[1163] Sofern verfassungsrechtliche Fragen im Rahmen eines konkreten Ver-

---

[1161] Vgl. zur konstitutiven Bedeutung individueller Klageformen, Einleitung, IV.; *Mosler*, Das Heidelberger Kolloquium, in: Verfassungsgerichtsbarkeit in der Gegenwart, XI.

[1162] Vgl. *Alexy*, Verfassungsbeschwerde, in: Verfassungsgerichtsbarkeit in der Gegenwart, 738.

[1163] Vgl. *Kauper*, Judicial Review of Constitutional Issues in the United States, in: Verfassungsgerichtsbarkeit in der Gegenwart, 568, 615.

fahrens von Bedeutung sind, werden diese auch nicht erst vor dem U.S. Supreme Court geltend gemacht, sondern können wegen des dezentralisierten Prüfungs- und Verwerfungsrechts bereits vor den unteren Bundesinstanzen (i.e. U.S. District Courts, U.S. Courts of Appeals) zur Sprache gebracht werden. Eine Ausweitung der erstinstanzlichen Zuständigkeiten des U.S. Supreme Court durch Bundesgesetz, wird angesichts der eindeutigen Bestimmungen der U.S. Bundesverfassung als verfassungsrechtlich nicht zulässig betrachtet.[1164] Das Verfahren des individuellen Rechtsschutzes im amerikanischen Prozessrecht verläuft üblicherweise wie folgt: Wird bei der Anwendung eines formellen Gesetzes dessen Verfassungswidrigkeit beanstandet, so hat jedes Gericht der amerikanischen Bundesgerichtsbarkeit die Kompetenz, eine inzidente Normenkontrolle der einschlägigen Vorschriften vorzunehmen.[1165] Die jeweilige gesetzliche Norm wird dabei wegen des "Case-or-Controversy"-Requirements[1166] nicht abstrakt auf ihre Verfassungsgemäßheit überprüft, sondern zunächst wird kontrolliert, ob die beanstandete hoheitliche Einzelmaßnahme mit ihrer gesetzlichen Grundlage im Einklang steht. Erst wenn diese Untersuchung zu dem Ergebnis gelangt ist, dass keine andere Gesetzesanwendung vom Wortlaut der Vorschrift gedeckt wäre, überprüft das zuständige Gericht die Vereinbarkeit der gesetzlichen Grundlage mit der U.S. Bundesverfassung. Auf diese Weise hängt die Überprüfung gesetzlicher Normen auf ihre Verfassungsmäßigkeit wesentlich davon ab, dass kein Raum für eine verfassungskonforme Auslegung besteht.

1. Bundesrechtliche Fälle

Die umfassende Zuständigkeitsvorschriften des Art. III, Sec. 2 U.S. Bundesverfassung bringt es mit sich, dass bei individuellen Klagebegehren unterschiedliche Anknüpfungspunkte für die Zuständigkeit der Bundesgerichtsbarkeit bestehen. So ist die Bundesgerichtsbarkeit beispielsweise für alle Streitigkeiten über die Anwendung oder Ausle-

---

[1164] Vgl. *Kauper*, Judicial Review of Constitutional Issues in the United States, in: Verfassungsgerichtsbarkeit in der Gegenwart, 568, 616.

[1165] Vgl. *Wilms*, Ausländische Einwirkungen, 169 f.; *Alexy*, Verfassungsbeschwerde, in: Verfassungsgerichtsbarkeit in der Gegenwart, 738.

[1166] Vgl. 7. Teil, A, I; *Stone/Seidman/Sunstein/Tushnet*, Constitutional Law, 88 ff.

gung von Bundesrecht (federal law)[1167] zuständig, mit der Folge, dass in diesen Fällen Klage vor einem Bundesgericht erhoben werden kann. Als Eingangsinstanz dient regelmäßig der örtlich zuständige U.S. District Court, während der U.S. Supreme Court grundsätzlich nur in letzter Instanz zuständig ist. Als Streitigkeit über die Anwendung oder Auslegung von Bundesrecht werden sowohl Auseinandersetzungen über einfachgesetzliches Bundesrecht als auch über Bundesverfassungsrecht anerkannt. (Bundes)Verfassungsrechtliche Fragestellungen stehen vor allem dann im Vordergrund, wenn die Rechtmäßigkeit hoheitlicher Tätigkeiten, seien sie exekutiver, legislativer oder judikativer Natur, umstritten ist. Da die sogenannte *Treaty-Clause* des Art. VI, Sec. 2 U.S. Bundesverfassung im Zusammenspiel mit den Vertragsschlussvorschriften nach Art. II, Sec. 2, cl. 2 U.S. Bundesverfassung dazu führt, dass ein völkerrechtlicher Vertrag nach Zustimmung des U.S. Senats zu amerikanischem Bundesrecht transformiert wird,[1168] gilt das zum übrigen Bundesrecht Gesagte auch für völkerrechtliche Verträge.[1169]

2. *Besondere Verfahrensbeteiligte*

Im Einklang mit Art. III, Sec. 2 U.S. Bundesverfassung kann die Zuständigkeit der Bundesgerichtsbarkeit für individuelle Klageformen auch in personeller Hinsicht durch die beteiligten Prozessparteien begründet werden. Im Rahmen der "diversity jurisdiction"[1170] können Bürger beispielsweise Kabinettsminister der Vereinigten Staaten (cabinett officers) mit der Behauptung vor Bundesgerichten verklagen, durch ihr Handeln oder Unterlassen in individuellen Rechtspositionen verletzt worden zu sein.[1171] Im Gegensatz zu den Verfahren von Einzelstaaten gegen öffentliche Amtsträger,[1172] die beim U.S. Supreme Court

[1167] Vgl. 2. Teil, A, I; Art. III, Sec. 2 U.S. Bundesverfassung: "*Cases, ..., arising under this Constitution, Laws of the United States...*".

[1168] Artikel VI: "*This Constitution, and the Laws of the United States which shall be made in Pursuance thereof; and all Treaties made, or which shall be made, under the Authority of the United States, shall be the supreme Law of the Land;...*".

[1169] *Missouri v. Holland*, 252 U.S. 416 (1920).

[1170] Vgl. 2. Teil, A, I.

[1171] *Marbury v. Madison*, 5 U.S. (3 Cranch), 137 (1803), *Katzenbach v. Morgan*, 384 U.S. 641 (1965); *Goldman v. Weinberger*, 475 U.S. 503 (1986).

[1172] Vgl. oben 7. Teil, A, I.

häufig auf Ablehnung gestoßen sind, haben individuelle Kläger weniger Schwierigkeiten ihre subjektive Klagebefugnis (standing) nachzuweisen. In gleicher Weise sind diese prozessualen Rechte auch juristischen Personen eröffnet, die behaupten, dass ihre von Verfassungs wegen garantierten Rechte verletzt worden sind.[1173] Schließlich ist die Zuständigkeit der Bundesgerichtsbarkeit für individuelle Klageformen auch begründet, wenn die Verletzung von subjektiven Rechtspositionen in Streitigkeiten gerügt werden, in denen die USA als Prozesspartei beteiligt sind (United States as a party).[1174]

3. Writ of Habeas Corpus

Der Writ of Habeas Corpus ist das bedeutendste Sonderverfahren des amerikanischen Prozessrechts, das dem individuellen Rechtsschutz dient.[1175] In seinen Wurzeln geht er auf die englische Verfassungsentwicklung des 17. Jahrhunderts mit der Verabschiedung der Petition of Rights (1628) und den Habeas Corpus Act (1679) zurück.[1176] Im amerikanischen Judicial Code von 1948 fand er in 28 U.S.C. §§ 2241 bis 2255 seinen normativen Niederschlag.[1177] Ähnlich wie schon im traditionellen Common Law dient der Writ of Habeas Corpus im modernen ame-

---

[1173] *Dames & Moore v. Regan*, 453 U.S. 654 (1981).

[1174] *Hirabayashi v. United States*, 320 U.S. 81 (1943); *Korematsu v. United States*, 323 U.S. 214 (1944).

[1175] Vgl. *Alexy*, Verfassungsbeschwerde, in: Verfassungsgerichtsbarkeit in der Gegenwart, 738; *Kauper*, Judicial Review of Constitutional Issues in the United States, in: Verfassungsgerichtsbarkeit in der Gegenwart, 568, 616 f.; *Currie*, Federal Courts, 608 ff.

[1176] Vgl. *Barnett*, Constitutional & Administrative Law, 628 f.; *Kriele*, Einführung in die Staatslehre, 133 ff., der Habeas Corpus als „Ur-Grundrecht" bezeichnet. Siehe zu den verfassungshistorischen Wurzeln auch *William F. Duker*, The English Origins of the Writ of Habeas Corpus, N.Y.U.L.Rev, Bd. 53 (1978), 983 ff.; Developments in the Law – Federal Habeas Corpus, Harv.L.Rev., Bd. 83 (1970), 1038 ff.; *Wright/Miller/Cooper/Amar*, Federal Practice and Procedure, Bd. 17, § 4261, 268 ff.; *William F. Duker*, A Constitutional History of Habeas Corpus, Westport/Ct. 1980; *Eric M. Freedman*, Habeas corpus: rethinking the great writ of liberty, New York 2001.

[1177] Vgl. Judicial Code 1948, 28 U.S.C. § 1651: *"(a) The Supreme Court and all courts established by Act of Congress may issue all writs necessary or appropriate in aid of their respective jurisdiction agreeable to the usages and principles of law."* Public Laws, June 25, 1948, 62 Stat. 944.

rikanischen Prozessrecht generell dem Schutz vor willkürlicher Inhaftierung in jeder Form.[1178] Im Wege des Writ of Habeas Corpus können Inhaftierungen auf ihre Rechtmäßigkeit überprüft werden, die entweder infolge einer strafrechtlichen Verurteilung angeordnet wurden (post-conviction remedy), die als Untersuchungshaft zur Vorbereitung eines Strafprozesses dienen[1179] oder aus sonstigen Gründen, z.B. als Beugemittel,[1180] auferlegt wurden.[1181] Durch das Verfahren des Writ of Habeas Corpus soll sichergestellt werden, dass die besonders einschneidende und grundrechtsrelevante Maßnahme einer Inhaftierung nur erfolgt, wenn sie unter Einhaltung der gesetzlichen und verfassungsrechtlichen Voraussetzungen verhängt wurde. In der amerikanischen Rechtspraxis wird der Writ of Habeas Corpus zum U.S. Supreme Court vor allem von inhaftierten und bereits verurteilten Straftätern eingelegt, die eine Verletzung von Bundesrecht – regelmäßig der U.S. Bundesverfassung – in einzelstaatlichen Strafverfahren geltend machen (post-conviction remedy).[1182] Voraussetzung für die Einlegung eines Writ of Habeas Corpus zum U.S. Supreme Court ist nach 28 U.S.C. § 2254 (b)(c) jedoch die Erschöpfung des jeweiligen einzelstaatlichen Rechtsweges (exhaustion

---

[1178] Vgl. eingehend *James S. Liebman/Randy Hertz*, Federal Habeas Corpus Practice and Procedure, 4. Auflage, Charlottesville/Va. 2001; *Wright/Miller/Cooper/Amar*, Federal Practice and Procedure, Bd. 17, § 4261, 275 ff.; *Vollkommer*, Die Rechtsmittel zum U.S. Supreme Court, JZ 1964, 152, 155; zu den Ausführungen Edward Cokes *Kriele*, Einführung in die Staatslehre, 133.

[1179] *Ex parte Bollmann*, 8 U.S. (4 Cranch) 75 (1807); *Tinsley v. Treat*, 205 U.S. 20 (1907), *United States ex rel. Kassin v. Mulligan*, 295 U.S. 396 (1935).

[1180] *Ex parte Milligan*, 71 U.S. (4 Wall.) 2 (1966); *Jurney v. MacCracken*, 294 U.S. 125 (1935), *Ex parte Quirin*, 317 U.S. 1 (1942), *Ex parte Endo*, 323 U.S. 283 (1944).

[1181] Ausführungen des U.S. Supreme Court zu den rechtshistorischen Hintergründen in *McNally v. Hill*, 293 U.S. 131, 136 ff. (1934).

[1182] Vgl. *Fallon/Meltzer/Shapiro*, The Federal Courts and the Federal System, 1338; *James S. Liebman*, Apocalypse Next Time?: The Anachronistic Attack on Habeas Corpus/Direct Review Parity, Colum.L.Rev., Bd. 92 (1992), 1997; *Curtis R. Reitz*, Federal Habeas Corpus: Postconviction Remedy for State Prisoners, U.Pa.L.Rev., Bd. 108 (1960), 461; *J. Skelly Wright/Abraham D. Sofaer*, Federal Habeas Corpus for State Prisoners: The Allocation of Fact-Finding Responsibility, Yale L.J., Bd. 75 (1966), 895; kritisch *Paul M. Bator*, Finality in Criminal Law and Federal Habeas Corpus for State Prisoners, Harv.L.Rev., Bd. 76 (1963), 441, 448.

of state remedies).[1183] Nach ständiger Rechtsprechung des Gerichtshofs ist von einer ausreichenden Rechtswegerschöpfung immer dann auszugehen, wenn die betreffende bundes(verfassungs)rechtliche Fragestellung mindestens einmal in einem Verfahren vor dem höchsten einzelstaatlichen Gericht ordnungsgemäß erörtert worden ist.[1184]

4. Subjektiver Rechtsschutz und Ermessenszuständigkeit

Außerhalb des Writ of Habeas Corpus war bis zum Ende des 19. Jahrhunderts das allgemeine Rechtsmittel des Appeals[1185] die wesentliche individuelle Rechtsschutzmöglichkeit der Bürger, um Streitigkeiten vor den U.S. Supreme Court zu bringen. Mit dem Appeal war im Rahmen der obligatorischen Überprüfung (obligatory review) ein subjektives Recht auf letztinstanzliche Überprüfung durch das Rechtsmittelgericht sowie ursprünglich auch eine obligatorische mündliche Verhandlung verbunden.[1186] Eine erste weitreichende Veränderung für den individuellen Rechtsschutz im amerikanischen Prozessrecht trat bereits mit dem Evarts Act von 1891 ein.[1187] Da sich der U.S. Supreme Court mehr und mehr außer Stande sah, die jährlich anfallenden Streitigkeiten in angemessener Zeit zu bewältigen, wurde das subjektive Recht auf Appeal eingeschränkt und in zahlreichen Fällen durch eine ermessensabhängige Überprüfung (discretionary review) im Rahmen des sog. Writ of Certiorari ersetzt.[1188] Der Writ of Certiorari ist jedoch nicht nur

---

[1183] Ex parte Royall, 117 U.S. 241 (1886); Ex parte Hawk, 321 U.S. 114, 116 ff. (1944); *Stern/Gressman/Shapiro/Geller*, Supreme Court Practice, § 11.7, 507; *Currie*, Federal Courts, 639 ff.; *Wright/Miller/Cooper/Amar*, Federal Practice and Procedure, Bd. 17, § 4264, 334.

[1184] *„The exhaustion requirement is satisfied if the federal issue has been once (properly) presented to the highest state court"*, vgl. *Wright/Miller/Cooper/Amar*, Federal Practice and Procedure, Bd. 17, § 4264.1, 339 ff.

[1185] Im amerikanischen Prozessrecht wird nicht zwischen Berufung und Revision unterschieden. Als Rechtsmittel gilt einheitlich der Appeal; vgl. u.a. *Vollkommer*, Die Rechtsmittel zum U.S. Supreme Court, JZ 1964, 152, 155 f.

[1186] Mittlerweile ist das Recht auf eine mündliche Verhandlung jedoch abgeschafft worden; vgl. *Frederick B. Wiener*, The Supreme Court New Rules, Harv.L.Rev., Bd. 68 (1954), 20, 49; *Vollkommer*, Die Rechtsmittel zum U.S. Supreme Court, JZ 1964, 152, 157 f.

[1187] Act of March 3, 1891, 26 Stat. 826.

[1188] Vgl. *Wright/Miller/Cooper/Amar*, Federal Practice and Procedure, Bd. 16 B, § 4002, 10 f.; *Fallon/Meltzer/Shapiro*, The Federal Courts and the Federal

beim individuellen Rechtsschutz von Bedeutung, sondern ist vor allem im Zusammenhang mit dem verfassungsprozessualen Annahmeverfahren von besonderer Bedeutung.[1189] Obwohl nach dem Evarts Act die Entscheidungen der Circuit Courts of Appeal[1190] als mittlere Rechtsmittelgerichte in verschiedenen Rechtsbereichen letztinstanzlich sein sollten,[1191] eröffnete der Writ of Certiorari dem U.S. Supreme Court die Möglichkeit, eine Streitigkeit nach freiem Ermessen zur gerichtlichen Überprüfung anzunehmen. Neben dem bereits dargestellten Vorlageverfahren der Certification[1192] blieb auch nach dem Evarts Act ein subjektives Recht auf Appeal zum U.S. Supreme Court erhalten, sofern sich der Streitwert auf mindestens $ 1000 belief.[1193]

Die allmähliche Ablösung des subjektiv-rechtlichen Appeals durch den ermessensabhängigen Writ of Certiorari setzte sich mit dem Judiciary Act von 1925, dem sog. Judges' Bill, fort.[1194] Ein subjektives Recht auf letztinstanzliche Kontrolle durch den U.S. Supreme Court sollte danach nur noch in solchen Fälle vorgesehen sein, in denen die Wirksamkeit einzelstaatlicher Gesetze wegen eines möglichen Konflikts mit der U.S. Bundesverfassung, mit völkerrechtlichen Verträgen oder sonstigem Bundesrecht in Frage stand. Das Rechtsmittel des Appeal war nur noch einer kleinen Zahl, relativ unbedeutender Konstellationen vorbehalten.

System, 1637; Vgl. *Vollkommer*, Die Rechtsmittel zum U.S. Supreme Court, JZ 1964, 152, 159; nach Black's Law Dictionary, 1609, ist der Writ of Certiorari wie folgt definiert: *"An order by the appellate court which is used by that court when it has discretion on whether or not to hear an appeal from a lower court. If the writ is denied, the court refuses to hear the appeal and, in effect, the judgment below stands unchanged."*

[1189] Vgl. 13. Teil, A, I.

[1190] Heute: U.S. Courts of Appeals.

[1191] Z.B. Fälle der "diversity litigation", Klagen unter Steuer- und Patentgesetzen, bei Strafverfahren und bei Fällen der See- und Schiffahrtsgerichtsbarkeit, *Fallon/Meltzer/Shapiro*, The Federal Courts and the Federal System, 37.

[1192] Vgl. 8. Teil, A, I.

[1193] Vgl. *Fallon/Meltzer/Shapiro*, The Federal Courts and the Federal System, 37.

[1194] Act of February 13, 1925, 43 Stat. 936; die Novellierung wurde Judges' Bill genannt, da Richter des U.S. Supreme Court an seiner Ausarbeitung einen maßgeblichen Anteil hatten, *Wright/Miller/Cooper/Amar*, Federal Practice and Procedure, Bd. 16 B, § 4001, 4 (*"Review, however, is almost never available as a matter of right"*) u. § 4002, 11 ff.; vgl. zur Entstehungsgeschichte *Frankfurter/Landis*, The Business of the Supreme Court, 7. Kapitel.

Außerdem wurde seit 1928 an den Anfang des Appeal-Verfahrens eine Zuständigkeitsprüfung (essential jurisdiction requirement) gestellt, die mit der Zeit zu einer Angleichung des Appeal-Verfahrens an das Certiorari-Verfahren führte.[1195] Nachdem die Überlastung des U.S. Supreme Court auch in den folgenden Jahrzehnten ungeachtet weiterer gesetzgeberischer Maßnahmen beständig zugenommen hatte, wurde der subjektiv-rechtliche Appeal immer weiter reduziert bis er im Jahre 1988 praktisch aufgehoben wurde.[1196]

5. *Appeal-Zuständigkeiten im Jahre 1948*

Infolge der allmählichen Reduzierung obligatorischer Appeal-Zuständigkeiten bestanden im Jahre 1948/1949 noch zwei bedeutende Bereiche, in denen individueller Rechtsschutz in Form eines Appeal möglich war: Zum einen konnte Appeal noch gegen Entscheidungen unterer Bundesgerichte (i.e. U.S. District Courts, U.S. Courts of Appeal) erhoben werden, wenn ein formelles Bundesgesetz für verfassungswidrig erklärt worden war (28 U.S.C. § 1252)[1197] oder wenn in privatrechtlichen Verfahren ein mit drei Richtern besetzter U.S. District Court eine Entscheidung gefällt hatte (28 U.S.C. §1253).[1198] Zum anderen war ein

---

[1195] Vgl. *Wieland*, Zugang des Bürgers, Der Staat, Bd. 29 (1990), 333, 345; *Vollkommer*, Die Rechtsmittel zum U.S. Supreme Court, JZ 1964, 152, 157; Note, Harv.L.Rev., Bd. 69 (1956), 709, 712; Note, Supreme Court, 1960 Term, Harv.L.Rev., Bd. 75 (1961), 83, 93; siehe auch schon *Frankfurter/Landis*, The Business of the Supreme Court at October Term 1929, Harv.L.Rev., Bd. 44 (1930), 1, 14; *Stern/Gressman/Shapiro/ Geller*, Supreme Court Practice, § 7.8, 394 ff.; *Umbach*, in: Umbach/Clemens/Dollinger, BVerfGG, Vor §§ 93 a ff., Rdnr. 27.

[1196] Act of June 27, 1988, 102 Stat. 662. Vgl. *James B. Boskey/Eugene Gressman*, The Supreme Court Bids Farewell to Mandatory Appeals, 109 S.Ct. No. 1, LXXXI (1988); *Currie*, Federal Courts, 603; *Wright/Miller/Cooper/Amar*, Federal Practice and Procedure, Bd. 16 B, § 4002 u. § 4003, 12 ff., *Fallon/Meltzer/Shapiro*, The Federal Courts and the Federal System, 494, 1638 (Fn.16) u. 1670 (zu den verbleibenden Appeal-Zuständigkeiten).

[1197] Vgl. Judicial Code 1948, 28 U.S.C. § 1252: *"Any party may appeal to the Supreme Court from an interlocutory or final judgment, decree or order of any court of the United States, ..., holding an Act of Congress unconstitutional in any civil action, suit, or proceeding ..."*. Public Laws, June 25, 1948, 62 Stat. 928.

[1198] Vgl. Judicial Code 1948, 28 U.S.C. § 1253: *"Except as otherwise provided by law, any party may appeal ot the Supreme Court from an order granting or denying, after notice and hearing, an interlocutory or permanent injunction in*

Appeal noch gegen Entscheidungen höchster einzelstaatlicher Gerichte möglich.[1199] Allerdings war dieses Verfahren schon seit den Anfängen der Vereinigten Staaten ein Sonderfall, da nur hierbei die Gerichtshoheit des Bundes unmittelbar auf einzelstaatliche Gerichtsverfahren einwirken konnte. Die Rechtsmittelzuständigkeit des U.S. Supreme Court über einzelstaatliche Entscheidungen wurde stets auch als Gradmesser der amerikanischen Bundesstaatlichkeit angesehen, da Prozesse ansonsten entweder vor einzelstaatlichen Gerichten oder vor Bundesgerichten verhandelt werden.[1200] Ein „Überwechseln" von der einzelstaatlichen in die bundesstaatliche Gerichtshoheit – wie es im deutschen Gerichtssystem ohne größere Schwierigkeiten praktiziert wird – ist im amerikanischen Prozessrecht bis auf die genannte Ausnahme grundsätzlich nicht möglich. Diese Ausnahme ist indessen auch nur dann gerechtfertigt, wenn in dem letztinstanzlichen Urteil eines höchsten einzelstaatlichen Gerichts Bundesverfassungsrecht nicht in hinreichendem Maße berücksichtigt worden ist.[1201]

---

any civil action, suit or proceeding required by any Act of Congress to be heard and determined by a district court of three judges." Public Laws, June 25, 1948, 62 Stat. 928; siehe hierzu auch *Vollkommer*, Die Rechtsmittel zum U.S. Supreme Court, JZ 1964, 152, 153.

[1199] Vgl. *Vollkommer*, Die Rechtsmittel zum U.S. Supreme Court, JZ 1964, 152, 153.

[1200] Vgl. 2. Teil, A, I.

[1201] Als Beispiel mag hierbei der Bereich des Strafrechts dienen, das grundsätzlich Sache der Einzelstaaten ist. Da im Strafverfahren aber besonders grundrechtssensible Bereiche berührt werden, besteht die Gefahr, dass im Ermittlungsverfahren oder im nachfolgenden Gerichtsverfahren (bundes)verfassungsrechtliche Gewährleistungen nicht oder nicht hinreichend berücksichtigt werden. Entsprechend hat der U.S. Supreme Court in einer Reihe von Entscheidungen die Rechte des Beschuldigten bzw. Angeklagten gestärkt, vgl. *Katz v. United States*, 389 U.S. 347 (1967) (Unverletzlichkeit der Wohnung und der Person; "*no unreasonable searches and seizures*", 4. Amendment); *Miranda v. Arizona*, 384 U.S. 436 (1966) (Schutz vor Selbstbelastung, "self-incrimination", Entwicklung der sog. "Miranda Rights" oder "Miranda Warnings" bei einer Verhaftung die Gewährleistungen, 5. Amendment), *Smith v. Hooey*, 393 U.S. 374 (1969) (Recht auf ein zügiges Verfahren, "*Right to a speedy trial*", 6. Amendment); zunächst *Furman v. Georgia* 408 U.S. 238 (1972), später aber *Gregg v. Georgia*, 428 U.S. 153 (1976) (Keine grausame und ungewöhnliche Strafe, "*no cruel and unusual punishment*", 8. Amendment). Zum Ganzen *Burnham*, Introduction to the Law and Legal System of the United States, 285 ff. u. 488 ff.

Nachdem die Kompetenz des U.S. Supreme Court zur Überprüfung höchster einzelstaatlicher Gerichtsentscheidungen von Anfang an bestanden hatte,[1202] nahm sie im Verlauf der amerikanischen Rechtsentwicklung verschiedene Wendungen[1203] und fand sich nach einer redaktionellen Überarbeitung im Judicial Code von 1948 in den Vorschriften der 28 U.S.C. § 1257[1204] sowie in §§ 2103 ff. wieder.

II. Verfassungsbeschwerde (Art. 93 Abs. 1 Nr. 4 a GG)

Neben der Überprüfung von Parlamentsgesetzen und dem Organstreitverfahren stellt die Möglichkeit einer individuellen Verfassungsklage die zentrale Neuerung innerhalb der verfassungsprozessualen Verfahren des Grundgesetzes dar. Während eine vergleichbare Möglichkeit auf Reichs- bzw. Bundesebene nur in Art. 126 lit. g der nicht in Kraft getretenen Frankfurter Reichsverfassung (1849) bestanden hatte,[1205] war in

---

[1202] Vgl. Judiciary Act of 1789, 1 Stat. 73, 85. Beginnend mit dem bereits in Zusammenhang mit der *Marbury*-Entscheidung genannten § 25 des Judiciary Act von 1789 übertrug der Kongress die Kompetenz zur Überprüfung höchster einzelstaatlicher Urteile auf den U.S. Supreme Court, für den Fall, dass sie mit der Bundesverfassung, einem völkerrechtlichen Vertrag, einem sonstigen Bundesgesetz oder der rechtmäßigen Ausübung bundesstaatlicher Hoheitsgewalt nicht in Einklang standen.

[1203] Mit den Judiciary Acts der Jahre 1914 und 1916 erfuhr die Kompetenz des U.S. Supreme Court zur Überprüfung von Urteilen höchster einzelstaatlicher Gerichte eine merkliche Ausdehnung. Später wurden die Bestimmungen in § 237 des Judiciary Act von 1925 normiert, vgl. *Fallon/Meltzer/Shapiro*, The Federal Courts and the Federal System, 493 f.

[1204] Vgl. Judicial Code 1948, 28 U.S.C. § 1257, Public Laws, June 25, 1948, 62 Stat. 929: *"Final judgments or decrees rendered by the highest court of a State in which a decision could be had, may be reviewed by the Supreme Court as follows: (1) By appeal, where the validity of a treaty or statute of the United States is drawn in question or where the validity of a statute of any State is drawn in question on the ground of its being repugnant to the Constitution, treaties, or laws of the United States, and a decision is against its validity. (2) By appeal, where is drawn in question the validity of a statute of any state on the ground of its being repugnant to the Constitution, treaties, or laws of the United States, and a decision is in favor of its validity."*

[1205] Vgl. *Benda*, in: Benda/Klein, Verfassungsprozessrecht, Rdnr. 363; a.A. mit ausführlichen Hinweisen auf die Vorläufer im Heiligen Römischen Reich Deutscher Nation *Schmidt-Bleibtreu*, in: Maunz/Schmidt-Bleibtreu, BVerfGG, § 90,

der Bayerischen Verfassung von 1919 bereits ein individuelles Klageverfahren vorgesehen, das ebenfalls ‚Verfassungsbeschwerde' genannt wurde.[1206] Auch einige Länderverfassungen aus den Jahren 1946 bis 1949 beinhalteten bereits individuelle Rechtsschutzmöglichkeiten vor den jeweiligen Landesverfassungsgerichten.[1207]

In der Praxis des Bundesverfassungsgerichts kommt den individuellen Klageverfahren seit 1951 große Bedeutung zu. So entfallen etwa 96 Prozent der jährlichen Arbeitslast des Gerichts allein auf das Verfahren der Verfassungsbeschwerde, während sich die verbleibenden 4 Prozent auf die übrigen Verfahrensmöglichkeiten verteilen.[1208] Auch das Renommee und hohe öffentliche Ansehen des Bundesverfassungsgerichts ist ganz wesentlich auf das Verfassungsbeschwerdeverfahren zurückzuführen, in dem das Bundesverfassungsgericht als Hüter individueller Grundrechte tätig wird.[1209] Dies lässt sich auch der Aussage Zweigerts entnehmen, der die Verfassungsbeschwerde im Jahre 1952 als „Krönung der rechtsstaatlichen Idee" bezeichnet hatte,[1210] wobei ihre Einführung damals keineswegs unumstritten war.[1211]

Rdnr. 1 ff.; *B. Wulffen*, Richterliches Prüfungsrecht im Heiligen Römischen Reich Deutscher Nation des 18. Jahrhunderts, (Diss. iur., Frankfurt/M. 1968); *Ruppert*, in: Umbach/Clemens/Dollinger, BVerfGG, § 90, Rdnr. 6.

[1206] Vgl. *Werner Boulanger*, Die geschichtlichen Grundlagen der heutigen Verfassungsbeschwerde (Diss iur., Heidelberg 1955); *Schmidt-Bleibtreu*, in: Maunz/Schmidt-Bleibtreu, BVerfGG, § 90, Rdnr. 4; *Voßkuhle*, in: v. Mangoldt/Klein/Starck, GG, Bd. 3, Art. 93, Rdnr. 165; *Stern*, Staatsrecht, Bd. 2, § 44, IV 9 (S. 1014) m.w.N.

[1207] Z.B. Art. 131 der Hessischen Landesverfassung, Art. 66 i.V.m. Art. 48 Abs. 3, 120 der Bayerischen Landesverfassung; *Huber*, Quellen zum Staatsrecht der Neuzeit, Bd. 2, 351, 366 f. (Hessen) und 313, 321 (Bayern); *Schmidt-Bleibtreu*, in: Maunz/Schmidt-Bleibtreu, BVerfGG, § 90, Rdnr. 9 f.

[1208] Vgl. *Gusy*, Die Verfassungsbeschwerde, in: FS. 50 Jahre BVerfG, 641, 642; *Voßkuhle*, in: v. Mangoldt/Klein/Starck, GG, Bd. 3, Art. 93, Rdnr. 166; *Dörr*, Die Verfassungsbeschwerde in der Prozesspraxis, Rdnr. 7; *Pestalozza*, VerfassungsprozessR, § 12, Rdnr. 8; *Benda*, in: Benda/Klein, Verfassungsprozessrecht, Rdnr. 358; *Kommers*, Judicial Politics in West Germany, 167 ff.; vgl. zu aktuellen Statistiken www.bundesverfassungsgericht.de/cgi-bin/link.pl?aufgaben.

[1209] Vgl. *Benda*, in: Benda/Klein, Verfassungsprozessrecht, Rdnr. 362.

[1210] Vgl. *Konrad Zweigert*, Die Verfassungsbeschwerde, JZ 1952, 321;

[1211] Vgl. *Löwer*, Zuständigkeit und Verfahren des Bundesverfassungsgerichts, in: Isensee/Kirchhof, HdbStR, Bd. 3, § 70, Rdnr. 163; *Gusy*, Die Verfassungsbeschwerde, in: FS. 50 Jahre BVerfG, 641 („*Die Verfassungsbeschwerde war nie*

Gegenwärtig ist die Verfassungsbeschwerde in Art. 93 Abs. 1 Nr. 4 a GG i.V.m. §§ 90 ff. BVerfGG normiert.[1212] Sie kann von jedermann mit der Behauptung erhoben werden, durch die öffentliche Gewalt in einem seiner Grundrechte oder einem grundrechtsgleichen Recht verletzt worden zu sein.[1213] Damit dient die Verfassungsbeschwerde vor allem dem Individualrechtsschutz durch die prozessuale Geltendmachung der Grundrechte als subjektive Rechte der Bürger.[1214] Im Schrifttum ist jedoch anerkannt, dass der Verfassungsbeschwerde eine Doppelfunktion zukommt, indem sie neben der individualschützenden Funktion auch zur Gewährleistung und Fortentwicklung des objektiven Verfassungsrechts beiträgt.[1215] In jüngerer Zeit wird zunehmend auch ein edukato-

---

unumstritten.“); *Geiger*, BVerfGG-Kommentar, Vorbemerkung vor § 90, Anm. 3 spricht von kritischen Stimmen gegen die Verfassungsbeschwerde, die darin angesichts des beinahe lückenlosen Verwaltungsgerichtsschutzes eine „Übertreibung des Gedankens der Rechtsstaatlichkeit“ sahen. Vor allem die Abgeordneten Kiesinger (CDU) und von Merkatz (DP) befürchteten im Gesetzgebungsverfahren eine „Überjuridifizierung“, *Schmidt-Bleibtreu*, in: Maunz/ Schmidt-Bleibtreu, BVerfGG, § 90, Rdnr. 8.

[1212] Vgl. eingehend zur Verfassungsbeschwerde *Dörr*, Die Verfassungsbeschwerde in der Prozesspraxis, Rdnr. 1 ff.; *Rüdiger Zuck*, Das Recht der Verfassungsbeschwerde, 2. Auflage, München 1988, *Christoph Gusy*, Die Verfassungsbeschwerde, Heidelberg 1988; *ders.*, Die Verfassungsbeschwerde, in: FS. 50 Jahre BVerfG, 641 ff.

[1213] BVerfG, Beschl. v. 23.2.1983, BVerfGE 63, 197 (205 ff.) BVerfG, Beschl. v. 3.10.1989, BVerfGE 81, 22 (27); vgl. *Geiger*, BVerfGG-Kommentar, § 90, Anm. 1; *Benda*, in: Benda/Klein, Verfassungsprozessrecht, Rdnr. 426; *Kommers*, German Constitutionalism, Emory L.J., Bd. 40 (1991), 837, 84. Eine genauere Untersuchung dieser Frage bei *Singer*, The Constitutional Court of the German Federal Republic, Int'l & Comp. L.Q., Bd. 31 (1982) 331, 333 ff.

[1214] Vgl. *Löwer*, Zuständigkeit und Verfahren des Bundesverfassungsgerichts, in: Isensee/Kirchhof, HdbStR, Bd. 3, § 70, Rdnr. 163; *Gusy*, Die Verfassungsbeschwerde, in: FS. 50 Jahre BVerfG, 641, 644.

[1215] BVerfG, Beschl. v. 28.6.1972, BVerfGE 33, 247 (258 f.); BVerfG, Beschl. v. 8.2.1994, BVerfGE 90, 22 (25 f.); BVerfG, Urt. v. 14.7.1998, BVerfGE 98, 218 (243 ff.); *Löwer*, Zuständigkeit und Verfahren des Bundesverfassungsgerichts, in: Isensee/Kirchhof, HdbStR, Bd. 3, § 70, Rdnr. 171; *Kau*, Annahme nach Ermessen bei der Verfassungsbeschwerde, ZRP 1999, 319, 322; *Schmidt-Bleibtreu*, in: Maunz/Schmidt-Bleibtreu, BVerfGG, § 90, Rdnr. 17; *Gusy*, Die Verfassungsbeschwerde, in: FS. 50 Jahre BVerfG, 641, 650 ff.; *Stern*, Staatsrecht, Bd. 2, § 44, IV 9 (S. 1016 f.); *Vitzthum*, Annahme nach Ermessen bei Verfassungsbeschwerden?, JöR 53 (2004), 319, 326; *Voßkuhle*, in: v. Mangoldt/Klein/Starck, GG, Bd. 3, Art. 93, Rdnr. 172; einschränkend *Ruppert*, in: Umbach/Clemens/

rischer Effekt betont, indem die Bürger zur Durchsetzung der ihnen von Verfassungs wegen garantierten Grundrechte mobilisiert werden.[1216]

Beschwerdefähig ist grundsätzlich jeder, der Träger von Grundrechten oder grundrechtsgleichen Rechten sein kann. Dies gilt für natürliche Personen[1217] und inländische juristische Personen im Rahmen von Art. 19 Abs. 3 GG.[1218] Ausländische juristische Personen können jedenfalls Verletzungen der Prozessgrundrechte (Art. 101 u. 103 GG) geltend machen.[1219] Juristischen Personen des öffentlichen Rechts ist die Geltendmachung von Rechtsverletzungen – von wenigen Ausnahmen abgesehen – hingegen grundsätzlich verwehrt.[1220]

Gegenstand einer Verfassungsbeschwerde kann – anders als bei Art. 19 Abs. 4 GG, der sich auf Maßnahmen der vollziehenden Gewalt beschränkt[1221] – jeder Akt der öffentlichen Gewalt sein. Damit umfasst

---

Dollinger, BVerfGG, § 90, Rdnr. 11, wonach die Verfassungsbeschwerde in erster Linie dem „Individualrechtsschutz" zu dienen bestimmt ist und erst „in zweiter Linie" dem Schutz der Rechtsordnung.

[1216] Vgl. *Johannes Mansing*, Die Mobilisierung der Bürger für die Durchsetzung des Rechts, Berlin 1997; *Vitzthum*, Annahme nach Ermessen bei Verfassungsbeschwerden?, JöR 53 (2004), 319, 339 f.; früher schon *Geiger*, BVerfGG-Kommentar, Vorbemerkung vor § 90, Anm. 3 (e); *Stern*, Staatsrecht, Bd. 2, § 44, IV 9 (S. 1016); vgl. auch BVerfG, Beschl. v. 28.6.1972, BVerfGE 33, 247 (259).

[1217] Vgl. *Löwer*, Zuständigkeit und Verfahren des Bundesverfassungsgerichts, in: Isensee/Kirchhof, HdbStR, Bd. 3, § 70, Rdnr. 174 ff.; *Dörr*, Die Verfassungsbeschwerde in der Prozesspraxis, Rdnr. 21 ff.; *Ruppert*, in: Umbach/Clemens, BVerfGG, § 90, Rdnr. 19 ff.

[1218] BVerfG, Beschl. v. 4.12.1979, BVerfGE 53, 1 (13); BVerfG, Beschl. v. 12.3.1980, BVerfGE 53, 336 (345); *Dreier*, in: Dreier, GG, Bd. 1, Art. 19, Rdnr. 17 ff.; *Dürig*, in Maunz/Dürig, GG, Bd. 1, Art. 19 III, Rdnr. 1 ff.; *Gusy*, Die Verfassungsbeschwerde, in: FS. 50 Jahre BVerfG, 641, 646; *Schlaich/Korioth*, Das Bundesverfassungsgericht, Rdnr. 199; *Dörr*, Die Verfassungsbeschwerde in der Prozesspraxis, Rdnr. 27 ff.;

[1219] BVerfG, Beschl. v. 12.4.1983, BVerfGE 64, 1 (11).

[1220] Vgl. *Herbert Bethge*, Grundrechtsträgerschaft juristischer Personen, AöR 104 (1979), 54, 94 ff.; *Pestalozza*, VerfassungsprozessR, § 12, Rdnr. 19; *Schlaich/Korioth*, Das Bundesverfassungsgericht, Rdnr. 200; *Gusy*, Die Verfassungsbeschwerde, in: FS. 50 Jahre BVerfG, 641, 646; Ausnahmen: Universitäten und Fakultäten (Art. 5 Abs. 3 GG), Rundfunkanstalten (Art. 5 Abs. 1 S. 2 GG) und Kirchen (Art. 4 GG).

[1221] Keine Akte der Rechtsprechung: BVerfG, Beschl. v. 5.2.1963, BVerfGE 15, 275 (280), BVerfG, Beschl. v. 16.6.1987, BVerfGE 76, 93 (98); Keine Akte

§ 90 BVerfGG alle Maßnahmen der deutschen unmittelbaren und mittelbaren Staatsgewalt, unabhängig davon, ob sie legislativer, exekutiver oder judikativer Natur sind.[1222] Maßnahmen ausländischer oder gemeinschaftlicher Organe können hingegen grundsätzlich nicht Gegenstand einer Verfassungsbeschwerde sein.[1223]

Die Befugnis zur Erhebung einer Verfassungsbeschwerde hängt nach § 90 BVerfGG davon ab, dass der Beschwerdeführer substantiiert behaupten kann, von dem in Frage stehenden Akt der öffentlichen Gewalt in einem seiner Grundrechte verletzt sowie selbst, unmittelbar und gegenwärtig betroffen zu sein.[1224] An der Selbstbetroffenheit kann es beispielsweise mangeln, wenn ein Beschwerdeführer nicht Normadressat einer gesetzlichen Regelung ist oder Rechte und Pflichten begründet werden, durch die er nicht gebunden wird.[1225] Eine Prozessstandschaft wird im Rahmen der Verfassungsbeschwerde grundsätzlich abgelehnt.[1226] Bei der gegenwärtigen Betroffenheit kommt es darauf an, dass der Beschwerdeführer nicht bloß früher einmal oder theoretisch in fer-

---

der Gesetzgebung: BVerfG, Urt. v. 25.6.1968, BVerfGE 24, 33 (49); BVerfG, Beschl. v. 10.5.1977, BVerfGE 45, 297 (334 f.); vgl. *Kley/Rühmann*, in: Umbach/Clemens, BVerfGG, 1. Aufl., § 90, Rdnr. 1.

[1222] BVerfG, Beschl. v. 29.10.1987, BVerfGE 77, 170 (210); vgl. *Dörr*, Die Verfassungsbeschwerde in der Prozesspraxis, Rdnr. 56 ff.; *Schlaich/Korioth*, Das Bundesverfassungsgericht, Rdnr. 205.

[1223] BVerfG, Beschl. v. 18.10.1967, BVerfGE 22, 293 (295 ff.); einschränkend die Entscheidung zum Maastrichter Vertrag, BVerfG, Urt. v. 12.10.1993, BVerfGE 89, 155 (174 ff.); *Ruppert*, in: Umbach/Clemens/Dollinger, BVerfGG, § 90, Rdnr. 57 ff.

[1224] BVerfG, Beschl. v. 18.5.1982, BVerfGE 60, 360 (370 ff.), BVerfG, Beschl. v. 25.5.1993, BVerfGE 88, 384 (399 f.); vgl. *Löwer*, Zuständigkeit und Verfahren des Bundesverfassungsgerichts, in: Isensee/Kirchhof, HdbStR, Bd. 3, § 70, Rdnr. 187 ff.; *Singer*, The Constitutional Court of the German Federal Republic, Int'l & Comp. L.Q., Bd. 31 (1982) 331, 349; *Schlaich/Korioth*, Das Bundesverfassungsgericht, Rdnr. 208 u. 223.

[1225] BVerfG, Beschl. v. 19.12.1951, BVerfGE 1, 97 (101 f.); BVerfG, Beschl. v. 18.7.1979, BVerfGE 52, 42 (51 f.); *Stern*, in: Bonner Kommentar, Art. 93, Rdnr. 505.

[1226] BVerfG, Beschl. v. 13.5.1953, BVerfGE 2, 292 (294); BVerfG, Beschl. v. 4.11.1987, BVerfGE 77, 263 (269); Ausnahmen z.B. BVerfG, Urt. v. 8.4.1997, BVerfGE 95, 267 (299) (Gesamtvollstreckungsverwalter); *Gusy*, Die Verfassungsbeschwerde, in: FS. 50 Jahre BVerfG, 641, 647; *Ruppert*, in: Umbach/Clemens/Dollinger, BVerfGG, § 90, Rdnr. 75; kritisch *Matthias Cornils*, Prozeßstandschaft im Verfassungsbeschwerdeverfahren, AöR 125 (2000), 45 ff.

ner Zukunft von einem hoheitlichen Akt in seinen Grundrechten verletzt wird.[1227] Allerdings genügt es bei einer zukünftigen Wirkung, dass der Beschwerdeführer aufgrund der hoheitlichen Maßnahme bereits in nächster Zeit Dispositionen für die Zukunft treffen muss.[1228] Die Unmittelbarkeit der Betroffenheit verlangt, dass die Grundrechtsbeeinträchtigung sofort, ohne weiteren staatlichen Vollzugsakt eintritt.[1229] Ausnahmen sind anerkannt bei Straf- oder Bußgesetzen[1230] sowie bei Gesetzen, die Behörden keinen Prüfungs- oder Entscheidungsspielraum überlassen,[1231] da es den Bürgern in diesen Fällen nicht zugemutet werden kann, das damit verbundene Prozessrisiko auf sich zu nehmen.

Schließlich ist die Verfassungsbeschwerde nach Art. 93 Abs. 1 Nr. 4 a GG subsidiär zu anderen Rechtsschutzmöglichkeiten.[1232] Besteht beispielsweise ein anderer Rechtsweg zu den Fachgerichten, kommt eine Verfassungsbeschwerde zunächst nicht in Betracht. Ihre Erhebung ist grundsätzlich nur möglich, wenn der reguläre Rechtsweg erschöpft wurde (Art. 94 Abs. 2 GG i.V.m. § 90 Abs. 2 BVerfGG).[1233] Dies hat seinen Grund darin, dass die Verfassungsbeschwerde ein außerordentlicher und subsidiär eingreifender Rechtsbehelf ist, der nicht von der

---

[1227] Vgl. *Dörr*, Die Verfassungsbeschwerde in der Prozesspraxis, Rdnr. 126 ff.

[1228] BVerfG, Beschl. v. 30.5.1961, BVerfGE 13, 1 (11); BVerfG, Beschl. v. 5.5.1987, BVerfGE 75, 246 (263); vgl. *Benda*, in: Benda/Klein, Verfassungsprozessrecht, Rdnr. 559 f.; *Schlaich/Korioth*, Das Bundesverfassungsgericht, Rdnr. 227.

[1229] BVerfG, Urt. v. 22.5.1963, BVerfGE 16, 147 (158 f.); BVerfG, Beschl. v. 30-11-1988, BVerfGE 79, 174 (187 f.).

[1230] BVerfG, Beschl. v. 18.11.1980, BVerfGE 55, 185 (195); BVerfG, Beschl. v. 14.11.1980, BVerfGE 81, 70 (82); *Dörr*, Die Verfassungsbeschwerde in der Prozesspraxis, Rdnr. 137.

[1231] BVerfG, Beschl. v. 23.11.1976, BVerfGE 43, 108 (116 f.).

[1232] BVerfG, Beschl. v. 17.10.1967, BVerfGE 22, 287 (290); BVerfG, Beschl. v. 24.10.1996, BVerfGE 95, 96 (127).

[1233] Vgl. *Benda*, Constitutional Jurisdiction in Western Germany, Colum.J.Transn'l. L., Bd. 19 (1981), 1, 6; *Zeidler*, The Federal Constitutional Court of the Federal Republic of Germany, Notre Dame L.Rev., Bd. 62 (1987), 504, 506; *Voßkuhle*, in: v. Mangoldt/Klein/Starck, GG, Bd. 3, Art. 93, Rdnr. 186 ff.; *Sperlich*, in: Umbach/Clemens/Dollinger, BVerfGG, § 90, Rdnr. 110 ff.; *Pestalozza*, VerfassungsprozessR, § 12, Rdnr. 46 ff.; *Löwer*, Zuständigkeit und Verfahren des Bundesverfassungsgerichts, in: Isensee/Kirchhof, HdbStR, Bd. 3, § 70, Rdnr. 195; *Dörr*, Die Verfassungsbeschwerde in der Prozesspraxis, Rdnr. 218 ff.

Rechtsweggarantie des Art. 19 Abs. 4 GG umfasst ist[1234] und kein reguläres Rechtsmittel im Sinne der Prozessgesetze darstellt.[1235]

Am Ende des Verfassungsbeschwerdeverfahrens steht entweder eine ablehnende oder eine stattgebende Entscheidung des Bundesverfassungsgerichts. Bei letzterer sind verschiedene Tenorierungen möglich: So kann sich das Gericht auf die bloße Feststellung der Verfassungswidrigkeit einer hoheitlichen Maßnahme oder einer Norm beschränken (§ 95 Abs. 1, Abs. 2 BVerfGG), an ein Fachgericht zur Entscheidung unter Berücksichtigung der verfassungsgerichtlichen Ausführungen zurückverweisen (§ 95 Abs. 2 BVerfGG) oder eine gesetzliche Norm aufheben (§ 95 Abs. 3 BVerfGG).[1236]

III. Habeas Corpus und Verfassungsbeschwerde

1. Abweichungen

Der wesentliche Unterschied zwischen den beiden individuellen Streitverfahren liegt darin, dass verfassungsrechtliche Fragen des individuellen Rechtsschutzes im amerikanischen Prozessrecht – mit Ausnahme des Writ of Habeas Corpus – grundsätzlich im Verlauf eines herkömmlichen Gerichtsverfahrens zur Sprache kommen und bei der Entscheidung eines konkreten Streitfalls mitbeantwortet werden. In auffallendem Gegensatz hierzu steht die in Deutschland gegenwärtig eröffnete Möglichkeit einer Verfassungsbeschwerde nach Art. 93 Abs. 1 Nr. 4 a

---

[1234] Vgl. *Schlaich/Korioth*, Das Bundesverfassungsgericht, Rdnr. 186; *Kau*, Annahme nach Ermessen bei der Verfassungsbeschwerde, ZRP 1999, 319, 320; *Dörr*, Die Verfassungsbeschwerde in der Prozesspraxis, Rdnr. 2; *Kley/Rühmann*, in: Umbach/Clemens, BVerfGG, 1. Aufl., § 90, Rdnr. 1.

[1235] BVerfG, Beschl. v. 27.9.1951, BVerfGE 1, 5 (6 f.); BVerfG, Beschl. v. 10.10.1978, 49, 252 (258); BVerfG, Beschl. v. 22.6.1998, 98, 163 (167); *Kau*, Annahme nach Ermessen bei der Verfassungsbeschwerde, ZRP 1999, 319, 320; *Gusy*, Die Verfassungsbeschwerde, in: FS. 50 Jahre BVerfG, 641, 645; *Kenntner*, Das BVerfG als subsidiärer Superrevisior?, NJW 2005, 785; *Löwer*, Zuständigkeit und Verfahren des Bundesverfassungsgerichts, in: Isensee/Kirchhof, HdbStR, Bd. 3, § 70, Rdnr. 171.

[1236] Vgl. *Dörr*, Die Verfassungsbeschwerde in der Prozesspraxis, Rdnr. 365 ff.; *Löwer*, Zuständigkeit und Verfahren des Bundesverfassungsgerichts, in: Isensee/Kirchhof, HdbStR, Bd. 3, § 70, Rdnr. 210.

GG i.V.m. §§ 90 ff. BVerfGG, die als außerordentlicher und subsidiärer Rechtsbehelf regelmäßig erst nach Erschöpfung des fachgerichtlichen Rechtswegs und bei Verletzung „spezifischen Verfassungsrechts" erhoben werden kann.[1237] Wenn im Rahmen einer konkreten Streitigkeit die Verfassungsmäßigkeit einer einfachgesetzlichen Rechtsvorschrift bestritten ist, so kommt als unmittelbare prozessuale Möglichkeit nur das Vorlageverfahren des Art. 100 Abs. 1 GG in Betracht, bei dem das Ausgangsverfahren ausgesetzt werden muss, bis das Bundesverfassungsgericht über die in Frage stehenden Normen entschieden hat.

Die Beurteilung des inzidenten Überprüfungsverfahrens und des gesonderten Verfassungsbeschwerdeverfahrens hängt eng mit der Frage nach der dezentralen oder konzentrierten Ausübung des Normenkontrollrechts zusammen. Wie bereits in diesem Zusammenhang dargelegt, haben beide Verfahrensarten ihre Vorzüge und Nachteile, so dass beide auch grundsätzlich ihre Berechtigung haben.[1238] Ähnlich verhält es sich bei der inzidenten und bei der gesonderten Normenkontrolle. So liegt der wesentliche Vorzug einer inzidenten Überprüfung von Gesetzen vor allem darin, dass das anhängige Verfahren nicht ausgesetzt zu werden braucht und die richterliche Entscheidung „aus einer Hand" über alle im konkreten Rechtsstreit aufgeworfenen rechtlichen Fragen erfolgt. Als Nachteil wird man neben der damit regelmäßig bis zu einer letztinstanzlichen Entscheidung verbundenen Rechtsunsicherheit vor allem ansehen müssen, dass bei einer inzidenten Normenkontrolle verfassungsrechtliche und einfachrechtliche Fragen häufig miteinander vermischt werden, so dass es am Ende unklar sein kann, wie über die einzelnen Fragen entschieden wurde.[1239] Spiegelbildlich liegt einer der wesentlichen Nachteile eines gesonderten Verfahrens wie der Verfassungsbeschwerde darin, dass – wenn das zuständige Gericht keinen Anlass zu einer Vorlage nach Art. 100 Abs. 1 GG sieht – zunächst der normale Instanzenzug absolviert werden muss, ehe sich das Bundesverfassungsgericht nach Erhebung einer Verfassungsbeschwerde nach Art. 93 Abs. 1 Nr. 4 a GG mit etwaigen verfassungsrechtlichen Fragen befassen kann. Dies hat zur Folge, dass sich ein Beschwerdeführer über mehrere Jahre hinweg mit der Verfolgung seiner Rechtsinteressen befassen und dabei eine Hartnäckigkeit an den Tag legen muss, die den meis-

[1237] Vgl. 2. Teil, A, II; BVerfG, Beschl. v. 10.6.1964, BVerfGE 18, 85 (92 f.).

[1238] Vgl. 8. Teil, A, III.

[1239] Zu dieser Frage mit eigenem Lösungsansatz *Kenntner*, Vom „Hüter der Verfassung" zum „Pannenhelfer der Nation", DÖV 2005, 269, 278 ff.; *ders.*, Das BVerfG als subsidiärer Superrevisior?, NJW 2005, 785, 788 ff.

ten Bürgern fehlt.[1240] Die Verfahrensdauer spricht vor diesem Hintergrund eher gegen ein gesondertes Verfahren nach dem Muster der Verfassungsbeschwerde, während die Konzentration des Bundesverfassunsggerichts auf verfassungsrechtliche Fragestellungen für sie spricht.

Im Ergebnis haben beide prozessualen Möglichkeiten Vor- und Nachteile, so dass nicht erkennbar ist, dass eine von ihnen der anderen überlegen ist. In Anbetracht der mittlerweile gefestigten Verfassungstraditionen in beiden Staaten erscheint eine Übertragung des jeweils anderen Modells jedenfalls nicht ratsam.

2. Übereinstimmungen

a. Verfassungsgerichtliche Spezialverfahren

Ungeachtet aller prozessualen Unterschiede findet das Verfahren der Verfassungsbeschwerde nach Art. 93 Abs. 1 Nr. 4 a GG im Writ of Habeas Corpus des amerikanischen Verfahrensrechts eine Parallele. Zwar ist der Anwendungsbereich des Writ of Habeas Corpus auf die Überprüfung der Rechtmäßigkeit von Inhaftierungen und somit auf das Grundrecht der persönlichen Freiheit beschränkt. Von seiner Funktion her betrachtet führt der Writ of Habeas Corpus – vor allem im Bereich der sog. „post-conviction remedy" – jedoch zu einer verfassungsrechtlichen Überprüfung letztinstanzlicher Gerichtsentscheidungen. Ähnlich wie die Verfassungsbeschwerde vor dem Bundesverfassungsgericht trägt er damit als verfassungsgerichtliches Spezialverfahren des individuellen Rechtsschutzes außerhalb der normalen Gerichtszüge zum Schutz grundrechtlicher Rechtspositionen bei.

Die Verfassungsbeschwerde nach Art. 93 Abs. 1 Nr. 4 a GG ist ihrerseits als außerordentlicher Rechtbehelf des deutschen Verfassungsprozessrechts im Grunde nichts anderes, als ein auf alle Grundrechte und grundrechtsgleichen Rechte erweiterter Writ of Habeas Corpus, mit dem nach Abschluss der herkömmlichen Rechtszüge überprüft werden kann, ob die Fachgerichte alle individual-verfassungsrechtlichen Gewährleistungen in angemessener Form berücksichtigt haben.

[1240] Vgl. *Benda*, in: Benda/Klein, Verfassungsprozessrecht, Rdnr. 360 f.; *Schmidt-Bleibtreu*, in: Maunz/Schmidt-Bleibtreu, BVerfGG, § 90, Rdnr. 8.

b. Rechtswegerschöpfung

Eine weitere Parallele zwischen Verfassungsbeschwerde und Writ of Habeas Corpus liegt im Erfordernis der Rechtswegerschöpfung. Danach können beide Verfahrensarten grundsätzlich nur eingeleitet werden, wenn zuvor die herkömmlichen Rechtsschutzmöglichkeiten erschöpft wurden, wobei im Falle des Writ of Habeas Corpus besonders darauf geachtet wird, dass die beanstandeten bundesverfassungsrechtlichen Gesichtspunkte auch bereits in den früheren Verfahren zur Sprache gebracht wurden. Insgesamt zeigen sich somit starke Parallelen zwischen dem amerikanischen Prozessrecht mit dem Writ of Habeas Corpus und dem Individualrechtsschutz des Grundgesetzes mit dem Verfahren der Verfassungsbeschwerde nach Art. 93 Abs. 1 Nr. 4 a GG.

B. Erarbeitung und Entwicklung der Verfassungsbeschwerde

I. Fehlende Regelung im Grundgesetz

Obwohl die heute in Art. 93 Abs. 1 Nr. 4 a GG geregelte Individualverfassungsbeschwerde im Hinblick auf Arbeitslast und öffentliches Ansehen von überragender Bedeutung für die verfassungsgerichtliche Praxis ist, war sie im Grundgesetz des Jahres 1949 nicht enthalten. Dies überrascht umso mehr, als ein individuelles „Verfassungsbeschwerdeverfahren“ bereits im Herrenchiemseer-Verfassungsentwurf[1241] und auch noch in verschiedenen Grundgesetz-Entwürfen des Parlamentarischen Rates bis zur 1. Lesung des Hauptausschusses (Dezember 1948) vorgesehen war.[1242] In die konsoldierte Fassung des Allgemeinen Redaktionsaus-

[1241] Vgl. *Stern*, Staatsrecht, Bd. 2, § 44, IV 9 (S. 1015 f.); *Gusy*, Die Verfassungsbeschwerde, in: FS. 50 Jahre BVerfG, 641; *Wilms*, Dokumente zur neuesten Verfassungsgeschichte, Bd. III/2, Dok.-Nr. 2 (Herrenchiemseer Entwurf), 55, 76 („*Art. 98 Nr. 8 HC-E: Das Bundesverfassungsgericht entscheidet … 8. über Beschwerden wegen Verletzung der durch dieses Grundgesetz gewährleisteten Grundrechte.*“).

[1242] Vgl. Vgl. Prot. Parl. Rat, Bd. 13/II, Dok.-Nr. 59, 1486, 1487 (Neufassung des Kapitels XII „Gerichtsbarkeit und Rechtspflege“ nach der siebten und achten Sitzung des Ausschusses für Verfassungsgerichtshof und Rechtspflege, v. 7.12.1948) („*Das Bundesverfassungsgericht entscheidet … 9. über das Recht, sich*

schuss vom 16. Dezember 1948 war ein entsprechendes Verfahren jedoch nicht mehr aufgenommen worden.[1243]

Der Rechtspflegeausschuss hatte sich mit dem individuellen Klageverfahren zum ersten Mal in der 5. Sitzung vom 10. November 1948 befasst. Dabei erklärte der stellvertretende Ausschussvorsitzende Strauß, dass die Behandlung zunächst zurückzustellen sei und verwies im Übrigen auf seinen gesondert eingereichten Vorschlag zur Regelung der Verfassungsbeschwerde.[1244] Dieser Vorschlag sah nach dem Wortlaut des Kurzprotokolls vor, dass die Verfassungsbeschwerde aus dem Katalog über die Verfahren vor dem Bundesverfassungsgericht (Art. 98 HC-E, Art. 128 b GG-Entw, Art. 93 Abs. 1 GG) herausgenommen und in einem separaten Art. 21 a GG-Entw (Strauß) zusammengefasst wird. In Absatz 1 dieser Vorschrift sollte es u.a. heißen, dass „[j]eder Deutsche ... Verfassungsbeschwerde erheben [kann], wenn er sich durch die Verfügung oder Entscheidung einer Behörde in einem Grundrecht oder in einem ihm sonst nach diesen Grundgesetz zustehenden Recht verletzt glaubt".[1245] Die vorgesehene individuelle Klageform sollte damit enger ausgestaltet sein als die heutige Verfassungsbeschwerde, da sie lediglich gegen Exekutivakte und nicht generell gegen Akte der öffentlichen Gewalt gerichtet sein sollte. In Art. 21 a Abs. 2 GG-Entw (Strauß) war außerdem eine Regelung über die Rechtswegerschöpfung als Voraussetzung der Verfassungsbeschwerde vorgesehen, die – wie der Aussage des Abgeordneten de Chapeaurouge zu entnehmen war – im Ausschuss für dringend erforderlich gehalten wurde, um das Bundesverfassungsge-

---

auf Grundrechte zu berufen ..."); *Wilms*, Dokumente zur neuesten Verfassungsgeschichte, Bd. III/2, Dok.-Nr. 5 (Fassung der 1. Lesung HA), 175, 237. Hierauf nicht eingehend *Kenntner*, Vom „Hüter der Verfassung" zum „Pannenhelfer der Nation", DÖV 2005, 269, 270.

[1243] Vgl. *Wilms*, Dokumente zur neuesten Verfassungsgeschichte, Bd. III/2, Dok.-Nr. 6 (Stellungnahme des ARA v. 16.12.1948), 257, 307 Prot. Parl. Rat, Bd. 13/II, Dok.-Nr. 60, 1491, 1493 (Neufassung des Kapitels VIII „Gerichtsbarkeit und Rechtspflege" nach dem Entwurf des Allgemeinen Redaktionsausschusses, v. 16.12.1948), wo in Art. 128 b Abs. 1 Nr. 9 GG-Entw nunmehr die „Verwirkung von Grundrechten" geregelt war; siehe hierzu auch *Laufer*, Verfassungsgerichtsbarkeit und politischer Prozeß, 81.

[1244] Vgl. *Laufer*, Verfasungsgerichtsbarkeit und politischer Prozeß, 81 f.

[1245] Prot. Parl. Rat, Bd. 13/II, Dok.-Nr. 55, 1272, 1318 (Fn. 126) (5. Sitzung d. RpflA, 10.11.1948); *Schmidt-Bleibtreu*, in: Maunz/Schmidt-Bleibtreu, BVerfGG, § 90, Rdnr. 7 (Fn. 46).

richt vor Bagatellstreitigkeiten zu bewahren.[1246] Nach Art. 21 a Abs. 3 GG-Entw (Strauß) sollte für Verfassungsbeschwerden gegen bundesbehördliche Maßnahmen schließlich das zu diesem Zeitpunkt noch vorgesehene Oberste Bundesgericht zuständig sein,[1247] während im Übrigen die Verfassungsgerichte der beteiligten Länder entscheiden sollten. Obwohl sich in dem von Strauß erarbeiteten Entwurf bereits verschiedene Elemente der später tatsächlich normierten Verfassungsbeschwerde fanden, wurde sein Vorschlag im Grundgesetz nicht realisiert.

II. Verfassungsbeschwerde und effektiver Rechtsschutz

Ein Grund, weshalb die Verfassungsbeschwerde im Jahre 1949 überhaupt keine Aufnahme in die Verfassung fand, lässt sich teilweise den Aussagen von Greve, Laforet und Strauß während der 7. Sitzung des Rechtspflegeausschusses vom 6. Dezember 1948 entnehmen. Nachdem Strauß darauf hingewiesen hatte, dass die Voraussetzungen der einzelnen verfassungsgerichtlichen Verfahren dem generellen Regelungsvorbehalt eines entsprechenden Bundesgesetzes überlassen bleiben sollten, kam es zu folgender Erörterung:

Greve: „Das kann der Redaktionsausschuß machen. (*Zwischenruf Laforet*: Die Generalklausel).

Strauß: Das braucht nicht geregelt zu werden, auch nicht die Angelegenheit der Verfassungsbeschwerde. Denn wir haben in Art. 2 Abs. 4 den Zusatz gemacht: ‚Wird jemand durch die öffentliche Gewalt in seinen Rechten verletzt, so steht ihm der Rechtsweg offen. Der besagt, wenn kein anderer

---

[1246] *De Chapeaurouge* (CDU), in: Prot. Parl. Rat, Bd. 13/II, Dok.-Nr. 55, 1272, 1318 (5. Sitzung d. RpflA, 10.11.1948) („*Hier ist dringend eine Einschränkung erforderlich. Wir können nicht jede kleine Sache vor das Bundesverfassungsgericht bringen.*“).

[1247] Gegen eine individuelle Anrufung des Obersten Bundesgerichts aber bereits *Zinn* (SPD), in: Prot. Parl. Rat, Bd. 13/II, Dok.-Nr. 53, 1217, 1232 (4. Sitzung d. RpflA, 27.10.1948) („*Wir gehen davon aus, dass die Anrufung dieses Gerichts [des Obersten Bundesgerichts] nicht durch die Parteien erfolgen kann. Also das individuelle Rechtsschutzinteresse spielt keine Rolle, sondern nur das generelle, das öffentliche Rechtsschutzinteresse. Daher nur Zulassung durch den iudex a quo oder eine derartige Stelle.*“).

> Rechtsweg eröffnet ist, kann das Bundesverfassungsgericht angerufen werden.[1248]

Die zu diesem Zeitpunkt noch unter Art. 2 Abs. 4 GG-Entw[1249] geregelte Vorschrift, wurde später wortgleich in Art. 19 Abs. 4 Satz 1 GG normiert und enthält den Grundsatz des effektiven Rechtsschutzes.[1250] Nach Auffassung des Parlamentarischen Rates war angesicht dieser allgemeinen Rechtswegegarantie eine eigenständige Regelung der Verfassungsbeschwerde im Grundgesetz nicht erforderlich, da etwaige sich aus der Regelung des Art. 1 Abs. 3 GG ergebende Rechtsschutzlücken durch Art. 19 Abs. 4 GG geschlossen werden konnten.[1251] Dass die Verfassungsbeschwerde letztlich nicht in die Regelung des Grundgesetzes aufgenommen wurde, ist somit in erster Linie darauf zurückzuführen, dass die Mitglieder des Parlamentarischen Rates offensichtlich fürchteten, mit der Aufnahme der Verfassungsbeschwerde entweder eine zu detaillierte Bestimmung in das Grundgesetz aufzunehmen oder mit einer zu kurzen Formulierung keine präzise Einordnung in das Rechtsschutzsystem erreichen zu können.[1252] Außerdem hätte eine Detailregelung auch der Linie des Ausschussvorsitzenden Zinn widersprochen, wonach Einzelfragen soweit wie möglich dem einfachen Bundesgesetzgeber überlassen bleiben sollten.[1253] Aus diesen Gründen wurde die

---

[1248] *Greve* (SPD), *Laforet* (CSU) u. *Strauß* (CDU), in: Prot. Parl. Rat, Bd. 13/II, Dok.-Nr. 57, 1347, 1447 (7. Sitzung d. RpflA, 6.12.1948).

[1249] Vgl. *Wilms*, Dokumente zur neuesten Verfassungsgeschichte, Bd. III/2, Dok.-Nr. 5 (Fassung der 1. Lesung HA), 175, 181; in der 2. Lesung war diese Bestimmung in Art. 20 c Abs. 2 GG-Entw verortet, a.a.O, 189 f.

[1250] Vgl. *Krüger/Sachs*, in: Sachs, GG, Art. 19, Rdnr. 139 f.; *Maurer*, Staatsrecht I, § 8, Rdnr. 23 ff.; *Krebs*, in: von Münch/Kunig, GG, Bd. 1, Art. 19, Rdnr. 62 ff.

[1251] Vgl. *Pestalozza*, VerfassungsprozessR, § 12, Rdnr. 1; *Gusy*, Die Verfassungsbeschwerde, in: FS. 50 Jahre BVerfG, 641; *Voßkuhle*, in: v. Mangoldt/Klein/Starck, GG, Bd. 3, Art. 93, Rdnr. 166; *Laufer*, Verfassungsgerichtsbarkeit und politischer Prozeß, 81 f.; *Löwer*, Zuständigkeit und Verfahren des Bundesverfassungsgerichts, in: Isensee/Kirchhof, HdbStR, Bd. 3, § 70, Rdnr. 163; *Ruppert*, in: Umbach/Clemens, BVerfGG, § 90, Rdnr. 7.

[1252] Vgl. *Schlaich/Korioth*, Das Bundesverfassungsgericht, Rdnr. 190; *Benda*, in: Benda/Klein, Verfassungsprozessrecht, Rdnr. 364.

[1253] Vgl. *Zinn* (SPD), in: Prot. Parl. Rat, Bd. 13/II, Dok.-Nr. 51, 1162, 1175 (2. Sitzung d. RpflA, 20.10.1948); *Laforet* (CSU), in: Prot. Parl. Rat, Bd. 13/II, Dok.-Nr. 52, 1191, 1199 (3. Sitzung d. RpflA, 22.10.1948) und *Wagner* (SPD)

Verfassungsbeschwerde erst im Jahre 1951 über die Ermächtigungsnorm des Art. 93 Abs. 2 GG[1254] als spezielles verfassungsgerichtliches Verfahren in § 90 BVerfGG eingeführt.[1255] Durch diese bloß einfachgesetzliche Absicherung der Verfassungsbeschwerde im BVerfGG bestand jedoch – zumindest theoretisch – die Möglichkeit, dass sie vom Bundestag mit einfacher Mehrheit abgeschafft wird.[1256] Im Jahre 1969 wurde die Individualverfassungsbeschwerde daher als Ziffer 4 a in den Katalog des Art. 93 Abs. 1 GG eingefügt.[1257] Die mit § 90 BVerfGG weitgehend identische Normierung der Verfassungsbeschwerde in Art. 93 Abs. 1 Nr. 4 a GG sollte u.a. ein Gegengewicht zu den durch die Notstandver-

---

in: Prot. Parl. Rat, Bd. 13/II, Dok.-Nr. 51, 1162, 1179 (2. Sitzung d. RpflA, 20.10.1948).

[1254] BGBl. I 1949/1950, 12 („*Das Bundesverfassungsgericht wird ferner in den ihm sonst durch Bundesgesetz zugewiesenen Fällen tätig.*“).

[1255] Vgl. *Geiger*, BVerfGG-Kommentar, Vorbemerkung vor § 90, Anm. 1; *Stern*, Staatsrecht, Bd. 2, § 44, IV 9 (S. 1015); *Dörr*, Die Verfassungsbeschwerde in der Prozesspraxis, Rdnr. 12 f.; *Kau*, Annahme nach Ermessen bei der Verfassungsbeschwerde, ZRP 1999, 319, 321.

[1256] Vgl. *Zacher*, Die Selektion der Verfassungsbeschwerden, in: Festgabe BVerfG, Bd. 1, 396, 411. Kritisch zu dieser Situation aus „optischen“ und vor allem „edukatorisch-politischen Gründen“, *Laufer*, Verfasungsgerichtsbarkeit und politischer Prozeß, 82. Obwohl eine Abschaffung der Verfassungsbeschwerde niemals im Rahmen eines konkreten Gesetzesvorhabens beabsichtigt war, zeigt doch die Formulierung in der 3. Novelle zum BVerfGG von 1963, dass dem Bundesgesetzgeber diese Möglichkeit nicht vollkommen undenkbar erschient: „*Eine wesentliche Entlastung des BVerfG ließe sich nur durch die Beseitigung der Verfassungsbeschwerde erreichen. Alle anderen Zuständigkeiten des BVerfG sind verfassungskräftig verankert und sollten schon wegen ihrer organischen Verbundenheit nicht angetastet werden. Die Abschaffung der Verfassungsbeschwerde selbst aber wird in der öffentlichen Diskussion nirgends befürwortet. ...*“, BT-Drs. IV/1224, S. 4 (Begründung). Ähnliche Befürchtungen hegte auch der Abg. Jahn, BT-Sten. Prot. IV/4021 D (82. Sitzung v. 27.6.1963); vgl. auch *Clemens/Umbach*, in: Umbach/Clemens, BVerfGG, 1, Aufl., § 93 a, Rdnr. 6.

[1257] Vgl. 19. Gesetz zur Änderung des Grundgesetzes v. 29.1.1969, BGBl. I 1969, 97; *Benda*, in: Benda/Klein, Verfassungsprozessrecht, Rdnr. 358; *Schmidt-Bleibtreu*, in: Maunz/Schmidt-Bleibtreu, BVerfGG, § 90, Rdnr. 7.

fassung des Jahres 1968[1258] ermöglichten Grundrechtseinschränkungen darstellen.[1259]

III. Einflüsse des U.S. Supreme Court

Im Hinblick auf individuelle Streitverfahren finden sich in den Beratungsprotokollen des Rechtspflegeausschusses keine ausdrücklichen Bezugnahmen auf das amerikanische Prozessrecht und die Verfahren vor dem U.S. Supreme Court. Dies lässt sich damit erklären, dass die Beratungen im Parlamentarischen Rat zu dieser Frage sehr kurz waren und wenig Raum für rechtsvergleichende Erörterungen ließen. Außerdem wurde im Rechtspflegeausschuss letztlich ganz auf die Normierung eines gesonderten Individualstreitverfahrens verzichtet, da der künftige Verwaltungsrechtsschutz mit der Möglichkeit einer konkreten Normenkontrolle (Art. 100 Abs. 1 GG) und der Grundsatz des effektiven Rechtsschutzes (Art. 19 Abs. 4 GG) als vollends ausreichend angesehen wurden, um sich in angemessener Form mit Grundrechtsverletzungen der Bürger zu befassen. Obwohl es an ausdrücklichen Bezugnahmen fehlt, lassen sich gleichwohl verschiedene objektive Übereinstimmungen feststellen, die als Indizien dafür gewertet werden könnten, dass auch der U.S. Supreme Court und das amerikanische Prozessrecht Einfluss auf die Rechtsschutzverfahren des Grundgesetzes und des BVerfGG genommen haben. Zunächst führte das Fehlen der Verfassungsbeschwerde im Katalog des Art. 93 Abs. 1 GG dazu, dass das im Grundgesetz des Jahres 1949 verabschiedete System des individuellen Rechtsschutzes dem vor allem auf inzidenter Kontrolle beruhenden amerikanischen Verfahrensrecht – bei allen bereits festgestellten Abweichungen – durchaus ähnlich war. Die individualschützende Funktion war hierbei auf Entscheidungen im konkreten Normenkontrollverfahren (Art. 100 Abs. 1 GG) beschränkt, so dass der tatsächliche Grundrechtsschutz durch die Fachgerichte erfolgen sollte.

Eine weiteres objektives Indiz liegt in den Parallelen zwischen dem amerikanischen Writ of Habeas Corpus und der 1951 eingeführten Ver-

[1258] Vgl. Art. 115 a bis Art. 115 l GG; eingeführt durch das siebzehnte Gesetz zur Ergänzung des Grundgesetzes vom 24.06.1968, BGBl. I, S. 709.

[1259] Vgl. *Voßkuhle*, in: v. Mangoldt/Klein/Starck, GG, Bd. 3, Art. 93, Rdnr. 165; *Ruppert*, in: Umbach/Clemens/Dollinger, BVerfGG, BVerfGG, § 90, Rdnr. 7; *Benda*, in: Benda/Klein, Verfassungsprozessrecht, Rdnr. 365.

fassungsbeschwerde nach §§ 90 ff. BVerfGG. Zwar ist das Habeas Corpus-Verfahren auf Fragen der unrechtmäßigen Inhaftierung beschränkt und hat damit einen insgesamt deutlich engeren Anwendungsbereich als die für alle Grundrechte und grundrechtsgleichen Rechte des Grundgesetzes geltende Verfassungsbeschwerde, dennoch ist hierin ebenfalls ein verfassungsgerichtliches Spezialverfahren zum Schutz individueller Rechtsgüter zu sehen. Eine etwaige Beeinflussung durch das Habeas Corpus-Verfahren würde außerdem dadurch begünstigt, dass nicht nur die USA sondern auch Großbritannien mit dieser Form des Grundrechtsschutz seit seinen Anfängen im Jahre 1679 bestens vertraut war.

Es ist zwar nicht auszuschließen, dass der in den angelsächsischen Staaten praktizierte Grundrechtsschutz als Vorbild für die Ausgestaltung der deutschen Verfahrensmöglichkeiten gedient hat, es lassen sich jedoch in Ermangelung ausdrücklicher Bezugnahmen in den Ausschussprotokollen lediglich Indizien feststellen, die keine zwingenden Schlüsse zulassen.[1260] Damit muss letztlich offen bleiben, ob die beteiligten Abgeordneten im Parlamentarischen Rat und im Bundestag das Beispiel des U.S. Supreme Courts und des Writ of Habeas Corpus bei der Verabschiedung der betreffenden Vorschriften vor Augen hatten oder ob es sich bei den aufgezeigten Parallelen nur um zufällige Ähnlichkeiten handelt, die dabei entstehen, wenn zwei Normgeber dasselbe Ziel – nämlich den Schutz individueller Grundrechte – durch prozessuale Vorkehrungen gewährleisten wollen.

[1260] Gleichwohl den Einfluss des amerikanischen Verfassungsrechts feststellend *Degenhart*, Funktion und Stellung der Verfassungsgerichtsbarkeit, SächsVBl. 2003, 159 („... *während ihre umfassenden Befugnisse zur Durchsetzung der Grundrechte zunächst nach 1949 deutlich in der US-amerikanischen Tradition gründeten.*“).

Zwölfter Teil

Bindungswirkung verfassungsgerichtlicher Entscheidungen

Bei mehreren organisatorischen, institutionellen und verfassungsprozessualen Merkmalen haben sich im Verlauf dieser Untersuchung bereits substanzielle Einflüsse des U.S. Supreme Court auf das Bundesverfassungsgericht und seine rechtlichen Grundlagen feststellen lassen. Im Weiteren soll herausgefunden werden, ob sich außerdem bei einigen besonders charakteristischen Strukturmerkmalen der deutschen Verfassungsgerichtsbarkeit, namentlich bei der Bindungswirkung verfassungsgerichtlicher Entscheidungen (12. Teil), dem Annahmeverfahren der Verfassungsbeschwerde (13. Teil) und bei der Möglichkeit zur Abgabe von abweichenden richterlichen Meinungen (14. Teil) weitere Parallelen zeigen.

Aus diesem Grund wird im Folgenden untersucht, inwieweit der Parlamentarische Rat und später der deutsche Gesetzgeber Rechtsinstitute aus dem amerikanischen Verfassungsrecht zum Vorbild genommen und auf das deutsche Rechts- und Verfassungssystem übertragen hat, um sich amerikanische Erfahrungen nutzbar zu machen. Allerdings müssen hierbei vor allem in methodischer Hinsicht Konzessionen gemacht werden, da die Übertragung von Merkmalen eines Common Law-Systems auf ein kodifikationsrechtliches System – je nach materiellrechtlichem Zusammenhang – Anpassungen und Veränderungen erforderlich macht.

Zu berücksichtigen ist schließlich auch, dass die Einführung eines Annahmeverfahrens im Rechtspflegeausschuss des Parlamentarischen Rates (1948/49) bloß eine untergeordnete und die Abgabe abweichender richterlicher Meinungen noch gar keine Rolle gespielt haben. Beide prozeduralen Merkmale wurden erst später nach einiger praktischer Erfahrung mit der Verfassungsgerichtsbarkeit vom Bundesgesetzgeber tatsächlich aufgegriffen und normiert. Eingehende Erörterungen gab es im Parlamentarischen Rat hingegen zur Frage der Bindungswirkung verfassungsgerichtlicher Entscheidungen.

A. Die Bindungswirkung gerichtlicher Entscheidungen im Vergleich

Der anglo-amerikanische und der deutsche Rechtskreis unterscheiden sich traditionellerweise im Hinblick auf die Bindungswirkung gerichtlicher Entscheidungen. Während ein kodifikationsrechtliches System wie das deutsche grundsätzlich auf eine formelle, über den konkret entschiedenen Fall hinausgehende Bindungswirkung höchstgerichtlicher Entscheidungen verzichtet, kommt den Entscheidungen höherer Gerichte im amerikanischen Common Law-System grundsätzlich bindende Wirkung zu.

Bei der Integration eines Verfassungsgerichts in das kodifikationsrechtlich geprägte deutsche Rechtssystem stellte sich von Anfang an die Frage, wie dessen Entscheidungen ein hohes Maß an allgemeiner Verbindlichkeit erlangen könnten. Im Folgenden soll daher untersucht werden, ob die durch gesetzliche Anordnung hergestellte Bindungswirkung verfassungsgerichtlicher Entscheidungen ein weiteres charakteristisches Strukturmerkmal darstellt, anhand dessen sich Parallelen zwischen dem amerikanischen und dem deutschen Rechtssystem feststellen lassen.

I. U.S. Supreme Court

1. Das stare decisis-*Prinzip*

Die Rechtsordnung der Vereinigten Staaten von Amerika wird stark durch die Präjudizienbindung gerichtlicher Entscheidungen geprägt. Unter einem Präjudiz bzw. Präzendenzfall (engl.: *precedent*) versteht man einen Fall, der für die Entscheidung weiterer, künftiger Fälle maßgeblich sein soll.[1261] Ein besonderes Charakteristikum des Fallrechts besteht darin, dass frühere Entscheidungen höherer Gerichte als unmittel-

[1261] Vgl. *Fikentscher*, Methoden des Rechts, Bd. 2, Kap. 11, VI, 3 (S. 81 ff.); *J.W. Salmond*, Jurisprudence, 12. Aufl., London 1966, 201; *John Chipman Gray*, The Nature and the Sources of the Law, § 555; *Badura*, Die Bedeutung von Präjudizien im öffentlichen Recht, in: Blaurock (Hrsg.), Die Bedeutung von Präjudizien, 49, 50 („*Präjudizien sind in einem Richterspruch zur Entscheidungsfindung herangezogene Rechtsauffassungen, die nicht nur zur Beurteilung des Einzelfalls dienen und deshalb geeignet sind, für die Entscheidung in künftigen Streitfällen einen Maßstab zu bilden.*“).

bar verbindliches Recht angesehen werden, an das untere Gerichte bei ihren eigenen Entscheidungen gebunden sind.[1262] Im anglo-amerikanischen Rechtskreis wird dieses Prinzip *stare decisis*[1263] genannt, was aus dem Lateinischen übersetzt soviel wie „bei den Entscheidungen stehen bleiben" heißt.[1264] Es wäre jedoch nicht zutreffend das *stare decisis*-Prinzip als gewohnheits- oder richterrechtlichen Ursprungs zu bezeichnen. Tatsächlich handelt es sich bei ihm wie Fikentscher ausführt um „einen rein methodischen Grundsatz, für dessen Anwendung die Lehre von einer Hierarchie der Gerichte von entscheidender Bedeutung ist".[1265] Nach dem *stare decisis*-Prinzip wird eine Gerichtsentscheidung zum Präjudiz und entfaltet damit Bindungswirkung für andere Gerichte, wenn das erkennende Gericht ein höherrangiger Spruchkörper der gleichen Gerichtsbarkeit ist (sog. binding authority).[1266] Das heißt, dass beispielsweise Entscheidungen des höchsten einzelstaatlichen Gerichts des Staates New York, dem New York Court of Appeals, alle anderen einzelstaatlichen Gerichte in New York binden.[1267] In gleicher Weise hat der *stare decisis*-Grundsatz zur Folge, dass Entscheidungen des U.S. Supreme Court für alle anderen Bundesgerichte, unabhängig davon, ob es sich um U.S. District Courts oder U.S. Courts of Appeals handelt,

---

[1262] Vgl. *Blumenwitz*, Einführung ins anglo-amerikanische Recht, 24 f.; *Brugger*, Einführung in das öffentliche Recht der USA, 23. Nach *Lundmark*, Stare Decisis vor dem Bundesverfassungsgericht, Rechtstheorie, Bd. 28 (1997), 315 verkörpert das Prinzip des *stare decisis* die Seele des Common Law.

[1263] Vollständig lat. „*stare decisis et non quieta movere*".

[1264] Vgl. *Fikentscher*, Methoden des Rechts, Bd. 2, Kap. 11, VI, 3 (S. 83 f.) zum englischen Recht; *ders.*, Kap. 13, V, 3 (S. 259 f.) zum amerikanischen Recht. Der Begriff *stare decisis* hatte seinen Anfang in der Regierungszeit Heinrich II. (1154-1189), vgl. *Blumenwitz*, Einführung ins anglo-amerikanische Recht, 25; *Lundmark*, Stare Decisis vor dem Bundesverfassungsgericht, Rechtstheorie, Bd. 28 (1997), 315; weiter auch *Kriele*, Theorie der Rechtsgewinnung, 243 ff.; *MacCormick/Summers* (Hrsg.), Interpreting Precedents; *Rupert Cross/J.W. Harris*, Precedent in Law, 4. Auflage, Oxford/New York 1991; *Laurence Goldstern* (Hrsg.), Precedent in Law, Oxford/New York 1991; *Frederick Schauer*, Precedent, Stan.L.Rev., Bd. 39 (1987), 571 ff.; *A. L. Goodhart*, Precedent in English and Continental Law, L.Q.Rev., Bd. 50 (1934), 40 ff.; *Karl N. Llewellyn*, Präjudizienrecht und Rechtsprechung in Amerika, Leipzig 1933 (engl. Übers. *K.N. Llewellyn*, The Case Law System in America, Chicago 1989).

[1265] Vgl. *Fikentscher*, Methoden des Rechts, Bd. 2, Kap. 11, VI, 3 b (S. 83).

[1266] Vgl. *Fikentscher*, Methoden des Rechts, Bd. 2, Kap. 11, VI, 6 (S. 103 ff.).

[1267] Vgl. *Shapo/Walter/Fajans*: Writing and Analysis in the Law, 7 u. 9.

bindend sind.[1268] Sofern einzelstaatliche Gerichte mit der Anwendung oder Auslegung von Bundesrecht befasst sind, trifft die bindende Wirkung von U.S. Supreme Court-Entscheidungen auch sie.[1269]

Die Präjudizienbindung höchstinstanzlicher Entscheidungen gilt jedoch nicht unbegrenzt. Grundsätzlich trägt aber der Richter, der von einem bestehenden Präjudiz abweichen will, hierfür die Argumentationslast. Durch die Technik des sog. distinguishing (Distinktion) kann er darlegen, inwieweit sich der konkret vorliegende Fall in wesentlichen Punkten von einem bestehenden Präjudiz unterscheidet.[1270] Gelingt die Distinktion, wird die durch das *stare decisis*-Prinzip angeordnete Bindungswirkung für den konkreten Fall aufgehoben. Im Übrigen besteht sie bis zu ihrem förmlichen Außer-Kraft-Setzen durch eine andere höchstrichterliche Entscheidung (overruling) fort.

Das Prinzip des *stare decisis* soll grundsätzlich zur Erreichung von vier Zielen beitragen. Zunächst soll durch die Präjudizienbindung für Rechtsgleichheit gesorgt werden, da alle unteren Gerichte an die gleichen höchstgerichtlichen Entscheidungen gebunden werden. Dadurch soll weiterhin auch der juristischen Effizienz und der Rechtssicherheit gedient werden, da sich die Gerichte – sofern Präjudizien vorhanden

---

[1268] In einer in den 1980er Jahren ausgetragenen öffentlichen Debatte vertrat der damalige Attorney General *Edwin Meese* allerdings die Auffassung, dass die Entscheidung des Supreme Court "*binds the parties in a case ... such a decision does not establish a ‚supreme law of the land'* (vgl. Art. VI U.S. Bundesverfassung) *that is binding on all persons and parts of the government, henceforth and forever more.*" Vgl. Rede von *Edwin Meese*, Tulane University College Citizens Froum, 12.10.1986, zitiert nach "*The Irresistable Mr. Meese,*" Wall Street Journal vom 29.10.1986, S. 28. Zu dieser Debatte mit Beiträgen von William J. Brennan, J., siehe *Paul G. Cassell* (Hrsg.), The Great Debate: Interpreting Our Written Constitution, Washington, D.C. 1986; *Clinton*, Marbury v. Madison and Judicial Review, 8.

[1269] Vgl. *Burnham*, Introduction to the Law and Legal System of the United States, 66; *Shapo/Walter/Fajans*, Writing and Analysis in the Law, 9; *Wechsler*, The Court and the Constitution, Colum.L.Rev., Bd. 65 (1965), 1001, 1007.

[1270] Vgl. eingehend *Fikentscher*, Methoden des Rechts, Bd. 2, Kap. 11, VI, 5 (S. 95 ff.); ebenfalls *Lundmark*, Stare Decisis vor dem Bundesverfassungsgericht, Rechtstheorie, Bd. 28 (1997), 315, 317; *Robert Alexy*, Theorie der juristischen Argumentation, 336; *Kriele*, Theorie der Rechtsgewinnung, 243; *Steven Burton*, An Introduction to Law and Legal Reasoning, Boston/New York/Toronto/London 1985, 26 f.; *Burnham*, Introduction to the Law and Legal System of the United States, 70; vgl. für Großbritannien *Loewenstein*, Staatsrecht und Staatspraxis von Großbritannien, Bd. 2, 28.

sind – auf diese stützen müssen und auch die Parteien durch vorherige Recherche in Erfahrung bringen können, welches Präjudiz für die Entscheidung ihres Falles verbindlich sein wird. Schließlich soll der *stare decisis*-Grundsatz auch im Rahmen der Gewaltenteilung zur Geltung kommen, indem die Gerichte durch die Einheitlichkeit ihrer Entscheidung das Gewicht der Judikative als Ganzes stärken.[1271] Da sich der *stare decisis*-Grundsatz auf die Gerichtsbarkeit beschränkt, geht etwa von Entscheidungen des U.S. Supreme Court keine unmittelbare Bindungswirkung auf die anderen staatlichen Teilgewalten aus.[1272] Allerdings entfalten die Supreme Court-Entscheidungen zumindest eine mittelbare Bindungswirkung, da im Falle eines etwaigen Rechtsstreits die Untergerichte an höchstrichterliche Präjudizien gebunden sind.

2. Selbstbindung des U.S. Supreme Court

Obwohl das Maß der Selbstbindung des U.S. Supreme Court durch eigene, frühere Entscheidungen nicht gesetzlich bestimmt ist,[1273] hat der Gerichtshof in wichtigen Entscheidungen wiederholt erklärt, dass das *stare decisis*-Prinzip grundsätzlich auch auf ihn selbst anwendbar sei.[1274] Das Verhältnis des U.S. Supreme Court zur Frage der Selbstbindung ist jedoch ambivalent. So behauptete der Gerichtshof in dem von Justice O'Connor formulierten 2. Abtreibungsurteil im Fall *Planned Parent-*

[1271] Vgl. *MacCormick/Summers* (Hrsg.), Interpreting Precedents, 379; *Lundmark*, Stare Decisis vor dem Bundesverfassungsgericht, Rechtstheorie, Bd. 28 (1997), 315, 323; *Kriele*, Theorie der Rechtsgewinnung, 263 u. 268.

[1272] Vgl. *Van Alstyne*, A Critical Guide to Marbury v. Madison, Duke L.J. 1969, 1, 37.

[1273] Zwar wird grundsätzlich anerkannt, dass ein Gericht auf gewisse Weise an die eigenen Entscheidungen gebunden ist (sog. horizontal *stare decisis*), allerdings wird auch davon ausgegangen, dass ein amerikanisches Gericht eine vorherige Entscheidung außer Kraft setzen kann (overrule), wenn sie aufgrund von geänderten Rahmenbedingungen als überholt anzusehen ist oder wenn sie zu problematischen Ergebnissen geführt hat, vgl. *Shapo/Walter/Fajans*, Writing and Analysis in the Law, 9; *Burnham*, Introduction to the Law and Legal System of the United States, 66.

[1274] So äußerte sich beispielsweise Justice O'Connor für das Gericht in *California v. Federal Energy Regulatory Commission* (FERC), 495 U.S. 490, 499 (1990): "*Adherence to precedent is, in the usual case, a cardinal and guiding principal of adjudication, ...*"

hood of Southeastern Pennsylvania v. Casey (1992) zwar,[1275] dass er durch die im 1. Abtreibungsurteil im Fall *Roe v. Wade* (1973)[1276] getroffenen Feststellungen grundsätzlich gebunden sei. Für das sog. Trisemester Framework, einen wesentlichen Bestandteil der *Roe*-Entscheidung, mit dem die staatlichen Eingriffsbefugnisse während der Schwangerschaft in drei Intensitätsstufen unterteilt wurden, galt diese Feststellung jedoch offenkundig nicht. Es wurde vom U.S. Supreme Court in der gleichen Entscheidung – entgegen des vorherigen Bekenntnisses zum *stare decisis*-Grundsatz – ohne nähere Erläuterungen aufgegeben.[1277]

Eine ähnliche Tendenz zeigte der U.S. Supreme Court auch im Fall *Adarand Constructors, Inc. v. Pena* (1996),[1278] durch den das erst sechs Jahre alte Präjudiz zu den Affirmative Action-Programmen *Metro Broadcasting, Inc. v. Federal Communications Commission* (1990)[1279] aufgehoben wurde. Bemerkenswerterweise stammte auch das *Adarand*-Urteil aus der Feder von Justice O'Connor, die sich noch in *Planned Parenthood* so nachdrücklich für das *stare decisis*-Prinzip ausgesprochen hatte. Am Urteil im *Adarand*-Fall scheint sich die verschiedentlich vertretene These zu bestätigen, dass Präjudizien am leichtesten in der unmittelbar auf ihre Verkündung folgenden Zeit aufgehoben werden können und nicht mehr dann, wenn sie bereits über längere Zeit

[1275] 505 U.S. 833 (1992) – 2. Abtreibungsentscheidung. Unververgessen die berühmte Eingangssentenz: "*Liberty finds no refuge in a jurisprudence of doubt*". Vgl. auch *Stoevesandt*, Aktivismus und Zurückhaltung im United States Supreme Court, 61; *Rau*, Selbst entwickelte Grenzen, 61 f.

[1276] 410 U.S. 113 (1973) – 1. Abtreibungsentscheidung.

[1277] Allerdings hatte sich Justice O'Connor bereits in *Akron v. Akron Center for Reproductive Health*, 462 U.S. 416, 456-458 (1983) dissenting, gegen das Trimester-Framework ausgesprochen. Vgl. eingehend zu den Abtreibungsentscheidungen des U.S. Supreme Court *Winfried Brugger*, Abtreibung – ein Grundrecht oder ein Verbrechen? Ein Vergleich der Urteile des U.S. Supreme Court und des Bundesverfassungsgerichts, NJW 1986, 896 ff.; *ders.*, A Constitutional Duty to Outlaw Abortion? A Comparative Analysis of the American and German Abortion Decisions, JöR, Bd. 36 N.F. (1987), 49 ff.; *ders.*, Neuere Entwicklungen in der Abtreibungsrechtsprechung der USA, JZ 1992, 911 ff.

[1278] 515 U.S. 200 (1996).

[1279] 497 U.S. 547 (1990).

hinweg als Grundlage für untergerichtliche Entscheidungen gedient haben.[1280]

Letztlich sind es in Anbetracht der extrem hohen Anforderungen an eine Änderung der U.S. Bundesverfassung bei gleichzeitiger hoher Flexibilität der Lebensverhältnisse vor allem praktische Erwägungen, die bei aller grundsätzlicher Billigung und Wahrung des *stare decisis*-Grundsatzes für ein Abgehen des U.S. Supreme Court von seinen eigenen Präjudizien sprechen können.[1281] Dass dies häufiger geschieht als angesichts nachdrücklicher Bekenntnisse zum *stare decisis*-Grundsatz angenommen werden könnte, geht nicht zuletzt aus der Tatsache hervor, dass der U.S. Supreme Court im Zeitraum von 1787 bis 1995 insgesamt 214 eigene Entscheidungen aufgehoben hat.[1282]

II. Bindungswirkung bundesverfassungsgerichtlicher Entscheidungen

Auch im deutschen Recht kommt der Bindungswirkung verfassungsgerichtlicher Entscheidungen eine große Bedeutung zu. So wäre die herausragende Stellung des Bundesverfassungsgerichts in der grundgesetz-

---

[1280] "*Kill them while they are young*". Zitat von William N. Eskridge, Georgetown University Law Center (Spring Term 1998).

[1281] Vgl. hierzu auch das berühmte Dictum von Justice *Brandeis* in *Burnet v. Colorado Oil & Gas Co.*, 285 U.S. 393, 406-408 (1932) (dissenting): "*in cases involving the Federal Constitution, where corrections through legislative action is practically impossible, this Court has often overruled its earlier decisions.*" Gegen ein zu starkes Festhalten an Präjudizien sprach sich auch *Hugo L. Black* in *Green v. United States*, 356 U.S. 165, 195 (1958, Black, J., dissenting) aus: "*Ordinarily it is sound policy to adhere to prior decisions but this practice has quite properly never been a blind, inflexible rule. Courts are not omniscient. Like every human agency, they too can profit from trial and error, from experience and reflection. As others have demonstrated, the principle commonly referred to as stare decisis has never been thought to extend so far as to prevent the courts from correcting their own errors.*"

[1282] Vgl. *Epstein/Segal/Spaeth/Walker*, The Supreme Court Compendium, 189; neben Entscheidung in *Adarand* hob der *Rehnquist*-Court 1995 mit der Entscheidung *Hubbard v. United States*, 514 US 695 (1995) die Entscheidung *United States v. Bramblett*, 348 U.S. 503 (1955) und mit der Entscheidung *United States v. Gaudin*, 515 US 506 (1995) die Entscheidung *Sinclair v. United States*, 279 U.S. 263 (1929) auf.

lichen Ordnung kaum möglich gewesen, hätten seine Entscheidungen nur für die beteiligten Streitparteien Relevanz. Allerdings kann die von verfassungsgerichtlichen Entscheidungen ausgehende besondere Bindungswirkung im deutschen Kodifikationsrechtssystem nur durch eine eindeutige gesetzliche Geltungsanordnung begründet werden.

1. Verfassungsrechtliche Grundlagen

In der gegenwärtigen deutschen Rechtsordnung fehlt es an einer allgemeinen Bindungswirkung gerichtlicher Entscheidungen.[1283] Es gilt im Grundsatz, dass jeder Spruchkörper und jeder Richter der Dritten Gewalt bei der Ausübung seiner Rechtsprechungstätigkeit „unabhängig und nur dem Gesetze unterworfen" ist (Art. 97 GG). Eine Präjudizienbindung besteht nur, wenn dies ausdrücklich normiert ist.[1284]

Die richterliche Bindung an das Gesetz im Sinne von Art. 20 Abs. 3 und Art. 97 Abs. 1 GG bezieht sich lediglich auf materielles Recht in Form von Verfassungsrecht, förmlichen Gesetzen, Rechtsverordnungen, autonomen Satzungen sowie Gewohnheitsrecht.[1285] Richterliche Präjudizien sind davon grundsätzlich nicht erfasst. Dies hat zur Konsequenz, dass Gerichte bei der Beurteilung von Rechtsfällen grundsätzlich frei von höchstrichterlichen sowie von eigenen, früheren Entscheidungen sind und ohne nähere Begründung hiervon abweichen können.[1286]

Allerdings ist in diesem Zusammenhang zu berücksichtigen, dass ein Abweichen von höchstinstanzlichen Entscheidungen in den meisten Fällen eine Aufhebung des betreffenden Urteils nach sich zieht, wenn Rechtsmittel eingelegt werden. Dies hat den edukatorischen Effekt, dass die Entscheidungen der Obergerichte eine Wirkung entfalten, die der

---

[1283] Vgl. *Badura*, Die Bedeutung von Präjudizien im öffentlichen Recht, in: Blaurock (Hrsg.), Die Bedeutung von Präjudizien, 49, 52.

[1284] Z.B. §§ 132 Abs. 2 , 121 Abs. 2 GVG, §§ 541, 565 Abs. 2 ZPO; §§ 11 Abs. 3 und Abs. 4, 12, 130 Abs. 2, 144 Abs. 6 VwGO; § 45 Abs. 2 ArbGG; § 11 Abs. 3 u. 4 FGO; § 28 Abs. 2 Satz 1 FGG; § 79 Abs. 3 GBO; §§ 2, 16 RsprEinhG („*Die Entscheidungen des Gemeinsamen Senats ist in der vorliegenden Sache für das erkennende Gericht bindend.*").

[1285] BVerfG, Beschl. v. 31.5.1988, BVerfGE 78, 214 (227).

[1286] Vgl. *Herzog* in: Maunz/Dürig, Art. 97, Rdnr. 34; *Pieroth* in: Jarass/Pieroth, GG, Art. 97, Rdnr. 5; *Detterbeck* in: Sachs, GG, Art. 97, Rdnr. 8.

einer Bindungswirkung ähnelt.[1287] Allerdings wird dieser Effekt nicht durch einen dem *stare decisis*-Prinzip vergleichbaren Grundsatz hervorgerufen, sondern geht im Wesentlichen auf die verbreitete Abneigung der Untergerichte zurück, von Obergerichten aufgehoben zu werden. Es wäre aber verfehlt, die faktische Verbindlichkeit höchstrichterlicher Entscheidungen allein als Ausdruck persönlicher Motive der handelnden Richter anzusehen. Da die Erfüllung richterlicher Tätigkeiten vor allem der Gewährleistung von Rechtssicherheit und Rechtsgleichheit dienen soll, wäre eine erhebliche Erschütterung zu befürchten, ginge von obergerichtlichen Entscheidungen nicht wenigstens eine faktisch präjudizierende Wirkung aus.[1288]

Die Bindungswirkung verfassungsgerichtlicher Entscheidungen ist zwar erst im Bundesverfassungsgerichtsgesetz von 1951 (BVerfGG) ausdrücklich geregelt worden, doch zeigt sich bereits am ursprünglichen Wortlaut von Art. 94 Abs. 2 Satz 1 GG, dass die Mitglieder des Parlamentarischen Rates dem späteren Bundesgesetzgeber die Möglichkeit zur einfachgesetzlichen Normierung der Bindungswirkung eröffnet haben. So sieht Art. 94 Abs. 2 Satz 1 GG in bis heute unveränderter Form Folgendes vor:

> „Ein Bundesgesetz regelt seine Verfassung und das Verfahren und bestimmt, in welchen Fällen seine Entscheidungen Gesetzeskraft haben."[1289]

Von dieser Ermächtigung hat der Gesetzgeber zwei Jahre später durch die Vorschrift des § 31 BVerfGG Gebrauch gemacht.[1290] Die in § 31 BVerfGG vorgesehene Bindungswirkung (Abs. 1) und Gesetzeskraft (Abs. 2) verfassungsgerichtlicher Entscheidungen stellen besonders charakteristische Merkmale dar, die die herausragende Stellung des Bun-

---

[1287] Tatsächlich besagen empirische Untersuchungen, dass zumindest 95 % der höchstrichterlichen deutschen Entscheidungen auf Präjudizien beruhen, *Robert Alexy/Ralf Dreier* in: *MacCormick/Summers* (Hrsg.), Interpreting Precedents, 23.

[1288] Vgl. *Larenz*, Methodenlehre des Rechts, 429; *Badura*, Die Bedeutung von Präjudizien im öffentlichen Recht, in: Blaurock (Hrsg.), Die Bedeutung von Präjudizien, 49, 52.

[1289] Gesetz vom 23.05.1949, BGBl. I, S. 1, 12.

[1290] Gesetz vom 12.03.1951, BGBl. I, S. 243, 246; vgl. *Maunz* in: Maunz/Dürig, GG, Bd. 5, Art. 94, Rdnr. 19; *Stern*: in Bonner Kommentar, Art. 94, Rdnr. 127.

desverfassungsgerichts im Verfassungsgefüge des Grundgesetzes maßgeblich begründet haben.[1291]

2. *Bindungswirkung (§ 31 Abs. 1 BVerfGG)*

In den beiden Absätzen des § 31 BVerfGG wurden verschiedene Formen der Bindungswirkung normiert. In Absatz 1 ist zunächst davon die Rede, dass die verfassungsgerichtlichen Entscheidungen die Verfassungsorgane des Bundes und der Länder sowie alle Gerichte und Behörden binden (sog. allgemeine Bindungswirkung).[1292] Daraus ergibt sich, dass die Entscheidungen des Bundesverfassungsgerichts zunächst formelle und materielle Rechtskraft in Bezug auf das konkret entschiedene Verfahren entfalten.[1293] Darüber hinaus erstreckt sich die Bindungswirkung verfassungsgerichtlicher Entscheidungen in personeller Hinsicht auch auf alle Verfassungsorgane des Bundes und der Länder sowie alle deutschen Gerichte und Behörden.[1294] „Bindung" heißt in diesem Zusammenhang „rechtliche Maßgeblichkeit", so dass auch die Verfassungsorgane, Gerichte und Behörden ihr künftiges Verhalten an den Entscheidungen des Bundesverfassungsgerichts orientieren müssen.[1295] Obwohl im Schrifttum umstritten ist, auf welche Teile der ver-

---

[1291] Vgl. *Schlaich/Korioth*, Das Bundesverfassungsgericht, Rdnr. 473; *Schulze-Fielitz*, Wirkung und Befolgung, in: FS. 50 Jahre BVerfG, 385 ff.; *Benda/Klein*, in: Benda/Klein, Verfassungsprozessrecht, Rdnr. 19.

[1292] Instruktiv *Heusch*, in: Umbach/Clemens/Dollinger, BVerfGG, § 31, Rdnr. 54 ff., vgl. *Maunz*, in: Maunz/Schmidt-Bleibtreu, BVerfGG, § 31, Rdnr. 1.

[1293] BVerfG, Urt. v. 11.8.1954, BVerfGE 4, 31 (38); BVerfG, Urt. v. 30.5.1956, BVerfGE 5, 34 (37 f.); BVerfG, Urt. v. 19.7.1966, BVerfGE 20, 56 (86 ff.); BVerfG, Beschl. v. 30.5.1972, BVerfGE 33, 199 (203); BVerfG, Beschl. v. 31.1.1978, BVerfGE 47, 146 (161); BVerfG, Beschl. v. 15.6.1988, BVerfGE 78, 320 (328); *Stern*, Staatsrecht, Bd. 2, § 44 V 3 (S. 1036 f.); *Steffen Detterbeck*, Streitgegenstand und Entscheidungswirkung im öffentlichen Recht, Tübingen, 1995, 326; *Maunz*, in: Maunz/Schmidt-Bleibtreu, BVerfGG, § 31, Rdnr. 8; *Schlaich/Korioth*, Das Bundesverfassungsgericht, Rdnr. 464; *Heusch*, in: Umbach/Clemens/Dollinger, BVerfGG, § 31, Rdnr. 30 u. 33 ff.; *Lechner/Zuck*, BVerfGG, München 1996, § 31, Rdnr. 11; a.A. mit differenzierendem Ansatz *Kriele*, Theorie der Rechtsgewinnung, 294 ff.

[1294] Vgl. *Schlaich/Korioth*, Das Bundesverfassungsgericht, Rdnr. 470; *Stern*, Staatsrecht, Bd. 2, § 44 V 3 (S. 1037 f.); *Maunz*, in: Maunz/Schmidt-Bleibtreu, BVerfGG, § 31, Rdnr. 19 ff.; *Meyer* in: v. Münch/Kunig, Bd. 3, Art. 94, Rdnr. 26.

[1295] Vgl. *Meyer* in: v. Münch/Kunig, Bd. 3 Art. 94, Rdnr. 29.

fassungsgerichtlichen Entscheidung sich die Bindungswirkung erstreckt,[1296] vertritt das Bundesverfassungsgericht in ständiger Rechtsprechung die Auffassung, dass sowohl Tenor als auch die ihn tragenden Gründe Bindungswirkung nach sich ziehen.[1297]

Die Bindungswirkung nach § 31 BVerfGG steht auch nicht im Widerspruch zu der in Art. 97 GG normierten Unabhängigkeit der Richter. Denn unter Unabhängigkeit im Sinne von Art. 97 GG ist in erster Linie das „Freisein von Einwirkungen anderer staatlicher Stellen" zu verstehen.[1298] Gleichzeitig ist anerkannt, dass Art. 97 GG nur das Verhältnis der Richter zu den Trägern nichtrichterlicher Gewalt betrifft, so dass in der Bindung an verfassungsgerichtlichen Entscheidungen grundsätzlich kein Verstoß gegen Art. 97 zu sehen ist.[1299] Darüber hinaus stellt sich die Bindungswirkung als „minus" zu der in Art. 94 Abs. 2 S. 1 GG ermöglichten Gesetzeswirkung dar, wodurch Art. 97 GG verfassungsimmanent eine Einschränkung erfährt.[1300] Selbst wenn man entgegen der Rechtsprechung des Bundesverfassungsgerichts die Auffassung vertritt, dass Art. 97 GG auch innerhalb der Judikative Anwendung findet,[1301]

[1296] Vgl. zum Meinungsstand z.B. *Schlaich/Korioth*, Das Bundesverfassungsgericht, Rdnr. 473 ff.; *Kriele*, § 218 StGB nach dem Urteil des Bundesverfassungsgerichts, ZRP 1975, 73, 74; *Vogel*, Rechtskraft und Gesetzeskraft, in: FG BVerfG, Bd. 1, 568 ff.; *Stern*, Staatsrecht, Bd. 2, § 44 V 3 (S. 1038 f.); *Sachs*, Die Bindung des Bundesverfassungsgerichts an seine Entscheidung, 7 f. u. 66 ff.; *Hans-Hugo Klein*, Probleme der Bindung des „einfachen Richters" and Entscheidungen des Bundesverfassungsgerichts, NJW 1977, 697.

[1297] BVerG, Urt. v. 23.10.1951, BVerfGE 1, 14 (37) (Südweststaat); BVerfG, Beschl. v. 20.1.1966, BVerfGE 19, 377 (392), BVerfG, Beschl. v. 10.6.1975, BVerfGE 40, 88 (93 f.).

[1298] Vgl. *Maunz*, in: Maunz/Schmidt-Bleibtreu, BVerfGG, § 31, Rdnr. 22. Nach BVerfG, Beschl. v. 8.6.1971, BVerfGE 31, 137 (140) ist „sachliche Unabhängigkeit" dann gewährleistet, „wenn der Richter seine Entscheidung frei von Weisungen fällen kann". Mittlerweile ist nicht mehr eindeutig zu erkennen, ob das BVerfG diese Auffassung weiterhin vertritt, vgl. BVerfG, NJW 1996, 2149, 2150.

[1299] BVerfG, Beschl. v. 17.1.1961, BVerfGE 12, 67 (71).

[1300] Vgl. *Herzog* in: Maunz/Dürig, Art. 97, Rdnr. 38; vgl. bereits *M. Baring*, Die Bindung an die Urteile des BVerfG vom 17. Dezember 1953, ZBR 1954, 65, 68; *Schäfer*, Gesetzeskraft und bindende Wirkung, NJW 1954, 1465, 1466.

[1301] Vgl. *Herzog* in: Maunz/Dürig, Art. 97, Rdnr. 34 ff., nennt als *„stillschweigend vorausgesetzte und gebilligte"* Ausnahmen die Tatbestandbindung, die Rechtskraft von Gerichtsentscheidungen, die Bindung an die Rechtsauffassung des zurückverweisenden Gerichts und den § 31 BVerfGG.

ist zu berücksichtigen, dass Gerichte auch unabhängig von der Wirkung des § 31 BVerfGG an Entscheidungen anderer Gerichte gebunden sein können, z.B. bei Urteilsaufhebungen oder Rückverweisungen (vgl. § 565 Abs. 2 ZPO, §§ 130 Abs. 2, 144 Abs. 6 VwGO).[1302] Der Grundsatz der richterlichen Unabhängigkeit gilt danach ohnehin nicht ausnahmslos, so dass § 31 BVerfGG nur eine weitere Einschränkung unter mehreren darstellt.

3. Ausnahmen von der Bindungswirkung

Die in § 31 Abs. 1 BVerfGG normierte Bindungswirkung verfassungsgerichtlicher Entscheidungen erfährt zwei bedeutsame Ausnahmen: Zunächst ist das Bundesverfassungsgericht selbst durch eigene Entscheidungen grundsätzlich nicht gebunden.[1303] Einen Sonderfall stellt in diesem Zusammenhang eine beabsichtigte Abweichung der beiden Senate voneinander dar, die nach § 16 Abs. 1 BVerfGG eine Entscheidung des Plenums nach sich zieht.[1304] Obwohl das Gericht häufig seine Ungebundenheit durch eigene Entscheidungen betont hat, stellt sich die tatsächliche verfassungsgerichtliche Praxis in diesem Bereich anders dar. So zeichnen sich die Entscheidungen des Bundesverfassungsgerichts fast immer dadurch aus, dass Leitsätze und Aussagen früherer Entscheidungen als Anknüpfungspunkt herangezogen und übernommen

---

[1302] Vgl. auch *Kriele*, Theorie der Rechtsgewinnung, 250; *Karl-August Bettermann*, Die Zurückverweisung durch das Berufungsgericht im Verwaltungs- und Zivilprozeß, DVBl. 1961, 65 ff.

[1303] BVerfG, Urt. v. 11.8.1954, BVerfGE 4, 31 (38); BVerfG, Beschl. v. 6.10.1987, BVerfGE 77, 84 (103 f.); *Heusch*, in: Umbach/Clemens/Dollinger, BVerfGG, § 31, Rdnr. 66 ff.; *Finck*, Judicial Review, Boston College Int'l & Comp.L.Rev., Bd. 20 (1997), 123, 155; *Stern*, Staatsrecht, Bd. 2, § 44 V 3 (S. 1038); mit Einschränkungen *Sachs*, Die Bindung des Bundesverfassungsgerichts an seine Entscheidungen; *Lechner/Zuck*, BVerfGG, § 31, Rdnr. 20 u. 29. Etwas anderes gilt aber wohl, wenn das BVerfG über denselben Streitgegenstand nochmals entscheiden muss, *Pestalozza*, VerfassungsprozeßR, § 20, V, Rdnr. 64.

[1304] Die Anrufung des Plenums hat jedoch in Anbetracht von bislang wenigen Verfahren nach § 16 BVerfGG keine allzu große Relevanz in der bisherigen Praxis des Verfassungsgerichts gehabt, *Lundmark*, Stare Decisis vor dem Bundesverfassungsgericht, Rechtstheorie, Bd. 28 (1997), 315, 328.

werden.[1305] Außerdem tritt in der gesamten Tätigkeit des Gerichts durchgängig die Absicht hervor, konsistente Rechtsprechungslinien zu schaffen.[1306] Diese Bewertung wird auch durch empirische Untersuchungen gestützt. Danach ist das Bundesverfassungsgericht von 3.500 veröffentlichten Entscheidungen lediglich in 14 Fällen ausdrücklich von früheren Entscheidungen abgewichen.[1307] Es kann daher davon ausgegangen werden, dass sich auch im deutschen Verfassungsrecht ein dem *stare decisis*-Prinzip verwandter Grundsatz etabliert hat, ohne dass eine gesetzliche oder gewohnheitsrechtliche Anordnung hierfür besteht.[1308] Somit ist von einer lediglich faktischen, nicht aber normativen Selbstbindung durch verfassungsgerichtliche Entscheidungen zu sprechen.[1309]

Die zweite Ausnahme von der Bindungswirkung des § 31 Abs. 1 BVerfGG betrifft den Bundesgesetzgeber, der – ungeachtet früherer Entscheidungen des Bundesverfassungsgerichts[1310] – ebenfalls nicht an verfassungsgerichtliche Urteile gebunden ist.[1311] Nach der neueren Auffassung des Bundesverfassungsgerichts ist die gesetzgebende Gewalt im Unterschied zur vollziehenden und zur rechtsprechenden Gewalt in Art. 20 Abs. 3 GG nur an die verfassungsmäßige und nicht auch an die einfachgesetzliche Ordnung gebunden, als deren Urheberin sie tätig ist.[1312] Die durch § 31 BVerfGG einfachgesetzlich angeordnete Bindungswirkung verwehrt es dem Gesetzgeber nicht, seiner Gestaltungs-

---

[1305] Vgl. *Robert Alexy/Ralf Dreier*, in: *MacCormick/Summers* (Hrsg.), Interpreting Precedents, 23, kommen zum empirischen Ergebnis, dass 97 % der Entscheidungen des Bundesverfassungsgerichts auf Präjudizien beruhen.

[1306] Vgl. *Lundmark*, Stare Decisis vor dem Bundesverfassungsgericht, Rechtstheorie, Bd. 28 (1997), 315, 330.

[1307] Vgl. *Lundmark*, Stare Decisis vor dem Bundesverfassungsgericht, Rechtstheorie, Bd. 28 (1997), 315, 330 ff. mit Nennung zahlreicher konkreter Beispiele.

[1308] Vgl. *Kriele*, Theorie der Rechtsgewinnung, 243-251; *Lundmark*, Stare Decisis vor dem Bundesverfassungsgericht, Rechtstheorie, Bd. 28 (1997), 315, 342.

[1309] Vgl. *Larenz*, Methodenlehre des Rechts, 429 ff.; *Rüthers*, Die unbegrenzte Auslegung, 461; a.A. *Sachs*, Die Bindung des Bundesverfassungsgerichts an seine Entscheidungen, 117, der für eine normative Verbindlichkeit eintritt.

[1310] BVerfG, Urt. v. 12.10.1951, BVerfGE 1, 14 (36 f.); BVerfG, Beschl. v. 15.1.1985, BVerfGE 69, 112 (115 ff.).

[1311] BVerfG, Beschl. v. 6.10.1987, BVerfGE 77, 84 (103 f.); zu den Unterschiedlichen Auffassung der beiden Senate des BVerfG, vgl. *Schlaich/Korioth*, Das Bundesverfassungsgericht, Rdnr. 471 f.

[1312] BVerfG, Beschl. v. 6.10.1987, BVerfGE 77, 84 (103 f.).

freiheit und Gestaltungsverantwortung durch Verabschiedung einer inhaltsgleichen Neuregelung nachzukommen, wenn er dies für erforderlich hält.[1313] Ein Wiederholungsverbot für den erneuten Erlass inhaltsgleicher gesetzlicher Regelungen besteht daher grundsätzlich nicht.[1314]

4. Gesetzeskraft (§ 31 Abs. 2 BVerfGG)

In § 31 Abs. 2 BVerfGG wird schließlich die in Art. 94 Abs. 2 Satz 1 GG vorgesehene Gesetzeskraft verfassungsrechtlicher Entscheidungen normiert. Urteile des Bundesverfassungsgerichts entfalten jedoch nur in den in § 31 Abs. 2 BVerfGG ausdrücklich genannten Fällen Gesetzeskraft.[1315] Dies hat seinen Grund darin, dass sich die dort aufgeführten Verfahren[1316] alle auf abstrakt-generelle Normen beziehen und nicht allein auf konkrete Sachverhalte.[1317] Um Rechtsklarheit zu gewährleisten, führt die Regelung des § 31 BVerfGG dazu, dass Normaufhebungen bzw. Normbestätigungen mit gesetzesgleicher Kraft ergehen.[1318]

Was die Gesetzeskraft des § 31 Abs. 2 BVerfGG von der Bindungswirkung des § 31 Abs. 1 BVerfGG unterscheidet, ist im Einzelnen umstritten.[1319] Anerkannt ist, dass die Gesetzeskraft nicht *lex specialis* zur Bin-

---

[1313] BVerfG, Beschl. v. 6.10.1987, BVerfGE 77, 84 (104); *Heusch*, in: Umbach/Clemens/Dollinger, BVerfGG, § 31, Rdnr. 64 f.; *Lechner/Zuck*, BVerfGG, § 31, Rdnr. 28; *Gregor Stricker*, Subjektive und objektive Grenzen der Bindungswirkung verfasungsgerichtlicher Entscheidugnen gem. § 31 Abs. 1 BVerfGG, DÖV 1995, 978, 982.

[1314] Vgl. *Heusch*, in: Umbach/Clemens, BVerfGG, § 31, Rdnr. 68 ff.; *Lechner/Zuck*, BVerfGG, § 31, Rdnr. 28; a.A. *Maunz*, in: Maunz/Schmidt-Bleibtreu, BVerfGG, § 31, Rdnr. 24 (1978); *Pestalozza*, VerfassungsprozeßR, § 20, V, Rdnr. 66.

[1315] Vgl. *Lechner/Zuck*, BVerfGG, § 31, Rdnr. 36.

[1316] I.e. abstrakte und konkrete Normenkontrolle (§ 13 Nr. 6 u. 11 BVerfGG), völkerrechtliche Regel als Bestandteil des Bundesrechts (§ 13 Nr. 12 BVerfGG), Fortgeltung vorkonstitutionellem Rechts (§ 13 Nr. 14 BVerfGG) und – unter besonderen Bedingungen – die Verfassungsbeschwerde (§ 13 Nr. 8 a BVerfGG).

[1317] Vgl. *Lechner/Zuck*, BVerfGG, § 31, Rdnr. 36.

[1318] Vgl. *Schlaich/Korioth*, Das Bundesverfassungsgericht, Rdnr. 484.

[1319] Vgl. *Ulrich Scheuner*, Das Bundesverfassungsgericht und die Bindungskraft seiner Entscheidungen, DÖV 1954, 641, 645; *Volker Haak*, Normenkontrolle und verfassungskonforme Gesetzesauslegung des Richters, Bonn 1963, 174, *Schäfer*, Gesetzeskraft und bindende Wirkung, NJW 1954, 1465, 1467.

dungswirkung ist, sondern kumulativ eintritt.[1320] Die Gesetzeskraft stellt außerdem eine qualitative Steigerung der Bindungswirkung hinsichtlich des Adressatenkreises dar. Anders als durch die Bindungswirkung des § 31 Abs. 1 BVerfGG sind nicht nur Verfassungsorgane, Gerichte und Behörden gebunden, sondern im Rahmen einer *inter omnes*-Wirkung auch Bürger, juristische und natürliche Personen des Privatrechts, Gewerkschaften, Wirtschaftsverbände und sonstige private Vereinigungen.[1321]

In verfassungsdogmatischer Hinsicht kann die Tätigkeit des Bundesverfassungsgerichts nach § 31 Abs. 2 BVerfGG als Quasi-Gesetzgebung bezeichnet werden. Es besteht jedoch weitgehend Einigkeit darüber, dass das Verfassungsgericht nicht als Organ der Gesetzgebung tätig wird und seine Normaufhebungsentscheidungen somit keine Gesetze im formellen Sinne darstellen.[1322] Soweit als Begründung hierfür allein darauf abgestellt wird, dass keine neue Norm geschaffen wird, sondern nur über formell bestehendes Recht allgemein verbindliche Aussagen getroffen werden,[1323] fällt die Argumentation jedoch recht formal aus. Auch das Parlament übt originäre Kompetenzen aus, indem es Gesetze aufhebt oder Regelungen zurücknimmt. In gleicher Weise wird auch durch Aufhebungsentscheidungen bestehendes Recht abgeändert.[1324] Zwar hat das Bundesverfassungsgericht keine „gesetzesschaffende" Kompetenz, sehr wohl aber eine „gesetzesaufhebende" Kompetenz, die einen Teilbereich legislativer Tätigkeiten darstellt.

Der Gesetzescharakter verfassungsgerichtlicher Entscheidungen wird schließlich dadurch unterstrichen, dass in § 31 Abs. 2 Satz 3 u. 4 BVerfGG vorgesehen ist, dass die verfassungsgerichtliche Entschei-

---

[1320] Vgl. *Badura*, Die Bedeutung von Präjudizien im öffentlichen Recht, in: Blaurock (Hrsg.), Die Bedeutung von Präjudizien, 49, 70.

[1321] Vgl. *Stern*, Staatsrecht, Bd. 2, § 44 V 3 (S. 1039); *Klaus Lange*, Rechtskraft, Bindungswirkung und Gesetzeskraft verfassungsgerichtlicher Entscheidungen, JuS 1978, 1, 6; *Maunz*, in: Maunz/Schmidt-Bleibtreu, BVerfGG, § 31, Rdnr. 28; *Badura*, Die Bedeutung von Präjudizien im öffentlichen Recht, in: Blaurock (Hrsg.), Die Bedeutung von Präjudizien, 49, 70 f.

[1322] Vgl. *Maunz*, in: Maunz/Schmidt-Bleibtreu, BVerfGG, § 31, Rdnr. 28; *Schlaich/Korioth*, Das Bundesverfassungsgericht, Rdnr. 484; a.A. *Karl-August Bettermann*, Richterliche Normenkontrolle als negative Gesetzgebung?, DVBl. 1982, 91 ff.

[1323] Vgl. *Lechner/Zuck*, BVerfGG, § 31, Rdnr. 36.

[1324] Die entgegenstehenden Auffassung von *Maunz*, in: Maunz/Schmidt-Bleibtreu, BVerfGG, § 31, Rdnr. 28 leuchtet nicht ein.

dungsformel bei der Gesetzesaufhebung durch den Bundesminister der Justiz im Bundesgesetzblatt zu veröffentlichen ist,[1325] was regelmäßig in großer Zahl geschieht.[1326]

III. *Stare decisis* und Bindungswirkung

1. *Abweichungen*

a. Bindungswirkung und richterliche Unabhängigkeit

Im Hinblick auf die Wirkung gerichtlicher Entscheidungen sind das amerikanische und das deutsche Prozessrecht dogmatisch sehr unterschiedlich ausgestaltet. So ist das amerikanische Prozessrecht durchgängig vom Prinzip des *stare decisis* geprägt, was zur Folge hat, das untere Gerichte desselben Gerichtszugs an Entscheidungen höherer Gerichte gebunden sind. Im Gegensatz hierzu sieht Art. 97 Abs. 1 GG die Unabhängigkeit des Richters vor, so dass eine formelle Bindung an obergerichtliche Entscheidungen grundsätzlich nicht besteht. Auch die Gesetzesbindung der rechtsprechenden Gewalt nach Art. 20 Abs. 3 GG umfasst die Entscheidungen anderer Gerichte nicht, so dass hieraus ebenfalls keine unmittelbare Bindung entsteht. Im Hinblick auf die normative Wirkung verfassungsgerichtlicher Entscheidungen erfährt die richterliche Unabhängigkeit zwar nach § 31 BVerfGG eine Ausnahme, dies ändert jedoch nichts daran, dass in der deutschen Rechtsordnung von richterlichen Entscheidungen grundsätzlich keine Bindungswirkung auf andere Gerichte ausgeht.

Die festgestellten Abweichungen werfen die Frage nach den hierfür bestehenden Gründen auf. So hat die unmittelbare Bindungswirkung gerichtlicher Entscheidungen im anglo-amerikanischen Rechtskreis ihren Ursprung darin, dass das englische Common Law seit dem

[1325] Vgl. *Kommers*, German Constitutionalism, Bd. 40 (1991), 837, 842; *Schlaich/Korioth*, Das Bundesverfassungsgericht, Rdnr. 483.

[1326] Z.B. BGBl 2005 I, 2300: Nichtigkeit des Europäischen Haftbefehlsgesetzes (EuHbG) oder BGBl. 2002 I, 1305: Unvereinbarkeit und Nichtigkeit von § 14 der Berufordnung der Tierärztekammer Nordrhein; Unvereinbarkeit von § 19 Abs. 1 Satz 1 Nr. 2 u. Abs. 2 EStG in der für den VZ 1996 geltenden Fassung.

12. Jahrhundert durch umherreisende Richter des königlichen Gerichts zu Westminster (sog. "itinerant justices" oder "justices in eyre") begründet wurde.[1327] Den Richtern oblag es, mit ihren Entscheidungen nicht bloß Recht zu sprechen, sondern gleichzeitig Recht zu schaffen.[1328] Der Präjudizienbindung des *stare decisis*-Prinzips kam dabei vor allem die Aufgabe zu, die untergeordneten Gerichte im gesamten Territorium an die getroffenen richterlichen Feststellungen zu binden. Wenn auch die meisten judikativen und technischen Hindernisse der damaligen Zeit heute nicht mehr existieren, so liegt die Bedeutung der Bindungswirkung nach wie vor darin, Rechtssicherheit und Rechtseinheit innerhalb eines bestimmten Territoriums zu gewährleisten. Das weitgehende Fehlen einer unmittelbaren Bindungswirkung von Gerichtsentscheidungen im deutschen Recht sollte in diesem Zusammenhang nicht überbewertet werden. Auch ohne eine traditionell begründete oder positiv normierte allgemeine Bindungswirkung besteht in der deutschen Rechtsordnung eine *faktische Bindungswirkung* höherinstanzlicher Entscheidungen, die zur Orientierung der Untergerichte führt. Es mag zwar grundsätzlich die Möglichkeit bestehen, von einer höherinstanzlichen Entscheidung abzuweichen, tatsächlich geschieht dies jedoch nicht so oft, wie es die verfassungsrechtliche Hervorhebung der richterlichen Unabhängigkeit vermuten ließe. Auf der anderen Seite gilt auch die Präjudizienbindung des anglo-amerikanischen Rechts nicht so umfassend, wie es aufgrund der traditionellen Gegebenheiten den Anschein hat. Durch die bereits erwähnte Technik der Distinktion ist es den Untergerichten möglich, die Bindungswirkung obergerichtlicher Entscheidungen zu relativieren und sich so Entscheidungsfreiräume zu schaffen.

Da beide Prozessordnungen in der gerichtlichen Praxis zu sehr ähnlichen Ergebnissen gelangen, bedarf es keiner Entscheidung darüber, ob nun die Bindungswirkung oder die richterliche Unabhängigkeit vorzugswürdig ist. Beide haben unterschiedliche traditionelle Ursprünge und damit auch in gleichem Maße eine Berechtigung innerhalb ihres jeweiligen Rechtskreises.

[1327] Vgl. *Blumenwitz*, Einführung in das anglo-amerikanische Recht, 7; *Sosin*, The Aristocracy of the Long Robe, 10.

[1328] Vgl. *Schindler*, Die Verfassungsgerichtsbarkeit in den Vereinigten Staaten von Amerika und in der Schweiz, ZSR Bd. 44 (1925), 19, 36; vgl. auch *Kriele*, Theorie der Rechtsgewinnung, 59 f.

b. Bindungswirkung für andere Verfassungsorgane und Dritte

Wenn das Bundesverfassungsgericht in einem Streitverfahren zu einer verfassungsrechtlichen Frage Stellung genommen hat, so ist seine Auffassung aufgrund von § 31 Abs. 1 BVerfGG für alle deutschen Gerichte und Behörden sowie für alle Verfassungsorgane des Bundes und der Länder gleichermaßen bindend.[1329] Nach § 31 Abs. 2 BVerfGG entfalten bestimmte Entscheidungen des Gerichts sogar allgemeine Gesetzeskraft, die außerdem auch alle anderen Rechtsunterworfenen erfasst (z.B. juristische und natürliche Personen des Privatrechts, Gewerkschaften, Wirtschaftsverbände und sonstige private Vereinigungen). Im Gegensatz zu § 31 Abs. 1 und Abs. 2 BVerfGG kennt das amerikanische Rechtssystem eine allgemeine Bindung oder eine abstrakte Gesetzesbindung verfassungsgerichtlicher Entscheidungen für am Verfahren unbeteiligte Staats- und Verfassungsorgane oder private Dritte nicht. So werden etwa amerikanische Verfassungsorgane und Behörden durch Entscheidungen des U.S. Supreme Court nur gebunden, wenn sie Verfahrensbeteiligte in einem konkreten Rechtsstreit waren.

Allerdings ist zu berücksichtigen, dass bereits ergangene Entscheidungen mittelbare Rückschlüsse darauf zulassen, wie der Supreme Court oder ein anderes ihm untergeordnetes Bundesgericht aufgrund des *stare decisis*-Prinzips künftig über eine Rechtsfrage entscheiden wird. Ebenso wie ein nicht unmittelbar beteiligter Bürger in Deutschland bei einer Entscheidung des Bundesgerichtshofs oder des Bundesverwaltungsgerichts Rückschlüsse auf eigene Klageaussichten ziehen kann, so erfolgt auch die Erstreckung der Bindungswirkung im amerikanischen Prozessrecht auf faktischer Basis, ohne dass dies eigens im Gesetz geregelt sein müsste.

Im Ergebnis stimmen die tatsächlichen Auswirkungen der Bindungswirkung hinsichtlich des Adressatenkreises stärker miteinander überein, als es die normativen Gegebenheiten beider Staaten nahe legen. Während die deutsche Rechtsordnung jedoch in diesem Bereich mit § 31

[1329] Allerdings kann man bisweilen den Eindruck gewinnen, dass sich die obersten Gerichtshöfe des Bundes von dieser Bindungswirkung nach Möglichkeit befreien, vgl. BFH, Urt. v. 11.8.1999, BFHE 189, 413 (Nichtanwendung des Halbteilungsgrundsatzes auf Ertragsteuern); BFH, Urt. v. 18.9.2003, DB 2003, 2685 (Halbteilungsgrundsatz); anders hingegen BFH, Urt. 26.3.2002, BFHE 198, 545 (Teilung der Werbungskosten). Mit ähnlichem Befund und weiteren Beispielen *Kenntner*, Das BVerfG als subsidiärer Superrevisior?, NJW 2005, 785 („*Der Schritt zur Gefolgschaftsverweigerung scheint manchmal nicht mehr weit.*“).

BVerfGG eine ausdrückliche und verbindliche Regelung enthält, sieht diesmal das amerikanische Prozessrecht eine *faktische Erstreckung* der Bindungswirkung gerichtlicher Entscheidungen auf Verfassungsorgane und Behörden vor. Wie bei der unmittelbaren und bei der lediglich faktischen Bindungswirkung gerichtlicher Entscheidungen lässt sich nicht erkennen, ob eine der beiden prozessualen Lösungen der anderen gegenüber grundsätzlich vorzugswürdig ist. Die unterschiedliche Normierung im Hinblick auf die Erstreckung der Bindungswirkung steht jedoch in engem Zusammenhang mit dem jeweils verwirklichten verfassungsgerichtlichen Modell. Bei der nach dem Einheitsmodell organisierten amerikanischen Bundesgerichtsbarkeit bedarf es einer ausdrücklichen Erstreckungsanordnung nicht, da Streitigkeiten ohnehin in letzter Instanz vor den U.S. Supreme Court gelangen können. Anders verhält es sich beim Bundesverfassungsgericht, das nicht in die Instanzenzüge der Bundes- oder Ländergerichtsbarkeiten integriert ist, so dass es fraglich ist, ob konkrete Streitfragen überhaupt zu ihm kommen. Da es im deutschen Prozessrecht an einem allgemein Grundsatz der Präjudizienbindung wie dem *stare decisis*-Prinzip fehlt, ist das Bundesverfassungsgericht nicht nur inhaltlich, sondern auch im Hinblick auf die institutionelle und personelle Erstreckung seiner Entscheidungen auf eine ausdrückliche gesetzliche Regelung angewiesen. Damit haben zwar beide Regelungen im jeweiligen Rechtskreis ihre Berechtigung und Funktion, eine nach amerikanischen Muster erfolgende Aufhebung der ausdrücklichen institutionellen und personellen Präjudizienbindung des § 31 BVerfGG ist jedoch aufgrund der unterschiedlichen prozessualen Gegebenheiten nicht sinnvoll.

2. *Übereinstimmungen*

Wie bereits im Zusammenhang mit dem allgemeinen Grundsatz der Präjudizienbindung und bei der Erstreckung der Bindungswirkung auf Verfassungsorgane und Dritte gesehen werden konnte, bestehen ungeachet untschiedlicher normativer Gegebenheiten im Hinblick auf die tatsächlichen Auswirkungen richterlicher Entscheidungen zwischen dem amerikanischen und deutschen Verfassungsprozessrecht verschiedene Übereinstimmungen. Dies lässt sich vor allem darauf zurückführen, dass die Vorschrift des § 31 BVerfGG für die deutsche Verfassungsgerichtsbarkeit dieselbe Funktion erfüllt, wie das *stare decisis*-Prinzip innerhalb der gesamten Common Law-Rechtsordnungen. In Ermangelung einer allgemeinen Bindungswirkung gerichtlicher Entscheidungen wird durch § 31 BVerfGG der im Common Law vorherrschende allgemeine Grundsatz des *stare decisis* durch eine ausdrückliche gesetzliche Anordnung auf das kodifikationsrechtlich geprägte deutsche Rechtssystem übertragen. Allerdings erstreckt sich dieser rechtstechnische Vorgang nicht auf die gesamte Gerichtsbarkeit, sondern lediglich auf Entscheidungen des Bundesverfassunsgsgerichts, die damit eine allgemeine Bindungswirkung und zum Teil sogar Gesetzeskraft entfalten können. Obwohl die Bindungswirkung gerichtlicher Entscheidungen in beiden Rechtssystemen über unterschiedliche rechtsdogmatische Grundlagen verfügt, geht von ihnen in der gerichtlichen Praxis eine sehr ähnliche Wirkung aus.

B. Erarbeitung und Entwicklung der Bindungswirkung

I. Verfassungshistorische Vorläufer

Dass die Bindungswirkung gerichtlicher Entscheidungen schon früh als wesentliches Hindernis für die Schaffung einer deutschen Verfassungsgerichtsbarkeit angesehen wurde, zeigte sich bereits in Äußerungen des Staatsrechtlers Robert Mohl aus der Mitte des 19. Jahrhunderts.[1330] Im Rahmen der damaligen Erörterung des richterlichen Prüfungsrechts wurde vor allem kritisiert, dass die Aufhebung von Gesetzen eine Bedrohung für die Rechtssicherheit darstelle, da die weitere Verbindlichkeit der aufgehobenen Normen unklar bleibe. Nach Mohls Vorschlag sollte diese Unklarheit durch eine mit der Gesetzesaufhebung verbundene Anordnung beseitigt werden. Hierzu führte er aus:

> „Wenn denn nun noch weiter gesetzlich angeordnet wird, dass dieses Urtheil künftig als Gemeinbescheid massgebend für sämmtliche Gerichte des Staates sei, so ist damit jede Verwirrung im Rechte beseitigt.“[1331]

Zwar weist der Begriff des „Gemeinbescheids“ auf verwaltungsrechtliche Kategorien hin. Wie in der Formulierung „gesetzlich angeordnet“ jedoch erkennbar wird, hatte Mohl tatsächlich im Auge, dass die aufhe-

---

[1330] Vgl. *Mohl*, Das Bundes-Staatsrecht der Vereinigten Staaten von Nord-Amerika, § 34 „Unabhängigkeit der richterlichen Gewalt,“ 298 ff.; *ders.*, Staatsrecht, Völkerrecht und Politik, Bd. 1 (Staatsrechts und Völkerrecht), 66 ff.

[1331] Vgl. *Mohl*, Staatsrecht, Völkerrecht und Politik, Bd. 1 (Staatsrechts und Völkerrecht), 66, 87.

bende Entscheidung gesetzliche oder zumindest gesetzesähnliche Wirkung haben sollte, so dass sie allgemein für alle Gerichte und Behörden verbindlich wäre. Da es jedoch in seiner Zeit noch nicht zur Schaffung einer modernen Verfassungsgerichtsbarkeit kam, blieben die von Mohl angestellten Überlegungen zunächst bloß theoretischer Natur.

Dies änderte sich erst mit dem Untergang des Kaiserreichs und der Gründung der Weimarer Republik in den Jahren 1918/1919. Als Mittel zur Herstellung verfassungsgerichtlicher Bindungswirkung dienten seitdem sog. Präjudiziengesetze, worunter Vorschriften zu verstehen sind, die die Bindungswirkung bestimmter gerichtlicher Entscheidungen gesetzlich anordneten.[1332] Auf Reichsebene kam in diesem Zusammenhang dem Ausführungsgesetz zu Art. 13 Abs. 2 WRV vom 8.4.1920 eine Vorreiterrolle zu.[1333] Die Bedeutung dieser Vorschrift war so groß, das sie noch in den Beratungen des Rechtspflegeausschusses des Parlamentarischen Rates ausdrücklich erwähnt und als Vorbild für die grundgesetzliche Bestimmung des Art. 94 GG genommen wurde.[1334] Neben der Zuständigkeitsbegründung des Reichsgerichts für Streitigkeiten über die Vereinbarkeit von Landesrecht mit Reichsrecht sah das Ausführungsgesetz zu Art. 13 Abs. 2 WRV in § 3 Abs. 3 vor, dass entsprechende Entscheidungen unmittelbar Gesetzeskraft haben sollten. Ihre Wirkung bestand damit nicht bloß *inter partes*, sondern auch *inter omnes*.[1335] Eine entsprechende landesrechtliche Regelung sah § 52 des

---

[1332] Vgl. zu den sog. Präjudiziengesetzen *Heusch*, in: Umbach/Clemens/Dollinger, BVerfGG, § 31, Rdnr. 2; *Schlaich/Korioth*, Das Bundesverfassungsgericht, Rdnr. 481 u. 486 ff.

[1333] Vgl. *Huber*, Dokumente zur Deutschen Verfassungsgeschichte, Bd. 4, 1919-1933, Dok. Nr. 157 (S. 151, 153.), RGBl. 1919, 1383; vgl. *Stern*, in: Bonner Kommentar, Art. 93, Rdnr. 190 f.

[1334] *Laforet* (CSU), in: Prot. Parl. Rat, Bd. 13/II, Dok.-Nr. 53, 1217, 1252 (4. Sitzung d. RpflA, 27.10.1948) („*In den Entscheidungen der Weimarer Zeit hatte diese Entscheidung nach Art. 13 Gesetzeskraft. Auf diesem Standpunkt steht der Chiemseer Entwurf, wenigstens mittelbar. Er verlangt sogar, dass diese Entscheidung wie ein Gesetz verkündet wird.*“)

[1335] Vgl. § 3 Abs. 3 des Gesetzes v. 8.4.1921, RGBl. 1920, 510: „*Die Entscheidung hat Gesetzeskraft*“, hierzu auch *Anschütz*, Die Verfassung des Deutschen Reiches, Art. 13, Nr. 5 (S. 107); *Huber*, Verfassungsgeschichte, Bd. 4, 562 f.; *Badura*, Die Bedeutung von Präjudizien im öffentlichen Recht, in: Blaurock (Hrsg.), Die Bedeutung von Präjudizien, 49, 71 (Fn. 69). Nach Ausführungen des Reichsfinanzhofs sollten die nach Art. 13 Abs. 2 WRV ergehenden Entscheidungen „*nicht als Urteile, sondern als gesetzgebende Akte besonderer Art*“ aufgefasst werden, RFH v. 13.11.1920, RFHE, Bd. 4, 11.

Bayerischen Gesetzes über den Verfassungsgerichtshof aus dem Jahre 1920 vor.[1336] Auch die beiden gescheiterten Gesetzesentwürfe der Reichsregierung zur Gründung einer modernen Verfassungsgerichtsbarkeit aus den Jahren 1926 und 1928 beinhalteten entsprechende Bestimmungen.[1337] Nach dem Zweiten Weltkrieg fanden sich vergleichbare Regelungen in den Gesetzen über die bereits gegründeten Landesverfassungsgerichte in Bayern, Hessen, Baden, Württemberg-Baden und Württemberg-Hohenzollern wieder.[1338]

Auch auf dem Herrenchiemseer Verfassungskonvent wurde die Frage der Bindungswirkung verfassungsgerichtlicher Entscheidungen eingehend erörtert, wobei Hermann Brill ausdrücklichen Bezug auf den U.S. Supreme Court und die Bindungswirkung seiner Entscheidungen nahm.[1339] Im Herrenchiemseer Verfassungsentwurf war nach dem Vor-

---

[1336] So hat der BGH in einem Beschluss vom 20.5.1954 festgestellt, dass § 31 BVerfGG seinen Ursprung in § 52 des bayerischen Gesetzes über den StGH vom 11.6.1920 (GVBl. S. 323, später § 53 des Gesetzes vom 4.7.1929, GVBl. S. 94) gehabt hätte, vgl. BGH, Beschl. v. 20.5.1954, JZ 1954, 490, 491.

[1337] Sowohl der Gesetzesentwurf v. 11.12.1926, RT-Drs. III/Nr. 2855 als auch der Gesetzentwurf v. 16.10.1928, RT-Drs. IV/Nr. 382 hatte folgenden gleichlautenden Text: „*§ 5. Die Reichregierung hat die Entscheidung ohne Begründung im Reichsgesetzblatte zu veröffentlichen. Die Entscheidung hat Gesetzeskraft.*“ In der Begründung des Entwurfs aus dem Jahr 1926 wird außerdem auf die Regelungen des Ausführungsgesetzes zu Art. 13 Abs. 2 WRV verwiesen, RT-Drs. III/Nr. 2855, 4.

[1338] Z.B. § 21 des Gesetzes Nr. 72 v. 22.7.1947 über den Bayerischen Verfassungsgerichtshof (BayGVBl. 1947, 147, 148) („*§ 21. Die Entscheidungen des Verfassungsgerichtshofs sind für alle Gerichte und sonstige Behörden bindend.*“); § 49 des Gesetzes v. 12.12.1947 über den Hessischen Staatsgerichtshof (GVBl. 1948/49, Nr. 1/2, 3, 8) („*§ 49 Abs. 1. Die Entscheidung des Staatsgerichtshofs wirkt Rechtskraft für und gegenüber jedermann und bindet die Gerichte und Verwaltungsbehörden.*“); ebenso auch § 13 Abs. 2 des badischen Landesgesetzes über die Staatsgerichtsbarkeit vom 7.9.1948 (GVBl. S. 154); Art. 11 Abs. 4 des württemberg-badischen Gesetzes Nr. 154 vom 18.8.1948 (Reg.Bl. S. 121); § 10 Abs. 2 des württemberg-hohenzollerischen Gesetzes über den Staatgerichtshof vom 11.1.1949 (RegBl. S. 85); vgl. *Schäfer*, Gesetzeskraft und bindende Wirkung, NJW 1954, 1465.

[1339] Vgl. „*Eine eingehende Diskussion halte ich darüber für notwendig, ob wir nach amerikanischem Vorbild den Urteilen eines solchen obersten Gerichtshofs ohne weiteres Gesetzeskraft beilegen können, oder ob der Streit nicht beschränkt werden muß auf die Entscheidung von Rechtsfragen, ...*“ Prot. Parl. Rat, Bd. 2, Dok.-Nr. 3 (Plenarsitzung v. 11.8.1948), 66, 76; *Wilms*, Ausländische Einwirkungen, 115.

bild früherer Präjudiziengesetze in Art. 99 Abs. 1 HC-E eine allgemeine Bindungswirkung verfassungsgerichtlicher Entscheidungen vorgesehen. Nach Art. 99 Abs. 2 HC-E war außerdem die Möglichkeit eröffnet, dass Gesetzesaufhebungen des Bundesverfassungsgerichts ihrerseits Gesetzeskraft haben und „auf Anordnung des Vorsitzenden im Bundesgesetzblatt verkündet" werden.[1340]

II. Parlamentarischer Rat

Im Rechtspflegeausschuss des Parlamentarischen Rates wurde ebenfalls erörtert, ob die Entscheidungen des Obersten Bundesgerichts[1341] bzw. des Bundesverfassungsgerichts über eine Bindungswirkung verfügen sollten. Zum ersten Mal wurde diese Frage in der 3. Sitzung des Rechtspflegeausschusses vom 22. Oktober 1948 bei der Beratung der richterlichen Unabhängigkeit von der Abgeordneten Selbert angesprochen. Dabei führte sie Folgendes aus:

> „Die Entscheidung des obersten Gerichts könnte unter dem Gesichtspunkt der Wahrung der richterlichen Unabhängigkeit nur bestehen, wenn man etwa dieser Entscheidung Gesetzeskraft gibt, wie es bei Verfassungsfragen vorgesehen ist. Aber auch da habe ich Bedenken, ob das nicht gegen das rechtsstaatliche Prinzip der Gewaltenteilung verstößt."[1342]

Bereits in dieser kurzen Ausführung wurden Funktion und verfassungsrechtliche Probleme einer Bindungswirkung höchstrichterlicher Entscheidungen in aller Kürze genannt. Allerdings war der Ausschuss – allen voran der Ausschussvorsitzende Zinn – zu diesem Zeitpunkt noch nicht bereit, die Einführung eines Präjudiziengesetzes zu erörtern. Daher erwiderte er:

[1340] Vgl. hierzu auch die Äußerung von *Laforet* (CSU), in: Prot. Parl. Rat, Bd. 13/II, Dok.-Nr. 53, 1217, 1252 (4. Sitzung d. RpflA, 27.10.1948).

[1341] Hierbei wurde im Einzelnen nicht immer trennscharf unterschieden, ob die betreffende Regelung für das Oberste Bundesgericht oder für das Bundesverfassungsgericht gelten sollte.

[1342] *Selbert* (SPD), in: Prot. Parl. Rat, Bd. 13/II, Dok.-Nr. 53, 1191, 1214 (3. Sitzung d. RpflA, 22.10.1948).

> „Man braucht ihr keine Gesetzeskraft beizulegen, sondern nur die ‚binding authority' des englischen Rechts. Das würde genügen."[1343]

In dieser Stellungnahme zur Bindungswirkung höchstrichterlicher Entscheidungen zeigt sich, dass einzelne Abgeordnete des Rechtspflegeausschusses wie z.B. der Vorsitzende Zinn über die Grundlagen und Wirkungsvoraussetzungen eines Common Law-Systems zutreffend informiert waren. Denn tatsächlich beruht die aus dem *stare decisis*-Prinzip abgeleitete „binding authority" der angelsächsischen Rechtsordnungen nicht auf einer förmlichen oder gewohnheitsrechtlichen Gesetzeskraft.[1344]

Erneut wurde die Frage der Bindungswirkung von der Abgeordneten Selbert in der 4. Sitzung des Rechtspflegeausschusses am 27. Oktober 1948 aufgegriffen:

> „Ich habe mir noch einmal die Bestimmungen von Herrenchiemsee durchgelesen und finde hier ganz richtig die Meinung wiedergegeben, wie ich sie auch vertreten möchte, dass bei Entscheidungen des Bundesverfassungsgerichts eine bindende Wirkung eintreten sollte, aber *nur* des Bundesverfassungsgerichts! Da ist ein Katalog von Fällen und Fragen, die nicht inter partes ausgetragen werden und die von allgemeiner Bedeutung sind. Bei diesen Fragen verfassungrechtlicher Art will sich sogar der Bundestag einer höheren Einsicht und einer höheren Entscheidung unterwerfen."[1345]

Die Bindungswirkung höchstrichterlicher Entscheidung wurde bei den nachfolgenden Erörterungen im Rechtspflegeausschuss wiederum mit der Frage verknüpft, ob das zu diesem Zeitpunkt noch vorgesehene „Supergericht" (Zusammenfassung von Oberstem Bundesgericht und Verfassungsgericht)[1346] abstrakte Fragen behandeln darf. Allerdings bestand im Ausschuss Uneinigkeit darüber, ob Entscheidungen überhaupt bindend sein sollten, und wenn ja, ob ihm dies generell oder nur in einem beschränkten Bereich erlaubt sein sollte. Ohne dass zu diesem Zeitpunkt bereits hinreichend klar geworden wäre, welche Befugnisse des Gerichts behandelt wurden, gewann der Ausschussvorsitzende Zinn den Eindruck, die bis dahin angestellten Überlegungen liefen auf

---

[1343] *Zinn* (SPD), in: Prot. Parl. Rat, Bd. 13/II, Dok.-Nr. 53, 1191, 1214 (3. Sitzung d. RpflA, 22.10.1948).

[1344] Vgl. 12. Teil, A, I.

[1345] *Selbert* (SPD), in: Prot. Parl. Rat, Bd. 13/II, Dok.-Nr. 53, 1217, 1253 (4. Sitzung d. RpflA, 27.10.1948) (Hervorhebung im Ausschussprotokoll).

[1346] Vgl. 2. Teil, B, V.

eine Übernahme der amerikanischen Gerichtsorganisation hinaus. Hierzu führte er aus:

> „- wie wir es das vorige Mal erörtert haben und wovon wir, wenigstens wir beide [Zinn und Selbert], abgekommen sind. Da haben wir gesagt: Das hat nur dann Sinn, wenn die Frage generell entschieden wird und die Entscheidung die *Bindung nach amerikanischen Vorbild* zur Folge hat. Aber dann haben wir eben das *amerikanische Vorbild.*“[1347]

Im sich daran anschließenden Zwiegespräch zwischen Zinn und Strauß wurde die Frage einer möglichen Bindungswirkung verfassungsgerichtlicher Entscheidungen unter Berücksichtigung der Präjudizienbindung im anglo-amerikanischen Recht weiter vertieft. Hierbei wurde ausdrücklich auf den U.S. Supreme Court bzw. die von seinen Entscheidungen ausgehende Bindungswirkung Bezug genommen:

Strauß:	„Herr Zinn, es ist so: Im angelsächsischen Recht haben wir den Grundsatz der Präjudizien: der Einzelprozeß wirkt nur unter den Parteien. Aber die Tradition, die Gewohnheit, hat dazu geführt, dass man von einer Entscheidung des höchsten Gerichts, sei es des House of Lords, sei es des *Supreme Court*, nicht abweicht.
Zinn:	Nicht abweichen kann.
Strauß:	Es gibt keine gesetzliche Bestimmung darüber. Natürlich können das House of Lords und das *oberste Bundesgericht der Vereinigten Staaten* von einer eigenen Entscheidung abweichen.
Zinn:	Die können abweichen, aber die anderen nicht.
Strauss:	Kraft Gewohnheit.
Zinn:	Es mag Gewohnheitsrecht sein, drüben ist ja vieles oder das meiste Gewohnheitsrecht.
Strauss:	Aber es hat keine Gesetzeskraft!
Zinn:	Das ist etwas anderes, das soll es bei uns auch nicht haben. Wir haben das vorige Mal gesagt: wenn wir eine abstrakte Rechtsfrage durch das Supergericht entscheiden lassen, dann soll diese Entscheidung, zwar nicht für dieses Supergericht – das kann später, wenn die Sache neu an es heran-

---

[1347] *Zinn* (SPD), in: Prot. Parl. Rat, Bd. 13/II, Dok.-Nr. 53, 1217, 1254 (4. Sitzung d. RpflA, 27.10.1948) (Hervorhebungen vom Verf.).

> kommt, anders entscheiden – aber für die nachgeordneten Gerichte bindend sein."[1348]

Wie die Ausschussprotokolle zeigen, wurde die Erörterung der Bindungswirkung höchstrichterlicher Entscheidungen dadurch erschwert, dass zu diesem Zeitpunkt der institutionelle und kompetentielle Zuschnitt der künftigen deutschen Bundesgerichtsbarkeit noch nicht endgültig festgelegt war.[1349] Hiervon war jedoch die Frage abhängig, ob die Spitze der Bundesgerichtsbarkeit ermächtigt sein sollte, abstrakte Rechtsfragen mit bindender Wirkung zu entscheiden. Diese Unklarheiten führten dazu, dass der Ausschuss zunächst keine nähere Bestimmung über eine Bindungswirkung von Gerichtsentscheidungen nach anglo-amerikanischem Muster festlegte.[1350]

In den Beratungen des Rechtspflegeausschusses tritt deutlich zutage, dass die von Entscheidungen des Bundesverfassungsgerichts ausgehende Bindungswirkung in Auseinandersetzung mit Vorbildern aus dem anglo-amerikanischen Recht erörtert wurde, wobei die Erwähnung des englischen House of Lords grundsätzlich unschädlich ist, da der Grundsatz des *stare decisis* im Jahre 1948/49 auch noch uneingeschränkt für das englische Oberhaus galt.[1351] Die in der amerikanischen Rechtsordnung bestehende Bindungswirkung höchstrichterlicher Entscheidungen wird darüber hinaus von Zinn ausdrücklich als „amerikanisches Vorbild" bezeichnet.[1352]

Außerdem zeigen die Ausführungen von Strauß, dass auch er sich über die dogmatischen Grundlagen des *stare decisis*-Prinzips im Klaren war. Schließlich geht aus der Aussage des Ausschussvorsitzenden Zinn her-

---

[1348] *Strauß* (CDU) und *Zinn* (SPD), in: Prot. Parl. Rat, Bd. 13/II, Dok.-Nr. 53, 1217, 1254 (4. Sitzung d. RpflA, 27.10.1948) (Hervorhebungen vom Verf.).

[1349] Vgl. zur Entwicklung 2. Teil, B, V u. VI.

[1350] Prot. Parl. Rat, Bd. 13/II, Dok.-Nr. 53, 1217, 1255-1261 (4. Sitzung d. RpflA, 27.10.1948)

[1351] Vgl. *Loewenstein*, Staatsrecht und Staatspraxis von Großbritannien, Bd. 2, 28. Erst 1966 hat sich das House of Lords von der sehr strengen Anwendung des Prinzips des *stare decisis* gelöst, *Lundmark*, Stare Decisis vor dem Bundesverfassungsgericht, Rechtstheorie, Bd. 28 (1997), 315, 325; einschränkend *Fikentscher*, Methoden des Rechts, Bd. 2, Kap. 11, VI, 3 (S. 83 ff.), wonach die Praxis seit 1966 gezeigt hat, „dass die Doktrin des *stare decisis* nach wie vor in alter Strenge gilt".

[1352] *Zinn* (SPD), in: Prot. Parl. Rat, Bd. 13/II, Dok.-Nr. 53, 1217, 1254 (4. Sitzung d. RpflA, 27.10.1948).

vor, dass zu diesem Zeitpunkt der Beratungen eine Bindungswirkung mit Gesetzeskraft noch nicht vorgesehen war, sondern lediglich eine nicht näher bestimmte sonstige Bindungswirkung verfassungsgerichtlicher Entscheidungen ins Auge gefasst wurde.[1353] Weshalb letztlich doch in Art. 94 Abs. 2 Satz 1 GG die Möglichkeit aufgenommen wurde, dass verfassungsgerichtliche Entscheidungen auch Gesetzeskraft haben sollen, erschließt sich aus den Protokollen des Rechtspflegeausschusses nicht unmittelbar. Da sich die Abgeordneten in der 4. Sitzung jedoch mit den Befugnissen des sog. „Supergerichts" (Oberstes Bundesgericht einschl. Verfassungsgericht) beschäftigten, ist es gut möglich, dass die mit der 5. Sitzung des Rechtspflegeausschusses eingetretene Wende zum verfassungsgerichtlichen Trennungsmodell hin auch wieder die Frage einer Gesetzeskraft gerichtlicher Entscheidungen aufgeworfen hat.

Bei der abschließenden Beratung über die Gesetzeskraft höchstrichterlicher Entscheidungen in der 7. Sitzung des Rechtspflegeausschusses vom 6. Dezember 1948 wurde auf etwaige anglo-amerikanische Vorbilder kein Bezug mehr genommen.[1354] Ähnlich wie es heute § 31 Abs. 2 BVerfGG vorsieht, sollten nach Art. 128 c GG-Entw die Entscheidungen des Bundesverfassungsgerichts „in den Fällen des Art. 128 b Ziff. 3, 3 a und 4" über Gesetzeskraft verfügen. In Art. 128 c Satz 2 GG-Entw war außerdem vorgesehen, dass sie im Bundesgesetzblatt veröffentlicht werden sollten. Durch die letzte redaktionelle Straffung des Grundgesetzes wurde auch Art. 128 c GG-Entw erneut verkürzt,[1355] so dass lediglich der kurze Hinweis auf ein künftiges Bundesgesetz bestehen

---

[1353] Dies wird auch durch weitere Äußerungen Zinns in der 4. Sitzung untermauert: *Laforet* (CSU) und *Zinn* (SPD), in: Prot. Parl. Rat, Bd. 13/II, Dok.-Nr. 53, 1217, 1255 f. (4. Sitzung d. RpflA, 27.10.1948) (Laforet: „... *Sie wollen eine formale Bindung dieser Art eintreten lassen.*" [Widerspruch]; Zinn: „*Doch, insofern hat Herr Kollege Laforet schon recht...*" (später) Laforet: „... *Wenn es abweichen will muß es vorlegen.*" [Dr. Greve: *Jawohl.*]; Zinn: „*Insofern ist eine Bindung da.*").

[1354] *Laforet* (CSU), *Zinn* (SPD) und *Strauß* (CDU), in: Prot. Parl. Rat, Bd. 13/II, Dok.-Nr. 57, 1347, 1393 (7 Sitzung d. RpflA, 6.12.1948).

[1355] Vgl. *Wilms*, Dokumente zur neuesten Verfassungsgeschichte, Bd. III/2, Dok.-Nr. 4 (Stellungnahme des ARA v. 5.12.1948), 124, 164; *ders.*, a.a.O., Dok.-Nr. 5 (Fassung der 1. Lesung HA, v. 20.1.1949), 175, 237 f.; *ders.*, a.a.O. Dok.-Nr. 6 (Stellungnahme des ARA v. 16.12.1948), 257, 308. Die entscheidende redaktionelle Änderung erfolgte in der Stellungnahme des ARA v. 25.1.1949, vgl. *Wilms*, a.a.O., Dok.-Nr. 7 (Stellungnahme des ARA v. 25.1.1949), 321, 390; *ders.*, a.a.O., Dok.-Nr. 9 (Fassung der 3. Lesung HA v. 2.5.1949), 461, 519 f.

blieb, in dem dann geregelt werden sollte, „in welchen Fällen seine Entscheidungen Gesetzeskraft haben“ sollten (Art. 94 Abs. 2 Satz 1 GG).

III. Einflüsse des U.S. Supreme Court

Da sowohl die Delegierten des Herrenchiemseer Verfassungskonvents als auch die Abgeordneten des Parlamentarischen Rats davon ausgingen, dass der Erfolg eines deutschen Verfassungsgerichts wesentlich davon abhing, dass von seinen Entscheidungen eine Bindungswirkung ausgeht, wurden während der Beratungen verschiedene Möglichkeiten erörtert, wie diese Bindungswirkung ausgestaltet werden sollte. Hierbei kam dem amerikanischen Verfassungsprozessrecht und den Entscheidungen des U.S. Supreme Court eine besondere Bedeutung zu, da sich mit dem im anglo-amerikanischen Recht seit Jahrhunderten etablierten Grundsatz der allgemeinen Präjudizienbindung (*stare decisis*) eine in der Praxis bewährte Möglichkeit für die Ausgestaltung der Bindungswirkung anbot.

Bereits auf dem Herrenchiemseer Verfassungskonvent nahm der Vertreter Hessens, Hermann Brill, zur Frage der Bindungswirkung verfassungsgerichtlicher Entscheidungen Stellung. In der Plenarsitzung vom 11. August 1948 führte er zum amerikanischen Verfassungsmodell wie folgt aus:

> „Eine eingehende Diskussion halte ich darüber für notwendig, ob wir *nach amerikanischem Vorbild* den Urteilen eines solchen obersten Gerichtshofs ohne weiteres Gesetzeskraft beilegen können, oder ob der Streit nicht beschränkt werden muß auf die Entscheidung von Rechtsfragen, ...“[1356]

Die sich hieran anschließenden Diskussionen der Delegierten hatten letztlich zur Folge, dass in Art. 99 Abs. 1 HC-E die allgemeine Bindungswirkung verfassungsgerichtlicher Entscheidungen normiert wurde. Ergänzend sah Art. 99 Abs. 2 HC-E vor, dass Gesetzesaufhebungen des Bundesverfassungsgerichts ihrerseits Gesetzeskraft haben und „auf Anordnung des Vorsitzenden ... im Bundesgesetzblatt verkündet“ werden sollen.

Wie die Protokolle des Rechtspflegeausschusses zeigen, beherrschte das Beispiel des amerikanischen Prozessrechts auch die Beratungen im Par-

---

[1356] Vgl. Prot. Parl. Rat, Bd. 2, Dok.-Nr. 3 (Plenarsitzung v. 11.8.1948), 66, 76 (Hervorhebung v. Verf.); *Wilms*, Ausländische Einwirkungen, 115.

lamentarischen Rat. Dabei trat zutage, dass sich die einzelnenen Abgeordneten – vor allem der Ausschussvorsitzende Zinn und sein Stellvertreter Strauß – über die Grundlagen und Wirkungsbedingungen der Präjudizienbindung in einem Common Law-System gut auskannten. So führte beispielsweise Zinn richtigerweise aus, dass die "binding authority" des englischen Rechts im kontinentaleuropäischen Sinne nicht als Gesetzeskraft verstanden werden könne.[1357] Später nahm Strauß, während er sich zu den Grundlagen der Bindungswirkung im angloamerikanischen Rechtskreis äußerte, noch zweimal ausdrücklich auf den U.S. Supreme Court und das englische Oberhaus Bezug. Wörtlich sagte er:

> „... Aber die Tradition, die Gewohnheit, hat dazu geführt, dass man von einer Entscheidung des höchsten Gerichts, sei es des House of Lords, sei es des Supreme Court, nicht abweicht. ... Es gibt keine gesetzliche Bestimmung darüber. Natürlich können das House of Lords und das oberste Bundesgericht der Vereinigten Staaten von einer eigenen Entscheidung abweichen."[1358]

Dass sich die Abgeordneten des Parlamentarischen Rats bei der Frage der Bindungswirkung verfassungsgerichtlicher Entscheidungen vor allem mit dem U.S. Supreme Court und dem amerikanischen Prozessrecht befassten, geht auch aus einer weiteren Aussage Zinns hervor, in der er ausdrücklich davon sprach, dass „die Bindung nach amerikanischem Vorbild" gestaltet werden kann. Allerdings gab er in diesem Zusammenhang zu bedenken, dass man in diesem Fall auch das „amerikanische Vorbild" hat.[1359] Die knappe Art, in der Zinn dies zur Sprache brachte, legt den Schluss nahe, dass Erörterungen über das „amerikanische Vorbild" zwischen den Mitgliedern des Rechtspflegeausschusses schon früher vorgekommen sind.

In jedem Fall fanden die Erörterungen über eine mögliche Bindungswirkung verfassungsgerichtlicher Entscheidungen in bewusster und offener Auseinandersetzung mit dem Beispiel des U.S. Supreme Court und seinen Grundlagen im amerikanischen Prozessrecht statt. Wie die Beratungen über die Bindungswirkung zeigen, ist die Vorschrift des

---

[1357] *Zinn* (SPD), in: Prot. Parl. Rat, Bd. 13/II, Dok.-Nr. 53, 1191, 1214 (3. Sitzung d. RpflA, 22.10.1948).

[1358] *Strauß* (CDU), in: Prot. Parl. Rat, Bd. 13/II, Dok.-Nr. 53, 1217, 1254 (4. Sitzung d. RpflA, 27.10.1948).

[1359] *Zinn* (SPD), in: Prot. Parl. Rat, Bd. 13/II, Dok.-Nr. 53, 1217, 1254 (4. Sitzung d. RpflA, 27.10.1948).

Art. 94 Abs. 2 Satz 1 GG[1360], in der ausdrücklich die Möglichkeit eröffnet wird, verfassungsgerichtlichen Entscheidungen Gesetzeskraft zu verleihen, unmittelbar auf den Einfluss des amerikanischen Beispiels zurückzuführen. Aufgrund der umfassenden Erörterungen zu dieser Frage lässt sich dasselbe auch für § 31 BVerfGG sagen, der Art. 94 Abs. 2 Satz 1 GG in vorgesehener Weise konkretisiert. Die bereits festgestellten objektiven Übereinstimmungen zwischem dem *stare decisis*-Prinzip und der Bindungswirkung bzw. Gesetzeskraft bundesverfassungsgerichtlicher Entscheidungen zeigen, dass der angelsächsische Rechtsgrundsatz auch mit den dabei erforderlichen qualitativen Abstufungen in das deutsche Kodifikationsrechtssystem überführt wurde. Schließlich zeigt die Umsetzung der anglo-amerikanischen Präjudizienbindung in Form eines Präjudiziengesetzes auch, dass von den Weimarer Erfahrungen und den unmittelbaren Erkenntnissen aus den deutschen Bundesländern bei der Umsetzung des anglo-amerikanischen Vorbildes ebenfalls prägender Einfluss ausging.[1361]

[1360] *„Art. 94 Abs. 2 GG: Ein Bundesgesetz ... bestimmt, in welchen Fällen seine Entscheidungen Gesetzeskraft haben.“* BGBl. I 1949, 1, 12.

[1361] Vgl. 12. Teil, B, I., hierzu auch *Schäfer*, Gesetzeskraft und bindende Wirkung, NJW 1954, 1465; BGH, Beschl. v. 20.5.1954, BGH JZ 1954, 491.

Dreizehnter Teil

Verfassungsgerichtliche Annahmeverfahren

Der Hauptgrund für die Schaffung eines prozessualen Annahmeverfahrens liegt in der Überlastung des betreffenden Gerichts durch die schiere Vielzahl von Streitverfahren aus seinem Zuständigkeitsbereich. Angesichts einer „Flut" von Fällen soll das Annahmeverfahren als Ventil fungieren und das jeweilige Gericht verfahrensrechtlich in den Stand setzen eine Auswahl zu treffen.[1362] Die dabei anzulegenden Auswahlkriterien können sich – je nach Gericht – durchaus voneinander unterscheiden. So lässt sich daran denken, dass nur besonders schwerwiegende Fälle oder allgemein bedeutsame Streitigkeiten angenommen werden können. Es ist aber auch denkbar, dass zur Wahrung der Rechtseinheit vor allem abweichende Auffassungen höherer Gerichte eine Entscheidung des höchsten Gerichts nach sich ziehen sollen. Im Folgenden wird daher untersucht, inwieweit sich das Beispiel des amerikanischen Annahmeverfahrens zum Supreme Court im deutschen Annahmeverfahren des BVerfGG niedergeschlagen hat.

A. Annahmeverfahren im Vergleich

I. U.S. Supreme Court

1. Writ of Certiorari

Das Annahmeverfahren des amerikanischen Prozessrechts besteht in erster Linie aus der ermessensabhängigen Entscheidung über die Ertei-

[1362] Vgl. BVerfG, Beschl. v. 11.5.1976, BVerfGE 42, 143 (154), Sondervotum Rupp-v. Brünneck („*Ventil gegen eine etwaige Überflutung des Bundesverfassungsgerichts*"); *Jaeger/Broß*, Bundesverfassungsgericht und einzelstaatliche Rechtsprechungsorgane, EuGRZ 2004, 1, 10 („*Filterverfahren*"); *Voßkuhle*, in: v. Mangoldt/ Klein/Starck, GG, Bd. 3, Art. 94, Rdnr. 39.

lung oder Ablehnung eines Writ of Certiorari.[1363] Der bereits in Zusammenhang mit den individuellen Rechtsschutzmöglichkeiten erwähnte Writ of Certiorari steht damit im Zentrum der ermessensabhängigen Zuständigkeiten des U.S. Supreme Court, dem sog. "discretionary review".[1364] Das besondere Kennzeichen dieser erstmalig mit dem Evarts Act von 1891[1365] eingeführten Form gerichtlicher Überprüfung besteht darin, dass dem Antragsteller regelmäßig kein subjektives Recht auf eine höchstrichterliche Entscheidung zusteht, sondern die Annahme allein auf dem Ermessen des Gerichtshofs beruht. Das amerikanische Verfahren einer "Petition for Certiorari" wurde durch den Judiciary Act von 1925, den sog. Judges' Bill, nochmals deutlich erweitert, so dass der U.S. Supreme Court nicht nur seinen erheblichen Rückstand aufholen konnte, sondern auch für mehrere Jahrzehnte über eine prozessuale Möglichkeit verfügte, seine alljährlich anfallende Arbeitslast zu bewältigen.[1366] Im Judicial Code des Jahres 1948 war der Writ of Certiorari vor allem in 28 U.S.C § 1254 (1) und § 1257 (3) normiert.[1367] Die Vorschriften lauteten wie folgt.

[1363] Eine Erteilung wird als "certiorari granted" eine Ablehnung mit "certiorari denied" bezeichnet.

[1364] Der Writ of Certiorari ist ein traditioneller Common Law-Writ, der ursprünglich von einem obereren Gericht an ein unteres Gericht ausgegeben wurde, damit letzteres einen Aktenbericht über ein stattgefundenes Verfahren zusammenstellt. *Certiorari* heißt lateinisch soviel wie *„über etwas unterrichtet werden"*, vgl. *Black's Law Dictionary*, 228. *Vitzthum*, Annahme nach Ermessen bei Verfassungsbeschwerden?, JöR 53 (2004), 319, 321, wonach *„certiorari volumus"* soviel wie *„wir wollen in Kenntnis gesetzt werden"* heißt.

Vgl. zu den rechtshistorischen Hintergründen *Vollkommer*, Die Rechtsmittel zum U.S. Supreme Court, JZ 1964, 152 f.; *Roscoe Pound*, Appellate Procedure in Civil Cases, Boston 1941, 60 ff.

[1365] Act of March 3, 1891, 26 Stat. 826; vgl. hierzu auch die Ausführungen des U.S. Supreme Court in *Forsythe v. Hammond*, 166 U.S. 506, 41 (1897); *Wright/Miller/Cooper/Amar*, Federal Practice and Procedure, Bd. 16 B, § 4002, 10 f. u. Bd. 17, § 4035, 5; *Fallon/Meltzer/Shapiro*, The Federal Courts and the Federal System, 37 f.; *BMJ* (Hrsg.), Entlastung des Bundesverfassungsgerichts, 37.

[1366] Vgl. eingehend *Frankfurter/Landis*, The Business of the Supreme Court, 255 ff.; *Wieland*, Zugang des Bürgers, Der Staat, Bd. 29 (1990), 333, 344; mit Bezug hierauf auch *BMJ* (Hrsg.), Entlastung des Bundesverfassungsgerichts, 37.

[1367] Außerdem war auch bei Entscheidungen des Court of Claims (28 U.S.C. § 1255) und des Court of Customs and Patent Appeals (28 U.S.C. § 1256) die

> "§ 1254 (1): Cases in the courts of appeal may be reviewed by the Supreme Court by the following methods:
>
> (1) By writ of certiorari granted upon the petition of any party to any civil or criminal case, before or after rendition of judgment or decree;"[1368]

bzw.

> "§ 1257 (3): Final judgments or decrees rendered by the highest court of a State in which a decision could be had, may be reviewed by the Supreme Court as follows: ...
>
> (3) By writ of certiorari, where the validity of a treaty or statute of the United States is drawn into question or where the validity of a State statute is drawn in question on the ground of its being repugnant to the Constitution, treaties or laws of the United States, or where any title, right, privilege or immunity is specially set up or claimed under the Constitution, treaties or statutes of, or commission held or authority exercised under, the United States."[1369]

Damit war die "Petition" auf Erteilung eines Writ of Certiorari im Jahre 1948 vor allem gegen Entscheidungen der mittleren Rechtsmittelgerichte, der U.S. Courts of Appeals (§ 1254), sowie unter genau bestimmten Voraussetzungen gegen Entscheidungen der höchsten einzel-

---

Möglichkeit eines Certiorari-Reviews vorgesehen, siehe hierzu Public Laws, June 25, 1948, 62 Stat. 928.

[1368] Vgl. Public Laws, June 25, 1948, 62 Stat. 928 (Übersetzung: „*§ 1254 (1): Fälle vor den Berufungsgerichten können vom Supreme Court nach folgenden Verfahren überprüft werden: (1) Nach Erteilung eines Writ of Certiorari auf den Antrag irgendeiner Partei in einer zivil- oder strafrechtlichen Streitigkeit, bevor oder nachdem eine Urteil oder ein Beschluss gefasst wurde.*“).

[1369] Vgl. Public Laws, June 25, 1948, 62 Stat. 929 (Übersetzung: „*§ 1257 (3): Letztinstanzliche Urteile oder Beschlüsse von höchsten einzelstaatlichen Gerichten zu Fällen, in denen eine Entscheidung möglich war, können vom Supreme Court wie folgt überprüft werden: ... (3) Nach Erteilung eines Writ of Certiorari, wenn die Gültigkeit eines völkerrechtlichen Vertrages oder eines Bundesgesetzes in Frage gezogen wird oder wenn die Gültigkeit eines einzelstaatlichen Gesetzes unter dem Gesichtspunkt in Zweifel gezogen wird, das es der U.S Bundesverfassung, einem völkerrechtlichen Vertrag oder den Gesetzen der Vereinigten Staaten zuwiderläuft, oder wenn ein Anspruch, Recht oder Vorrecht im Besonderen besteht oder beansprucht wird unter der Geltung der U.S. Bundesverfassung, völkerrechtlicher Verträge oder Bundesgesetze, ein Auftrag besteht oder Bundeskompetenzen ausgeübt werden.*“).

staatlichen Gerichte möglich, wenn ein Bezug zum Bundesrecht bestand (§ 1257).

Da der Writ of Certiorari als ermessensabhängiger Rechtsbehelf vor allem wegen der Überlastung des Gerichtshofs mit subjektiv-rechtlichen Appeal-Verfahren eingeführt wurde,[1370] ging es bei ihm nicht um die Interessen der Prozessparteien, sondern vor allem darum, grundsätzliche Rechtsfragen des Verfassungslebens zu entscheiden und dem U.S. Supreme Court ein prozessuales Mittel an die Hand zu geben, um die ausufernde Anzahl von Verfahren regulieren zu können.[1371] Mit der ermessensabhängigen Zuständigkeit war aber außerdem auch eine Stärkung des U.S. Supreme Court verbunden, da dieser nunmehr selbst entscheiden konnte, welche Rechtsfragen er behandeln wollte und wie er seine begrenzten judikativen Resourcen einsetzt.[1372]

2. *Zusätzliche Rechtsgrundlage des Writ of Certiorari*

Neben der bereits genannten gesetzlichen Grundlage des Writ of Certiorari, sieht das amerikanische Bundesrecht mit dem sog. “All Writs Act” (28 U.S.C. § 1651) eine Regelung vor, die für die früher im englischen Common Law bestehenden allgemeinen und speziellen Writs auch später noch Anwendungsmöglichkeiten eröffnen sollte. Obwohl der Writ of Certiorari im Jahre 1948 in den bereits genannten Vorschriften der §§ 1254 ff. geregelt war, hatte der U.S. Supreme Court im Fall *House v. Mayo* (1945)[1373] entschieden, dass beim Fehlen einer Certiorari-Zuständigkeit nach 28 U.S.C. § 1254(1), der komplementäre “All Writs Act” die Möglichkeit zur Erhebung eines Writ of Certiorari auf

---

[1370] Vgl. *Currie*, Federal Courts, 603; *Fallon/Meltzer/Shapiro*, The Federal Courts and the Federal System, 37.

[1371] Vgl. *Wieland*, Zugang des Bürgers, Der Staat, Bd. 29 (1990), 333, 345; *Frankfurter/Landis*, The Business of the Supreme Court, 452 ff.; *Graßhof*, in: Maunz/Schmidt-Bleibtreu, BVerfGG, § 93 a, Rdnr. 17; *Gehle*, in: Umbach/Clemens/Dollinger, BVerfGG, Vor §§ 93 a ff., Rdnr. 26 ff.

[1372] *Forsyth v. Hammond*, 166 U.S. 506, 513 ff. (1897) (Brewer, J.); *Bernard*, Certified Questions in the Supreme Court, Dick.L.Rev., Bd. 83 (1978) 31, 32 (Fn.12); *Wright/Miller/Cooper/Amar*, Federal Practice and Procedure, Bd. 17, § 4035, 6; Bickel sah in der Ablehnung eines Writ of Certiorari eine Methode der richterlichen Selbstbescheidung, die seiner Vorstellung von den „passiven Tugenden“ des Gerichts (passive virtues) sehr entgegen kam, *Bickel*, The Least Dangerous Branch, 141-143.

[1373] 324 U.S. 42 (1945).

Common Law-Basis einräumt.[1374] Außerdem führte der Gerichtshof aus, dass eine Bescheinigung über die voraussichtliche Begründetheit eines Rechtsmittels nach 28 U.S.C. § 2253 (certificate of probable cause to appeal) die prozessualen Aussichten des Antragstellers zwar fördere, keineswegs jedoch eine notwendige Voraussetzung für die Gewährung eines Certiorari darstelle.[1375] Somit traten auch zu dieser Zeit noch Fälle auf, bei denen der alte Common Law-Hintergrund des Writ of Certiorari von Bedeutung war.

3. *Überprüfung von U.S. District Court-Entscheidungen*

Weiterhin stellt sich die Frage, ob auch die erstinstanzlichen Entscheidungen von U.S. District Courts – unter Umgehung der an sich zuständigen U.S. Courts of Appeals – im Wege einer "Petition" auf Erteilung eines Writ of Certiorari unmittelbar vor den U.S. Supreme Court gelangen konnten. Obwohl die Vorschrift des 28 U.S.C. § 1254 sich direkt nur auf Fälle der U.S. Courts of Appeals zu beziehen scheint, geht bei genauer Betrachtung aus dem Wortlaut hervor, dass eine Überprüfung sowohl vor als auch nach Urteilsverkündung der Zwischeninstanzen erfolgen kann (*before and after* rendition of a judgment).[1376] Dementsprechend ist die ‚Petition' auf Erteilung eines Writ of Certiorari gegen erstinstanzliche Urteile von U.S. District Courts zwar allgemein selten, aber verfahrensrechtlich zulässig.[1377] Der U.S. Supreme Court macht insbesondere dann Ausnahmen für District Court-Entscheidungen, wenn es sich um Fälle von überragender öffentlicher Bedeutung handelt

---

[1374] *House v. Mayo*, 324 U.S. 42, 44 (1945); später auch *Adkins v. E.I du Pont De Menours & Co*, 335 U.S. 331, 336 (1948); *Steffler v. United States*, 319 U.S. 38 (1943); *Holiday v. Johnston*, 313 U.S. 342, 348 (1941); *Wright/Miller/Cooper/Amar*, Federal Practice and Procedure, Bd. 17, § 4036, 14 f. Vgl. auch die dissenting opinion von Justice Rehnquist in *Davis v. Jacobs*, 454 U.S. 911, 917 (1981).

[1375] *Davis v. Jacobs*, 454 U.S. 911, 924 (1981).

[1376] Vgl. Public Laws, June 25, 1948, 62 Stat. 928; vgl. *Wright/Miller/Cooper/Amar*, Federal Practice and Procedure, Bd. 17, § 4036, 20 f.

[1377] Vgl. *Wright/Miller/Cooper/Amar*, Federal Practice and Procedure, Bd. 17, § 4036, 20. Zur Herleitung des U.S. Surpeme Court vor der 1925 eingefügten gesetzlichen Regelung *American Const. Co. v. Jacksonville, Tampa & Key West Ry.*, 148 U.S. 372, 384 f. (1893).

(imperative public importance)[1378] und bei denen daher ein besonderes Bedürfnis für eine rasche Streitbeilegung besteht.[1379]

4. Gerichtsinterner Ablauf und die "Rule of Four"

Eine "Petition" auf Erteilung eines Writ of Certiorari muss vom Antragsteller (petitioner) in neunfacher Ausfertigung bei Gericht eingereicht werden, so dass jeder Richter des U.S. Supreme Court ein Exemplar davon erhält. Ursprünglich beschäftigte sich jeder der neun Richter selbst mit den eingetroffenen "Petitions" und verfasste Memoranden oder auch nur kurze Notizen darüber, wie in den einzelnen Fällen verfahren werden sollte. Bei der wöchentlichen Beratungssitzung (conference) konnte jeder Richter seine Auffassung zu einem bestimmten Fall äußern und anschließend wurde über die Erteilung (Certiorari granted) oder die Ablehung eines Writ of Certiorari (Certiorari denied) abgestimmt.[1380]

Die seit den Anfängen des Certiorari-Überprüfung nochmals deutlich gestiegenen Verfahrenszahlen führten jedoch dazu, dass der ursprüngliche gerichtsinterne Ablauf noch stärker gestrafft und Aufgaben zum Teil auf die Mitarbeiter der Supreme Court-Richter (sog. law clerks) delegiert wurden. Die nachhaltigste Änderung ist im Hinblick auf die Durchsicht der bis zu 100 wöchentlichen Certiorari-Fälle, dem sog. Screening, erfolgt, das schon seit einigen Jahrzehnten überwiegend von

---

[1378] *United States v. United Mine Workers*, 330 U.S. 258 (1947), *Youngstown Sheet & Tube Co. v. Sawyer*, 343 U.S. 579 (The Steel Seizure Case), *United States v. Nixon*, 418 U.S. 683 (1974), *Dames & Moore v. Regan*, 453 U.S. 654 (1981); vgl. heute auch Supreme Court-Regel 18.

[1379] Vgl. *Fallon/Meltzer/Shapiro*, The Federal Courts and the Federal System, 1680; *Wright/Miller/Cooper/Amar*, Federal Practice and Procedure, Bd. 17, § 4036, 20; vgl. auch 28 U.S.C. § 2101(e) u. 28 U.S.C. Appendix – Rules of the Supreme Court, Rule 11. (Certiorari to a United States Court of Appeals before Judgment).

[1380] Vgl. eingehende Schilderung des gerichtsinternen Verfahrens nach Einlegung einer Petition auf Erteilung eines Writ of Certiorari *Stern/Gressman/Shapiro/Geller*, Supreme Court Practice, § 5, 222 ff.; *Wieland*, Zugang des Bürgers, Der Staat, Bd. 29 (1990), 333, 346 f.; *Umbach*, in: Umbach/Clemens, BVerfGG, 1. Aufl., Vor §§ 93 a ff., Rdnr. 24 ff.; *Benda*, in: Klein/Benda, Verfassungsprozessrecht, Rdnr. 386 ff.; *Graßhof*, in: Maunz/Schmidt-Bleibtreu, BVerfGG, § 93 a, Rdnr. 17.

den Mitarbeitern der Richter durchgeführt wird.[1381] Zur weiteren Erleichterung haben verschiedene Richter ihre Mitarbeiter zu einem sog. Cert Pool zusammengeschlossen, so dass eine "Petition" auf Erteilung eines Writ of Certiorari für alle am Pool beteiligten Richter nur einmal von einem Mitarbeiter durchgesehen und begutachtet wird.[1382] Wie viele Richter sich am Pool beteiligten, hängt von der Atmosphäre und den politischen Lagern innerhalb des Gerichtshofs sowie den unterschiedlichen Charakteren und Arbeitsweisen der einzelnen Richter ab. Heute werden Certiorari-Fälle von den Richtern nur erörtert, wenn sie auf die sog. "discuss list" für die Beratungssitzung genommen wurden, was erfahrungsgemäß nur bei etwa 30 Prozent der Fälle gegeben ist.[1383] Die übrigen 70 Prozent werden abgelehnt ohne bei der Richterberatung überhaupt erwähnt worden zu sein.[1384]

Die zentrale formelle Voraussetzung für die Erteilung eines Writ of Certiorari ist das Votum von mindestens vier Richtern des U.S. Supreme Court zugunsten einer "Petition".[1385] Der dogmatische Hintergrund für diese nicht im positiven Recht niedergelegte sog. "Rule of Four" ist zwar nicht endgültig geklärt,[1386] dennoch ist sie seit etwa 1917/18 als

---

[1381] Vgl. hierzu *William Brennan*, The National Courts of Appeals: Another Dissent, U.Chi.L.Rev. Bd. 40 (1973) 473, 477; *Byron R. White*, The Work of the Supreme Court: A Nuts and Bolts Description, New York State Bar Journal, Bd. 54 (1982), 346, 349; *Wieland*, Zugang des Bürgers, Der Staat, Bd. 29 (1990), 333, 347; *Gehle*, in: Umbach/Clemens/Dollinger, BVerfGG, Vor §§ 93 a ff., Rdnr. 26; siehe auch *BMJ* (Hrsg.), Entlastung des Bundesverfassungsgerichts, 39.

[1382] Vgl. *Stevens*, The Life Span of a Judge-Made Rule, N.Y.U.L.Rev., Bd. 58 (1983) 1, 13 f.; *Rehnquist*, The Supreme Court, 263 f.; *Gehle*, in: Umbach/Clemens/Dollinger, BVerfGG, Vor §§ 93 a ff., Rdnr. 26 ff.; *Wieland*, Zugang des Bürgers, Der Staat, Bd. 29 (1990), 333, 347; *Stern/Gressman/Shapiro/Geller*, Supreme Court Practice, § 5.2, 227.

[1383] Vgl. *Vitzthum*, Annahme nach Ermessen bei Verfassungsbeschwerden?, JöR 53 (2004), 319, 321; *Graßhof*, in: Maunz/Schmidt-Bleibtreu, BVerfGG, § 93 a, Rdnr. 17; *Wieland*, Zugang des Bürgers, Der Staat, Bd. 29 (1990), 333, 346.

[1384] Vgl. *Stern/Gressman/Shapiro/Geller*, Supreme Court Practice, § 5.2, 227; *Gehle*, in: Umbach/Clemens/Dollinger, BVerfGG, Vor §§ 93 a ff., Rdnr. 31; *BMJ* (Hrsg.), Entlastung des Bundesverfassungsgerichts, 39 f.

[1385] Vgl. *Stevens*, The Life Span of a Judge-Made Rule, N.Y.U.L.Rev., Bd. 58 (1983) 1, 10; *Vollkommer*, Die Rechtsmittel zum U.S. Supreme Court, JZ 1964, 152, 157.

[1386] Vgl. *Leiman*, The Rule of Four, Colum.L.Rev., Bd. 57 (1957) 975, 981 f.

Zulassungsvoraussetzung allgemein anerkannt.[1387] Allerdings gilt auch die "Rule of Four" im amerikanischen Prozessrecht nicht ausnahmslos. Wenn nämlich ein Writ of Certiorari mit der Mehrheit von fünf zu vier Richterstimmen abgelehnt wurde, genügen vier Stimmen zugunsten einer "Petition" grundsätzlich nicht. Dieses Resultat ist aber letztlich nicht so gravierend, da die "Petition" bei fünf Gegenstimmen ohnehin kaum Erfolgsaussichten im Hauptsacheverfahren gehabt hätte.[1388] Außerdem besteht, auch nachdem ein Writ of Certiorari bereits erteilt worden ist, die Möglichkeit, das Verfahren – bevor es überhaupt zu einer Befassung in der Sache gekommen ist – nachträglich noch abzuweisen, weil es auf unzureichender Grundlage gewährt wurde (improvidently granted).[1389] Obwohl es im Schrifttum Stimmen gibt, die dieses Vorgehen des Gerichtshofs für unzulässig halten, akzeptiert die vorherrschende Auffassung diese prozessuale Gestaltungsmöglichkeit des U.S. Supreme Court.[1390] Allerdings sollen dabei mit Rücksicht auf die "Rule of Four" nicht diejenigen fünf Mitglieder des U.S. Supreme Court für die nachträgliche Ablehnung der "Petition" stimmen, die zuvor schon nicht für die Erteilung des Writ of Certiorari gestimmt hatten.[1391]

[1387] Vgl. *Stevens*, The Life Span of a Judge-Made Rule, N.Y.U.L.Rev., Bd. 58 (1983) 1, 10. Bereits bei der Verabschiedung des Judiciary Act von 1925 hatte der Kongress die "Rule of Four" als Zulassungsverfahren für das Certiorari-Verfahren im Auge, vgl. H.R. Rep. 8206, Before the House Committee on the Judiciary, 68th Cong. 2d Sess. 8 (1924); H.R.Rep. No. 1075, 68th Cong., 2d Sess. 3 (1925); siehe auch *Leiman*, The Rule of Four, Colum.L.Rev., Bd. 57 (1957) 975, 985; *Stern/Gressman/Shapiro/Geller*, Supreme Court Practice, § 5.1, 223 f. u. § 5.4, 230.

[1388] *Gay v. United States*, 411 U.S. 974 (1973); *Ortwein v. Schwab*, 410 U.S. 656, 661 u. 664 (1973); *Trinkler v. Alabama*, 418 U.S. 917, 918 n. (1974); *Stern/Gressman/ Shapiro/Geller*, Supreme Court Practice, § 5.4, 231 f.

[1389] Vgl. *Fallon/Meltzer/Shapiro*, The Federal Courts and the Federal System, 1704; *Stern/Gressman/Shapiro/Geller*, Supreme Court Practice, § 5.15, 258 ff.

[1390] *New York v. Uplinger*, 467 U.S. 246, 250 f. (Stevens, dissenting) (1984); vgl. *Leiman*, The Rule of Four, Colum.L.Rev., Bd. 57 (1957) 975, 985.

[1391] Vgl. *Leiman*, The Rule of Four, Colum.L.Rev., Bd. 57 (1957) 975, 988 ff.; *Stern/Gressman/Shapiro/Geller*, Supreme Court Practice, § 5.4, 231.

5. *Grundsätze der Certiorari-Erteilung*

Zu den Grundsätzen der Certiorari-Erteilung lässt sich allgemein sagen, dass der U.S. Supreme Court – vorausgesetzt die formalen Voraussetzungen sind erfüllt – einen Writ of Certiorari regelmäßig erteilt, wenn er eine vorgelegte rechtliche Frage für besonders wichtig und klärungsbedürftig hält. Außerdem kommt es auch darauf an, welche rechtliche Bedeutung und Tragweite der U.S. Supreme Court einer späteren Entscheidung für die bundesstaatliche Rechts- und Verfassungsentwicklung beimisst.[1392] Wie ein Rechtstreit in der Sache letztlich ausgeht, ist durch die Erteilung eines Writ of Certiorari jedoch nicht entschieden, da auch die in der mündlichen Verhandlung vorzutragenden Argumente noch berücksichtigt werden.

In den Verfahrensregeln des U.S. Supreme Court, den sog. Rules of the Supreme Court, sind den künftigen Antragstellern darüber hinaus Richtlinien an die Hand gegeben, um die Erfolgsaussichten einer "Petition" einschätzen zu können.[1393] Allerdings handelt es sich bei den "Rules" nur um vom U.S. Supreme Court selbst gesetzte binnenrechtliche Verfahrensregeln, die nach außen nicht verbindlich sind. Nach der heutigen Supreme Court-Regel Nr. 10.1 erteilt der U.S. Supreme Court einen Writ of Certiorari nur dann, wenn ein „besonderer und wichtiger Grund" hierfür vorliegt (special and important reason thereof).[1394] Im Weiteren werden in den Supreme Court-Regeln Nr. 10(a) bis (c) eine Reihe von Fällen aufgezählt, in denen der U.S. Supreme Court diese Voraussetzung üblicherweise für erfüllt ansieht. Zur Annahme eines Writ of Certiorari kommt es danach normalerweise, wenn ein Fall des sogenannten "circuit split" vorliegt, d.h. wenn zwei oder mehrere U.S. Courts of Appeals unterschiedliche Entscheidungen zu identischen Rechtsfragen getroffen haben. Außerdem erteilt der Supreme Court einen Writ of Certiorari regelmäßig, wenn ein U.S. Court of Appeals und

---

[1392] Vgl. *Vitzthum*, Annahme nach Ermessen bei Verfassungsbeschwerden?, JöR 53 (2004), 319, 322 („*objektive Wichtigkeit*").

[1393] Vgl. *Stern/Gressman/Shapiro/Geller*, Supreme Court Practice, § 4 bis § 7, 162 ff.; *Barrett Prettyman*, Petitioning the United States Supreme Court, Va.L.Rev., Bd. 51 (1965), 582 ff.; *ders.*, Opposing Certiorari in the United States Supreme Court, Va.L.Rev., Bd. 61 (1975), S. 197 ff.; *Eugene Gressman*, Much Ado about Certiorari, Geo.L.J., Bd. 52 (1962), 742 ff.

[1394] Vgl. *Wieland*, Zugang des Bürgers, Der Staat, Bd. 29 (1990), 333, 344; *Gehle*, in: Umbach/Clemens/Dollinger, BVerfGG, Vor §§ 93 a ff., Rdnr. 28; siehe auch 28 U.S.C. Appendix – Rules of the Supreme Court, Rule 10. (Considerations Governing Review on Writ of Certiorari).

das letztinstanzliche Gericht eines Einzelstaates in einer Frage voneinander abweichen, die Bundesrecht betrifft.[1395] Aber selbst wenn eine Rechtsprechungsabweichung in den genannten Konstellationen vorliegt, bedeutet das nicht, dass der U.S. Supreme Court den Writ of Certiorari automatisch erteilt.[1396] Letztlich beinhalten die Supreme Court-Rules auch aufgrund ihres Binnenrechtscharakters nur unverbindliche Richtlinien, die einen gewissen Anhalt geben, ob mit der Erteilung eines Writ of Certiorari zu rechnen ist oder nicht. Inwieweit sich die Richter des U.S. Supreme Court bei der Ausübung ihres Annahmeermessens hiervon leiten lassen, bleibt für die Prozessbeteiligten jedoch unsicher und kaum vorhersehbar.[1397]

Bei der Ablehnung einer "Petition for Certiorari" wird grundsätzlich keine Begründung mitgeteilt, sondern die Tatsache der Nichtannahme lediglich durch das Kürzel "Cert. denied" kenntlich gemacht.[1398] Nur in wenigen Fällen hat der U.S. Supreme Court sporadisch die Ablehnungsgründe mitgeteilt.[1399] Dabei steht es den einzelnen Richtern grundsätzlich frei, sich zur Ablehnung zu äußern; dies geschieht vor allem, wenn sie selbst für eine Erteilung des Writ of Certiorari eingetreten sind.[1400]

Wichtig ist schließlich, dass mit der Ablehnung einer "Petition for Certiorari" keinerlei Aussage über die Recht- oder Verfassungsmäßigkeit einer vorinstanzlichen Entscheidung getroffen wird. Der U.S. Supreme Court hat wiederholt festgestellt, dass aus der Ablehnung weder eine

---

[1395] 28 U.S.C. Appendix – Rules of the Supreme Court, Rule 10.1(a) to (c) (Considerations Governing Review on Writ of Certiorari).

[1396] Vgl. *Robert L. Stern*, Denial of Certiorari Despite a Conflict, Harv.L.Rev., Bd. 66 (1953) 465, 472; hierzu auch *BMJ* (Hrsg.), Entlastung des Bundesverfassungsgerichts, 38.

[1397] Vgl. *Wright/Miller/Cooper/Amar*, Federal Practice and Procedure, Bd. 17, § 4035, 7 f.

[1398] Vgl. *Stern/Gressman/Shapiro/Geller*, Supreme Court Practice, § 5.5, 234 ff.; *Umbach*, in: Umbach/Clemens, BVerfGG, 1. Aufl., Vor §§ 93 a ff., Rdnr. 30.

[1399] Vgl. *Stern/Gressman/Shapiro/Geller*, Supreme Court Practice, § 5.5, 235.

[1400] Z.B. Justice Stevens in *Singleton v. Commissioner*, 439 U.S. 940, 942 (1978) und in *Vasquez v. United States*, 454 U.S. 975, (1981) oder Justice Frankfurter in *Maryland v. Baltimore Radio Show*, 338 U.S. 912, 917 f. (1950), in *Darr v. Burford*, 339 U.S. 200, 219 (1950) und in *Sheppard v. Ohio*, 352 U.S. 910, 911 (1956); eingehend *Stern/Gressman/Shapiro/Geller*, Supreme Court Practice, § 5.6, 236 ff.

Aussage über seine Zuständigkeit für das Hauptsacheverfahren noch über die materiell-rechtliche Beurteilung eines Falles abgeleitet werden darf.[1401] Die Entscheidung über die Erteilung eines Writ of Certiorari stellt sich somit als reine Ermessensfrage dar, mit der keine weiteren prozessualen oder inhaltlichen Feststellungen verbunden sind.

6. *Weitere Voraussetzungen*

Obwohl in 28 U.S.C. 2101(c) Verjährungsvorschriften für den Writ of Certiorari und das Appeal-Verfahren normiert sind,[1402] besteht beim Vorliegen eines wichtigen Grundes (good cause) die Möglichkeit, auch nach Ablauf der vorgesehenen Frist ein Verfahren vor dem U.S. Supreme Court einzuleiten.[1403] Ähnliche Freiheiten bestehen für den Gerichtshof, wenn ein Writ of Certiorari ursprünglich nur mit inhaltlichen Beschränkungen erteilt worden ist. Ungeachtet einer bei der Annahme formulierten Beschränkung kann der U.S. Supreme Court seine Untersuchungsgrundlage auch nachträglich auf eine breitere Basis stellen, wenn ihm dies bei näherer Befassung ratsam erscheint.[1404] Um schließlich zu gewährleisten, dass auch die gegnerische Prozesspartei eines Writ of Certiorari, der sog. Respondent, seine Rechte im Verfahren wahrnehmen kann, räumt der U.S. Supreme Court regelmäßig die Möglichkeit einer "Cross-Petition" oder eines Cross-Appeal ein.[1405] Insge-

---

[1401] *United States v. Carver*, 260 U.S. 482, 490 (1923) (*"the denial of a writ of certiorari imports no expression upon the merits of the case, as the bar has been told many times."*); *Atlantic Coast Line R. Co. v. Powe*, 283 U.S. 401, 403 (1931); *Sunal v. Large*, 332 U.S. 174, 181 (1947); *Wade v. Mayo*, 334 U.S. 672, 680 (1948); *Darr v. Burford*, 339 U.S. 200, 226 f. (1950); *Brown v. Allen*, 344, U.S. 443, 451 f. (1953). Hierzu auch *Vitzthum*, Annahme nach Ermessen bei Verfassungsbeschwerden?, JöR 53 (2004), 319, 323 f.

[1402] Nach 28 U.S.C. 2101(c) mussten die Anträge auf Certiorari und Appeal in privatrechtlichen Fällen innerhalb von 90 Tagen nachdem die "petition for rehearing" abgelehnt wurde, eingereicht werden; vgl. auch 28 U.S.C. Appendix – Rules of the Supreme Court, Rule 13 (Review on Certiorari; Time for Petitioning); *Fallon/ Meltzer/Shapiro*, The Federal Courts and the Federal System, 494 u. 1684.

[1403] *Schacht v. United States*, 398 U.S. 58 (1970); 28 U.S.C. Appendix – Rules of the Supreme Court, Rule 13.2

[1404] *Olmstead v. United States*, 277 U.S. 438, 466, 468 (1928).

[1405] Vgl. *Fallon/Meltzer/Shapiro*, The Federal Courts and the Federal System, 1684.

samt wird auch durch diese prozessuale Vorkehrung der Charakter der "Petition for Certiorari" als ermessensgeleitetes Annahmeverfahren betont, bei dem letztlich Zweckmäßigkeitserwägungen des Gerichtshofs von größerer Bedeutung sind, als die im formellen Recht niedergelegten Verfahrensgrundsätze.

II. Annahmeverfahren im deutschen Verfassungsprozessrecht

Auch ein wesentlicher Teil der im deutschen Verfassungsprozessrecht seit 1951 vorgenommenen Änderungen hatte seine Ursache in der fortwährend ansteigenden Arbeitsbelastung des Bundesverfassungsgerichts. Da die Verfassungsbeschwerde mit weit über 90 Prozent der anfallenden Verfahren maßgeblichen Anteil an der zwischenzeitlich eingetretenen Überlastung hatte, war der Bundesgesetzgeber in erster Linie bemüht, prozessuale Möglichkeiten zu finden, um eine Entlastung des Bundesverfassungsgerichts in diesem Bereich herbeizuführen. Trotz verschiedener, zum Teil durchgreifender gesetzgeberischer Maßnahmen, hat die Beanspruchung des Verfassungsgerichts auch in den vergangenen Jahrzehnten nicht abgenommen. Während die Verfahrenszahlen einige Jahre bei etwa 4.700 pro Jahr stagnierten, erreichten sie zuletzt im Jahr 2004 mit 5.589 den zweithöchsten Stand seit Gründung des Gerichts.[1406] Daher dauert die Diskussion über die „Entlastung des Bundesverfassungsgerichts" – abhängig von den jeweiligen Verfahrenszahlen in unterschiedlicher Intensität – bis in die Gegenwart an.[1407]

[1406] Der statistische Überblick in: FS. 50 Jahre BVerfG, Bd. 2, Anhang II.2 (Verfahrenseingänge) u. II.3 (aufgeschlüsselt Eingänge), 932 ff. und www.Bundesverfassungsgericht.de weisen folgende Eingangszahlen für die letzten zehn Jahre aus (in Klammern: Anzahl der Verfassungsbeschwerden): 1992 – 4.431 (4.214), 1993 – 5.440 (5.246), 1994 – 5.324 (5.194), 1995 – 5.911 (5.766), 1996 – 5.246 (5.117), 1997 – 5.078 (4.962), 1998 – 4.783 (4.676), 1999 – 4.885 (4.729), 2000 – 4.831 (4.705), 2001 – 4.620 (4.483), 2002 – 4.692 (4.523), 2003 – 5.200 (5.055) und 2004 – 5.589 (5.434).

[1407] Vgl. hierzu zuletzt die vom Bundesjustizministerium eingesetzte Kommission, deren Ergebnisse in: *Bundesminister der Justiz* (Hrsg.), Entlastung des Bundesverfassungsgerichts – Bericht der Kommission, Bonn 1998 zusammengefasst sind; hierzu auch ZRP 1998, 247; *Voßkuhle*, in: v. Mangoldt/Klein/Starck, GG, Bd. 3, Art. 94, Rdnr. 45 ff.; *Wahl*, Die Reformfrage, in: FS. 50 Jahre BVerfG, 461, 475 ff.; *Gusy*, Die Verfassungsbeschwerde, in: FS. 50 Jahre BVerfG, 641, 671; *Uerpmann*, Annahme der Verfassungsbeschwerde zur Entscheidung, in: FS. 50 Jahre BVerfG, 673 ff. u. 676 ff.; *Mahrenholz*, Neue Institu-

1. Verfassungsrechtliche Grundlagen

Bei der Arbeit des Parlamentarischen Rates im Jahre 1948/49 spielt die Frage einer möglichen Überlastung des Bundesverfassungsgerichts noch keine bedeutende Rolle. Ein wesentlicher Grund hierfür lag darin, dass die hautpsächlich zur Beanspruchung des Gerichts führende Verfassungsbeschwerde im Jahre 1949 noch nicht in das Grundgesetz aufgenommen worden war.[1408] Außerdem existierten zu diesem Zeitpunkt auch noch keine praktischen Erfahrungen über die mit dem Verfassungsbeschwerdeverfahren verbundenen Belastungen.

Als verfassungsrechtliche Grundlage für die später im BVerfGG normierten Beschränkungsmöglichkeiten diente der in Art. 94 Abs. 2 Satz 1 GG vorgesehene allgemeine Regelungsvorbehalt, wonach die „Verfassung und das Verfahren“ des Bundesverfassungsgerichts durch Bundesgesetz geregelt werden sollen.[1409] Erst mit der im Jahre 1969 erfolgten Aufnahme der Verfassungsbeschwerde in den Katalog des Art. 93 Abs. 1 GG hielt es der verfassungsändernde Gesetzgeber für erforderlich, das vorher bereits auf einfachgesetzlicher Basis eingeführte Annahmeverfahren nunmehr auch verfassungsrechtlich abzusichern.[1410] Zusammen mit Art. 93 Abs. 1 Nr. 4 a GG wurde daher die Vorschrift des Art. 94 Abs. 2 Satz 2 GG eingefügt, wodurch die verfassungsrechtliche Basis für ein Annahmeverfahren geschaffen wurde. Seit 1969 lautet Art. 94 Abs. 2 Satz 2 GG unverändert:

---

te, in FS. Zeidler, Bd. 2, 1361; *Faller*, Ringen um Entlastung, in: FS. Benda, 43 ff.; *Wieland*, in: Dreier, GG, Bd. 3, Art. 94, Rdnr. 31; *Kau*, Annahme nach Ermessen bei der Verfassungsbeschwerde, ZRP 1999, 319, 320.

[1408] Vgl. 11. Teil, B.

[1409] Vgl. BGBl. I 1949, 1, 12.

[1410] Vgl. *Uerpmann*, Annahme der Verfassungsbeschwerde zur Entscheidung, in: FS. 50 Jahre BVerfG, 673, 675; *Vitzthum*, Annahme nach Ermessen bei Verfassungsbeschwerden?, JöR 53 (2004), 319, 325; *Voßkuhle*, in: v. Mangoldt/Klein/Starck, GG, Bd. 3, Art. 94, Rdnr. 38 f.; *Wieland*, in: Dreier, GG, Bd. 3, Art. 94, Rdnr. 30; *Benda*, in: Klein/Benda, Verfassungsprozessrecht, Rdnr. 366; *Umbach*, in: Umbach/Clemens, BVerfGG, 1. Aufl., Vor §§ 93 a ff., Rdnr. 44; *Clemens/Umbach*, in: Umbach/Clemens, BVerfGG, 1. Aufl., § 93 a, Rdnr. 2 u. 17; jetzt zurückhaltender *Gehle*, in: Umbach/Clemens/Dollinger, BVerfGG, Vor §§ 93 a, Rdnr. 34; *Pestalozza*, VerfassungsprozeßR, § 12, I, Rdnr. 3; *Kau*, Annahme nach Ermessen bei der Verfassungsbeschwerde, ZRP 1999, 319, 320 (Fn. 20).

„... Es [das Bundesgesetz] kann für Verfassungsbeschwerden die vorherige Erschöpfung des Rechtsweges zur Voraussetzung machen und *ein besonderes Annahmeverfahren* vorsehen.“[1411]

Wie sich aus den Vorgängen um die Verfassungsänderungen von 1969 ergab, bestand ein Annahmeverfahren zu diesem Zeitpunkt bereits auf einfachgesetzlicher Basis.

2. *Annahmeverfahren zur Verfassungsbeschwerde*

Das gegenwärtige Annahmeverfahren bei der Verfassungsbeschwerde wurde in seinen wesentlichen Grundzügen mit der 3. Novelle zum BVerfGG im Jahre 1963 geschaffen. Obwohl mit drei späteren Novellen[1412] noch durchgreifende Änderungen des Verfahrens verbunden waren, blieb das damals etablierte System im Grundsatz erhalten. Allerdings hatte es schon vorher verschiedene Versuche des Bundesgesetzgebers und des Bundesverfassungsgerichts selbst gegeben, um der vor allem durch die Verfassungsbeschwerde verursachten Arbeitslast Herr zu werden. Einige von diesen Maßnahmen sind komplementär zu dem im Jahr 1963 begründeten Annahmeverfahren auch gegenwärtig noch in Kraft.

a. A-limine-Abweisung (§ 24 BVerfGG)

Obwohl es an Erfahrungen mit einer modernen Verfassungsgerichtsbarkeit fehlte, war bereits im Gesetz über das Bundesverfassungsgericht (BVerfGG) vom 12. März 1951 eine ausdrückliche verfahrensrechtliche Möglichkeit geregelt, um einer Überlastung des Gerichts vorzubeugen.[1413] Die nicht auf Verfassungsbeschwerden beschränkte, sondern auf

---

[1411] Vgl. 19. Gesetz zur Änderung des Grundgesetzes v. 29.1.1969, BGBl. I 1969, 97 (Hervorhebung v. Verf).

[1412] Vgl. Vierte Novelle (1970), fünfte Novelle (1985) und sechste Novelle (1993).

[1413] Vgl. *Geiger*, BVerfGG-Kommentar, § 24, Anm. 1 („*Die Zuständigkeiten des BVG sind so umfangreich, daß die Gefahr der Überlastung des Gerichts von Anfang an besteht.*“); *Klein*, in: Benda/Klein, Verfassungsprozessrecht, Rdnr. 319; *Dollinger*, in: Umbach/Clemens/Dollinger, BVerfGG, § 24, Rdnr. 10; *Lechner/Zuck*, BVerfGG, § 24, Rdnr. 1; *Benda*, Aktuelle Probleme, NJW 1980, 2097, 2098.

alle Verfahrensarten anwendbare[1414] sog. A-limine-Abweisung nach § 24 BVerfGG sah in ihrer ursprünglichen Fassung vor, dass „formwidrige, unzulässige, verspätete oder offensichtlich unbegründete Anträge ... durch einstimmigen Beschluss des Gerichts verworfen werden“ können.[1415]

Ob das Gericht von der Möglichkeit des § 24 BVerfGG Gebrauch macht, war ihm von Anfang an ins Ermessen gestellt.[1416] Außerdem sah die Regelung des § 24 BVerfGG zunächst vor, dass eine A-limine-Abweisung „keiner weiteren Begründung“ bedarf, wenn sie auf einem einstimmigen Beschluss des Gerichts beruhte.[1417] Allerdings stand es dem Gericht von Anfang an frei, eine Begründung abzugeben, wenn es dies für erforderlich hielt.[1418] Mit der 1. Novelle zum BVerfGG von 1956 wurde der Verzicht auf eine Begründung in § 24 BVerfGG von der Voraussetzung abhängig gemacht, dass der „Antragsteller vorher auf Bedenken gegen die Zulässigkeit oder Begründetheit seines Antrags hingewiesen worden ist“.[1419] Letztlich verhindert die für eine A-limine-Abweisung zu erfüllende Anforderung der Einstimmigkeit und die später hinzugetretenen Hinweispflicht, dass die Vorschrift des § 24 BVerfGG in der Praxis zum vorgesehenen Entlastungseffekt führen konnte.[1420] Bis 1956 stellte die A-limine-Abweisung jedoch die einzige normative Möglicheit zur vereinfachten Verfahrenserledigung durch das Bundesverfassungsgericht dar, so dass zwischen 1951 und 1957 insge-

---

[1414] BVerfG, Beschl. v. 16.6.1959, BVerfGE 9, 334 (336); BVerfG, Beschl. v. 19.1.1965, BVerfGE 18, 302 (304). Einen Sonderfall stellt das Normenkontrollverfahren dar, bei dem zusammen mit der A-limine-Abweisung auch die Verfassungskonformität der in Frage stehenden Norm ausgesprochen werden muss, *Lechner/Zuck*, BVerfGG, § 24, Rdnr. 19; *Dollinger*, in: Umbach/Clemens/Dollinger, BVerfGG, § 24, Rdnr. 8; *Klein*, in: Maunz/Schmidt-Bleibtreu, BVerfGG, § 24, Rdnr. 21; *Schlaich/Korioth*, Das Bundesverfassungsgericht, Rdnr. 66.

[1415] Vgl. Gesetz v. 12.3.1951, BGBl. I 1951, 243, 246; *Zacher*, Die Selektion der Verfassungsbeschwerden, in: Festgabe BVerfG, Bd. 1, 396, 405; *Rinck*, Vorprüfung der Verfassungsbeschwerde, NJW 1959, 169.

[1416] Vgl. *Klein*, in: Benda/Klein, Verfassungsprozessrecht, Rdnr. 321; *Lechner/Zuck*, BVerfGG, § 24, Rdnr. 1.

[1417] Vgl. *Geiger*, BVerfGG-Kommentar, § 24, Anm. 4.

[1418] Vgl. *Klein*, in: Maunz/Schmidt-Bleibtreu, BVerfGG, § 24, Rdnr. 4; *Benda*, in: Benda/Klein, Verfassungsprozessrecht, Rdnr. 319.

[1419] Vgl. BGBl. I 1956, 662, 663; *Dollinger*, in: Umbach/Clemens/Dollinger, BVerfGG, § 24, Rdnr. 1.

[1420] Vgl. *Klein*, in: Maunz/Schmidt-Bleibtreu, BVerfGG, § 24, Rdnr. 1 f. u. 5.

samt 2.098 Verfassungsbeschwerden auf dem Weg der A-limine-Abweisung nach § 24 BVerfGG verworfen wurden.[1421] Auch heute stellt die A-limine-Abweisung noch eine prozedurale Möglichkeit dar, um offensichtlich unzulässige oder unbegründete Anträge zu verwerfen.[1422] Im Rahmen von Verfassungsbeschwerden wird auf sie wegen der zwischenzeitlich geschaffenen Alternativen jedoch nur noch selten zurückgegriffen.[1423]

b. Hecksche Formel als Annahmegrundsatz

Zum Ausgleich der mit einer A-limine-Abweisung nach § 24 BVerfGG verbundenen Unzulänglichkeiten entwickelte sich in der verfassungsgerichtlichen Praxis seit 1951 ein weiterer, weder im Grundgesetz noch im BVerfGG vorgesehener, nicht-normativer Grundsatz, durch den das Bundesverfassungsgericht die beginnende Verfahrensschwemme steuern und letztlich auch regulieren wollte. Allerdings wird dieses Vorgehen üblicherweise nicht als Annahmeverfahren bezeichnet, da dieser Begriff den normativen Verfahren vorbehalten wurde. Es handelt sich dabei um die bereits an anderer Stelle erwähnte, in der verfassungsgerichtlichen Praxis entwickelte Hecksche Formel,[1424] die dem Gericht eine praktikable Handhabe gab, um seine Zuständigkeit für Verfassungsbeschwerden zu begründen oder abzulehnen.[1425] Unter dem Hinweis darauf, dass die Gestaltung des Verfahrens, die Feststellung und Würdigung des Tatbestandes, die Auslegung der Gesetze und ihre Anwendung auf den Einzelfall allein Sache der dafür allgemein zuständigen Fachgerichte seien, lehnte es das Bundesverfassungsgericht seit Beginn seiner Tätigkeit

---

[1421] Vgl. *Zacher*, Die Selektion der Verfassungsbeschwerden, in: Festgabe BVerfG, Bd. 1, 396, 405. Im Vergleich wurden zwischen 1956 und 1975 nur noch 75 Verfassungsbeschwerden auf diese Weise erledigt.

[1422] Die Tenorierung hat sich mittlerweile geändert. Während früher Anträge auf der Grundlage von § 24 BVerfGG „verworfen" wurden, entscheidet das Bundesverfassungsgericht heute auf Unzulässigkeit, vgl. BVerfG, Beschl. v. 27.1.1988, BVerfGE 78, 1; BVerfG, Beschl. v. 11.7.1989, BVerfGE 80, 354.

[1423] Vgl. *E. Klein*, in: Benda/Klein, Verfassungsprozessrecht, Rdnr. 319; *F. Klein*, in: Maunz/Schmidt-Bleibtreu, BVerfGG, § 24, Rdnr. 2.

[1424] Vgl. eingehend 2. Teil, A, II; *Faller*, Ringen um Entlastung, in: FS. Benda, 43, 50 f.

[1425] BVerfG, Beschl. v. 3.10.1951, BVerfGE 1, 7 (8); BVerfG, Beschl. v. 18.9.1952, BVerfGE 1, 418 (420); aus jüngerer Zeit z.B. BVerfG, Beschl. v. 26.2.2002 (2. Senat, 3. Kammer), NJW 2002, 2308.

ab, einfachrechtliche Entscheidungen nachzuprüfen. Anders beurteilte es nur Fälle, bei denen es die Verletzungen „spezifischen Verfassungsrechts" feststellen konnte. Solche waren regelmäßig gegeben, wenn fachgerichtliche Entscheidungen auf einer grundsätzlich unrichtigen Auffassung von der Reichweite und Wirkkraft eines Grundrechts beruhten oder das Entscheidungsergebnis selbst Grundrechte eines Beteiligten verletzte.[1426] Mit der Formel von der „Verletzung spezifischen Verfassungsrechts" entwickelte das Bundesverfassungsgericht bereits unmittelbar nach Beginn seiner rechtsprechenden Tätigkeit einen flexiblen und von den Beschwerdeführern im Hinblick auf seine Auswirkungen kaum vorhersehbaren Grundsatz zur verfahrensrechtlichen Behandlung von Verfassungsbeschwerden.[1427] Dies galt umso mehr, als jede Verletzung einfachen Rechts zugleich eine Verletzung der allgemeinen Handlungsfreiheit nach Art. 2 Abs. 1 GG darstellt.[1428] Wann eine Verfassungsverletzung so schwerwiegend ist, dass sie als Verletzung „spezifischen" Verfassungsrechts angesehen werden kann, hängt nach der Heckschen Formel vor allem von der ermessensabhängigen Einschätzung des Bundesverfassungsgerichts ab.[1429]

Im Gegensatz zur A-limine-Abweisung nach § 24 BVerfGG hatte die Verwendung der Heckschen Formel den wesentlichen Vorteil, dass sie nicht an die Einstimmigkeit des entscheidenden Senats gebunden war. Damit stellt sich der in der Heckschen Formel entwickelte Argumentationstopos des „spezifischen Verfassungsrechts" im Ergebnis als verfassungsprozessualer Grundsatz dar, der vom Bundesverfassungsgericht

---

[1426] Vgl. BVerfG, Beschl. v. 10.6.1964, BVerfGE 18, 85 (92); BVerfG, Beschl. v. 8.2.1972, BVerfGE 32, 311 (316); BVerfG, Beschl. v. 14.2.1973, BVerfGE 34, 269 (280).

[1427] So auch *Faller*, Ringen um Entlastung, in: FS. Benda, 43, 50 f.; vgl. *Wieland*, in: Dreier, GG, Bd. 3., Art. 93, Rdnr. 35; *Papier*, „Spezifisches Verfassungsrecht" und „einfaches Recht" als Argumentationsformel des Bundesverfassungsgerichts, in: Festgabe BVerfG I, 432, 436 u. 450; *Lechner/Zuck*, BVerfGG, § 90, Rdnr. 63 ff.; eingehend *Ulrich Steinwedel*, „Spezifisches Verfassungsrecht" und „einfaches Recht", Baden-Baden 1976.

[1428] Vgl. *Kunig*, in: von Münch/Kunig, GG, Bd. 1, Art. 2, Rdnr. 5; *Kenntner*, Das BVerfG als subsidiärer Superrevisior?, NJW 2005, 785; kritisch hierzu *Zacher*, Die Selektion der Verfassungsbeschwerden, in: Festgabe BVerfG, Bd. 1, 396, 402.

[1429] A.A. *Vitzthum*, Annahme nach Ermessen bei Verfassungsbeschwerden?, JöR 53 (2004), 319, 341 („*Ein freies Annahmeverfahren ist unserer Rechtstradition grundsätzlich fremd.*").

zur nicht-normativen Einführung einer Annahme nach Ermessen verwendet wird. Auch wenn das Bundesverfassungsgericht dies immer von sich weisen würde, so eröffnet der Topos des „spezifischen Verfassungsrechts“ doch die Möglichkeit, weithin unbeeinträchtigt von verbindlichen und überprüfbaren Maßstäben darüber zu entscheiden, ob eine Verfassungsbeschwerde angenommen wird oder nicht. Hierbei hat die nicht-normative Verankerung der Heckschen Formel den großen Vorzug, dass das Trugbild eines effektiven, „jedermann“ zustehenden Grundrechtsschutzes durch die Verfassungsbeschwerde aufrecht erhalten bleibt, während tatsächlich doch nur der Schutz gewährleistet wird, der praktisch möglich und wünschenswert ist.

c. Formelles Annahmeverfahren (seit 1963)

Durch die 3. Novelle zum BVerfGG (1963) wurde das zuvor im Jahre 1956 eingeführte Vorprüfungsverfahren nach § 91 a BVerfGG a.F. durch ein formelles Annahmeverfahren abgelöst.[1430] Der Grund für diese gesetzgeberische Maßnahme lag nicht darin, dass der erhoffte Entlastungseffekt ausgeblieben war. Im Gegenteil, das Verfahren nach § 91 a BVerfGG (1956) hatte nach der Gesetzesbegründung der 3. BVerfGG-Novelle dazu geführt, dass „das Bundesverfassungsgericht der Vielzahl offensichtlich unzulässiger und unbegründeter Verfassungsbeschwerden“ – ungeachtet einer annähernden Verdreifachung – „Herr werden konnte“.[1431]

Gegenwärtig ist in den Vorschriften der §§ 93 a, 93 b, 93 c und 93 d BVerfGG eine „summarische Vorprüfung“ durch die sog. Kammern vorgesehen, die mit jeweils drei Verfassungsrichtern besetzt sind (früher: Dreierausschüsse). Die Kammern sind als selbständige gerichtliche Spruchkörper anzusehen, die in ihren Zuständigkeitsbereichen als „das Bundesverfassungsgericht“ agieren können (§ 15 a BVerfGG).[1432] Unter anderem verfügen die Kammern auch über die sog. Stattgabebefugnis

---

[1430] Vgl. *Uerpmann*, Annahme der Verfassungsbeschwerde zur Entscheidung, in: FS. 50 Jahre BVerfG, 673, 675 ff.

[1431] BT-Drs. IV/1224, S. 6 „Zu Nr. 7“; a.A. *Clemens/Umbach*, in: Umbach/Clemens, BVerfGG, 1. Aufl., § 93 a, Rdnr. 5 unter Verweis auf die Statistiken der Jahre 1955 (489 Verfassungsbeschwerden) und 1962 (1377 Verfassungsbeschwerden).

[1432] Vgl. *Schlaich/Korioth*, Das Bundesverfassungsgericht, Rdnr. 38 u. 260.

nach § 93 c Abs. 1 BVerfGG,[1433] aufgrund der bei Einstimmigkeit unter den beteiligten Richtern eine Verfassungsbeschwerde stattgegeben werden kann (§ 93 d Abs. 3 BVerfGG), wenn sie offensichtlich begründet ist, sich gegen einen Akt der Exekutive oder Judikative richtet und die betreffende verfassungsrechtliche Frage bereits früher durch das Bundesverfassungsgericht entschieden wurde (§ 93 c Abs. 1 BVerfGG).[1434] Allerdings kann sie keine Entscheidung mit Gesetzeskraft nach § 31 Abs. 2 BVerfGG aussprechen, wonach ein Gesetz verfassungswidrig oder aus sonstigen Gründen nichtig ist (§ 93 c Abs. 1 Satz 3 BVerfGG).

Eine Verfassungsbeschwerde ist anzunehmen, „soweit ihr grundsätzliche verfassungrechtliche Bedeutung zukommt" (§ 93 a Abs. 2 lit. a BVerfGG 1993)[1435] oder wenn sie zur „Durchsetzung der in § 90 Abs. 1 genannten Rechte angezeigt ist". Letzteres „kann auch der Fall sein", wenn dem Beschwerdeführer bei Aufrechterhaltung der angegriffenen Maßnahme ein „besonders schwerer Nachteil" entsteht (§ 93 a Abs. 2 lit. b BVerfGG 1993). Sowohl die Verwendung des Begriffs „angezeigt" als auch der Hinweis, dass dies bei einem besonders schweren Nachteil der Fall sein „kann", werden im Schrifttum überwiegend so verstanden, dass dem Bundesverfassungsgericht damit für die Beurteilung des Einzelfalls ein Spielraum eröffnet wurde. Folglich muss nicht bereits jeder Nachteil – auch nicht jeder schwere – zur Annahme einer Verfassungsbeschwerde führen.[1436] Von einer „grundsätzlichen verfassungsrechtlichen Bedeutung" im Sinne von § 93 a Abs. 2 lit. a BVerfGG geht das Bundesverfassungsgericht aus, wenn eine Frage aufgeworfen wurde, die sich nicht ohne weiteres aus dem Grundgesetz beantworten lässt, in der verfassungsgerichtlichen Rechtsprechung noch nicht geklärt ist oder erneut klärungsbedürftig geworden ist und an deren Klärung ein über den Einzelfall hinausgehendes Interesse besteht.[1437] Die beiden in § 93 a BVerfGG genannten Annahmegründe zeigen, dass die Annahme einer

---

[1433] Vgl. *Graßhof*, in: Maunz/Schmidt-Bleibtreu, BVerfGG, § 93 a, Rdnr. 4 u. 26 sowie § 93 c, Rdnr. 2 ff.

[1434] Vgl. *Schemmer*, in: Umbach/Clemens/Dollinger, BVerfGG, § 93 a, Rdnr. 3 ff.

[1435] Vgl. *Graßhof*, in: Maunz/Schmidt-Bleibtreu, BVerfGG, § 93 a, Rdnr. 37 ff. (zu den Fallgruppen).

[1436] Vgl. *Benda*, in: Benda/Klein, Verfassungsprozessrecht, Rdnr. 374; *Graßhof*, in: Maunz/Schmidt-Bleibtreu, BVerfGG, § 93 a, Rdnr. 61; ähnlich *Lechner/Zuck*, BVerfGG, § 93 a, Rdnr. 31.

[1437] Vgl. BVerfG, Beschl. v. 8.2.1994, BVerfGE 90, 22 (24 f.); eingehend auch *Schlaich/Korioth*, Das Bundesverfassungsgericht, Rdnr. 255.

Verfassungsbeschwerde sowohl von objektiven (Klärung einer verfassungsrechtlichen Frage) als auch subjektiven Zielsetzungen (Durchsetzung der in § 90 Abs. 1 BVerfGG genannten Rechte) bestimmt ist.[1438] Fehlt es an den Voraussetzungen des § 93 a Abs. 2 BVerfGG, so kann eine Kammer durch einstimmigen Beschluss die Annahme der Verfassungsbeschwerde ablehnen. Schließlich wurden in § 93 b i.V.m. § 93 a BVerfGG die Annahmevoraussetzungen für Kammern und Senate vereinheitlicht, so dass auch die Kammern positiv über die Annahme einer Verfassungsbeschwerde entscheiden können.[1439] Allerdings darf dies nicht mit der Stattgabebefugnis verwechselt werden, die sich auf eine Entscheidung in der Sache bezieht.[1440] Im Hinblick auf die Begründung der Annahmeentscheidung gilt nunmehr nach § 93 d Abs. 1 Satz 3 BVerfGG (1993), dass die Ablehnung einer Annahme „keiner Begründung" mehr bedarf und auch kein Hinweis auf die maßgeblichen Gesichtspunkte mehr erforderlich ist.[1441]

III. Writ of Certiorari und Annahmeverfahren

1. Abweichungen

a. Objektive und subjektive Ausrichtung

Vergleicht man die beiden im amerikanischen und deutschen Prozessrecht bestehenden Annahmeverfahren miteinander, so fallen neben einigen Übereinstimmungen auch zahlreiche Unterschiede auf. Beispiels-

---

[1438] Vgl. *Stern*, Staatsrecht, Bd. 2, § 44 IV 9 (S. 1015 ff.); *Schmidt-Bleibtreu*, in: Maunz/Schmidt-Bleibtreu, BVerfGG, § 90, Rdnr. 17; *Schlaich/Korioth*, Das Bundesverfassungsgericht, Rdnr. 263; *Kau*, Annahme nach Ermessen bei der Verfassungsbeschwerde, ZRP 1999, 319, 322.

[1439] Vgl. *Schlaich/Korioth*, Das Bundesverfassungsgericht, Rdnr. 254.

[1440] Vgl. *Graßhof*, in: Maunz/Schmidt-Bleibtreu, BVerfGG, § 93 a, Rdnr. 11; *BMJ* (Hrsg.), Entlastung des Bundesverfassungsgerichts, 34.

[1441] Vgl. BGBl. I 1993, 1473, 1485; *Schlaich/Korioth*, Das Bundesverfassungsgericht, Rdnr. 257; zur verfassungsrechtlichen Rechtfertigung *Graßhof*, in: Maunz/Schmidt-Bleibtreu, BVerfGG, § 93 d, Rdnr. 5 u. 8; kritisch hierzu *Lechner/Zuck*, BVerfGG, § 93 d, Rdnr. 7 (Verstoß gegen das Rechtsstaatsprinzip); *Kroitsch*, Wegfall der Begründungspflicht, NJW 1994, 1032.

weise ist der amerikanische Writ of Certiorari allein objektiven Zielen verpflichtet, um sicherzustellen, dass der U.S. Supreme Court selbst entscheiden kann, auf welche Fälle und Rechtsfragen er seine begrenzten judikativen Ressourcen lenken möchte. Im Gegensatz hierzu ist anerkannt, dass das deutsche Annahmeverfahren zur Verfassungsbeschwerde neben objektiven auch subjektiven Zielen dienen soll.[1442] Da die Verfassungsbeschwerde nicht nur als „Krönung der rechtsstaatlichen Idee“[1443] bezeichnet wurde, sondern auch tatsächlich in der deutschen Verfassungsordnung dem Grundrechtsschutz der Bürger zu einer eigenständigen Bedeutung verholfen hat, liegt es nahe, dass der individuelle Rechtsschutz auch beim Annahmeverfahren nach §§ 93 a ff. BVerfGG eine maßgebliche Rolle spielt. Der Grund, weshalb in den Vereinigten Staaten eine allmähliche Ablösung des subjektiv-rechtlichen Appeal-Verfahrens zugunsten des objektiv-rechtlichen Certiorari-Verfahren erfolgte, liegt auch nicht in einer generellen Ablehnung individueller Rechtsschutzmöglichkeiten, sondern ist vor allem auf den Umstand zurückzuführen, dass die stetig anwachsenden Fallzahlen dem U.S. Supreme Court letztlich keinen Raum mehr für subjetiv-rechtliche Streitverfahren gelassen haben. Für die Bewertung ist damit zu berücksichtigen, dass die lediglich objektiv-rechtliche Ausrichtung des amerikanischen Annahmeverfahrens vor allem das Resultat praktischer Zwänge ist und mit der Überlastung des U.S. Supreme Court zusammenhängt.

Solange die Arbeitsbelastung des Bundesverfassungsgerichts es noch zulässt, sollte im deutschen Verfassungsprozessrecht das Annahmeverfahren weiterhin auch nach subjektiv-rechtlichen Grundsätzen entschieden werden. Die individualrechtliche Gesamtausrichtung der Verfassungsbeschwerde lässt es als sinnvoll erscheinen, die bisherigen Annahmegrundsätze auch künftig beizubehalten. Inwiefern in der verfassungsgerichtlichen Praxis – unabhängig von den normativen Gegebenheiten – ein subjektives Recht auf Annahme einer Verfassungsbeschwerde tatsächlich realisiert wird, ist hingegen eine grundsätzlich andere Frage, die im Zusammenhang mit der Ermessensannahme bzw. der Verpflichtung zur Annahme steht.

[1442] Vgl. *Stern*, Staatsrecht, Bd. 2, § 44 IV 9 (S. 1015 ff.); *Schmidt-Bleibtreu*, in: Maunz/Schmidt-Bleibtreu, BVerfGG, § 90, Rdnr. 17; *Kau*, Annahme nach Ermessen bei der Verfassungsbeschwerde, ZRP 1999, 319, 322.

[1443] Vgl. *Konrad Zweigert*, Die Verfassungsbeschwerde, JZ 1952, 321.

b. Ermessensannahme und Verpflichtung zur Annahme

Mit der objektiven bzw. subjektiven Ausrichtung des Annahmeverfahrens ist auch die Frage verbunden, ob die Annahme durch das erkennende Gericht auf einer Ermessensentscheidung oder als Verpflichtung auf einem subjektiven Recht des Beschwerdeführers beruht. Hierin besteht ein weiterer wichtiger Unterschied zwischen den beiden Annahmeverfahren.

Im amerikanischen Prozessrecht beruht die Erteilung eines Writ of Certiorari allein auf dem Ermessen des Supreme Court (discretionary review) und nicht auf dem subjektiven Recht des Antragstellers.[1444] Daher kann der U.S. Supreme Court im Certiorari-Verfahren sein Ermessen weitgehend frei ausüben, wobei auch die binnenrechtlichen Supreme Court-Rules lediglich als Richtlinien dienen, durch die das Ermessen des Gerichtshofs nicht eingeschränkt wird. Der Entscheidungsspielraum des U.S. Supreme Court zeigt sich beispielsweise darin, dass er nach freiem Ermessen entscheiden kann, ob ein verfristetes oder aus sonstigem Grund bereits als unzulässig eingestuftes Verfahren noch angenommen werden kann.

Demgegenüber ist das Bundesverfassungsgericht strikt an die rechtlichen Annahmegrundsätze des § 93 a Abs. 2 BVerfGG gebunden, die bei Verwirklichung ihrer tatbestandlichen Voraussetzungen ein subjektives Recht des Beschwerdeführers und eine Verpflichtung des Gerichts zur Annahme nach sich ziehen.[1445] Ein Annahmeermessen wie beim U.S. Supreme Court kommt dem Bundesverfassungsgericht nach gegenwärtiger Rechtslage grundsätzlich nicht zu.[1446] Allerdings ist in der verfassungsgerichtlichen Praxis und im Schrifttum anerkannt, dass bei der Anwendung der beiden Annahmegrundsätze des § 93 a Abs. 2 lit. a und lit. b BVerfGG in unterschiedlichem Umfang ein Entscheidungsspielraum des Bundesverfassungsgerichts bei der Auslegung der Tatbestände besteht. Im Hinblick auf § 93 a Abs. 2 lit. b BVerfGG wird beispielsweise im Schrifttum überwiegend davon ausgegangen, dass dem Gericht bei der Entscheidung, ob eine Annahme „zur Durchsetzung der in § 90 Abs. 1 [BVerfGG] genannten Rechte angezeigt ist", aufgrund des Wortes „angezeigt" ein nicht unerheblicher Entscheidungsspielraum zu-

---

[1444] Vgl. *Wright/Miller/Cooper/Amar*, Federal Practice and Procedure, Bd. 16 B, § 4001, 4 u. § 4002, 11 ff.

[1445] Vgl. *Graßhof*, in: Maunz/Schmidt-Bleibtreu, BVerfGG, § 93 a, Rdnr. 37 ff. u. 61 ff.

[1446] Vgl. *Schlaich/Korioth*, Das Bundesverfassungsgericht, Rdnr. 254.

kommt.[1447] In geringerem Umfang dürfte dies auch bei § 93 a Abs. 2 lit. a BVerfGG im Hinblick auf die „grundsätzliche verfassungsrechtliche Bedeutung“ der Fall sein, soweit es dabei auf ein „über den Einzelfall hinausgehendes Interesse“ an der Entscheidung ankommt, dessen Feststellung auf einer kaum überprüfbaren gerichtlichen Einschätzung beruht.[1448] Diese tatbestandlichen Spielräume des § 93 a Abs. 2 BVerfGG dürfen jedoch nicht mit einem Annahmeermessen verwechselt werden, das dem Bundesverfassungsgericht nicht zukommt. In gleicher Weise sind auch die Fristvorschriften des § 93 Abs. 1 und Abs. 3 BVerfGG verbindlich und dulden kein Abgehen von Seiten des Gerichts.

Die einzige tatsächliche Auflockerung der strikten Bindung an die Annahmegrundsätze und die sonstigen Bestimmungen des BVerfGG stellt die in der Rechtsprechung des Bundesverfassungsgerichts entwickelte Hecksche Formel dar, die jedoch nicht auf eine ausdrückliche normative Grundlage zurückzuführen ist. Bei Anwendung der Heckschen Formel verfügt das Bundesverfassungsgericht über die Möglichkeit, nach eigenem Ermessen unter Zuhilfenahme des Argumentationstopos einer „Verletzung spezifischen Verfassungsrechts“ über die Annahme oder Nicht-Annahme einer Verfassungsbeschwerde zu entscheiden. Allerdings geschieht dies aufgrund des nicht-normativen Charakters der Heckschen Formel nicht offen, sondern stets verdeckt. Betrachtet man daher das gegenwärtige Annahmeverfahren des deutschen Verfassungsprozessrechts, so zeigt sich, dass das normativ bestehende subjektive Recht auf Annahme in der verfassungsgerichtlichen Praxis zum Teil unterlaufen wird. Denn sowohl die Spielräume bei der Anwendung von § 93 a Abs. 2 BVerfGG als auch die Hecksche Formel werden vor allem in Anbetracht der Überlastung des Gerichts verwendet, um die an sich bestehende Verpflichtung zur Annahme zu umgehen. Auch im Vergleich zum amerikanischen Prozessrecht erscheint die offene normative Einführung einer Annahme nach Ermessen im Hinblick auf den Grundsatz der Rechtsklarheit sinnvoller und für eine dauerhafte Entlas-

---

[1447] Vgl. *Benda*, in: Benda/Klein, Verfassungsprozessrecht, Rdnr. 374; *Lechner/Zuck*, BVerfGG, § 93 a, Rdnr. 31; *Schlaich/Korioth*, Das Bundesverfassungsgericht, Rdnr. 256; *Graßhof*, in: Maunz/Schmidt-Bleibtreu, BVerfGG, § 93 a, Rdnr. 61; *Vitzthum*, Annahme nach Ermessen bei Verfassungsbeschwerden?, JöR 53 (2004), 319, 327.

[1448] Vgl. *Graßhof*, in: Maunz/Schmidt-Bleibtreu, BVerfGG, § 93 a, Rdnr. 37 mit Verweis auf BVerfG, Beschl. v. 8.2.1994, BVerfGE 90, 22; BVerfG, Beschl. v. 9.7.1997, BVerfGE 96, 245 ff.

tung des Bundesverfassungsgerichts auch effektiver als das bisher angewendete Verfahren.[1449] Die mit dem Verfassungsbeschwerdeverfahren nach Art. 93 Abs. 1 Nr. 4 a GG verbundene Verheißung unbegrenzten Grundrechtsschutzes („Jedermann"-Formel) bei gleichzeitig begrenzten tatsächlichen Gewährleistungsmöglichkeiten, trägt zu einem gewissen Grad irrationale Züge[1450] und erscheint auch deswegen einem modernen Verfassungsstaat wie der Bundesrepublik Deutschland nicht angemessen. Im Hinblick auf die Einführung einer Annahme nach Ermessen wird man sich allerdings mit der Frage auseinandersetzen müssen, ob für ihre einfachgesetzliche Begründung eine Verfassungsänderung erforderlich ist oder ob es möglicherweise aus anderen Gründen ratsam wäre, den Weg über eine ausdrückliche Grundgesetzänderung zu gehen.[1451]

[1449] Entschieden a.A. *Vitzthum*, Annahme nach Ermessen bei Verfassungsbeschwerden?, JöR 53 (2004), 319, 341.

[1450] Z.B. *Vitzthum*, Annahme nach Ermessen bei Verfassungsbeschwerden?, JöR 53 (2004), 319, 340 („*Auch wenn ein ‚Sieg in Karlsruhe' Wunschtraum der allermeisten Beschwerdeführer bleibt und bleiben muss, zeigt doch die Kaskade der Verfassungsbeschwerden, dass der Glaube an die Siegchance nach wie vor vorhanden ist.*").

[1451] Vgl. *BMJ* (Hrsg.), Entlastung des Bundesverfassungsgerichts, 55. Aus dem Schrifttum für eine Verfassungsänderung: *Umbach*, in: Umbach/Clemens, BVerfGG, 1. Aufl., Vor §§ 93 a ff., Rdnr. 44 ff. (Fn. 25); *Benda*, in: Klein/Benda, Verfassungsprozessrecht, Rdnr. 382; *Pieroth*, in: Jarass/Pieroth, GG, Art. 94, Rdnr. 3; *Karl-Michael v. Bally*, Verfassungsbeschwerde und Annahmeverfahren (Diss. iur., München 1973), 160; *Christian Sailer*, Verfassungsbeschwerde im Zwielicht, ZRP 1977, 303, 308; *Bernhard Schlink*, Zugangshürden im Verfassungsbeschwerdeverfahren, NJW 1984, 89 ff.; *Rüdiger Zuck*, Der Zugang zum Bundesverfassungsgericht, NJW 1993, 2641, 2646; *Klein*, Konzentraioin durch Entlastung?, NJW 1993, 2073, 2074; *Bausback*, ‚Auslagerung' des Grundrechtsschutz, ZRP 1999, 6 ff.; *Vitzthum*, Annahme nach Ermessen bei Verfassungsbeschwerden?, JöR 53 (2004), 319, 329 ff.; wohl auch Gesetzesentwurf der Bundesregierung v. 5.11.1992 (6. Novelle zum BVerfGG), BT-Drs. 12/3628, 8 („*Das Annahmeverfahren des Art. 94 Abs. 2 Satz 2 GG ist nicht zu verwechseln mit dem ‚freien Annahmeverfahren' beim US Supreme Court*").

Gegen die Notwendigkeit einer Verfassungsänderung treten ein: *Julius Federer*, Das Bundesverfassungsgericht, 1963, 39, 42; *Hans Rupp*, Die Verfassungsbeschwerde im Rechtsmittelsystem, ZZP 82 (1969), 1, 5 f. *Rupprecht*, Vorprüfung und Verfassungsbeschwerde, JZ 1970, 207, 212; *Rudi Wand*, Befugnisse der Gerichtsverwaltung und Aspekte der Vorprüfung im Verfassungsbeschwerdeverfahren, NJW 1984, 951 ff.; *Heyde*, BVerfGG in der Bewährung, FS. Kutscher,

c. Gerichtsinterner Arbeitsablauf

Im Weiteren unterscheidet sich auch der gerichtsinterne Ablauf beider Verfahren grundlegend voneinander. Während beim Certiorari-Verfahren alle neun Richter des U.S. Supreme Court – bzw. ihre jeweiligen Mitarbeiter – mit allen eingeleiteten Verfahren in Berührung kommen, wird beim Bundesverfassungsgericht das Gros der Fälle in den Kammern von jeweils nur drei Richtern – bzw. deren Mitarbeitern – behandelt. Hierin mag zwar angesichts des Zusammenschlusses der amerikanischen Mitarbeiter im sog. Cert Pool nur ein technischer Unterschied liegen, dennoch ist diese Abweichung auch darüber hinaus bedeutsam, da sie erneut zeigt, dass das amerikanische Prozessrecht eine Untergliederung des U.S. Supreme Court in mehrere Senate oder Kammern sowie eine entsprechende Aufgabenübertragung grundsätzlich nicht zulässt.

Wenn auch im Hinblick auf die Effektivität keiner der beiden gerichtsinternen Abläufe dem anderen überlegen erscheint, so bestehen doch Bedenken wegen des umfassenden Einflusses der amerikanischen Mitarbeiter (law clerks) auf die Auswahl von Fällen. Denn die vollständige Übertragung der Vorauswahl auf die wissenschaftlichen Mitarbeiter, wie sie für den gerichtsinternen Ablauf beim U.S. Supreme Court charakteristisch ist, hat einige sehr problematische Auswirkungen. Hauptsächlich bestehen deshalb Bedenken, weil sich dabei die Tätigkeit der Mitarbeiter kaum noch den Verfassungsrichtern zurechnen lässt. Dies ist aber nicht zuletzt wegen der Übertragung rechtsprechender Aufgaben nach Art. 92, 94 GG an die 16 Bundesverfassungsrichter erforderlich. Während gegenwärtig beim Bundesverfassungsgericht ein Mitarbeiter nach Durchsicht der Akten einen kurzen Sachbericht mit rechtlicher Bewertung für den zuständigen Verfassungsrichter anfertigt, würden nach dem Vorbild des amerikanischen Certiorari-Verfahren etwa 70 Prozent % der Fälle bereits vor der Beratungssitzung ausgeschieden, ohne überhaupt von den Verfassungsrichtern zur Kenntnis genommen worden zu sein. Demgegenüber erscheint das gegenwärtige interne Verfahren des Bundesverfassungsgerichts, bei dem die Verfassungsrichter aufgrund des Sachberichts mit rechtlicher Stellungnahme durchaus die Möglichkeit haben, sich selbst noch einmal mit den Akten zu befassen, grundsätzlich vorzugswürdig. Erst wenn kein Kammermitglied Einwände gegen die rechtliche Behandlung eines Falles vorgebracht hat, ergeht ein gemeinsamer Beschluss. Der wesentliche Vorzug des deutschen

---

229, 244; *Wieland*, Zugang des Bürgers, Der Staat, Bd. 29 (1990), 333, 351; *Kau*, Annahme nach Ermessen bei der Verfassungsbeschwerde, ZRP 1999, 319, 321 f.

Kammer-Verfahrens liegt damit in der unmittelbaren Beteiligung von drei Bundesverfassungsrichtern, die damit ihrer nach Art. 92, 94 GG bestehenden Verpflichtung nachkommen. Anders als nach dem amerikanischen Verfahren ist es hierbei grundsätzlich nicht möglich, dass Fälle bei einer allein von den Mitarbeitern durchgeführten Vorauswahl ausscheiden, und damit ohne das Zutun der Richter erledigt werden. Insbesondere erscheint die Zusammenfassung der Mitarbeiterkapazitäten in einem Cert Pool fragwürdig, da sich hierbei regelmäßig nur noch ein Mitarbeiter mit einem Fall befasst, was zu einer nicht unerheblichen Missbrauchsgefahr führt.

2. *Übereinstimmungen*

a. Normative Grundlage

Beiden Verfahren ist in normativer Hinsicht gemeinsam, dass sie nicht in den jeweiligen Verfassungen, sondern lediglich auf einfachgesetzlicher Basis geregelt sind. Allerdings sieht das deutsche Verfassungsrecht seit 1969 in Art. 94 Abs. 2 Satz 2 GG immerhin einen speziellen Regelungsvorbehalt für ein Annahmeverfahren vor. Das ein solcher im amerikanischen Prozessrecht fehlt liegt auch daran, dass es zu Regelungsvorbehalten grundsätzlich eine pragmatische Haltung einnimmt. Sofern dies aus praktischen Gründen erforderlich ist, können im amerikanischen Prozessrecht einzelne Bereiche auch ohne ausdrücklichen Vorbehalt einfachgesetzlichen Vorschriften zugänglich gemacht werden.

b. Prinzip der Vorprüfung

Außerdem ist beiden Verfahren das Prinzip der Vorprüfung gemeinsam, bei der vor dem eigentlichen verfassungsgerichtlichen Verfahren im Rahmen einer summarischen Voruntersuchung entschieden wird, ob es überhaupt zu einer eingehenden formellen und materielle Überprüfung kommen soll. In beiden Fällen ist es die schiere Vielzahl an Fällen, die dazu geführt hat, dass ein prozessuales Ventil geschaffen werden musste, damit das jeweilige Gericht sich auf die wichtigen und substanziellen Streitfälle konzentrieren kann und nicht mit querulatorischen oder lediglich einfachrechtlichen Streitigkeiten überschwemmt wird.

c. Keine Sachentscheidung

Obwohl dies bisweilen in Vergessenheit zu geraten scheint, ist weder mit der Erteilung bzw. Nicht-Erteilung des Writ of Certiorari noch mit einer Entscheidung nach §§ 93 a ff. BVerfGG zugleich eine Entscheidung in der Sache verbunden.[1452] So legte der Supreme Court beispielsweise stets großen Wert auf die Feststellung, dass mit der Nicht-Erteilung eines Writ of Certiorari keinerlei Aussagen über das Bestehen seiner Zuständigkeit oder über mögliche materiell-rechtliche Aussichten verbunden sind.[1453] Es mag zwar dem Rechtsuchenden im Einzelfall schwer zu vermitteln sein, dass sein Begehren zwar möglicherweise rechtlich begründet, aber nicht vom Supreme Court angenommen wurde, dennoch liegt genau dies in der Logik eines lediglich objektiv-rechtlich orientierten Annahmeverfahrens. Die davon verursachte Einbuße an Glaubwürdigkeit wird bewusst in Kauf genommen, um die Arbeitsfähigkeit des Supreme Court aufrecht zu erhalten. Denn wo es in erster Linie um die Stellung der Gerichtsbarkeit im Verfassungsgefüge geht, haben die möglicherweise ebenfalls betroffenen Rechtsschutzinteressen des Einzelnen das Nachsehen. Allerdings führt die Bildung einer entsprechenden Rechtstradition auch allmählich dazu, dass sich die nachteiligen Effekte dieser prozessualen Regelung in Grenzen halten.

Konsequenterweise führen ablehnende Annahmeentscheidungen des Bundesverfassungsgerichts, in denen eingeräumt wird, dass zwar ein Verfassungsverstoß vorliegt, aber die Annahmegrundsätze des § 93 a Abs. 2 BVerfGG dennoch nicht erfüllt werden, im sowohl objektiv als auch subjektiv-rechtlich ausgerichteten deutschen Annahmeverfahren zu größeren Friktionen. So ist es beispielsweise einem Beschwerdeführer kaum plausibel zu vermitteln, dass ihm durch die Versagung der Sachentscheidung zwar ein schwerer Nachteil entsteht, dass aber selbst dieser regelmäßig nicht ausreicht, um die Voraussetzungen des § 93 a Abs. 2 lit. b BVerfGG zu erfüllen.[1454] Vor allem solche Beispielsfälle

---

[1452] Vgl. BVerfG, Beschl. v. 14.6.1994, BVerfGE 91, 93 (107); zu Recht kritisch zur Veröffentlichung von Kammerbeschlüssen über die Annahme bzw. die Nicht-Annahme, *Schlaich/Korioth*, Das Bundesverfassungsgericht, Rdnr. 260.

[1453] *United States v. Carver*, 260 U.S. 482, 490 (1923); *Brown v. Allen*, 344, U.S. 443, 451 f. (1953).

[1454] Seit der 6. Novelle zum BVerfGG sieht § 93 a Abs. 2 lit. b nämlich vor, dass ein „besonders schwerer Nachteil“ drohen muss, so dass ein lediglich „schwerer Nachteil“ regelmäßig nicht ausreichen dürfte.

zeigen, dass die Annahmeentscheidung des deutschen Verfassungsprozessrechts lediglich eine Vorprüfung ohne Aussage über die tatsächlichen Erfolgsaussichten einer Verfassungsbeschwerde darstellt. Das aus rechtsstaatlichen Motiven nachvollziehbare Bemühen um eine Rechtfertigung der getroffenen Entscheidung, hilft den Bundesverfassungsrichtern daher in der Praxis nicht, sondern ist eher dazu geeignet, das in sie gesetzte Vertrauen zu erschüttern.

d. Entlastung und Eigenbestimmung

Gemeinsam ist dem amerikanischen Certiorari-Verfahren und dem deutschen Annahmeverfahren auch, dass ihre Hauptaufgabe in der Entlastung des jeweiligen Gerichts zu sehen ist. Wie beispielsweise die beim Bundesverfassungsgericht anhängigen Streitfälle in der Zeit nach der Deutschen Einheit anschaulich zeigen, stellt das in der übermäßigen Inanspruchnahme zum Vorschein kommende besonders hohe Vertrauen der Bürger in das Bundesverfassungsgericht paradoxerweise seine größte Bedrohung dar.[1455] Zwar ist es uneingeschränkt zu begrüßen, dass das Bundesverfassungsgericht als „Hüter der Verfassung" in der Bevölkerung allgemein anerkannt ist und man es grundsätzlich für fähig hält, Recht in jeder nur denkbaren Beziehung zu gewährleisten.[1456] Davon abgesehen führt aber gerade dieses überbordende Vertrauen dazu, dass das letztlich nur aus sechzehn Richtern bestehende Gericht in der Vergangenheit schon öfters an seine Leistungsgrenzen geführt wurde. Damit der große Erfolg eines Gerichts nicht in sein Gegenteil umschlägt, sind die Annahmeverfahren im amerikanischen und deutschen Verfassungsprozessrecht unabdingbare verfahrensrechtliche Gewährleistungen für das effektive Funktionieren der Verfassungsgerichtsbarkeit. Allerdings wurde im Schrifttum verschiedentlich und zu Recht darauf hingewiesen, dass das Annahmeverfahren nicht die einzige erfolgversprechende Möglichkeit zur Entlastung des Verfassungsgerichts darstellt und die Diskussion über die „Annahme nach Ermessen" keines-

---

[1455] So auch *Vitzthum*, Annahme nach Ermessen bei Verfassungsbeschwerden?, JöR 53 (2004), 319.

[1456] Diese *„höchstrichterliche Billigkeitsjustiz"* wurde im Schrifttum allerdings auch schon vielfach kritisiert, vgl. *Josef Isensee*, Bundesverfassungsgericht – quo vadis?, in: Wertewandel – Rechtswandel (hrsg. von W. Fikentscher), Gräfelfing 1997, 93, 109; *Kenntner*, Das BVerfG als subsidiärer Superrevisior?, NJW 2005, 785, 787.

falls die Erörterung über andere Entlastungsmöglichkeiten verhindern darf.[1457]

Neben der mit dem Certiorari-Verfahren verbundenen Entlastungswirkung wurde im amerikanischen Prozessrecht schon früh hervorgehoben, dass es dem U.S. Supreme Court außerdem die Möglichkeit eröffnen soll, seine eigene Arbeitslast zu kontrollieren und dadurch zu entscheiden, auf welche Rechtsfragen er seine begrenzten judikativen Ressourcen richtet.[1458] Das Beherrschen und Kontrollieren des eigenen Zuständigkeitsbereichs zählt zu den zentralen Motiven des U.S. Supreme Court, da es auch eng mit dem Grundsatz der Gewaltenteilung verbunden ist. Denn nach amerikanischem Verfassungsverständnis kann die Bundesgerichtsbarkeit mit dem U.S. Supreme Court an ihrer Spitze nur dann als ebenbürtige staatliche Teilgewalt angesehen werden, wenn sie die weitgehende Kontrolle über ihren eigenen Tätigkeitsbereich ausübt. Das Motiv der Eigenbestimmung ist darüber hinaus auch eine Folge des verfassungsgerichtlichen Einheitsmodells, nach dem der U.S. Supreme Court nicht nur die letzte Instanz der Bundesgerichtsbarkeit, sondern auch das höchste Repräsentationsorgan der Judikative in den Vereinigten Staaten darstellt.

Zwar spielte der Umstand der Eigenbestimmung für die Einführung eines Annahmeverfahren im deutschen Verfassungsrecht zunächst keine Rolle, doch griff das Bundesverfassungsgericht und später auch der Gesetzgeber diesen Aspekt auf und nannte die Setzung eigener Rechtsprechungsschwerpunkte als weiteren wichtigen Grund für die Einführung eines Annahmeverfahrens.[1459] Bei aller notwendigen Bindung an Recht und Gesetz ist anzuerkennen, dass die deutsche Verfassungsgerichtsbarkeit ihre Aufgaben nur effektiv erfüllen kann, wenn sie sich mit den wichtigen und maßgeblichen verfassungsrechtlichen Fragen ihrer Zeit

---

[1457] Vgl. *Uerpmann*, Annahme der Verfassungsbeschwerde zur Entscheidung, in: FS. 50 Jahre BVerfG, 673, 692 f.; *Vitzthum*, Annahme nach Ermessen bei Verfassungsbeschwerden?, JöR 53 (2004), 319, 342 („... *weniger systemfremde Entlastungsschritte.*"); z.B. Ausweitung der Missbrauchsgebühren, höhere Anforderungen an die Beschwerdebegründung, Einführung des Anwaltszwangs, Formalisierung und Straffung des Verfahrens.

[1458] Vgl. *Wright/Miller/Cooper/Amar*, Federal Practice and Procedure, Bd. 16 B, § 4001, 4; *Currie*, Federal Courts, 603.

[1459] Vgl. BVerfG, Urt. v. 20.3.1952, BVerfGE 1, 184 (200 f.); Regierungsentwurf v. 5.11.1992 (6. Novelle zum BVerfGG), BT-Drs. 12/3628, 7; *BMJ* (Hrsg.), Entlastung des Bundesverfassungsgerichts, 34.

befasst und nicht, wenn sie mit einer Vielzahl unwichtiger und unsubstantiierter Fragen beschäftigt ist.[1460]

e. Begründungserfordernis

Wenn die deutsche Praxis im Hinblick auf die Begründung von Ablehnungsentscheidungen im Vorprüfungsverfahren in der Vergangenheit auch von einem wechselhaften Verlauf gekennzeichnet war, so hat der Bundesgesetzgeber zuletzt jede Begründungs- oder Hinweispflicht ausgeschlossen. Damit hat das Bundesverfassungsgericht – ebenso wie der U.S. Supreme Court bei der Nichterteilung eines Writ of Certiorari – zwar die Möglichkeit, ablehnende Entscheidungen zu begründen, ist hierzu jedoch nicht mehr gesetzlich verpflichtet. Zwar wird es von Stimmen im Schrifttum aus Gründen der Rechtsstaatlichkeit bedauert, dass dem Beschwerdeführer durch das Fehlen einer Begründung oder wenigstens eines kurzen Hinweises verdeutlicht wird, weshalb seine Beschwerde gescheitert ist.[1461] Betrachtet man aber die schiere Vielzahl der im Jahr eingehenden Verfassungsbeschwerden ohne verfassungsrechtliche Substanz, so wird deutlich, dass das Annahmeverfahren nur dann die erforderliche Entlastungswirkung entfalten kann, wenn auf eine Begründung oder einen Hinweis verzichtet werden kann. Damit folgte der Bundesgesetzgeber – mit einiger Verspätung – dem amerikanischen Beispiel. Dort hatte sich bereits seit dem Judiciary Act von 1925 durchgesetzt, dass mit dem Certiorari-Verfahren ein Entlastungseffekt nur verbunden ist, wenn die betreffenden Entscheidungen nicht begründet werden müssen.

Außerdem wurde bereits ausgeführt, dass den Nichtannahmeentscheidungen der Kammern lediglich die tatbestandlichen Voraussetzungen der §§ 93 a ff. BVerfGG zugrundeliegen und eine Sachentscheidung daher regelmäßig unterblieben ist. Aus diesem Grund wird auch die Veröffentlichung von Nichtannahmeentscheidungen zu Recht kritisiert, da durch die schriftliche Rechtfertigung einer getroffenen Entscheidung die grundsätzliche Neutralität der Annahmeentscheidung relativiert

[1460] So auch *Vitzthum*, Annahme nach Ermessen bei Verfassungsbeschwerden?, JöR 53 (2004), 319, 326.

[1461] Vgl. *Lechner/Zuck*, BVerfGG, § 93 d, Rdnr. 7.

und das Vertrauen in das Bundesverfassungsgericht tendenziell gemindert wird.[1462]

Die bislang ergangenen Novellen zum BVerfGG spiegeln das Dilemma des Bundesgesetzgebers wider, der stets bemüht war einen angemessenen Ausgleich zwischen den Interessen der Beschwerdeführer und der Entlastung des Gerichts zu finden. Gegenwärtig hat er sich gegen eine Begründungs- oder Hinweispflicht ausgesprochen. Es ist jedoch keineswegs ausgeschlossen, dass künftig bei sinkender Arbeitsbelastung in dieser Frage eine erneute Kehrtwendung vollzogen wird.

B. Erarbeitung und Entwicklung des Annahmeverfahrens

I. Parlamentarischer Rat

Es kann nicht behauptet werden, dass sich die Abgeordneten des Parlamentarischen Rats mehrfach und eingehend mit der Einführung eines Annahmeverfahrens zum Bundesverfassungsgericht auseinandergesetzt hätten. Dies lag vor allem daran, dass die Verfassungsbeschwerde zunächst noch nicht in den Katalog des Art. 93 GG aufgenommen wurde, so dass die Gefahr einer Überlastung des Gerichts damals noch nicht absehbar war. Dennoch zeigt sich an einer markanten Stelle, dass die Idee eines Vorprüfungsverfahrens mit einer Annahme nach Ermessen durchaus auch schon Gegenstand der Beratungen im Rechtspflegeausschuss gewesen ist. Im bereits an anderer Stelle erwähnten Vorschlag des Ausschussvorsitzenden Zinn vom 3. November 1948 wurde in ausdrücklicher Bezugnahme auf den amerikanischen Supreme Court und das damals bestehende Deutsche Obergericht ein solches Vorprüfungsverfahren für das sog. Supergericht vorgesehen. In der Begründung zum einschlägigen Art. N dieses Entwurfes hieß es:

> „Zu Art. N: ... Wie der Supreme Court in Washington und wie das Deutsche Obergericht soll hier das Deutsche Bundesgericht

[1462] Vgl. *Schlaich/Korioth*, Das Bundesverfassungsgericht, Rdnr. 260; *Vitzthum*, Annahme nach Ermessen bei Verfassungsbeschwerden?, JöR 53 (2004), 319, 341.

> [vorauss. Name des Supergerichts] *nach eigenem Ermessen* entscheiden können, ob es eine Klage annimmt oder nicht, ...“[1463]

Die Formulierung der Entwurfsbegründung zeigt, dass im Parlamentarischen Rat gute Kenntnisse über die Grundsätze der amerikanischen Annahme nach Ermessen bestanden und sich einzelne Abgeordnete mit den Grundlagen und Verfahren der amerikanischen Verfassungsgerichtsbarkeit bereits recht detailliert vertraut gemacht hatten. Ohne die aufgeführte Erläuterung zu Art. N überbewerten zu wollen, kann daher festgehalten werden, dass sich die Abgeordneten nicht nur mit der Einführung eines Annahmverfahrens befasst haben, sondern dass dies auch im Hinblick auf die Annahme nach Ermessen durch den U.S. Supreme Court erfolgt ist.

II. Vorprüfungsverfahren (1956)

Da sich die prozessuale Möglichkeit einer A-limine-Abweisung nach § 24 BVerfGG letztlich als zu schwerfällig herausstellte, um die im Laufe der 1950er Jahre stetig anwachsende Zahl von Verfassungsbeschwerden bewältigen zu können, suchten Bundesverfassungsgericht und Gesetzgeber nach effektiveren Entlastungsmöglichkeiten. Die später erfolgte einfachgesetzliche Einführung eines Annahmeverfahrens nahm ihren Anfang mit der von der Bundesregierung angeregten Denkschrift des Bundesverfassungsgerichts vom 23. Dezember 1954.[1464] Darin äußerte sich das Gericht umfassend zu praxisbedingten Reformmöglichkeiten und -notwendigkeiten im Hinblick auf Organisation und Verfahren. Besonderes Augenmerk richtete das Bundesverfassungsgericht auf seine Belastung mit Verfassungsbeschwerden und eine mögliche Abhilfe durch die Einführung eines Annahmeverfahrens. Hierzu hieß es in der Denkschrift wie folgt:

> „Verfassungsbeschwerden sollen künftig nur behandelt werden, wenn sie vom Bundesverfassungsgericht ausdrücklich zugelassen worden sind. Die bisherigen Erfahrungen haben gezeigt, daß weit-

---

[1463] *Zinn* (SPD), in: Prot. Parl. Rat, Bd. 13/II, Dok.-Nr. 54, 1263, 1271 (Formulierungsvorschläge der Abgeordneten Strauß und Zinn zu den Kapiteln VIII und XII, 3.11.1948) (Hervorhebungen v. Verf).

[1464] Im Auszug abgedruckt bei *Rinck*, Vorprüfung der Verfassungsbeschwerde, NJW 1959, 169, 170. Die endgültige Fassung der Denkschrift datiert auf den 25. Januar 1955, vgl. BT-Drs. II/1662, S. 6 (Begründung).

aus die meisten der immer noch in großer Zahl eingehenden Verfassungsbeschwerden unzulässig oder offensichtlich unbegründet sind, und daß dieser Rechtsbehelf ... vielfach von Querulanten mißbraucht wird. Nachhaltige Besserung dieses Zustandes ist nach Überzeugung des Gerichts nur von einer – *dem amerikanischen writ of certiorari nachgebildeten* – Vorprüfung zu erwarten, die in einem vereinfachten Verfahren Verfassungsbeschwerden von geringem sachlichen Gehalt ausscheidet und eine Konzentration der Arbeit auf die der Entscheidung durch ein Verfassungsgericht würdigen Fälle ermöglicht."[1465]

Damit lenkte das Bundesverfassungsgericht bei der Frage eines Annahmeverfahrens bei der Verfassungsbeschwerde die Aufmerksamkeit unvermittelt auf das amerikanische Prozessrecht mit dem Certiorari-Verfahren. So wie es in den Vereinigten Staaten mit dem Writ of Certiorari gelungen war, einen erheblichen Arbeitsrückstand aufzuholen und die jährlich anfallende Arbeitslast zu bewältigen, so sollte ein entsprechendes Vorprüfungsverfahren auch das Bundesverfassungsgericht in den Stand versetzen, die jährlich aufkommende „Flut von Verfassungsbeschwerden" zeitnah zu erledigen. Auch die in der Denkschrift genannte „Konzentration" auf die „würdigen" Fälle zeigt deutliche Parallelen zu den Ausführungen des U.S. Supreme Court, mit denen er den allmählichen Wechsel vom Appeal- zum Certiorari-Verfahren gerechtfertigt hatte.[1466]

Der Bundesgesetzgeber entsprach weitgehend den Forderungen des Bundesverfassungsgerichts auf Entlastung, indem er in der 1. Novelle zum BVerfGG von 1956 ein dem Writ of Certiorari nachgestaltetes sog. „Vorprüfungsverfahren" einfügte.[1467] Dass das Certiorari-Verfahren dabei prägende Wirkung gehabt hatte, ergab sich ausdrücklich aus der Gesetzesbegründung des Regierungsentwurfs. Darin hieß es:

[1465] Zitiert nach *Rinck*, Vorprüfung der Verfassungsbeschwerde, NJW 1959, 169, 170 (Hervorhebungen v. Verf.); auch bei *Umbach*, in: Umbach/Clemens, BVerfGG, 1. Aufl., Vor §§ 93 a ff., Rdnr. 20; *Gehle*, in: Umbach/Clemens/Dollinger, BVerfGG, Vor §§ 93 a, Rdnr. 33; *Wieland*, in: Dreier, GG, Bd. 3, Art. 94, Rdnr. 30 (Fn. 116).

[1466] Vgl. 11. Teil, A, I.

[1467] Vgl. BGBl. I 1956, 662, 663; *Uerpmann*, Annahme der Verfassungsbeschwerde zur Entscheidung, in: FS. 50 Jahre BVerfG, 673, 675; *Zacher*, Die Selektion der Verfassungsbeschwerden, in: Festgabe BVerfG, Bd. 1, 396, 410 f.; *Rinck*, Vorprüfung der Verfassungsbeschwerde, NJW 1959, 169, 170.

„Das Vorprüfungsverfahren ist dem Vorbild des writ of certiorari vor dem Supreme Court der Vereinigten Staaten nachgebildet. ... Die Vorprüfung durch ein kleineres Gremium bedeutet demgegenüber auch in den Fällen, die jetzt nach § 24 erledigt werden können, eine wesentliche Vereinfachung und Entlastung des Gerichts."[1468]

Auch in der parlamentarischen Debatte der BVerfGG-Novelle in Bundestag und Bundesrat fehlte es nicht an zahlreichen Bezugnahmen auf den U.S. Supreme Court und das Certiorari-Verfahren.[1469] Die schließlich verabschiedete Vorschrift des § 91 a BVerfGG (1956) sah eine verfahrensrechtlich und organisatorisch vereinfachte Erledigung von Verfassungsbeschwerden vor. Nach § 91 a Abs. 1 BVerfGG (1956) sollte bei jedem Senat des Bundesverfassungsgerichts ein oder mehrere sog. „Vorprüfungsausschüsse" für die Dauer eines Geschäftsjahres gebildet werden, die aus jeweils drei Bundesverfassungsrichtern bestehen. Die Verfahrensmodalitäten und Verwerfungsgrundsätze der „Vorprüfungsausschüsse" waren in § 91 a Abs. 2 BVerfGG (1956) normiert. Anstelle der nach § 24 BVerfGG für die A-limine-Abweisung vorgesehene Einstimmigkeit im gesamten Senat, reichte für die Verwerfung einer Verfassungsbeschwerde nach § 91 a Abs. 2 BVerfGG (1956) ein einstimmiges Votum in dem nur drei Personen umfassenden Vorprüfungsausschuss aus. Sollte diese Mehrheit im Vorprüfungsausschuss verfehlt werden, so genügte im gesamten Senat eine einfache Mehrheit zur Verwerfung.[1470]

III. Formelles Annahmeverfahren (seit 1963)

Während sich der Gesetzgeber bei der 2. Novelle zum BVerfGG (1959) ausschließlich mit der Reduzierung der Verfassungsrichter je Senat befasst hatte,[1471] wurde durch die 3. Novelle zum BVerfGG (1963) das im

[1468] Vgl. BT-Drs. II/1662, S. 14; so ähnlich auch *Heyde*, Das BVerfGG in der Bewährung, in: FS. Kutscher, 229, 234.

[1469] Vgl. Dr. Weber (Hamburg), Berichterstatter, BR-Sten. Prot. 1955, 183 (143. Sitzung v. 24.6.1955); so auch Bundesjustizminister Neumayer, Dr. Weber (Koblenz) und Gille, BT-Sten. Prot. II/5930, 5941 u. 5945 (109. Sitzung v. 27.10.1955); Dr. Arndt, in: 99. Sitzung des Rechtsausschusses/II. Wahlperiode, S. 23; zum ganzen auch *Rinck*, Vorprüfung der Verfassungsbeschwerde, NJW 1959, 169, 170.

[1470] Vgl. *Zacher*, Die Selektion der Verfassungsbeschwerden, in: Festgabe BVerfG, Bd. 1, 396, 410.

[1471] BGBl. I 1959, 297; vgl. auch 6. Teil, B, I.

Jahre 1956 eingeführte Vorprüfungsverfahren nach § 91 a BVerfGG a.F. durch ein formelles Annahmeverfahren abgelöst.[1472] Die mit der Regelung des § 91 a BVerfGG (1956) verbundene Entlastungswirkung war offenkundig so groß gewesen, dass die Richter des Bundesverfassungsgerichts zu der Auffassung gelangt waren, sich eine umfassenderere verfassungsgerichtliche Prüfung durch die beiden Senate leisten zu können, als es unter dem Regime des Vorprüfungsverfahren möglich gewesen war. Außerdem hatten die Vorprüfungsausschüsse ihre Ventil-Funktion offenbar so effektiv ausgeübt, dass die Mitglieder des Bundesverfassungsgerichts fürchteten, der Strom sie erreichender verfassungsrechtlich relevanter Fälle könnte bald vollständig versiegen.[1473] Auf Anregung des Bundesverfassungsgerichts ersetzte der Bundesgesetzgeber im Rahmen der 3. Novelle zum BVerfGG (1963) daher das bisherige „negative Verwerfungs-Verfahren" nach § 91 a BVerfGG a.F durch das auch heute im Grundsatz noch bestehende „positive Annahmeverfahren" des § 93 a BVerfGG (1963), mit dem die materiell-verfassungsrechtliche Entscheidungskompetenz auf die beiden Senate des Bundesverfassungsgerichts zurückverlagert werden sollte.[1474] Eine „summarische Vorprüfung" durch sog. Dreierausschüsse war zwar auch nach § 93 a BVerfGG (1963) vorgesehen. Allerdings besaß nach dem Annahmeverfahren des § 93 a BVerfGG (1963) nur noch der gesamte Senat die Befugnis zu einer Annahmeentscheidung, wenn von einer Beschwerde „die Klärung einer verfassungsrechtlichen Frage" zu erwarten war bzw. zu befürchten stand, dass dem Beschwerdeführer durch die Versagung ein „schwerer und unabwendbarer Nachteil" entstehen

---

[1472] Vgl. *Uerpmann*, Annahme der Verfassungsbeschwerde zur Entscheidung, in: FS. 50 Jahre BVerfG, 673, 675 ff.

[1473] BT-Drs. IV/1224, S. 6 „Zu Nr. 7": An der bestehenden Gesetzeslage wurde vor allem kritisiert, dass das Vorprüfungsverfahren dazu geführt hatte, dass etwa 95 % aller Verfassungsbeschwerden nicht mehr zur Entscheidung der Senate gelangt waren, sondern bereits in den Vorprüfungsausschüssen erledigt wurden.

[1474] Vgl. *Zacher*, Die Selektion der Verfassungsbeschwerden, in: Festgabe BVerfG, Bd. 1, 396, 413; BT-Drs. IV/1224, S. 6 „Zu Nr. 7"; *Graßhof*, in: Maunz/Schmidt-Bleibtreu, BVerfGG, § 93 a, Rdnr. 6. Allerdings wurde dieses Ziel verfehlt, da auch nach Einführung von § 93 a BVerfG (1963) nur 0,3 % der Nichtannahme-Beschlüsse von den Senaten gefasst wurden, vgl. *Rupprecht*, Vorprüfung und Verfassungsbeschwerde, JZ 1970, 207, 210 (Fn. 58); ähnlich auch *Clemens/Umbach*, in: Umbach/Clemens, BVerfGG, 1. Aufl., § 93 a, Rdnr. 7.

würde.[1475] Gleichzeitig wurden die Anforderungen an das Annahmequorum im Senat gelockert, so dass nach § 93 a Abs. 4 BVerfGG (1963) nunmehr zwei Richterstimmen für eine Annahme ausreichten.[1476] Außerdem wurde noch eine geringfügige Entlastung des Gerichts bei der Entscheidungsbegründung vorgesehen. Konnte nach § 91 a Abs. 3 i.V.m. § 24 Satz 2 BVerfGG (1956) noch auf eine Begründung nur nach vorherigem Hinweis verzichtet werden, so sah die Gesetzesfassung der 3. BVerfGG-Novelle vor, dass weder die Dreierausschüsse noch die Senate ihre Annahme- oder Ablehnungsentscheidungen begründen mussten (§ 93 a Abs. 5 Satz 1 BVerfGG 1963).[1477] Allerdings war dem Beschwerdeführer ein Hinweis auf den für die Ablehnung maßgeblichen Gesichtspunkt zu geben.[1478]

Änderungen erfuhr das im Jahre 1963 eingeführte Annahmeverfahren bereits mit der 4. Novelle zum BVerfGG (1970), indem die Annahmegrundsätze wieder etwas erweitert und redaktionell überarbeitet wurden.[1479] Tendenziell war mit diesen Änderungen – ungeachtet entgegenstehender Beteuerungen der Bundesregierung[1480] – eine Anknüpfung an

---

[1475] Vgl. *BMJ* (Hrsg.), Entlastung des Bundesverfassungsgerichts, 33; *Graßhof*, in: Maunz/Schmidt-Bleibtreu, BVerfGG, § 93 a, Rdnr. 4.

[1476] BGBl. I 1963, 589, 590. Kritisch hierzu *Zacher*, Die Selektion der Verfassungsbeschwerden, in: Festgabe BVerfG, Bd. 1, 396, 414.

[1477] BGBl. I 1963, 589, 590. Dies geschah auch auf Anregung des Bundesrates, vgl. BT-Drs. IV/1224, Anlage 2, S. 7, Nr. 2 u. BT-Drs. IV/1224, Anlage 3 (Stellungnahme der BReg. zu den Einwendungen und Vorschlägen des Bundesrates), S. 8; anders noch der ursprüngliche Regierungsentwurf, nach dem nur in Ausnahmefällen auf eine Begründung verzichtet werden sollte, BT-Drs. IV/1224, S. 6 „Zu Nr. 7".

[1478] Vgl. *Graßhof*, in: Maunz/Schmidt-Bleibtreu, BVerfGG, § 93 d, Rdnr. 5.

[1479] BGBl. I 1970, 1765, 1767; *Uerpmann*, Annahme der Verfassungsbeschwerde zur Entscheidung, in: FS. 50 Jahre BVerfG, 673, 675; *Graßhof*, in: Maunz/Schmidt-Bleibtreu, BVerfGG, § 93 a, Rdnr. 7. Eine der Ursachen für die Änderungen führte die Bundesregierung in der Begründung des Gesetzentwurfs an, dass die alte Regelung in der Praxis zu Schwierigkeiten geführt habe, da die Qualifizierung als „offensichtlich unbegründet" als Herabsetzung angesehen worden sei. Außerdem führte das Merkmal der „Offensichtlichkeit" zu Abgrenzungsschwierigkeiten, vgl. BT-Drs. VI/388, S. 12 (Begründung); *Clemens/Umbach*, in: Umbach/Clemens, BVerfGG, 1. Aufl., § 93 a, Rdnr. 8; *Rupprecht*, Vorprüfung und Verfassungsbeschwerde, JZ 1970, 207.

[1480] Vgl. BT-Drs. VI/388, S. 12 („*Die auf der Erfahrung der Mitglieder des BVerfG beruhende Möglichkeit, die Erfolgsaussichten einer Verfassungsbeschwerde zu erkennen und von dieser Prognose die Annahme der Beschwerde*

die vor 1963 bestehende Rechtslage verbunden, so dass den Dreierausschüssen die Ablehnung von Verfassungsbeschwerden erleichtert wurde. Ihre heutige Ausprägung erhielt das Annahmeverfahren zur Verfassungsbeschwerde schließlich mit der 5. Novelle von 1985 und der 6. Novelle von 1993.[1481]

IV. Entlastungskommission und Annahme nach Ermessen

War das Verfahren des Writ of Certiorari vor dem U.S. Supreme Court in den späteren Novellen zum BVerfGG nur noch selten erwähnt worden, so wurde es in Zusammenhang mit der vom Bundesminister der Justiz im Jahre 1996 eingesetzten Entlastungskommission (auch: Benda-Kommission) wieder zum eingehenden Vergleich herangezogen.[1482] Der Grund für die Einsetzung der Kommission lag darin, dass die Eingänge beim Bundesverfassungsgericht im Jahr 1995 mit knapp 6.000 einen neuen Höchststand erreicht hatten[1483] und daher dringend nach Wegen für eine umfassende Entlastung des Gerichts gesucht wurde.[1484]

---

abhängig zu machen, würde den Entscheidungsspielraum der Vorprüfungsausschüsse in der Sache nicht erweitern.“).

[1481] Gesetz vom 12.12.1985, BGBl. I, S. 2226; Gesetz vom 11.8.1993, BGBl. I, S. 1473.

[1482] Vgl. zur Arbeit der Kommission der Bericht in: ZRP 1998, 247; *Voßkuhle*, in: v. Mangoldt/Klein/Starck, GG, Bd. 3, Art. 94, Rdnr. 45 ff.; *Kau*, Annahme nach Ermessen bei der Verfassungsbeschwerde, ZRP 1999, 319 ff.; *Bausback*, ‚Auslagerung' des Grundrechtsschutzes, ZRP 1999, 6 ff.; *Wahl*, Die Reformfrage, in: FS. 50 Jahre BVerfG, 461, 475 ff.; *Gusy*, Die Verfassungsbeschwerde, in: FS. 50 Jahre BVerfG, 641, 671; *Wieland*, in: Dreier, GG, Bd. 3, Art. 93, Rdnr. 41; *Benda*, in: Klein/Benda, Verfassungsprozessrecht, Rdnr. 376; *Uerpmann*, Annahme der Verfassungsbeschwerde zur Entscheidung, in: FS. 50 Jahre BVerfG, 673 ff. u. 676 ff.; *Vitzthum*, Annahme nach Ermessen bei Verfassungsbeschwerden?, JöR 53 (2004), 319, 327 ff.; *Mahrenholz*, Neue Institute, in FS. Zeidler, Bd. 2, 1361 f.; *Faller*, Ringen um Entlastung in: FS. Benda, 43 ff.

[1483] Vgl. *BMJ* (Hrsg.), Entlastung des Bundesverfassungsgerichts, 14 (aus dem Berufungsschreiben des Bundesministers an die Kommissionsmitglieder).

[1484] Mitglieder der von Bundesjustizminister Schmidt-Jortzig eingesetzten Kommission waren: Benda (Präs. d. BVerfG, a.D.,Vors.), Heyde (MD im BMJ, stellv. Vors.), Eckardt (MDir im LJM Baden-Württemberg), Faupel (StS im LJM Brandenburg), Graßhof (BVR), Grimm (BVR), Lichtenberger (Richter am BayVerfGH), Rinken (Vizepräs. des BremStGH), Ritter (StS LJM Nordrhein-

Die Bezugnahme auf den U.S. Supreme Court und das Certiorari-Verfahren erfolgte im Zusammenhang mit der Erörterung eines freien Annahmeverfahrens, um zu überprüfen, ob eine Annahme nach Ermessen, wie sie der U.S. Supreme Court praktizierte, möglicherweise auch zur Entlastung des Bundesverfassungsgerichts beitragen könnte.[1485] Hierzu wurde zunächst eingehend untersucht, welchen Hintergrund das Certiorari-Verfahren in den Vereinigten Staaten hat und wie die heutige gerichtliche Praxis aussieht.[1486] Nach eingehender Befassung kam die Kommission zu der Feststellung, dass mit der Einführung einer Annahme nach Ermessen nach dem Vorbild des Writ of Certiorari vor dem U.S. Supreme Court, eine erhebliche Reduzierung der Arbeitslast des Bundesverfassungsgerichts verbunden wäre.[1487] Allerdings war die Kommission mit neun gegen zwei Stimmen der Auffassung, dass eine Einführung der Ermessensannahme einer Verfassungsänderung bedarf. Diese Auffassung gründete in erster Linie auf der Überzeugung, dass eine Ermessensannahme ohne subjektiven Anspruch „von dem in Art. 93 Abs. 1 Nr. 4 a GG festgeschriebenen Bild der Verfassungsbeschwerde so weitgehend abweicht, dass eine erneute Entscheidung des verfassungsändernden Gesetzgebers" für erforderlich gehalten wurde.[1488] Außerdem verwies die Entlastungskommission auch auf „verfas-

---

Westfalen), Schelter (StS BMI) und Steinberger (BVR a.D.), *BMJ* (Hrsg.), Entlastung des Bundesverfassungsgerichts, 13.

[1485] Vgl. *BMJ* (Hrsg.), Entlastung des Bundesverfassungsgerichts, 32.

[1486] Vgl. *BMJ* (Hrsg.), Entlastung des Bundesverfassungsgerichts, 37 ff.

[1487] So soll die Prüfungslast des einzelnen Senatsmitglieds durch die Annahme nach Ermessen um bis zu einem Drittel reduziert werden, *BMJ* (Hrsg.), Entlastung des Bundesverfassungsgerichts, 54.

[1488] Vgl. *BMJ* (Hrsg.), Entlastung des Bundesverfassungsgerichts, 55. Aus dem Schrifttum traten für eine Verfassungsänderung z.B. ein: *Umbach*, in: Umbach/Clemens, BVerfGG, 1. Aufl., Vor §§ 93 a ff., Rdnr. 44 ff. (Fn. 25); *Benda*, in: Klein/Benda, Verfassungsprozessrecht, Rdnr. 382; *Pieroth*, in: Jarass/Pieroth, GG, Art. 94, Rdnr. 3; *Karl-Michael v. Bally*, Verfassungsbeschwerde und Annahmeverfahren (Diss iur, München 1973), 160; *Christian Sailer*, Verfassungsbeschwerde im Zwielicht, ZRP 1977, 303, 308; *Bernhard Schlink*, Zugangshürden im Verfassungsbeschwerdeverfahren, NJW 1984, 89 ff.; *Rüdiger Zuck*, Der Zugang zum Bundesverfassungsgericht, NJW 1993, 2641, 2646; *Klein*, Konzentraioin durch Entlastung?, NJW 1993, 2073, 2074; *Bausback*, ‚Auslagerung' des Grundrechtsschutz, ZRP 1999, 6 ff.; wohl auch Ges.-Entwurf der B-Reg. v. 5.11.1992, BT-Drs. 12/3628, 8.

Gegen die Notwendigkeit einer Verfassungsänderung traten z.B. ein: *Julius Federer*, Das BVerfG, 1963, 39, 42; *Hans Rupp*, Die Verfassungsbeschwerde im

sungspolitische Gründe", die zu diesem Votum beigetragen hätten.[1489] Zu der von der Entlastungskommission befürworteten Verfassungsänderung kam es in der Folge jedoch nicht, da sich zum einen die Gesamtzahl der Eingänge mit 4.620 im Jahre 2001 und 4.692 im Jahr 2002 wieder auf ein erträgliches Maß verringert hatte und zum anderen, weil ein sechswöchiger Praxisversuch des Bundesverfassungsgerichts mit einem an das Certiorari-Verfahren angelehnten freien Annahmeverfahren von Verfassungsrichtern und Mitarbeitern eher als Mehrbelastung, denn als Entlastung empfunden wurde.[1490] In Anbetracht des zwischenzeitlichen Anstiegs der Verfahrenszahlen auf 5.200 (2003) bzw. 5.589 (2004) könnten die Entlastungsvorschläge jedoch schon bald wieder Aktualität erlangen.

V. Einflüsse des U.S. Supreme Court

Der Einfluss des amerikanischen Writ of Certiorari auf die Einführung eines deutschen Vorprüfungs- bzw. Annahmeverfahrens bei der Verfassungsbeschwerde tritt in zahlreichen Bezugnahmen in den Gesetzgebungsmaterialien und im staatsrechtlichen Schrifttum hervor. Allerdings darf dabei nicht übersehen werden, dass die Bezugnahmen auf den Writ of Certiorari nicht immer unmittelbar rechtsdogmatischer, sondern häufig auch nur ideeller Natur waren und sich vor allem am Entlastungspotential einer solchen Vorprüfung orientierten. Dennoch hat bereits die rechtsvergleichende Untersuchung zahlreiche inhaltliche Übereinstimmungen erbracht im Hinblick auf das im Annahmeverfah-

---

Rechtsmittelsystem, ZZP 82 (1969), 1, 5 f. *Rupprecht*, Vorprüfung und Verfassungsbeschwerde, JZ 1970, 207, 212; *Rudi Wand*, Befugnisse der Gerichtsverwaltung und Aspekte der Vorprüfung im Verfassungsbeschwerdeverfahren, NJW 1984, 951 ff.; *Heyde*, BVerfGG in der Bewährung, FS. Kutscher, 229, 244; *Wieland*, Zugang des Bürgers, Der Staat, Bd. 29 (1990), 333, 351; *Kau*, Annahme nach Ermessen bei der Verfassungsbeschwerde, ZRP 1999, 319, 321 f.

[1489] Vgl. *BMJ* (Hrsg.), Entlastung des Bundesverfassungsgerichts, 56; hierzu auch *Kau*, Annahme nach Ermessen bei der Verfassungsbeschwerde, ZRP 1999, 319, 322.

[1490] Vgl. FAZ, v. 20.2.1999, S. 8; so auch schon das Sondervotum Graßhof, in: *BMJ* (Hrsg.), Entlastung des Bundesverfassungsgerichts, 139 ff.; *Kau*, Annahme nach Ermessen bei der Verfassungsbeschwerde, ZRP 1999, 319, 322; *Christian Kirchberg*, Was wird aus dem Bericht der Benda-Kommission?, NVwZ 1999, 375, 376; vgl. zur Statistik www.Bundesverfassungsgericht.de

ren zutage tretende Motiv der Eigenbestimmung des Gerichts, das generelle Fehlen eines Begründungserfordernisses sowie im Hinblick auf den Umstand, dass sowohl im amerikanischen als auch im deutschen Verfassungsprozessrecht mit der Annahmeentscheidung unabhängig von ihrem Ausgang keine Entscheidung in der Sache verbunden ist.

Wenn es auch letztlich im Parlamentarischen Rat aus verschiedenen Gründen nicht zur Normierung eines Annahmeverfahrens kam, so bezog sich doch bereits der Ausschussvorsitzende Zinn in seinem Vorschlag vom 3. November 1948 ausdrücklich auf die Annahme nach Ermessen zum U.S. Supreme Court.[1491] Daran zeigt sich, dass auch frühe Überlegungen über ein mögliches deutsches Annahmeverfahren bereits eng mit dem Vorbild des U.S. Supreme Court verbunden waren und sogar eine ermessensabhängige Annahmepraxis in Erwägung gezogen wurde.

In ähnlicher Weise zeigt sich am Anfang der normativen Regelungen des BVerfGG, dass der Writ of Certiorari von großer Bedeutung war. So verwies beispielsweise Geiger, der im Bundesjustizministerium als Referent für die Ausarbeitung des BVerfGG zuständig gewesen war und ab 1951 die Stellung eines Bundesverfassungsrichters bekleidete,[1492] in seiner Erstkommentierung des BVerfGG auf den Zusammenhang zwischen der A-limine-Abweisung nach § 24 BVerfGG und dem amerikanischen Prozessrecht. Dazu führte er wie folgt aus:

> „Da es nicht Zweck der Verfassungsgerichtsbarkeit ist, jeden Streit, dessen Entscheidung auf Grund von Präjudizien klar ist, erneut mit Begründung zu entscheiden – sie hat sich auf die Klärung bisher nicht entschiedener Fragen der Verfassung zu konzentrieren –, ist in

---

[1491] *Zinn* (SPD), in: Prot. Parl. Rat, Bd. 13/II, Dok.-Nr. 54, 1263, 1271 (Formulierungsvorschläge der Abgeordneten Strauß und Zinn zu den Kapiteln VIII und XII, 3.11.1948) („*Zu Art. N: ... Wie der Supreme Court in Washington und wie das Deutsche Obergericht soll hier das Deutsche Bundesgericht nach eigenem Ermessen entscheiden können, ob es eine Klage annimmt oder nicht, ...*“).

[1492] Vgl. zur Rolle Geigers bei der Errichtung des Bundesverfassungsgericht und danach *Theodor Ritterspach*, Erinnerungen an die Anfänge des Bundesverfassungsgerichts, in: FS. Benda, 201, 202 f. Auch der Gesetzentwurf der Bundesregierung vom 28.3.1950, BT-Drs. I/788, S. 7 sah bereits in § 20 Entw-BVerfGG eine ähnliche Bestimmung vor: „*Formwidrige, unzulässige, verspätete Anträge und Anträge von Nichtberechtigten können durch einstimmigen Beschluß des Gerichts, der keiner weiteren Begründung bedarf, verworfen werden.*“ Ähnlich, im Umfang aber beschränkt § 21 Entw-BVerfGG der SPD-Bundestagsfraktion, BT-Drs. I/328, S. 5.

jenen Fällen eine summarische Verwerfung gerechtfertigt (vgl. die Praxis des amerikanischen Supreme Court: "certiorari denied")."[1493]

Neben den ausdrücklichen Verweisen auf den „amerikanischen Supreme Court" und den Writ of Certiorari ("certiorari denied"), fällt vor allem der Hinweis auf die Wirkung von Präjudizien und die Ausführung über die Aufgaben der Verfassungsgerichtsbarkeit auf. Die darin betonte Aufmerksamkeit für die „bisher nicht entschiedenen Fragen der Verfassung" ähnelte den im amerikanischen Prozessrecht bestehenden Grundsätzen bei der Annahme nach Ermessen (discretionary review).[1494]

Auch in der Denkschrift des Bundesverfassungsgerichts vom 23. Dezember 1954 wurde der „amerikanische writ of certiorari" ausdrücklich als Modell für ein neu zu konzipierendes Vorprüfungsverfahren genannt.[1495] Darin zeigt sich, dass das zwei Jahre später eingeführte Vorprüfungsverfahren zur Verfassungsbeschwerde bereits von seinem Ursprung her auf das engste mit dem Writ of Certiorari des amerikanischen Prozessrechts verbunden war. Es überrascht daher nicht, dass dieser Einfluss besonders deutlich bei der 1. Novelle zum BVerfGG von 1956 zutage trat, als ein dem Writ of Certiorari nachgestaltetes sog. „Vorprüfungsverfahren" eingefügt wurde.[1496] Die nachhaltige Bedeutung des Certiorari-Verfahrens konnte sowohl der Gesetzesbegründung der Bundesregierung[1497] als auch der parlamentarischen Erörterung in Bundestag und Bundesrat ausführlich entnommen werden.[1498]

[1493] Vgl. *Geiger*, BVerfGG-Kommentar, § 24, Anm. 1.

[1494] Vgl. 13. Teil, A, I.

[1495] Status-Denkschrift des Bundesverfassungsgerichts v. 23.12.1954, zitiert nach Rinck, Vorprüfung der Verfassungsbeschwerde, NJW 1959, 169, 170.

[1496] Vgl. BGBl. I 1956, 662, 663; *Uerpmann*, Annahme der Verfassungsbeschwerde zur Entscheidung, in: FS. 50 Jahre BVerfG, 673, 675; *Zacher*, Die Selektion der Verfassungsbeschwerden, in: Festgabe BVerfG, Bd. 1, 396, 410 f.; *Rinck*, Vorprüfung der Verfassungsbeschwerde, NJW 1959, 169, 170.

[1497] Vgl. BT-Drs. II/1662, S. 14 *„Das Vorprüfungsverfahren ist dem Vorbild des writ of certiorari vor dem Supreme Court der Vereinigten Staaten nachgebildet. ... Die Vorprüfung durch ein kleineres Gremium bedeutet demgegenüber auch in den Fällen, die jetzt nach § 24 erledigt werden können, eine wesentliche Vereinfachung und Entlastung des Gerichts."* So ähnlich auch *Heyde*, Das BVerfGG in der Bewährung, in: FS. Kutscher, 229, 234.

[1498] Vgl. Dr. Weber (Hamburg), Berichterstatter, BR-Sten. Prot. 1955, 183 (143. Sitzung v. 24.6.1955); so auch Bundesjustizminister Neumayer, Dr. Weber (Koblenz) und Gille, BT-Sten. Prot. II/5930, 5941 u. 5945 (109. Sitzung v.

Auch in späteren Entwicklungsstufen des deutschen Annahmeverfahrens wurde immer wieder auf die Praxis des U.S. Supreme Court mit dem Writ of Certiorari verwiesen, um hieraus Anregungen für weitere legislative Ansätze zu gewinnen.[1499] Zuletzt diente der Writ of Certiorari bei der Arbeit der Entlastungskommission (1996-1997) als unmittelbares verfahrensrechtliches Vorbild.[1500] Häufig wurde das amerikanische Certiorari-Verfahren dabei als letzter – und im Hinblick auf die Annahme-Grundsätze extremster – Ausweg angesehen, um eine Überlastung des Bundesverfassungsgerichts noch abzuwenden.[1501] Im Ergebnis hat der Bundesgesetzgeber jedoch stets vor einer offenen Angleichung des deutschen Annahmeverfahrens an den Writ of Certiorari zurückgeschreckt, da ihm die subjektiv-rechtlichen und individualschützenden Funktionen der Verfassungsbeschwerde zu kostbar erschienen, um sie auf dem Altar der dauerhaften Gerichtsentlastung zu opfern. Ob dies in Anbetracht der bereits dargestellten informellen Ermessensannahme nach den Grundsätzen der Heckschen Formel und angesichts der tatbestandlichen Entscheidungsspielräume bei den Annahmegrundsätzen des § 93 a Abs. 2 BVerfGG noch angemessen ist, erscheint indessen zweifelhaft.

Zusammenfassend lässt sich festhalten, dass der U.S. Supreme Court und das Verfahren des Writ of Certiorari sowohl mit Blick auf die Entstehungsgeschichte des deutschen Annahmeverfahrens als auch mit Blick auf künftige Entlastungsmöglichkeiten sich als unmittelbare Vorbilder der deutschen Rechtsentwicklung erwiesen haben.[1502] Ungeachtet aller dogmatischen Unterschiede wurde fast immer das amerikanische Certiorari-Verfahren herangezogen, wenn – wie in der Vergangenheit häufig – das Vorprüfungs- bzw. Annahmeverfahren zur Verfassungsbeschwerde den Erfordernissen der Gegenwart angepasst werden musste. Außerdem zeigen auch die aus der rechtsvergleichenden Untersuchung resultierenden objektiven Übereinstimmungen, dass das gegenwärtige

---

27.10.1955); Dr. Arndt, in: 99. Sitzung des Rechtsausschusses/II. Wahlperiode, S. 23; zum ganzen auch *Rinck*, Vorprüfung der Verfassungsbeschwerde, NJW 1959, 169, 170.

[1499] Vgl. beispielsweise der Redebeitrag des Abg. Dichgans bei den Beratungen des 19. Änderungsgesetzes zum GG, BT-Sten. Prot. V/10820 A 201. Sitzung, 4.12.1968; *BMJ* (Hrsg.), Entlastung des Bundesverfassungsgerichts, 37 ff.

[1500] Vgl. *Wieland*, in: Dreier, GG, Bd. 3., Art. 93, Rdnr. 41.

[1501] Z.B. *BMJ* (Hrsg.), Entlastung des Bundesverfassungsgerichts, 37 ff.

[1502] Vgl. *Rinck*, Vorprüfung der Verfassungsbeschwerde, NJW 1959, 169, 171.

deutsche Annahmeverfahren nach §§ 93 a ff. BVerfGG mehrere Detailregelungen des amerikanischen Prozessrechts übernommen hat.

Vierzehnter Teil

Abweichende richterliche Meinungen

Sowohl das amerikanische als auch das deutsche Prozessrecht eröffnen gegenwärtig in unterschiedlichem Umfang den Mitgliedern von Kollegialgerichten die Möglichkeit, ihre von der Senatsmehrheit abweichenden rechtlichen Meinungen bekannt zu machen.[1503] Im deutschen Verfassungsprozessrecht sind in diesem Zusammenhang vor allem die „Sondervoten" der Bundesverfassungsrichter zu nennen, während in der amerikanischen Rechtsordnung allgemein die "separate opinions" der Supreme Court-Richter von hervorgehobener Bedeutung sind.

A. Abweichende richterliche Meinungen im Vergleich

I. U.S. Supreme Court

Nach einer Aussage Vollkommers aus dem Jahre 1964 ist der U.S. Supreme Court „ein klassisches Beispiel für ein Kollegialgericht angelsächsischer Prägung, das keine überindividuelle, anonyme Einheit bildet, sondern eigentlich stets nur die Summierung mehrere Einzelrichter darstellt".[1504] Während Gerichte in Deutschland ihre judikativen Funktionen traditionell als überindividuelle und anonyme Spruchkörper wahrnehmen (z.B. „Der" BGH; „Das" OLG Köln), stellt der Richter

---

[1503] Vgl. die eingehende Untersuchung von *Millgramm*, Separate Opinion und Sondervotum, 58 ff.; *Heyde*, Dissenting Opinions in der deutschen Verfassungsgerichtsbarkeit, JöR 19 (1970), 201 ff; *Hans G. Rupp*, Zur Frage der Dissenting Opinion, FS. Leibholz, 1966, Bd. 2, 531 ff.; *Roellecke*, Sondervoten, in: FS. 50 Jahre BVerfG, 363 ff.; *Zierlein*, Erfahrungen mit dem Sondervotum beim Bundesverfassungsgericht, DÖV 1981, 83 ff.; *Ritterspach*, Gedanken zum Sondervotum, in: FS. Zeidler, Bd. 1, 1378 ff.; *Fromme*, Das Sondervotum in der Bewährung, FS. Geiger, 867 ff.

[1504] Vgl. *Vollkommer*, Die Rechtsmittel zum U.S. Supreme Court, JZ 1964, 152, 156.

im anglo-amerikanischen Rechtskreis eine individuell handelnde und als solche auch öffentlich in Erscheinung tretende Persönlichkeit dar. So wird nicht nur jeder an einer Gerichtsentscheidung beteiligte Richter am Ende der Entscheidungsgründe namentlich genannt, sondern auch kenntlich gemacht, inwieweit er damit übereinstimmt. Außerdem wird auch derjenige Richter, der die betreffende Entscheidung tatsächlich verfasst hat, ausdrücklich mitgeteilt, so dass jedes einzelne Mitglied eines Kollegialgerichts ein eigenes inhaltliches sowie sprachliches Profil erhält. Dass dies auf einer langjährigen englischen Rechtstradition beruht, zeigt sich nicht zuletzt am Beispiel berühmter Gerichtsurteile aus der Feder der Richter Edward Coke[1505], Matthew Holt und Henry Hobart, deren Namen ansonsten heute wohl kaum noch im gleichen Umfang bekannt wären.[1506]

Diese angelsächsische Rechtstradition setzt sich auch bei den Richtern des U.S. Supreme Court und anderer amerikanischer Gerichte fort, die nicht nur namentlich genannt werden, sondern außerdem noch ihre abweichenden oder zustimmenden Rechtsauffassungen im Gestalt von "separate opinions" mitteilen dürfen.[1507] Letztere unterteilen sich in "dissenting opinions" und "concurring opinions". Bei einer "dissenting opinion" (verkürzt: dissent) ist ein an den Beratungen beteiligter Richter weder mit dem Ergebnis noch mit der Begründung einer Entscheidung einverstanden. Bei einer "concurring opinion" (verkürzt: concurrence) stimmt ein Richter zwar mit dem Ergebnis der Entscheidung

---

[1505] Vgl. *Allen D. Boyer*, Sir Edward Coke and the Elizabethan Age, Stanford 2003; *John Hostettler*, Sir Edward Coke: A Force for Freedom, Chichester/UK 1997; *Jean Beauté*, Un grand juriste anglais: Sir E. Coke 1552-1634, Paris 1975; *Catherine Drinker Bowen*, The Lion and the Throne. The Life and Times of Sir Edward Coke, 1552-1634, Boston 1957; *Holdsworth*, A History of English Law, Vol. V, 425 ff.; *Earl of Birkenhead*, Fourteen English Judges, London/New York/Toronto/Melbourne 1926, 26-52; *Cuthbert W. Johnson*, The Life of Sir Edward Coke, London 1837; *Humphry William Woolrych*, The Life of the right honourable Sir Edward Coke, London 1826.

[1506] Vgl. *Plucknett*, Bonham's Case and Judicial Review, Harv.L.Rev., Bd. 40 (1926/1927), 30 ff.; *McGovney*, The British Origins of Judicial Review of Legislation, U.Pa.L.Rev., Bd. 93 (1944) 1 ff.; *Earl of Birkenhead*, Fourteen English Judges, London/NewYork/ Toronto/Melbourne 1926, 26-52; *Kriele*, Einführung in die Staatslehre, 114; *Langheid*, Souveränität und Verfassungsstaat, 65.

[1507] Vgl. *Jackson*, The Supreme Court in the American System of Government, 16 ff.

überein, er stellt es jedoch auf die Grundlage einer anderen rechtsdogmatischen Begründung.[1508]

Allerdings gab es am U.S. Supreme Court die Möglichkeit zur Abgabe einer "separate opinion" nicht von Anfang an. Denn zwischen 1789 und 1801 bestand zunächst der verfahrensrechtliche Brauch der so genannten "seriatim opinion".[1509] Hierbei gab jeder Richter zu jeder Rechtssache der Reihe nach sein Votum mit Begründung ab, so dass die Entscheidung des Supreme Court aus der anschließenden Addition der Richterstimmen resultierte.[1510] Erst unter der Ägide von Chief Justice John Marshall (1801-1835) änderte sich diese Praxis, indem nunmehr eine einheitliche "opinion of the court" – häufig aus der Feder Marshalls selbst – erging. Da es "seriatim opinions" seit dieser Zeit nicht mehr gab, wurde den Richtern des U.S. Supreme Court zum Ausgleich die Möglichkeit zur Abfassung einer "separate opinion" eingeräumt.[1511] Während in der Marshall-Ära nur sehr zurückhaltend hiervon Gebrauch gemacht wurde, stieg die Anzahl der ‚separate opinions' in späteren Jahren stark an, so dass gegenwärtig bei einem Gesamtanteil von 75 bis 80 Prozent nichteinstimmiger Entscheidungen, mehr abweichende Meinungen als "opinions of the court" verfasst werden.[1512] Die Ansichten der Supreme Court-Richter divergieren in manchen Fällen so stark voneinander, dass nur noch das unmittelbare Entscheidungsergebnis von einer Mehrheit getragen wird, ansonsten aber sog. "plurality opinions" nebeneinander stehen, bei denen jeder an den Beratungen beteiligte Richter seine eigene Begründung abgibt.[1513] In der Literatur

---

[1508] Vgl. *Jackson*, The Supreme Court in the American System of Government, 17 f.; *Millgramm*, Separate Opinion und Sondervotum, 58.

[1509] „Seriatim" heißt lat. „der Reihe nach", vgl. *Millgramm*, Separate Opinion und Sondervotum, 59.

[1510] Vgl. *Millgramm*, Separate Opinion und Sondervotum, 59 f.

[1511] Vgl. *Roellecke*, Sondervoten, in: FS. 50 Jahre BVerfG, 363, 365 u. 375.

[1512] Vgl. hierzu die Bespiele berühmter "separate opinions" bei *Millgramm*, Separate Opinion und Sondervotum, 60 f. u. 64.

[1513] Vgl. etwa die Entscheidung im Fall *Adarand Constructors, Inc. v. Pena*, 515 U.S. 200 (1996), die zwar von Justice O'Connor als "judgment of the court" verfasst wurde, zu der es aber nicht nur "dissenting opinions" von Justice Souter und Justice Ginsburg gibt, die von Justice Breyer unterstützt werden, sondern auch eine weitere "dissenting opinion" von Justice Stevens, der von Justice Ginsburg unterstützt wird und drei "concurring opinions" der Richter Scalia, Thomas und Kennedy, die zwar mit dem Ergebnis, nicht aber mit der Begründung einverstanden sind. Zuletzt auch in der Entscheidung *Hamdi v.*

wurde hierzu angemerkt, dass sich damit in der Tendenz eine „Rückkehr zu den ‚seriatim opinions'" abzeichnet.[1514] Dies mag insgesamt betrachtet zwar übertrieben sein, zutreffend ist aber, dass gerade bei politisch oder verfassungsrechtlich umstrittenen Fällen die Begründungspluralität den präjudiziellen Wert von Supreme Court-Entscheidungen deutlich mindert, was regelmäßig zur Folge hat, dass auch die Rechtssicherheit nur in geringem Umfang gewährleistet werden kann.

II. Sondervotum im deutschen Verfassungsprozessrecht

Das sog. Sondervotum wurden erst 1970 im deutschen Verfassungsprozessrecht eingeführt und ist seitdem in § 30 Abs. 2 BVerfGG normiert.[1515] Nach dem Wortlaut dieser Vorschrift kann ein Richter „seine in der Beratung vertretene abweichende Meinung ... in einem Sondervotum niederlegen". Vergleichbar der im amerikanischen Recht bestehenden Unterscheidung sieht auch das deutsche Verfassungsprozessrecht die Möglichkeit einer abweichenden Meinung zur Entscheidung bzw. zu deren Begründung vor.[1516] Nach § 30 Abs. 2, 2. HS BVerfGG werden Sondervoten im Anschluss an die Entscheidung in der amtlichen Sammlung veröffentlicht. Mit der Möglichkeit zur Abgabe eines Sondervotums wurden die bis dahin in der deutschen Justiztradition bestehenden Grundsätze der richterlichen Anonymität und des Beratungsgeheimnisses eingeschränkt. Zwar bestand schon früher beim Bundesverfassungsgericht die Möglichkeit, so genannte „versteckte Sonder-

---

Rumsfeld, 124 S.Ct. 2633 (2004), bei der es um die rechtliche Bewertung der auf Guantánamo Bay festgehaltenen sog. "enemy combatants" ging.

[1514] Vgl. *Millgramm*, Separate Opinion und Sondervotum, 65; auch aus der verfassungsgerichtlichen Praxis lassen sich ähnliche Beispiele nennen, z.B. BVerfG, Urt. v. 15.11.1971, BVerfGE 32, 199 (227 ff.); *Hennecke*, in: Umbach/Clemens/Dollinger, BVerfGG, § 30, Rdnr. 17 ff.; *Klein*, in: Klein/Benda, Verfassungsprozessrecht, Rdnr. 317 (Fn. 46); *Klein/Bethge*, in: Maunz/Schmidt-Bleibtreu, BVerfGG, § 30, Rdnr. 6.2.

[1515] Vgl. Gesetz v. 21.12.1970, BGBl. I 1970, 1765; *Klein*, in: Benda/Klein, Verfassungsprozessrecht, Rdnr. 314.

[1516] Vgl. *Stern*, Staatsrecht, Bd. 2, § 44 V 3 (S. 1042 ff.); *Zöbeley*, in: Umbach/Clemens, BVerfGG, 1. Aufl., § 30, Rdnr. 19; *Klein/Bethge*, in: Maunz/Schmidt-Bleibtreu, BVerfGG, § 30, Rdnr. 6.1; *Pestalozza*, VerfassungsprozeßR, § 20, IV, Rdnr. 39.

voten" zu formulieren, allerdings wurden diese lediglich zu den Prozessakten gegeben und nicht veröffentlicht.[1517]

Die zugunsten des Sondervotums angeführten Gründe sind vielfältiger Natur. So soll das Sondervotum u.a. der Arbeit des Bundesverfassungsgerichts mehr Offenheit und Transparenz verleihen,[1518] die Fortentwicklung des Verfassungsrechts fördern und die Rechtsprechung vorhersehbarer machen.[1519] In den Sondervoten sollen sich außerdem erste Ansätze zur kritischen Auseinandersetzung mit einer verfassungsgerichtlichen Entscheidung zeigen, so dass aus der abweichenden Meinung von heute die Mehrheitsmeinung von morgen werden kann.[1520] Im Hinblick auf die Qualität der Entscheidungen versprach man sich vom Sondervotum, dass die Beratungen der Senate intensiver und die vertretenen Argumentationen besser würden.[1521] Rechtsvergleichend sah man im Sondervotum für das Bundesverfassungsgericht auch eine Möglichkeit, am „Glanz des U.S. Supreme Court"[1522] teilzuhaben und von der herausragenden öffentlichen Stellung seiner Richter zu profitieren. Schließlich sollten auch die Richter aus ihrer Anonymität befreit und dadurch in ihrer Persönlichkeit und ihrem Verantwortungsgefühl

---

[1517] Vgl. *Klein*, in: Benda/Klein, Verfassungsprozessrecht, Rdnr. 314; *Klein/Bethge*, in: Maunz/Schmidt-Bleibtreu, BVerfGG, § 30, Rdnr. 4 (*„unveröffentlichte Separatvoten"*); *Zöbeley*, in: Umbach/Clemens, BVerfGG, § 30, Rdnr. 18. Eine nachträgliche Veröffentlichung von „versteckten" Sondervoten erfolgte etwa bei *Willi Geiger*, Abweichende Meinungen zu Entscheidungen des Bundesverfassungsgerichts, Tübingen 1989 mit vierzehn Sondervoten zu BVerfGE 1-29; ähnlich auch *Rupp-v. Brünneck*, Verfassung und Verantwortung. Gesammelte Schriften und Sondervoten (hrsg. v. H.-P. Schneider), Baden-Baden 1983.

[1518] Vgl. *Zöbeley*, in: Umbach/Clemens, BVerfGG, 1. Aufl., § 30, Rdnr. 28; *Roellecke*, Sondervoten, in: FS. 50 Jahre BVerfG, 363, 368; *Hans Spanner*, Das Bundesverfassungsgericht, München 1972, 41; kritisch hierzu *Hans Schneider*, Die Einführung des offenen Sondervotums beim Bundesverfassungsgerichts, in: FG Maunz, München 1971, 345, 348.

[1519] Vgl. *Roellecke*, Sondervoten, in: FS. 50 Jahre BVerfG, 363, 368.

[1520] Vgl. *Schlaich/Korioth*, Das Bundesverfassungsgericht, Rdnr. 49; *Hennecke*, in: Umbach/Clemens/Dollinger, BVerfGG, § 30, Rdnr. 20 f. Allerdings weist Klein zutreffend darauf hin, dass das Sondervotum ebenso gut auch die „Meinung von gestern" sein kann, die in Zukunft Minderheitsposition bleiben wird, vgl. *Klein*, in: Klein/Benda, Verfassungsprozessrecht, Rdnr. 317.

[1521] Vgl. *Klein*, in: Benda/Klein, Verfassungsprozessrecht, Rdnr. 315; *Roellecke*, Sondervoten, in: FS. 50 Jahre BVerfG, 363, 368.

[1522] Vgl. *Roellecke*, Sondervoten, in: FS. 50 Jahre BVerfG, 363, 369.

gestärkt werden.[1523] Ob die Einführung des Sondervotums die in sie gesetzten Erwartungen erfüllt hat, wird im Schrifttum überwiegend bezweifelt. Allerdings fällt die Bilanz auch nicht einhellig schlecht aus. Leidenschaftliche Befürwortung und ebenso leidenschaftliche Gegnerschaft sind jedoch mittlerweile vor allem Indifferenz gewichen. Die Folgen des Sondervotums sind nach Roellecke „weder so negativ wie befürchtet noch so positiv wie erhofft".[1524] Insgesamt hat die seit 20 Jahren zurückgehende Anzahl von Sondervoten ihren Teil dazu beigetragen, dass die Diskussion über Vor- und Nachteile des Sondervotums weitgehend verstummt ist.[1525]

III. Separate Opinion und Sondervotum

1. Abweichungen

a. "Plurality votes" als Problemfall der "concurring opinion"

Das amerikanische und deutsche Prozessrecht weist im Hinblick auf die Abgabe sog. "plurality votes" einen charakteristischen Unterschied auf. So kann es beim U.S. Supreme Court bei besonders umstrittenen verfassungsrechtlichen Fragen vorkommen, dass sich die beteiligten Rich-

---

[1523] Vgl. *Heyde*, Dissenting Opinions in der deutschen Verfassungsgerichtsbarkeit, JöR 19 (1970), 201, 217.

[1524] Vgl. *Roellecke*, Sondervoten, in: FS. 50 Jahre BVerfG, 363, 368; *Hennecke*, in: Umbach/Clemens/Dollinger, BVerfGG, § 30, Rdnr. 20 f. mit ausgewogener Bewertung; *Zierlein*, Erfahrungen mit dem Sondervotum beim Bundesverfassungsgericht, DÖV 1981, 83, 86; *Millgramm*, Separate Opinion und Sondervotum, 186 f.; *Klein*, in: Klein/Benda, Verfassungsprozessrecht, Rdnr. 318 („*die Vorteile ... [sind] kaum messbar, aber fassbare Nachteile sind ebenfalls nicht erkennbar geworden*").

[1525] Für den Zeitraum zwischen dem 30 und 49 Band der amtlichen Entscheidungssammlung konnte eine Quote von 12 % (insgesamt 67) Sondervoten festgestellt werden, danach verringerte sich die Quote auf etwa 6 %, vgl. *Zierlein*, Erfahrungen mit dem Sondervotum beim Bundesverfassungsgericht, DÖV 1981, 83, 88; *Schlaich/Korioth*, Das Bundesverfassungsgericht, Rdnr. 50 (Fn. 96); *Klein/Bethge*, in: Maunz/Schmidt-Bleibtreu, BVerfGG, § 30, Rdnr. 6; *Klein*, in: Klein/Benda, Verfassungsprozessrecht, Rdnr. 315 (für die Bände 30 bis 100 werden insgesamt 1.714 Sondervoten verzeichnet. Das enspricht etwa 6 %).

ter nicht auf eine einheitliche Urteilsbegründung einigen können und daher jeder für sich eine "concurring opinion" formuliert. In diesen Fällen kann der Ausgang des Gesamtverfahrens nur durch Addition der Einzelentscheidungen festgestellt werden. Noch komplizierter wird die Situation, wenn die Richter lediglich zum Teil miteinander übereinstimmen, zum Teil aber auch gegensätzliche Auffassungen vertreten. So wird die Entscheidung des Supreme Court in *Adarand Constructors, Inc. v. Pena* (1995) zwar von Justice O'Connor mitgeteilt. Tatsächlich lautet es am Anfang der Entscheidung anstelle der üblichen Formel ("Justice ... delivers the opinion of the court") wie folgt:

> "Justice O'Connor announced the judgment of the Court and delivered the opinion with respect to Parts I, II, III-A, III-B,III-D, and IV which is for the Court except insofar as it might be inconsistent with the views expresses in Justice Scalia's concurrence, and an opinion with respect to Part III-C in which Justice Kennedy joins."[1526]

Danach folgen dann in *Adarand Constructors, Inc. v. Pena* (1995) noch zwei "concurring opinions" von Justice Scalia und Justice Thomas, eine gemeinsam "dissenting opinion" von Justice Stevens und Justice Ginsburg, eine "dissenting opinion" von Justice Souter, der Justice Breyer und Justice Ginsburg beitreten, und eine weitere "dissenting opinion" von Justice Ginsburg, der Justice Breyer beitritt. Dieses in der Vielfalt der untschiedlichen richterlichen Meinungen vielleicht besonders negative Beispiel amerikanischer Spruchpraxis mag verdeutlichen, welche negativen Effekte mit der Abgabe von "concurring opinions" verbunden sein können.

Demgegenüber kennt das deutsche Verfassungsprozessrecht zwar auch abweichende richterliche Meinungen, allerdings konnten diese bislang immer auf eine einheitliche Senatsentscheidung des Bundesverfassungsgerichts bezogen werden. Dies hat seinen Grund vor allem darin, dass von der Möglichkeit eines Sondervotums zur Entscheidungsbegründung bislang nur sehr zurückhaltend Gebrauch gemacht wurde.

"Plurality votes" des U.S. Supreme Court und die Möglichkeit zur Abgabe von zustimmenden Sondervoten ("concurring opinions") sind daher nicht in erster Linie als nostalgischer Rückschritt in die Zeit der "seriatim opinions" anzusehen,[1527] sondern stellen tatsächlich eine gewisse Bedrohung für die weitgehend unangefochtene Stellung des U.S.

[1526] 515 U.S. 200 (1995).

[1527] Vgl. *Millgramm*, Separate Opinion und Sondervotum, 65; *Klein/Bethge*, in: Maunz/Schmidt-Bleibtreu, BVerfGG, § 30, Rdnr. 6.2.

Supreme Court dar. Dies gilt vor allem, weil dessen öffentliches Ansehen ungeachtet umstrittener und problematischer Entscheidungen letztlich vor allem auf dem Umstand beruht, dass er die ansonsten nicht lösbaren Konflikte in letzter Instanz entscheidet.[1528] Dies führt zwar bei der unterlegenen Seite häufig zu Kritik und Anfeindung, allerdings ändert dies an der „Letztentscheidungsbefugnis“ des U.S. Supreme Court grundsätzlich nichts. Gefährdet wird die Letztentscheidungsbefugnis des Obersten Gerichtshofs aber durch die Möglichkeit zur Abgabe von "plurality votes" und eine Überbeanspruchung von "concurring opinions", da hierbei keine einheitliche Position des Supreme Court als Ganzes gebildet wird und er damit seiner Leitfunktion nicht gerecht werden kann. Dieser Mangel wirkt sich im amerikanischen Common Law-System besonders stark aus, da die Entscheidungen des U.S. Supreme Court nach dem *stare decisis*-Prinzip für alle übrigen Bundesgerichte eine Bindungswirkung nach ziehen sollen, was aber bei einer vielstimmigen Entscheidung weitgehend unmöglich ist. Die negativen Erfahrungen mit den "plurality votes" aus der Praxis des Supreme Court belegen, dass die Richter des Bundesverfassungsgerichts bislang gut daran getan haben, sich mit Sondervoten zur Entscheidungsbegründung zurückzuhalten. Zwar mag es im Einzelfall bei den beteiligten Richtern unterschiedliche Auffassungen über die Begründung eines Ergebnisses geben, im Hinblick auf die Bindungswirkung und das öffentliche Ansehen des Gerichts ist es jedoch wertvoller, dass das Bundesverfassungsgericht – jedenfalls bei der Begründung der Mehrheitsentscheidung – mit einer Stimme spricht, als dass alle separat erarbeiteten Entscheidungsbegründungen auch öffentlich zur Geltung kommen. Sollte es in Deutschland zu einer ähnlichen Entwicklung im Hinblick auf die "plurality votes" kommen wie in den Vereinigten Staaten – die Rechtslage des § 30 Abs. 2 BVerfGG ließe dies durchaus zu –, so wäre zu empfehlen, die Möglichkeit zur Abgabe von Sondervoten auf das Ergebnis zu beschränken ("dissenting opinions"), während Sondervoten zur Begründung ("concurring opinions") unzulässig sein sollten.

[1528] Vgl. Kriele, Der Supreme Court im Verfassungssystem der USA, Der Staat 1965, 195, 196 („*Gerade weil so verschiedene Meinungen möglich und verbreitet sind, ist es wichtig, daß eine Instanz mit letzter Verbindlichkeit entscheidet.*“).

b. Individualisierung in der Öffentlichkeit

Ein weiterer nicht unerheblicher Unterschied zwischen der abweichenden richterlichen Meinung im amerikanischen und im deutschen Prozessrecht betrifft die damit bezweckte Individualisierung der einzelnen Richter in der Öffentlichkeit.[1529] Anerkanntermaßen sollte die Abgabe von Sondervoten zu einer Individualisierung und damit zu einer gesteigerten öffentlichen Bekanntheit der Verfassungsrichter als Personen führen, die wiederum dem Bundesverfassungsgericht als Verfassungsorgan zusätzliche Bedeutung verleihen sollte.

Wie sich der im Jahr 1967 unter den Bundesverfassungsrichtern vorgenommenen Abstimmung über die Einführung des Sondervotums entnehmen lässt, befürwortete damals eine Mehrheit von 9 zu 6 Verfassungsrichtern – im Zeichen von Transparanz und Publizität – die Einführung des Sondervotums.[1530] Dass damit auch die Möglichkeit eröffnet sein würde, als Einzelperson aus dem Schatten der Institution „Bundesverfassungsgericht" herauszutreten, wird den meisten Verfassungsrichtern nicht entgangen und wohl auch nicht ungelegen gewesen sein.[1531] Die seit 1970 geübte Praxis hat jedenfalls dazu geführt, dass selbst Richter, die früher wohl bei den Gegnern des Sondervotums zu finden gewesen wären, sich später zu seinen Befürwortern zählten.[1532]

Im Hinblick auf die öffentliche Bekanntheit der Bundesverfassungsrichter hat die Einführung des Sondervotums jedoch nur teilweise den erhofften Erfolg gebracht. Ungeachtet gelegentlicher Einzelportraits

---

[1529] Vgl. *Quaas*, Die Verfassung der Vereinigen Staaten von Amerika und das Grundgesetz, VBlBW 2003, 217, 221.

[1530] Vgl. *Roellecke*, Sondervoten, in: FS. 50 Jahre BVerfG, 363, 366 f.; *Zierlein*, Erfahrungen mit dem Sondervotum beim Bundesverfassungsgericht, DÖV 1981, 83, 85 f.; *Zöbeley*, in: Umbach/Clemens, BVerfGG, 1. Aufl., § 30, Rdnr. 18.

[1531] Vgl. die Hinweise auf verschiedentliche Profilierungsversuche, *Schlaich/Korioth*, Das Bundesverfassungsgericht, Rdnr. 49 („*Wahrung der Richterpersönlichkeit*"); *Klein*, in: Benda/Klein, Verfassungsprozessrecht, Rdnr. 317 („*Inanspruchnahme zur persönlichen Profilierung*"); *Zöbeley*, in: Umbach/Clemens, BVerfGG, 1. Aufl., § 30, Rdnr. 23 („*Nebensächlichkeiten zum Anlaß für Profilierungen*"); *Pestalozza*, VerfassungsprozeßR, § 20, IV, Rdnr. 42 („*menschliche Schwächen*").

[1532] Vgl. aus dem empirischen Teil der Arbeit von *Millgramm*, Separate Opinion und Sondervotum, Anhang, 218 die Stellungnahme des damaligen Bundesverfassungsrichter Dr. Dietrich Katzenstein.

von Richtern in der Presse[1533] waren letztlich nur die Präsidenten bzw. die Präsidentin des Bundesverfassungsgerichts in der Lage, durch bundesweite Fernsehauftritte größere Bekanntheit zu erlangen.[1534] Den übrigen Richtern verblieb höchstens noch eine gewisse Resonanz in Fachkreisen, die aber auch früher schon in ähnlicher Form bestanden hatte. Der Grund für diese Entwicklung liegt darin, dass die Anzahl von 16 Bundesverfassungsrichtern (bis 1970 sogar 24 bzw. 20 Richter), aufgeteilt auf zwei Senate, zu groß und zu unübersichtlich ist, um zu einer individualisierten Wahrnehmung in den Medien zu führen und damit vergleichbaren „Glanz" und Bekanntheit wie die Richter des U.S. Supreme Court zu erlangen. Auch eine wie in den USA vorgenommene Rollenzuteilung an die einzelnen Verfassungsrichter durch die Medien (z.B. konservativ/progessiv, links/rechts, etc.) ist aufgrund der verhältnismäßig großen Anzahl von Verfassungsrichtern nahezu unmöglich. Ungeachtet dieser strukturellen Wahrnehmungsdefizite bietet die Veröffentlichung eines Sondervotums auch heute dem einzelnen Verfassungsrichter die wirkungsvollste Möglichkeit, als Einzelperson aus der vielköpfigen Gruppe der Verfassungsrichter herauszutreten. Durch die damit ausgelöste öffentliche Resonanz können sie es den Richtern des U.S. Supreme Court – zumindest zu einem gewissen Grad – gleich tun. Mehr als ein „Abglanz" der den Supreme Court-Richtern zukommenden öffentlichen Aufmerksamkeit ist damit in der Regel jedoch nicht verbunden. Schließlich ist noch festzuhalten, dass die Frage der öffentlichen Wirkung niemals im Zentrum der Überlegungen über

---

[1533] Z.B. Portraits der Richter Böckenförde und Kirchhof in verschiedenen Zeitungen (FAZ-Magazin, SZ, FR, FAZ, etc.). Eine Ausnahme stellt insofern die ausführliche Portrait-Reihe in: Großfeld/Roth, Verfassungsrichter, 271 ff. dar, in der die Richter Böckenförde, Dieterich, Graßhof, Grimm, Henschel, Herzog, Kirchhof, Klein, Kruis, Kühling, Mahrenholz, Seibert, Seidl, Söllner, Sommer und Winter auf jeweils etwa 20 Seiten vorgestellt wurden.

[1534] In deutlichem Gegensatz steht hierzu die öffentliche Resonanz des U.S. Supreme Court und seiner Mitglieder, vgl. die Reportage über das „Innenleben" des Gerichtshofs *Bob Woodward/Scott Armstrong*, The Bethren, New York 1979, aus jüngerer Zeit mit kritischem Ansatz *Edward Lazarus*, Closed Chambers, New York 1998; aus der fiktionalen Auseinandersetzung mit dem U.S. Supreme Court *John Grisham*, The Pelican Brief, New York 1992; *Brad Meltzer*, The Tenth Justice, New York 1997 und der Spielfilm, „Der erste Montag im Oktober"(First Monday in October), USA 1981. Die ohnehin erfolgende Veröffentlichung der abweichenden Meinungen von Supreme Court-Richtern verhindert nicht, dass einzelne Texte auch gesondert veröffentlicht werden, vgl. *Kevin A. Ring* (Hrsg.), Scalia dissents, Washington 2004.

das Sondervotum gestanden hat. Würde das Bundesverfassungsgericht, wie bereits an anderer Stelle dieser Untersuchung vorgeschlagen,[1535] anstelle von zwei Senaten à acht Richtern, aus einem einheitlichen Senat von acht oder neun Richtern bestehen, so würde dies auch zu einer beträchtlichen Aufwertung des Sondervotums und einer stärkeren Individualisierung der Verfassungsrichter führen. Solange jedoch die jetzige Gerichtsorganisation beibehalten wird, wird sich am Status des Sondervotums und der öffentlichen Wahrnehmung der Verfassungsrichter kaum etwas ändern.

2. *Übereinstimmungen*

a. Prozessuales Grundprinzip

Die wichtigste Übereinstimmung zwischen der amerikanischen Möglichkeit zur Abgabe einer "separate opinion" und dem deutschen Sondervotum nach § 30 Abs. 2 BVerfGG liegt im gemeinsamen prozessualen Grundprinzip. Beide Prozessordnungen eröffnen dem einzelnen Richter eines Kollegialgerichts, der mit der Mehrheit entweder im Ergebnis oder in der Ergebnisbegründung nicht übereinstimmt, die Möglichkeit seine abweichende richterliche Auffassung öffentlich darzulegen. Damit wird das kollegial strukturierte Gericht im Hinblick auf das Ergebnis und möglicherweise auf die Begründung aufgebrochen und seinen Mitgliedern eine eigenständige prozessuale Bedeutung verliehen.

b. Innergerichtliche Funktion

Eine weitere Übereinstimmung zwischen den beiden Prozessordnungen besteht bei der innergerichtlichen Funktion der abweichenden Meinung. Denn sowohl beim U.S. Supreme Court als auch beim Bundesverfassungsgericht können durch die Mitteilung von Sondervoten bestehende innergerichtliche Konflikte durch ihre Offenlegung entschärft werden. Wenn das jeweilige Gericht hierdurch auch von außen angreifbar wird, führt die Veröffentlichung der voneinander abweichenden Meinung dazu, dass alle beteiligten Richter die Möglichkeit erhalten, sich zu einer Entscheidung zu bekennen und – was in diesem Zusammenhang noch wichtiger ist – sich inhaltlich von ihr zu distanzieren.

[1535] Vgl. 5. Teil, A, I.

Eine einheitliche Entscheidung des Gerichts mag zwar aus präjudiziellen Gründen wünschenswert sein, führt jedoch für die überstimmten Richter dazu, dass sie mit Entscheidungen identifiziert werden, die von ihnen inhaltlich nicht mitgetragen werden. Sie führt daher notwendigerweise zur Mitinanspruchnahme von Personen, die eine andere Position vertreten haben, was sich im Hinblick auf die weitere Zusammenarbeit als Belastung des betreffenden Gerichts auswirken kann. In dieser Situation bietet ein abweichendes Sondervotum bzw. eine "dissenting opinion" den Richtern die Möglichkeit öffentlich klarzustellen, welche Position sie im Hinblick auf den entschiedenen Streitfall tatsächlich eingenommen haben. Für die weitere Zusammenarbeit im Gericht kann es daher von Vorteil sein, wenn aufgetretene Gegensätze durch die Formulierung eines Sondervotums öffentlich wurden und niemand der Beteiligten eine Entscheidung vertreten muss, die er für unvertretbar oder verfassungsrechtlich falsch hält.[1536]

c. Ansatzpunkt für die spätere Rechtsentwicklung

Schließlich besteht noch eine weitere Übereinstimmung zwischen "separate opinion" und Sondervotum im Hinblick auf ihre Wirkung für die künftige Entscheidungspraxis des Gerichts. In beiden Rechtsordnungen wird der positive Wert einer abweichenden richterlichen Meinung vor allem darin gesehen, dass sie als Ansatzpunkt für eine spätere Rechtsentwicklung dienen kann. So lassen sich aus beiden Verfassungsordnungen Beispiele nennen, in denen frühere Minderheitsmeinungen später vom gesamten Gericht übernommen wurden oder zumindest die weitere staatsrechtliche Diskussion entscheidend geprägt haben.[1537] Allerdings wird spiegelbildlich an den abweichenden Meinungen auch kritisiert, dass sie die Überzeugungskraft und die Befriedungswirkung der aktuellen verfassungsgerichtlichen Entscheidungen schwächen.[1538] Ein

---

[1536] Vgl. zu den gerichtsinternen Aspekten der Sondervoten *Schlaich/Korioth*, Das Bundesverfassungsgericht, Rdnr. 49; *Stern*, Staatsrecht, Bd. 2, § 44 V 3 (S. 1043).

[1537] Vgl. *Schlaich/Korioth*, Das Bundesverfassungsgericht, Rdnr. 49, wo einige wirkungsmächtige Sondervoten aufgeführt werden. Mit positivem Resumée auch *Pestalozza*, VerfassungsprozeßR, § 20, IV, Rdnr. 40 u. 42.

[1538] Vgl. *Stern*, Staatsrecht, Bd. 2, § 44 V 3 (S. 1043); *Klein*, in: Klein/Benda, Verfassungsprozessrecht, Rdnr. 317; *Josef Isensee*, Bundesverfassungsgericht – Quo vadis?, JZ 1996, 1085, 1087; *Fromme*, Das Sondervotum in der Bewährung,

ernsthafter Verlust von Ansehen und Autorität des Bundesverfassungsgerichts lässt sich jedoch bislang nicht feststellen.[1539] Im Gegenteil kann es die Akzeptanz verfassungsgerichtlicher Entscheidungen auch erhöhen, wenn die unterlegene Partei unter Hinweis auf abgegebene Sondervoten erkennt, dass den von ihnen vertretenen Positionen verfassungsrechtliche Substanz beigemessen wurde und sie daher künftig zur Mehrheitsmeinung avancieren können.

B. Erarbeitung und Entwicklung des Sondervotums

I. Frühe Entwicklungsphasen

Die Möglichkeit zur Formulierung abweichender richterlicher Meinungen war weder im Grundgesetz noch im BVerfGG des Jahres 1951 vorgesehen. Im Parlamentarischen Rat gab es hierzu keine Erörterungen. Lediglich der ursprüngliche Gesetzesentwurf der SPD-Bundesfraktion von 1950 hatte eine entsprechende Vorschrift enthalten, die im Rechtsausschuss des Deutschen Bundestages kontrovers erörtert wurde, letztlich aber keine Mehrheit fand.[1540]

Die gesetzliche Einführung des Sondervotums durch die 4. Novelle zum BVerfGG im Jahre 1970[1541] steht nicht am Anfang, sondern am Ende einer Entwicklung, die das Bundesverfassungsgericht selbst zum Teil eingeleitet und forciert hat. So wurde bereits seit dem Spiegel-

---

FS. Geiger, 867, 874 f.; a.A. *Schlaich/Korioth*, Das Bundesverfassungsgericht, Rdnr. 48; *Pestalozza*, VerfassungsprozeßR, § 20, IV, Rdnr. 42.

[1539] Vgl. *Hennecke*, in: Umbach/Clemens/Dollinger, BVerfGG, § 30, Rdnr. 20 f.

[1540] Vgl. § 22 Abs. 4 SPD-Entw, BT-Drs. I/328, 5 („*Mitglieder, die überstimmt worden sind, können ihre abweichenden Meinungen in einem begründeten Sondergutachten niederlegen. Das Sondergutachten ist mitzuverkünden und mitzuveröffentlichen.*“); *Geiger*, BVerfGG, Vorbem vor § 17, Anm. 2 m.Verweis auf Dr. Katz, in: BR-Prot., 16. Sitzung, 270; Dr. Wahl, in BT-Prot., I/4224 (112. Sitzung); *Roellecke*, Sondervoten, in: FS. 50 Jahre BVerfG, 363, 366; *Zöbeley*, in: Umbach/Clemens, BVerfGG, 1. Aufl., § 30, Rdnr. 16.

[1541] Vgl. Gesetz v. 21.12.1970, BGBl. I 1970, 1765; *Klein*, in: Benda/Klein, Verfassungsprozessrecht, Rdnr. 314.

Urteil vom 5. August 1966[1542] und dem gesamten 20. Band der amtlichen Entscheidungssammlungen die Anonymität der Bundesverfassungsrichter insoweit aufgehoben, als dass zum Abschluss der Veröffentlichung alle am konkreten Verfahren beteiligten Richter namentlich genannt wurden.[1543] Darüber hinaus begann ebenfalls zu dieser Zeit die bis heute andauernde sporadische Mitteilung von Abstimmungsergebnissen im jeweiligen Senat,[1544] die erst 1970 durch die Vorschrift des § 30 Abs. 2 Satz 2 BVerfGG eine legislative Grundlage erhielt.

II. Sonderstellung im deutschen Rechtskreis

Auch wenn in früheren rechtshistorischen Untersuchungen nachgewiesen werden sollte, dass nach deutsch-rechtlichen bzw. germanischen Rechtstraditionen die Anonymität des Richters und das Beratungsgeheimnis in der heutigen Form gar nicht oder nur eingeschränkt gewahrt wurden,[1545] so kann dies doch nicht darüber hinwegtäuschen, dass die Einführung des Sondervotums im Jahre 1970 einer seit mehreren Jahrhunderten gefestigten, in der Tradition des kanonisch-italienischen Prozesses stehenden Rechtstradition zuwiderlief und auch heute noch unverändert einen Fremdkörper im deutschen Rechtskreis darstellt.[1546] Dies zeigt sich nicht zuletzt daran, dass außer den Richtern des Bundesverfassungsgerichts nur die Richter einzelner Landesverfassungsgerichte über die Möglichkeit verfügen, Sondervoten zu Mehrheitsentscheidungen ihrer Gerichte abzugeben.[1547] Die gesamte übrige Rechts-

---

[1542] BVerfG, Urt. v. 20.5.1966, BVerfGE 20, 162.

[1543] Vgl. *Roellecke*, Sondervoten, in: FS. 50 Jahre BVerfG, 363.

[1544] Erstmalig in BVerfG, Beschl. v. 1.4.1967, BVerfGE 21, 312 (328); hierzu auch *Hennecke*, in: Umbach/Clemens/Dollinger, BVerfGG, § 30, Rdnr. 15; *Klein/Bethge*, in: Maunz/Schmidt-Bleibtreu, BVerfGG, § 30, Rdnr. 5; *Roellecke*, Sondervoten, in: FS. 50 Jahre BVerfG, 363 f.; *Pestalozza*, VerfassungsprozeßR, § 20, IV, Rdnr. 38; *Zierlein*, Erfahrungen mit dem Sondervotum beim Bundesverfassungsgericht, DÖV 1981, 83, 85.

[1545] Vgl. hierzu auch *Roellecke*, Sondervoten, in: FS. 50 Jahre BVerfG, 363, 370 ff.; *Heyde*, Dissenting Opinions in der deutschen Verfassungsgerichtsbarkeit, JöR 19 (1970), 201, 204 ff.

[1546] Vgl. *Pestalozza*, VerfassungsprozeßR, § 20, IV, Rdnr. 38.

[1547] Vgl. *Schlaich/Korioth*, Das Bundesverfassungsgericht, Rdnr. 48. Zum ersten Sondervotum beim Bayerischen Verfassungsgerichtshof (BayVerfGH,

ordnung wird hingegen vom Grundsatz der Anonymität des Richters und der strikten Wahrung des Beratungsgeheimnisses geprägt.[1548] Auch der ursprünglich erwogene Plan, das Sondervotum auf die gesamte Gerichtsbarkeit auszuweiten, wurde später nicht weiter verfolgt.[1549]

III. Einflüsse des U.S. Supreme Court

Spätestens seit Millgramms Untersuchung aus dem Jahre 1984 ist der Zusammenhang zwischen den "separate opinions" der anglo-amerikanischen Richter und den Sondervoten der Bundesverfassungsrichter einem größeren Kreis bekannt geworden.[1550] Auch die früheren Versuche, die Einführung des Sondervotums auf Rechtsbräuche zurückzuführen, die seit vielen Jahrhunderten in Deutschland nicht mehr praktiziert wurden,[1551] haben nicht überdecken können, dass das Vorbild ausländischer Gerichte, namentlich des U.S. Supreme Court, bei der Einführung des Sondervotums von maßgeblicher Bedeutung war.

Schon in Geigers Kommentar zum BVerfGG aus dem Jahre 1951 wird dies erkennbar. Auch ohne ausdrückliche gesetzliche Ermächtigung

---

Entsch. v. 15.7.1949, BayVerfGE 1949, 102), das ohne ausdrückliche gesetzliche Ermächtigung zugelassen und veröffentlicht wurde, *Geiger*, BVerfGG, Vorbem vor § 17, Anm. 2 a.E.; *Klein*, in: Klein/Benda, Verfassungsprozessrecht, Rdnr. 316.

[1548] So führte etwa Justice Robert H. Jackson Mitte der 1950er Jahre in seinem Buch über den U.S. Supreme Court und die Möglichkeit zur Abgabe von "separate opinions" aus: *"All of this is at odds with the practice of most courts of continental Europe, which make it a rule to announce the decision in one statement only and to issue no dissents or concurrences. Moreover, their work is institutionalized and depersonalized. The court's opinion bears the name of no author."* Vgl. *Jackson*, The Supreme Court in the American System of Government, 17. Hierzu auch *Heyde*, Dissenting Opinions in der deutschen Verfassungsgerichtsbarkeit, JöR 19 (1970), 201, 204 ff.; *Roellecke*, Sondervoten, in: FS. 50 Jahre BVerfG, 363, 366.

[1549] Vgl. *Ritterspach*, Gedanken zum Sondervotum, in: FS. Zeidler, Bd. 1, 1378, 1380; *Zöbeley*, in: Umbach/Clemens, BVerfGG, 1. Aufl., § 30, Rdnr. 25; siehe zu Plänen der Ausweitung *Millgramm*, Separate Opinion und Sondervotum, 173 ff.

[1550] Vgl. *Millgramm*, Separate Opinion und Sondervotum, 68.

[1551] Vgl. insbesondere *Heyde*, Dissenting Opinions in der deutschen Verfassungsgerichtsbarkeit, JöR 19 (1970), 201 ff.

hielt er die Abgabe von Sondervoten unter Hinweis auf „vergleichbare Gerichtshöfe“ beim Bundesverfassungsgericht für zulässig. Wörtlich führte er hierzu aus:

> „Das Gesetz schweigt über die Frage. Es gibt auch sonst kein gesetzliches Verbot des Sondervotums. Dass es in der deutschen Gerichtsbarkeit bisher nicht üblich war, innerhalb der Zivil- und Strafgerichtsbarkeit auch für unzulässig gehalten wird, besagt nichts für die Zulässigkeit oder Unzulässigkeit in Verfahren des höchsten, durch das Gesetz besonders freigestellten und mit besonderen Vollmachten für eine Gerichtsbarkeit eigener Art ausgestatteten Gerichtshofes, der zugleich Verfassungsorgan ist. Alle ihm vergleichbaren Gerichtshöfe kennen das dissenting vote.“[1552]

Nicht zuletzt der Begriff "dissenting vote" zeigt, dass Geiger als Beispiel für einen „vergleichbaren“ Gerichtshof vor allem den U.S. Supreme Court im Auge hatte. Im übrigen Schrifttum wurde dieser Hintergrund jedoch sehr zurückhaltend behandelt. Nur vereinzelt wird das Sondervotum heute noch ausdrücklich auf ein „angelsächsisches Vorbild“ zurückgeführt.[1553]

Dass der U.S. Supreme Court nicht nur ideelle, sondern im Hinblick auf die Regelung des § 30 Abs. 2 BVerfGG auch konkrete Vorbildwirkung entfaltet hat, zeigen die Erörterungen über die Einführung des Sondervotums in den späten 1960er Jahren. So verwies Zweigert in seinem Eröffnungsreferat auf dem 47. Deutschen Juristentag in Nürnberg (1968) zu der Frage *„Empfiehlt es sich, die Bekanntgabe der abweichenden Meinung des überstimmten Richters (Dissenting Opinion) in den deutschen Verfahrensordnungen zuzulassen?“* ausdrücklich auf die Praxis der "separate opinion" beim Supreme Court der Vereinigten Staaten.[1554] Auch Bundesrichter Pehle ging in seinem Koreferat auf die „Ursprungsländer der dissenting opinion“ ein. Dabei führte er wie folgt aus:

> „Die Entwicklung zeigt m.E. aufschlussreiche Parallelen zur Einführung der dissenting opinion beim Supreme Court der USA, dessen Beispiel in der derzeitigen Auseinandersetzung bei uns im Vor-

---

[1552] Vgl. *Geiger*, BVerfGG, Vorbem vor § 17, Anm. 2 (S. 66 f.).

[1553] Vgl. Lechner/Zuck, BVerfGG, Art. 31, Rdnr. 11.

[1554] Vgl. *Zweigert*, in: Verhandlungen des 47. Juristentages, Bd. 1, D 18; hierzu auch *Klein*, in: Benda/Klein, Verfassungsprozessrecht, Rdnr. 315; *Millgramm*, Separate Opinion und Sondervotum, 73 f.

> dergrund steht und stehen muß, weil dessen Aufgabenbereich mit dem des deutschen Bundesverfassungsgericht vergleichbar ist.«[1555]

Beim weiteren Fortgang der Beratungen des Juristentags gab Wagner zu bedenken, dass nicht jeder abweichende Richter notwendigerweise ein “Oliver Wendell Holmes” sei, und damit die Aussicht, auch am deutschen Bundesverfassungsgericht einen vergleichbaren “Great Dissenter” zu haben, nicht allzu groß sei.[1556] Vor diesem Hintergrund überrascht es nicht, dass auch der Gesetzgeber ausdrücklich auf den U.S. Supreme Court und dessen “dissenting opinion” Bezug nahm. So wird in der Gesetzesbegründung der 4. Novelle zum BVerfGG im Hinblick auf die Sondervoten als Ansatzpunkte für die spätere Rechtsentwicklung ausgeführt:

> „Gerade die Praxis des Oberstes Gerichtshofs der Vereinigten Staaten von Amerika zeigt deutlich, dass ein Sondervotum häufig die zukünftige Rechtsprechung anzeigt.“[1557]

Mithin treten zu den bereits festgestellten objektiven Parallelen zwischen “separate opinion” und abweichender Meinung zahlreiche weitere Bezugnahmen aus der Zeit unmittelbar vor der Einführung des Sondervotums in § 30 Abs. 2 BVerfGG. Anhand der objektiven Übereinstimmungen lässt sich feststellen, das die Übernahme der “separate opinion” auch mit großer Intensität erfolgte, indem sowohl eine abweichende Meinung zum Ergebnis nach dem Vorbild der “dissenting opinion” als auch eine abweichende Meinung nur zu den Entscheidungsgründen nach dem Vorbild der ‚concurring opinion' im deutschen Verfassungsprozessrecht vorgesehen wurde. Im Ergebnis kann damit festgestellt werden, dass die “separate opinion” des amerikanischen Prozessrechts als unmittelbares Vorbild für das Sondervotum beim Bundesverfassungsgericht gedient hat.

[1555] Vgl. Bundesrichter *Rudolf Pehle*, in: Verhandlungen des 47. Juristentages, Bd. 2, R 17.

[1556] Vgl. *Wagner*, in: Verhandlungen des 47. Juristentages, Bd. 1, 254 f.

[1557] Vgl. BT-Drs. VI/388, S. 8.

Schlussbetrachtung

I.

Im Rahmen der vorliegenden Untersuchung hat sich gezeigt, dass sich die Abgeordneten des Parlamentarischen Rates und später die Mitglieder des Deutschen Bundestages bei zahlreichen Beratungsgegenständen im Bereich der Verfassungsgerichtsbarkeit und der allgemeinen Gerichtsorganisation eingehend mit dem Vorbild des U.S. Supreme Court und den Vorschriften des amerikanischen Verfassungsrechts auseinandergesetzt haben. Dabei bestanden die verschiedenen organisatorischen, institutionellen und prozessualen Einflüsse des U.S. Supreme Court auf das Bundesverfassungsgericht und die deutsche Bundesgerichtsbarkeit sowohl darin, dass eine konkrete Regelung oder Kompetenz vollständig oder annähernd vollständig übernommen wurde,[1558] als auch darin, dass ein charakteristisches Merkmal des amerikanischen Verfassungsrechts nach eingehender Auseinandersetzung in den zuständigen Gremien abweichend ausgestaltet wurde.[1559] Allerdings hat sich ebenfalls gezeigt, dass auf einigen der untersuchten Gebiete ungeachtet zum Teil bestehender objektiver Übereinstimmungen keine Nachweise erkennbar waren, die auf das Wirksamwerden von Einflüssen des U.S. Supreme Court hätten schließen lassen.[1560]

Die festgestellten Einflüsse stehen zum Teil im Gegensatz zur früher im staatsrechtlichen Schrifttum betonten abweichenden Grundstruktur der beiden Gerichte, die Einflüsse auszuschließen schien.[1561] Aus den Akten

---

[1558] Z.B. Systematik des Grundgesetzes (2. Teil), Bindungswirkung (12. Teil), Annahmeverfahren (13. Teil), Sondervotum (14. Teil).

[1559] Z.B. Trennungsmodell anstelle des Einheitsmodells (2. Teil), Zwillingsgericht statt Einheitsgericht (5. Teil), 16 bzw. 24 Richter statt neun Richtern (6. Teil), Normenkontrollverfahren (7. und 8. Teil).

[1560] Z.B. personelle Zusammensetzung (3. Teil), Bestellungs- und Auswahlverfahren (4. Teil), Amtszeit der Verfassungsrichter (5. Teil), organschaftliche, föderative und individuelle Streitverfahren (9., 10. und 11. Teil).

[1561] Vgl. *Finck*, Judicial Review: The United States Supreme Court versus the German Constitutional Court, Boston College Int'l & Comp.L.Rev., Bd. 20 (1997), 123; *Quaas*, Die Verfassung der Vereinigen Staaten von Amerika und

und Protokollen des Parlamentarischen Rates, des Verfassungskonvents und des Deutschen Bundestages wurde im Rahmen dieser Untersuchung erkennbar, dass, obwohl der U.S. Supreme Court ein nach dem Einheitsmodell gestaltetes Verfassungsgericht darstellt und im Rahmen des amerikanischen Common Law-Systems als höchstes Rechtsmittelgericht in allen Bereichen des Bundesrechts zuständig ist, er nachhaltig die Gründung und Fortentwicklung des deutschen Bundesverfassungsgerichts beeinflusst hat. Dem steht auch nicht entgegen, dass letzteres wiederum nach dem Trennungsmodell organisiert ist und daher beispielsweise durch das Bestehen verfassungsgerichtlicher Spezialverfahren abweichende prozessuale Möglichkeiten vorsieht.[1562]

Außerdem hat die Auswertung der Akten und Beratungsprotokolle auch zutage befördert, dass der U.S. Supreme Court nicht das einzige ausländische Vorbild für die Errichtung des Bundesverfassungsgerichts war.[1563] Allerdings hat sich herausgestellt, dass von ihm für die Erarbeitung der grundgesetzlichen Vorschriften mit Abstand der stärkste Einfluss ausging.[1564] Es fällt außerdem auf, dass die schließlich verabschiedeten Vorschriften des Grundgesetzes ungeachtet des amerikanischen Verfassungsvorbildes über die verschiedenen Erarbeitungsphasen der Bonner Beratungen hinweg in keinem Fall mit denen des amerikanischen Verfassungsrechts identisch waren. Zu den Bedingungen der Bonner Verfassungsarbeiten im Bereich der Verfassungsgerichtsbarkeit ist daher festzuhalten, dass die Abgeordneten innerhalb der vorgegebenen verfassungsrechtlichen Grundsätze nicht an eine bestimmte Form der Ausgestaltung oder an konkrete inhaltliche Vorgaben gebunden waren. Hierin liegt ein wesentlicher Unterschied zur anderen bedeutenden Nachkriegsverfassung in einem Staat, der ebenfalls im Zweiten Weltkrieg unterlegen war. Denn die Japanische Verfassung von 1947 kam unter gänzlich anderen Umständen und unter starker Einflussnahme

---

das Grundgesetz, VBlBW 2003, 217, 220; eingehend *Rau*, Selbst entwickelte Grenzen, 246 ff.

[1562] Vgl. 2. Teil, A, II und 9. bis 11. Teil.

[1563] Vgl. *Robbers*, in: Umbach/Clemens/Dollinger, BVerfGG, I. Geschichtliche Entwicklung der Verfassungsgerichtsbarkeit, Rdnr. 3 ff.; *Davis/Burnham*, The Role of the Federal Judiciary, 12 Boston College Int'l & Comp. L. Rev. 63, 76. Z.B. RG u. StGH (WRV) sowie das House of Lords und das Schweizerische Bundesgericht.

[1564] Vgl. u.a. 1. Teil und 2. Teil.

der amerikanischen Besatzungsmacht zustande.[1565] Hervorzuheben ist schließlich auch, dass die Einwirkungen des amerikanischen Verfassungsvorbildes auf die deutsche Verfassungsgerichtsbarkeit nicht auf die Jahre 1948/1949 beschränkt waren. Wie sich bei verschiedenen späteren Maßnahmen des deutschen Bundesgesetzgebers gezeigt hat, gehen vom U.S. Supreme Court und dem amerikanischen Prozessrecht bis in die Gegenwart hinein prägende Einflüsse auf die Fortentwicklung des deutschen Verfassungs- und Verfassungsprozessrechts aus (vgl. Annahmeverfahren, Einführung des Sondervotums, Entlastungsdiskussion).[1566]

II.

Das Bestehen ausländischer Einflüsse auf die Verfassungsordnung und die zum Teil erfolgte Übernahme ausländischer Verfassungsnormen oder Verfassungsinstitutionen ist *prima facie* dazu geeignet, den Kern des öffentlichen Selbstverständnisses eines Staates zu berühren. Denn die Verabschiedung einer eigenen, autonom hervorgebrachten Staatsverfassung stellt für einen demokratischen Verfassungsstaat moderner Prägung einen konstitutiven Akt dar, dem für die Gründung und den Fortbestand des jeweiligen Staates wesentliche Bedeutung zukommt. Außerdem ist in der Erarbeitung einer Staatsverfassung auch eine der bedeutendsten Kulturleistung auf dem Gebiet des Rechts zu sehen, zu der ein Staat und seine Bürger fähig sind. Nach der Aussage Robert Mohls muss beim Prozess der Verfassunggebung jedoch insgesamt berücksichtigt werden, dass „die Verfassung eines jeden Staates ... der richtige Ausdruck der Lebensansicht des concreten Volkes sei“.[1567] Allerdings sind die in Verbindung mit ausländischen Einflüssen auf eine

---

[1565] Vgl. *Franz*, Staatsverfassungen, 542 ff. (Japan) u. 11 ff. (USA); zur amerikanischen Verfassungspolitik in Japan *Kyoko Inoue*, MacArthur's Japanese Constitution, Chicago/London 1991; *Dale M. Hellegers*, We the Japanese People – World War II and the Origins of the Japanese Constitution, 2 Bde., Stanford 2001; *Steinberger*, Bemerkungen, in: 40 Jahre GG (hrsg. K. Stern), 41, 52; detaillierter Vergleich in: Zwischen Kontinuität und Fremdbestimmung – Zum Einfluss der Besatzungsmächte auf die deutsche und japanische Rechtsordnung 1945 bis 1950, hrsg. von B. Diestelkamp, Z. Kitagawa u.a., Tübingen 1996; ebenso *Spevack*, Allied Control and German Freedom, 7 (*“flatly imposed”*).

[1566] Vgl. 13. Teil, B, IV; 14. Teil, B, III.

[1567] Vgl. *Mohl*, Staatsrecht, Völkerrecht und Politik, Bd. 1 (Staatsrechts und Völkerrecht), 66, 67.

Verfassungsordnung aufgeworfenen Legitimationsfragen bei genauer Betrachtung nur scheinbar staatserschütternder Natur.[1568] Denn im Recht, so natürlicherweise auch im Verfassungsrecht, ist die Abkehr, Anlehnung und Übernahme, kurz: die Auseinandersetzung mit bereits bestehenden Regelungen und Vorschriften eine praktische Notwendigkeit, die ihre Vorzüge schon häufig unter Beweis gestellt hat. Wie in anderen Bereichen, so gilt auch im Verfassungsrecht, dass „die Menschen ... fast immer nur auf Wegen [gehen], die bereits von anderen begangen wurden, und sich bei ihren Handlungen nach Vorbildern [richten]."[1569] Daher liegt es nahe, sich mit anderen Rechtsordnungen und deren Institutionen zu befassen und zu untersuchen, ob die dort gefundenen Lösungsansätze auch für eigene, vergleichbare Gegebenheiten verwendet werden können.

Ferner ist im Hinblick auf die Verfassung- und Gesetzgebung zu beachten, dass ein allein nach theoretischen Überlegungen konstruiertes Normensystem niemals dazu geeignet sein wird, tatsächliche Erfahrungen der Praxis zu ersetzen. Dies wiegt bei Staatsverfassungen umso schwerer. Wie etwa am Beispiel der Weimarer Reichsverfassung von 1919 anschaulich demonstriert wurde, birgt der Versuch, eine ausschließlich eigenständige, aber nur theoretisch begründete Verfassungsordnung zu schaffen, das eminente Risiko des Scheiterns. Dass es sich bei der empirischen Bewährung von Normen um einen rechtlich relevanten Grundsatz handelt, zeigt sich in der häufig zitierten Aussage des langjährigen Supreme Court-Richters Oliver Wendell Holmes (1902-1932): "The life of law has not been logic – it has been experience."[1570] Oft schon hat sich gezeigt, dass theoretisch überzeugende Normenkonstrukte in der Praxis versagt haben, ohne dass dies zuvor erkennbar gewesen wäre oder sich nachträglich stichhaltige Gründe für ihr Scheitern hätten ausfindig machen lassen.

Im Hinblick auf das Verhältnis zwischen den Vereinigten Staaten und Deutschland zeigt sich darüber hinaus, dass verfassungsrechtliche Einflüsse mittlerweile auch den umgekehrten Weg über den Atlantik nehmen, indem deutsches Verfassungsrecht – in überschaubarem Umfang –

[1568] Vgl. *Scheuner*, Die Überlieferung der deutschen Staatsgerichtsbarkeit, in: Festgabe BVerfG, 1, 3; kritisch *Walter Strauß*, Grundgesetz und Besatzungsrecht, Frankfurter Hefte 1948, 836, 837; *Hans-Peter Ipsen*, Hamburgs Verfassung und Verwaltung, Hamburg 1956, 178.

[1569] Vgl. *Niccolò Machiavelli*, Der Fürst, 6. Aufl. Stuttgart 1978, 20.

[1570] Vgl. *Oliver Wendell Holmes*, The Common Law, New York 1991 (Erstdruck Boston 1881), 1.

Eingang in das amerikanische Schrifttum gefunden hat.[1571] Dass vom U.S. Supreme Court sowohl positive als auch negative Einflüsse auf die Gerichtsbarkeit ausgingen und zahlreiche Bestimmungen offenkundig ohne Rückgriff auf das amerikanische Verfassungsrecht erfolgten, unterstreicht nur, dass ungeachtet aller verfassungsrechtlichen Vorbilder und Gegenvorbilder mit dem im Jahre 1951 gegründeten Bundesverfassungsgericht letztlich ein modernes und umfassendes Verfassungsgericht in eigenständigem normativem Umfeld geschaffen wurde.

Darüber hinaus haben sich Grundgesetz und Bundesverfassungsgericht zwischenzeitlich selbst zu verfassungsrechtlichen „Exportschlagern“ [1572] entwickelt, ohne dass dadurch das Ansehen oder die Bedeutung der betreffenden ausländischen Staaten oder Verfassungsgerichte gemindert worden wäre. Vielmehr ist auf deutscher Seite stets mit Stolz und Freude darauf verwiesen worden, dass Vorschriften und einzelne Verfassungsorgane des Grundgesetzes für so gut gelungen erachtet wurden, dass sie – mit den stets erforderlichen Anpassungen und Veränderungen – Eingang in das Verfassungsrecht Spaniens und Portugals sowie seit dem Ende des Kalten Krieges in die Verfassungsordnungen zahlreicher Staaten Mittel- und Osteuropas gefunden haben.[1573] Von einer Minde-

---

[1571] Z.B. aus jüngerer Zeit *Gregory Alexander*, Property as a fundamental right? The German Example, Corn.L.Rev., Bd. 88 (2003) 733, 736 ff.; *Ackerman*, The Future of Liberal Revolution, 2 ff.; *Jackson/Tushnet*, Comparative Constitutional Law, 469 ff.; *Kommers*, Can German constitutionalism serve as a model for the United States?, ZaÖRV 58 (1998), 1, 2; m.w.N.; *Quaas*, Die Verfassung der Vereinigen Staaten von Amerika und das Grundgesetz, VBlBW 2003, 217; *Brugger*, Der moderne Verfassungsstaat aus Sich der amerikanischen Verfassung und des Grundgesetzes, AöR 126 (2001), 337, 340.

[1572] Vgl. *Quaas*, Die Verfassung der Vereinigen Staaten von Amerika und das Grundgesetz, VBlBW 2003, 217.

[1573] Vgl. eingehend *Jochen Abr. Frowein/Thilo Marauhn* (Hrsg.), Grundfragen der Verfassungsgerichtsbarkeit in Mittel- und Osteuropa, Berlin u.a., 1998; *Konrad Hesse*, Deutsche Verfassungsgerichtsbarkeit an der Schwelle zum neuen Jahrhundert, in: Schwarze (Hrsg.) Verfassungsrecht und Verfassungsgerichtsbarkeit im Zeichen Europas, Baden-Baden 1998, 169 ff.; *Thomas Knaak*, Der Einfluß der deutschen Verfassungsgerichtsbarkeit auf das System der Verfassungsgerichtsbarkeit in Spanien (Diss. iur., Hamburg 1995); *Tuyol y Serra*, Das Bonner Grundgesetz und die spanische Verfassung von 1978, in: 40 Jahre Grundgesetz (hrsg. von K. Stern), München 1990, 235 ff.; *Umbach*, in: Umbach/Clemens/Dollinger, BVerfGG, § 1, Rdnr. 5; *Quaas*, Die Verfassung der Vereinigen Staaten von Amerika und das Grundgesetz, VBlBW 2003, 217; *Hoffmann-Riem*, Das Ringen um die verfassungsrechtliche Normenkontrolle, JZ 2003, 269, 274.

rung der Legitimation durch ausländische Verfassungsvorbilder kann dabei heute ebensowenig wie im Jahre 1949 gesprochen werden.

Summary

The judiciary plays a key role in a government which is based upon the constitutional principles of the separation of powers and the rule of law. Thereby, it has not only the task to balance the constitutional competencies of the legislative branch and those of the executive, but it has also the intricate obligation to delimit its own competencies from those of the other two branches of government. Bearing in mind this situation, comparative and historical approaches to constitutional issues arising in connection with the judiciary appear likewise promising. For both approaches, the U.S. Supreme Court as the first actual constitutional court seems to be an interesting model, which can give insight in the organizational, institutional and procedural conditions of an effective and constitutionally balancing judiciary.

The study on hand deals with the influence of the U.S. Supreme Court on the German Federal Constitutional Court (FCC) at the time of its establishment and its development since. The word "influence" in terms of the survey implies various forms of significance. A constitutional model can have an impact on the legal development of another country by being an example (Vorbild) or by being a counter example (Gegenvorbild). For the study on hand, both forms are classified as "influence", since both, the adoption and the rejection of a legal provision or the pattern of an institutional body, help to assess the relevance of a constitutional model.

Beside this, the identification of a constitutional model and the assessment of similarities or dissimilarities make it necessary to compare the U.S. constitution with the German basic law (Grundgesetz) pertaining to the respective provisions on the federal judiciary, because only after ascertaining similar or dissimilar constitutional features the scope of a possible adoption can be assessed properly. Following the comparative survey, a historical examination of the documents and protocols of the German post-war constitutional convention, the Parliamentary Council (Parlamentarischer Rat), has been carried out. After all, proof for an actual influence results from substantial similarities or dissimilarities connected with evidence from the documents or protocols of the constitutional convention about discussions on characteristic features of American constitutional law, especially referring to the U.S. Supreme Court and the federal judiciary.

Since both, the U.S. Supreme Court and the FCC, are to be qualified as "constitutional courts" the study focuses on the organizational, institutional and personal features of the judiciary, and the typical constitutional proceedings.

1.

In the first part, the historical context of the post-war years and the constituent process in West Germany (1948/1949) is outlined briefly. The creation of a West German state was chiefly a reaction of the U.S. administration and its military government in Germany to the developing cold war and the expansionist activities of the Soviet Union in Eastern and Southeast Europe during 1946 and 1947. A West German state militarily connected with the U.S. and its Western Allies was intended to stop the Soviet invasion before it spread to Central Europe. In this situation, the U.S. and its Allies tried to avoid the impression that the West German constitution, the so-called 'basic law', was forced on or heavily influenced by them. Therefore, the Western Allies gave only general constitutional principles and refrained from prescribing detailed provisions or a complete institutional framework. One constitutional institution on which Allies and Germans likewise agreed to establish was an independent judiciary with the competencies of a constitutional court. However, details of the organizational and procedural scheme were at large left to the German members of the Parliamentary Council.

As a prologue to the constituent process the West German governors (Ministerpraesidenten) assembled a group of legal experts to take preparatory measures with respect to the provisions of the new German constitution before the Parliamentary Council convened in Bonn on September 1, 1948. This so-called 'constitutional convention of Herrenchiemsee' (Verfassungskonvent von Herrenchiemsee) elaborated a comprehensive proposal for the West German constitution which was – with reference to the basic law provisions on the federal judiciary – very seminal. Accordingly, it already provided for a Federal Constitutional Court with several key proceedings such as judicial review, suits between organs of the Federal Government, suits between states and the Federal Government, and an individual complaint to be initiated by the citizens against government action. One crucial issue was left open, since the constitutional experts were not able to agree on the general organizational and institutional scheme of the German federal judiciary and the role of the constitutional court.

2.

The second part of the study puts heavy emphasize on the debates in the committee on the constitutional court and the judiciary of the Parliamentary Council (judicial committee) with respect to organizational and institutional issues. Since the whole structure of the judiciary depends on the highest court, it is immensely important if this tribunal is integrated into the organizational scheme ("American model") or if it is separated from the other domestic courts ("European model"). In this regard, it is generally accepted that the U.S. Supreme Court is shaped after the "American model", whereas the German FCC is established according to the "European model" as a separate tribunal. Although this fundamental organizational difference has often been taken as a proof that the influence of the U.S. Supreme Court on the FCC is only of minor importance, the documents and protocols of the Parliamentary Council show otherwise. Many direct references to the example of the U.S. Supreme Court and the general framework of the American judiciary can be taken from the protocols. Moreover, not only a few members of the convention knew about the authority of the Supreme Court and deemed it exemplary, but many of them contributed numerous pieces of information about the American constitutional model. Even if the judicial committee of the Parliamentary Council eventually decided on a different solution, the U.S. Supreme Court and the federal judiciary clearly had the effect of being a counter example. Thereby, it had a strong influence on the decision on the organizational scheme of the German federal judiciary and the FCC.

3.

Consequently, in the following parts of the study (3rd to 6th) various constitutional features of the U.S. Supreme Court and the federal judiciary on the one side and the FCC and the German judicial order on the other side are compared. After that, the documents and protocols of the Parliamentary Council are examined for further evidence on actual influence.

For example, in the third part the personal features of both, the U.S. Supreme Court and the FCC, are outlined and compared thoroughly. In this regard, the study comes to the result that the legal framework on professional and personal qualifications of the judges is quite dissimilar. Notably, there are no provisions in the U.S. constitution and in federal legislation on professional or personal requirements for judicial personnel, even though in practice a long experience in the field of law is an inevitable prerequisite for the nomination as a federal judge. In contrast to this, the German basic law and the act on the FCC provide for several professional and personal requirements, such as being a fully educated lawyer, having the German nationality and being at least 40 years of age. Surprisingly, the legal differences have only little impact on the judicial practice. Therefore, an almost identical group of people seems to be eligible to become judge of the highest courts of the two countries. Whereas in the U.S. a former president, three governors, numerous senators, cabinet secretaries, law school professors and appeal judges took a seat on the Supreme Court, in Germany a former governor, several federal and state ministers, high ranking civil servants, law school professors and judges from the highest courts of the country were elected to the FCC. Notwithstanding these similarities in the judicial practice, there was no hard evidence that the members of the Parliamentary Council in 1948/1949 had the U.S. Supreme Court and the federal judges in mind when elaborating the respective provisions of the basic law.

Likewise stunning differences appear with respect to the nomination and confirmation process of the highest judges in the U.S. and in Germany. As depicted in the fourth part, the U.S. president plays a more important role than the federal government or even the federal president (Bundespraesident) in Germany. Whereas the constitutional practice in the U.S. has led to broadcasted confirmation hearings and public debates on the aptitude of candidates, in Germany only few members of the two major political parties (CDU/CSU and SPD) secretly discuss and select the relevant candidates for the election by the competent committee of the federal parliament (Bundestag) or by the representative assembly of the states (Bundesrat). Even though this is not utterly against constitutional provisions, it is far less transparent as originally contemplated by the framers in the Parliamentary Council. After all, even if the American nomination and confirmation process is perceived as a more open and transparent procedure there is no evidence that the American example had substantial influence on the German provisions as laid down in the basic law and the act on the FCC.

Stronger ties between the two constitutional orders can be ascertained in the fifth and sixth part of the survey with respect to the organizational structure of the courts and to the numbers of judges on the bench. Albeit the constitutional and legislative provisions seem to indicate otherwise, the members of the judicial committee of the Parliamentary Council thoroughly discussed the American example before agreeing on different solutions. As a result, the German FCC consists of two panels with eight judges each, whereas the U.S. Supreme Court is only one judicial body with nine judges. Especially the repeated references to a judicial tribunal consisting of nine judges in the protocols constitute important proof of the strong influence of the U.S. Supreme Court which, in the end, had the effect of a counter example. Regardless of the American model, practical requirements of German partisan politics engendered the decision on a two-panel constitutional tribunal with eight judges each.

Diverse constitutional provisions between the U.S. and Germany exist also pertaining to the period of time the judges spend in office. Unlike the German 12-year term, the U.S. constitution contemplates life term, or, as Art. III U.S. constitution puts it, "during good behaviour". Although the issue of time during which the judges should serve on the bench was deliberated in the judicial committee, the American example was not referred to because the German legal tradition implied life time appointments for judges as well.

4.

Subsequently, in the following parts of the survey on hand (7th to 11th part) the most important constitutional proceedings are dealt with. Strong influence of the American model can be noted on the debates in the Parliamentary Council on the doctrine of judicial review. As the protocols show, the members of the judicial committee had very intense discussions on the judicial authority to control and invalidate acts of congress. Especially during these deliberations, American legal advisers provided for immediate support in form of books and other information.

While the members of the committee generally endorsed the doctrine of judicial review, the German provisions remarkably deviate from the American example. Arguably, the members of the judicial committee queried if it would be expedient to have all courts, from first instance to the instance of last resort, administer the competence of judicial review. As several times before, the American constitutional model thereby had again the effect of being a counter example. According to the assessment of the Parliamentary Council, the decentralized performance of judicial review would have detrimental effects on the stability and consistency of the newly founded German judiciary. Therefore, the members of the Parliamentary Council voted for a generally centralized judicial review in the hands of the FCC. However, only three years later the FCC itself decided that all other courts could decide on the constitutionality of pre-constitutional acts and executive legislation alike. Only with regard to acts of parliament the FCC adhered to the principle of a centralized judicial review. In addition, similar proof can be found that the American doctrine also influenced the German procedure of certification. However, there was no evidence in the documents and protocols of the Parliamentary Council that the American proceeding of certification did have any immediate influence.

With respect to the three other key proceedings of constitutional courts, the suits between organs of the Federal Government, the suits between states and Federal Government or between different states, and complaints initiated by individuals, there was no proof that the American example had any impact on the drafting of the German provisions. Moreover, a comparison between the American political-question doctrine and the German organ proceeding (Organstreit) revealed two inherently different approaches toward conflicts on the level of the Federal Government. While the Supreme Court usually rejects jurisdiction for political questions right from the beginning, the FCC regularly decides on the merits of political cases but frequently leaves difficult issues to the discretion of the other two branches of government. Similar results were to be assessed in regard of individual constitutional proceedings. Although, the German constitutional complaint (Verfassungsbeschwerde) resembled a generalized and expanded Writ of habeas corpus, no proof was available in the protocols that it had considerable influence on the German proceeding. Equally, both constitutional orders furnish proceedings to solve conflicts between different states or between a state and the Federal Government. However, the German basic law provides for symmetric remedies by giving states the opportunity to sue the Federal Government, whereas in the American concept of federalism the United States can bring in action against the states, however, due to the "Souvereign Immunity"-doctrine a state is not able to sue the United States. After all, as the comparative and historical survey revealed, the concepts of federalism do not only differ from each other, but the origins of German constitutional proceedings between different states derive from earlier times so that there is no space for additional American influence in this field. Beside this, the documents and protocols of the Parliamentary Council remain absolutely silent with respect to any influence of the U.S. Supreme Court or American constitutional law on conflicts in the field of federalism.

5.

Eventually, in the last three parts of the study on hand (12th to 14th) specific and very characteristic features of the German judicial order are examined and compared with the respective American provisions. Unlike the similarities in the procedural parts, this survey led to the conclusion that the U.S. Supreme Court's decisions and the decisions of the FCC have equally binding authority. Even though differences remain in the details, the general concept of the binding authority of the highest court's decisions – which is familiar to the common law, but rather extraordinary in civil law – is accepted in the U.S. as well as in Germany. Moreover, the documents and protocols of the constitutional convention of Herrenchiemsee, of the Parliamentary Council and later of the Bundestag (federal parliament) many times refer to the U.S. Supreme Court and the respective principle of American law (stare decisis). Therefore, the influence of the American model on the binding authority of the FCC's decisions was very intense and, in the long term, decisive. Likewise, the German procedure of accepting individual constitutional complaints was shaped from the beginning according to the model of the certiorari-proceedings before the U.S. Supreme Court. Prior to its first establishment in an amendment to the act on the FCC in 1956, the commentators and responsible members of the competent committee of the Bundestag openly admitted to follow the path of the American example of the certiorari-proceeding. Similarly, the attention was expressly directed toward the Writ of certiorari every time the growing caseload of the FCC demanded measures of relief. Even today, the U.S. Supreme Court and the certiorari-proceeding are contemplated as a possible pattern to control the FCC's docket. Ultimately, strong similarities have been found between the opportunity of the Supreme Court justices to contribute a dissenting or concurring opinion and the German so-called 'Sondervotum' in which FCC judges can articulate their deviating legal opinions. While dissents and concurrences are accepted and normal in the common law countries like the U.S., this opportunity was all together new for Germany. Admittedly, the respective amendment to the act on the FCC was initiated in 1970 with an open legislative reference to the American example.

6.

In conclusion, the study on hand has shown that the German FCC and the constitutional provisions it is premised on were influenced in different degrees by the U.S. Supreme Court and the U.S. constitution. While there are some specific features and proceedings with almost no traceable influence of the American constitutional model, there are others where the U.S. Supreme Court had the effect of an example and others where it had, after serious debates in the competent committee, the effect of a counter example. Even though, constitutional models of different foreign countries such as the UK or Switzerland also exerted influence on the creation of the FCC, it can be said that the U.S. Supreme Court and the American federal judicial system had the most important influence on the judicial provisions of the basic law and the act on the FCC.

Some commentators in the past took a very critical position toward the adoption of foreign countries' constitutional features or institutions. However, this impression is no convincing concept of constitutional law because the adoption and rejection of foreign examples is a very crucial part of legislative work and especially important for the constituent process. As the former Supreme Court justice Oliver Wendell Holmes once put it: "The life of law has not been logic – it has been experience." Therefore, it is essential for the success of a newly created constitution to discuss already proven principles and provisions of foreign constitutional law. In any case, it has to be taken into account that the legitimacy of the German constitutional order is not at all negatively affected by the proven influences of foreign constitutional principles and institutions.

Literaturverzeichnis

Ackerman, Bruce A., The Future of Liberal Revolution, New Haven/London 1992

ders., We The People: Foundations, Cambridge/Mass. 1991

Adenauer, Konrad, Erinnerungen, Erster Band: 1945-1953, Stuttgart 1965

Alexy, Helmut, Verfassungsbeschwerde, in: Hermann Mosler (Hrsg.), Verfassungsgerichtsbarkeit in der Gegenwart, S. 738 ff.

Alexy, Robert, Theorie der juristischen Argumentation, Frankfurt a.M. 1978

Alstyne, William W. van, A Critical Guide to Marbury v. Madison, in: Duke Law Journal (Duke L.J.), 1969, S. 1 ff.

Anschütz, Gerhard / Thoma, Richard, Handbuch des Deutschen Staatsrechts, 2 Bände, Tübingen 1932

Anzenberger, Zeno, Das Bundesverfassungsgericht auf dem Weg zu einem freien Annahmeverfahren nach dem Vorbild des U.S. Supreme Court, Diss. iur., Regensburg 1998

Barkow, Rachel, More Supreme than Court? The Fall of the Political Question Doctrine and the Rise of Judicial Supremacy, in: Columbia Law Review (Colum.L.Rev.), Bd. 102 (2002), S. 237 ff.

Barnes, William S., Suits between States in the Supreme Court, in: Vanderbilt Law Review (Vanderbilt L.Rev.), Bd. 7 (1954), S. 495 ff.

Barthold, Werner, Die Zuständigkeit des Deutschen Obergerichts für das Vereinigte Wirtschaftsgebiet, in: Neue Juristische Wochenschrift (NJW) 1949, S. 405 ff.

Bates, Ernest Sutherland, The Story of the Supreme Court, Indianapolis, New York 1936

Baum, Lawrence, The Supreme Court, 5. Auflage, Washington, D.C. 1995

Baur, Fritz, Das Oberste Bundesgericht, in: Juristen-Zeitung 1967, S. 84 ff.

Bausback, Winfried, ‚Auslagerung' des Grundrechtsschutzes auf die internationale Ebene (zit.: ‚Auslagerung' des Grundrechtsschutz), in: Zeitschrift für Rechtspolitik (ZRP) 1999, S. 6 ff.

Beard, Charles A., The Supreme Court and the Constitution, Engelwood Cliffs/NJ 1962

Bell, Derrick A., And We Are Not Saved, New York 1987

Benda, Ernst, Aktuelle Probleme der Praxis des Bundesverfassungsgerichts (zit.: Aktuelle Probleme), in: Neue Juristische Wochenschrift (NJW) 1980, S. 2097 ff.

ders., Constitutional Jurisdiction in Western Germany, in: Columbia Journal of Transnational Law (Colum.J.Trn'l.L.), Bd. 19 (1981), S. 1

ders., Verfassungen auf dem Prüfstand und die Beständigkeit der Verfassungsgerichte, in: Jahrbuch des öffentlichen Rechts (JöR), n.F. 54 (2004), S. 311 ff.

Benda, Ernst/Klein, Eckart, Verfassungsprozessrecht – ein Lehr- und Handbuch, 2. Auflage, Heidelberg 2001

Benda, Ernst/Vogel, Hans-Jochen/Maihofer, Werner (Hrsg.), Handbuch des Verfassungsrechts für die Bundesrepublik Deutschland, 2. Auflage, Berlin/New York 1994 (zit.: Bearbeiter, in: Benda/Maihofer/Vogel, Handbuch des Verfassungsrechts)

Benz, Wolfgang, Von der Besatzungsherrschaft zur Bundesrepublik – Stationen einer Staatsgründung 1946-1949, Frankfurt a.M. 1984

Berger, Raoul, Congress v. The Supreme Court, Cambridge/Mass. 1969

ders., Government by Judiciary, 2. Auflage, Indianapolis 1997

Bernard, Kent S., Certified Questions in the Supreme Court: In Defense of an Option, in: Dickinson Law Review (Dick.L.Rev.), Bd. 83 (1978), S. 31 ff.

Bettermann, Karl August, Die konkrete Normenkontrolle und sonstige Gerichtsvorlagen, in: Bundesverfassungsgericht und Grundgesetz, Festgabe Bundesverfassungsgericht, Bd. 1, S. 323 ff. (zit.: Normenkontrolle, in: FG BVerfG), Tübingen 1976

ders., Opposition und Verfassungsrichterwahl, in: Festschrift für Konrad Zweigert (hrsg. von Herbert Bernstein), Tübingen 1981, S. 723 ff.

ders., Reichsgericht und richterliches Prüfungsrecht – Zur Historie und Dogmatik der inzidenten Normenkontrolle, in: Festschrift für Johannes Broermann, Berlin 1982

Bickel, Alexander M., The Least Dangerous Branch - The Supreme Court at the Bar of Politics, 2. Auflage, New Haven/London 1986 (1. Auflage 1962)

ders., The Voting Rights Cases, in: Supreme Court Review (Sup.Ct.Rev.), Bd. 1966, S. 79 ff.

Billing, Werner, Das Problem der Richterwahl zum Bundesverfassungsgericht (zit.: Problem der Richterwahl), Berlin 1969

Birke, Adolf M., Der Beitrag der Alliierten zur Neuordnung der Kommunal- und Länderverfassungen (zit.: Beitrag der Alliierten), S. 79 ff., in: Zwischen Kontinuität und Fremdbestimmung – Zum Einfluss der Besatzungsmächte auf die deutsche und japanische Rechtsordnung 1945 bis 1950, hrsg. von B. Diestelkamp, Kitagawa, u.a.

ders., Nation ohne Haus – Deutschland 1945-1961, in: Die Deutschen und ihre Nation, Berlin 1994

Birkenhead, Earl of, Fourteen English Judges, (Edward Coke, S. 26 ff.), London/New York/Toronto/Melbourne 1926

Black, Charles L., The People and the Court: Judicial Review in a Democracy, New York 1960

Black, Henry Campbell/Nolan, Joseph R./Nolan-Haley, Jacqueline M., Black's Law Dictionary – Definitions of the Terms and Phrases of American and English Jurisprudence, Ancient and Modern, 7. Auflage, St. Paul/Mn. 1999

Blumenwitz, Dieter, Einführung in das anglo-amerikanische Recht, 7. Auflage, München 2003

Bork, Robert H., The Tempting of America, New York/London 1990

Botzenhart, Manfred, Deutsche Verfassungsgeschichte 1806-1949, Stuttgart u.a. 1993

Brugger, Winfried, Einführung in das öffentliche Recht der USA, 2. Auflage, München 2001

ders., Grundrechte und Verfassungsgerichtsbarkeit in den Vereinigten Staaten von Amerika, Tübingen 1987

ders., Kampf um die Verfassungsgerichtsbarkeit: 200 Jahre Marbury v. Madison, in: Juristische Schulung (JuS) 2003, S. 320 ff.

ders., Der moderne Verfassungsstaat aus Sicht der amerikanischen Verfassung und des Grundgesetzes, in: Archiv des öffentlichen Rechts (AöR), Bd. 126 (2001), S. 337

Brünneck, Alexander v., Verfassungsgerichtsbarkeit in den westlichen Demokratien, Baden-Baden 1992

Bryce, James, Amerika als Staat und Gesellschaft (engl. "The American Commonwealth"), übersetzt von I. Singer, 2 Bde., Leipzig 1924

ders., Modern Democracies, New York 1931

Bundesminister der Justiz (Hrsg.), Entlastung des Bundesverfassungsgerichts - Bericht der Kommission (zit.: BMJ (Hrsg.), Entlastung des Bundesverfassungsgerichts), Bonn 1998

Burnham, William, Introduction to the Law and Legal System of the United States, 2. Auflage, St. Paul/Mn. 1999

Burton, Steven, An Introduction to Law and Legal Reasoning, Boston/New York/Toronto/London 1985

Cantor, Norman F., Imagining the Law, New York 1997

Cartellieri, Wolfgang, Ein Recht, aber wie viele Gerichtsbarkeiten, in: Betriebs-Berater (BB) 1953, S. 1021 ff.

Carter, Stephen, The Confirmation Mess, in: Harvard Law Review (Harv.L.Rev.), Bd. 101 (1988), S. 1185 ff.

Chayes, Abram, The Role of the Judge in Public Law Adjucation, in: Harvard Law Review (Harv.L.Rev.), Bd. 89 (1976), S. 1281 ff.

Choper, Jesse H., Judicial Review and the National Political Process: a functional reconsideration of the role of the Supreme Court, Chicago 1980

Cohen, William/Varat, Jonathan D., Constitutional Law – Cases and Materials, 11. Auflage, Westbury/NY 2001

Coles, Walter D., Politics and the Supreme Court of the United States, in: American Law Review (Am.L.Rev.), Bd. 29 (1893), S. 182 ff.

Collins, Michael G., Article III Cases, State Court Duties, and the Madisonian Compromise, in: Wisconsin Law Review (Wisc.L.Rev.) 1995, S. 35 ff.

Corwin, Edward S., The Doctrine of Judicial Review - Its Legal and Historical Basis and other Essays, Princeton/London 1914

ders., The Establishment of Judicial Review, in: Michigan Law Review (Mich.L.Rev.), Bd. 9 (1910/1911), S. 102 ff.

Crosskey, William W., Politics and the Constitution in the history of the United States, 2 Bände, Chicago 1980

Currie, David P., Federal Courts – Cases and Materials, 4. Auflage, St. Paul/Mn. 1990

Danwitz, Thomas von, Qualifizierte Mehrheiten für normverwerfende Entscheidungen des BVerfG?, in: Juristen-Zeitung (JZ) 1996, S. 481 ff.

Davis, Richard/Burnham, D. Jeffrey, The Role of the Federal Judiciary in the Development of Federalism in West Germany and the United States, in: Boston College International & Comparative Law Review (Boston College Int'l & Comp.L.Rev.), Bd. 12 (1989), S. 63 ff. (zit.: The Role of the Federal Judiciary)

Degenhart, Christoph, Funktion und Stellung der Verfassungsgerichtsbarkeit, in: Sächsische Verwaltungsblätter (SächsVBl) 2003, S. 159 ff.

Denninger, Erhard, Judicial Review Revisited: The German Experience, in: Tulane Law Review (Tul.L.Rev.), Bd. 59 (1985), S. 1013 ff.

Dernedde, C., Die Rechtspflege im Grundgesetz, in: Zentrales-Justizblatt für die britische Zone (ZJBl.) 1949, S. 101 ff.

Deutscher Bundestag u. Bundesarchiv (Hrsg.), Der Parlamentarische Rat 1948-1949 – Akten und Protokolle (zit. Prot. Parl. Rat, Bd.)

- Bd. 1 „Vorgeschichte“, bearbeitet von Johannes Volker Wagner, Boppard/Rh. 1975
- Bd. 2 „Der Verfassungskonvent auf Herrenchiemsee“, bearbeitet von Peter Bucher, Boppard/Rh. 1981
- Bd. 5/1 u. 5/2 „Ausschuss für Grundsatzfragen“, bearbeitet von Eberhard Pikart, Boppard/Rh. 1993
- Bd. 8 „Die Beziehung des Parlamentarischen Rates zu den Militärregierungen“, bearbeitet von Michael F. Feldkamp, Boppard/Rh. 1995
- Bd. 9 „Plenum“, bearbeitet von Wolfram Werner, Boppard/Rh. 1996
- Bd. 13/1 u. 13/2: „Ausschuss für Organisation des Bundes/Ausschuss für Verfassungsgerichtshof und Rechtspflege“, bearbeitet von Edgar Büttner und Michael Wettengel, München 2002

DeWolf Howe, Mark (Hrsg.), Readings in American Legal History, Cambridge/Mass. 1949

Diestelkamp, Bernhard, Die Verfassungsentwicklung in den Westzonen bis zum Zusammentreten des Parlamentarischen Rats, in: Neue Juristische Wochenschrift (NJW), 1989, S. 1312 ff.

Dolzer, Rudolf, Die staatstheoretische und staatsrechtliche Stellung des Bundesverfassungsgerichts (zit.: Dolzer, Staatstheoretische und staatsrechtliche Stellung), Berlin 1972

Dolzer, Rudolf/Vogel, Klaus/Graßhof, Karin (Hrsg.), Bonner Kommentar zum Grundgesetz, Loseblatt, Heidelberg, (zit.: Bearbeiter, in: Bonner Kommentar)

Dörr, Dieter, Die Verfassungsbeschwerde in der Prozesspraxis, 2. Auflage, Köln 1997

Drath, Martin, Die Grenzen der Verfassungsgerichtsbarkeit, in: VVDStRL 9 (1952), S. 1 ff.

Dreier, Horst, Grundgesetz – Kommentar, Bd. 3: Art. 83 bis 146, Tübingen 2000 (zit. Bearbeiter, in: Dreier, GG)

Dreyer, Michael, Die Verfassung der USA – Ein Modell für deutsche Verfassungsentwürfe des 19. Jahrhunderts?, in: Elvert/Salewski (Hrsg.), Deutschland und der Westen im 19. und 20. Jahrhundert, Bd. 1, Transatlantische Beziehungen, Stuttgart 1993, S. 225 ff.

Ehmke, Horst, Wirtschaft und Verfassung – Die Verfassungsrechtsprechung des Supreme Court zur Wirtschaftsregulierung, Karlsruhe 1961

Ely, John Hart, Democracy and Distrust, Cambridge/Mass. 1980

Engelen, Klaus J., Die "Political Question Doctrine" und ihre Anwendung durch amerikanische Gerichte auf außenpolitische Sachverhalte seit dem Vietnamkonflikt (zit.: Engelen, Political Question Doctrine), Diss. iur., Bonn 1984

Engelhardt, Dieter, Das richterliche Prüfungsrecht im modernen Verfassungsstaat, in: Archiv für öffentliches Recht (AöR), Bd. 8 (1959), S. 101 ff.

Epstein, Lee/Segal, Jeffrey A./Spaeth, Harold J./Walker, Thomas G., Supreme Court Compendium, 3. Aufl., Washington D.C. 2003

Epstein, Richard A., Takings: Private Property and the Power of Eminent Domain, Cambridge/Mass. 1985

Eskridge, William N./Frickey, Philip P./Garrett, Elisabeth, Cases and Materials on Legislation – Statutes and the Creation of Public Policy, 3. Auflage, St. Paul/Mn. 2001

Eyermann, Erich (Hrsg.), Verwaltungsgerichtsordnung, 11. Auflage, München 2000

Fait, Barbara, Demokratische Erneuerung unter dem Sternenbanner – Amerikanische Kontrolle und Verfassunggebung in Bayern 1946, Düsseldorf 1998

dies., Potsdam – Herrenchiemsee – Bonn, Aspekte der politischen, gesellschaftlichen und staatlichen Entwicklung 1945-1948, in: Auf dem Weg zum Grundgesetz (Hefte der Bayerischen Geschichte und Kultur, Bd. 21), Augsburg 1998

Faller, Hans Joachim, Das Ringen um Entlastung des Bundesverfassungsgerichts, in: Festschrift für Ernst Benda (hrsg. E.Klein), Heidelberg 1995, S. 43 ff., (zit.: Ringen um Entlastung)

Fallon, Richard H./Meltzer, Daniel J./Shapiro, David L., The Federal Courts and the Federal System (Hart and Wechsler's), 4. Auflage, Westbury/NY 1996 (mit 2001 Supplement)

Farber, Daniel A./Eskridge, William N./Frickey, Philip P., Constitutional Law – Themes for the Constitution's Third Century, 2. Auflage, St. Paul/Mn. 1998

Farrand, Max, The Records of the Federal Convention of 1787, New Haven 1911, Bd. 1

Feldkamp, Michael F., Der Parlamentarische Rat 1948-1949 – Die Entstehung des Grundgesetzes, Göttingen 1998

Fikentscher, Wolfgang, Methoden des Rechts in vergleichender Darstellung, (zit.: Methoden des Rechts), 5 Bde., Tübingen 1975-1977

Finck, Danielle E., Judicial Review: The United States Supreme Court versus the German Constitutional Court, in: Boston College International and Comparative Law Review, (Boston Coll. I'ntl & Comp.L.Rev.), Bd. 20 (1997), S. 123 ff.

Fischer, Robert, Die Weiterbildung des Rechts durch die Rechtsprechung, Karlsruhe 1971

Fleiner-Gerster, Florian, Allgemeine Staatslehre, 2. Auflage, Berlin/Heidelberg/New York 1996

Frank, John P., Historical Bases of the Federal Judicial System, in: Law & Contemporary Problems (Law & Contemp. Prob.), Bd. 13 (1948), S. 3 ff.

Frankfurter, Felix/Landis, James M., The Business of the Supreme Court, New York 1927

Franz, Günther (Hrsg.), Staatsverfassungen – Eine Sammlung wichtiger Verfassungen der Vergangenheit und Gegenwart in Urtext und Übersetzung, 2. Auflage, München 1964

Freund, Paul A., Appointment of Justices: Some Historical Perspectives, in: Harvard Law Review (Harv.L.Rev.), Bd. 101 (1988), S. 1146 ff.

Friedman, Lawrence M., A History of American Law, 2. Auflage, New York 1985

Friesenhahn, Ernst, Die Staatsgerichtsbarkeit, in: Der Ring, Bd. 4 (1930), S. 659 ff.

ders., Die Staatsgerichtsbarkeit, in: Anschütz/Thoma, Handbuch des Deutschen Staatrechts (HdbDStR), Bd. 2, § 98, S. 523 ff.

ders., Wesen und Grenzen der Verfassungsgerichtsbarkeit, in: Zeitschrift für Schweizerisches Recht (ZSchwR), Bd. 73 (1954), S. 129 ff.

Fromme, Friedrich Karl, Das Sondervotum in der Bewährung, in: Festschrift für Willi Geiger, Tübingen 1974, (hrsg. von Gerhard Leibholz), S. 867 ff.

Frotscher, Werner /Pieroth, Bodo, Verfassungsgeschichte, 3. Auflage, München 2002

Fuchs, Peter Paul, Das Oberste Bundesgericht, in: Juristenzeitung (JZ) 1953, S. 592 ff.

Fuller, Leon, The Forms and Limits of Adjudication, in: Harvard Law Review (Harv.L.Rev.), Bd. 92 (1978), S. 353 ff.

Geck, Wilhelm Karl, Wahl und Amtsrecht der Bundesverfassungsrichter, Baden-Baden 1986 (zit.: Wahl und Amtsrecht)

ders., Judicial Review of Statutes: A comparative survey of present institutions and practices, in: Cornell Law Quarterly (Cornell.L.Q.), Bd. 51 (1966), S. 250 ff.

Geiger, Willi, Gesetz über das Bundesverfassungsgericht vom 12. März 1951 – Kommentar, Berlin/Frankfurt a.M. 1952 (zit.: BVerfGG-Kommentar)

Germann, Oscar Adolf, Richterrecht, in: Probleme und Methoden der Rechtsfindung, 2. Auflage, Bern 1967

ders., Präjudizien als Rechtsquelle, Stockholm/Göteborg/Uppsala 1960

Giacometti, Zaccaria, Die Verfassungsgerichtsbarkeit des schweizerischen Bundesgerichts, Zürich 1933

Gimbel, John, Amerikanische Besatzungspolitik in Deutschland (1945-1949), Frankfurt a.M. 1968 (Originalausgabe: The American Occupation in Germany, 1948)

Gray, John Chipman, Nature and Sources of the Law, 2. Auflage, New York 1921 (Reprint: Aldershot 1997)

Grimm, Dieter, Deutsche Verfassungsgeschichte 1776-1866, Frankfurt a.M. 1988

Großfeld, Bernhard/Roth, Herbert (Hrsg.), Verfassungsrichter – Rechtsfindung am U.S. Supreme Court und am Bundesverfassungsgericht, Münster/Hamburg/Oxford 1995

Guggisberg, Hans R., Geschichte der USA, 4. Auflage, Stuttgart u.a. 2002

Gusy, Christoph, Richterliches Prüfungsrecht – eine verfassungsgeschichtliche Untersuchung, Berlin 1985

ders., Die Verfassungsbeschwerde, in: Festschrift 50 Jahre Bundesverfassungsgericht, S. 641 ff., hrsg. von P. Badura u. H. Dreier, (zit.: FS. 50 Jahre BVerfG), Tübingen 2001

Hailbronner, Kay, Der „clear and present danger test" und verfassungsfeindliche Betätigungen in der neueren Rechtsprechung des Supreme Court der Vereinigten Staaten, in: Jahrbuch des öffentlichen Rechts (JöR), Bd. 22 n.F. (1973), S. 579 ff.

ders., Kontrolle der auswärtigen Gewalt, in: VVDStRL, Heft 56 (1997), S. 8 ff.

Haines, Charles Grove, The American Doctrine of Judicial Supremacy, 2. Auflage, Los Angeles 1932 (Reprint: New York 1973

ders., The Role of the Supreme Court in American Government and Politics 1789-1835, Los Angeles 1944, (Reprint: New York 1973)

Haller, Walter, Der Supreme Court – Oberstes Gericht und politischer Faktor in den USA, in: Jahrbuch des öffentlichen Rechts (JöR), Bd. 22 n.F. (1973), S. 539 ff.

ders., Supreme Court und Politik in den USA – Fragen der Justiziabilität in der höchstrichterlichen Rechtsprechung, Bern 1972

Hamilton, Alexander/Madison, James/Jay, John, Die Federalist-Artikel, Paderborn/München/Wien/Zürich 1994, hrsg., übersetzt, eingeleitet und kommentiert von Angela Adams und Willi Paul Adams (Englische Fassung: Madison/Hamilton/Jay, The Federalist Papers, hrsg. von I. Kramnick, Harmondsworth 1987)

Hand, Learned, The Bill of Rights, Cambridge/Mass. 1958

Häberle, Peter, Die Verfassungsgerichtsbarkeit auf der heutigen Entwicklungsstufe des Verfassungsstaates, in: Europäische Grundrechtszeitung (EuGRZ) 2004, S. 117 ff.

Häußler, Richard, Der Konflikt zwischen Bundesverfassungsgericht und politischer Führung, Berlin 1994 (zit.: Konflikt)

Hay, Peter, Einführung in das Amerikanische Recht, 4. Auflage, Darmstadt 1995

ders., Gedanken zum künftigen U.S. Supreme Court, in: Recht der internationalen Wirtschaft (RIW) 2005, S. 6 ff.

Heck, Philipp, Das Problem der Rechtsgewinnung, 2. Aufl., Tübingen 1932

Heideking, Jürgen, Geschichte der USA, 2. Auflage, Tübingen/Basel 1999

ders., Im zweiten Anlauf zum demokratischen Verfassungsstaat – Amerikanische Einflüsse auf die Weimarer Reichsverfassung und das Grundgesetz für die Bundesrepublik Deutschland, in: Elvert/Salewski (Hrsg.), Deutschland und der Westen, Bd. 1, S. 247 ff. (zit.: Im zweiten Anlauf)

Hering, Eugen, Plan eines Gemeinsamen Senats der obersten Gerichtshöfe, in: Die öffentliche Verwaltung (DÖV) 1967, S. 153 ff.

Herzog, Roman, Das Bundesverfassungsgericht und die Anwendungen einfachen Gesetzesrechts, in: Festschrift für G. Dürig (hrsg. v. H. Maurer), München 1990, S. 431 ff.

ders., Staatslehre, Frankfurt a.M. 1971

ders., Gesetzgeber und Gerichte, in: Festschrift für H. Simon, Baden-Baden 1987, S. 103 ff.

Hesse, Konrad, Grundzüge des Verfassungsrechts der Bundesrepublik Deutschland, Neudruck der 20. Auflage, Heidelberg 1999

ders., Stufen der Entwicklung der deutschen Verfassungsgerichtsbarkeit, in: Jahrbuch des öffentlichen Rechts (JöR), Bd. 46 n.F. (1998), S. 1 ff.

Heun, Werner, Normenkontrolle, in: Festschrift 50 Jahre Bundesverfassungsgericht, S. 615 ff., hrsg. von P. Badura u. H. Dreier, (zit.: FS. 50 Jahre BVerfG), Tübingen 2001

Heyde, Wolfgang, Das Bundesverfassungsgerichtsgesetz in der Bewährung, in: Festschrift Kutscher (hrsg. W. Grewe u.a.), Baden-Baden 1981, S. 229 ff.

ders., Dissenting Opinions in der deutschen Verfassungsgerichtsbarkeit, in: Jahrbuch des öffentlichen Rechts (JöR), Bd. 19 (1970), S. 201 ff.

Hippel, Ernst v., Das richterliche Prüfungsrecht, in: Anschütz/Thoma, Handbuch des Deutschen Staatrechts (HdbDStR), Bd. 2, § 99, S. 546 ff.

Hörter, Peter, Die Entstehung des Landes Hessen nach 1945 unter besonderer Berücksichtigung der Mitwirkung der Besatzungsmächte, Diss. iur., Würzburg 1968

Hoffmann-Riem, Wolfgang, Das Ringen um die verfassungsgerichtliche Normenkontrolle in den USA und Europa, in: Juristenzeitung (JZ) 2003, S. 269 ff.

Hoke, Rudolf, Verfassungsgerichtsbarkeit in den deutschen Ländern in der Tradition der deutschen Staatsgerichtsbarkeit, in: Landesverfassungsgerichtsbarkeit, Teilband 1 „Geschichte, Organisation, Rechtsvergleichung" (zit.: Hoke, Verfassungsgerichtsbarkeit in den deutschen Ländern, in: Landesverfassungsgerichtsbarkeit), S. 25 ff., hrsg. von Christian Starck und Klaus Stern, Baden-Baden 1983

Huber, Ernst Rudolf, Verfassungsgeschichte,

- Bd. 3, Bismarck und das Reich, 3. Auflage, Stuttgart u.a. 1988
- Bd. 4, Die Weimarer Reichsverfassung, Stuttgart 1981

ders., Dokumente zur deutschen Verfassungsgeschichte

- Bd. 1, Deutsche Verfassungsdokumente, 1803-1850, 3. Auflage, Stuttgart u.a. 1978
- Bd. 2, Deutsche Verfassungsdokumente, 1851-1900, 3. Auflage, Stuttgart u.a. 1986
- Bd. 3, Deutsche Verfassungsdokumente, 1900-1918, 3. Auflage, Stuttgart u.a. 1990
- Bd. 4, Deutsche Verfassungsdokumente, 1919-1933, 3. Auflage, Stuttgart u.a. 1992

ders., Quellen zum Staatsrecht der Neuzeit, Band 2 – Deutsche Verfassungsdokumente der Gegenwart (1919-1951), Tübingen 1951

Husen, Paulus von, Die Entfesselung der dritten Gewalt, in: Archiv des öffentlichen Rechts (AöR), Bd. 78 (1952/53), S. 49 ff.

Hutchinson, Dennis J., "The Ideal New Frontier Judge", Supreme Court Review (Sup.Ct. Rev.) 1997, S. 373 ff.

Isensee, Josef/Kirchhof, Paul, Handbuch des Staatsrechts der Bundesrepublik Deutschland (zit.: Bearbeiter, in: HdbStR)

- Bd. 1: Grundlagen von Staat und Verwaltung, 3. Aufl., Heidelberg 2003

- Bd. 2: Verfassungsstaat, 3. Aufl., Heidelberg 2004
- Bd. 3: Demokratie und Bundesorgane, 3. Aufl., Heidelberg 2005

aus der Vorauflage:

- Bd. 2: Demokratische Willensbildung – Die Staatsorgane des Bundes, 2. Aufl., Heidelberg 1998
- Bd. 3: Das Handeln des Staates, 2. Aufl., Heidelberg 1996

Jackson, Robert H., The Supreme Court in the American System of Government, New York/London 1963

Jackson, Vicki C./Tushnet, Mark, Comparative Constitutional Law, New York 1999

Jaeger, Renate/Broß, Siegfried, Die Beziehung zwischen dem Bundesverfassungsgericht und den übrigen einzelstaatlichen Rechtsprechungsorganen, (zit.: Bundesverfassungsgericht und einzelstaatliche Rechtsprechungsorgane), in: Europäische Grundrechte-Zeitschrift (EuGRZ) 2004, S. 1 ff.

Jäger, York, Entscheidungsverhalten und Hintergrundfaktoren der Bundesverfassungsrichter, in: Zeitschrift für Rechtspolitik (ZRP) 1987, S. 360 ff.

Jähn, Günter, Richterliches Prüfungsrecht, Diss. iur., Frankfurt a.M. 1954

Jagusch, Heinrich, Zur Gestalt des Obersten Bundesgerichts nach Art. 95 GG, in: Neue Juristische Wochenschrift (NJW) 1953, S. 244 ff.

Jahrreiß, Hermann, Die Rechtspflege im Bonner Grundgesetz, in: Verhandlungen des 37. Deutschen Juristentages (Köln 1949), S. 26 ff., Tübingen 1950

Jellinek, Georg, Allgemeine Staatslehre, 3. Auflage, Berlin 1921

ders., Gesetz und Verordnung – Staatsrechtliche Untersuchungen auf rechtsgeschichtlicher und rechtsvergleichender Grundlage, Aalen 1964 (Nachdruck der Ausgabe Freiburg 1887)

Jellinek, Walter, Das richterliche Prüfungsrecht in den drei Ländern der amerikanischen Zone, in: Festschrift für Rudolf Laun, Hamburg 1948, S. 269 ff.

Kau, Marcel, Zur grundgesetzlichen Zulässigkeit einer Annahme nach Ermessen bei der Verfassungsbeschwerde, in: Zeitschrift für Rechtspolitik (ZRP) 1999, S. 319 ff. (zit.: Annahme nach Ermessen bei der Verfassungsbeschwerde)

Kauper, Paul G., Judicial Review of Constitutional Issues in the United States (zit.: Länderbericht Vereinigte Staaten), in: Hermann Mosler (Hrsg.), Verfassungsgerichtsbarkeit in der Gegenwart, S. 568 ff.

ders./Beytagh, Francis X., Constitutional Law - Cases and Materials, 5. Auflage, Boston/Toronto 1980

Kelsen, Hans, Wesen und Entwicklung der Staatsgerichtsbarkeit, in: VVDStRL, Heft 5 (1929), S. 30 ff.

Kenntner, Markus, Das BVerfG als subsidiärer Superrevisor?, in: Neue Juristische Wochenschrift (NJW) 2005, S. 785 ff.

ders., Vom Hüter der Verfassung zum Pannenhelfer der Nation? – Zur Kontrolldichte im Verfahren der Urteilsverfassungsbeschwerde, in: Die Öffentliche Verwaltung (DÖV) 2005, S. 269 ff.

Kern, Eduard, Geschichte des Gerichtsverfassungsrechts, München/ Berlin 1954

Kern, Ernst, Die Rechtsprechung, in: Deutsche Verwaltung (DV) 1949, S. 330 ff.

Kirchhof, Paul, Richterliche Rechtsfindung, gebunden an „Gesetz und Recht“, in: Neue Juristische Wochenschrift (NJW) 1986, S. 2275 ff.

Klein, Eckart, Konzentration durch Entlastung?, in: Neue Juristische Wochenschrift (NJW) 1993, S. 2073 ff.

Klein, Hans Hugo, Gedanken zur Verfassungsgerichtsbarkeit, in: Festschrift für Klaus Stern (hrsg. von Joachim Burmeister u.a.), S. 1135 ff.

Kommers, Donald P., Can German constitutionalism serve as a model for the United States?, in: Zeitschrift für ausländisches öffentliches Recht und Völkerrecht, (ZaÖRV), Bd. 58 (1998), S. 1 ff.

ders., The Constitutional Jurisprudence of the Federal Republic of Germany, 2. Auflage, Durham/S.C. 1997 (zit.: Constitutional Jurisprudence)

ders., German Constitutionalism: A Prolegomenon, in: Emory Law Journal (Emory L.J.), Bd. 40 (1991), S. 837 ff.

ders., Judicial Politics in West Germany, Beverly Hills/London 1976

ders., The Federal Constitutional Court in the West German Political System, in: Franchise of Judicial Research, hrsg. von Grossmann/Tannhaus, New York/London/Sidney/Toronto 1969

Kriele, Martin, Einführung in die Staatslehre, 6. Auflage, Stuttgart u.a. 2003 *ders.*, Die Herausforderung des Verfassungsstaates, Neuwied/Berlin 1970

ders., § 218 StGB nach dem Urteil des Bundesverfassungsgerichts, in: Zeitschrift für Rechtspolitik (ZRP) 1975, S. 73 ff.

ders., Recht und Politik in der Verfassungsrechtsprechung, in: Neue Juristische Wochenschrift (NJW) 1976, S. 777 ff.

ders., Der Supreme Court im Verfassungssystem der USA, in: Der Staat 13 (1965), S. 195 ff.

ders., Theorie der Rechtsgewinnung, 2. Auflage, Berlin 1976

Kröger, Klaus, Richterwahl, in: Festgabe für das BVerfG, Tübingen 1976, Bd. 1, S. 76 ff.

Krüger, Herbert, Allgemeine Staatslehre, Stuttgart 1964

Krüger, Peter, Einflüsse der Verfassung der Vereinigten Staaten auf die deutsche Verfassungsentwicklung, in: Zeitschrift für Neuere Rechtsgeschichte (ZNR), Bd. 18 (1996), S. 226 ff.

Külz, Wilhelm, Die Prüfung der Verfassungsmäßigkeit von Vorschriften des Reichsrechts, in: Deutsche Juristenzeitung (DJZ) 31 (1926), Sp. 837 ff.

Lange, Erhard H.M., Die Würde des Menschen ist unantastbar – Der Parlamentarische Rat und das Grundgesetz, Heidelberg 1993

Langheid, Theo, Souveränität und Verfassungsstaat – 'Sovereignity of Parliament', Diss. iur., Köln 1984

Larenz, Karl, Methodenlehre der Rechtswissenschaft, 6. Auflage, Berlin/ Heidelberg/New York 1991

Laski, Harold J., The American Democracy: A Commentary and Interpretation, New York 1948

Laufer, Heinz, Verfassungsgerichtsbarkeit und politischer Prozess, Tübingen 1968

Laufs, Adolf, Die Anfänge einheitlicher höchster Gerichtsbarkeit in Deutschland, in: Juristische Schulung (JuS) 1969, S. 256 ff.

Leiman, Joan Maisel, The Rule of Four, in: Columbia Law Review (Colum.L.Rev.), Bd. 57 (1957), S. 975 ff.

Leisner, Walter, Der Bund-Länder-Streit vor dem Bundesverfassungsgericht, in: Bundesverfassungsgericht und Grundgesetz, Festgabe Bundesverfassungsgericht, Bd. 1, S. 260 ff., Tübingen 1976

Lerche, Peter, Versuche der Aushebelung von Verfassungsgerichten – ausländische Erfahrungen, inländische Konsequenzen, in: Bayerische Verwaltungsblätter (BayVBl) 2003, S. 1 ff.

Leuchtenburg, William E., The Origins of Franklin D. Roosevelts "Court-Packing" Plan, in: Supreme Court Review (Sup.Ct.Rev.) 1966, S. 347 ff.

Leusser, Claus, Die Verfassung des Freistaates Bayern vom 2.12.1946, in: Jahrbuch des öffentlichen Rechts (JöR), Bd. 3 n.F. (1953.), S. 149 ff.

Lively, Donald E./Haddon, Phoebe A./Roberts, Dorothy E./Weaver, Russel, Constitutional Law - Cases, History and Dialogues, 2. Auflage, Cincinnati/Oh. 2000

Lockhart, William B./Kamisar, Yale/Choper, Jesse H./Shiffrin, Steven H./ Fallon, Richard H., Constitutional Law - Cases - Comments - Questions, 8. Auflage, St. Paul/Mn. 1996

Lorenz, Dieter, Der Organstreit vor dem Bundesverfassungsgericht, in: Bundesverfassungsgericht und Grundgesetz, Festgabe Bundesverfassungsgericht, Bd. 1, S. 225 ff., Tübingen 1976

Lorz, Ralph Alexander, Interorganrespekt im Verfassungsrecht, Tübingen 2001

ders., Die Gefahr der Stimmengleichheit – Ein wenig beachteter Sprengsatz in der Konstruktion des BVerfG, in: Zeitschrift für Rechtspolitik (ZRP) 2003, S. 36 ff.

Lundmark, Thomas, Juristische Technik und Methodik des Common Law, Münster 1998

ders., Stare Decisis vor dem Bundesverfassungsgericht, in: Rechtstheorie, Bd. 28 (1997), S. 315 ff. (zit.: Stare Decisis)

MacCormick, D. Neil/Summers, Robert S. (Hrsg.), Interpreting Precedents: A Comparative Study, Aldershot 1997

Maetzel, Bogumil, Bemerkung zum Gemeinsamen Senat der obersten Gerichtshöfe, in: Monatsschrift des Deutschen Rechts (MDR) 1968, S. 797 ff.

Mahrenholz, Ernst Gottfried, Kammerbeschlüsse - Nichtannahmegebühren - Neue Institute im Verfassungsbeschwerde-Verfahren, in: Festschrift für Wolfgang Zeidler (hrsg. W. Fürst), Berlin 1987, Bd. 2, S. 1369 ff. (zit.: Neue Institute)

Mangoldt, Hermann v., Das Bonner Grundgesetz – Kommentar, 1. Auflage, Berlin/Frankfurt a.M. 1953 (zit.: v. Mangoldt, GG)

Mangoldt, Hermann v./Klein, Friedrich/Starck, Christian (Hrsg.), Das Bonner Grundgesetz - Kommentar, Band 3: Artikel 83-146, 5. Auflage, München 2005 (zit.: Bearbeiter, in: v. Mangoldt/Klein/Starck, GG)

Maurer, Hartmut, Das richterliche Prüfungsrecht zur Zeit der Weimarer Verfassung, in: Die öffentliche Verwaltung (DÖV) 1963, S. 683 ff.

ders., Staatsrecht I – Grundlagen, Verfassungsorgane, Staatsfunktionen, 4. Auflage, München 2005

McCloskey, Robert G., The American Supreme Court, 3. Auflage, Chicago 2000

McKusick, Vincent L., Discretionary Gatekeeping: The SupremeCourt's Management of Its Original Jurisdiction Docket Since 1961, in: Maine Law Review (Me.L.Rev.), Bd. 54 (1993), S. 185 ff.

Miebach, Klaus, Der Gemeinsame Senat der obersten Gerichtshöfe des Bundes, Berlin 1971

Millgramm, Karl-Heinz, Separate Opinion und Sondervotum, Berlin 1985

Möhring, Philipp, Der Bundesgerichtshof, in: Neue Juristische Wochenschrift (NJW) 1950, S. 47 ff.

Mohl, Robert v., Das Bundes-Staatsrecht der Vereinigten Staaten von Nord-Amerika, Tübingen/Stuttgart 1824

ders., Über die rechtliche Bedeutung verfassungswidriger Gesetze, in: Staatsrecht, Völkerrecht und Politik, Bd. 1: Staatsrecht und Völkerrecht, S. 66 ff., Tübingen 1860

Monaghan, Henry Paul, The Confirmation Process: Law or Politics, in: Harvard Law Review (Harv.L.Rev.), Bd. 101 (1988), S. 1202 ff.

Moore, James William/Conquillette, Daniel R., Moore's Federal Practice, 3. Auflage, New York 1997, Loseblattsammlung – Stand: Dezember 2003, Bd. 12 (Supreme Court Jurisdiction and Practice), (zit. Moore's Federal Practice)

Moore, James Willliam/Vestal, Allan D., Present and Potential Role of Certification in Federal Appellate Procedure, in: Virginia Law Review (Va.L.Rev), Bd. 35 (1949), S. 1 ff.

Morsey, Rudolf, Verfassungsschöpfung unter Besatzungsherrschaft – Die Entstehung des Grundgesetzes im Parlamentarischen Rat, in: Die Öffentliche Verwaltung (DÖV) 1989, S. 471 ff.

Morstein Marx, Fritz, Variationen über richterliche Zuständigkeit zur Prüfung der Rechtmäßigkeit des Gesetzes, Berlin 1927 (zit.: Morstein Marx, Variationen)

Mosler, Hermann (Hrsg.), Verfassungsgerichtsbarkeit in der Gegenwart – Länderberichte und Rechtsvergleichung, Köln/Berlin 1962

Münch, Ingo von, Staatsrecht I, 6. Auflage, Stuttgart/Berlin/Köln 2000

Münch, Ingo von/Kunig, Philip, Grundgesetz-Kommentar, 3 Bände

- 1. Bd.: Art. 1-19, 5. Auflage, München 2000
- 2. Bd.: Art. 20-69, 5. Auflage München 2001
- 3. Bd.: Art. 70-146, 5. Auflage München 2003

Münzer, Elmar, Das Oberste Bundesgericht gemäß Art. 95 Grundgesetz, Diss. iur., Tübingen 1956

Murswiek, Dietrich, Der Umfang der verfassungsgerichtlichen Kontrolle staatlicher Öffentlichkeitsarbeit, in: Die öffentliche Verwaltung (DÖV) 1982, S. 529 ff.

Neumeyer, Christoph, Der Weg zur neuen Erforderlichkeitsklausel für die konkurrierende Gesetzgebung des Bundes (Art. 72 Abs. 2 GG) – Renaissance alliierter Verfassungspolitik, (Diss. iur., Köln, 1999) Berlin 1999

Nörr, Knut Wolfgang, Der Richter zwischen Gesetz und Wirklichkeit, Heidelberg 1996

Nowak, John E./Rotunda, Ronald D., Constitutional Law, 6. Auflage, St. Paul/Mn. 2000

O'Fallon, James M., Marbury, in: Standford Law Review (Stan.L.Rev.), Bd. 44 (1992), S. 219 ff.

Ogorek, Regina, Richterliche Normenkontrolle im 19. Jahrhundert: Zur Rekonstruktion einer Streitfrage, in: Zeitschrift für Neuere Rechtsgeschichte (ZNR), Bd. 11 (1989), S. 12 ff.

Oppelland, Torsten, Gerhard Schröder (1910-1989) – Politik zwischen Staat, Partei und Konfession, Düsseldorf 2002

Ossenbühl, Fritz, Richterrecht im demokratischen Rechtstaat, Bonn 1988

Papier, Hans-Jürgen, „Spezifisches Verfassungsrecht" und „einfaches Recht" als Argumentationsformel des Bundesverfassungsgerichts, in: Festgabe für das Bundesverfassungsgericht, Tübingen 1976, Bd. I, S. 432 ff.

Parlamentarischer Rat (Hrsg.), Verhandlungen des Hauptausschusses, Bonn 1949 (zit. Parl. Rat – Verh. d. Hauptausschusses)

Peglow, Michael von, Die Generalklausel, in: Festschrift für Martin Kriele, München 1997, S. 1493 ff.

Pfander, James E., Article I Tribunals, Art. III courts, and the judicial Power of the United States, in: Harvard Law Review (Harv.L.Rev.), Bd. 118 (2004), S. 643 ff.

Pfetsch, Frank R., Ursprünge der Zweiten Republik, Opladen 1990

Piazolo, Michael, Verfassungsgerichtsbarkeit und politische Fragen – Die Political Question Doktrin im Verfahren vor dem BVerfG und dem Supreme Court der USA, München 1994

Pieper, Stefan Ulrich, Verfassungsrichterwahlen, Berlin 1998

Pieroth, Bodo, Amerikanischer Verfassungsexport nach Deutschland, in: Neue Juristische Wochenschrift (NJW) 1989, S. 1333 ff.

ders., An Essay on an Export from the United States: Constitutional Doctrine and Ideas, in: Saint Louis University Public Law Review (St.Louis U.Publ.L.Rev.), Bd. 9 (1990), S. 311 ff.

Pieroth, Bodo/Aubel, Tobias, Die Rechtsprechung des Bundesverfassungsgerichts zu den Grenzen richterlicher Entscheidungsfindung (zit.: Grenzen richterlicher Entscheidungsfindung), in: Juristenzeitung (JZ) 2003, S. 504 ff.

Pietzcker, Jost, Organstreit, in: Festschrift 50 Jahre Bundesverfassungsgericht, S. 587 ff., hrsg. von P. Badura u. H. Dreier, (zit.: FS. 50 Jahre BVerfG), Tübingen 2001

Pikart, Eberhard, Auf dem Weg zum Grundgesetz, in: Die zweite Republik – 25 Jahre Bundesrepublik Deutschland – eine Bilanz, hrsg. von Richard Löwenthal und Hans-Peter Schwarz, S. 149 ff., 3. Auflage, Stuttgart 1979

Plucknett, Theordore F.T., Bonham's Case and Judicial Review, in: Harvard Law Review (Harv.L.Rev.), Bd. 40 (1926/1927), S. 30 ff.

Posner, Richard A., The Federal Courts – Challenge and Reform, Cambridge, Mass./London 1996

Prost, Gerhard, Verzicht auf das Oberste Bundesgericht, in: Neue Juristische Wochenschrift (NJW) 1957, S. 41 ff.

Pushaw, Robert J., Article III's Case/Controversy Distinction and the Dual Functions of Federal Courts, in: Notre Dame Law Review (Notre Dame.L.Rev.), Bd. 69 (1994), S. 447 ff.

Quaas, Michael, Die Verfassung der Vereinigten Staaten von Amerika und das Grundgesetz: Aspekte eines Verfassungsvergleichs, in: Verwaltungsblätter Baden-Württemberg (VBlBW) 2003, S. 217 ff.

Radbruch, Gustav/Zweigert, Konrad, Einführung in die Rechtswissenschaft, 12. Auflage, Stuttgart 1969

Rau, Christian, Selbst entwickelte Grenzen in der Rechtsprechung des United States Supreme Court und des Bundesverfassungsgerichts, (zit.: Selbst entwickelte Grenzen), Berlin 1996

Redeker, Konrad, Legitimation und Grenzen richterlicher Rechtsetzung, in: Neue Juristische Wochenschrift (NJW) 1972, S. 409 ff.

Redish, Martin H./Sherry, Suzanna, Federal Courts – Cases, Comments and Questions, 5. Auflage, St. Paul/Mn. 2002

Redlich, Norman/Schwartz, Bernard/Attanasio, John, Constitutional Law, 3. Auflage, New York 1996

Rehfeldt, Bernhard, Einführung in die Rechtswissenschaft, 2. Auflage, Berlin 1966

Rehnquist, William H., The Supreme Court, 3. Auflage, New York 2001

Rinck, Hans-Justus, Die Vorprüfung bei der Verfassungsbeschwerde, in: Neue Juristische Wochenschrift (NJW) 1959, S. 169 ff.

Ritterspach, Theodor, Gedanken zum Sondervotum, in: Festschrift für Wolfgang Zeidler (hrsg. v. W. Fürst u.a.), Berlin 1987, Band 1, S. 1378 ff.

Robbers, Gerhard, Die historische Entwicklung der Verfassungsgerichtsbarkeit, in: Juristische Schulung (JuS) 1990, S. 257 ff.

Roellecke, Gerd, Sondervotum, in: Festschrift 50 Jahre Bundesverfassungsgericht, S. 363 ff., hrsg. von P. Badura u. H. Dreier, (zit.: FS. 50 Jahre BVerfG), Tübingen 2001

Rotberg, Zur Stellung der Justiz im Grundgesetz, in: Deutsche Rechtszeitung (DRZ) 1949, S. 387 ff.

Roth, Wolfgang, Die Überprüfung fachgerichtlicher Urteile durch das Bundesverfassungsgericht und die Entscheidung über die Annahme einer Verfassungsbeschwerde, in: Archiv des öffentlichen Rechts (AöR), Bd. 121 (1996), S. 544 ff. (zit.: Die Überprüfung fachgerichtlicher Urteile)

Rotunda, Ronald D., Modern Constitutional Law - Cases and Notes, 5. Auflage, St. Paul/Mn. 1997

Rüthers, Bernd, Richterrecht – rechtswidrig oder notwendig?, in: Archiv für öffentliches Recht (AöR), Bd. 114 (1988), S. 268 ff.

ders., Die unbegrenzte Auslegung, 5. Auflage, Heidelberg 1997

Rupprecht, Reinhard, Vorprüfung bei der Verfassungsbeschwerde, in: Juristenzeitung (JZ) 1970, S. 207 ff.

Ruscheweyh, Herbert, Das Deutsche Obergericht für das Vereinigte Wirtschaftsgebiet, in: Gesetz und Recht, Bd. 3 (1948), S. 961 ff.

Sachs, Michael, Die Bindung des Bundesverfassungsgerichts an seine Entscheidungen, München 1977

Säcker, Horst, Verfassungskonvent 1948, in: Die Öffentliche Verwaltung (DÖV) 1998, S. 784 ff.

Scammon, Richard M., Germany and Europe: Battleground, Bastion, or Buffer, in: Germany and the Future of Europe, hrsg. v. Hans J. Morgenthau, S. 163 ff., Chicago 1951

Schäfer, Hans, Gesetzeskraft und bindende Wirkung der Entscheidungen des Bundesverfassungsgerichts, in: Neue Juristische Wochenschrift (NJW) 1954, S. 1465 ff. (zit.: Gesetzeskraft und bindende Wirkung)

Schefer, Markus, Konkretisierung von Grundrechten durch den U.S.-Supreme Court – Zur sprachlichen, historischen und demokratischen Argumentation im Verfassungsrecht, Berlin 1995

Schenke, Wolf-Rüdiger, Der Umfang der bundesverfassungsrechtlichen Überprüfung, in: Neue Juristische Wochenschrift (NJW) 1979, S. 1321 ff.

Scheuner, Ulrich, Die Selbständigkeit und Einheit der Rechtspflege, in: Die öffentliche Verwaltung (DÖV) 1953, S. 517 ff

ders., Die Überlieferung der deutschen Staatsgerichtsbarkeit im 19. und 20. Jahrhundert in: Bundesverfassungsgericht und Grundgesetz, Festgabe Bundesverfassungsgericht, Bd. 1, S. 1 ff., Tübingen 1976

Schindler, Dietrich, Die Verfassungsgerichtsbarkeit in den Vereinigten Staaten von Amerika und in der Schweiz, in: Zeitschrift für Schweizerisches Recht (ZSchwR), Bd. 44 (1925), S. 19 ff.

Schlaich, Klaus/Korioth, Stefan, Das Bundesverfassungsgericht, 5. Auflage, München 2001

Schmid, Carlo, Erinnerungen, Bern/München/Wien 1979

Schmidt-Räntsch, Günther/Schmidt-Räntsch, Jürgen, Deutsches Richtergesetz, 5. Auflage, München 1995

Schmitt, Carl, Der Hüter der Verfassung, 2. Auflage, 1931 (Nachdruck: 4. Auflage, Berlin 1996)

ders., Das Reichsgericht als Hüter der Verfassung, in: Die Reichsgerichtspraxis im deutschen Rechtsleben, Festgabe der juristischen Fakultäten zum 50-jährigen Bestehen des Reichsgerichts, hrsg. von Otto Schreiber, Berlin/Leipzig 1929, Bd. 1, S. 154 ff. (zit.: FG Reichsgericht)

ders., Verfassungslehre, Berlin 1928 (Nachdruck: Berlin 1983)

Schneider, Hans-Peter (Hrsg.), Das Grundgesetz – Dokumentation seiner Entstehung, bearbeitet von Rainer Schuckart, Bd. 23/Teilband I, Vor Artikel 92, Artikel 92 und 93, Frankfurt a.M. 1999

Scholz, Rupert, 200 Jahre Verfassung der Vereinigten Staaten von Amerika, in: Zeitschrift für Rechtspolitik (ZRP), 1988, S. 95 ff.

Schulze-Fielitz, Helmut, Wirkung und Befolgung verfassungsgerichtlicher Entscheidungen, in: Festschrift 50 Jahre Bundesverfassungsgericht, S. 385 ff., hrsg. von P. Badura u. H. Dreier, (zit.: FS. 50 Jahre BVerfG), Tübingen 2001

Schwartz, Bernard, A History of the Supreme Court, New York/Oxford 1993

Selmer, Peter, Bund-Länder-Streit, in: Festschrift 50 Jahre Bundesverfassungsgericht, S. 563 ff., hrsg. von P. Badura u. H. Dreier, (zit.: FS. 50 Jahre BVerfG), Tübingen 2001

Semonche, John E., Keeping the Faith, Lanham/Md.u.a. 1998

Shapo, Helene S./Walter, Marilyn R./Fajans, Elizabeth, Writing and Analysis in the Law, 3. Auflage, Westbury/NY 1995

Simons, Cornelius, Grundrechte und Gestaltungsspielraum, Berlin 1999

Simons, Hans, The Bonn Constitution and its Government, in: Germany and the Future of Europe, hrsg. v. Hans J. Morgenthau, S. 114 ff., Chicago 1951

Singer, Michael, The Constitutional Court of the German Federal Republic: Jurisdiction Over Individual Complaints, in: International and Comparative Law Quarterly (Int'l & Comp. L.Q.), Bd. 31 (1982) S. 331 ff.

Söllner, Alfred, Zum Eingriff der Rechtsprechung in die Gesetzgebung, in: Zeitschrift für Gesetzgebung (ZG), Bd. 11 (1996), S. 241 ff.

Sörgel, Werner, Konsensus und Interesse – Eine Studie zur Entstehung des Grundgesetzes, Opladen 1985

Sosin, Jack M., The Aristocracy of the Long Robe – The Origins of Judicial Review in America, New York/Westport/London 1989

Spevack, Edmund, Allied Control and German Freedom – American Political and Ideological Influences and the Framing of the West German Basic Law (Grundgesetz), Münster/Hamburg/Berlin/London 2001

Spieker, Frank, Hermann Höpker Aschoff – Vater der Finanzverfassung, Berlin 2004

Stahl, Friedrich J., Philosophie des Rechts, 3. Auflage, Heidelberg 1856, 2 Bde.

Steamer, Robert J., The Supreme Court in Crisis: A History in Conflict, Amherst/Mass. 1971

Steinberger, Helmut, Bemerkungen zu einer Synthese des Einflusses ausländischer Verfassungsideen auf die Entstehung des Grundgesetzes mit deutschen verfassungsrechtlichen Traditionen, in: 40 Jahre Grundgesetz – Entstehung, Bewährung und internationale Ausstrahlung (hrsg. von Klaus Stern), München 1990 (zit.: Bemerkungen)

ders., Konzeption und Grenzen freiheitlicher Demokratie, Heidelberg/New York 1974

ders., 200 Jahre amerikanische Bundesverfassung, Berlin/New York 1987

Stern, Klaus, Außenpolitischer Gestaltungsraum und verfassungsgerichtliche Kontrolle, Regensburg 1994

ders., Grundideen europäisch-amerikanischer Verfassungsstaatlichkeit, Berlin/New York 1984

ders., Das Staatsrecht der Bundesrepublik Deutschland

- Band I, 2. Auflage, München 1984
- Band II, München 1980
- Band III/1, München 1988
- Band III/2, München 1996
- Band V, München 2000

Stern, Robert L./Gressman, Eugene/Shapiro, Stephen M./Geller, Kenneth S., Supreme Court Practice, 8. Auflage, Washington, D.C. 2002

Stevens, John Paul, The Life Span of a Judge-Made Rule, New York University Law Review (N.Y.U. L.Rev.), Bd. 58 (1983), S. 1 ff.

Stoevesandt, Martin, Aktivismus und Zurückhaltung im United States Supreme Court, Berlin 1999

Stolleis, Michael, Geschichte des öffentlichen Rechts in Deutschland, Bd. 2, Staatsrechtslehre und Verwaltungswissenschaft, München 1992

Stone, Geoffrey R./Seidman, Louis M./Sunstein, Cass R./Tushnet, Mark V., Constitutional Law, 4. Auflage, Boston/New York/Toronto/London 2001

Strauß, Walter, Aus der Entstehungsgeschichte des Grundgesetzes, in: Festschrift für Hans Schäffer, Berlin 1966, S. 343 ff.

ders., Die oberste Bundesgerichtsbarkeit, Heidelberg 1949

ders., Die rechtsprechende Gewalt im Bonner Grundgesetz, in: Süddeutsche Juristen-Zeitung (SJZ) 1949, Sp. 523 ff.

Sullivan, Kathleen M./Gunther, Gerald, Constitutional Law, 14. Auflage, Westbury/NY 2001

Sunstein, Cass R., The Partial Constitution, Cambridge/Mass. 1993

Thayer, James Bradley, Cases on Constitutional Law with Notes, 2 Bände, Cambridge/Mass. 1895

ders., The Origin and Scope of the American Doctrine of Constitutional Law, in: Harvard Law Review (Harv.L.Rev.), Bd. 7 (1893/94), S. 129 ff.

Theisen, E., Verfassung und Richter, in: Archiv des öffentlichen Rechts (AöR), Bd. 7 n.F. (1925), S. 257 ff.

Thiele, Ulrich, Verfassunggebende Volkssouveränität und Verfassungsgerichtsbarkeit, in: Der Staat 39 (2000), S. 397 ff.

Tomuschat, Christian, Auswärtige Gewalt und verfassungsgerichtliche Kontrolle, in: Die Öffentliche Verwaltung (DÖV) 1973, S. 801 ff.

ders., Das Bundesverfassungsgericht im Kreise anderer nationaler Verfassungsgerichte, in: Festschrift 50 Jahre Bundesverfassungsgericht, S. 245 ff., hrsg. von P. Badura u. H. Dreier, (zit.: FS. 50 Jahre BVerfG), Tübingen 2001

Tribe, Laurence H., American Constitutional Law, 3. Auflage, New York 2000

Trier, Fritz, Verfassungswidrige Reichsgesetze, (Diss. iur., Marburg 1907)

Tushnet, Mark V., Red, White, and Blue: A Critical Analysis of Constitutional Law, Cambridge/Mass. 1988

Uerpmann, Robert, Annahme der Verfassungsbeschwerde zur Entscheidung, in: Festschrift 50 Jahre Bundesverfassungsgericht, S. 673 ff., hrsg. von P. Badura u. H. Dreier, (zit.: FS. 50 Jahre BVerfG), Tübingen 2001

Umbach, Dieter C./Clemens, Thomas, Bundesverfassungsgerichtsgesetz – Mitarbeiterkommentar und Handbuch, 1. Auflage, Heidelberg 1992 (zit.: Bearbeiter, in: Umbach/Clemens, BVerfGG, 1. Aufl.)

Umbach, Dieter C./Clemens, Thomas/Dollinger, Franz-Wilhelm, Bundesverfassungsgerichtsgesetz – Mitarbeiterkommentar und Handbuch, 2. Auflage, Heidelberg 2005 (zit.: Bearbeiter, in: Umbach/Clemens/Dollinger, BVerfGG)

Vitzthum, Wolfgang Graf, Annahme nach Ermessen bei Verfassungsbeschwerden?, in: Jahrbuch des öffentlichen Rechts (JöR), n.F. 54 (2004), S. 319 ff.

Vogel, Klaus, Rechtskraft und Gesetzeskraft der Entscheidungen des Bundesverfassungsgerichts, in: Festgabe BVerfG, Tübingen 1976, Band 1, S. 568 ff.

Vollkommer, Max, Die Rechtmittel zum U.S. Supreme Court – Beispiele für eine Grundsatzrevision?, in: Juristenzeitung (JZ), 1964, S. 152 ff.

Voßkuhle, Andreas, Rechtsschutz gegen den Richter – zur Integration der Dritten Gewalt in das verfassungsrechtliche Kontrollsystem vor dem Hintergrund des Art. 19 Abs. 4 GG, München 1993

Wahl, Rainer, Die Reformfrage, in: Festschrift 50 Jahre Bundesverfassungsgericht, S. 461 ff., hrsg. von P. Badura u. H. Dreier, (zit.: FS. 50 Jahre BVerfG), Tübingen 2001

Wahl, Rainer/Rottmann, F., Die Bedeutung der Verfassung und der Verfassungsgerichtsbarkeit in der Bundesrepublik – ein Vergleich zum 19. Jahrhundert und zu Weimar, in: Werner Conze/Mario Rainer Lepsius, Sozialgeschichte der Bundesrepublik Deutschland, 2. Auflage, Stuttgart 1985, S. 349 ff.

Wahl, Rainer/Wieland, Joachim, Verfassungsrechtsprechung als knappes Gut, in: Juristenzeitung (JZ) 1996, S. 1137 ff.

Wahl, Rainer, Der Vorrang der Verfassung, in: Der Staat, Bd. 20 (1981), S. 485 ff.

Warren, Charles, The Supreme Court in United States History, 2. Auflage, Boston 1926

Wassermann, Rudolf, Nichtjuristen als Verfassungsrichter – zum Fall Dahn, in: Neue Juristische Wochenschrift (NJW) 1999, S. 471 ff.

Wechsler, Herbert, Federal Jurisdiction and the Revision of the Judicial Code, in: Law and Contemporary Problems (Law & Contemp. Problems), Bd. 13 (1948), S. 216 ff.

ders., Toward Neutral Principles of Constitutional Law, in: Harvard Law Review (Harv.L.Rev.), Bd. 73 (1959), S. 1 ff.

Werner, Wolfram, Emigranten im Parlamentarischen Rat, in: Exil und Neuordnung – Beiträge zur verfassungspolitischen Entwicklung in Deutschland nach 1945, S. 161 ff., hrsg. von Claus-Dieter Krohn und Martin Schumacher, Düsseldorf 2000

Wehner, Gerd, Die Westalliierten und das Grundgesetz: Die Londoner Sechsmächtekonferenz, Freiburg 1994

Wieland, Joachim, Der Zugang des Bürgers zum Bundesverfassungsgericht und zum U.S. Supreme Court , in: Der Staat, Bd. 29 (1990), S. 333 ff. (zit.: Zugang des Bürgers)

Wieser, Bernd, Vergleichendes Verfassungsrecht, Wien/New York 2005

Wilms, Heinrich, Ausländische Einwirkungen auf die Entstehung des Grundgesetzes, Stuttgart/Berlin/Köln 1999 (zit.: Ausländische Einwirkungen)

ders., Dokumente zur neuesten Verfassungsgeschichte – Vorschläge, Entwürfe und in Kraft getretene Fassungen des Grundgesetzes 1949-1999, Bd. III/2, Stuttgart/Berlin/Köln 2001

ders., Der Menschenwürdebegriff in der neuen schweizerischen Bundesverfassung im Vergleich zu Deutschland und den Vereinigten Staaten, in: Festschrift für Helmut Steinberger, Berlin/Heidelberg/New York 2002, S. 1015 ff. (zit.: Menschenwürdebegriff)

ders., Die Vorbildfunktion des United States Supreme Court für das BVerfG, in: Neue Juristische Wochenschrift (NJW) 1999, S. 1527 ff.

Wilson, Woodrow, Constitutional Government in the United States, New York 1908 (Reprint 1961)

Wolf, Ernst, Verfassungsgerichtsbarkeit und Verfassungstreue in den Vereinigten Staaten, Basel 1961

ders., Der Begriff Gesetz, in: Festgabe U. v. Lübtow, Berlin 1970, S. 5 ff

Wolfe, Christopher, The Rise of modern Judicial Review: From Constitutional Interpretation to judge-made Law, New York 1986

Wright, Charles Alan/Miller, Arthur R/Cooper, Edward H./Amar, Vikram David, Federal Practice and Procedure – Jurisdiction and Related Matters, 2. Auflage, St. Paul/Mn. 1984 ff. (2005 Supplement)

- Band 13 (§ 3501 - 3531.10)
- Band 16 b (§ 4001 - 4033)
- Band 17 (§ 4034 - 4240)

Zacher, Hans F., Die Selektion der Verfassungsbeschwerden – Die Siebfunktion der Vorprüfung, des Erfordernisses der Rechtswegerschöpfung und des Kriteriums der unmittelbaren und gegenwärtigen Betroffenheit des Beschwerdeführers, in: Bundesverfassungsgericht und Grundgesetz, Festgabe Bundesverfassungsgericht, Bd. 1, S. 396 ff. Tübingen 1976 (zit.: Die Selektion der Verfassungsbeschwerden)

Zätzsch, Jörg, Richterliche Unabhängigkeit und Richterauswahl in den USA und Deutschland, Baden-Baden 2000

Zeidler, Wolfgang, The Federal Constitutional Court of the Federal Republic of Germany: Decisions on the Constitutionality of Legal Norms, in: Notre Dame Law Review (Notre D.Law.Rev.), Bd. 62 (1987), S. 504 ff.

Zierlein, Karl-Georg, Erfahrungen mit dem Sondervotum beim Bundesverfassungsgericht, in: Die öffentliche Verwaltung (DÖV) 1981, S. 83 ff

Zinn, Georg August, Die Rechtsprechung, in: Die öffentliche Verwaltung (DÖV) 1949, S. 278 ff.

ders., Die Rechtspflege im Bonner Grundgesetz, in: Verhandlungen des 37. Deutschen Juristentages (Köln 1949), S. 46 ff., Tübingen 1950

Zippelius, Reinold, Allgemeine Staatslehre, 13. Auflage, München 1999

Zuck, Rüdiger, Politische Sekundärtugenden: Über die Kunst, Pakete zu schnüren, in: Neue Juristische Wochenschrift (NJW) 1994, S. 497 ff.

Internet-Seiten

http://www.bundesverfasssungsgericht.de

http://www.supremecourtus.gov/

http://www.uscourts.gov

http://supct.law.cornell.edu/supct/index.php

Personen- und Sachregister

Max-Planck-Institut für ausländisches öffentliches Recht und Völkerrecht

Beiträge zum ausländischen öffentlichen Recht und Völkerrecht

Hrsg.: A. von Bogdandy, R. Wolfrum

Bde. 27–59 erschienen im Carl Heymanns Verlag KG Köln, Berlin (Bestellung an: Max-Planck-Institut für Völkerrecht, Im Neuenheimer Feld 535, 69120 Heidelberg); ab Band 60 im Springer Berlin, Heidelberg, New York, London, Paris, Tokyo, Hong Kong, Barcelona

---

189 Eyal *Benvenisti*, Chaim *Gans*, Sari *Hanafi* (eds.): **Israel and the Palestinian Refugees.** 2007. VIII, 502 Seiten. Geb. € 94,95 zzgl. landesüblicher MwSt.

188 Eibe *Riedel*, Rüdiger *Wolfrum* (eds.): **Recent Trends in German and European Constitutional Law.** 2006. VII, 289 Seiten. Geb. € 74,95 zzgl. landesüblicher MwSt.

187 Marcel *Kau:* **United States Supreme Court und Bundesverfassungsgericht.** 2007. XXV, 538 Seiten. Geb. € 99,95 zzgl. landesüblicher MwSt.

186 Philipp *Dann*, Michał *Rynkowski* (eds.): **The Unity of the European Constitution.** 2006. IX, 394 Seiten. Geb. € 79,95 zzgl. landesüblicher MwSt.

184 Jürgen *Bast:* **Grundbegriffe der Handlungsformen der EU.** 2006. XXI, 485 Seiten. Geb. € 94,95

183 Uwe *Säuberlich:* **Die außervertragliche Haftung im Gemeinschaftsrecht.** 2005. XV, 314 Seiten. Geb. € 74,95

182 Florian *von Alemann:* **Die Handlungsform der interinstitutionellen Vereinbarung.** 2006. XVI, 518 Seiten. Geb. € 94,95

181 Susanne *Förster:* **Internationale Haftungsregeln für schädliche Folgewirkungen gentechnisch veränderter Organismen.** 2007. XXXVI, 421 Seiten. Geb. € 84,95

180 Jeanine *Bucherer:* **Die Vereinbarkeit von Militärgerichten mit dem Recht auf ein faires Verfahren gemäß Art. 6 Abs. 1 EMRK, Art. 8 Abs. 1 AMRK und Art. 14 Abs. 1 des UN-Paktes über bürgerliche und politische Rechte.** 2005. XVIII, 307 Seiten. Geb. € 74,95

179 Annette *Simon:* **UN-Schutzzonen – Ein Schutzinstrument für verfolgte Personen?** 2005. XXI, 322 Seiten. Geb. € 74,95

178 Petra *Minnerop:* **Paria-Staaten im Völkerrecht?** 2004. XXIII, 579 Seiten. Geb. € 99,95

177 Rüdiger *Wolfrum,* Volker *Röben* (eds.): **Developments of International Law in Treaty Making.** 2005. VIII, 632 Seiten. Geb. € 99,95 zzgl. landesüblicher MwSt.

176 Christiane *Höhn:* **Zwischen Menschenrechten und Konfliktprävention. Der Minderheitenschutz im Rahmen der Organisation für Sicherheit und Zusammenarbeit in Europa (OSZE).** 2005. XX, 418 Seiten. Geb. € 84,95

175 Nele *Matz:* **Wege zur Koordinierung völkerrechtlicher Verträge. Völkervertragsrechtliche und institutionelle Ansätze.** 2005. XXIV, 423 Seiten. Geb. € 84,95

174 Jochen Abr. *Frowein:* **Völkerrecht – Menschenrechte – Verfassungsfragen Deutschlands und Europas. Ausgewählte Schriften.** Hrsg. von Matthias *Hartwig,* Georg *Nolte*, Stefan *Oeter*, Christian *Walter.* 2004. VIII, 732 Seiten. Geb. € 119,95

173 Oliver *Dörr* (Hrsg.): **Ein Rechtslehrer in Berlin. Symposium für Albrecht Randelzhofer.** 2004. VII, 117 Seiten. Geb. € 54,95

172 Lars-Jörgen *Geburtig:* **Konkurrentenrechtsschutz aus Art. 88 Abs. 3 Satz 3 EGV. Am Beispiel von Steuervergünstigungen.** 2004. XVII, 412 Seiten (4 Seiten English Summary). Geb. € 84,95

171 Markus *Böckenförde:* **Grüne Gentechnik und Welthandel. Das Biosafety-Protokoll und seine Auswirkungen auf das Regime der WTO.** 2004. XXIX, 620 Seiten. Geb. € 99,95

170 Anja *v. Hahn:* **Traditionelles Wissen indigener und lokaler Gemeinschaften zwischen geistigen Eigentumsrechten und der *public domain*.** 2004. XXV, 415 Seiten. Geb. 84,95

169 Christian *Walter,* Silja *Vöneky,* Volker *Röben,* Frank *Schorkopf* (eds.): **Terrorism as a Challenge for National and International Law: Security versus Liberty?** 2004. XI, 1484 Seiten. Geb. € 169,95 zzgl. landesüblicher MwSt.

168 Kathrin *Osteneck:* **Die Umsetzung von UN-Wirtschaftssanktionen durch die Europäische Gemeinschaft.** 2004. XXXIX, 579 Seiten. Geb. € 99,95

167 Stephan *Sina:* **Der völkerrechtliche Status des Westjordanlandes und des Gaza-Streifens nach den Osloer Verträgen.** 2004. XXI, 410 Seiten. Geb. € 84,95

166 Philipp *Dann:* **Parlamente im Exekutivföderalismus.** 2004. XXIII, 474 Seiten. Geb. € 89,95

165 Rüdiger *Wolfrum* (Hrsg.): **Gleichheit und Nichtdiskriminierung im nationalen und internationalen Menschenrechtsschutz.** 2003. VIII, 299 Seiten. Geb. € 74,95

164 *Rüdiger Wolfrum, Nele Matz:* **Conflicts in International Environmental Law.** 2003. XI, 213 Seiten. Geb. € 64,95 zzgl. landesüblicher MwSt.

163 Adam *Bodnar,* Michał *Kowalski,* Karen *Raible,* Frank *Schorkopf* (eds.): **The Emerging Constitutional Law of the European Union.** 2003. IX, 595 Seiten. Geb. € 99,95 zzgl. landesüblicher MwSt.

162 Jochen Abr. *Frowein,* Klaus *Scharioth,* Ingo *Winkelmann,* Rüdiger *Wolfrum* (Hrsg.): **Verhandeln für den Frieden/Negotiating for Peace. Liber Amicorum Tono Eitel.** 2003. XIII, 866 Seiten. Geb. € 129,95

161 Michaela *Fries:* **Die Bedeutung von Artikel 5 (f) der Rassendiskriminierungskonvention im deutschen Recht.** 2003. XIX, 429 Seiten. Geb. € 84,95

160 Helen *Keller:* **Rezeption des Völkerrechts.** 2003. XXXV, 855 Seiten. Geb. € 129,95

159 Cordula *Dröge:* **Positive Verpflichtungen der Staaten in der Europäischen Menschenrechtskonvention.** 2003. XX, 432 Seiten. Geb. € 89,95

158 Dagmar *Richter:* **Sprachenordnung und Minderheitenschutz im schweizerischen Bundesstaat.** 2005. LIV, 1315 Seiten. Geb. € 179,95

157 Thomas *Giegerich:* **Europäische Verfassung und deutsche Verfassung im transnationalen Konstitutionalisierungsprozeß: Wechselseitige Rezeption, konstitutionelle Evolution und föderale Verflechtung.** 2003. LXV, 1534 Seiten. Geb. € 199,95

156 Julia *Sommer:* **Verwaltungskooperation am Beispiel administrativer Informationsverfahren im Europäischen Umweltrecht.** 2003. XXX, 891 Seiten. Geb. € 129,95

155 Frank *Schorkopf:* **Die Maßnahmen der XIV EU-Mitgliedstaaten gegen Österreich – Möglichkeiten und Grenzen einer „streitbaren Demokratie" auf europäischer Ebene.** 2002. XIII, 217 Seiten. Geb. € 64,95

154 *Hanri Mostert:* **The Constitutional Protection and Regulation of Property and its Influence on the Reform of Private Law and Landownership in South Africa and Germany.** 2002. XXV, 643 Seiten. Geb. € 99,95 zzgl. landesüblicher MwSt.

153 Stefan *Ohlhoff:* **Methoden der Konfliktbewältigung bei grenzüberschreitenden Umweltproblemen im Wandel.** 2003. XXX, 651 Seiten. Geb. € 99,95

152 Hans-Joachim *Cremer,* Thomas *Giegerich,* Dagmar *Richter,* Andreas *Zimmermann* (Hrsg.): **Tradition und Weltoffenheit des Rechts. Festschrift für Helmut Steinberger.** 2002. XVI, 1483 Seiten. Geb. € 199,–

151 Nico *Krisch:* **Selbstverteidigung und kollektive Sicherheit.** 2001. VIII, 449 Seiten. Geb. € 84,95

150 Beate *Schulte zu Sodingen:* **Der völkerrechtliche Schutz der Wälder: nationale Souveränität, multilaterale Schutzkonzepte und unilaterale Regelungsansätze.** 2002. XXXI, 575 Seiten. Geb. € 99,95

149 Mahendra *Singh:* **German Administrative Law in Common Law Perspective.** 2001. XXXI, 377 Seiten. Geb. € 79,95 zzgl. landesüblicher MwSt.

148 Utz *Remlinger:* **Die Einwirkung des Gemeinschaftsrechts auf die Rückabwicklung rechtswidriger Beihilfeverhältnisse.** 2001. XXVI, 393 Seiten. Geb. € 84,95

147 *Dagmar Patricia Stroh:* **Die nationale Zusammenarbeit mit den Internationalen Straftribunalen für das ehemalige Jugoslawien und für Ruanda.** 2002. XXVII, 395 Seiten. Geb. € 84,95

Kolibri 360 GmbH
Ferdinand-Jühlke-Straße 7
99095 Erfurt, Deutschland
produktsicherheit@kolibri360.de